威科法律译丛

美国劳动法：案例、材料和问题

第六版

（上）

迈克尔·C.哈珀
〔美〕萨缪尔·艾斯托伊克 著
琼·弗林

李坤刚 闫冬
吴文芳 钟芳 译

商务印书馆
The Commercial Press
2015年·北京

By
Harper, Estreicher, Flynn

LABOR LAW: Cases, Materials, and Problems

Sixth Edition

This is a translation of Labor Law : Cases, Materials, and Problems, 6th edition, by Michael C. Harper, Samuel Estreicher, and Joan Flynn , published and sold by The Commercial Press, by permission of ASPEN Publishers, Inc. , New York, USA, the owner of all rights to publish and sell same.

本书根据 ASPEN Publishers, Inc., New York, USA 2007 年版译出

© 2007 Michael C. Harper, Samuel Estreicher, and Joan Flynn

出 版 说 明

我馆历来重视迻译出版世界各国法律著作。早在1907年就出版了第一套系统介绍外国法律法规的《新译日本法规大全》81册，还出版了《汉译日本法律经济辞典》。1909年出版了中国近代启蒙思想家严复翻译的法国著名思想家孟德斯鸠的《法意》。这些作品开近代中国法治风气之先。其后，我馆翻译出版了诸多政治、法律方面的作品，对于民国时期的政治家和学人产生了重要影响。新中国成立后，我馆以译介外国哲学社会科学著作为重，特别是从1981年开始分辑出版"汉译世界学术名著丛书"，西方政治法律思想名著构成其中重要部分，在我国法学和法治建设中发挥了积极作用。

2010年开始，我馆与荷兰威科集团建立战略合作伙伴关系，联手开展法学著作中外文双向合作出版。威科集团创立于1836年，是全球最大的法律专业信息服务和出版机构之一。"威科法律译丛"是我们从威科集团出版的法律图书中挑选的精品，其中涉及当前中国学术界尚处在空白状态、亟需研究的领域，希望能够对中国的法学和法治建设有所助益。除了引进国外法律图书外，我们同时也通过威科集团将中国的法律思想和制度译介给西方社会，俾使中国学人的思想成果走向世界，中华文明的有益经验惠及异域。

商务印书馆编辑部
2011年8月

译 者 序

本书主要是关于美国集体劳动关系法的案例和材料。美国早期工会团体的协同行动一直被追究刑事责任,直至1842年的联邦诉亨特案(Commonwealth V. Hunt),这种局面才得以改变。审理该案的马萨诸塞州高级法院大法官莱缪尔·肖(Lemuel Shaw)提出:"我们不能预先假设他们的组织就是犯罪工具,而无视他们的真正动机。……我们不能认为,人们在一起约定实现其权利的最佳方式之行为属于犯罪。"该案的判决对刑事共谋罪的适用范围进行了限制,强调要么有非法的意图,要么使用了非法的手段,才构成犯罪。在亨特案以后,因劳资争议而发生的刑事共谋案有所减少,但这并不代表着工会集体行动的合法化。

由于工人没有集体谈判的路径,无法通过合法的途径表达诉求,劳资矛盾无法疏解,劳资冲突不断爆发。在19世纪的最后十年,以及20世纪的最初十年,是美国工人运动的高峰时期。19世纪下半叶起,在组织起来浪潮的推动下,各地工会也开始走向全国性的联合,1886年美国劳工联合会成立标志着美国工会组织运动的一个高峰。此后,1893—1898年,罢工运动进入高潮,此期间共发生罢工7029次,平均每年1171次。不断爆发的大罢工催生着美国集体劳动关系法制的建立。

工会受到压制,工人的收入得不到提高,社会财富分配严重失衡。1912年美国的国民财富达到1654亿美元,成为世界首富之国。然而,在19世纪末和20世纪,美国有50%至2/3的家庭生活在贫困线之下。贫富不均导致社会消费乏力,以消费为经济动力的现代工业化生产方式,也无法进入良性地运转,最终会爆发严重的经济危机。1929—1933年的经济危机使美国陷入严重的衰退和痛苦之中,1933年全国的生产总值比1929年危机前下降了46.3%,钢铁产量下降了近80%,农业总收入下降了60%,劳动人口的25%失业,大量工人饱受饥寒。

在经济处于绝境之中,罗斯福总统开始执政,他一方面采取积极的经济政策,推动经济复苏;另一方面,他看到了工人需求和社会分配的严重失衡,为此,他积极推动美国劳动法的制定。正是在这个阶段,美国制定了两部重要的集体劳动关系立法:一是1932年的《诺里斯-拉瓜迪亚法》(the Norris-LaGuardia Act),该法宣布,美国的公共政策是支持工人的结社权和集体谈判权;二是1935年的《国家劳动关系法》[the National Labor Relations Act (NLRA)],该法赋予工人为互助和保护采取集体行动的权利、组织其自己选择的工会的权利、进行集体谈判的权利。该法还设立了行政机关——国家劳动关系委员会。

罗斯福总统不仅在立法上建立了集体协商制度的框架,而且在言论上也积极支持工人。他曾经说:"如果我是工人,我进厂后的第一件事就是去参加工会。"由于罗斯福的言论举止和对劳工的态度,他甚至被有产阶级称为"阶级的叛徒"。然而,事实证明,罗斯福总统是具有远见卓识的政治家,他所建立的集体谈判制度,在相当长的时期内使得美国经济繁荣、社会安定,促使社会经济进入了平稳的发展时期。

本书首先介绍了工人、工会和经济的关系,工会和集体劳动关系的历史发展;其次,讨论了国家劳动关系委员会的管辖权、结构和程序;最后,则是汇集和论述了亨特案以来,美国各个时期的重要案例。这些案例涉及集体劳动关系各个侧面的问题,包括集体劳动关系的建立、运行以及工会管理等。

法律条文是僵死的,而判例则是鲜活的。通过阅读和分析判例,才能真正使我们了解到法律实施生动的状况。本书通过介绍美国劳动关系法中具有重要影响的判例,以及国家劳动关系委员会、法学以及研究者的观点,并在注释和问题中提出了诸多深刻的发人深省的问题,向我们展示了美国集体劳动关系调整的整体状况及存在的问题。本书值得劳动法的爱好者、劳动关系研究者、劳动法实务工作者去阅读和研究。

本书的翻译和出版对我国还有着深刻的现实意义。我国的经济经过了近30年的快速发展，迅速地将我国这样一个以农业经济为主的社会推进到了工业化的中期。但不容忽视的是，我国的劳动关系的调整还存在诸多的问题，特别是集体劳动关系的调整方面，我国离市场经济的要求还有相当大的差距。综观世界各国的集体劳动关系法制，无不具有其本国的特色，无不深深根植于其国内的政治、经济和社会的土壤之上。但统一的规律是，建立市场经济的生产关系，就必须有集体劳动关系的调解制度，否则，无法解决利益分配的难题。在制定具有中国特色的集体协商和集体谈判制度的过程中，我们需借鉴各国的经验和教训，以资参考。所以，本书的翻译和出版也是恰逢其时的。

本书篇幅较长，翻译过程艰辛备至，整个翻译和校对过程历时四年之久。其间，吴文芳、钟芳两位女博士分别有了可爱的儿女，闫冬博士的孩子也是在翻译这本书的过程中出生的。如今他们的孩子有的已经进了幼儿园，而本书还尚未出版发行，真是让人不禁感叹。

在本书翻译的过程中，得到了商务印书馆王兰萍主任的诸多支持，在编辑过程中，金莹莹编辑付出了艰苦的劳动。我们作为译者非常感谢出版社的理解和支持。但由于水平所限，本书的疏漏之处可能会在所难免。恳请广大读者批评指正，以期在未来再版时加以改正。

李坤刚

2015年3月16日

目　录

前　言 …………………………………………………………… 1
致　谢 …………………………………………………………… 3

第一章　劳动者、工会和经济:综述 …………………………… 9
注释:劳动法域的主旨 ……………………………………… 9
第一节　新古典主义劳动力市场视角 …………………… 11
《现代劳动经济学》罗纳德·埃伦伯格和罗伯特·史密斯　著 … 12
注释和问题 ………………………………………………… 17

第二节　工会和工资 ……………………………………… 21
注释:有关工资差异的研究 ……………………………… 21
注释:工会优待工资的来源 ……………………………… 24
注释和问题 ………………………………………………… 28

第三节　工会对生产率的影响 …………………………… 30
《美国劳动法的博弈分析》肯尼斯·杜-施密特　著 ……… 31
注释和问题 ………………………………………………… 33

第四节　工会和美国民主 ………………………………… 38
《工会的经济学》(1977年第2版)艾伯特·瑞斯　著 ……… 38
注释和问题 ………………………………………………… 39

第五节　其他最低待遇 …………………………………… 40
《治理工作场所:劳动法的未来》保罗·韦勒　著 ………… 41
注释和问题 ………………………………………………… 43

第二章　历史和制度框架 ……………………………………… 45
第一节　普通法 …………………………………………… 45
1. 劳工组织的演变 ………………………………………… 45

2. 司法对劳动争议的回应 ·· 49
(1) 犯罪共谋 ··· 49
费城制鞋工人案(联邦诉普利斯) ································· 49
联邦诉亨特案 ··· 52
注释和问题 ·· 53
(2) 劳工禁令 ··· 55
威格拉诉甘特纳案 ·· 55
注释和问题 ·· 60
3. 司法对保护性劳工立法的回应 ·································· 65
洛克纳诉纽约政府案 ··· 65
注释和问题 ·· 67

第二节 《反垄断法》 ·· 72
注释:在19世纪90年代和20世纪早期的工会增长和产业纷争 ··· 72
1.《谢尔曼法》 ··· 74
注释:洛伊诉罗勒案("丹伯里-制帽匠"案件) ················ 74
2.《克莱顿法》 ··· 76
注释:劳工豁免的起源 ·· 76
杜普莱斯印刷有限公司诉迪林案 ··································· 78
注释和问题 ·· 83
注释:从第一次世界大战到20世纪20年代的劳工组织和
工作管理 ·· 85

第三节 《诺里斯-拉瓜迪亚法》和重新审视《反垄断法》:
授命政府在劳动争议中的独立性 ······························ 87
1. 1932年《诺里斯-拉瓜迪亚法》 ································ 87
(1) "劳工禁令" ·· 87
(2)《诺里斯-拉瓜迪亚法》的现代应用 ························· 91
2. 重新审视《反垄断法》 ·· 91
爱派克斯针织品公司诉工会领导案 ································ 91

联邦诉哈奇森案 ································· 96
注释和问题 ····································· 99
第四节　现代劳工立法：集体代表下的积极保护 ······· 101
  1.《铁路劳动法》 ······························· 101
  2.《国家劳动关系法》 ··························· 104
    （1）《国家劳动关系法》的渊源：1935年《华格纳法》 ··· 104
      i.《华格纳法》的渊源 ······················· 104
    国家劳动关系委员会诉琼斯和劳克林钢铁公司案 ···· 108
      ii. 新政时期的劳工组织 ······················ 110
      iii.《华格纳法》的立法目的 ·················· 112
      iv.《华格纳法》带来的调整 ··················· 114
    （2）1947年《塔夫脱-哈特莱法》 ················ 114
      i. 1935—1947年的劳工组织和《国家劳动关系法》的管治 ··· 114
      ii.《塔夫脱-哈特莱修正案》 ·················· 116
    （3）1959年《兰德勒姆-格里芬法》 ·············· 117
      i. 1947—1959年的劳工组织 ··················· 117
      ii.《兰德勒姆-格里芬法》 ···················· 118
    （4）1974年的医疗行业修正案 ··················· 119
    （5）1977年的劳工改革提案和其他未获通过的立法 ··· 119
第五节　美国的工会主义 ··························· 120
  1. 私营领域入会率的急剧下挫 ···················· 120
  2. 劳工运动的碎片化 ··························· 125

第三章　国家劳动关系委员会的管辖范围、结构和程序 ··· 127
第一节　简述国家劳动关系委员会的结构和程序 ······· 127
  1. 委员会与事务总长 ··························· 127
  2. 不当劳动行为与代表程序 ······················ 129
    （1）不当劳动行为程序 ························· 129
    （2）代表程序 ································· 130

3. 制定规范与判例 ········ 131
(1) 程序冲突和机构自治问题 ········ 131
(2) 利与弊 ········ 133
4. 国家劳动关系委员会造成的延迟 ········ 135

第二节 对国家劳动关系委员会决定进行审查的范围 ········ 136
1. "实质性证据"审查 ········ 136
2. 审查"法律"或"政策"问题 ········ 138

第三节 管辖 ········ 140
1. 国家劳动关系委员会管辖的商贸条款和其他限制 ········ 140
2. 法律例外 ········ 142
(1) 独立承包人 ········ 143
注释:国家劳动关系委员会诉赫斯特出版社案和国会的反应 ········ 143
国家劳动关系委员会诉联合保险公司案 ········ 145
荣德伟包装系统公司案 ········ 146
注释和问题 ········ 150
(2) 监督、管理和秘密人员 ········ 152
国家劳动关系委员会诉贝尔航空公司案 ········ 152
注释和问题 ········ 156
注释:在适用专业员工与排除主管和管理者之间的矛盾 ········ 161
国家劳动关系委员会诉肯塔基河社区看护公司案 ········ 164
注释和问题 ········ 171
注释:2006年委员会对主管身份的判决 ········ 173
注释和问题 ········ 176
(3) 学生/医疗实习生视为员工? ········ 178
注释和问题 ········ 180

第四章 保护协调一致的活动 ········ 185
第一节 反歧视和受干预、限制或胁迫的概念 ········ 185
1. 由于雇主(或工会)的动机导致的违法 ········ 185

爱德华-巴特制造公司诉国家劳动关系委员会案 …………… 186
　　注释和问题 …………………………………………………… 189
　　国家劳动关系委员会诉交通管理集团案 …………………… 190
　　注释和问题 …………………………………………………… 193
　　注释：在解雇和拒绝雇佣案件中《国家劳动关系法》的救济措施 …… 196
　　注释：霍夫曼塑料化合物公司诉国家劳动关系委员会：
　　　　对于非法工作的外国人的救济？……………………… 199
　2. 基于雇主(或工会)行动后果的违法 ………………………… 203
　　播音员协会诉国家劳动关系委员会案 ……………………… 203
　　注释和问题 …………………………………………………… 207
　　共和航空公司诉国家劳动关系委员会案 …………………… 209
　　注释和问题 …………………………………………………… 214
　　注释：对工作场所招揽和分发的限制 ……………………… 216
第二节　第7条中权利与雇主利益的兼顾 …………………………… 223
　1. 维护生产和纪律的需要 ……………………………………… 223
　2. 排斥"外人"的利益：雇主的财产权 ………………………… 223
　　注释：国家劳动关系委员会诉巴布科克威尔科克斯有限公司案 …… 223
　　兰奇米尔公司诉国家劳动关系委员会案 …………………… 224
　　注释和问题 …………………………………………………… 232
　　注释：国家劳动关系委员会诉城市与乡村电气公司案和受保护的
　　　　工会组织者 …………………………………………… 240
　　注释和问题 …………………………………………………… 241
　3. 自由经营权 …………………………………………………… 245
　　国家劳动关系委员会诉J.M.拉斯应案 ……………………… 245
　　注释和问题 …………………………………………………… 247
　　纺织工人工会诉达灵顿制造有限公司案 …………………… 249
　　注释和问题 …………………………………………………… 256
第三节　雇员受保护活动的范围 ……………………………………… 259

1. "受到保护"的协调一致的活动：途径评价法 ……………… 260
   国家劳动关系委员会诉华盛顿铝业公司案 …………………… 260
   麋鹿木材有限公司案 …………………………………………… 263
   注释：对于可使用方式的种类限制 …………………………… 265
   注释和问题 ……………………………………………………… 267
   国家劳动关系委员会诉国际电气工人兄弟会第1229地方
     分会案（杰斐逊标准） ……………………………………… 271
   注释和问题 ……………………………………………………… 275
2. "受保护"的协调一致的活动：目的或目标评价 …………… 278
   伊斯泰克斯公司诉国家劳动关系委员会案 …………………… 278
   注释和问题 ……………………………………………………… 284
3. 个体雇员的行动视作"协调一致的"活动 …………………… 289
   国家劳动关系委员会诉市政处理系统公司案 ………………… 289
   注释和问题 ……………………………………………………… 296
   国家劳动关系委员会诉J.万家顿公司案 ……………………… 301
   注释和问题 ……………………………………………………… 305
   注释：在无工会环境下万家顿判例的权利？ ………………… 307
   注释和问题 ……………………………………………………… 308

第四节 工会放弃员工参加受保护活动的权利 ………………… 311
   国家劳动关系委员会诉田纳西州的马格纳沃克斯有限公司案 …… 311
   注释和问题 ……………………………………………………… 314
   大都会爱迪生公司诉国家劳动关系委员会案 ………………… 316
   注释和问题 ……………………………………………………… 320

第五节 雇主的"支持"或劳工组织的"主导" ………………… 322
   电子信息公司案 ………………………………………………… 324
   注释和问题 ……………………………………………………… 330
   注释：皇冠软木及密封有限公司案和管理权下降 …………… 336
   注释：对第8条（a）（2）款进行修改的建议 ………………… 340

第五章 劳动关系委员会对于谈判主体的决定 ······ 343
第一节 通过国家劳动关系委员会的选举程序获得代表地位 ··· 344
1. 适格的谈判单位 ······ 344
(1)国家劳动关系委员会对谈判单位的决定:实质和程序 ······ 344
美国医院协会诉国家劳动关系委员会案 ······ 345
美国医院协会诉国家劳动关系委员会案 ······ 348
注释和问题 ······ 352
友好冰激凌公司诉国家劳动关系委员会案 ······ 355
注释和问题 ······ 359
立法建议通告:在代表案中,单个地方单位作为集体谈判代表的适格性 ······ 362
注释和问题 ······ 363
(2)对谈判单位决定的司法审查及其他代表权问题 ······ 364
利达姆诉凯尼案 ······ 364
注释和问题 ······ 367
注释:由谈判单位决定而产生的特殊问题 ······ 370
注释:自然增加和多雇主谈判单位 ······ 373
注释:M.B.斯特吉斯公司和橡树林中心案 ······ 376
注释和问题 ······ 380
2. 接触雇员选民 ······ 383
国家劳动关系委员会诉美国钢铁工人联合会案(纽通案和阿冯达尔案) ······ 384
注释和问题 ······ 387
精致内衣公司案 ······ 391
注释和问题 ······ 394
3. 对选举行为的规制 ······ 396
(1)恐吓性的言论 ······ 396
国家劳动关系委员会诉高拉博公司案 ······ 396

注释和问题 403
国家劳动关系委员会诉吉赛尔包装公司案 405
注释和问题 410
 (2)对工会组织运动技巧提出异议的两个途径 414
通用鞋厂案 414
注释和问题 416
 (3)对事实的虚假陈述 418
中部国家人寿保险公司案 418
注释和问题 423
注释:成立工会的行为影响到了雇员们吗?:实证文献的考察 426
 (4)种族性和宗教性言论 429
蜜镇谷物公司诉国家劳动关系委员会案 429
注释和问题 433
 (5)承诺和利益的给予 435
国家劳动关系委员会诉零件更换公司案 435
注释和问题 438
国家劳动关系委员会诉萨维尔制造公司案 441
注释和问题 444
 (6)询问、投票和监督 447
蒂姆斯科公司诉国家劳动关系委员会案 447
注释和问题 451

第二节 没有进行选举就在劳动关系委员会的压迫下承认了工会 454
 1. 吉赛尔案中的谈判命令 454
注释:菩提原木案 463
注释和问题 466
注释:第10条(j)款在组织工会的案例中是未充分利用的武器吗? 471

  2. 加拿大模式:不经过选举的强制认可 ……………………… 473
  注释和问题 ………………………………………………………… 475
 第三节 撤销现存工会 ……………………………………………… 477
  1. 对选举的阻碍 ………………………………………………… 478
   (1)对认证、选举和认可的阻碍 ……………………………… 478
  布鲁克斯诉国家劳动关系委员会案 ……………………………… 478
  注释和问题 ………………………………………………………… 481
   (2)合同阻止 …………………………………………………… 483
   (3)阻碍控告政策 ……………………………………………… 486
  2. 罢黜现行工会的手段 ………………………………………… 488
  注释:由雇员提出的撤销认证的申请 …………………………… 488
  艾伦顿·麦克销售服务公司诉国家劳动关系委员会案 ………… 489
  注释和问题 ………………………………………………………… 501
  注释:列维兹家具公司案:指控雇主单方撤销承认 …………… 503
  注释和问题 ………………………………………………………… 504
  注释:对非法撤销承认的救济 …………………………………… 506

第六章 在国家劳动关系委员会的推选程序之外取得谈判权 … 509
 第一节 自愿认可机制 ……………………………………………… 510
  1. 授权文件的效力问题 ………………………………………… 510
  国家劳动关系委员会诉吉赛尔包装公司案 ……………………… 510
  注释和问题 ………………………………………………………… 514
  2. 确认时的多数身份要求 ……………………………………… 515
  国际女式服装工人联盟(伯恩哈德-阿尔特曼)诉国家劳动
  关系委员会案 ……………………………………………………… 516
  注释和问题 ………………………………………………………… 520
  注释:克罗格案的"嗣后取得"工厂理论 ……………………… 527
  3. 雇主中立原则 ………………………………………………… 529
  布吕克纳私人疗养院案 …………………………………………… 529

注释和问题………………………………………………… 534
　　注释：授权卡审核和中立性协议 ……………………… 537
　第二节　规制组织活动中和确认时发生的纠察包围 ………… 542
　　国际建筑工诉地方840号工会案（布林纳建筑公司）…… 543
　　注释和问题………………………………………………… 550

第七章　对集体谈判程序的规制 …………………………… 557
　第一节　独家代表：概述 ……………………………………… 558
　　J.I. 制箱公司诉国家劳动关系委员会案 ………………… 558
　　注释和问题………………………………………………… 562
　　注释：非多数集体谈判 …………………………………… 564
　　卡普威尔商场诉西加社团组织案………………………… 566
　　注释和问题………………………………………………… 572
　第二节　对善意的要求：谈判的立场和做法 ………………… 576
　　1. 谈判程序的模式 ………………………………………… 576
　　国家劳动关系委员会诉保险代理人国际工会案………… 576
　　注释和问题………………………………………………… 582
　　2. "表面的谈判"带来的问题 ……………………………… 583
　　国家劳动关系委员会诉美国国家保险公司案…………… 583
　　国家劳动关系委员会诉超级三明治公司案……………… 589
　　注释和问题………………………………………………… 594
　　3. 恶意谈判的救济 ………………………………………… 600
　　H.K. 波特公司诉国家劳动关系委员会案 ……………… 600
　　注释和问题………………………………………………… 603
　　注释：有关首次谈判关系和特别救济措施的问题 …… 605
　　4. 信息公开义务 …………………………………………… 615
　　国家劳动关系委员会诉特鲁伊特制造公司案…………… 615
　　底特律爱迪生公司诉国家劳动关系委员会案…………… 618
　　注释和问题………………………………………………… 621

5. "僵局"的概念 …… 628
国家劳动关系委员会诉卡茨案 …… 628
注释和问题 …… 632
注释:僵局程序 …… 640

第三节 "强制性谈判"议题 …… 643

1. 强制性/授权性准则 …… 643
国家劳动关系委员会诉伯格-华纳公司伍斯特分部 …… 643
注释和问题 …… 648
注释:有关授权卡审核和中立性的一些规定 …… 658
注释:有关伯格-华纳案的几个选择性问题 …… 661

2. 大型企业决策的地位 …… 662
纤维板纸制品公司诉国家劳动关系委员会案 …… 662
注释和问题 …… 668
全国第一维修公司诉国家劳动关系委员会案 …… 670
注释和问题 …… 677
注释:对拒绝就强制性企业决定展开谈判而进行的救济 …… 687

第四节 多个雇主和多个工会参与的谈判 …… 688

查尔斯·D.博南诺亚麻制品服务公司诉国家劳动关系委员会案 …… 688
注释和问题 …… 695
注释:联合型和协调的谈判 …… 699

第五节 中期谈判 …… 701

注释:授权性议题以及中期修改 …… 701
雅各布制造公司案 …… 702
注释和问题 …… 706
伊利诺伊州密尔沃基线圈弹簧有限公司案 …… 710
注释和问题 …… 715

前　言

我们的劳动法基础教科书的最新一版已作了修改和更新，涵盖了自2003年第5版以来的新发展。这些新发展大多发生在国家劳动关系委员会，包括2006年秋国家劳动关系委员会对《国家劳动关系法》的监督排除问题所作的新解释，以及对国家劳动关系委员会以前裁决的再次思考和修正。

我们也增加了新的第六章，对工会通过授权卡检查和签订中性协议的方式，修正或避免完全采用国家劳动关系委员会的选举程序的相关法律，进行了系统性的梳理。"在国家劳动关系委员会的推选程序之外取得谈判权"这一章，对劳动组织中的新的现实情况作了回应。我们根据案例的演变及其重要性，继续增加并编辑了一些案例，例如：我们详述了最高法院关于非法移民工待遇问题的讨论；在多雇主谈判案件中，法院的判决界定了反托拉斯法的豁免范围，现在该案例是个主要的案例了，在这个案件的另外的注释部分，还讨论了体育运动产业的集体谈判问题；我们还特别关注了"部分关闭工厂"的问题。此外，我们通过合作编辑，继续补充了注释，并使之更加清楚。

我们想对下面几位学生在研究方面的大力支持表示感谢：波士顿大学的米娅·安特诺堤(Mia Antonetti)，克利夫兰大学的卡丽·卡拉汉(Carrie Calahan)，德保罗大学(2006—2007年琼·弗林在此校访问)的莱斯利·J.沃德(Leslie J. Ward)。

去年，我们痛失本教材的前作者伯纳德·梅尔泽(Bernard Meltzer)。集体劳动法学科在20世纪中期兴起的时候，他就是这个领域的领军人物之一。我们不仅在教材模板上获益于他，而且在写作模式上也从他那里受益良多。他是个少有的杰出人物。

迈克尔·C. 哈珀(Michael C. Harper)
塞缪尔·艾斯托伊克(Samuel Estreicher)
琼·弗林(Joan Flynn)

2007 年

致 谢

我们感谢下列出版商、作者及期刊的许可,感谢他们允许我们从他们出版的作品中摘录重印以下的有关内容:

德里克·C.伯克,"对美国劳动法显著特点的反思",载于《哈佛法律评论》第84卷(1971年),第1394页。《哈佛法律评论》社拥有1971年的版权。经马萨诸塞州剑桥市的《哈佛法律评论》社和德里克·伯克许可后重印。[Derek C. Bok, Reflections on the Distinctive Character of American Labor Laws, 84 Harvard Law Review, 1394 (1971). Copyright © 1971 by the Harvard Law Review Association. Reprinted by Harvard Law Review Association and Derek C. Bok, Cambridge, Mass.]

乔治·W.布鲁克斯,"强制性工会主义的优缺点",载于《纽约大学法律和社会改变评论》第11卷(1982—1983年),第32页。经纽约州纽约市《纽约大学法律和社会改变评论》的许可重印。[George W. Brooks, The Strengths and Weakness of Compulsory Unionism, 11 New York University Review of Law and Society Change 32, (1982 – 1983). Reprinted by permission of the New York University Review of Law and Social Change. New York, N. Y.]

阿奇博尔德·考克斯,"最高法院在1957年10月所作的劳动案件判决",载于《弗吉尼亚法律评论》第44卷(1958年),第1057页,第1083—1084页。经弗吉尼亚州夏洛茨维尔市的《弗吉尼亚法律评论》社以及科罗拉多州立托顿市的佛瑞德及科罗斯曼及公司的许可后重印。[Archibald Cox, Labor Decisions of the Supreme Court at the October Term, 1957, 44 Virginia Law Review. 1057, 1083 – 1084 (1958). Reprinted by permission of Virginia Law Review Association, Charlottesville, Va. and Fred B. Rothman & Company, Littleton, Colo.]

肯尼斯·杜-施密特,"对美国劳动法的谈判的分析并寻求谈判平等及产业和平",载于《密歇根法律评论》第 91 卷(1992 年),第 419 页。1992年版权,经密歇根州安阿伯市的《密歇根法律评论》社和肯尼斯·杜-施密特的许可后重印。[Kenneth Dau-Schmidt, A Bargaining Analysis of American Labor Law and the Search for Bargaining Equity and Industrial Peace, 91 *Michigan Law Review* 419(1992). Copyright © 1992. Reprinted by permission of the Michigan Law Review Association, Ann Arbor Mich., and Kenneth Dau-Schmidt.]

罗纳德·B. 埃伦伯格和罗伯特·S. 史密斯著:《现代劳动经济学》(1998 年第 3 版),斯科特,福尔曼及公司拥有版权,经皮尔森教育公司许可后重印。[Ronald B. Ehrenberg & Robert S. Smith, *Modern Labor Economics* (3d ed. 1988)]

塞缪尔·艾斯托伊克,"集体谈判还是'集体乞讨':对反罢工破坏者立法的反思",载于《密歇根法律评论》第 93 卷(1994 年),第 577 页。经密歇根州安阿伯市的《密歇根法律评论》社许可后重印。[Samuel Estreicher, Collective Bargaining or "Collective Begging"?: Reflections on Antistrikebreaker Legislation, 93 *Michigan Law Review* 577(1994). Reprinted by Permission of the Michigan Law Review Association, Ann Arbor, Mich.]

塞缪尔·艾斯托伊克,"解除对工会民主的管制",载于《劳动研究杂志》第 21 卷(2000 年),第 247 页,在《工会的内部管理和组织的有效性》一书的第 17 章重印(艾斯托伊克及其他人编辑,2001 年版)。经弗吉尼亚州费尔法克斯郡乔治梅森大学的《劳动研究杂志》许可后重印。[Samuel Estreicher, Deregulating Union Democracy, 21 *Journal of Labor Research* 247 (2000), reprinted in *the Internal Governance and Organizational Effectiveness of Labor Unions*, ch. 17 (Estreicher et al. eds. 2001). Reprinted by permission of the Journal of Labor Research, George Mason University, Fairfax, Va.]

艾斯托伊克,"劳动委员会的政策摇摆",载于《行政法研究》(1985 年)第 176 期。经伊利诺伊州芝加哥市美国律师协会许可后重印。[Estreicher,

Policy Oscillation at the Labor Board, *Administration Law Review* 176 (1985). Reprinted by permission of the American Bar Association, Chicago, Ill.]

塞缪尔·艾斯托伊克,"双赢的劳动法改革",载于《劳动法律师》第10卷(1994年),第664页。经伊利诺伊州芝加哥市美国律师协会许可后重印。[Samuel Estreicher, Win-Win Labor Law Reform, 10 *Labor Lawyer* 664 (1994). Reprinted by permission of the American Bar Association, Chicago, Ill.]

威廉·E. 福巴斯著:《法律与美国劳工运动的成型》(1991年版),马萨诸塞州剑桥市哈佛大学出版社。哈佛法律协会1989年版权,哈佛学院院长及同事1991年版权。经哈佛大学出版社同意后重印。[William E. Forbath, *Law and the Shaping of the American Labor Movement*, Cambridge Mass.: Howard University Press. Copyright © 1989 by the Howard Law Association. Copyright © 1991 by the President and Fellows of Howard College. Reprinted by permission of Howard University Press.]

迈耶·G. 弗里德等编辑,"工会、公平和集体抉择的难题",载于《南加州法律评论》第56卷(1983年),第461页。经加利福尼亚洛杉矶《南加州法律评论》许可后重印。[Mayer G. Freed et al., Unions, Fairness and the Conundrums of Collective Choice, 56 *Southern California Law Review* 461 (1983), Reprinted with the Permission of Southern California Law Review, Los Angeles, Cal.]

理查德·B. 弗里曼,"美国工会入会率的下降:是好事还是坏事,还是无关紧要?",载于《工会与经济竞争》(劳伦斯·米歇尔和保拉·沃斯编辑,1992年)。经纽约州阿蒙克市M. E. 纽约州夏普公司的许可后重印。[Richard B. Freeman, Is Declining Unionization of the U. S. Good, Bad, or Irrelevant?, in *Unions and Economic Competitiveness* (Lawrence Mishel & Paula B. Voos eds., 1992). Reprinted by permission of M. E. Sharpe, Inc., Armonk, N. Y.]

迈克尔·C. 哈珀,"正在兴起的消费者的抵制权:NAACP 诉克莱伯尼硬件公司案以及对美国劳动法的影响",载于《耶鲁法律杂志》第 93 卷(1984 年),第 409 页。经康涅狄格州纽黑文市的《耶鲁法律杂志》公司和科罗拉多州立托顿市的佛瑞德·科罗斯曼及公司的许可后重印。[Michael C. Harper, The Consumer's Emerging Right to Boycott: NAACP v. Claiborne Hardware and Its Implications for American Labor Law, 93 *Yale Law Journal.* 409(1984). Reprinted by the Yale Law Journal Company, New Haven, Conn. and Fred B. Rothman & Company, Littleton, Colo.]

迈克尔·C. 哈珀,"铺平从伯格-华纳公司案到全国第一维修公司案的道路:强制性谈判的范围",载于《弗吉尼亚法律评论》(1982 年)第 68 期,第 1447 页。经弗吉尼亚州夏洛茨维尔市的《弗吉尼亚法律评论》社科罗拉多州立托顿市的佛瑞德·科罗斯曼及公司的许可后重印。[Michael C. Harper, Leveling the Road from Borg-Warner to First National Maintenance: The Scope of Mandatory Bargaining, 68 *Virginia Law Review* 1447 (1982). Reprinted by permission of the Virginia Law Review Association, Charlottesville, Va. and Fred B. Rothman & Company, Littleton, Colo.]

迈克尔·C. 哈珀,"限制 301 条的优先权:为钢铁三部曲案的三次欢呼,为林格尔案与吕克案仅有一次",载于《芝加哥-肯特法律评论》第 66 卷(1990 年),第 685 页。1992 年版权。经芝加哥-肯特法学院及伊利诺伊州技术学院的特别许可后重印。[Michael C. Harper, Limiting Section 301 Preemption: Three Cheers for the Trilogy, Only One for Lingle and Lueck, 66 *Chicago-Kent Law Review* 685 (1990). Copyright © 1992, Reprinted by the special permission of the Chicago-Kent College of Law, Illinois Institute of Technology.]

迈克尔·C. 哈珀,"对雇员权利的放弃",载于《劳资关系法律杂志》第 4 卷(1981 年),第 335 页。《劳资关系法律杂志》拥有 1981 年的版权。经许可后重印。[Michael C. Harper, Union Waiver of Employee Rights, 4 *Industrial Relations Law Journal* 335 (1981). Copyright © 1981 by Industrial Relations Law. Reprinted by permission.]

迈克尔·C.哈珀和艾拉·C.卢浦,"作为平等保护的公平代表",载于《哈佛法律评论》第98卷(1985年),第1212页。马萨诸塞州剑桥市的《哈佛法律评论》社拥有1985年的版权。经许可后重印。[Michael C. Harper & Ira C. Lupu, Fair Representation as Equal Protection, 98 *Harvard Law Review* 1212 (1985). Copyright © 1985 by the Harvard Law Review Association, Cambridge, Mass. Reprinted by permission.]

布鲁斯·E.考夫曼和豪尔赫·马内斯-瓦斯奎兹,"批判性比较研究:工会工资设定的垄断、有效的合同和中间投票人模式",载于《劳动研究杂志》第11期(1990年),第401页。经弗吉尼亚州费尔法克斯郡乔治梅森大学的《劳动研究杂志》许可后重印。[Bruce Kaufman & Jorge Martinez-Vasquez, Monopoly, Efficient Contract, and Median Voter Models of Union Wage Determination: A Critical Comparison, 11 *Journal of Labor Research* 401 (1990). Reprinted by permission of Journal of Labor Research, George Mason University, Fairfax, Va.]

道格拉斯·L.莱斯利,"控制权:间接联合抵制和劳动反托拉斯的研究",载于《哈佛法律评论》第89卷(1976年),第904页。马萨诸塞州剑桥市的《哈佛法律评论》拥有1976年的版权。经许可后重印。[Douglas L. Leslie, Right to Control: A Study in Secondary Boycotts and Labor Antitrust, 89 *Harvard Law Review* 904 (1976). Copyright © 1976 by the Harvard Law Review Association, Cambridge, Mass. Reprinted by permission.]

霍华德·勒斯尼克,"间接联合抵制的控诉要旨",载于《哥伦比亚法律评论》第62卷(1962年),第1363页。经作者——宾夕法尼亚州费城市宾夕法尼亚大学法学院的霍华德·勒斯尼克教授的许可重印。[Howard Lesnick, The Gravamen of the Secondary Boycott. Article originally appeared at 62 *Columbia Law Review*, 1361 (1962). Reprinted by the permission of the author, Professor Howard Lesnick at the University of Pennsylvania Law School, Philadelphia, Pa.]

曼瑟尔·奥尔森著:《集体行动的逻辑:公共产品和团体理论》,马萨诸塞州剑桥市哈佛大学出版社。哈佛学院院长及同事拥有 1965 年和 1971 年的版权。经哈佛大学出版社同意后重印。[Mancur Olson, *The Logic of Collective Action*: *Public Goods and the Theory of Groups*. Cambridge, Mass.: Harvard University Press. Copyright © 1965 and 1971 by the President and Fellows of Harvard College. Reprinted by Permission of Harvard University Press.]

艾伯特·瑞斯著:《工会的经济学》(1977 年第 2 版),芝加哥大学出版社 1977 年版权。经芝加哥大学出版社许可后重印。[Albert Rees, *The Economics of Trade Unions* (2d ed. 1977). Copyright © 1977 by the University of Chicago Press. Reprinted by permission of the University of Chicago Press.]

保罗·C. 韦勒著:《治理工作场所:劳动法的未来》,马萨诸塞州剑桥市哈佛大学出版社。哈佛学院院长及同事拥有 1990 年的版权。经哈佛大学出版社同意后重印。[Paul C. Weiler, *Governing the Workplace*: *the Future of Labor and Employment Law*. Cambridge, Mass.: Harvard University Press. Copyright © 1990 by the President and Fellows of Harvard College. Reprinted by Permission of Harvard University Press.]

保罗·C. 韦勒,"恪守承诺:依据《国家劳动关系法》保障工人自我组织的权利",载于《哈佛法律评论》第 96 卷(1983 年),第 1769 页。《哈佛法律评论》拥有 1983 年的版权。经马萨诸塞州剑桥市《哈佛法律评论》社和马萨诸塞州剑桥市的保罗·C. 韦勒的许可后重印。[Paul C. Weiler, Promises to Keep: Securing Workers' Rights to Self-Organization Under the NLRA, 96 *Harvard Law Review* 1769 (1983). Copyright © 1983 by the Harvard Law Review Association. Reprinted by Harvard Law Review Association, Cambridge, Ma. and Professor Paul C. Weiler at the Harvard Law School, Cambridge, Mass.]

第一章 劳动者、工会和经济：综述

本书旨在探讨美国调整私营企业中的劳工组织和集体谈判的法律机制。劳动法作为调整私营市场运作的一个重要法律工具，一直以来（将来也会如此）都是一个充满争议的领域。劳工组织在争取提高补偿和改善劳动条件方面所采取的行动，与雇主在控制生产成本和生产流程方面所付出的努力存在矛盾关系，这一矛盾给早期的劳动法打下了深深的烙印。劳动法制度在起步之初，普通法对工会团体充满抵触，《反垄断法》起初既不认可工人请求的合法性，也不支持工会组织和集体谈判活动。

虽然联邦基准性的劳动法已经颁布了70多年之久，但一些根本性的问题仍未消失。工会力量从19世纪50年代中期的峰值——当时代表着35%的私营企业雇员，并能影响到那些无工会企业的就业条件，到现在只代表着不到10%的私营企业员工。值得本书深入思考的一个问题是：工会入会率的下降是否是由法律体系的（自身）缺陷或社会—经济大环境这两个因素中的某个或两者共同造成的。

为了给本书其他章节提供（宏观）政策方面的脉络铺垫，本章主要探讨工会和集体谈判所扮演的角色，以及它们的存在与再分配、效率和实现劳动法其他目标之间的联系。本章意在勾勒出工会对我们社会与经济的影响，还有基准法对集体谈判的替代作用。

注释：劳动法域的主旨

哪些目标可以成为现代劳动法的主旨？劳动法域或许有意彰显下列三项重要的价值：

1. 再分配。促使现代社会通过劳动法来实现社会财富再分配的原因有很多。第一，加强工人的谈判力量有可能会帮助他们更为公平地获取经济机会和收获经济成果。第二,政策制定者可以通过满足群众的消费需求,来实现经济稳定与增长。第三,一个较为平等的资源分配体系可以减少社会冲突,从而能够保障政治上的民主。第四,劳动法通过对低附加值就业的限制,可以起到鼓励企业去投资高附加值岗位和职业培训的作用,从而提高工人工作经验和能力。第五,因为公共福利方面的法律被既得利益集团影响和左右,立法者可以选择通过其他法律机制来对社会财富进行再分配。以上这些因素并非互相排斥的,它们在某个特定法律上可能是同时在起作用的。

有批评者指责:通过劳动力市场法规来实现再分配的目标,虽然看起来像是从社会最富阶层向最穷阶层转移财富的理想方式,但事实上它并不能实现人们所期许的再分配结果。在对集体谈判的司法保护中获利最多的群体,往往是那些在职人员而非求职人员、是老员工而非新员工、是有技术的或高知识水平的工人而非无技术或低知识水平的工人。而且,劳动者通过集体谈判所获得的利益,并非都是由雇主来提供,雇主通常会把成本转嫁给消费者,或者减少使用高成本的劳动力。再者,劳动力市场法规是否会降低可供再分配的社会净资源仍旧是个谜。对于那些批评者而言,财富再分配最好是通过政府税收和预算政策来实现。

2. 效率。经济学家在讨论"效率"问题时往往使用两个不同的概念。当法律上的调整在某种程度上导致一个群体在获利的同时并未损害其他群体福利时,经济学家将这一现象称之为"帕累托优化(Pareto superior)"或"效率"。当然,人们在得出不仅没有群体受损而且至少有一个群体获得改善的结论时,还需要综合考虑法律权利变化所产生的成本和收益。

"帕累托"效率的条件是十分苛刻的——事实上,它要求所有受影响的当事方有一致看法——因而很多经济学家用"卡尔多-希克斯(Kaldor-Hicks)"效率来替代。这一概念认为,如果一个改变能对相关群体的利益带来充分的增量,易言之,当该变化的受损者之利益在理论上能被获利者所得到的利益冲抵时,就可以认定为是有效率的,而利益的实际补偿并非是必需的。例如,一个生产自动化方面的提议,尽管会提高利润和使消费者受益(通过降低价格和提高质量),但是却往往达不到帕累托效率的要求,因为这会导致很多工人失去工作。然而,社会作为整体可能因此而获益,在这种情况下,它属于满足了卡尔多-希克斯效率的情况,即便是那些因此失去工作的人们没有从此项技术进步所带来的好处中获得任何补偿。

劳动关系法律是如何提高经济效率的,它所提高的是帕累托还是卡尔多-希克斯效率?在劳动力市场中难道没有法律规制的谈判比起有规制的谈判,在实现交易效率方面作用更大?支持规制有效的人也给出了很多理由:例如,建立一套行之有效的申诉程序就是典型的集体谈判衍生品,它很难在单个工人和雇主之间个体谈判中产生。这是因为抱怨程序的利益是无法被某一个工人独占的,也没有人愿意为争取这一程序承担谈判成本,即便是它能够使对所有工人产生的利益多于雇主减少的利益(也就是说,满足了卡尔多-希克斯效率模型),抱怨程序也不会在个体谈判得到讨论。

3. 参与性。虽然存在劳动力市场法规能提高效率和带来合理再分配的观点,但也有人对此持有怀疑和反对态度,不过即便是这些人,他们也认为倡导法律保护劳工组织和集体谈判体现了民主价值观,也支持工人在创设劳动条件活动中的话语权利。有一种观点认为,那些遭遇到恶劣工作条件伤害的人,常常不是那些能够积极行使权利的公民——民主不应只发生在投票间里,而还应存在于工厂和办公室中。而且,姑且不论这样的参与是否是实现广义民主的必要元素,我们依旧希望让工人在设定工作条件时有自己的声音,因为它能使个人体会到自我价值的实现。

第一节 新古典主义劳动力市场视角

经济学家通常从劳动力市场的简单模型着手研究,预先假定性地剔除了很多在"真实世界"遇到的复杂因子。这样作的目的是为了明晰地理解经济力量在假想的简单环境下的运行模式,一旦建立了相应的认知,再通过将真实世界中变量考虑进模型当中进行分析。我们效仿一本权威教科书,从描绘一个没有集体谈判和法律规制的劳动市场切入我们的分析。

《现代劳动经济学》 罗纳德·埃伦伯格和罗伯特·史密斯 著

Modern Labor Economics, Ronald G. Ehrenberg & Robert S. Smith 32-25, 43-45, 56-59, 73 (3d ed. 1988)

工资平衡式

需回顾一下,市场需求曲线显示的是:雇主在(不同的)资本价格和消费者收入点上进行权衡之后对工人人数需求的变化。市场供给曲线展示的是:当其他职业的工资成为衡量因素时,工人们在各个工资水平上的人数分布。这些曲线放在一个图表中就会揭示一些有趣的信息,见图表 2.10。

图表 2.10

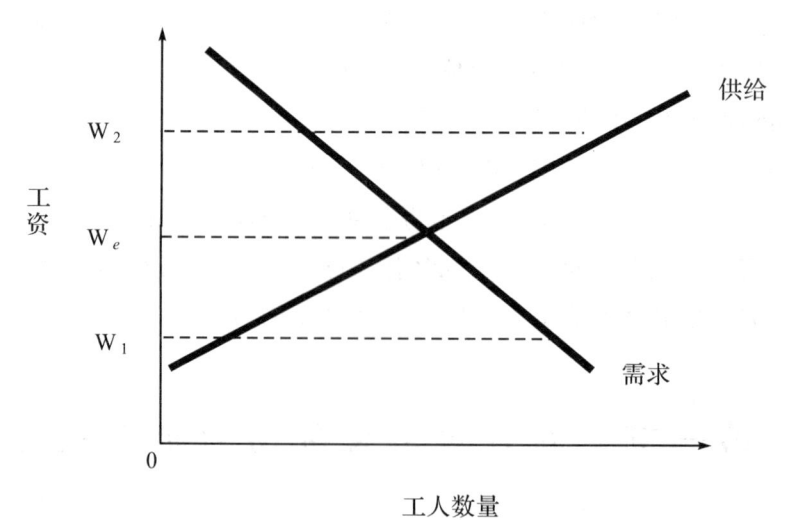

市场需求与供给

[图:纵轴为工资,标有 W_2、W_e、W_1;横轴为工人数量;两条曲线分别为供给(上升)和需求(下降)]

当供给与需求一致时,工资水平就是市场净入工资或平衡工资。工资在 W_e 点的时候,雇主可以填补所有职位空缺,所有有就业意愿的雇员都可以找到工作。在这一点上没有劳动力剩余和短缺。所有各方都得到满足，没有能够改变工资率的力量。

平衡工资是工资在市场中的最终存在形态。工资低于 W_e 点的状态是无法保持的，因为劳动力短缺会使雇主争相发出提高工资的邀约。同理，工资高于 W_e 点的状态也是无法保持的，因为劳动力过剩会带来工资下行压力。平衡工资因此就成为各个雇主和雇员最终必须面对的现实工资。易言之，工资率是由市场决定的，并通过各个市场参与者"公布"出来。

在他们书中一些其他地方，作者解释了为什么劳动力供应曲线渐渐上翘而劳动需求曲线却不断下滑。以下就是埃伦伯格和史密斯对劳动力需求曲线变化进行的部分讨论：

从短期来看，当企业的资本金（K）和生产力固定不变时，企业中每个单位的产出变化取决于该单位所雇佣人员的数量……当资本为恒量时，额外的产出是由企业中新增的雇员创造的，这也就是通常所说的劳动力边际产出［Marginal Product of labour（MP_L）］……最终……当有更多的工人被雇佣后，劳动力边际产出一定会下降……边际收益减少的规律是基于一个实证假设得出来的，即当就业扩张后，每增加一个雇员，其所服务的资本金份额就越小。

为了便于阐释，我们假设边际劳动力产出是一直处于下降状态的。图表 3.1 显示了一个典型企业中的边际劳动力产出的变化。在这个图表中，边际劳动力产出用纵轴来代表，横轴表示的是每个单位雇佣劳动力的数量。下行的直线显示每增加一个单位的劳动力，就获得了较先前更小增量产出（但仍为正产出）。

边际劳动力产出是根据每单位劳动力增量所产生的单位产出增量换算出来的。假设我们的工资率是正常的工资率，企业支付每个单位劳动力价格为 W，它每单位产品的产出价格为 P。这些变量可以分别表示为美元/单位劳动力和美元/单位产出价格。因此，企业支付的真正工资率——它的现金工资可以被分为价格指标（W/P）——也同时具有单位产出/单位劳动力的性质。例如，如果一个女工获得每小时 10 美元的工资，她生产的单位产品售价为2美元。从企业的角度来看,她获得工资是5单位/小时(即10/2)。这5个单位代表着她的真正工资,另外,因为真正工资和边际劳动力产出都是同一方法来测定的,我们可以用图表3.1的竖轴来代表这两个变量。

图表3.1

劳动力的短期需求

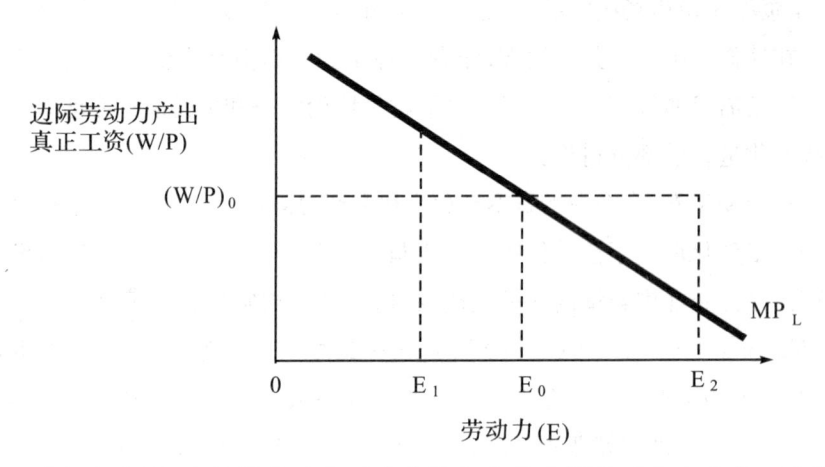

边际劳动力产出
真正工资(W/P)

$(W/P)_0$

MP_L

$0 \quad E_1 \quad E_0 \quad E_2$

劳动力(E)

从短期来讲,企业的劳动力需求曲线与企业边际劳动力产出是一致的,且都是向下运行的。这一结果源自于企业总是追求利润最大化的假设。为了实现这一目标,企业应会持续雇佣员工直到它所雇佣的最后一名员工的边际产出同其劳动力的边际成本刚好相等时。由于企业的利润简单地讲就是收入减去成本,当它的边际收益超过其边际成本时,它的总利润额可以通过扩大就业来增加。同理,当它的边际收益小于其边际成本时,企业最新雇佣的员工是赔钱的,它可以通过减少雇佣量来实现盈利。结果,与利润最大化一致的雇佣水平是发生在当最新雇佣的单位劳动力的边际收益等于其边际成本的时候。

从长期来看,雇主在决定雇佣人数的同时有改变资本金的自由。由于这两个原因的存在使得工资率的提高会影响到企业的雇佣水平。第一,工资通过其规模与产出效应对雇佣产生影响。一个追求利润最大化的企业会持续扩大生产直到它最新雇佣员工的边际收益与其边际成本相当之时。工资率的提高会增加其边际生产成本,但并不会影响边际收益。其结果就是,如果企业继续维持原先处于平衡水平上的产出量,其边际成本就会超过边际收入。企业在生产最新产品时是处于亏损状态的,它在提高工资率后能作的就是减少生产水平来弥补亏损。削减产出会导致企业减少使用资本和劳动力。

关于企业提高工资率后对其雇佣规模所产生长期影响的第二个方面是,它会导致因素替代(factor substitution)现象。为了实现利益最大化,企业无论处于哪个产出水平都必须设法将它的生产成本最小化。直到最新雇佣员工的成本的增量同该工人贡献增量相等的时候,成本最小化才能完全实现。为了证明这一点,假定企业的产出水平为 Q,而且该企业考虑通过改变它的资本和人力的构成来减少支出。假设这个企业发现 1 美元劳动力的投入带来 1 个单位的产出增量,而 1 美元的资本投入带来 2 个单位的产出增量。如果将它的劳动力成本缩小 50 美分,而与此同时将资本金提高 50 美分,就可以在生产出 Q 的过程中使用更少的成本。因此,原有的资本和劳动力构成显然不是利润最大化的状态。把这一因素进一步地推演,将会得到这样结论:企业会追求最优化的资本与劳动力配比,这个点也就是当每增加(或削减)1 美元劳动力投入和每增加(或削减)1 美元的资本投入将得到一样的产出变量的时候。

工会是如何影响到劳动力市场运作的呢?埃伦伯格(Ehrenberg)和史密斯(Smith)提供了如下解释:

工会代表着工人,因此它主要影响着劳动力市场的供应曲线。它们通过两条途径发挥作用。第一,很多工会是在劳动管理协议的框架下运作的——也称作合同或集体谈判协议——它允许雇主有自主选择工人的权力。这些合同的内容涵盖工资、其他形式的补偿、工作条件、雇员申诉程序和提拔与裁员规则。合同的条款是管理层同所有工人集体协商的产物。在实践中,工人团结在一起形成谈判共识,并作为一个群体进行谈判。所有人都受合同条款的约束,也就意味着所有人都必须接受最终的工资约定。

在实践中,很多主要的集体谈判协议都是以行业为单位的。这些协议涵盖自动化、钢铁、橡胶、煤炭和卡车行业,对相关劳动力市场产生的影响是使工资保持在同一水平线上。没有人能够得到比合同中约定的工资范围更高或更低的工资。(见图表 2.20)

图表 2.20

行业内工会的劳动力平衡点效果

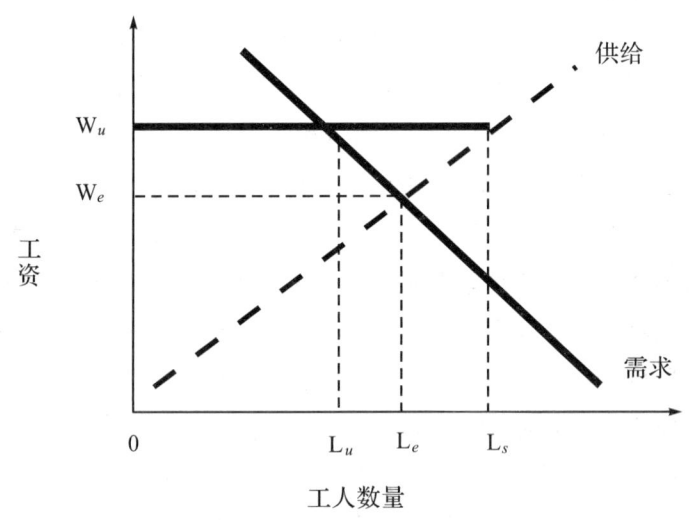

在图表 2.20 中,S 代表无工会状态下劳动力供应曲线,W_e 代表它的市场工资水平。但是,工会将工资率从 W_e 提升到了 W_u,合同中所确定的工资是为了防止企业提供高于或工人接受低于 W_u 水平的工资。其结果就是实际工资高于平衡工资,如果原有工资水平较低,新的雇佣水平将低于它们原有水平,并伴随有大量劳动力过剩(在 W_u 点,有 L_s 数量的工人是希望工作的,但只有 L_u 数量的工人能够找到工作)。因为工资是不能下降的,劳动力过剩继续存在,这将体现在很多人等着申请有工会的雇主所提供的工作。

工会将工资水平提升到市场水平之上是该假设的基础。此假设是有效的,因为工会确实存在这样作的动机。并非所有工会都有力量影响工资……如果……工会同意将工资定在 W_e 市场平衡水平上,那么它们并不会影响劳动力市场的工资率和就业水平。

工会影响劳动力市场供应的第二途径是直接限制供给。一些工会同企业签有协议,规定雇主只雇佣工会成员,通过这样的方式工会也控制着其工会成员的数量。工会在拥有控制其会员会籍和要求雇主只雇佣工会成员的双重权力的时候,工会被赋予了决定劳动力市场供应水平的权力。(见图表2.21)

图表 2.21

掌握劳动力供给的工会如何影响劳动力市场的平衡

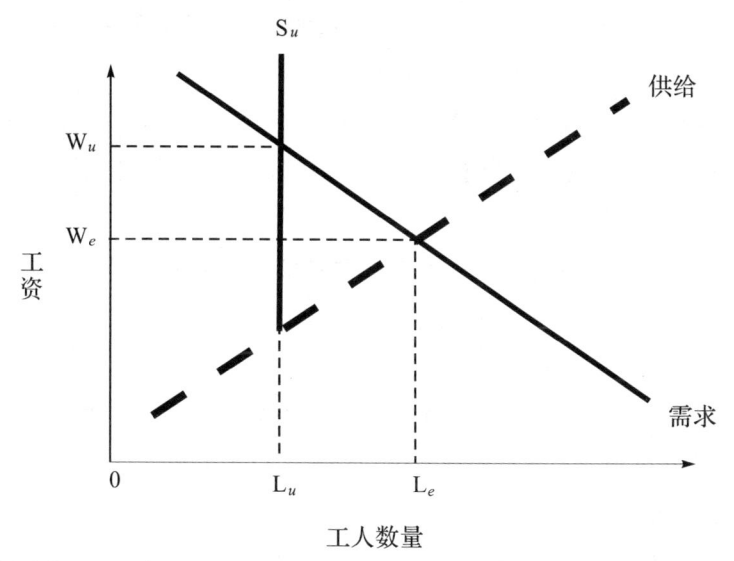

在图表2.21中,S_u代表者工会政策所主导的供应水平,W_u代表相关的工资。S_u呈现垂直线是因为工资的提高和降低不影响劳动力供应。供应量已经被工会政策固定在L_u点。

由工会影响所决定的工资和雇佣水平——W_u和L_u——可以和没有工会影响下的更低的工资(W_e)和更高的雇佣水平(L_e)进行比较。

注释和问题

1. 一些假设。这个模型是基于多项特定假设之上的,如果这些假设出现变化,将需要对分析过程进行调整。思考一下没有工会介入时的模型:

a. 缺少垄断性。该模型设想很多工人来竞聘工作,也有很多企业来竞招工人。在这一模型中,雇主是"工资采用者"而非"工资制定者"。企业被称为"垄断者"是因为它在劳动力市场上有垄断性的权力。劳动力市场的垄断者所面对的是供应不断上升的劳动力市场(这就需要他们为新增劳动力去支付更多费用),而非像"非垄断者"所面对的劳动力供应量水平线。这就意味着垄断者雇佣的边际成本将会超过其工资水平,因为垄断者不得不支付更多的工资给其他员工以便使之得到与边际劳动者相等的工资。一个理性的垄断者在它的边际成本等于它边际收入之前会不断雇佣工人,并在其边际收入高于它的工资收入时停止雇佣——其结果是由于垄断者失去对工资制定权而使雇佣水平低于应有值。

b. 信息。这个模型还假设工人能够计算自己对边际产品的贡献,并且对其他地方的就业机会有所了解,企业只需花很少成本就能了解到工人的贡献和求职者的质量。

c. 流动性。该模型还假设工人只需花很小成本就能对其他企业的工作机会作出回应,企业也能够轻易地解聘现有员工队伍转而去雇佣更便宜的(或质量更高的)劳动者。

d. 储备金。有效率的市场能够提供自由的购销环境。与商品供应不同的是,劳动提供者不能对劳动力进行跨地区跨市场地多样化处理,也不能将自己劳动力先行存贮而后销售。而且劳动者也无法轻易从融资市场中获得帮助来提高自己的技能和接受到培训,或调动工作。

e. 最大化。这个模型还假设工人会关注工作与休息之间此消彼长的关系,并通过协调这个关系来实现自己的倾向。而且,企业被假定为追求利润最大化的整体,而没有考虑它内部的差异,例如管理者们,他们的个人倾向并非与利益最大化完全一致。

2. 内部劳动力市场。企业在某些情况下可能不依靠外部劳动力市场来实现经济效益。这些企业可能会鼓励它们的员工去学习一些能够帮助其掌握企业设备机械原理和工作流程的技能,这些技能为该企业带来更高的附加值,但并不会提高这些工人相对于其他雇主的市场价值。一个企业可能采取的激励方式有:为员工提供工作稳定性和建立某种能够使工人在将来的职业生涯中获得比外部市场更好的补偿制度。此类企业也会鼓励在职员工将他们的实践知识与新员工共享。在这样的"内部劳动力市场"的结构下,雇主和雇员之间在工资和人事方面形成了一个潜在的互相依存关系。例如,确定新员工的工资标准时应考虑企业原有的工资结构,在分配热门工作时应遵循论资排辈的潜规则,由新员工来承担经济不景气时的裁员风险。彼得·B.多尔硬格和迈克尔·J.皮奥里:《内部劳动力市场与资源分析》(1971)[Peter B. Doeringer & Michael J. Piore, *Internal Labour Markets and Manpower Analysis*(1971)]。

3. 工会的角色。工会的引入是如何改变注释1中的那些假设的呢?考虑一下如下情况:

a. 垄断。正如埃伦伯格和史密斯的文章中所建议的那样,工会倾向于通过扮演"工资制定者"而非"工资接受者"来垄断劳动力的供应。但是,正如那些有关最低工资、生活工资和日常工资的法律,没有任何一部法律排斥非工会工人与工会工人的同台竞技,工会想实现其垄断目标是非常难的。

b. 信息。由于工会往往代表着多家企业中的员工,它们可以将提高其他企业中有关工资和劳动条件方面的信息传导到本企业。在某些时候,工会还有财会专家的协助,能够对企业的财务情况和规划进行监督。在那些存在内部劳动力市场的企业,工会能够通过一种制度化的建档机制以检视企业是否履行了它们的隐含义务。

c. 流动性。工会在某些情况下经常提倡资历优先和特殊—福利政策来鼓励培养长期忠诚度,故而工人的流动性将会被减低。这样的政策同企业的内部市场策略是一致的。不过,在某些建筑企业,当工会为企业提供经过培训的员工时,却也提高了工人的流动性。

d. 储备金。工会可以帮助工人们提高议价能力(因此也包括他们在储备金方面的议价能力),因为雇主再寻找整个工人团队替代现有员工群体要比替换一名员工难得多,另外,工会还会把资源集中起来作成罢工经费。

e. 最大化。工会引入了集体决议机制来代替无工会企业中的工人单个决策机制。它们会执行一些使多数人受益但会牺牲少数人利益的决策。但是,当工人们拥有共同价值取向时,此种让人担忧的情况出现的几率就会下降。即便是出现上述情况,工会往往会遵从中间选民所属意的政策,这些人通常是那些长期供职的员工,也是因为其资历高而受裁员保护的那部分人。布鲁斯·E.考夫曼和豪尔赫·马内斯-瓦斯奎兹:《垄断、有效的合约和中间投票人模式》,载于《工会工资的设定:一个批判性式比较》,《劳动研究杂志》第 11 卷(1990),第 401 页[Bruce E. Kaufman & Jorge Martinez-Vasquez, Monopoly, Efficient Contract, and Median Voter Models. Of Union Wage Determination: A Critical Comparison, 11 J. Lab. Res. 401 (1990)]。工会还会要求企业"比照"竞争对手的工资水平(确定本企业的工资),不能为了体现本企业的特殊经济状况而恣意变更(工资)条件,工会这样作有利于维持工会职工整体谈判力。

4. 有效的政策工具? 劳动力市场的新古典主义模式是否是一个有效的工具?经济学家们对此进行了广泛探讨,见布鲁斯·E.考夫曼:《劳动力市场竞争性特质的认识演变》,载于《劳动经济与产业关系:市场与机制》第五章(克拉克·科尔和保罗·D.斯多哈编辑,1994 年)[See Bruce E. Kaufman, The Evolution of Thought on the Competitive Nature of Labor Markets, in Labor Economics and Industrial Relations: Markets and Institutions, ch. 5 (Clark Kerr & Paul D. Staudohar eds., 1994)]

5. 描述性的与规范性的工资决定机制。 埃伦伯格和史密斯将"市场出清"或"均衡"工资定义为"当市场上没有过剩和短缺的情况、而且各方都得到满足的时候"的工资。他们运用该理论进行分析之后认为,(正当的)经济模式应该是对劳动力市场实然运行状况的描述,而非是对该市场应然模式的规定。埃伦伯格-史密斯模型并不要求工人所接受"均衡"工资是他们所"满意"的工资,或从工人或社会大众的视角来判断"均衡"工资的水平。

第二节 工会和工资

注释:有关工资差异的研究

动经济学家几十年来一直致力于收集相关数据,来说明工会是否成功地为其所代表的工人提升了工资。有关学术讨论,见:弗里曼(Freeman)和梅多夫(Medoff):《工会做了些什么?》第3章(1984)[*What Do Unions Do?*, ch.3(1984)];里维斯(Lewis):《工会关联工资的影响》(1986)[*Union Relative Wage Effects: A Survey* (1986)];赫希和爱迪生:《对工会的经济学分析:新路径与证据》(1986)[*Economic Anaylsis of Unions: New Approaches and Evidences* (1986)]。

但不幸的是,没有人能够构建一种可以包容所有相关变量的方法。有一种作法是将相同地区、相同行业、相同大小的有工会工厂与无工会工厂所发工资进行比较。但是,这些比较并没有考虑到,在有工会工厂里工作的员工与在无工会工厂的职工在能力上并非完全一致。由于工会的存在,让有工会工厂保持较高的工资,其雇主就会利用自己的工资优势去雇佣更有能力的员工。因此,单纯进行跨工厂的比较会忽视上述因素对工资的影响。

第二个切入点是收集一些在有工会企业与无工会企业之间流动的工人的信息。这些研究对工人之间的技术和能力上的差别进行控制性处理,但其他一些原因的存在可能会低估工会对工资的影响。例如,工人从有工会企业中的工作转到无工会企业中的工作,经常会获得要比相反方向流动的工人更多工资。

其次,还有另外两个因素让这些方式无法全面地反映出工会对工人收入的真正影响。第一,这些研究都只关注工资,而忽视了其他福利的存在,这些福利可能会是员工利益的重要组成部分,而且往往在有工会企业中得到较多的关注。理查德·弗里曼:《工会的作用及其附带福利》,载于《劳资关系评论》第 34 卷(1981),第 489 页[Richard B. Freeman, The effect of Trade Unions on Fringe Benefits, 34 Indus. & Lab. Rel. Rev. 489]。第二,此书除了工资收入之外,也忽略了就业条件,例如,安全与健康危害、工作速度和工作时间的灵活性。一些研究宣称无工会企业比有工会企业提供的工作环境更具吸引力。格雷格·J. 邓肯和弗兰克·P. 斯塔福德:《工会成员享受不一样的工资补偿吗?》(1980),载于《美国经济》修订版第 355 页;J. 保罗·雷:《有工会组织的蓝领工人的工作环境比无工会组织的蓝领工人的工作环境更具危险性吗?》,载于《劳动研究杂志》第 3 卷(1982),第 349 页[Greg J. Duncan & Frank P. Stafford, Do Union Members Receive Compensating Wage Differentials?, 70 Am. Econ. Rev. 355 (1980); J. Paul Leigh, Are Unionized Blue Collar Jobs More Hazardous Than Nonunionized Blue Collar Jobs?, 3 J. Lab. Res. 349 (1982)]。通常的情况却是当企业的工作待遇越没有吸引力,工会越容易将其员工组织起来。另一种情况是:当工会将工人组织起来并成功地抬升了工资,但最终的工资收入与无工会企业的差别却反映在了工作待遇的差异上。

尽管存在这些研究难题,经济学家仍然自信地估计:工会的存在让工资提升了 10% 到 20%。这种工资变化对于经济学来说是确实存在的,因为它有助于解释为什么雇主对工会的存在持拒绝态度,以及为什么工会对工人有吸引力,而工人不必担心"竞争会逐渐缩小工人之间在经济收益方面的差异"。赫希和艾迪生:《工会的经济学分析》,第 153 页[Hirsch & Addison, Economic Analysis of Unions, supra, at 153]。工会对工资的影响程度对于不同种类的工人和行业是不一样的。在经济危机期间,隶属于工会的工人工资优势更为明显,因为大量的失业工人是在工会控制和影响不到的劳动力市场中争夺工作的。威廉·J. 摩尔和约翰·瑞恩:《1967—1977 年工会/非工会工资增长水平的影响》,载于《劳动研究杂志》第 4 卷(1983),第 65 页;H. G. 里维斯:《美国工会主义和相关工资水平》(1963)[William J. Moore

& John Raisian, The Level and Growth of Union/Nonunion Relative Wage Effects, 1967–1977, 4 J. Lab. Res. 65 (1983);H. G. Lewis, *Unionism and Relative Wages in the United States*(1963)]。

另外,工会对工资的影响力表现在它可以提高某一行业中工会成员的比重,当其成员达到一定数量时,工会可以代表整个行业而非某个企业进行谈判。弗里曼和梅多夫估算"某个相关企业中每上升十个百分点的工会入会率将会带来1%到1.5%的工资增长"。弗里曼和梅多夫:《工会做了些什么?》,第51页。他们还进一步下结论道,"在企业这一层次上的劳动合同中,工会优待工资的差异出现了明显的下降。"出处同上。行业间工会对工资影响的差异十分巨大,这主要是取决于该行业对劳动力的需求曲线——这也就是应激性需求改变工资水平的方式。大卫卡德等:《工资与就业结构的改变:美国、加拿大和法国之间的比较》,《加拿大经济学杂志》第32卷(1999),第843页。最新评估结果见,大卫 G. 布兰奇福劳和亚历克斯·布赖森:《工会当下对工资的影响,弗里曼和梅多夫是否也会感到吃惊?》,载于《劳动研究杂志》第25卷(2004),第383页[David Card et al., Changes in the Relative Structure of Wages and Employment: A Comparison of the United States, Canada and France, 32 Can. J. Econ. 843 (1999)。David G. Blanchflower & Alex Bryson, What Effect Do Unions Have on Wages Now and Would Freeman and Medoff Be Surprised?,25 *J. Lab. Res.* 383(2004)]。

尽管有工会优待工资存在,但弗里曼和梅多夫总结道:工会客观上提升了工资待遇方面的平等。他们的实证研究显示:由于工会优待工资带来的不平等被"工会在另外三个方面所起到的工资平权作用抵消了,即:工会的工资政策降低了企业内的工资不平等;工会工资政策倾向于保护企业间的同工同酬;工会为蓝领工人争取到了工资利益从而降低了蓝领与白领之间的不平等"。弗里曼和梅多夫,第78页;理查德·弗里曼:《美国工会入会率的下降:是好事还是坏事,还是无关紧要?》,载于《工会与经济竞争》(1992),第148—149页[Freeman & Medoff, supra, at 78;Richard B. Freeman, Is Declining Unionization of the U. S. Good, Bad, or Irrelevant?, in *U-

nions and Economic Competitiveness 148－149（Lawrence Mishel & Paula B. Voos eds.，1992）〕。

注释：工会优待工资的来源

工会争取到的工资来自于企业利润吗？它们争取到的工资是否是以降低非工会员工工资为代价，或通过提高价格以牺牲顾客利益为代价，还是通过工会率拉动生产率上升（这一更具吸引力）的方式来实现的？

经济学家们调低了对从资本到劳动力的财富转移的关注度，转而密切关注工会优待工资提高的过程，研究这个过程给工人之间财富分配带来的变化，他们认为这一变化不单是由非工会员工工资相对下降直接造成的，也是由工人们所消费产品和服务的价格上升间接导致的。思考一下前文 7—8 页图表 2.20 和 2.21 中所呈现出的数据。其中就假定工会能够通过组织一定数量的员工来阻止其雇主将原有员工替换为那些愿意接受工资水平低于 W_u 点的员工，从而能够控制和实现工资水平从 W_e 上升到 W_u。雇主作出的反应将把雇佣水平从 L_e 降到 L_u。雇主采用减少生产或运用其他方式，如使用机器，来替代工会控制下的劳动队伍。这一模型还进一步表明，生产的减少可以影响有工会企业的产品市场，正如下页图表 A 所描述的那样。产品供应曲线向左移动到 S_u，产品的销售价格也增长到 P_u，同时消费量却降到了 Q_u。我们可以假设，有工会的企业能够保持一个较高的销售价格是因为它们在市场上有垄断力量，或有准入门槛阻止其他竞争者参与。

这一模型也显示，有（工会）组织的劳动力市场中的相对高工资，会带来无（工会）组织劳动力市场中的相对低工资。这个情况发生在工人由于被裁员，受到有（工会）组织劳动力市场的排斥，转而进入到无（工会）组织劳动力市场的时候。这样的转移会导致供应曲线在无（工会）组织劳动力市场中如图表 B 所示向右平移，并造成工资从 W_e 降到了 W_u。因此通过这一模型可以预见，工会通过他们对某——劳动力市场的控制而获取的任何利益，将会导致无（工会）组织员工利益的损失，具体表现为，这些人工资的降低和生活成本的提高（由于更高的产品价格）。

图表 A

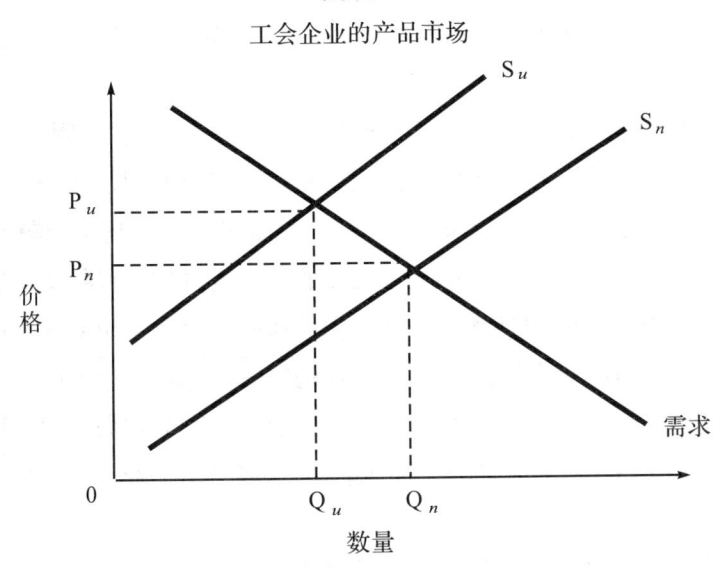

工会企业的产品市场

S_n = 在缺失工会的情况下,产品的供给
S_u = 在有工会存在的情况下,产品的供给

图表 B

无工会企业的劳动力市场

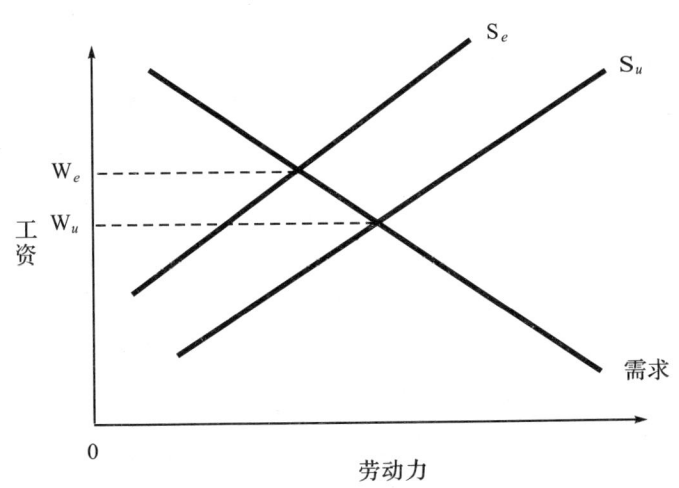

S_e = 在缺失工会的情况下,工人的供给

S_u = 在工会工资政策"错位影响"之后无工会存在的情况下,工人的供给

这一模型能在多大程度上反映出现实的状况?有证据表明,在有些时候工会争取利益的活动对无(工会)组织员工的工资有积极作用。弗里曼和梅多夫:《工会做了些什么?》,第10章。伴随着前文所述的"错位影响"(displacement effect)(对非工会员工工资的下行压力),还有将要开展工会化行动的"威慑作用"迫使无工会企业提供和有工会企业相似的待遇以减少自己工人加强代表力量的要求。见,埃伦伯格和史密斯,第475—476页。即便是无工会企业无意提供和有工会企业类似的待遇,它们仍然是根据行业内的平均工资来设定自己的工资标准,而这些平均工资是受工会工资影响的。

工会的所有努力到底带来了什么样的结果是个实证问题。工会的威慑作用取决于工会密度和工会能调动的资源。当许多传统的高工会密度行业中的工会入会率下降——同时,工会在组织工人时的支出能力也在下降,见,保拉·B. 沃斯:《1953—1977年工会变化的趋势》,载于《劳资关系评论》第38卷(1984),第52页[Paula B. Voos, Trends in Union Organizing Expenditures, 1953-1977, 38 *Indus. & Lab. Rel. Rev.* 52(1984)]——工会的威慑作用在过去的几十年中有着显著的下降。

弗里曼和梅多夫教授还认为:尚无实证证据显示,工会的存在会抬高工会工人所提供的产品和服务的价格,从而伤及非工会员工和消费者。他们认为:之所以不存在此种影响是因为工会只向在市场上具有垄断力量的雇主争取优待工资。这种垄断力量可能基于以下情况的存在而存在,例如,(1)自然垄断条件,如公路和公共事业;(2)政府法律规定,像以前存在过这种现象的卡车运输业和通信业;或(3)准入门槛导致的寡头垄断,像以前的汽车和钢铁行业。这些行业里的雇主,无论是否有工会,都会把他们的产品价格设在其垄断力量所允许的最高水平。因此多数的工会优待工资被认为只降低了企业的垄断利润,而不会影响到消费者。弗里曼和梅多夫,同上,

第 185—187 页。

然而,该解释并非认为,非工会成员的员工和消费者不会被企业应对工会优待工资的措施伤到。如果试图在竞争性行业中建立工会优待工资,那么工会将会(给企业)造成利润减低,使之降至维持继续投资的最低收益线以下,最终会导致企业经营失败、产出减少、价格提高。对于很多经济学家来说,有关工会对经济影响的争论主要集中在工会是否只降低垄断行业的利润,还是对竞争性行业也有同样影响。参考一下理查德·弗里曼(Richard B. Freeman)《美国工会入会率的下降:是好事还是坏事,还是无关紧要?》,载于《工会与经济竞争》,第 143、162 页的如下讨论:

> 《工会做了些什么?》一书指出工会很少会让工资的提高对企业利润形成过度挤压,从而导致企业被迫关门,而且有证据表明,工会带来企业利润降低的状况大多发生在垄断行业中。大量的研究都确认了这一论断,但有些其他研究也得出了不同结论……如果工会造成的企业利润下降(早在研究之前就)已经导致企业由于失去市场竞争力而关闭的话,那么研究现存企业的利润率,只会勾勒出一幅有关工会对竞争性行业利润的影响带有误导性图画。如果没有切实的证据证实工会对企业或商户经营的影响,那么这个问题就一直难有答案。

但见理查德·弗里曼和莫里斯·可雷诺(Morris M. Kleiner)所著《工会是否致使企业破产?》①工会把工资提高至某一点,在此点上企业可能会采取较无工会企业更慢的扩张速度,但此时的工资也不至于高到让工厂或企业关闭的程度。

---

① 理查德·弗里曼和莫里斯·可雷诺:《工会是否致使企业破产?》,《国民经济研究局工作报告》,第 4797 号,1994 年 7 月(Do Unions make Enterprises Insolvent?, Nat. Bur. Econ. Res., Working Paper No. 4797, July 1994)。

注释和问题

1. 对企业利润的影响是否只限于垄断企业？ 有观点认为工会对利润的负面影响仅限于那些利润高于平均水平的垄断行业，见，托马斯卡瑞尔：《关于工会与垄断的新证据》，载于《后肯桑尼亚经济学杂志》第 10 卷（1988），第 414 页；托马斯卡瑞尔：《工会与垄断利润》，载于《经济和统计研究》第 67 卷（1985），第 34 页；弗里曼和梅多夫：《工会做了些什么？》第 12 章，第 184—187 页；德尔拜尔曼：《工会、劳动关系质量和公司运转》，载于《工会与经济竞争》，第 41、60—65 页 [Thomas Karier, New Evidence on the Effect of Unions and Imports on Monopoly Power, 10 *J. of Post-Keynesian Economics* 414（1988）; Thomas Karier, Unions and Monopoly Profits, 67 *Rev. of Econ. & Stat.* 34（1985）; Freeman & Medoff, *What Do Unions Do?*, supra, ch. 12, esp. at 184-187; Dale Belman, Unions, the Quality of Labour Relations, and Firm Performance, in *Unions and Economic Competitiveness*, supra, at 41, 60-65]。不过，赫希和爱迪生教授表达了对上述观点的怀疑："如果工会获得的利益和企业的垄断程度有关系的话，工会与非工会员工的经济性利益（工资和其他福利）的差距在越垄断的企业中应该越明显。但……证据表明在高度垄断的行业中，这样的利益差别并没有更大（事实上，可能是更小了）。"[见赫希和爱迪生，《对工会的经济学分析》，第 214 页（Hirsch & Addison, *The Economic Analysis of Unions*, supra, at 214.）]

2. 垄断企业中的工资优待和价格上升。 应注意的是，垄断行业中的工会优待工资并非都来自于企业的垄断利润，而是来自于价格上涨。一个垄断者，如果对他的产品需求并未完全反映在他的价格上，当他的边际生产成本提高时，他会上调其产品价格。在垄断企业中的工会优待工资对价格上涨的贡献率取决于好几个变量，包括产品需求对价格的反应和工会优待工资增长对企业生产成本的影响。

3. 竞争企业中的优待工资。即便是在那些竞争性的市场中,雇主仍可能会拥有供工会获取优待工资的经济资源。例如,某些企业在竞争性的市场中,通过控制一些具有特殊生产力的资本,如富矿或森林,或者和供应商或消费者之间有着某种特殊的关系,实现了超常规的利润。

至少从短期来说,工会依旧可以在竞争性市场中从这些企业中分享到"正常的"或带有竞争力的回报。这是因为企业只要其资本投资回报率——如投资于制造设备或区域推广活动——不低于具有竞争力的水平,它们是不会考虑是否去放弃或出售问题资产的。

4. 工会影响利润所带来的结果。工会对企业利润的一个消极影响就是有工会企业投资成本要比无工会企业高。有关对股票价格的"事件性研究"发现,股票市场对工会组织运动的成功的反应十分迅速且负面。参见理查德·瑞拜克和马丁·B.齐默尔曼:《工会化和利润率:来自资本市场的证据》,载于《政治经济杂志》第92卷(1984年),第1134页[Richard Ruback & Martin B. Zimmerman, Unionization and Profitability: Evidence from the Capital Market, 92 *J. of Pol. Econ.* 1134 (1984)]。如果事实如此的话,有工会企业将会呈现出相对较缓的用工增长。正如某些资料所述:乔纳森·S.伦纳德:《工会和巨野增长》,载于《产业关系》第31卷(1992),第80页;理查德·里昂:《工会化对加拿大公司就业增长的影响》,载于《劳资关系评论》第46卷(1993),第691页[Jonathan S. Leonard, Unions and Employment Growth, 31 *Indus. Rel.* 80 (1992). Cf. Richard J. Long, The effect of Unionization on Employment Growth of Canadian Companies, 46 *Indus. & Lab. Rel. Rev.* 691 (1993)]。如果工会从某些服务于企业长远利益的项目投资中(像研究和发展经费等)攫取自己的利益,那么工会可能会阻碍这些方面的投资,从而无宜于企业的长期发展。一些研究发现,有工会的企业对研究、发展和长期资本投资的数量比同类无工会企业要少。参见,巴里·T.赫希:《工会和企业经营》(1991),第87—88页;布赖恩·E.贝克尔和克雷格·A.奥尔森:《工会和企业利润》,载于《劳资关系法律杂志》第31卷

(1992),第 395 页;巴里・T. 赫希和罗伯特・A. 康诺利:《工会捕捉到垄断利润了吗?》,载于《劳资关系评论》第 41 卷(1987),第 118 页;巴里・T. 赫希、罗伯特・A. 康诺利和马克・赫尔希:《工会寻租、可支付资产与公司的市场价值》,载于《经济和统计研究》第 68 卷(1986),第 567 页[Barry T. Hirsch, *Labor Unions and the Economic Performance of Firms* 87 – 88 (1991); Brian E. Becker & Craig A. Olson, Unions and Firms Profits, 31 *Indus. Rel.* 395 (1992); Barry T. Hirsch & Robert A. Connolly, Do Unions Capture Monopoly Profits?, 41 Indus. & *Lab. Rel. Rev.* 118 (1987); Robert A. Connolly, Barry T. Hirsch & Mark Hirschey, Union Rent Seeking, Intangible Capital, and the Market Value of the Firm, 68 *Rev, of Econ & Stat.* 567 (1986)]。理查德・弗里曼在其后来的著作中已经注意到了赫希和上文所提及的其他人的研究,他指出"有关工会化损害经济增长最有力的证据"就是它减少了企业对硬件的投资和对研究与发展方面的投入。弗里曼:《工会入会率的下降》,第 160 页,参见理查德・弗里曼:《工会做了些什么?》,2004 年版,《国民经济研究局工作报告》,第 11410 号,2005 年 6 月[Freeman, Declining Unionization, supra, at 160; see Richard B. Freeman, *What Do Unions Do?*: The 2004 M-brane String-twister Edition (Nat. Bur. Econ. Res., Working Paper No. 11410 (June 2005))]。但是,根据他的观点,在有工会企业中,较低的硬件投资、较低的发展研究投入和较低的就业增长,"并不代表工会化降低了全国范围内的经济增长"。同上,第 13 页。这是因为工会可能会让企业把钱存下来建立企业年金,另外,有工会企业减少的投资可能会被非工会企业增加的投资补上(因此在全国范围内来看投资和增长还是不变的)。

第三节　工会对生产率的影响

在理查德・弗里曼和詹姆斯・梅多夫的颇具影响力的《工会做了些什么?》一书中,以及他们早先的著作中都主张,工会不仅有"垄断面相"——对应于工会的传统目标：即通过消除来自低成本、非工会会员员工的竞争来保持工会工资和利益水平—— 还有"代言面相"，具体体现在它们所扮演的工人集体意志代言者这一角色上。根据他们的发现，工会的这一角色让其在为企业提高生产率方面发挥了显著的积极作用，该功能的发挥也取决于企业管理层和员工之间的关系。杜－施密特（Dau-Schmidt）教授总结道：工会多数是从它们帮助企业所提高的生产率中赢得自己利益的。

《美国劳动法的博弈分析》　肯尼斯·杜－施密特 著

《密歇根大学法律评论》第 91 卷（1992）第 431—434 页
Kenneth Dau-Schmidt, A Bargaining Analysis of American Labor Law
91 Mich. L. Rev. 419, 431－434 (1992)

与工人组织有关的生产率提升

工人组织通过协助带来了劳动生产率的提高，这是另一个提升工会优待工资的源泉。劳动经济学家已经开发和完善出了好几个模型来解释工会是如何协助提高劳动生产率的。

第一个理论就是工会震撼效应。该理论倡导者提出：由于管理松懈方面的原因，每一个企业都存在着一些低效率（的情况），尤其是那些因为有准入壁垒的存在，而与市场竞争绝缘的企业。因为经营者钟情于温和的管理模式，同时企业的所有者没能够有效监督管理者以避免浪费，所以产生了这种松懈性。当工人组织带来一波工资上升，正如人们所讨论的那样，管理层因受"震撼"而采取控制低效率的手段来维持利润率。也有其他人指出：因为工人对公司利润提高有利益认同，而且扎根在工作场所，他们有时会比企业所有者更能够有效地监督管理层。当然，为了使工人能够无顾虑地承担起监督管理层的任务，员工应该被组织在工会中。因此，工会可以通过作为管理层的一员来提高生产率。

第二个理论称，工会提升了落实（承诺的）效率性和劳动合同的长期性。为了避免责任心不足和补偿为员工提供定制的培训所作的投入,员工和雇主签订长期合同(在这些合同中,对有些雇员的补偿将被延迟到他们服务期的后期发放)是实现这一目的比较有效的方式。考虑到谈判和执行之成本,这些合同会保持一定模糊性。不幸的是,这种延后发放补偿的方式激发了雇主的机会主义行为,他们在工人收到延后补偿之前就将其解雇了。工会会促使这种长期合同获得执行,它通过集体行动、资历规则、合理解雇规定和仲裁规定等来保护雇员不受雇主机会主义行为所累。

第三个理论主张:工会通过在工作场所中提升公共产品的分享效率来提高生产率。很多劳动条件,包括安全水平、照明、取暖和生产线运转速度是统一的,也是该工作场所所有员工共享的。此种统一和共享的工作条件是公共产品,当一个工人通过谈判提高了相关水平时,其他员工也不能被排除在此改善之外。而在个体谈判中,工人倾向于让别人来争取改善条件,自己却可以无偿地享受其果实。这样的"单枪匹马"模式导致公共产品分享的低效率。工会通过集体代言的方式帮助解决这样的问题,使他们在这些方面的意愿可以得到更准确的表达。

最后,有些意见认为:在通过促进改善工作条件的方式来提高生产率的时候,工会借助的是集体代言的方式、而非高成本的辞职行为来实现的。在一个竞争性的劳动力市场上,一个工人的最主要的表达不满的方式是换工作或辞职。个体谈判往往是非常艰难的,原因不仅是上文所讨论的"单枪匹马"效应,还有员工不愿意让雇主认为自己是"麻烦制造者"。但是,辞职对改善工作条件毫无作用,因为员工在离开工作时并不会告知其对工作条件不满的地方。辞职还会对其本人与寻找替代员工的雇主双方都带来找工作和保留职位的成本。工会可以替工人发出集体声音以解决此类问题,这样,工人们既可以对工作条件表达不满,而且又可以避免"单枪匹马"的问题和雇主的打击报复。除此之外,集体声音的存在作为一个表达集体性不满的有效方式,会减少辞职员工数量和辞职所带来的求职和保职成本,从而实现了节约资金的效果。

如果工会提高了生产率,那么在所提升的生产率空间中,参与工会的员工能够在不推高雇主产品价格,或不使自己处于劣势地位的前提下,提高自己的工资。事实上,被工会化的企业在某种程度上也分享了劳动生产率的提升,使其在行业内将处于竞争中的优势地位,同时还会享受到产品价格降低和产能提高所带来的好处。

注释和问题

1. 生产率的提升和工会对利润的负面影响。劳动经济学家普遍认为工会从改善后的生产率中争取到手的额外工资大于企业从中的获益。正如布兰奇福劳(Blanchflower)和弗里曼所指,在美国"工会主义经常伴随着显著较低的利润率"——这样的"利润效果"是由于"工会化带来的工资提高超过了工会对生产率的贡献"。参见,大卫·G.布兰奇福劳和理查德·弗里曼:《在美国和其他发达国家的工会主义》,载于《劳动力市场机制和工会的未来角色》,第69页(马里奥·F.伯格纳罗和莫里斯·M.克莱纳主编,1992年)[David G. Blanchflower & Richard B. Freeman, Unionism in the United States and other Advanced Countries, in *Labor Market Institutions and the Future Role of Unions* 69 (Mario F. Bognanno & Morris M. Kleiner eds., 1992)]。

2. 生产率获益的可能源泉。

a. 降低管理层的"惰性"?工会"震撼效应"理论是如何看待企业所有者控制管理层的方式和劳动力市场对管理者的态度的呢?震撼效应是否能使工会无限期的获取优待工资?如果震撼效应确实能够带动更多的改善型资本投资,那么对于整个社会来说是否是个圆满的结果呢?

b. 隐含合同(条款)的执行?如果(有关保持劳动关系)长期性的隐含合同(条款)能够使企业(在提高)生产率(方面)获益,从而在某种程度上保护劳动者不被机会主义行为侵犯,为什么企业自己不去建立一套这样的保护机制?社会法,比方说《非法解雇法》或1967年《就业年龄歧视法》(29

U.S.C. §621 et seq.①），能否提供更低成本的类似保护？为什么独立工会是必需的？对于那些没有受制于内部劳动力市场、而且能够轻易从特定"地点"和外部市场招到员工的企业，这一理论是否无论在任何情况下都适用？

c. 集体产品的产出？在确定最重要的、成本最低的、且员工也满意的公共产品的时候，雇主是否真的需要工会的游说才会去建立相关制度？工人如果没有独立的谈判媒介来代表，是否就无法让雇主对他们的意向有一个准确的评估？对独立员工"声音"的需求已经在下文中得到了强调。参见弗里曼和梅多夫：《工会做了些什么？》，第107—109页；保罗·C.维勒：《工作场所管制：劳动与就业法的未来》（1990），第181—184页[Paul C. Weiler, *Governing the Workplace: The Future of Labor and Employment Law* 181-184 (1990)]。

工会如果被赋予了自主权，那么它是否能够在工作场所中体现除雇主之外的各派成员的观点？正如弗里曼和梅多夫所观察发现的：雇主更关心那些他们雇佣的边际工人，一般说来，这些人由于他们的年龄和技能因素，往往有很好的其他就业机会。在另一方面，工会有专注于一般工人的政治考量，而这些人往往是资格较老的，更关注某些福利的，且比较不会轻易采取辞职来表达不满的一群员工。参见弗里曼和梅多夫，第9—10页。但是保障一般工人而非边际工人确实会使企业更具生产效率吗？

d. 发声而非辞职。弗里曼和梅多夫提出了实证证据证明，工会化对降低雇员的跳槽率有着独立的贡献，工会优待工资所产生的挽留效应不明显。参见弗里曼和梅多夫，第94—101页。而且，一些研究表明：员工跳槽率的下降有助于阐释工会化对提高生产率起到的积极效应。查尔斯·布朗和詹姆斯·梅多夫：《在生产过程中的工会》，载于《经济与政治杂志》第86卷（1978），第355页[Charles Brown & James Medoff, Trade Unions in the Production Process, 86 *J. Pol. Econ.* 355 (1978)]。弗里曼和梅多夫得出的结

---

① 《美国法典》第29章第621条及以后。U.S.C. 是指 *the United States Code*。——译者注

论为,工会有助于降低去职率体现在以下几个方面:(1)通过申诉和仲裁程序给不满的员工一条除了辞职之外的出路;(2)资历优待制度扩大了老员工的离职成本。参见,弗里曼和梅多夫,同前,第103—107页。这一分析提出了另一个问题就是,为什么雇主不选择放弃组建工会,并直接去建立一套强有力的由申诉程序和仲裁程序外加独立法庭组成的制度,同时执行资历优待制度来保护长期供职行为。弗里曼和梅多夫认为无工会雇主执行这样制度的可能性很小,因为管理层怕失去他们的管控权,还有员工如果没有独立工会代言时不敢表达自己意向。见前注,第107—109页。

由于欧洲的工会们倾向于同时与多名雇主打交道,不少欧洲大陆国家都颁布了有关"劳动委员会"的法律来建立非附属于某个工厂和企业的组织,以提升雇员的声音。这样的法律机制是为了防止雇主打击报复而采取的有效保护措施。参见理查德·弗里曼和爱德华·P. 拉齐尔:《对劳动委员会的经济学分析》,载于《劳动委员会:产业关系中的协商、代表与合作》,第1章(乔尔·罗杰斯和沃尔夫冈·司缀克提主编,1995年)[Richard B. Freeman & Edward P. Lazear, An Economic Analysis of Works Councils, in *Works Councils: Consultation, Representation, and Cooperation in Industrial Relations*, ch. 1 (Joel Rogers & Wolfgang Streeck eds., 1995)]。

3. 无工会企业中的实践。很多无工会企业不仅实现了企业优待工资标准,而且构建了成熟的申诉机制和利益分配计划来满足员工的意向。参见大卫尤因:《工作中的正义:在无工会场所解决抱怨》(1989),第299—308页[David Ewing, *Justice on the Job: Resolving Grievances in the Nonunion Workplace* 299-308 (1989)]。关于在无工会企业中员工的参与计划的调查,参见保罗·奥斯特曼:《工作场所转型常见吗,谁来实施呢?》,载于《劳资关系评论》第47卷(1994),第173、176-177页,以及图表2[Paul Osterman, How Common Is Workplace Transformation and Who Adopts It?, 47 *Indus. & Lab. Rel. Rev.* 173, 176-177 & Table 2 (1994)]。

4. 工会(提高)生产率效应的证据。有关工会对生产率积极作用的研究沿用经济学家称之为"生产功能"的分析法：它先假设同水平工人使用同等资本量，再单独判断工会化带来的影响。一些研究揭示：工会对工人劳动生产率有着较为明显的积极作用，范围从百分之几到超过百分之三十之多。参见玛丽莲·R.凯利和贝内特·哈里森：《工会、技术和劳资合作》，载于《工会与经济竞争》第269页（劳斯·米舍尔和保·B.沃斯主编，1992年）（工会将金属制品企业中生产单位产品的平均时间降低了31%）；另见，戴尔·拜尔曼：《工会、劳动关系的质量和公司运营》，第46—55页；弗里曼和梅多夫，同前，第166页[Maryellen R. Kelley & Bennett Harrison, Unions, Technology, and Labor-Management Cooperation, in *Unions and Economic Competitiveness* 269 (Lawrence Mishel & Paula B. Voos eds., 1992)。See also, Dale Belman, *Unions, The Quality of Labor Relations, and Firm Performance*, in id. at 46–55; Freeman & Medoff, supra, at 166.]。

爱迪生和赫希对于这些研究持怀疑态度，他们认为测量生产率只考察了工会对存活下来的企业的作用，并且是基于企业定价机制来研究的，而这一定价机制取决于有工会的企业能否把成本提高转移到价格上来，约翰·T.艾迪生和巴里·T.赫希：《工会对生产率、利润和增长的影响：远景实现了吗？》，载于《劳动经济学杂志》第7卷（1989），第72页[John T. Addison & Barry T. Hirsch, Union Effects on Productivity, Profits and Growth: Has the Long Run Arrived?, 7 *J. Lab. Econ.* 72 (1989)]。赫希最近的研究称，尽管工会对生产率的影响"因工作场所具体情况（尤其是劳动关系）而异，但是平均效果却接近于零，有时有正面影响，有时有负面作用"。参见巴里·T.赫希：《工会为经济运行做了些什么？》，载于《劳动关系杂志》第25卷（2004），第415、430页[Barry T. Hirsch, What Do Unions Do for Economic Performance?, 25 *J. Lab. Res.* 415, 430 (2004)]。弗里曼仍旧认为工会是有积极作用的，但同时也意识到，"在估算工会作用时有很多变量存在"。参见弗里曼，2004年修订版，同前，第29页。

5. 一个观察雇佣量限制的实践性视角：通过"有效"谈判来改变"需求曲线"。 如前文埃伦伯格和史密斯文章中所述，传统经济学理论认为如果使用工会来进行工资和利益谈判，雇主就会通过提高劳动力需求或减少雇佣来应对工会提出的要求。但是，当雇主在谈判工会优待工资时所面对的工会十分强大，减少雇佣量就不会太有效了。工会不仅关心其成员的工资水平，也关心其成员的工作机会。其他的谈判模型揭示：如果工会和雇主之间能够达成一个具有可执行性的工资/雇佣协议，这样的谈判才是更有效率的。但这样的谈判是难以描述和界定的。参见巴里·T.赫希和约翰·艾迪生：《工会的经济分析：新的方法和证据》(1986)，第16页[Barry T. Hirsch & John T. Addison, *The Economic Analysis of Unions: New Approaches and Evidence* 16 (1986)]。

在某种程度上讲，谈判会扭曲需求曲线，工会会使用它们的力量在保障雇佣规模不减小的情况下提高工资，以避免任何"负面效应"。而且，基于这一视角，最终协议经常被指责为"制造工作（机会）"或"限制工作（机会）的做法"，它代表着在工资和就业量之间在谈判之后达成的妥协方案。

6. 工会对国民生产总值（GNP）的影响。 不少严肃的、有关工会优待工资的研究，已经采取了最为保守的方式估算出了它对社会生产的负面作用，也就是不超过国民生产总值的百分之十几。参见罗伯特·H.德菲纳：《工会、关联工资和经济效益》，载于《劳动经济学杂志》第1卷(1983)，第408页；艾伯特·瑞斯：《工会在资源分配方面的影响》，载于《劳动经济学杂志》第6卷(1963)，第69页；弗里曼和梅多夫，同前，第57页[Robert H. Defina, Unions, Relative Wages, and Economic Efficency, 1 *J. Lab. Econ.* 408 (1983); Albert Rees, The Effects of Unions on Resource Allocation, 6 *J. L. & Econ.* 69 (1963); Freeman & Medoff, supra, at 57.]。

第四节　工会和美国民主

工会主义对民主社会作出了贡献是事实吗？有关工会这方面作用的两种争论都将在本节予以呈现。第一，工会为员工们提供了强大的力量，从而影响了占他们生活主要部分的待遇和工作环境。第二，工会为广大群众提供了必要组织，以便他们有效地参加更宽泛社会层面上的政治生活。思考一下一位当时的权威劳动经济学者所作的描述。

《工会的经济学》（1977年第2版）　艾伯特·瑞斯 著

Albert Rees, The Economics of Trade Unions, 186–187 (2d ed. 1977)

如果单看工会对经济的影响，那么在我看来，它其实是我们优化经济运行的一个障碍……

很多我的同僚会将分析止于此，然后作出结论道：工会是有害的，其权力应受到限制。我不赞同人们从这样一个狭隘的角度出发来判断一个复杂机制的价值。对我来说，工会的其他方面也应得到认真考虑。工会通过资历规则和抱怨程序对管理层滥权产生的约束正是工会重要性最大的体现。有组织的代表在公共事件中的活动也是同理，工人正是通过工会来参与政治活动的。正如我们大多数都认为的那样，如果美国将继续保持政治民主和企业经济自由，就需要大量的工人群众来努力保护这一体系，而不应在任何其他的所谓民主的迫使下，使这一体系被其他完全不同的制度代替。当工人依旧感觉他们的权利不被尊重，还有他们没有从这一系统获得公平对待的时候，这样的努力就不能有松懈。通过给予工人抵御雇主不公对待的保护，通过扮演他们政治代表的角色，通过凝集对未来收益的希望，工会已经帮助工人们保障了基本价值观在我们社会的散播，并将在政治和经济上的争议置于一个更为宽广的共识当中。如果工会为工人争取到的工作权利被人们认为是理所当然的、而不能获得认可,那么他们通过保护基本共识从而带来社会稳定的功效必须得到认可。根据我的判断,工会对经济造成的损失相对于它所扮演角色带来的成效是微不足道的。

注释和问题

1. 工人的政治影响力。回顾一下劳动立法轨迹。工会已经成功地拦下了控制工人政治献金的法律和削弱建筑行业"标准"工资的法律,还使所有工人都能受益的法律获得通过,如《职业安全与卫生法》、《就业歧视法》。但是,工会通常在某些重要的有关其经济权力的立法博弈中被挫败,这些劳动关系法律正是本书介绍的重点。其原因主要是因为它们的对手——商业(资本)——的政治力量更为强大,同时还有公众对劳工问题冷漠的原因。有趣的是,工人在20世纪30年代在争取立法支持方面,成功地维护了工会权力及其资产安全,而当时工会本身并没有进行游说和政治献金。参见约翰·德莱尼和苏珊·施沃:《在政治进程中产生的员工代表》,载于《员工代表:未来的一个方向》,第265页(布鲁斯·E.考夫曼和莫里斯·M.克莱纳主编,1993年)[John Delaney & Susan Schwochau, Employee Representation Through the Political Process, in *Employee Representation: Alternatives and Future Directions* 265 (Bruce E. Kaufman & Morris M. Kleiner eds., 1993)]。

2. 带有"特殊利益"的立法?将法律划分成以实现一般性社会目标为目的的法律和为工会定制的法律是否有现实意义?进行分类一向是比较困难的:一项旨在提高最低工资的法律到底是属于体现工会之特殊利益的法律,还是应归类于为了实现更为广泛社会目标的法律?而且,在一个多元化的社会,当个体和群体被组织起来进一步实现其经济和特殊目标,是否就可以据此判定工会的政治活动是为了整个社会或它们自己成员利益的进一步实现?

3. "反制力量"?因为工会提供了一部分对抗资本势力的平衡力量,是否就可以说工会对政治的影响是有益的?例如,瑞斯指出"如果一些生产者团体有很强的政治影响力,赋予所有消费者相应的权利是有益的。"(参见瑞斯,同前,第12页)如果这是事实的话,工会是否就应该一直作为其谈判对象——企业所有者——的反制力量而存在?例如,如果某一产业寻求通过立法建立进入该产品市场的壁垒,那么工会应代表工人来反对这一立法提案吗?

4. 主代表问题。如果假设工会活动体现的是工会成员的意愿而非工会领袖的意愿,该假设是否合理?工会成员与工会领袖的利益为什么会有不同呢?将约翰·伯顿:《工会作为政治机构的经济学分析》,载于《工会经济学:新发展方向》(简高乔斯·罗莎编辑,1984年),与保拉沃斯:《工会组织:成本与产出》,载于《劳资关系评论》第36卷(1983),第576页[Compare John Burton, The Economic Analysis of the Trade Unions as a Political Institution, in *The Economics of Trade Unions: New Directions* (Jean-Gauchos Rosa ed., 1984) with Paula B. Voos, Union Organizing: Costs and Benefits, 36 *Indus. & Lab. Rel. Rev.* 576 (1983)]进行比较。

5. 使用会员费来开展政治活动。工会参与政治活动带来了一个问题,即工会是否有权使用那些有雇佣关系的工会成员上缴的资金从事此类活动(见后文第981—995页)?

第五节 其他最低待遇

社会(治理方式)并非要么对劳动力市场进行完全放任,要么就是由政府出面支持工会代表和集体谈判。本国和其他发达国家自从20世纪以来,法律已经要求雇主维护最低劳动标准。这些法律包括1938年《公平劳动标准法》中最低工资和加班培训条款,1970年的《职业安全与卫生法》中的工作条件部分和1964年《民权法》第七章中有关基于种族、肤色、国籍、性别和宗教原因的就业歧视条款。理论上讲,任何工会争取到的利益,国家都有权推广。那么是否有这样一个说法,即不必参与工会集体谈判,就可以沾上工会所争取到的"基准权利"的光?

《治理工作场所:劳动法的未来》 保罗·韦勒 著

Paul C. Weiler, *Governing the Workplace: the Future of Labor and Employment Law*, 154–160 (1990)

第一,政府法令所涵盖的范围是有限的。很多值得员工关注的方面都超出了法律合理干预的范围,其中包括一些显而易见的问题,例如,在多样化和区域化的经济中,不同的工作应对应什么水平的工资和福利……

另一方面的问题是,现在还无法保证这些雄心勃勃的法律能够落实它向员工所作出的承诺……终究是管理层管控企业,他们也掌控着工作场所。外部的法律政策只有当其具有真正执行力的时候,才能改变企业内部市场。法律的阻吓力量来自于它的程序功能,也就是违法行为会被调查,在查证属实后违法行为将会被严厉惩处。现在的问题是,这一程序的每个步骤都依赖工人们自己和他们的代表所能运用的资源来落实,而且这些人也是政府提供法律保护的受益者。

有一些法律——以《职业安全与卫生法》(OSHA)[1]为例——包含有让政府介入予以执行的规定,但是,此类法律经常遇到的困境就是,少量的监察员是无力监控全国成百上千的工作场所的,因此也无力保障开展法律要求的、中等强度的、对合规性问题的监管。即便是在监察过程中发现了违法事项,也只是给予少量罚款而已。所以,众多研究一致认为,《职业安全与卫生法》实施后的头十年只是在很有限的范围内减少了工作伤害的水平。

---

[1] 《职业安全与卫生法》(*Occupational Safety and Health Act*)[29 U.S.C. §651 et seq. (1970)]——编者注

对《职业安全与卫生法》的实施范围和惩罚程度能否有积极影响的关键在于,该企业的员工是否被工会组织了起来,还有此工会是否具有丰富的相关经验并积极为其成员在本法的框架内谋取利益。

很多法律将落实法律权利的任务交给工人自己。这一现象不仅存在于最新修改的、普通法下的、有关不当解雇的救济条款中,而且体现在《职业安全与卫生法》无法保护、但又长期存在的、有关职业病赔偿的法律中。根据这些法律,代表工人和维护工人利益的责任都是由诉讼当事人来肩负的。

在很多情况下,此类法律救助的效果并不很好,尤其是当雇员既想告自己雇主,又想继续在该雇主的工厂或办公室里工作的时候……就不难理解这个问题了。为了将抽象的书本上的权利变为工作场所中切实的保障,工人必须充分了解他所拥有的权利,而且还能安然无忧地向不配合的管理者争取权利。律师可以为工人提供必要的信息,但并不能为提出挑战的员工个体提供其必需的、工作稳定方面的保障。当一部法律的目标,比如《工人调整和再培训通知法》(WARNA)[1],是为了给工人建立一个基本的保障机制(关厂预通知)使之能够针对问题来构思解决方案,比如任务分担、工作储备、保留工作机会、提前退休的养老金,或雇员危险责任的承担,但无组织和代表的工人实现上述目标的可能性却是十分渺茫的。

虽然法律的立法宗旨出现了某些局限性和问题,但并不意味着该宗旨在任何情况下都不是必需的。我的基本观点是,如果没有组织和代表来为工作场所提供服务的话,外部的法律制约不太可能为员工提供充足的保护。

当然,也需要一些技巧来有效代表员工群体,尤其是在我们去实现(哪怕是很小一步)工人权利而进行参与性活动之时——这是我们建立替代性保障机制中必须注意的另一个方面。易言之,即便我们标准的保护体系能够保持一定的充分性和耐受性,让工人们自己在工作场所发挥他们监督和执行的角色依旧具有其独立价值。

---

[1] 见《工人调整和再培训通知法》(Worker Adjustment and Retraining Notification Act)[29 U.S.C.:§2101 et seq. (1988)]——编者注

注释和问题

1. 基准法的执行机构? 韦勒教授指出,工会在落实那些政府机构因预算原因无力执行的法律权益方面发挥着重要作用。工会在为员工提供(权利)救济方面存在优势,因为它可以帮助工人在工作岗位上提出申诉(控告),也可以帮工人在劳动关系破裂后恢复原工作。工会的另一个特长是其在信息方面的优势:工会会协助工人了解他们的权利,并鼓励他们去实现这些合法权利。参见约翰·W. 巴德:《非工资性补偿》,载于《劳动研究杂志》第25卷(2004),第587、613—614页;戴维·韦尔:《执行〈职业安全与卫生法〉:工会的角色》,载于《劳资关系杂志》第30卷(1991),第22页,冬季第一期[John W. Budd, Non-Wage Forms of Compensation, 25 *J. Lab. Res.* 597, 613–614 (2004); David Weil, Enforcing OSHA: The Role of Labor Unions, 30 *Indus. Rel.* 22 (No.1, Winter 1991)]。

2. 执行不足:法律无力;工会尽力? 韦勒教授是以政府法令所能遇到的"最糟情况"(即便是立法者已决心进行全面实施成文法规,但总是没有得到有效执行)和工会角色所能发挥的"最佳情况"(工会总是对员工的申诉作出反应,并愿意用自己的资源来协助法律的实施)作为分析的出发点的吗?有证据表明,律师们对有些法律,尤其是反歧视法,产生了浓厚的兴趣,他们积极地协助员工进行救济,并促使雇主的政策在很短的时间内得到了明显的改善。

3. 工会之外的企业内代表? 韦勒称:"需要运用一些技巧来有效代表员工群体开展活动。"韦勒在书的后半部分提到,这一方式并非只能通过"工会独立主义"来实现,它也可以由政府来规定和协助,并通过在一定规模企业里建立集体代表机制来实现。是否所有的企业都需要此类强制规定?所涉的员工是否应该有自己的声音?(如果这样的话,)独立工会还会剩下什么样的角色可扮演?[有关工人对工作场所代表机制的态度的研究,见理查德·弗里曼和乔尔·罗杰斯(Joel Rogers),《工人想要什么》(*What Workers Want*)(1999)]

4. 基准法的政治(执行)机构? 一方面,如果说强有力的基准法会在没有强大工会参与政治活动的情况下颁布出台,该假设是否成立?另一方面,工会是否会因为担心会失去针对其组织的优待而反对强大的基准法?美国劳工联合会(The American Federation of Labor)在新政出台前反对其中的某些基准条款,就是明显处于这方面的考虑。参见德里克·C.博克和约翰·T.邓禄普:《劳动与美国社会》(1970),第389—390页[Derek C. Bok & John T. Dunlop, *Labor and the American Community* 389–390(1970)]。

5. 转移成本。 雇主是否会为了应对新的强制性标准而减少雇员的其他福利,从而使员工支出总量等于他们的边际生产率?如果雇主在某些情况下无法削减其他福利,原因可能是其他法律的限制或其内部劳动力市场要求这些福利保持连续性,雇主是否会因此而裁减雇佣规模?参见劳伦斯·萨默斯:《简明强制利益经济学》(1989),第79页[Lawrence H. Summers, *Some Simple Economics of Mandated Benefits*, 79(1989)]。有工会代表的员工是否会更好地防止雇主转移成本?

6. 集体谈判和成本内部化。 对基准法来开展集体谈判的一个好处是,在当事人为利益谈判时,工人(通过他们的集体谈判代表)如果希望某项条件得到满足,那么也会愿意为此付出一些"代价",这些代价或许是较低工资增长,或许是雇佣量减少。从这个视角出发,基准法所提供的劳动力市场的规制机制并不十分有效。有关基准法效率的讨论,见前注,萨默斯,第178—182页。

第二章 历史和制度框架

我们的劳动关系机制以及支撑它的法律框架都是历史的产物。它反映了劳工组织演变的方式,以及它们为实现其目标所使用的手段、与雇主的互动,还有法院与立法者为此所作的互相回应。只有通过深入了解美国的劳工历史,才能较好地理解这一机制的某些特性——例如,联邦法律限制联邦法庭在处理劳动争议当中签发令状,还有不强调强制仲裁和最低标准的立法定制。

第一节 普通法

1. 劳工组织的演变

尽管记录显示,手工业者协会的存在可以追溯到很早的时候,但是美国的工会直到18世纪晚期才开始发展起来。工会首先是在比较大的城市中出现的,这里正是大量员工聚集参与同类工作且劳工和雇主阶级泾渭分明的地方。工会一开始发展的对象是技术工人。这些工人不仅具有组织和运作工会所需的教育水平,而且有资格对其在作学徒期间的投入享受相应的回报。技术工人的稀缺性导致了他们在罢工期间的不可替代性,并因此强化了其组织的力量。

早期工会通常很不稳定。它们经常为了实现某一目的而成立,例如,当物价上涨时要求涨工资。工会经常随着创建目标的实现而消失,原因是有部分成员已经失去了对它的兴趣,或者是因为遭到了雇主和司法方面的压制。另外,在经济萧条的时候,工会会员因为担心失业而大量离开工会,他们更关注于个体利益而非为了保护群体利益。

第一个永久性的国家级工会是在19世纪50年代建立的,也就是成立于1852年的国家电报业工会。这个国家级工会是由代表分布在不同地区的某个行当或行业的地方性工会、以协会的形式组成的。(当时使用"国际"这一称呼是为了表示它携联着加拿大的工会。现今"国家"和"国际"这两个词是可以互换的。)一个推动国家级工会发展的重要力量是交通和通信设施的改善,尤其是铁路的增长。成立此类工会的部分原因,就是为了处理在低工资水平区域生产的产品流动到高工资区域销售过程中所带来的问题。这些工会的建立初衷还是为了应对当工人流动到新的地方、面对当地市场准入限制时所产生的问题。外来工人的准入规定曾经是早期国家级工会的主要关注点。现今,在大规模生产型企业中建立的国家级工会成为主流的组织模式;在这些企业中,地区性工会更像是国家级工会的直属性分支而非国家级工会的联邦性成员。但有个反例是,建筑行业里的地区性工会在谈判和其他相关活动方面却发挥着至关重要的作用。

对劳工的强劲需求,以及内战所引起的通胀,在国家和区域两个层面上都催化了老工会的发展和新工会的成立。另一个中央级的美国工会——国家工会(National Labor Union),在1866年建立起来。它是一个由一些国家级的倡导社会改革的组织共同组成的松散机构。

内战还加速了对工作场所的影响和工会的发展。战争利润直接带来了资本增长和工业化的发展。新技术进一步催化了两个资本密集性行业——钢铁和机械制造业。工业企业规模扩大,扩大后的企业雇佣更多的员工。随着城市的地位不断提高,完全依靠工资来生活的城市工人数量也不断增长。这些力量,尤其是在大规模企业中,结束了小企业典型的雇主与雇员之间的个人关系。

19世纪70年代的金融恐慌和萧条也给工会带来了冲击。在那个时期,员工和管理层的关系变得十分不稳定。大规模抵制减薪的罢工造成了严重的交通瘫痪和阻滞。在几个城市发生骚乱之后,联邦军队和州自卫队被调动出来以恢复秩序。一些铁路工人组织了起来开展罢工,他们的罢工显示出很大的自发性。但由于相关的暴力活动已经伤害到了公共利益,因此这些活动都没有成功。

在决定国家工会存废的时候,另一股力量试图通过团结工人来进行经济和政治行动出现了,并于1869年主导成立了一个秘密团体——"劳工骑士之尊令"(Noble Order of the Knights of Labor)(简称"骑士")。1870年的大萧条给这个组织带来了发展的机遇。"骑士"在1879年的时候放弃了它的秘密团体性质,并在随后的几年中获得了急速的发展。他们不仅吸收有技术的手工业者,还吸收无技术的工人、妇女、农民,在有些情况下也让自雇者参加。而律师、医生、酒商和其他"非工作人士"是不允许加入的。"骑士"强调的是,开展政治动员和与生产者合作,而非集体谈判。他们原则上反对罢工,提倡通过立法和施教来实现他们的目标。"骑士"在实践中取得了巨大的成功,尤其值得一提的是,他们的一些区域分会代表某些专业和职业的铁路工人赢得了多场抵制削减工资和歧视性裁员的罢工的胜利。

"骑士"在1885年取得了最为辉煌的成功,因为当时杰·古尔德(Jay Gould)(一个不容挑战的经济巨人)所控制的铁路公司竟然同意结束对参与罢工的成员的歧视性待遇。自此以后,该组织的威望和成员数量双双激增,并于1886年达到70万之众这一顶点,基本上是1885年数量的7倍。

但"骑士"下滑速度比上升速度还要快。该组织所代表的内部各群体的利益难以达成一致。另外,它还受到领导层懦弱和欠缺经验的困扰。在1886年下半年,"骑士"所参与的几场罢工都惨淡收场,并直接导致成员数量的大幅减少。"骑士"终于在19世纪90年代从公众视线中消失,这也是美国工会的一个转折点。自此以后再没有任何大型工会是主要依靠社会改革和与生产者合作,而非集体谈判作为武器来开展活动的。

"骑士"曾经被卷入到一场管辖争议之中,因为他们曾跨界招募手工业工会的成员。为了进行防御,那些(受影响的)手工业工会于1881年组织了一场大会,并成立了"贸易与工会协会"(Federation of Organized Trades and Labor Unions),这一组织后来被重组为"劳工协会"(Federation of Labor)。起初,这一组织主要吸收手工业工会参与。它的第一任主席塞缪尔·冈珀斯(Samuel Gompers)拒绝运用更为乌托邦的且激进的运动方式。

这一新组织的意识形态是纯"工作和工资视角"和"业务会制度",处世哲学是承认资本主义,并寻求增强"那些出售劳动力换取工资的人们的谈判力量"。参见塞利格·帕尔曼(1928):《劳工运动理论》,第 197—207 页[Selig Perlman, A Theory of the Labor Movement 197–207(1928)]。冈珀斯宣布的原则包括:(1)参会的国家级工会有处理其内部事务的自治权;(2)每个成员工会都有自己的专属管辖权;(3)避免与任何政党形成长期关系,避免使用劳工政治影响力来帮助友好的和打击敌对的成员工会;(4)自发主义原则,也就是通过工会来提高工资和改善工时的方式应与立法手段区分开来。由于这些原则十分有吸引力,很快,除了铁路司机的代表,所有重要的国家级工会都加入了劳工协会了。

不过,"协会"并没有能够促成任何一个铁路行业的兄弟工会的加入,原因是冈珀斯坚持让所有成员工会删除其涉嫌歧视黑人的章程,然而这种歧视正是铁路行业工会所坚持的,并直接引发了 20 世纪 40 年代一场重要诉讼。参见亨利·皮领:《美国劳动》(1960),第 84、90 页[Henry Pelling, *American Labor* 84, 90 (1860)]。劳工协会一开始拒绝那些章程中有歧视性条款的工会加入。但冈珀斯的反对力量迫使他改变其政策来提高"协会"的实力。

"协会"的成功反映了手工业工团主义的胜利,"美国矿工联合会"(United Mine Workers)于 1890 年成功地组织了第一个产业工会,专门吸收所有处理沥青和无烟煤的矿工参加,且不区分他们所具有的技能。后来,劳工协会承认了统一矿工组织吸收采矿业之外的技术工人的权利,尽管手工业协会对这样的管辖权安排仍持有异议。

劳工协会和它的资本工会主义哲学也受到一些激进组织的挑战,其中就包括成立于 1905 年的"世界产业工人会"(Industrial Workers of the World)。世界产业工人会逐渐发展成为了一种军事化的工团主义,他通过包括罢工和其他直接手段来控制工资系统,并以产业性的工会组织代替现有机制。在它发展的早期,它的力量主要存在于西部,尤其是在樵夫和移民工中间。不过,它也成功地支持了几场在东部的同步罢工活动。即便如此,它的激进活动阻碍了它成为一个长期组织。它反对美国参加第一次世界大战和为之提供军事支持。由于这些情况的存在,加上世界产业工人某些暴徒的暴力抗议活动,联邦政府最终以妨碍国家的战争活动为由,依据州"非法工团活动"条款,起诉了世界产业工人会的领袖,并导致该社团的消失。在1890—1918年,一些社会主义者和一小撮少数族群也曾对劳工协会的领导进行了挑战,并使产业工会主义问题继续发酵。

2. 司法对劳动争议的回应

劳工在19世纪遇到的困难主要是由政治经济大环境造成的,例如大量的土地供应、持续不断进入这个国家的移民潮,还有工人们共同意志的相对缺乏,他们的意识在当时呈现出一种基于文化和人种因素而形成的分散状态。但是,法律对工人阶级要求进行工资协商的回应在当时却发挥了重要的作用。

(1) 犯罪共谋

法律起初认为手工业者集会(当时都是由男性组成)是犯罪共谋。早期的案子就涉及了熟练工人协会。

费城制鞋工人案(联邦诉普利斯)

Philadelphia Cordwainers (Commonwealth v. Pullis)

《美国工业社会的历史文献记录》 康芒斯和吉尔摩著(1910),第59—248页

Philadelphia Major's Court (1806), in 3 John R. Commons & Eugene A. Gilmore, *A Documentary History of American Industrial Society* 59-248 (1910)

这一著名案子曾严厉地认定被告——费城的熟练工人和科尔瓦多皮鞋匠协会——涉嫌在如下方面进行犯罪共谋:(1)他们只有在其工资高于当时社会上工资的惯常水平的时候才开展工作;(2)他们将会"通过胁迫、威胁或其他非法手段",阻止其他员工在不同的工资水平下开展工作;(3)如

果有任何雇主在招工的时候违反该组织自定的规则,他们不会为其工作,也不会为那些拒绝为员工提供正常工资的雇主工作。

陪审团莱维(Levy)书记员记录如下:

"应该考虑一下,这样的组织是否符合我们的法律,是否对我们的公共福祉存在伤害?产品的通常定价办法是由对物品的需求和其本身的质量所决定的。当一个产品十分完美,且市场对其需求很旺,它的价格自然很高;当产品有缺陷且市场需求不高,其价格就会毫无疑问地降低。如果有很大消费量,但产能很小,物品自然价高;但消费量不大,且产能很大,物价自然低……这是价格在自然环境下的规律。如果制定出来的某个法律,并不去关注工作质量和材料质量,而只是专注于武断地制定价格,那么这样生成的价格将不受任何标准的限制,不受独立人士的控制,而是由一小撮利益相关人决定,这不是一个自然的、提高产品和工作价值的方法。这个过程与消费者数量、材料质量和工人数量等因素关系不大。这是以非自然的、人为的方式获取高于劳动实际价值的超额利益,也是一个非正当攫取公众利益的方式。法治是否建立在此种原则之上,是否允许保护这样的行为?需站在本市的普通商业机构的角度来考虑此问题。当某人支付的工资被熟练工人(工会)从一个价格提高到另一个价格,他能够提前计算出来(如果这是可以接受的话)自己可以接受何种价格水平的预订来交付产品吗?这使得个人在签订大宗订单时,基本没有可能计算出他是否能够获利或亏损。如果今天签订了大宗订单,约定三个、六个或十个月后交付,若在此期间熟练工人可以根据他们的喜好来集会和调高工资,经营者在订约时如何能够计算出交付时的价格呢?他能否给将来产品定个价?如果这样作的话,任何人都没有继续交易的可能……那么此操作方式对我们城市的商业影响将是什么?如果不是完全摧毁的话,它将带来很大的不便;因此,它是反公共福祉的……"

"……一个人可以决定:当报酬低于一定水平时拒绝工作,这也是所有人可以作的个人选择。在这种情况下,每个人根据自己的独立判断、在自己选择的时候,拒绝去工作的行为都是合法的。当在一个有组织的状态下出现上述情况时,如果组织中的每一个成员都单独代表自己,而且和其他人不存在约定的限制,那么很多人会改变他们对工资的期待,并返回工作岗位;但是本案中证据明显表明,他们之间有协议,承诺共同参与和共同坚持那些同他们个人判断相反的活动。这种不恰当的活动构成了非法结社。原有的良好愿望会被协议所绑架,而不能自由开展……这是否类似于建立一个社团来倡导社会福祉,比如,强化宗教兴趣,或完成慈善任务或救赎?……(或者)市政会议来任命立法会或行政官的人选?这是为了实现第三人的利益:社团的目的是为了实现服务其成员利己的目标……熟练制鞋者并没有就涨工资一事咨询其每一个成员,他们也不让其员工在未达到目的之前返回工作。他们不能够进一步要求每个人,除非所有人所要求的工资条件都得到满足,否则就不得重返工作;这是自由吗?那么它是否阻碍'76(宪章)'精神的发扬(也就是人们只遵守宪法和根据宪法所制定的法律)?是否可以允许熟练工人和其雇主建立一种违反'76(宪章)'精神的产品价格机制?普遍和个体解放是'76(宪章)'精神……关于我们是否需要在现有立法框架之外建立一个包含熟练鞋工的立法机构,不能算作一个问题。即便检察官是两人或三人而被告却是成千上万,这也无关紧要,他们的数量不能阻碍我们执行法律……尽管我们已认识到是劳动者的辛勤劳动为国家创造了财富,我们也认识到这样大型组织的作用,也同意它们应该拥有法律赋予它们的所有权益;但我们坚信它们不能过度索取。它们既不应该是社会的奴隶,也不应该是主宰。"

陪审团认定被告有罪,罚款其中每人8美元,外加诉讼费。

雇主方代理人告诉陪审团,雇主们只想树立一个原则,而并非想去惩罚被告。少量的罚款就是为了让被告遵守诺言,而又不至于加深他们当中普遍存在的反感。参见沃尔特·尼尔斯:《第一起美国劳动案件》,载于《耶鲁法律杂志》第41卷(1931),第165、193页[Walter Nelles, The First American Labor Case, 41 *Yale L. J.* 165,193(1931)]。

联邦诉亨特案

Commonwealth v. Hunt

45 Mass.（4 Met.）111（1842）

［联邦诉亨特案的判例中的观点，标志着法律对待劳工组织的态度开始发生重要的转变。该案产生于陪审团作出的一个有罪裁决，裁决认为"波士顿制鞋者协会"（简称"协会"，Boston Journeymen Bootmakers Society）中的7名成员犯有共谋罪。该罪的指控是由一个叫耶利米·霍恩（Jeremiah Horne）的熟练制鞋工提起的，他已经接受了低于"协会"所定的工资标准。由于"协会"的反对，霍恩的雇主按照"协会"定下的工资标准支付了工资。当霍恩再次违反了该规定，"协会"决定将他驱逐出该行业，并要求他缴纳7美元罚款，并签署履约保证，以作为其复职的条件。他的雇主没能说服他按照"协会"的要求来作，因此在工会的坚持下为了避免罢工而被迫解雇了他。霍恩随后向区检察官提起了指控。

本案起诉书中五项起诉的核心内容是：被告是否是一家所谓的"不雇用非工会会员"的单位；是否已经解雇了霍恩；是否组织了起来联合将霍恩排除在制鞋业之外。

在判决有罪之后，这些排外条款是否构成犯罪成为一个问题。担任主审的肖法官（SHAW, C. J.）通过一系列技术性分析来说明此类排外条款的合理性：］

主审肖法官：该组织的目的明显是让所有从事同一行业的人都成为其成员。这样的目标不是没有道理的。它可以赋予这些人实现其目的的权利，这些目标里面有有益和合理的成分，也有危险和有害的成分。如果是后者的话，当有证据证明其正在实施中，那么它应受到惩罚……

我们不能预先假设他们的组织就是犯罪工具，而无视他们的真正动机。在本案中，他们运用了这一工具，因为我们根据本案的证据还发现：他们不会为一个雇佣了非其成员的雇主提供工作。假设该组织中的某项宗旨是合理合法的,或至少不是非法的,运用这一工具是否还是非法的呢？本案所作的假设是:这些人都不受合同约定的限制,他们既可以为他们愿意服务的雇主工作,也可以选择不去工作。在这种情况下,我们不能认为,人们在一起约定实现其权利的最佳方式之行为属于犯罪。

注释和问题

1. 工具和目的的区别。联邦诉亨特案是犯罪共谋理论的滑铁卢。尽管肖法官并没有否定这一理论,他的观点被认为是美国工会主义的一次重大胜利,因为他叫停了将劳工组织认定为事实性犯罪共谋的作法,转而让人们去关注工会的纲领和它所赖以实现的途径。参见沃尔特·尼尔斯:《英联邦诉亨特案》,载于《哥伦比亚法律评论》第32卷(1932),第1128页;伦纳德·W.利维:《英联邦法和大法官肖恩》(1957),第11章[Walter Nelles, Commonwealth v. Hunt, 32 Colum. L. Rev. 1128 (1932); Leonard W. Levy, *The Law of the Commonwealth and Chief Justice Shaw*, ch. 11(1957)]。

在联邦诉亨特案的判决作出之后的25年里,马萨诸塞州再没有出现任何认定工会为犯罪共谋的判例。但是,在其他州,仍然使用犯罪共谋这一罪名——如,州政府诉唐纳森[State v. Donaldson, 32 N.J.L. 151 (Sup. Ct. 1867)](判决认定,被告威胁如果雇主不解雇指定的两名雇员就全体不再为其工作的行为是犯罪共谋)——该案例直到作为保护工会的有效手段,即劳工禁令(labor injunction)的出现,才得以纠正。

2. 推动不雇用非工会会员的工厂的罢工与契约自由？ 尽管检察官使用的指控是笼统的,但这些案件(争议焦点)并非只是单纯的私营企业内部事务处理权的问题。在费城制鞋工人案中,某个群体通过发动罢工来推行他们的"不雇用非工会会员的工厂":它要求雇主在会员中进行招募。在联邦诉亨特案中,工会也使用罢工威胁来实施"不雇用非工会会员的工厂"排斥不同政见的工人。历史学家指出,19世纪出现的企业精神让"人们能够自由地支配他们的财产而不受集体性规范的限制"。参见克里斯托弗·L.

汤姆林斯:《国家与工会:1880—1960 年劳动关系、法律和工人组织运动》(1985),第 35 页[Christopher L. Tomlins, *The State and the Unions*: *Labor Relations*, *Law and the Organized Labor Movement* 1880 – 1960, at 35 (1985)]。那么这一思潮,与工会作为一个私营组织宣布将会让其成员以停工的形式来迫使雇主只雇佣该组织的员工,并接受该组织的章程的做法是否有冲突?与其让国家通过刑法来干预这个案子,为什么不让雇主来决定工会会员提供的服务是否物有所值,从而让雇主自愿接受工会提出的限制,而不是整体放弃接受工会成员的服务?肖法官在联邦诉亨特案件中的观点体现了这个思路,他在通过身体力行的行动或欺诈手段迫使雇主解雇霍恩的做法(那么"将是另外一种情况"),与工会当时所宣称的做法("他们之间存在会为此放弃工作的协议,这也迫使了雇主最终解雇霍恩。")之间进行了区分。①

3. 用工人权利来挑战工会工人? 正如豪文凯普(Hovenkamp)教授所书,在费城制鞋工人案和联邦诉亨特案中,"起诉者并不是那些想约束工会的雇主们,而是那些因为愿意接受低工资而受到其工会其他成员排挤出劳动力市场的员工。"赫伯特·豪文凯普:《1836—1937 年企业与美国法》(1991),第 227 页[Herbert Hovenkamp, *Enterprises and American Law* 1836 - 1937, at 227(1991)]。犯罪共谋法在多大程度上保护了非工会会员?法律应在多大程度上保护这一利益?罢工者和他们工作替代者之间的权利冲突依旧是争论焦点。(见后文第 572—616 页)

4. 防止私下设定工资是否是一项公共利益? 莱维书记员称:费城组织当时正构建能够削弱州政府权威的"私法"。直到 1942 年,主审肖法官才提出了不同观点:

---

① 45 Mass,(4 Met)at 133.

（诉状）并不构成犯罪共谋,甚至不构成共谋涨工资的故意;正是因为它并非基于一个涨工资的阴谋之上,所以显然属于法律的例外情况。此类约定是符合最新法律——《联合法》第6章第4节第129款①——之规定的。

上文所提到的法律是一部1824年的法律,它废除了有关为手工业以及其他职业设定广义价格的法规。② 国会于1825年颁布了新法继续视工会组织为合法,但禁止工人通过"针对人身和财产的暴力,或威胁和胁迫,骚扰或阻挠他人"的方式,以强迫或威胁的形式迫使其他人去罢工。③

国家在哪些领域内应该放弃规范工资和价格的作法,国家是否依然有意让工资和价格由市场而非私人团体决定,不管它们是雇主抑或工人团体?这个问题将在后面的有关使用《反垄断法》来抵制工会发展的材料中进一步讨论,见后页第53—66页,69—78页。

(2)劳工禁令

至少在短期看来,运用集体行动来达到工会的目标,对雇主、非工会员工、对方组织或一般群众都会造成损害。当早期的犯罪共谋论消退之后,出现了针对工会所造成的损害请求救济的民事诉讼,通常的表现形式是申请对其罢工或抵制行动的禁令。

威格拉诉甘特纳案

Vegelahn v. Guntner

167 Mass. 92, 44 N.E. 1077 (1896)

---

① 法规编号:6 Geo. IV, c.129。
② 《有关工人结伙案的上诉规定》(Act to Repeal Laws Relative to the Combination of Workmen),法条编号:5 Geo. IV, c.95, §2。
③ 《有关工人结伙案的上诉规定》(Act to Repeal the Law Relating to the Combination of Workmen),法条编号:6 Geo. IV, c.129, §1。

在初步聆讯之后,(法庭)在诉讼期内发出了一份禁令,限制相关方的代表和服务人员"不要通过各种方式干涉原告的经营,这些方式包含:在原告处所前和附近游行,或阻止其他正在工作的人或有意为其工作的人进入其工作或继续其工作……,或通过一些计划和阴谋来达到激怒、阻碍、干涉或阻止被告的员工,或希望成为其员工的人,获得该工作或继续开展工作……"

在对主要部分聆讯之后,霍尔姆斯(Holmes)法官向法庭作了如下报告:

"经过指证确认的事实是,在原告员工的罢工当中,被告涉嫌阴谋阻止原告获取工作人员,妨碍原告继续开展商业活动,直到原告接受某个价格计划,该计划目的是为了迫使原告接受被告的不合理条款。如果原告接受了该计划,他将不会被继续干预。(本案中)阻止原告招到员工的方式有:(1)首先是劝说和施加社会压力。这些方法足以给原告带来不利影响,但明显不足以击垮原告。我的决定如下:为了实现其所约定之目的,采用这些方法是合法的。正是因为如此,我拒绝对此(行为)发出禁令。我觉得如果这一决定有误,那么就有必要下达(禁令)了。"

"(2)据我发现,本案中还存在一些更甚的行为来实现被告的目标,也就是,对那些求职者和在职人员施以人身侵害或非法损害的威胁。尽管除了在技术性的造势活动之外,被告并没有实际使用暴力;尽管这些威胁有些被掩盖了,某些关键词也被回避掉了,但在我看来,被告有将来进一步行动的危险性。我认为这样的行为应受到警告。"

"作为计划的一部分,被告组成一个由两人组成的巡逻队站在原告工厂的前面。巡逻队在波士顿一条繁忙的街上(活动),从早上6点半起到下午5点半止每小时一换。有时人数会比较多,多到足以阻挡到原告的大门,虽然情况并不是很严重,但我认为应给予警告。巡逻队虽然有时超出了单纯表达意见的范畴,但并没有超出别人自愿聆听的范畴,也未达到上述(2)所指的情况,它主要目的还是为了实施在上述(1)提到的让其合法化的计划。我承认,如果不给予警告,它就有继续下去的可能。我判定,如果该巡逻队将自己控制在劝说和发放罢工通知这一范畴内,便不能说它是非法的,因此也限制使用对它的禁令。"

"本案有证据表明有些游说行为已经违反了约定,因此我认定这种行为是非法的,应受到警告。"

"我在副本中作出了我的最终裁定。如果有新事实证明它需要撤销或修改,那么该裁定应由合议庭来决定修改;除此之外,裁定将保持有效。"

最终裁定如下……

"裁定被告(包括其中的每一个人、他们的代理人和服务人员)禁止使用以下方式干预原告的商业活动。这些方式包括:阻挠或干预任何进入或离开原告在波士顿北(North)街第141、143、145、147号之建筑物的人;或通过恐吓、明示或暗示的暴力伤害威胁的手段妨碍那些原告的员工或即将成为其员工的人进入或继续开展工作;或通过任何方式阻碍、干涉和阻止原告在职员工依照其合同规定继续开展工作。"

艾伦法官(ALLEN, J)……"巡逻活动作为被告实现其计划的一项手段被保留下来,它在执行过程中运用了社会压力、人身侵害或非法伤害威胁,以及游说(大家去)违约等手段。它是对原告的一个间接恐吓,对被原告所雇佣的和将要雇佣的人是直接威胁,使他们感到在这种情况下的就业是让人不快的和无法忍受的。这样的行为非法干涉了雇主和雇员的权利。每一个雇主都有权利雇佣所有愿意为其工作的人,根据双方同意的价格决定工资;在职和求职人员都有相应的为愿意雇佣他们的雇主工作的权利。这些权利是宪法保障的权利……在本案中的巡逻或纠察活动带有威胁的气息,正如雪莉诉帕金斯案(Sherry v. Perkins, 147 Mass. 212)中发现的那样。这样的巡逻在很多案件中都是对原告和其员工的非法干扰,当它带有干扰商业活动目的的时候,它就构成了对私人事务骚扰……"

法庭的多数人的观点为禁令应依其原文的形式作出。因此下令。

法官菲尔德(Field)的异议意见已被省略。

霍尔姆斯(异议)……"我同意,无论法律对本案中的唯一被告的规定是什么……当原告证明了有几个人合起伙来阴谋破坏他的经营,并且实施了一些带有这样效果的行为,那么他就完成了证明损害结果与违法行为之间存在因果关系的责任,除非有证据指出,或被告能够证明,其行为是有正当理由的或具有合理性。我据此判定,它的平息和正确解决不仅由于这种结伙游说活动带来的损害结果是现实存在的,而且由于这个过程中采用了不正当的或强制性的方法……"

"然而在很多时候,法律对这种故意造成的暂时性损失采取了容忍的态度,因为它认为这样作是合理的。这取决于是什么因素使该行为具有合理性,更具体点说,究竟什么才是,或应是真正决定这一问题的因素,在我看来,(单纯地)归纳法律规定往往不足以帮我们找到答案。对政策和社会内核的考量才是判断的真正基础,那些希望通过逻辑和法律共识来求得答案的努力都是徒劳的。就像公共政策很少有能被一致的接受,它即便在以前是可以(被接受)的,但到将来却难保不被质疑。任何人都必须经过特殊培训才可能熟识该客体。至少在法律成型的初期,它们只是一种无法用言语表达的本能认识,而非一个确定的,并能合理自证的想法。"

"可以运用一个已经存在好几个世纪的法则来证明我前段所说的内容,当一个人在一个小城开业,而这个小城因为太小只能维持一家这样的生意,因此他开业的行为具有挤垮他人生意的期望和故意,他后来也确实获得了成功。在这一案件中,他的行为就没被认定为'非法的和无理的'……作出此种认定的原因就是存在这样一个共识:自由竞争社会价值高于其带来的成本,由此而造成的损害是合理的。[①]"

"我选择以此为出发点,来分析我下一步要说的内容。本案显示:无须再授权,允许自由竞争的政策本身就让故意造成的暂时性损失具有了合理性,它包括对当事人生意的干扰所带来的损失,即便是在某些情况下造成损害并非为了它自己的利益,而是为了在贸易战中取得胜利而实施的某种手段造成的。在这类案件中,无论原告是否因为被告是唯一对手而有意针对

---

① Commonwealth v. Hunt, 4 Met. 111, 134.

他，或原告是不是某个受到影响的群体中的一员，这些都不重要。唯一值得讨论的地方是，带来此损害的方式是什么性质。我们都同意，如果没有强力或强力威胁(目标)就无法完成。我想我们也同意，它可以通过劝说员工离开其商店或参加被告的组织的方式来完成。它可以通过拒绝或放弃被告所控制的金钱利益来实现。它也可以通过放弃，或威胁其放弃其作为第三方的利益，从而放弃他们作为原告的顾客或雇员与原告打交道。而该第三方是有权继续或放弃同原告打交道的。① 我已经注意到，有意见认为雇主和雇员之争不属于竞争的范畴。但我还是大胆地判断，我的同事们没有人接受这一意见。如果我们的法律将自由竞争的概念外延定的过窄，那么我们完全可能会用自由斗争这一概念取代它。当然，现行政策并没有将它定位为同一阶层为实现同一目的的斗争。它适用于所有有利益冲突的情况……"

"我猜想我们到此取得了共识。但在后文中将大量涉及这样一个观点，它就是一个群体因实施了单个成员可以合法开展的活动，其行为就可能被认为是非法的。现在就说这一立场不能解释某些真相还有些草率。但根据法院所接触到的和认可的一般情况看来，我认为它在实践和原理方面都是完全错误的。② 伯恩诉麦森(*Bowen v. Matheson*)案件中存在着最显而易见的结伙，在船运大亨(Mogul Steamship)公司的案件中，结伙是取得成功的关键。其实没有必要引用案例，稍微思考一下实践情况，或者是粗略地回顾一下产业历史，就会发现自由竞争指的就是结伙，世界上的组织现今的增长速度惊人，也意味着结伙持续地扩大。对于我来说，反对这个趋势是枉然的。无论对整体有益或是不利，正如我认为的那样，它都是无法避免的，除非社会公理和生活的基本环境发生了改变。"

---

① 英联邦诉亨特案(Commonwealth v. Hunt, 4 Met. 111, 132, 133.)；伯恩诉麦森案(Bowen v. Matheson, 14 Allen, 499.)；海伍德诉蒂尔森(Heywood v. Tillson, 75 Me. 225.)；蒙哥轮船公司诉麦加力歌案(Mogul Steamship Co. v. Mcgregor, [1892] App. Cas. 25.)。

② 英联邦诉亨特案(Commonwealth v. Hunt, 4 Met. 111.)；兰德尔诉黑泽尔顿(Randall v. Hazelton, 12 Allen, 412,414)。

"一个贯穿生活的永恒冲突就是,每个人总是努力从为他人提供的服务中获得最多回报,与社会(以资本回报的名义)总是用最小的代价换取其服务之间的矛盾。一方的结伙是非常有力的。如果斗争要在一个公平的基础上开展,另一方的结伙就是必须存在的对抗力量……"

"如果这是事实的话:即工人们可以联合想法一致的人,为他们的工作争取到更多利益,正如资本联合在一起来赢取最大的回报那样,那么下面的情况也当然是事实:即当他们联合在一起的时候,他们应该和资本联合那样有同样自由,可以通过争辩、劝说、转让或拒绝某些他们合法享有的优待,来争取他们利益。我仍然记得当时很多人认为,除了暴力或违约行为,罢工也是邪恶的,因为它是有组织地拒绝去工作。我猜想,当今睿智的经济学家和立法者已经放弃了这样的想法。我也很自信地认为,他们同样会放弃另一个观点,即无论工人们是否是使用了暴力威胁,或他们仅仅是为了追求让雇主接受他们定的工资率(水平)这一目标,而有组织地拒绝与为其对手工作的人开展任何社会交往,都是错误的做法。事实上,他们为自己争取利益而开展的活动会伤害到他们的对手,这并不会比另一行为更非法,即一群主流经营者为了将小经营者挤垮,降低他们的产品价格来实现这一效果。事实上,在我看来,问题已经早在1842年肖法官在英联邦诉亨特案的判决中被回答了。"

注释和问题

1. "劳工禁令"的特点。雇主钟情于对可能发生的行动申请禁令,主要由于以下几个因素。第一,通过这样的方式能够获得快速解脱;临时禁令事实上是依单方面证据作出的。第二,此类令状让罢工者和游行者个人承担责任,于是就避免了以法人形式联合起来所带来的法律问题,并使针对特定范围的个体所作出的判决能够获得执行。第三,令状在争议过程中持续发挥着掌控作用。第四,陪审团在审理此类案件时并不是十分公平,法官往往比社会群众更想阻止劳工的抗议活动。最后,令状经常使用宽泛和弹性的措辞,从而制造出了一个极具延伸性的大网,可以覆盖所有劳工抗议活动的支持者，不论这些人是否从事过任何相关侵权行为。

从1880—1930年，劳工禁令成为司法干预劳动纷争的主要形式。劳工禁令的滥用，正如费利克斯·弗兰克福特和格林（Felix Frankfurter and Nathn Greene）的《劳工禁令》（*The Labor Injunction* ）（1930）一书所表明的，它不仅削弱了工会的经济力量，还使法院的中立和受尊重的地位受到质疑。弗兰克福特和格林批判性地指出，法院为了表达对劳工运动的不满情绪，仅凭雇主对工会错误行为的指控就发出了临时禁止令（Temporary Restraining Order），而不给工会作出回应的机会。他们发现在20世纪前25年里所经历的118个重要案子中，70个案子都有临时禁止令的身影，只有一个临时禁止令的申请被否决掉了（见其书第60页）。在这70个发出临时禁止令的案子中，58个案卷里没有支持其申请的誓言记录；雇主在不同案件中所指控的理由都是一样的，就好像他们都在使用同一本法律教科书那样（见其书第64、71页）。临时禁止令如果没有经过正式聆讯就不能成为长期性的令状，但这种正式聆讯通常因此被拖延一个月，事实上任何延迟都会对罢工产生至关重要的影响，而罢工正是组织起来的动力之一。即便禁令被法官最终取消，而且上诉并未带来任何延迟，组织和罢工的动力往往也早已烟消云散了。

弗兰克福特和格林的书还调查出了一些其他类型的滥权行为，包括当出现工会在没有明确授权情况下开展行动之后，工会领导和支持者遭到限制和嘲笑；操纵法院运用冗长且含混的令状来给警惕性不高的工会领袖和工人下圈套；调动公司保安和分支机构来执行禁令；雇主有能力撇开陪审团，并选择带有明显阶级性倾向的法官和偏爱商品经济，且对工会反感的法官。劳工禁令在"镀金年代"的演进也在研究范围之中。参见威廉·E. 福巴斯：《法律与美国劳动运动的成型》（1991），第3章［William E. Forbath, *Law and the Shaping of the American Labor Movement*, ch. 3 (1991)］。

2. 工人纠察是带有强迫性吗？ 威格拉诉甘特纳案是从不同视角来看待工人纠察的。它（纠察活动）是否就是单纯地向公众宣示工人组织的斗争目的,从而获取社会对组织活动认可的工具吗?或它是否除了给雇主和非罢工工人施加来自于那些支持抗议活动的成员的压力,还应该通过其他方式强迫他们让步吗?

尽管当时在威格拉诉甘特纳案中出现的多数人对和平纠察有戒忌的情况,但这一想法在现在已经没有市场了,爱波斯坦(Epstein)教授提出对那些以此作为伪装的威胁和使用暴力的行为还是有防范的必要的。

指出霍尔姆斯法官所采用的详细禁令的弱点或许可以帮助认识笼统禁令的必要性。纠察人员出现在原告的营业场所,会导致,或很可能性导致,威胁和使用武力,这是因为简易的救济程序往往较为原则,在实践中也不甚完善,无法得到再次纠正。根据个案情况进行裁决通常是成本昂贵的,而且有很高的错误率,尤其是当威胁被伪装了起来,其危害程度仅仅处于某个很高的或然水平上的时候。参见理查德·A. 爱波斯坦:《规制劳动关系的普通法:对新劳工立法政策批判》,载于《耶鲁法律杂志》第 92 卷(1983),第 1357、1377 页[Richard A. Epstein, A Common Law for Labor Relations: A Critique of New Deal Labor Legislation, 92 *Yale L. J.* 1357,1377(1983)]。

爱波斯坦教授是否充分地考虑到了工人纠察的沟通性质,过于笼统的禁令是否会对非强迫性纠察产生限制效果?关于更多的"劝说"和"威吓"之间的区别见艾琳·西尔弗斯坦的著作。艾琳·西尔弗斯坦:《集体行动、物权和法律改革》,载于《霍夫斯特拉劳动法律杂志》第 11 卷(1993),第 97、104—106 页[Eileen Silverstein, Collective Action, Property Rights and Law Reform, 11 *Hofstra Lab. L. J.* 97, 104-106 (1993)]。关于工人纠察的宪法地位见后文第 633—641 页 和 667—675 页。

3. 霍尔姆斯对于"劳工问题"的看法。在阅读威格拉诉甘特纳案的判决之后,你是否会认为霍尔姆斯是劳工运动的支持者?那么再思考一下他在工厂诉伍兹案[Plant v. Woods,176 Mass. 492,505,57 N. E. 1011,1016(1900)]的相关阐述：

> 尽管这里并不是讨论经济的地方,法律也并非总能实现最终的经济目标,但我认为应该增加一句:我对罢工的意义和作用不抱任何幻想。虽然我认为罢工作为一项普世的生存斗争方式是合法的,我认为以下想法是纯粹的空想:即幻想工人作为一个整体通过这种方式可以从资本总额中获取更大一个份额。年度生产额中只有极少部分是被富人所占据,其余的是给大众生产的,也被大众消费掉的。组织或罢工有时可以为本组织的成员获得更多份额,但是,如果他们这样做,他们的获得是以牺牲其他无组织的或更弱势的劳工大众为代价的。他们并没有凭空创造出任何东西。

基于他对罢工和其他形式的斗争给劳工大众所带来的真正好处持有怀疑态度,那你为什么认为霍尔姆斯会特别关注给劳工禁令施加限制呢？

4. 对手段—结果的再评估：组织化与经济目标。霍尔姆斯所作的评估是否为普通法调整劳动冲突提供了一个有效的标准,或这一切都是由法官操纵来实现他们自己的喜好呢？马萨诸塞州法院将威格拉诉甘特纳案中霍尔姆斯法官的分析框架运用到对工厂诉伍兹案件的审理当中,法院通过了一项禁令,禁止通过罢工或威胁罢工手段迫使属于对手工会的员工转而参加到举行罢工的工会队伍当中,否则禁令就会许可雇主将他们解雇。我们猜想,以下阐述是来自于多数派观点(哈蒙德法官)和异议者(霍尔姆斯大法官)：

> 哈蒙德法官……根据观察,这个案子的争议并不是发生在雇主和雇员之间,或如果用一种老生常谈的界定就是资本与劳动力之间,而是在所有相同行业的劳动者之间,他们每个人都有和其他人一样的权利。

在这个案件中,和其他平权案件一样,每个人的权利实现的同时都应该适当地尊重其他人的相同权利,一个权利结束的地方也是另一权利开始的地方。

该案涉及的权利是有关对劳动的自由处置权。这是一项法律权利,也受到法律保护⋯⋯

⋯⋯现在没有明文指出劳动者在多大程度上可以进行联合,并通过罢工或抵制的方式去争取劳动时间的减少,或工资的提高,或促使雇主在关涉工人直接或即时利益方面作出让步,或帮助他们同自己的其他同事们竞争,我们认为这种案件的审理应该遵守以下原则⋯⋯被告的目的是让原告们加入被告的组织当中,为了实现这一目的,他们侵害了原告在正当商业中的利益,干扰了他们自己进行交易的努力。尽管他们曾经威胁去实施某些行为,这些行为如果开展的话会有可能导致上述后果,但事实上他们没有施加任何暴力或对财物进行损害。不过,在效果上来看,他们的威胁起了到对当事人意愿的胁迫作用。人身自由不应以这种方式被限制。根据它极有可能迫使一个人违反其真实意愿来同意对方的要求,而且这样的效果也确实出现了,本案有足够理由认为当事人思想受到了限制⋯⋯

被告可能会根据自己的喜好制订合法的规则指导他们自己的行为,但他们没有权利强迫别人加入他们⋯⋯

霍尔姆斯大法官(异议)⋯⋯为了直接切入要点,这个问题可以归纳为,假设其中一些目的是合理的,本案中开展威胁性抵制和罢工是否能因此具有合理性?该案的目的与工资要求并没有直接联系,而是非常间接的关系。当时直接目的就是加强被告团体的力量⋯⋯这也意味着他们将来能够在一些问题上斗争得更出色,比如工资问题,或其他一些带有冲突性的利益。我和我的同事观点有些不同,我认为这些威胁是合法的,他们的初步目的是为了加强工会力量来实现工会的终极目的。我认为,组织(行动)的一致性是使劳工具有战斗力的必要条件,劳工团体可以合法地为他们最后的斗争目标的实现做前期准备。

5. 双重标准？ 工厂诉伍兹案的判决中有一部分并没有在上文中呈现，马萨诸塞州法院区分了有关船东进行联合的两个决定。① 例如，在伯恩诉麦森案中，法院认为，船东组织拒绝为不属于其组织的船只提供水手，并把自己的有关抵制行为通知给船主和其他人，这是合法的竞争活动。法院驳回了非会员船东的赔偿请求："如果它的效果是摧毁了非组织船东的生意，这种情况是商业竞争的结果，它是法律允许的程序所导致的。"参见艾伦法官的观点，第503—504页。你是否能理解这样一个原则，即允许企业通过抵制对方的经营活动来试图抬高价格，但却阻止劳动者通过像威格拉诉甘特纳案和工厂诉伍兹案中的纠察行动来提高他们所付出服务所换来的价格？

3. 司法对保护性劳工立法的回应

洛克纳诉纽约政府案

Lochner v. New York
198 U. S. 45（1905）②

法院认定纽约的一项法律规定违宪，该法律规定员工"在任何一家饼干、面包或蛋糕烘焙店或糖果店每周工作不能超过 60 个小时，或者每天工作不能超过 10 个小时"。

佩卡姆法官（Peckham）将法庭观点作了如下陈述：
……该法条干涉了雇主和雇员之间在烘焙店工时方面的缔约权。在经

---

① 伯恩诉麦森案［Bowen v. Matheson, 14 Allen 499（1987）］；蒙哥轮船公司诉麦加力歌案［Mogul Steamship Co. v. McGregor, 23 Q. B. Div. 598（1889）］。

② 《美国最高法院案例报告》第198卷第45页（1905年）。U. S. 是指 U. S. Supreme Court's official case reporter。——译者注

营活动中的缔约自由权已受到联邦宪法第14修正案的保护……。根据这一规定,各州在没有履行合法程序的情况下,无权剥夺任何人的生命、自由和财产。购买和出售劳动的权利是受本修正案所保护的,除非有例外规定。但是,各州也保留着一些主权性的、范围笼统的治安权,还有法院不能去限制的某些具体事务权。这些权力……和安全、健康、道德还有公共福利有关。各州在某些合理情况下,可以通过其管理权对财产权和自由权进行干预,而本案的情况正是第14修正案无意去干涉的。

本法院已经认识到它的存在,并支持各州运用他们的管理权。……在随后的判例中,即霍尔登诉哈迪案 [Holden v. Hardy, 169 U. S. 366 (1898)] 中法庭支持了州的立法。另一部犹他州立法也值得思考,该法将所有井下矿工工作时间限制为八个小时,"但当出现生命和财产正遭受危险的紧急情况除外"……此项州立法被认定为是适格的……法院认为各州对采矿、冶炼有关的就业和有类似特点的就业活动进行立法,保护他们免于遭受雇主所立规则所构成的不当约束,这样作是合理的和合适的。

有关纽约州的这个立法是否有效这一法律问题,可以用简单的几句话来解释。决定烘焙行业的工作时间是对个人解放和缔约自由的无理干涉。没有人会认为:烘焙工,作为一个整体,不具备和其他行业的体力劳动者一样的智力和能力,从而使他们无力独立争取他们需要的权利和保护,故而需要州政府的介入来干涉他们自己的独立判断和行动。他们并没有要求州政府的介入。单从劳动法的角度来看,我们认为除了涉及健康问题外,不涉及任何其他方面的问题,例如安全、道德和公共福祉,连公共利益也没有因为该法而受到影响。如果该法属于保护所有人的健康,这个法律就必须被接受。但它并没有影响到烘焙行业之外的任何其他人。干净和完整的面包并不取决于它的烘焙师是否是每天工作十小时,或每周只工作60个小时……

我们认为以下并非无端质疑:即烘焙师之工作的人身危害性并没有恶化到允许立法者通过干涉劳动权和雇主或雇员一方的自由缔约权来进行保护的地步。毋庸置疑,所有工作都会对健康有或多或少的影响。不能仅仅因为存在一点危害健康的因素就允许州政府对自由进行干涉。虽然劳动事实上在所有的行业里都带有影响健康的因子,但我们就能凭此认为我们有对其立法的权力了吗?

[持异见的法官哈伦(Harlan),怀特(White),戴(Day)的意见被省略。]
霍尔姆斯法官的异见……

……本法院很多判决都在着力解决,州宪章和州法律在某些方面或许存在的、我们认为不当地和错误地干涉缔约自由的地方。有关周日(工作)和高利贷的法律都是先例。最近的例子就是禁止博彩的法律。只要不至于干扰到别人实现其自由的权利,公民拥有行动的自由,已经成为不少著名作家的口头禅,但(这些自由)已经被校规、被邮局、被每一个州和市的机构所干涉,这些机构不管人们同意不同意,以种种理由拿走人们的钱。宪法第14修正案并非是基于斯潘塞(Herbert Spencer)的有关社会的数据而颁布的……不管宪法认为政府对于公民应是家长式的管理关系还是放任式的关系,宪法都不应去迎合哪一个经济学理论。宪法是由各持己见的群众在达成共识之后形成的,其中有些是自然的和熟悉的观点,也有些是新颖的、甚至震撼的观点,但无论如何都不应影响我们以此作为有关法律所体现的意志是否和美国宪法是否存在冲突的基础。

……我认为:当第14修正案中的"自由"一词被用来阻却某个主流意识的自然出现时,如果所有稍有理智的人都认为某个法律提案会给我们法律传统的基本原则带来破坏,那么该法是完全错误的。稍加观察就会发现,我们面前并不存在这么一个可以用以谴责此法条的理由。理性的人都会认为,此法律提案是一个有关健康(保护)的措施。我认为每一个有理性的人都会赞成,此举是实现对工时进行立法的第一步……

注释和问题

1. 劳工自愿主义策略之渊源。联邦和州法院在针对类似于洛克纳案所作出的判决,给转变实现劳工目标的方法产生了深远影响,将更多的通过劳动法律而非经济(上的)行动措施来实现。思考一下以下的论述,摘自威廉·E. 福巴斯:《法律与美国劳动运动的成型》(1991),同前,第 37—42 页 (William Forbath's book, *Law and the Shaping of the American Labor Movement*, supra, at 37–42)。

在削弱劳工使用法律来恢复劳动关系力量平衡之能力这一方面,司法审查是法院最显著和最积极的方式。直到世纪之交,州和联邦法院已经取消了大概 60 部的劳动法律。在 19 世纪 80—90 年代,法院更倾向于将支持劳工的法律阻拦下来。对于工人来说,司法审查——用所谓的"合同自由"和"财产权"阻止劳动法的出台——成为美国羁绊劳工改革的一个明显的证据和标志。

纽约上诉法院在雅各布案[98 N.Y.98(1885)]中的判决是第一个以破坏工人宪法上的自由权为由否决一项劳动立法的高院判决,也是"放任宪政主义"的一个历史里程碑。雅各布(Jacobs)判例取消了 1884 年禁止在住宅内进行雪茄生产的规定,该案例如果不是开玩笑的话,那么它就是一份雄辩的说明书,全面阐释了镀金时代的吉尔德(Gilded Age)法院对"劳工自由"和工人尊严与独立的看法⋯⋯

雅各布案还是塞缪尔·冈珀斯政治生涯的里程碑。在 19 世纪 70 年代后期和 19 世纪 80 年代早期,冈珀斯曾任雪茄国际工会的副主席,并担任该工会在纽约的领袖。在那些年里,冈珀斯对通过立法来干预劳动条件的改革模式并没有表现出他后来展现出的那种强烈反感。事实上,他当时将矛头指向纽约雪茄生产商以促成一部法律——该法律在雅各布案判决中失效了——来制止在住宅内生产雪茄。

冈珀斯的自传虽然不全面,但足以揭示 20 世纪早期美国那些卓越的工会领袖的工会哲学之渊源。在其中一章名为《从法律中学到一些知识》,冈珀斯提到了他对工人向政府和法律在产业改革方面施加影响的能力充满期望⋯⋯

但冈珀斯后来很快发觉,在司法至上的时代,"促成法律的颁布并不意味着问题的解决。""法院在法律合宪性方面的权力使法律改革复杂化，以至于严重地影响到了该途径的实施效果。"家庭雪茄生产商将此案提起诉讼，并成功让高院决定否决两个《反剥削法》的细则。雅各布案件，作为第二轮诉讼的高潮，让冈珀斯认识到这一特定的策略是毫无希望的。"我们发现我们之前所作的工作都是白费的。"冈珀斯和雪茄生产者开始思考是否需要重返政治—立法的磨合，他们最终决定他们从此以后只通过"罢工和干扰"的方式来实现其终极目的。在这种思潮下，根据他的自传所述，他们迫使生产商"放弃了家庭型雪茄生产系统，取而代之的是在条件有保障的工厂里生产。因此，我们通过自己的经济力量来完成我们没能通过立法来实现的任务"。

到了那个世纪末，冈珀斯和雪茄生产者所经历的其立法改革努力被法院以司法至上为名进行阻挠的情况，在美国其他州工会运动当中重复出现了大概60多次。

2. 洛克纳时代。从1905年的洛克纳判决到20世纪30年代的新政时期，最高法院主要是根据宪法第14修正案的条款，取消了超过200份经济方面的法律。这一时期一些标志性的案例，包括阿戴尔诉联邦案［Adair v. United States, 208 U.S. 161（1908）］，和科佩奇诉堪萨斯案［Coppage v. Kansas, 236 U.S. 1（1915）］，它们废除了联邦和州出台的禁止雇主要求工人签订"黄犬契约"作为就业的前提之规定——例如，约定不能参加工会的协议。另见阿德金斯诉儿童医院案［Adkins v. Childrens' Hospital, 261 U. S. 525（1923）］，推翻了一个为女员工建立最低工资的法案。一些法律确实通过了宪法审查这一关：一个州要求矿工八小时工作日的法案，在霍尔登诉哈迪案［Holden v. Hardy, 169 U.S. 366（1898）］中得到确认，另外一个州的禁止洗衣女工每日工作超过十个小时的法律也在穆勒诉尔勒冈案［Muller v. Oregon, 208 U.S. 412（1908）］的判例中得到肯定。关于这些判决的调查见弗兰克·R. 斯特朗:《实质性的法律正当程序:有意义与无意义两分法》(1986)［Frank R. Strong, *substantive Due Process of Law: A Dichotomy of Sense and Nonsense*(1986)］。

3. 洛克纳的理论基础。作出洛克纳判决的法院以近乎严苛的尺度来审视州立法权。政府可以在以下方面行动：(1) 为私营活动提供便利，例如，落实合同的履行；(2) 要求私营经营者来承担它对第三人依《侵权责任法》应赔偿的损失；(3) 规范那些危险行业中的健康与安全问题，如前文所涉及的霍尔登诉哈迪案；或(4) 保护需要依靠的群体，如妇女，通常认为她们无法保护自己，正如前文提到的穆勒诉尔勒冈案。但是当时并不允许试图通过法律将财富从一个阶层到另外一个阶层进行再分配。就像法院在科佩奇诉堪萨斯案(Coppage v. Kansas, 236 U.S. at 17 – 18)中所说的那样：

> 通常说……"原则上讲，雇员从其经济能力上来说，在销售其劳动力方面并不具备独立的缔约能力，这和雇主在购买劳动力上的缔约能力是对应的。"毋庸置疑，哪里有私有财产权的存在，哪里就有财富的不平等……因此，既要坚持契约自由和私有财产权，还要否定运用这些权利过程中所产生的财富分配不平等的合法性，是不可能的。
>
> ……另外，由于国家不可能去直接剥夺这些权利，它显然也不应间接这样做，比如，宣称基于公共利益需要，需消除由于行使这些权利所带来的不平等……州的管理权本身是很宽泛的，……但它不应宽泛到可以无视宪法所保障之权利的地步。

洛克纳有关再分配法律的立场获得了伯纳德·塞根的支持，伯纳德·塞根：《经济自由和宪法》(1980) [Bernard Siegan, *Economic Liberties and the Constitution* (1980)]。但被凯斯·R.桑斯坦反对，凯斯·R.桑斯坦：《洛克纳的遗产》，载于《哥伦比亚法律评论》第 87 卷 (1987)，第 873 页 [Cass R. Sunstein, Lochner's Legacy, 87 *Colum. L. Rev.* 873 (1987)]。后续的争论见大卫·伯恩斯坦对桑斯坦的批评：《洛克纳的遗产》，载于《得克萨斯法律评论》第 1 卷 (2003)，第 82 页；还有凯斯·R.桑斯坦对此所作的回应：《洛克纳》，第 65 页 [David E. Bernstein, Lochner's Legacy, 82 *Tex. L. Rev.* 1

(2003) (critiquing Sunstein's article); and Cass R. Sunstein, Reply: Lochnering, id. at 65.]。

4. 洛克纳错在哪里? 洛克纳判例是美国宪政法律中受到质疑最多的一个。错误是否在于法院从只对程序进行审查的程序主义到"实体性正当程序"教旨这一转变,它是否是要对州的权力进行实体上的限制? 见约翰·哈特伊利:《民主与缺乏信任:司法审查理论》(1980);塞缪尔·艾斯托伊克:《柏拉图式的民主守护者:约翰·哈特伊利在最高法院解读宪法问题所担任的角色》,载于《纽约大学法律评论》第 56 期(1981),第 547 页 [John Hart Ely, *Democracy and Distrust: A Theory of Judicial Review* (1980); Samuel Estreicher, Platonic Guardians of Democracy: John Hart Ely's Role for the Supreme Court in the Constitution's Open Texture, 56 *N. Y. U. L. Rev.* 547 (1981)]。或者是在于法院将合同自由认作一项基本权利,如果要限制它就需要更为有力的理由存在? 即便合同自由是一项基本权利,难道法院不应去认真思考一下纽约地区的健康与安全问题吗? 桑斯坦教授还对洛克纳判例的政治理论提出了质疑,他批评法院过于简单地认为,对现有财富进行再分配需要有特别的理由,并武断地认定权利现状是合法的。参见桑斯坦:《洛克纳的遗产》;凯斯·R.桑斯坦:《局部宪法》(1993) [Sunstein, Lochner's Legacy, supra; Cass R. Sunstein, *The Partial Constitution* (1993)]。

重新思考一下霍尔姆斯法官提出的异议。法院是否有能力来判定一个经济方面的法律所带来的利益是否高于它可能的成本,或参与对政治活动的评估当中来决定"胜利者"是否获得"失败者"所没有的优待? 例如,假设最低工资和最长工时法导致雇佣水平的恶化,法院怎么能够在这些法律所带来的成本和给在职人员带来的利益之间找到平衡? 而且,法律影响是很难计算的。参见大卫·E.卡德和艾伦·B.克鲁格:《传说与测算:最低工资的新经济学》(1995) [David E. Card & Alan B. Krueger, *Myth and Measurement: The New Economics of the Minimum Wage* (1995)](提出了证据,指出当最低工资快速上扬时会导致企业没有雇佣额外员工的积极性,而缓慢抬高工资对就业水平没有影响)。

第二节 《反垄断法》

注释:在19世纪90年代和20世纪早期的工会增长和产业纷争

在1870年到1929年间,美国工业产出总量增长了14倍,因此也创造了巨大就业需求,吸引着一波一波来自欧洲的移民。在第一次世界大战开始之际,接近百分之六十工人都是海外出生的。参见大卫·布罗迪:《产业化美国的工人们:论20世纪的斗争》,第14—15页,1993年第2版[David Brody, *Workers in Industrial America: Essays on the Twentieth Century Struggle* 14-15 (2d ed. 1993)];哈罗德·福尔科:《消退的自由主义》,载于《美国经济史》,第101—114页(恒瑞·大卫主编,1951年)[Harold U. Faulkner, The Decline of Laissez Faire, in & *The Economic History of the United States* 101-114 (Hnery David et al. eds., 1951)]。在19世纪90年代的大萧条之后的繁荣期,劳工运动经历了爆炸性增长,从1897年的447,000工会成员到1904年200万人。建筑业工会从1897年的67,000人增长到1904年的391,000人;交通工会从116,000人扩展到446,000人。沥青矿工在1897年举行罢工,并赢取了《中央竞争领域合约》的签署,它覆盖了宾夕法尼亚州、俄亥俄州、印第安纳州和伊利诺伊州所有相关产业;1902年的无烟煤矿工罢工带来了全部硬煤生产行业的工人大联合。参见布罗迪:《产业化美国的工人们:论20世纪的斗争》,第24页。在这一时期很多著名的罢工,如卡内基钢铁公司(Carnegie Steel)与普尔曼(Pullman)的纠纷,双方都明显地使用了暴力。而且,工会基于与雇主组织之间的协议对特定行业形成控制,并试图对竞争行为也进行控制。这样的控制往往缺乏全面性,工会对生产和经营活动的管控经常鼓励了低成本的、无工会的外部竞争者的发展,从而破坏了这些协议的稳定性。

在19世纪90年代后期和20世纪早期,工会的成功催发了雇主的自卫反击行动,一个接一个贸易组织发起了对工会的挑战。某些此类组织,像国家奠基人协会(National Founders' Association),为它们的成员提供消除罢工和产业刺探服务。还有其他组织,像国家金属贸易协会(National Metal Trades Assciation),帮助其成员单位"提供大量的技术工人,它采用操纵劳动力市场、降低劳工的价格和使用一些手段来破坏工人们利用集体行动来改善其工作场所规则的活动等,从而提高它们的应对空间"。参见豪威尔·哈里斯:《在开放式工会时代雇主的集体行动:1903—1933年美国费城金属制造商协会》,第116、128页,载于《管理权?雇主与产业关系的历史比较研究》(史蒂文 & 乔纳森主编,1991年),另比照,克拉伦斯·贝内特:《美国雇主协会:对典型协会的研究》(1922),第70、71、78、103页[Howell Harris, Employers' Collective Action in the Open Shop Era: The Metal Manufacturers' Association of Phildelphia, C. 1903 – 1933, at 116,128, in *the Power to Manage? Employers and Industrial Relations in a Compartive-Histroical perspective* (Steven Tolliday & Jonathan Zeithlin eds., 1991). Cf. Clarence E. Bennett, *Employers' Associations in the United States: A Study of Typical Associations* 70, 71, 78, 103 (1922)]。法院也参与到这场斗争当中。1893年3月,在第一个依照最新颁布的《谢尔曼(Sherman)反垄断法》进行诉讼的案件中,联邦法院在路易斯安那州发出了一份禁令,针对的对象是从1892年大罢工崛起的新奥尔良劳工联合工会(Workingmen's Amalgamated Council)。法院陈述道:"被告行为的邪恶和非法之处在于:如果他们的要求没有得到满足的话,他们就会努力去阻止,或已经在阻止个人在国内的(市场化的)流动。"[1]最高法院[In re Debs 158 U. S. 564 (1895)]认为,联邦法院有权根据《商贸条款》来告诫那些威胁干扰国内商业流通的工会。但法院在讨论之后,最终并没有依照《谢尔曼法》下达判决。

---

① 美国诉劳工联合工会案,第994、1000页[United States v. Workingmen's Amalgamated Council, 54 F. 994, 1000 (C. C. E. D. La. 1893)]。

1.《谢尔曼法》

注释:洛伊诉罗勒案("丹伯里-制帽匠"案件)

Loewe v. Lawlor (The "Danbury Hatters" Case)

1890年通过的《谢尔曼法》为雇主提供了一个控制工会的重要武器。尽管国会初衷主要是针对大型商业企业给贸易带来限制和其他垄断行为,但是由于法律在措辞上出现了问题,导致其适用范围广大到可以涵盖那些劳动者之间签订的、用来控制劳动力市场的协议。尤其是,该法第一款规定:"所有合约、以信托形式的结伙,或阴谋在几个州内或联合外国限制贸易和商业,都是违法行为。"在该法颁布后的头二十年之中,最高院曾有机会审慎思考这一措辞是否包含劳工的结伙。

在19世纪90年代到20世纪早期,由制帽匠(Hatters)、铁制模具匠(Ironmolders)和其他国家级手工业工会组织的、激烈的全国性抵制运动,成功地争取到了曾经持对抗态度的大型制造厂商的让步。这些胜利促使了美国反抵制协会(American Anti-boycott Association "AABA")的成立,它是由两个无工会的、位于康涅狄格州(Connecticut)的丹伯里市(Danbury)的洛伊(Dietrich Loewe)和迈力特(Charles Merritt)帽子制造商建立的。在1902年,洛伊拒绝认可制帽匠工会,它所有的员工(除了其中的十个)为了支持该工会而进行罢工。洛伊随后重新雇佣一批员工来恢复生产,导致美国劳工联合会(AFL)将该企业置于"我们不与其合作"(雇主)名单中。无论在哪里有洛伊的帽子在售,工会代表和基层活动家就会出现,迫使当地劳工组织将其零售商列入不公平(雇主)名单。在最早的丹伯里-制帽匠案的判决中①,最高法院认为《谢尔曼法》适用于工人结伙,至少包括工会抵制产品跨州界流动。七年之后,法院维持了一个让洛伊从248个康涅狄格州工会成

---

① 洛伊诉罗勒案,案件编号:Loewe v. Lawlor, 208 U. S. 274(1908)。

员中收取三倍赔偿的决定①。美国反抵制协会的联合发起人的儿子沃尔特·梅里森作为原告的顾问,甚至搜索了州的房产和银行记录来寻找康涅狄格州的2,000名成员中谁有一定数量的可执行财产。参见大卫·本斯曼:《实践团结权:19世纪美国帽子生产者》(1985),第202—203页[David Bensman, *The Practice of Solidarity: American Hat Finishers in the Nineteenth Century* 202 – 203(1985)]。

丹伯里-制帽匠也被卷入到洛伊和其罢工工人之间的一场"主"争议和一场"间接联合抵制"当中。在这场抵制中,工会试图去抵制那些并未直接涉入争议中,但却是洛伊帽子的批发商和零售商的第三方。通过批判间接联合抵制来限制产业冲突的范围的方式是否有合理性?那些没有参与争议的零售商真的是中立的吗?他们是否从像洛伊这样没有工会的厂商所生产出来的低成本产品中得到了利益?抵制对零售商起到的作用是否和制帽工人针对洛伊罢工取得整体胜利的效果一样?抑或,工会在更广范围内抵制零售商的经营活动是否会给洛伊产生影响?

还需注意到的是,丹伯里-制帽匠案件还牵涉了一个间接(游说)顾客抵制:即工会鼓励公众不去购买洛伊生产的帽子;这并非是一场对间接生产商的抵制:即工会号召洛伊的分销商和零售商的员工拒绝经营其生产的帽子。这样区分对确定劳动争议的限制范围有指导作用吗?这样的区分是否应在《谢尔曼法》中有所体现?

劳工支持者对最高法院适用《谢尔曼法》处理劳动争议感到愤怒,一些评论人员指责法院滥用他们的立法角色。参见爱德华·伯曼:《劳动者与谢尔曼法》(1930),第11—51页[Edward Berman, *Labor and the Sherman Act* 11 – 51(1930)]。但是,其他一些人以立法的历史为丹伯里-制帽匠案子辩护,历史证明国会已经拒绝过那些试图将与劳工结伙相关的协议排除在该法之外的修正案草案。参见豪文凯普:《企业与美国法》,第229页,载于《丛书记录21》(1890),第2611—2612页,第2728—2731页;安芬思·马

---

① 罗勒诉洛伊案,案件编号:Lawlor v. Loewe, 235 U.S. 522 (1915)。

森:《组织起来的工会与法律》(1925),第 7 章 [Hovenkamp, Enterprise and American Law, supra, at 229; 21 Cong. Rec. 2611 - 2612, 2728 - 2731 (1890); Alpheus T. Mason, *Organized Labor and the Law*, ch. VII (1925)]。

2.《克莱顿法》

注释:劳工豁免的起源

丹伯里-制帽匠案对劳工运动的阻吓作用不大,因为它对消费者抵制策略所产生的影响,间接推动了美国劳工联合会下属工会通过签署闭门工会协议来发挥其经济力量。通过这样的协议,工会可以控制雇佣技术工人的活动,它可以借此阻止新企业加入时可能带来的劳动标准的下降。参见劳埃德·厄尔曼:《国家级工会的崛起》,第 526—531 页(1996 年第二版)[Lloyd Ulman, *The Rise of the Naiotnal Labor Union* 526 - 531(2d ed. 1966)]。这些协议的效果取决于当下工会运动对业内所有的企业接受工会所设定的工资和工作规则的影响程度。1907 年,州法院命令一个全国性的工会——美国擦窗工人联合会(Amalgamated Window Glass Workers of America)——根据普通法上反垄断条款的规定进行解散,因为该工会虽已依法组建成为一个不雇用非工会会员的工厂,但它限制单个企业所能够雇佣工人的数量,并插手生产方式管理。① 同一年,希契曼煤焦化有限公司诉米歇尔案(*Hitchman Coal & Coke Co. v. Mitchell*)的诉讼中,指出矿工联合会(United Mine Workers)和在宾夕法尼亚州、俄亥俄州、印第安纳州和伊利诺伊州的煤矿生产商之间存在犯罪共谋,因为它们协议决定在无工会企业——西弗吉尼亚(West Virginia)公司建立不雇用非工会会员的工厂。一名联邦区法官于 1912 年判令矿工联合会不能组织原告的工人。② 在上诉过程中,案件依照普通法来决断,因为在审理中《谢尔曼法》并没有被提出。

---

① 科尔利诉付克尔案[Kealey v. Faulkner, 18 ohio December 498(1907)]。
② 202F. 512(N. D. W. Va 1912)。

正如美国劳工联合会主席冈珀斯向国会所作的解释:通过不雇用非工会会员的工厂和压力策略来实现目标是"自我防御的问题";工会的任务是迫使行业中的洛伊接受工会提出的工资和工作规则或减少工作危险性,这些条件有很多已经被很多极具市场竞争力地位的雇主所接受。①

尽管不时被法院拖着后腿,劳工(运动)仍旧取得了改革派政治家的明确支持,而且加强了对政治活动介入。为了探寻产业纷争的基本原因,国会于1912年建立了美国产业关系委员会(U. S. Commission on Industrial Relations),一个三方实体,并赋予其广泛的调查权力。② 1915年一份由委员会主席和劳工代表撰写的《员工报告》发现,劳工并没公平地分享到应得的国家财富份额;国家级企业的增长使个体谈判变得几乎不可能;收入的不均降低了公共消费能力;而且工人的组织权也被否决了。这个报告建议制定新法来保护组织权和集体谈判权。威廉·霍华德·塔夫脱(William Howard Taft)总统曾经是一名联邦底层法官,并曾经是使用禁令限制劳工抵制的主要倡导者,不过他在总统任期将要届满的时候,最终签署了建立劳动部的法律。③

1914年,伍德罗·威尔逊(Woodrow Wilson)总统发起了修改反垄断法律和建立联邦贸易委员会的呼吁。劳工将这视作一次强化其从《反垄断法》中获得豁免的契机。尽管威尔逊总统拒绝(对工会)通盘豁免的请求,而且国会通过的《克莱顿法》并没有接受美国劳工联合会提出的宽泛的(豁免)措辞,但在参议院的劳工支持者们依旧确信该法能让间接联合抵制合法化,用冈珀斯的话来说,这就是"劳工的大宪章"(Labor's Magna Carta)。

---

① 丹尼尔·安永:《1908—1914年之间劳工豁免权》[Daniel . R. Ernst, The labor Exemption, 1908 - 1914, 74 Lowa L. Rev. 1151, 1155 - 1156 (1989)]。

② 37 Stat. 415 (1912).

③ 37 Stat. 415 (1913).

杜普莱斯印刷有限公司诉迪林案

（Duplex Printing Press Co. v. Deering）
254 U.S. 443（1921）

皮特尼（Piteny）法官发布了法院的意见。这是一个有关平等权的案件，区法院的上诉人对纽约南区法院发出的一项禁令提出了指控，该禁令限制被告在本区内和附近采取行动抵制原告工厂所生产的产品，还限制（被告）任何阴谋损害和破坏原告的信誉、贸易和商业的活动，尤其是针对其在州内的贸易进行破坏。

……原告开展业务的场所是在密歇根的巴特尔克里克市（Battle Creek）的工厂，这里执行的是"开放性工会"政策，即不歧视工会和非工会工人。该案的被告和当地组织的代表们都加盟了国际机械师工会（International Association of Machinists），它是一个拥有60,000成员的非法人团体；他们虽然联合了起来，但国际机械师工会在某种程度上说也属于一方当事人来给原告施压，让其将工厂里的员工组织起来，并实施"不雇用非工会会员的工厂"政策，执行八小时工作日，接受工会（提出的）工资标准，他们为了实现这些目标，对原告的产品在州内的流动进行干预和限制。原告的主要产品是那些大型复杂的报纸出版机，重量在10,000磅到100,000磅之间不等，在运输过程中需要消耗大量的劳工和时间（一周或更长的时间）进行处理、运送和搭建。这些出版机器销售到全美和国外；由于它们是为日报社提供出版服务的，因而在纽约市内外都有很大的市场。这些器材通过正常贸易途径运送，在目的地的搬运、运送和组装活动是由购买者的工人在原告提供的专业人士的指导下进行的。本案中出现的阻挠（活动）行为和在安装和操作过程对原告顾客的干扰，同工厂在密歇根的管理与生产部门没有任何关系。被告中没有人是，或曾经是原告的雇员，而且原告也并未和他们所代表的组织有任何联系。1913年8月（也就是该法出台前的八个月），国际机械师工会号召在原告位于巴特尔克里克市的工厂进行罢工，结果有11

位身为工会会员的工程师和三名负责安装的技术工人离开了原告的工厂。但是由于参与的人数量较少,它对工厂的运作并没有产生实质影响,在州内的销售和运输依旧照常开展。

本案争议的焦点是案中一套完整缜密的活动程序,它由被告和他们的组织从纽约市内外同时发动起来的,在纽约的活动只是国际机械师工会所采取的计划中的一部分,其目的是为了实施对原告产品的抵制活动。这些行动包括:警告顾客最好不要购买原告的产品,或购买之后不要安装,并威胁他们将为其购买行为付出代价;威胁买主(如果不合作)将会在其企业内组织同情性罢工;通知买主经常使用的卡车公司不要运送出版机,并威胁如果不同意将会有麻烦;煽动卡车公司的员工和其他受买主雇佣的员工开展罢工来抗议他们的雇主,以此来干预出版机的运输与安装,从而让买主也感到压力;通知不要对杜普莱斯印刷机进行维修;威胁如果工会会员帮助安装印刷机的话,他们将会失去其工会卡和被列到"不参加罢工的人"名单上;用罢工来威胁一个举办展览的公司不让其参加展览;使用各种其他方式阻挠原告的产品在纽约市内外进行销售,阻碍其国内商贸,比如破坏和威胁原告的客户和潜在客户,拒绝为有运输、处理和组装需要的顾客提供服务。这些威胁有时被伪装了起来;有时看似礼貌的表象下隐藏着险恶的目的……

争议事实的关键就在于,它对原告在国内的贸易造成了干扰,是为了对原告产生威慑性效果,该行为是通过大家所知道的"间接联合抵制"来实现的,也就是合起伙来给其客户和潜在客户施加压力,让他们认识到如果继续和原告进行交易就会对自己产生损害,从而迫使他们暂停或放弃为原告提供资助,而不是直接冲着原告,或是采用建议、使用和平手段劝说原告的客户……

对于《克莱顿法》是否禁止就当前案由发出禁令的问题,巡回上诉法院的观点存在分歧;大多数人认为,根据第 20 条"并结合第 6 条的规定"不应发出禁令……被告的行动是在它们所获授权的衍生范围内进行的。在我们看来,如果要参照第 6 条的规定,那么最为重要的是去认定工会超出授权所实施的行为之性质和其所获的豁免权之间的界限。该部分法条(首先)假定工会的一般目标都是合法的,(然后)称《反垄断法》不应禁止此类组织和它们的成员从事合法的行动来实现其合法目标；不应用片面的眼光来评价此类组织,不能仅仅因为它们的存在和运作方式(的问题),而认定它是一个非法的、限制贸易的结伙和共谋行为。但是,当工会偏离其正常的合法目标,并实际采取了限制贸易的结伙和共谋行动,此处的规定并没有免除工会和其会员责任的规定。而且,如果有观点认为,所有本法没有规定行为都是违法的,或本法允许某个符合《反垄断法》合法组织定义的组织私底下去从事限制贸易的非法结伙和共谋,那么这种观点不存在任何合理的解释理由。

该案的主要依据是第20条……

第一段仅仅列出人们所熟悉的、有关颁布禁令的条件,这些已经在美国法院早期的实践中确立了起来并得到运用。但它是对本法继续坚守原来立场的一种宣示。第二段规定:正如第一段指出的那样,"没有任何限制令或禁令"可以禁止某些特定的活动——这明显是指"发生在雇主和雇员之间的案件,……包含关乎劳动条件的争议"。显而易见的是,对使用禁令的条件进行限制,只对那些上文提到的与争议事项有利害关系的当事人有利。如果对合法行为进行界定,那么应对案件的性质和争议的焦点进行抽象概括,找出其中具有代表性的特征,并以此作为界定的主要内容……如果这些界定性的规定要能够发挥作用,它们必须明确对颁布禁令的限制,另外还须对《反垄断法》相关条款和美国其他法律进行松绑,让它直接瞄准处于争议中心的当事人。

巡回上诉法院的多数派法官坚定认为,应将第20条中的"雇主和雇员"视为"诉讼参与人所隶属的商业阶层或群体",另外,本争议针对的是工厂位于密歇根的原告,涉及事项为劳动条件。如果并没有历史矛盾存在的话,该争议完全是由于机械师工会号召在工厂里罢工引起的(第20条的内容允许约60,000人的机械师工会在其他地区开展活动),事实上,他们和原告的工人队伍在以前、现在和将来都不存在任何联系,但为了将该争议和自己建立起关联,他们煽动发起针对本案雇主的同情性罢工、纠察、抵制活动,这些活动同原告的工厂并没有关系,而是对那些购买原告产品和原告有正当生意往来的机构有影响。不过,本案的雇主和它的雇员在劳动条件方面并不存在争议。

我们认为不应容忍此类现象的发生。应依据国会有关其立法目的表述来全面考察和适用第20条的规定;但需要注意的是,该条为美国法院的权力和《反垄断法》一般操作规则施加了特殊限制,该限制本身就是对某一阶层的优待和豁免,同样会给一般公众带来损害;它违反了法律推演原则和普遍适用原则,即便不说它已经忽略或弱化了门槛的作用,它其实已通过从宽解释该条的内容来扩大特殊优待人士的范围之方法给社会带来了深远的影响……国会将其视作特定类型的产业纠纷,而非一场阶级战争。"工作条件和环境"是本案争议的关键,也是足以让其获得赦免的理由;如果有关赦免的法条被越权运用到与争议没有直接关系的当事人身上,就不再只是表达对于争议的情绪化和同情性的活动。

判决被驳回了,案件被返回到区法院,要求结合上述观点再审。

布莱迪斯(Brandeis)法官对霍尔姆斯和克拉克(Clarke)法官的共同观点提出质疑。

……被告承认干扰到了原告的经营活动,但认为这样干扰是合理的,因为有以下理由存在:在美国只有四家生产这种出版机的企业;它们之间的竞争很激烈。1909—1913年,机械师工会促成了其中三家对其给予承认、愿意和其打交道、同意八小时工作日制、设立最低工资范围、遵从工会的其他要求。第四个企业,杜普莱斯公司,拒绝承认这一工会;坚持在自己的工厂里执行开放式工会政策;拒绝执行八小时工作日制,它一直采用的是十小时工作日制;拒绝设立最低工资政策的适用范围;忽略工会提出的其他标准。自此之后,在三个已经接受工会条件的企业当中,有两个通知该工会,除非他们竞争者(杜普莱斯公司)也和该工会签订合同,让这家公司在给予其员工优惠待遇的方面承担更多的责任,否则它们将终止其和此工会签订的合同。因为杜普莱斯拒绝签订这样的合同,所以机械师为了使其就范,宣布在杜普莱斯的工厂进行罢工,并指示它的成员和其兄弟工会拒绝为原告送到纽约的机器进行安装,来声援自己的罢工行为……

首先,这是普通法所赋予的权利:被告(这么作)是为了(维护)自身的利益。他们通过在其他地方抵制该雇主生产的产品,从而对该雇主工厂内的罢工形成声援。他们虽然已经伤害到了原告,但属于自卫而非恶意的。他们对杜普莱斯公司拒绝和机械师工会打交道,并拒绝接受该工会提出的标准的行为进行抵制,主要原因并非单纯为了保护该雇主所雇佣的工会成员,而是因为该工会和伙伴工会的很多成员都受雇于原告的竞争者,这些竞争者所采取较高的劳动标准会因此(杜普莱斯不合作的行为)受到了冲击;原告(企业)中的每个人和那些为原告产品安装提供服务的,并致力于提高相应待遇的工人都不是案外人,或(案外)入侵者。易言之,该公司和机械师工会的冲突基本上关系到每一个参与共同行动的人。如果有些雇主破坏他们所提倡的生活标准,那么拒绝为这些雇主提供劳动难道不是每个人的共同利益吗?如果适用普通法的原则来回答这个问题,那么答案应为:是的,尤其当该合作是为了追求实质上的共同利益的时候……

第二,美国《反垄断法》……是民众情绪被不断搅动的产物,它二十年来被不断扩充,其立法目的就是为了让工人和雇主作为产业对手都具有平等的法律地位……

……国会并没有将该法(的适用范围)限定在雇主和其在职员工之间。通过有关"雇主和雇员",包括"已经受雇的人和求职的人"的规定,可以看出它并非是仅仅针对特定雇主与其雇员之间的法律关系……在我看来,本案争议的部分并非是对某一方当事人的工作条件有争议,而是对事实进行了一些错误的界定。

因为我坚信:美国普通法的原则和规定都承认产业中的对立双方都有为了维护自身利益而进行斗争的权利,所以我并不希望它被(错误地)理解为行使该权利将受到宪法和道德的制裁。所有权利的存在都是服务于相应的社会目标的;所有的权利也带来了相应的社会义务。在一些产业活动中,产业人士在开展斗争时不可能不伤及社会。但是,决定此类情况是否存在并非是法官的职能,同理,为冲突(的范围)设定界限和根据请求的变化而设置新的义务,也并非法官的职责。应该由立法者来限定对个体和集体权利的攻击和防御,从而让更为原始的博弈解决机制来代替司法程序。

注释和问题

1. 劳工的"大宪章"? 在皮特尼法官的多数派观点和布莱迪斯法官提出的异议之间,谁能更好地阐释第20条涉及的内容?鉴于丹伯里-制帽匠判例曾带来的一片哗然,国会是否有可能去收窄"劳动争议"的概念,从而允许颁布禁令来禁止像该案中出现的发动顾客进行抵制的行为?多数派意见赋予该条款或第20条中"雇主和雇员之间"的条文什么样的涵义?虽然根据其中的授权性条款,允许"当事人在相互间没有争议的情况下合法开展"行动,但我们除了这一模棱两可的法条之外还有没有其他依据?凭什么多数派给出意见就能够化解该规定的模糊性?有观点认为,尽管有"大宪章"的存在,劳工支持者依旧倾向于措辞模糊的规定,因为他们无法使国会将他们从《反垄断法》中豁免。参见安永:《劳工豁免权》,第1167页(Ernst, *The Labor Exemption*, supra, at 1167)。

2. 第6条与劳动力市场与产品市场限制? 多数派观点对第6条开篇之句所作的价值定位是什么:就是那句"人类的劳动力不是一件商品或可交易的物品"?这一句话是否在说:对劳动力市场的限制——在工会工人和非工会工人之间的竞争——是不在《反垄断法》的管辖范围的?第20条是否只界定了禁令的适用范围来制约工会通过独立的行动来推动劳动争议,它限制的就是那些对雇主组织结伙施暴或其他非法的干扰性活动?是否杜普莱斯印刷有限公司案中的事实显示工会是在对雇主组织发号施令?如果是这样的话,是否应将本案从第6条的保护中移除?限制与劳动力成本无关的市场竞争与限制基于劳动力成本的竞争是否有分别?请在阅读哈奇森案(*Hutcheson*)和爱派克斯案(*Apex*)之后,再次思考一下这个问题。

3. "烫手货品"(Hot Cargo①)与间接生产者抵制？ 如果纽约的机械师工会会员的行为超出了与罢工有关的范围(为罢工所指向的产品服务)——用劳工的话来说，就是"烫手货品"(Hot Cargo)，转而停止完成雇主所分配的所有工作任务直到密歇根生产商作出让步？那么布莱迪斯法官还会认为这样的间接生产者抵制活动应受到《克莱顿法》保护？

4. 主罢工和《反垄断法》。 工会之所以运用消费者和生产者的间接联合抵制策略，是因为主罢工无法迫使遭受罢工的企业停产。丹伯里-制帽匠和杜普莱斯印刷公司案的一个前提预设就是，主罢工本身就已经超出了《反垄断法》的规定。但是，最高法院在它于1925年的一个判决中[即科罗纳多煤业公司诉矿工联合会案(Coronado Coal Co. v. United Mine Workers, 268 U.S. 295)]对这一预设的基础提出了质疑。在那个案件中，原先设有工会的阿肯色州矿场，在重新开张之后采用无工会政策，因而导致了一场暴力罢工活动。陪审团认定损失数额为200,000美金，对罢工者处以三倍的罚款。在上诉期间，最高法院将该案发还，因为它通过证据发现"当地的"罢工动机是矿工联合会的分支希望重新在矿场建立不雇用非工会会员的工厂，而并非是想去限制州际贸易[259 U.S. 344(1922)]。在发还之后，根据所提供的证据发现，工会在阿肯色矿场进行的组织活动是为了减少来自无工会矿场的竞争，工会还采取了在邻近州的矿场推行签订不雇用非工会会员的工厂合约来实现其目标。最高法院认为该证据足以支撑它在其第二个科罗纳多煤业公司判例中作出排除适用《谢尔曼法》的判决：

> 我们认为，在本案的第二次审判中有足够的证据证明，他们干扰矿场的目的是为了停止无工会企业的煤矿生产，并阻止它的产品被输送到阿肯色州之外的市场，因为涉案企业的作法会带来一场产品价格的

---

① 所谓hot cargo,指与工会发生劳资争议之雇佣人所生产或处理之货品,考虑其本意,故翻译为"烫手货品"。——译者注

探底竞争,也会伤害到在其他相关竞争企业中维护工会工资所作出的努力。(268 U.S. at 310)

基于这样的理由,是否《谢尔曼法》应免除那些非暴力罢工的赔偿责任?

注释:从第一次世界大战到20世纪20年代的劳工组织和工作管理

第一次世界大战的直接结果是,工会运动得到了蓬勃的发展。会员总数快速增长,从1914年的大约250万人到1920年的500万人左右。对工人的巨大需求和价格上涨刺激了这一增长,也为工会介入来保障工资和福利的增长制造了必要的氛围(不满情绪)和机会。而且,国家战争劳工委员会(National War Labor Board)(简称"委员会")通过承认"工人有权组织工会和选择代表进行集体谈判"将组织活动合法化。尽管委员会缺少执行权,威尔逊总统使用他在战争中的特殊权力来保障该决定被遵守,用征兵的手段来威胁那些顽抗的工人,或在某些情况下关闭雇主的工厂。这种积极保护工会的政策在战后被迅速放弃了,但它在铁路企业中获得保留,并且在大萧条的时候成为国家劳工政策的基石。

战争期间,工会会员的增长主要集中在少数几个行业当中,而且工会运动并未将重工业中无技术工人组织起来。1917—1918年美国劳工联合会试图在钢铁行业组织工会的多次努力都失败了。埃尔伯特-加里(Elbert Gary)是一家美国钢铁企业,并在该行业占据主要地位,它一开始就宣称公司"不与工会合作和斗争",后来它还坚持认为工会没有权利替它的员工说话。参见菲利普·塔夫脱:《冈珀斯时期的美国劳工联合会》(1957),第387页[Philip Taft, *The American Federation of Labor (AFL) in the Time of Gompers* 387 (1957)]。一些企业还通过一些常见的方法拒绝工会化:如刺探、离间工会同情者,以及其他的威胁和镇压方式。1919年,尽管冈珀斯呼吁要谨慎,威尔逊总统也要求推迟相关行动,但是一场罢工还是被发起了。它是由全区占多数的钢铁工人发起,根据工会的估计在七个星期内发展到大约367,000多人。很多地区出现了暴力行为；20人被杀，其中18人是罢工人员，一些地区甚至实施了宵禁。由于有新工人来替补工作而使罢工难以奏效，罢工于1920年上旬被取消了。

1919年的美国钢铁工人罢工，其实只是一场更大的、席卷美国的罢工的一部分，这次罢工涉及400万工人，相当于劳工总数的20%。罢工对劳工运动带来的后果是灾难性的：

> 当硝烟散去，劳工运动失去了150万的会员。那些强势的工会很好地应对这一切，有一些甚至获得了巨大收益，但是在以开放式工会为主的地方，爆发的劳工运动基本都被镇压下来。工会运动恢复到它们战前的情况。参见布罗迪：《产业化美国的工人们：论20世纪的斗争》，第45页。

20世纪20年代是工会走下坡路的时代。与它们之前所得到的相比，工会并没有从激烈的经济性运动中获益，（劳动力）价格从1923—1929年保持稳定。工会会员从1920年的500万下降到340万——下降了23%。工会对产业工人的覆盖呈现碎片化，工会会员主要还是集中在传统的手工业者当中，但也渗透进了一些基础工业，如煤矿、建筑和铁路。在制造业和机械加工业，工会只出现在印刷、服装和制鞋等行业中，在钢铁、汽车、电子设备、橡胶、石油、水泥等行业中基本上没有工会存在。工会在制造业的成员数量从1920年的190万下降到1929年的80万之下，基本上是60%的跌幅。罢工行动也呈下降趋势，从1920年的3,411次停工到1929年的921次。参见桑福·M. 雅各比：《雇佣的官僚主义：经理、工会与1900—1945年间的美国产业转型》（1985），第172页；欧文·伯恩斯坦：《集体谈判新政策》（1950），第2页 [Sanford M. Jacoby, *Employing Bureaucracy: Managers, Unions, and the Transformation of Work in American Industry*, 1900–1945, at 172 (1985); Irving Bernstein, *The New Deal Collective Bargaining Policy* 2 (1950)]。工会的下降是和下述情况有部分联系的，美国劳工联合会原先的以手工业者为主的机制无力应付大生产带来的变化，还有雇主在战后对工会活动的抵制，正如埃尔伯特-加里试图在其钢厂组织工会时所遭到的回应。雇主在大棒政策之外也使用胡萝卜。这一时期的全面繁荣也带来了工资和工作条件的提高，但在制造行业工资仍旧维持停滞。参见雅各比：《雇佣的官僚主义》(1985)，第168—169页。一些行业中的领军企业继续采用一套在一战后形成的政策，也就是专设人事部门作为削弱工头权力的方法，并致力于提高"福利资本主义"，包括利润共享、工厂委员会或商店委员会、保险金计划、公司住房和保健待遇。这些政策只存在于大型企业，这些政策是否能够推广到"少数先进"企业之外还是存有疑问的。参见同上，第190—192页；布罗迪：《产业化美国的工人们》，第59—60页。

第三节 《诺里斯-拉瓜迪亚法》和重新审视《反垄断法》：授命政府在劳动争议中的独立性

1. 1932年《诺里斯-拉瓜迪亚法》

(1)"劳工禁令"

"劳工禁令"的运用在20世纪20年代达到了最高点(或最低点)，雇主通过要些简单手腕就能够获得司法的帮助，即要求他们的雇员同意不去参加工会或在服务期内不参与工会活动——也就是通常所说的黄犬契约。最高法院为这一做法开了方便之门，它推翻了将这类合同视为违法的法规，这些法规存在于阿戴尔诉联邦案[Adair v. United States, 208 U.S. 161 (1908)]和科佩奇诉堪萨斯案[Coppage v. Kansas, 236 (1917)]中。在希契曼煤焦化有限公司诉米歇尔案[Hitchman Coal & Coke Co. v. Mitchell, 245 U.S. 229 (1917)]中，尽管布莱迪斯法官提出了异议，但法庭坚持颁布一个禁令，禁止工会组织者去劝说曾加入过工会的员工再次加入工会。皮

特尼法官代表法庭这样写道：

> 原告已经通过它与雇员协议建立了绝对性的权利，无须征得员工再次同意便可享受此种权利，这个权利和其他法定权利一样受到保护。此类雇佣是根据自己的"意愿"来定的，双方也都有权利在任何时候予以终止，且不必承担责任……
>
> 该案件无疑涉及了雇员的权利。被告对原告的雇员并没有代表的权利，它们宣称的代表雇员处理分歧和抱怨活动缺乏依据。事实上，本案并没有，即便有，被告也不能在没有授权情况下，为雇员创设权利。后者的罢工权利不应授予被告（来发动罢工）。这是根本性的差别……
>
> 但是，本案的事实非常简单，被告在希契曼（Hitchman）矿场和相邻矿场努力去做的，不应视为是旨在扩大工会会员数量的善意举动。本案并没有证据显示，或可以借以推断，如果他们不能在矿场内自己组织工会的话，被告有意让在这些矿场的工人们加入工会……
>
> 案件的事实并不是所谓的，通过限制雇主的经济需求（劳工供给）来让它同意接受工会规章的控制。被告对原告的劳工需求不存在任何形式的供给关系……。本案没有理由怀疑，如果被告真的是为了提升其会员数量而采取行动，并尽量避免给原告的权利带来不必要的伤害，那么它应该会同意其说服的对象放弃为原告工作，按照他们所签订的合同在参加工会这一刻（放弃工作），在这种情况下，原告将会寻找工人来代替那些人。基于上述认识的存在，被告……要求新成员留在原告的矿场直到足量的工人加入进来，以便开展一场罢工，迫使原告无法行使其法律上的和宪法上的绝对权利来继续运转这个"无工会"矿场。

（245 U. S. at 251-253, 256-258）（依原文进行强调）

劳工禁令的运用贯穿于整个20世纪20年代，法院事实上起到了帮助企业在行业中强推开放式工会制度的作用。① 根据伯恩斯坦(Bernstein)教授所述,在这十年中,125万员工被要求签订这样的合同,另外一些法院命令"要覆盖产业的大部分,如臭名昭著的红衣(Red Jacket)禁令是由约翰-帕克(John J. Parker)法官在1927年颁布,它阻止了矿工联合会在整个西弗吉尼亚煤矿行业开展组织活动"。参见欧文·伯恩斯坦:《贫瘠的年代:美国劳工历史》(1960),第1920—1933页[Irving Bernstein, *the Lean Years: A history of the American Worker*, 1920-1933, at 200 (1960)]。

联邦司法系统在20世纪20年代所扮演的角色严重地破坏了它的声望,帕克法官升任最高法院的提名也被参议院于1930年拒绝了,主要就是因为他的红衣禁令的判决。经典的联邦劳工禁令可参见,法兰克福和格林:《劳工禁令》(1930)(Frankfurter & Greene, *The Labor Injunction*)。法官不断强化运用司法干预的作法与国会对劳工组织和集体谈判逐渐增长的感情格格不入。1926年颁布的《铁路劳动法》(*Railway Labour Act*)继续推动铁路行业的工会化进程,工会化在第一次世界大战期间由于工人运动的兴起而被带动了起来。国会还通过了《戴维斯-培根法》(*Davis-Bacon Act*),要求在联邦政府资助的项目上支付"优待工资"(通常是由工会设定的工资和工作规则所确立的)。1929年出现的大萧条也让公众注意到收入减少和工作条件恶化的问题。

这是《诺里斯-拉瓜迪亚法》在1932年3月23日颁布前的背景[47 Stat. 70 (Codified at 29 U.S.C. §§101-115)]。该法将黄犬契约视为危害公共利益而定为非法,它还第一次承认工人凭一己之力进行谈判是无法实现"真正的契约自由",从而再次强调了希契曼煤焦化有限公司案中理论基础。

而且,该法为工会领袖和劳工运动支持者对劳工禁令的反对意见作了背书。第4条的规定还禁止联邦法院向正在加入和已经加入工会的人员针

---

① 矿工联合会诉红衣焦煤有限公司案[United Mine Workers v. Red Jacket Consol. Coal & Coke Co., 18 F. 2d 839(4thCir. 1927)]。

对以下行为颁发临时或永久禁令和限制令,这些活动包括:参加罢工、非暴力和无欺诈游行、其他的将争议公开化的活动、为劳动争议组织和平集会、为落实上述活动而提供建议和帮助签约行为。

并且,第7条还加入了对不属于第4条所管辖的劳动争议(在第13条有粗略的界定)颁发禁令的程序性要求。首先,只有当"原告的财产将会不可避免地遭受到实质性的和不可修复性的损害时",才能发出单方禁令,另外还需提供足够的担保,并只能最长为5天。第二,法院运用衡平权发出任何禁令前都需要有足够事实来证明:如果缺乏其他的法律救济途径,那么就有可能对原告财产造成实质性的和不可修复的损害,且禁令对被告影响要小于最终判决的赔偿。第三,第7条还有一项特殊要求,即负责保护原告财产的行政官员如果没有禁令就会无意或无法开展保护工作。第四,禁令只能针对事实上正在实施的威胁,或针对策划从事非法活动的特定个人或组织采取行动。

《诺里斯-拉瓜迪亚法》还提供其他方面的程序性保护。第6条规定,工会官员或工会自己不应对工会成员或员工的非法行为承担责任,除了有证据证明他们参与了,或授权,或支持这些人的行为。第9条要求禁令只适用于特定的行为或由原告指出的,并有证据证明的行为。第8条执行的是无过错原则,当原告没有遵守其在劳动争议中的义务,或没能去穷尽所有合理救济(如通过私下谈判、政府调解、事后自觉仲裁等)手段来解决矛盾的时候,就不为之颁布禁令。第10条要求向上诉法院提供对临时禁令上诉的证明。最后,第11条要求陪审团审理本法规定所有藐视法庭罪,而非之前的、只针对在庭上发生的藐视罪。

《诺里斯-拉瓜迪亚法》的立法目的可以被归结为是为了完善普通法处理劳动争议的模式,而非是为了直接促进劳工组织的发展。它被喻为"工会精神完全自由的丰碑"。参见查尔斯·O. 格雷戈里和哈罗德·A. 卡茨:《劳工与法律》,第197页,1979年第3版[Charles O. Gregory & Harold A. Katz, *Labor and the Law* 197 (3d ed. 1979)]。它为工会提供了一次机会,让它可以自由组织而不受政府权力的干预,同时又不会被私营雇主的权利所限制。

(2)《诺里斯-拉瓜迪亚法》的现代应用

《诺里斯-拉瓜迪亚法》在当代的应用将在第 9 章进行详述,见后页 776—795 页。正如资料所显示的,该法授予了工会广泛的豁免权,让它在劳动争议过程中免受联邦禁令之扰。例如,见杰克逊维尔散装码头公司诉国际码头工人组织案[Jacksonville Bulk terminals, Inc. v. Intl. Longshoremen's Ass'n, 457 U.S. 702 (1982)],见后页 793—794 页("劳动争议"一词非单指谋取经济利益的抗争,它甚至包括政治性的抗议)。正如在本书第 9 章所解释的那样,它使工会在很多情况下免于政府禁令的追究。然而,最高法院已经在判例中明确地将《诺里斯-拉瓜迪亚法》的保护视作"涵盖" 1947 年颁布的《劳资关系法》[*Labor Management Relations Act*(LMRA)]中第 301 条的内容。参见波伊斯市场公司诉零售职员地方 770 工会案[Boys markets, Inc. v. Retail Clerks Unions Local 770, 398 U.S. 235 (1970)],见后页 777—783 页(禁止针对合同中申诉仲裁条款进行罢工的禁令并不违反《诺里斯-拉瓜迪亚法》)。

2. 重新审视《反垄断法》

虽然《诺里斯-拉瓜迪亚法》的明示条款事实上只是限制了联邦法院的禁令颁发权,但该法还对《反垄断法》在劳动争议上的运用起到暗示作用。下文提到的是两个最高法院作出的非常有影响力的判决,它们反映了富兰克林·罗斯福(Franklin D. Roosevelt)总统新任命的法官以及其续任法官对在劳动争议中法律和法官之定位的一些认识。

爱派克斯针织品公司诉工会领导案

Apex Hosiery Co. v. Leader
310 U.S. 469 (1940)

斯通(Stone)法官代表法庭发表陈述:

原告是一家位于宾夕法尼亚州的企业，它在费城的工厂从事的是制造业，生产的是针织品，很大一部分产品都是经州际贸易渠道销售。它向东宾夕法尼亚州联邦区法院提起诉讼，控告其对应的工会组织——"工会协会"(Federation)和它的官员，要求他们按照三倍价值来赔偿其在原告工厂里开展罢工活动所带来的损失，并指控这一罢工行为是违反《谢尔曼反垄断法》的阴谋活动。法庭曾认定损害为237,310美元，三倍之后的数额为711,932.55美元。该判决后来被美国第三巡回法庭上诉庭推翻，推翻的原因是被告所限制或影响的原告的州际贸易的数额并非十分高昂……

陪审团认定本案事实确凿。原告的费城厂区雇佣了2500人生产针织品，工厂年交易的商品的价值大约为五百万美元。它的主要原材料是从外地运过来的丝和棉。它有超过80%的产品销往外州，在1937年的后八个月它运送了274,791打丝袜。1937年四月以前，原告执行的是无工会政策(nonunion shop①)。被告"工会协会"在当时要求建立一个不雇佣非工会会员的工厂(closed shop②)，但未能达成协议。1937年5月4日，虽然只有8个原告的雇员隶属于"工会协会"的工会，但它依旧命令开展罢工。1937年5月6日刚过午夜，当原告的工厂已关门，工会在其他工厂的会员停止了工作，然后到原告的工厂聚集。被告的领导("工会协会"的主席)随后要求签订不雇佣非工会会员的工厂的合约。当这一要求被拒绝后，工会领导宣布"静坐罢工"。这一聚众行为对原告的工厂和负责管理工厂的员工形成暴力威胁。工会领导其成员组织起来强行控制了工厂，以静坐罢工的方式持续占据着工厂的物业，这样的占领活动一直到1937年6月23日才由于罢工者被法庭禁令驱逐了出去而结束……

根据我们法庭目前所发现的证据，我们并不否认被告使用斗争的形式而非原始方法——通过正常的法律途径或更为文明的方式来解决产业纠纷，这种行为违反了宾夕法尼亚州的民法和刑法，根据这些法律被告应进行

---

① nonunion shop(〈美〉非工会企业)，指雇主不承认任何工会，并且不雇佣任何与工会有联系的人的企业；或指工会禁止其成员受雇于其中的企业。

② closed shop 意思为不雇佣非工会会员的工厂，其雇员必须是与雇主缔约的工会会员。

全额赔偿并承担相应的刑事责任。但是在这个案件中,当事人的州籍并没有出现多样性,联邦法院没有权力适用州法律裁决。它们职权只是去说明:此类联邦(性)权利是由国会通过《谢尔曼法》授权给原告的,而且虽然后来出现的暴力情况但联邦法院仍未因此获得任何管辖权……

此案中界定司法角色的关键词是"所有限制贸易和商业的……结伙……或阴谋"。正如我们所看到的,本案中罢工的自然和可预见的后果就是对州际运输构成了限制,工会为了实现其要求而进行的罢工是否给原告的工厂带来了关厂的后果,这一事实就是判断的关键依据,而此类"对贸易和商业的限制"也是《谢尔曼法》所谴责的。

为了判定工会在类似案例中的活动是否符合此项规定的内涵,三个与《谢尔曼法》(立法)历史和实施有重要关系的情况值得认真考虑。《谢尔曼法》立法史和本法院通过判例对它的解释,显示它并非针对的是州际运输或货物和财物流动……。它的颁布的背景是,出现了通过商业和资本"信托"和"结伙"的方式组织起来形成对市场控制,打压在产品和服务市场的竞争,(逐渐)垄断的趋势已经成为公共的关注点。该法的最终目的是为了阻止那些限制商业和产品的交易的行为,这些行为试图限制生产、提高价格,或控制市场从而导致对购买者和消费者购买商品和服务的侵害,所有的这些都被认为是对公众利益的一种损害。

第二个重要情况是,本法院从来没有将《谢尔曼法》适用于任何其他案件中,无论是否涉及劳工组织和它的活动,除非法院认为存在某种形式上的、针对产品和服务市场上的商业竞争的限制,而且本法院在最后也拒绝将《谢尔曼法》适用到现在这一案件中,虽然地方性的罢工的确是通过非法的方式来阻止大量的产品进行州际运输,但是它并没有出现任何严重阻碍运输行业的日常运作和自由竞争……

现在剩下的问题就是,被告的结伙和共谋是否符合《谢尔曼法》中对贸易限制的定义。该案件并不是一个劳工组织通过结伙来打压行业内竞争或固定价格的案子。见联邦诉卜瑞姆案和167区诉联邦政府案(United States v. Brims, 272 U.S. 549; Local 167 v. United States, 291 U.S. 293)。很清楚,本案中的结伙和共谋并非是为了限制原告产品在市场进行竞争。它的目标虽然是让被告承认工会的要求,但罢工者侵权行为的结果的确阻滞了原告产品的州际运输。这些运输的延误并没有对市场上针织品的价格产生影响……因为即便是它对针织品市场有影响,也并非是在有意或实际影响市场的价格。

雇员的结伙行动消弱了其内部在出售其服务给雇主时的竞争关系,但这样的结伙在《谢尔曼法》颁布之时,却没有被普通法认为是限制贸易的非法行为,因为它是合理的而且并非是为了"限制贸易"。该企业州际销售贸易的依赖就像建筑企业对建筑材料的依赖。由于《克莱顿法》第6条规定:"人类的劳动力不是商品或可交易的物件……此类劳工组织,或它们的成员,不应被认定为《反垄断法》所规定的非法聚集或共谋限制贸易",这些做法尽管显然限制了雇主的劳动力供给量,但是,更多的是为了消减员工之间的竞争,这样做并不构成《谢尔曼法》所规定非法结伙和共谋限制商业或贸易的行为……

……还有,成功的工会活动,例如与雇主签订了工资协议,会对价格竞争产生影响,因为此作法有利于防止争相钻劳动标准地域性差异的漏洞。于是,为了使工人结伙有效发挥作用,必须消灭来自无工会企业生产产品的竞争……消除基于劳动标准差异而产生的价格竞争是所有国家工人组织的(共同)目标。但是,此行为对竞争的影响并不被认为是《谢尔曼法》所禁止的妨害价格竞争的行为。①

本法院先是对1908年洛伊诉罗勒案(Loewe v. Lawlor, 208 U. S. 274)中的劳工组织适用了《谢尔曼法》,认为当时负责审理的法庭曾经依据案件中的结伙不属于《谢尔曼法》所规定的行为,因而错误地驳回了因违反《谢

---

① 联邦法律[引用《诺里斯-拉瓜迪亚法案》(Norris-laguardia Act), 29 U. S. C. §§101 - 115;《公共合同法》(Public Contracts Act), 41 U. S. C. §§35 - 48;1938年的《公平劳动标准法》(Fair Labor Standards Act), 29 U. S. C. §§201 - 219]旨在通过集体谈判和立法来设定最低工资和工作时间,从而建立产业范围内的标准,达到保护和照顾劳工组织,并限制雇主与雇员之间在劳动标准方面的竞争之目的。本法支持了国会的观点,即不认为此类结社和标准对竞争带来的影响属于《谢尔曼法》所谴责的行为……

尔曼法》而要求侵权赔偿请求。此案中指控的(非法)结伙和(犯罪)共谋是指,某个全国性的劳工组织通过抵制购买在各州之间交易的、由无工会企业生产的产品,来强迫美国全境所有生产毛皮帽子的企业都要组织工会。这里所指控的(非法)限制并非是罢工或拒绝为相关工厂工作,而是采取的间接联合抵制的方式,通过威胁生产企业的批发商和他们的客户,迫使或诱导他们不与相关企业交易,或者转从其他已经有工会的企业进货……。本法院认为在洛伊案件中抵制行为属于《谢尔曼法》所定义的限制交易或贸易的行为,此法案中所使用的措辞,即"每一个结伙(行为),等等",足以涵盖工会施加此类限制的行为。在杜普莱斯印刷有限公司诉迪林案(Duplex Printing Press Co. v. Deering, 254 U.S. 443),和贝德福德切石材公司诉熟练切石工人组织案(Bedford Cut Stone Company v. Journeyman Stone Cutters' Assn., 274. U.S. 37)两个案件中,对同样的问题作出了同样的处理;在其中的一个案件中,采取了间接联合抵制的行动,而另一个案件中,工会拒绝为持有产品的购买者提供服务;这两个案件都是由一个国家级工会在全国范围内开展,来诱导购买企业产品的消费者放弃与之进行州际交易……

可以看到的是,在这些案件中都适用了《谢尔曼法》,会给州际贸易往来带来影响的活动应由市场直接控制,并应保持广泛的可持续性。在与劳工无关的案件中,类似的压制市场竞争的情形曾被认定为违法……这些案件中,抵制活动推动进行限制之目的在于加强工会的谈判地位,而并非是限制商业竞争——如果是在与劳工无关的案件中,就将被制止——但法院认为该观点理由不充分,法院只关注到了限制的本身,将其与本地罢工所带来的物流阻滞进行对比,然后基于它对自由市场的消极影响而认为这是违反普通法的行为;法院还认为,由于该行为有意而且实际上压制了与有工会企业所生产的产品在州际市场上的竞争,所以违反了《谢尔曼法》之规定……

如果对市场没有上述影响,我们就会认为地方性的企业罢工,停止生产或州际转运产品属于违反《谢尔曼法》的行为,更有甚者,根据《谢尔曼法》,每一个发生在现代企业内的罢工都将属于联邦法院的管辖范围,由联邦法院来救济违反地方性法律的行为。显而易见,《谢尔曼法》并没有追求这一效果的目的……《谢尔曼法》对禁止性限制行为的特点和它们对州际贸易的影响持谨慎态度。它并没有对由暴力构成的限制和那些通过和平方式(但往往是非常有效的方式)达到的限制进行区分。那些通过和平方式达成的限制不属于本法之管辖,也不应被本法所禁止,因为它与应受到禁止的行为之间的不同在于,那些法律禁止的行为都采取了暴力,但本案却没有。

联邦诉哈奇森案

United States v. Hutcheson

312 U.S. 219 (1941)

法兰克福(Frankfurter)法官代表法院陈述了观点。

……对长篇起诉书进行总结,发现事实如下。安海斯-布希(Anheuser-Busch)公司在圣路易斯经营一家大型企业,与博尔萨里-坦克(Borsari Tank)公司签约建设一个附属设施。盖洛德容器(Gaylord Container)公司从安海斯-布希公司承租了一处临近的房产,并与唐仕德(Stocker)公司签了类似合约来建设一个新大楼。通过州际物流来获取它的酿造所用的原材料和设备,并销售它的成品。同样,盖洛德容器公司也是依托州际贸易来开拓市场的,相关的建筑公司也是如此来获得建筑材料的。安海斯-布希公司的雇员中不少是美国木工兄弟联合会(United Brotherhood of Carpenters and Joiners of America)和国际机械师工会(International Association of Machinists)的会员。这两个组织都是美国劳工联合会的会员,它们之间在装备或拆解机器方面的冲突是他们冲突的根源。安海斯-布希公司同机械师和木工都有协议,协议规定将涉及争议的工作职位交给机械师和木工同意将所有争议提交仲裁解决。但在1939年,木工联合会的主席、一名普通代表人和两名当地工会官员坚持他们对工作岗位的要求。木工联合会的要求被雇主拒绝后,拒绝将争议交付仲裁,取而代之的是组织了一场罢工,反对安海斯-布希公司和建筑企业,纠察安海斯-布希公司和它的承租方,并通过转发信件和发放木工联合会的官方印刷品来阻止工会会员和其朋友购买安海斯-布希公司啤酒……

《诺里斯-拉瓜迪亚法》去除了工会活动的枷锁,却基本没有触动《克莱顿法》第20条的司法构架,而只是进一步缩小了联邦法院针对劳动争议颁布禁令的范围。尤其值得注意的是,该法为了应对产业冲突而构建了"美国公共政策",并以此为基础设定了工会活动不受限制的范围——也就是类似于杜普莱斯印刷有限公司诉迪林案中的劳资关系状态。因此,有关工会活动是否违反《谢尔曼法》需通过阅读《谢尔曼法》和《克莱顿法》第20条来决定,而《诺里斯-拉瓜迪亚法》是为工会违法活动进行调和的指导性文本。

那么这三个关联法案是禁止还是允许被告被指控的行为呢?如果起诉书所指出的事实属于《克莱顿法》第20条所列出的事项,它们并没有构成《谢尔曼法》所规定的犯罪,因为该法明确指出:这些行为"没有违反任何美国法律"。只要工会是为自己利益服务,而且不和其他非工会团体结伙,第20条所列行为的合法性和非法性就不应通过区分工会所使用的方法最终明智与否、正确与否和自私与否来判定。第20条中的措辞并没有将工会活动区分为,由劳资关系的矛盾演化而来、直接针对雇主的行动,和由于两个工会寻求同一雇主认可的内斗。

我们要对《克莱顿法》进行考察,就必须把本案某些事实放在一边,这些事实包括部分被告向安海斯-布希公司施加的压力,让其增长工资、缩短工作时间,和其他我们称之为工作条件的东西。真实情况是,这是一场与机械师(工厂)之间工作职位竞争……我们认为,国会所制定的联邦法律并未触及公司工会争夺工作职位的情况,所以我们也不该这样处理。

很明显的是,被告受到指控的行动是受《克莱顿法》保护的。木工工会拒绝为安海斯-布希公司或在正在为其建设的工地和租借地上工作,用和平手段尝试让其他工会成员同样去拒绝工作,这些行为显然是在第20条授予工人的自由行动的空间之内,即为了"终止雇佣关系",或"停止工作或提供劳力",或"推荐、建议或劝其他人通过和平手段来做"。在对安海斯-布希公司场地进行纠察时,打出标语声称该企业对工人组织不公,是此类活动的常用的方法,也属于"进入到当事人可以到达的地方,为了和平地活动或传递信息,或和平地劝他人去或不去工作"的措辞范围。最后,向工会成员和其友人推荐不去购买安海斯-布希公司产品的行为明显属于"停止光顾……任何争议当事人,或经以和平合法方式进行的推荐、建议和劝说选择这样做"。

根据《克莱顿法》,被指控的事实明显是合法的,除非被告因为争议之外的第三方也卷入到该活动中而不能引用该法。但是,我们不必去判定这样的行为是否可以根据杜普莱斯印刷有限公司诉迪林案判决给《克莱顿法》第20条赋予了豁免而认定其无罪。国会在《诺里斯-拉瓜迪亚法》中阐释了美国公共政策,并界定了"劳动争议"概念,让其没有被质疑的空间……第13(c)条(29 U.S.C.)指出:此类争议"包括任何有关劳动条件和环境的争议,或有关参与谈判、确定、维持、改变和寻求设计劳动条件和环境的人的组织和代表活动,无须考虑争议参与者是否为雇主和雇员的直接关系人"。根据13(b)条,"参与或对劳动争议感兴趣的"人,是指如果他"参与到的行业、商业、手工业或职业是该劳动争议发生的地方,或对其有直接或间接的利益关系,或是任何一个包含全部或部分该行业、商业、手工业或职业的雇主和雇员的组织中的一个成员、官员或代表"。

国会明确地提出了这一国策,并通过近一步取消劳动争议中的禁令范围来确认劳动争议的界限。但是,摆在我们面前的争论是:杜普莱斯印刷有限公司案依旧是一场刑事诉讼,也就是说从衡平法院的定位来看,它有使用刑事诉讼程序将被告送进监狱的可能性。事实上,让人感到奇怪的是,政府和安海斯-布希公司都没有针对被告行为申请禁令,其效果就是默许了被告行为的刑事责任不受到刑法惩罚,如入狱或巨额罚金等。这并不是解读国会意愿的正确视角,尤其是解读这样一个法条,正如前文所述,当该法条是一系列针对最为敏感的国家问题所立的实践上和历史上的法律中的一个的时候。这样的立法不应在片面狭隘的视角下解读……

《诺里斯-拉瓜迪亚法》与《克莱顿法》之间的关系,较它与税法修正案之间的关系来说,前者更近些。《诺里斯-拉瓜迪亚法》立法目的是为了重树一项更为广泛的宗旨,这一宗旨是国会早在制定《克莱顿法》的时候就去想实现的,但认为它将受司法体制的限制而无法实现……于是,在《诺里斯-拉瓜迪亚法》中重申了《克莱顿法》原先的立法目的,它将重新定义过的豁免性工会活动注入到了《克莱顿法》之中。基于这一出发点,第20条将所有允许的行为从原先的涉嫌"违反美国法律"(包括《谢尔曼法》)的描述中去除了。

注释和问题

1. 新立法的影响。爱派克斯针织品有限公司案和哈奇森案都反映了《诺里斯-拉瓜迪亚法》和富兰克林·罗斯福执政头两年时间内所颁布的保护性劳动法律所带来的影响。这包括1933年《国家产业复兴法》(National Industrial Recovery Act)和1935年《国家劳动关系法》中承认了劳动者的组织权和参与集体谈判权;1938年的《公平劳动标准法》(Fair Labor Standards Act)中从联邦层面上对最低工资和加班工资进行保护;1935年《社会保障法》(Social Security Act)中建立了联邦养老金计划和(战争)幸存者福利(保障);在1931年的《戴维斯-培根法》(Davis-Bacon)和1936年的《沃尔什-希利法》(Walsh-Healy)中的"优待工资"规定。

2. 法兰克福教授与法兰克福法官。作为一个哈佛法学院的教授,费利克斯·法兰克福教授(Felix Frankfurter)是为参议院司法委员会在制定《诺里斯-拉瓜迪亚法》时负责提供咨询的专家组成员。当时,法兰克福教授倾向于设计一种机制"来控制禁令的滥用",建议"对实体法的修改","在必要的时候"应由"一个独立的法律负责处理"[在一封费利克斯·法兰克福教授写给埃德温·威(Edwin Witte)的信中(日期是1928年5月20日)刊出,收录于戈尔曼和芬金(Robert A. Gorman & Matthew W. Finkin)所著的《国家劳工关系下的"和谐"的独特要求》],①但当时专家组并没有提出、国会也没有考虑过这样分开的立法。

3.《反垄断法》的覆盖面。哈奇森案是助理总检察长瑟曼·阿诺德(Thurman Arnold)在一次适用《反垄断法》来控制某些劳工滥权行为中出现的,这些行为包括(a)工会试图阻止使用低价材料和采取更为高效的生产方式;(b)工会试图要求企业雇佣过剩的员工,该行为通常被称为"限产超雇";(c)工会敲诈企业;(d)工会——管理层价格固定计划;(e)其中一个工会通过罢工或其他策略,去占据本应归属另一工会成员的工作职位,或者去解决通常被称为管辖之争的问题。参见瑟曼·阿诺德:《经营的瓶颈》(1940),第251—252页[Thurman Arnold, *The Bottlenecks of Business* 251 - 252 (1940)]。上述这些行为在多大程度上是属于在爱派克斯针织品有限公司案和哈奇森案中所涉及的《反垄断法》之范畴?它们有多少必要应归属于这一分类呢?如果这些行为不属于《反垄断法》的范畴,那么这些行为是否就没有必要被规制了?第一版的《国家劳动关系法》并没有包含一系列禁止工会不当活动条款。国会在1947年修改了《国家劳动关系法》使之能够调整其中一些,但并非全部的由阿诺德机制覆盖的劳工权利滥用行为。见后页89—91。

4. 判决比较。斯通法官在爱派克斯针织品有限公司案件中坚持不去干涉丹伯里-制帽匠、杜普莱斯印刷有限公司案,或第二个科罗纳多煤矿判

---

① 另见法兰克福和格林:《劳工禁令》(1930),第215页("这并不是明显的法律救济免责权——违法行为仍然是非法的。")(Frankfurter & Greene, *The Labor Injunction*, supra, at 215)。

决。但是,斯通法官所给出的理由是否能从某些方面推翻这些判决?这些判决真的在哈奇森判例中得到遵从了吗?你能否阐明爱派克斯针织品有限公司判例和哈奇森判例分析的切入点有什么样的不同?在工会目标和影响与《反垄断法》的保护竞争政策之间进行调和时,哪里才是最好的切入点?

5. "将工资从竞争中剔除"? 工会运动,如果它不以商业组织的马首是瞻,是否应该从《反垄断法》的限制中解脱出来以便让其实现剔除工资竞争之目标?在劳动力市场上的竞争限制最终都会影响到产品市场的竞争吗?如果是的话,有弱势的工会将会选择保持卡特尔形式(缺少与雇主合意和政府的支持),那么在爱派克斯针织品有限公司—哈奇森案中,法院取消依据《反垄断法》审查的作法是否正确呢?这些问题将在11章进行深入探讨。

第四节 现代劳工立法:
集体代表下的积极保护

1.《铁路劳动法》

对于国家铁路系统的联邦立法可以追溯到1887年的《州际交通法》(*Interstate Commerce Act*)。回顾一下联邦法官在处理铁路罢工和抵制中所扮演的角色。潜在的铁路劳工争议对早期国家经济的紧密影响造成了联邦政府对劳动组织和集体谈判的忽视。1888年国会通过了一个法律,提出建立一套自愿仲裁系统和成立一个由总统任命的调查委员会。① 十年之后,国会颁布了《艾德曼法》(*Erdman*),将调解加入到自愿仲裁之中并将黄犬契

---

① 25 Stat. 101.

约定为非法。① 铁路劳动争议的继续促使了 1913 年《纽兰兹法》(Newlands)的通过,它增设了一个永久性的调解与协商部门。②

铁路工会在第一次世界大战中发展极其迅速。在 1917 年联邦政府控制了铁路之后,铁路行政部门认可了工人组织的权利和开展集体谈判的权利,工会第一次获得了订立国家级协议和参与国家两方协调委员会的资格。

1920 年的《交通法》将铁路归还给私人来运营,并成立三方铁路劳动委员会来聆听和决断争议,但无权执行决定。当时,铁路运输者发起了开放式工会运动,包括成立执行黄犬契约的公司工会,还有歧视性对待工会活动家。公司工会政策在门店和相关部门的员工们中取得了长足发展,但没有触动到原来的工会协会。该委员会对于这些新发展显得很无力。参见哈利·D. 沃夫:《铁路工人委员会》(1927)[Harry D. Wolf, *The Railroad Labor Board*(1927)]。在工会协会和铁路运输者之间的谈判最终促成了 1926 年的《铁路劳动法》的颁布。③《铁路劳动法》规定当事方有义务尽最大努力"建立和遵守有关工资水平和工作条件的合约",并尽力通过和平手段来解决分歧。一个由五人组成的调解委员会被建立起来,来调解那些当事方不能自己平息的争议。当调解被证实是不成功的时候,调解委员会将号召进行自愿仲裁。当仲裁提议被否决,应通知主席,他可以组织一个专项紧急委员会,来调查和公布他们的发现。在这些程序正在悬而未决时,在紧急委员会报告出台前的 30 天内,当事方有义务保持原来状态。但是,当事方并没有义务接受紧急委员会提出的建议。1926 年的法律要求建立调整委员会来解决涉及劳工合同的解释和适用问题的抱怨,但这些两方参与的委员会并没有一套能打破僵局的机制。

1926 年《铁路劳动法》的第三章第二节指出雇员有权在"不受运输者的干扰、影响或强迫"的情况下选择自己的代表,但它缺少决定代表的程序或

---

① 30 Stat. 424.
② 38 Stat. 103.
③ 44 Stat. 577 (codified as amended at 45 U.S.C. §§151-188).

要求运输业者单独处理多数派代表的程序。① 最高法院坚持了此法律的连续性,这似乎释放了一个信号,即它较以往更为接受关于私人就业安排的联邦法律。

1934年,国会在铁路工会的要求下修改了《铁路劳动法》,但也遭到运输业者的反对,因为他们中很多都处于濒临破产的状态。参见伯恩斯坦:《集体谈判新政策》。这些调整直接导致了国家铁路调整委员会(NRAB)的建立,它包含了运输经营者和工会代表来协调处理源自对共识不同解读的抱怨和争议(在《铁路劳动法》中被认为是"小"纠纷,是为了和涉及基本合同内容改变的"大"纠纷形成对照)。当出现谈判僵局的时候,委员会成员会选择一个中立的裁判或邀请当时的国家调解委员会(NMB)指派一个人。国家铁路调整委员会的经费是由联邦政府支付,但不包括其成员的工资。1934年法律还授权国家调解委员会解决代表争议,而且明确了雇主对待雇员的不当实践,要求由法院牵头执行(该法律)。这些雇主对待劳工的不当实践与工会不当劳工实践不是对应的,后者是1947年《塔夫脱-哈特莱法》(Taft-Hartley Act)对《国家劳动关系法》修正案中的内容。

航空行业于1936年被划归到《铁路劳动法》的管辖之下。② 航空公司和工会建立了系统内的调整委员会,来代替国家铁路调整委员会处理申诉和其他小型争议。(尽管1936年修正案授权国家调解委员会来建立一个国家航空运输委员会,航空业者和工会都没有表现出对在产业范围内解决"小"争议的兴趣。)《铁路劳动法》的其他条款也适用于航空劳动争议。③

1934年国家铁路工会成功地禁止了把具备特定工会成员身份作为录取条件的作法,并以此作为抵制那些所谓的非标准工会的方法。这些非标准工会通常是公司掌控的组织,它们是在1922年营业员罢工失败后,由雇主在停产部门里建立起来的。到1951年的时候,非标准工会被完全消灭

---

① 得克萨斯州和N.O.R公司诉铁路蒸汽司机兄弟联合会案[Texas & N. O. R. Co. v. Brotherhood of Railway and Steamship Clerks, 281 U. S. 548 (1930)]。

② Pub. L. 74-487, 49 Stat. 1189.

③ 45 U.S.C. §§181-188.

了,在铁路和航空工会的倡议下,《铁路劳动法》得到了修改,开始授权工会与业主签订工会雇佣协议和从工资中代扣代缴工会会费的法律。①

《铁路劳动法》于1966年被再次修改,提出当工会和运输业者要求聆讯那些不宜于交由国家铁路调整委员会处理的小争议时,应设立特别调整委员会(现在称作公法委员会),而且该法大量地限制了司法审查裁决的范围。② 在1970年和1981年又分别进行了两次修改。

尽管铁路和航空工业工会都有着强大的力量,但它们都在经历着转型过程。铁路行业的雇佣水平下降明显,因为使用卡车运输货物不断增长和盈利性铁路运输的消退。而且,20世纪70年代的立法将这两个行业的竞争释放了出来,这些立法取消了联邦机构在收费水平和航空公路运输线路分配上的立法权。参见赫伯特·R.诺思拉普:《铁路工人法——到上诉的时候了吗?》,载于《哈佛法律杂志》第13卷(1990),第441页[Herbert R. Northrup, The Railway Labor Act–Time for Repeal?, 13 Harv. J. L. & Pub. Pol'y 441 (1990)];《该到起飞的时候了:去法化之后的航空行业劳动关系》(基恩·麦克瑞主编,1988年)[Cleared for Takeoff: Airline Labor Relations Since Deregulation (Jean T. Mckelvey ed., 1988)]。

2.《国家劳动关系法》

(1)《国家劳动关系法》的渊源:1935年《华格纳法》

i.《华格纳法》的渊源

1929年的大衰退从根本上改变了美国的大环境。国民收入从1929年的810亿美元骤降到1932年的490亿美元,并伴随着工资持续地下降。1933年全国大概有1500万失业人士。③ 尽管很多企业试图先发制人地降低工资,例如,美国钢铁业于1931年就开始削减工资,随后汽车、纺织和橡

---

① 45 U.S.C. §152.
② 45 U.S.C. §153.
③ 见伯恩斯坦:《集体谈判新政策》,第14—15页(Bernstein, *New Deal Collective Bargaining Policy*, supra, at 14-15)。

胶轮胎企业迅速跟进。大衰退带来的经济压力让很多主流公司放弃了他们在20世纪20年代采用的"福利资本主义"政策,主要表现为在调低工资的基础上宣布辞退老员工。①

民主党在1932年入主白宫并承诺为经济止血。富兰克林·罗斯福的第一个新政是在1933年实施了一个实验性的、但又雄心勃勃的《国家产业复兴法》。产业企业自己组织起来,来减少搏命竞争并稳定价格。私营贸易组织应向国家复苏管理机构提交公平竞争规则。为了提高购买力和减少失业,《国家产业复兴法》还倡议在所有产业中建立最低工资和最高工时标准。《国家产业复兴法》第7(a)条规定"雇员应该有权组织,并通过他们自己选择的代表进行集体谈判,还应不受来自雇主的干涉、限制和强迫……来确定任命他们的代表,或自我组织或参加以集体谈判为目的的活动。"

在《国家产业复兴法》出台之后发生了工会化的快速推进和罢工的大量出现的情况。罢工在1933年后半年达到了自1921年以来从未出现过的高水平。工人经常在没有美国劳工联合会组织者参与支持的情况下组织起了工会。采矿业和纺织业工会都活跃了起来。新联邦工会,在美国劳工联合会的授权下,开始在橡胶轮胎、电子制造、汽车和汽油提纯产业出现了工会。1934年位于圣弗朗西斯科的托莱多(Toledo)汽车生产企业内的码头搬运工,和位于明尼阿波利斯(Minneapolis)的卡车工都出现了激进且暴力的罢工。到1934年底,工会的成员数增长到了350万——再一次恢复了在1923—1933年所减少的员工数。参见雅各比:《雇佣的官僚主义》(1985),第224页;詹姆斯·A.格鲁斯:《构建国家劳动关系委员会:1933—1937年间经济、政治与法律研究》(1974),第62页[James A. Gross, *The Making of the National Labor Relations Board: A Study in Economics, Politics and the Law*, 1933-1937, at 62 (1974)];欧文·伯恩斯坦:《动荡的年代:美国工

---

① 见雅各比:《雇佣的官僚主义》,第217—223页(Jacoby, *Employing Bureaucracy*, supra, at 217-223)。

人运动历史》(1969),第2、3章[Irving Bernstein, *Turbulent Years: A History of the American Worker 1933-1941*, chs. 2-3 (1969)]。《国家产业复兴法》并没有为解决劳动争议提供一套机制。罗斯福总统在1933年8月下达命令设立一个国家劳动委员会(National Labor Board)来落实代表选举,并让它通过聆讯来判定企业是否歧视了工人组织者。但是,国家劳动委员会缺少执行力。于是,在1934年国家劳动委员会被第一次出现的国家劳动关系委员会(National Labor Relation Board)所代替,此外罗斯福总统还为汽车、钢铁和石油产业任命了特别的委员会。

《国家产业复兴法》时期对联邦劳动立法内容和定位有着深远影响。第一,《国家产业复兴法》的经验说明需要一个强有力的并带有执行力的机构,并非那些主要是为了协调争议而成立的机构。第二,尽管罗斯福总统在1934年的汽车行业解决方案中接受了代表多元化的原则,但第一个国家劳工关系委员会却建立了这样一个原则,①即一个单位中多数派的代表应为该单位的唯一代表。参见伯恩斯坦:《集体谈判新政策》,第86页;格鲁斯:《构建国家劳动关系委员会》,第89—103页。第三,《国家产业复兴法》委员会曾经历过一段困境,在这段时间里它没能将该法第7条(a)所提供的保护与公司工会主义的发展协调起来。全国各地的公司都设立了内部的雇员代表计划,并以此作为抵御来自外部组织力量的方法。国家工业联合会(National Industrial Conference Board)在1933年11月的一个调查中发现:在被调查的制造业和采矿业当中,有45%的员工是由公司内部计划机制所覆盖——该数据较前一年增长了169%。大概有60%的这样的计划是在1933年6月《国家产业复兴法》颁布之后建立的。国家产业大会委员会:《国家产业关系法下的个体与集体谈判》(1933),第16—17页[National Industrial Conference Board, *Individual and Collective Bargaining Under the N. I. R. A.* 16-17(1933)]。即便是企业绝大多数员工都支持工会的参与,但一些企业仍旧坚持自己构建企业内部的系统。参见爱德华·G. 布德诉威尔

---

① 胡德工程有限公司案[Houde Engineering Co., 1 NLRB(old)no. 12, at 39-44 (1934)]。

顿钢铁公司案,载于格鲁斯:《构建国家劳动关系委员会》,第37—39页(the Edward G. Budd Mfg. and Weirton Steel Co. cases, described in Gross. *The Making of the National Labor Relations Board*, supra, at 37–39)。

1935年5月27日,最高法院判决《国家产业复兴法》无效,因为它的(立法主体)不具备宪法规定的立法权力,还有,根据舍希特尔家禽公司诉联邦案(Schechter Poultry Corp. v. United States, U. S. 495)判决中的商贸条款,国会无权实施这样的权力。《国家产业复兴法》的轰然倒塌让对劳动关系立法成为一项紧要任务。纽约参议员罗伯特·F. 华格纳(Robert F. Wagner),作为劳工组织的盟友,开始在国会施展影响。与此同时,正如后文将要详述,舍希特尔家禽公司案让参议员华格纳的立法能否承受住宪法挑战存有疑问。

罗斯福总统于1935年7月5日签署了《国家劳动关系法》(*National Labor Relations Act*)。① 该法的核心是第7条,它规定:

> 雇员应有权利自我组织、设立、参加或帮助劳工组织通过自己选择的代表进行集体谈判,或开展以集体谈判为目的的活动和其他互助和保护活动⋯⋯

为了给第7条设定的权利提供支持,《国家劳动关系法》指出了哪些行为属于雇主的不当劳动行为:

● 第8条(1)款:干预、强迫或限制雇员享受第7条规定的权利;
● 第8条(2)款:支持或控制劳工组织[符合第2条(5)款的规定];
● 第8条(3)款:为了鼓励或不鼓励某些劳工组织成员而实施歧视(行为);
● 第8条(4)款:使用解雇或其他歧视方式对待提出指控的或为指控作证的员工;

---

① 49 Stat. 449 (Codified at 29 U. S. C. § 151 et seq.).

- 第8条(5)款:拒绝同员工多数派的代表进行集体谈判(见《国家劳动关系法》第9条的定义)。

一个新的独立联邦机构,国家劳动关系委员会(后文简称"委员会")建立了起来,用以落实第8条反不当劳动行为的规定,它按照第9条的规定组织选举,并选出那些能够体现大多数员工意愿的代表参加集体谈判。自愿承认未经选举的工会来代表多数派员工也是允许的。由雇员投票选择(并得到国家劳动关系委员会的承认)工会组或被认可为多数派员工代表将有权利作为唯一的参与人同雇主按照诚信原则进行谈判。雇主不应在组织工会的过程中发挥作用,任何支持和主导行为都是违反第8条(2)款规定的。

由于《国家劳动关系法》存在合宪性问题,让该机构在头两年里的运作遭到了质疑。参见弗兰克·W.麦卡洛克和蒂姆·伯恩斯坦:《国家劳动关系委员会》(1974),第25—29页[Frank W. McCulloch & Tim Bornstein, *The National Labor Relations Board* 25-29 (1974)]。1935—1937年,联邦基层法院基于最高法院舍希特尔家禽公司案的判决(见第82页)和1936年对卡特诉卡特煤炭有限公司案(Carter v. Carter Coal Co., 298 U.S. 238. McCulloch & Bornstein, supra, at 26)的判决,颁发了大约100多个针对国家劳动关系委员会的禁令。在舍希特尔家禽公司案中,法院认为国会无权根据《商贸条款》去规定屠宰场员工的工资和工作时间,因为当在外州购买的活鸡送到舍希特尔家禽公司的屠宰场进行宰杀并出售给本地零售商的时候,"跨州商品流通已经结束了"。(295 U.S. at 543)在卡特煤炭案中,法院认为《商贸条款》并没有授权国会来规制矿工生产煤时的工资和工作条件,因为在这个时候煤产品还没有被运往州境之外,所以产品还未进行跨州贸易。"在舍希特尔家禽公司案中,跨州商贸已经结束。而在本案中,跨州商贸还未开始。"(298 U.S. at 306)在下面一个判例里,《国家劳动关系法》的合宪性终于也被审查了。

国家劳动关系委员会诉琼斯和劳克林钢铁公司案

NLRB v. Jones & Laughlin Steel Corp

301 U.S. 1（1937）

主审法官对法院的观点作了如下陈述：

……我们认为《国家劳动关系法》很明显是在宪法授权的范畴内构建的……

……依它现有的适用范围，即保护员工自行组织的权利，在不受雇主限制和强迫情况下选择自己代表进行集体谈判的权利或参加其他互助活动的权利，该法并没有超出此范畴。

它是一项基本人权。雇员显然有权组织和选择他们的代表来实现自己的合法目的，这和他们的对方有权组织它们的商业协会和选择它们自己官员和机构的道理一样。通过歧视或胁迫来阻止雇员自由运用他们自我组织和代表的权利应该受到有权的立法机构的谴责。虽然我们曾批评超出必要限度的组织行为；但是单个的雇员是无法和雇主进行抗衡的；因为他很大程度上是依靠他的工资来维持自己和家庭生活的；如果雇主拒绝支付雇员认为合理的工资，那么他是无法通过离职来谴责雇主的这种武断和不公平的行为；工会此时就要发挥非常重要的作用，它将会为劳动者提供一个和雇主平等谈判的机会……

……保护州际贸易不受压制和限制是国会的权力，该权力不应被局限在那些跨州或出境"流动"这一过程……其实，该权力应是全方位的，"无论是什么原因带来了此类危害"，都可以对州际贸易进行保护。尽管当我们分割来看这些活动时，它们可能在形式上属于州内的，如果它们和州际贸易有着紧密和实质上的联系，那么对它们的控制就是必要的和恰当的，是为了保护贸易不受压制和限制，国会运用该控制权不应被否定……

大量经验证明：承认雇员自我组织权利和选择自己代表来进行集体谈判的权利，经常是维护产业和平的关键因素，拒绝承认或谈判经常成为冲突的主要诱因。在劳工斗争史中，这已经成为了一个不争的事实，没必要再引用更多的实例来证明，司法实践必须对此加以注意……

……当雇主承认它们的员工有组织自己工会的权利，且享受不受限制的代表权的时候,双方就不会在落实录用和解雇权方面是否自主和适度这一问题产生过多的争议。

[麦克瑞诺德(McReynolds)法官对此持有异议,他的观点也获得了德温特(Van Devanter)、萨瑟兰(Sutherland)和巴特勒(Bulter)法官的支持,此处省略。]

ii. 新政时期的劳工组织

1933年,有300万工人属于工会成员。到20世纪40年代早期,有高达1200万工人参加了工会组织。工会成员数量在1933年到1937年间翻了一倍,但这些并不能完全归功于《国家劳动关系法》的颁布。在橡胶、汽车和钢铁行业中劳动组织的巨大成功在琼斯和劳克林钢铁公司案判决之前就已经取得了。公共政策的改变为劳工组织提供了有利的环境,但整个过程是劳动者自己推动的。

劳工组织出现的初衷是应对大萧条带来的严峻挑战,还有对付大型生产企业采取"福利资本主义"在经济上给其带来的侵蚀效应。正如厄尔曼教授所观察到的:

> 工会组织首要的任务是回应很多约定因为不够明确而得不到遵守的问题,雇主曾试图对工资进行控制、稳定雇佣(关系)和依据工龄来分配工作或(执行)工作分享计划,这些都以失败告终。另外,还有养老金计划和其他福利计划也遭受着同样的命运。大量含混不清的约定(纵使是在胁迫的情况下)被违约的事实激发了工人对清晰合约的需求——也增加了寻求组织来帮助的愿望。参见劳埃德·厄尔曼:《人力资源经理为什么要支付高工资?》,载于《英国劳资关系杂志》第30卷(1992),第177、205页[Lloyd Ulman, Why Should Human Resource Managers Pay High Wages?, 30 Brit. J. Indus. Rel. 177, 205 (1992)]。

1936—1937年出现的重大突破就是国会产业组织(Congress of Industrial Organizations)的建立和大型产业工会的崛起——即产业性的而非职业性的工会。美国劳工联合会通过授权设立地方性工会的方式来利用大生产(如汽车和橡胶行业)所带来的机遇,通常那些地方工会如果不是授权设立的话很可能会加入已经存在的国家性工会而非美国劳工联合会。这些新地方工会成立的目的是代表企业中所有工人,这一点和已有的职业性工会传统的管辖范围不一样。

到1935年召开美国劳工联合会大会的时候,职业性工会同新成立的地方产业工会与原来已经存在国家级产业工会——比如,约翰-里维斯(John L. Lewis)领导下的矿工联合会(United Mine Workers)——之间的矛盾达到了不可调和的地步。职业性工会在大会期间提出的管辖权请求获得了批准,于是,产业性工会在里维斯的领导下成立了产业组织委员会。尽管该委员会是在美国劳工联合会框架下建立起来的,美国劳工联合会的执行委员会却把它认定为一个"双重组织",因而下令将其解散。由于(产业组织)委员会拒绝解散,它的下属工会也被赶出了美国劳工联合会。1938年这些脱离的工会取名为产业组织联合会(Congress of Industrial Organizations),并一直作为美国劳工联合会的竞争对手存在,直到美国劳工联合会与产业组织联合会最终于1955年合并在一起。

新的产业工会们由于被汽车和橡胶企业拒绝予以承认,故而开展了一种超常规的罢工形式——"静坐"。罢工者占据了罢工工厂并从厂外同情者那里获得持续的补给。尽管静坐罢工整体都是非法的,但它却让这些工会在其行业中获得认可,包括通用汽车公司的密歇根燧石工厂在发生罢工之后被迫承认汽车工人联合工会(United Auto Workers)这一具有历史意义的胜利。

产业组织联合会还在基础钢铁行业内通过一个新组织——钢铁工人组织委员会(Steel Workers Organizing Committee)——发起了一场组织化运动,约翰-里维斯和矿工联合会为这一行动提供了人员和资金支持。1937年美国钢铁集团自愿承认了钢铁工人组织委员会,并与其签订了协议为其涨工资,并作出其他让步。但其他钢铁生产商却比较固执。他们的抵制导致大量暴力罢工的出现,包括在 1937 年 5 月 30 日的"大屠杀纪念日",十个罢工者在共和钢铁公司的南芝加哥分厂中被警察开枪打死。钢铁工人组织委员会在"小钢铁"工厂中的罢工失败了。但组织活动继续在这些企业内开展,迫使它们最终于 1944 年承认了钢铁工人组织委员会。

产业组织联合会不仅作为美国劳工联合会的经济对手出现,而且还是它的政治对手,它运用了更为大胆和激烈的政治行动(策略)。它的领袖们在 1936 年成立劳工非党派协会的活动中表现突出。矿工联合会为该协会在 1936 年的选举活动中提供了接近 50 万美元的资助。劳工组织对民主党的强力支持为罗斯福在选举中大获全胜贡献了一份力量。

iii.《华格纳法》的立法目的
提高产业和平

在《国家劳动关系法》第一节所列的立法目的(经常被称为该法的"前言")中最为显著的是预防产业冲突。事实上,一些学者批评该法将冲突常态化,从而削弱了 20 世纪 30 年代的劳工运动的成果,他们认为这场运动原本有推动社会转型的潜力。参见卡尔·克莱尔:《1937—1941 年"华格纳法"的司法去激进化进程和现代法律意识的起源》,载于《明尼苏达法律评论》第 62 卷(1978),第 265 页[Karl E. Klare, Judicial Deradicalization of the Wagner Act and the Origins of Modern Legal Consciousness, 1937–1941, 62 Minn. L. Rev. 265 (1978)]。

该法通过为涉及承认的争议提供行政处理程序来帮助减少产业冲突。但是与此同时,它也承认罢工的中心任务是解决经济上的争议。见该法第 13 条("本法中任何条款都不能被解读为干预、阻止或削弱任何方面的罢工权")。有别于《铁路劳动法》,《国家劳动关系法》并没有规定双方有义务遵守约定,即双方从强制调解中退出时,应待政府宣布谈判失败之后,才能开展自救活动来变更合同内容。而且,与当下那些调整公共部门劳动关系的法律(像各州关于警察和消防员的法律)不同的是,该法并没有为经济利益方面的争议设置一个强制性的仲裁程序。

矫正谈判力量的不平等

第一节提到"雇员不具有完全的结社自由和实质上的契约自由,而雇主却可以组成企业集团或其他形式的商业协会,他们之间谈判力量是不平等的",而且这一不平等对"工资水平和赚取工资者的购买力"都有着负面影响。华格纳参议员和他的一些顾问持有的观点就是劳工组织和集体谈判可以帮助提高工人的购买力,因此可以使国家脱离大萧条的阴霾。参见肯尼思·凯斯比尔:《执笔人:访谈"华格纳法"的起草人莱昂·凯瑟林》,载于《迈阿密法律评论》第 42 卷(1987),第 285 页;有关对华格纳参议员经济理论的批判,见丹尼尔·J. B. 米切尔:《通货膨胀,失业和"华格纳法":一个批判性的评估》,载于《斯坦福法律评论》第 38 卷(1986),第 1065 页,第 1073—1076 页[Kenneth M. Casebeer, Holder of the Pen: An Interview with Leon Keyserling on Drafting the Wagner Act, 42 *U. Miami L. Rev.* 285 (1987). For a critical view of Senator Wagner's economic theory, see Daniel J. B. Mitchell, Inflation, Unemployment and the Wagner Act: A Critical Reappriaisal, 38 *Stan. L. Rev.* 1065, esp. 1073 - 1076 (1986)]。但是,《华格纳法》的重要作用主要集中于它在程序方面的贡献。《国家劳动关系法》的假设就是谈判力量的不平等可以通过保护工人的集体代表活动来纠正。值得注意的是,该法不允许由政府来规定合同的内容,也没有像欧洲大陆那样规定,即可以将集体合同内容适用于行业中未组织起来(工会)的部门。华格纳参议员一开始没有将诚信(方面的)要求写入他的提案中,因为他害怕如果这样作的话,让他有倡导增设强制仲裁来解决劳动争议之嫌。参见格鲁斯:《构建国家劳动关系委员会》,第 137 页。最终出现在参议院劳动委员会面前的草案(也是最终获得通过的法律)是含有这一要求的,但参议院委员会不厌其烦地,

努力消除那些对此法可能产生的错误印象,(即认为)该法是为了强迫(当事人)达成协议或让政府来监督合同条款而设计的。必须指

出的是：集体谈判的义务并非是必须达成协议的义务。因为集体谈判的本质是每一方都能够自由决定它对所接到的提议是否满意。①

iv. 《华格纳法》带来的调整

1935年的《华格纳法》设计的宗旨是鼓励集体谈判。第一条指出它是"美国的政策……鼓励集体谈判的实践和程序"（强调是后加的）。而且，第8条中的不当劳动行为只是针对雇主的行为；它列出了雇主的五种不当劳动行为，但没有将任何工会的活动定为非法。

(2) 1947年《塔夫脱-哈特莱法》

i. 1935—1947年的劳工组织和《国家劳动关系法》的管治

1935—1947年劳工运动不断发展，集体谈判也广泛扩散。工会成员的数量从1935年的300万增长到1947年的1500万——其中三分之二的员工是受《国家劳动关系法》调整和覆盖的、生产企业中的员工，他们中有五分之四的人分布在煤矿开采、建筑、卡车运输，还有铁路（由《铁路劳动法》来调控的）行业中。

产业组织联合会所带来的挑战和《华格纳法》对组织行为的保护激发了美国劳工联合会去启动新的组织化运动。原美国劳工联合会（AFL）的成员数量迅速恢复到产业组织联合会脱离前的状态来了。一些美国劳工联合会成员组织成功地从一些雇主那里获得了承认，这些雇主希望在和产业组织联合会谈判中先发制人，因为他们认为产业组织联合会比起美国劳工联合会来说更为军事化一些。这两个组织之间的对立关系模糊了职业性工会和产业性工会的区别，因为美国劳工联合会为了竞争的需要，允许它的职业工会去吸收地方上的产业性工会来加入。见前文第85页。

---

① 参议院报告（1985）：《1935年国家劳动关系法的立法史》[S. Rep. No. 573, 74th Cong., 1st Sess. (1935), reprinted in 2 Legislative History of the National Labor Relations Act of 1935, at 2312 (1985)].

这种对立也使国家劳动关系委员会在执行《华格纳法》时的情况更为复杂了。在决定谁是适格的选举和集体谈判单位的时候，委员会经常会面对来自美国劳工联合会和产业组织联合会的成员工会所提出的、互不相让的要求。美国劳工联合会指控委员会解决这样的争议时具有偏袒产业组织联合会的倾向，然而雇主们指责委员会有时存在偏袒工人组织的倾向。这些抱怨最终带来 1947 年《塔夫脱-哈特莱法》的颁布来对《华格纳法》进行修改。在下文中将会看到，《塔夫脱-哈特莱法》更改了处理代表争议的法条，并调整了国家劳动关系委员会的内部结构。

第二次世界大战和第一次世界大战一样都是工会运动高涨时期。罗斯福总统曾承诺坚持《华格纳法》和 1938 年的《公平劳动标准法》(*Fair Labor Standards Act*)所提供的保护，包括加班费的规定。作为回报，工会承诺为了避免影响抗战生产从而决定放弃罢工运动。而且，工会领袖被任命到（战争）动员机构重要位置上也抬升了工会运动的地位。

一个三方构成的机构，国家战争劳动委员会 [National War Labor Board (NWLB)] 于 1942 年被建立了起来，目的是"为了调整和解决那些可能会对战争采购带来影响的劳动争议"。后来，它的责任从原来的处理争议扩展到维持工资稳定。国家战争劳动委员会尽力去"稳定"而非是去冻结工资。它的指导方针体现在它的"小铁律"中，也就是尽量将工资增长控制在 15% 以内，这是根据 1941 年 1 月到 1942 年 5 月之间生活成本增长计算出来的。国家战争劳动委员会的规定提高了适用保障工会稳定和解决抱怨的仲裁条款。

战后，经济转归和平时的状态，并出现一波长期且执拗的罢工。1945 年当年，就有超过 300 万工人卷入了这些罢工，影响到了很多重要的产业，包括煤炭、电子产品、炼油、口岸装运、铁路和钢铁行业。1946 年，政府采取了严厉的措施结束了那些在煤矿和铁路中开展的大罢工。煤炭行业大罢工迫使政府封锁了矿场，并对矿工工会主席约翰·L. 刘易斯（John L. Lewis）和矿工联合会施以巨额罚金，理由是他们违反了罢工的禁令。这些罢工让广大群众转而要求限制劳工组织的权力并对其滥权行为进行控制，从而促使《塔夫脱-哈特莱法》于1947年被通过。

ii.《塔夫脱-哈特莱修正案》

针对《国家劳动关系法》和1947年《劳资关系法》(Labor Management Relations Act)的《塔夫脱-哈特莱修正案》[61 Stat. 136 (codified at 29 U.S.C. §§141-197)],其中部分原因是为了回应1945年后半年到1946年的罢工潮,而且这也体现了大众对工会滥权的印象。但值得注意的是:1941年哈奇森判决之后,见前73页,并没有调整工会行为的联邦法律出台。

1947年的修正案与《华格纳法》口气有着明显的变化,它从积极支持工会化和集体协商的策略转为形式上更为中立的视角来思考工会和集体谈判是否是真正为所有工人利益而服务。例如,比较一下《国家劳动关系法》第1条第3段的表述(1935年颁布)("经验已经证明,通过法律保护员工组织权和集体谈判权,能够保障商贸不受损害")和1947年修改后《国家劳动关系法》第1条第4段的表述("经验已经进一步证实劳工组织的有些实践……会有意或事实上对商贸增加负担和阻碍……并会对公众在商贸自由流动中的利益有所削弱")(有强调)。但《塔夫脱-哈特莱法》也保留了《华格纳法》原文中有关工人和管理层谈判力量不平等方面的发现和陈述,而且重申"鼓励集体谈判的实践和程序"将会是美国政府的政策。

1947年修正案也改变了该法的某些实质内容。第一,该法的核心条款——第7条——被修改,以明确雇员"也应该有权戒除"所列出的活动。第二,《塔夫脱-哈特莱法》增加了第8条(d)款,第一次在《国家劳动关系法》中列出了工会不正当行为。在第8条(a)款中列出雇主的不正当行为的同时,《塔夫脱-哈特莱法》还将间接联合抵制定为非法,要求委员会区域办公室向联邦法院申请阻止此种抵制的初级禁令。见《国家劳动关系法》第10条(l)款。然而,同是1947年加入的第10条(j)款并未要求针对其他劳工组织不正当行为申请禁令。

作为对工会组织活动的回应,《塔夫脱-哈特莱法》增加了新的第8条

(c)款来澄清,雇主有权来表达他们对工会化的看法;在新的第8条(d)款中指出当一方当事人没能诚信地进行谈判从而无法达成协议或没能作出某些让步时,委员会无权进行干预。它还对该法进行修改,将主管从雇员这一概念范围中剔除,并提醒委员会不要将寻求适格的谈判机构与支持工会的组织化等同起来,还禁止那些被永久开除的罢工者参与国家劳动关系委员会的选举。

《塔夫脱-哈特莱法》还将"封闭式工会"(即工会成员身份是获得工作的先决条件)定为非法,允许各州颁布"就业权"法,甚至取消了"加入工会要求"(即要求在员工开始工作一段时间后应具有工会会员或工会资助者的身份)。见《国家劳动关系法》第14条(b)款。而且,在那些没有颁布此类法律的州,"加入工会的要求"只有经过受到影响员工依照《国家劳动关系法》进行投票并获得授权的情况下才能被认为是合法的。〔1951年,这个规定被取消了,允许雇主和雇员在没有投票的情况下,作为一项雇佣条件,要求雇员在参加工作30天后支付工会会费或其他同类的费用,不过,雇员有权请求委员会通过组织投票来去除这项"保障工会"条款。见《国家劳动关系法》第8条(a)(3)款和第9条(e)(1)款(于1951年修改)。〕

1947年修正案不仅仅是为了控制人们意识中的工会滥权。国会还增加不少条款来实现提高产业和平的立法目标。例如上文所述,新的第8条(d)款要求任何有关修改和终止合同的提议都应通知联邦调解和协商服务部门,而且必须经过60天的冷静期。《劳资关系法》〔§§206-210(codified at 29 U.S.C., §§176-180)〕授权总统在罢工或关厂活动将会给国家带来紧急情况的时候采取特别措施。最后,《劳资关系法》第301条还同意由联邦法院来解决源于对集体合同解释不一致而导致的争议。

(3) 1959年《兰德勒姆-格里芬法》

i. 1947—1959年的劳工组织

在第五节将会继续讨论的是,工会化运动的高潮出现在20世纪50

年代早期;到1953年36%的美国私营企业的员工都是工会会员。劳工组织最为突出的发展成果是1955年的美国劳工联合会和产业组织联合会的合并,新成立的组织在章程中提出参加者互不攻击的约定。该约定指出任何一个美国劳工联合会和产业组织联合会的成员工会不能去组织已经被别的成员工会组织起来的员工,并要求如果任何成员工会因此而发生争议,应提交给美国劳工联合会—产业组织联合会机构作出终局并带有执行效力的裁决。见美国劳工协会章程第20条第2、3款和第21条。对此的详细讨论,见塞缪尔·艾斯托伊克:《在劳工中去工会化:改变带来的是胜利还是留下?》,载于《劳动研究杂志》第27卷(2006),第505页[Estreicher(AFL)-CIO Constit. Articles XX, §§2,3 and XXI, discussed in greater detail in Smuel Estricher, Disunity within the House of Labor: Change to Win or Stay the Course?, 27 J. Lab. Res. 505 (2006)]。在美国劳工联合会与产业组织联合会合并和互不攻击条款出现之后,相互竞争的工会参与同一场的选举比例急剧下降。参见凯迪·巴林库:《重新评估协会内的竞争:竞争对手联邦主义的复活》,载于《劳动与就业杂志》第8卷(2006),第65页,注释8—9[Kye D. Pwlenko, Reevaluating Inter-Union Competition: A Proposal to Resurrect Rival Unionism, 8 U. Pa. J. Lab. & Emp. L. 65, 65 & nn. 8 - 9 (2006)]。在2004年只有6%的国家劳动关系委员会选举中有两个以上工会在竞选,而在1955年这一数据是21%。比较一下编号为69 N. L. R. B Ann. Rep. Table 13 (2004)的判例和编号为20 N. L. R. B Ann. Rep. Table 13A (1955)的判例。

ii.《兰德勒姆—格里芬法》

在20世纪50年代,参议院选举委员会在参议员麦克莱伦(McClellan)主持下进行了一次听证,使公众对劳工(组织)腐败的担心有所上升。这次听证会最终带来了1959年《劳资报告和公开法》(Labor-Management Reporting and Disclosure Act)的颁布[LMRDA或《兰德勒姆—格里芬法》(Landrum-Griffin Act),73 Stat. 519(codified at 29 U. S. C. §§401 - 531)],这是一个广泛规制劳工组织内部事务的法律工具。第一章设立了"劳工组织成员的权利"。第二章为劳工组织和它们的官员和雇主设置了进行报告的责任。第三章调整的是工会的信托关系(在实践中是发生在上级工会对下级工会存在形式上控制权的时候)。第四章设置工会内部选举行为的保障机制。[92]第五章规定了工会官员的信托责任。

《兰德勒姆-格里芬修正案》对《国家劳动关系法》也有影响。它通过把"不合作"条款定为非法的办法将一些在1947年的《国家劳动关系法》有关禁止间接联合抵制的漏洞给堵住了。见《国家劳动关系法》第8条(e)款。国会还增加另外一种有关工会不正当劳动行为的规定[第8条(b)(7)款],将争取承认和组织起来为目的而开展的过度纠察行为定为非法。第8条(f)款也加入了一项新规定,它授权建筑企业雇主和工会,在工会的多数派代表身份确立起来之前,签订"雇前"合同。

另外,1959年修正案修改了那些被永久开除的罢工者的投票权,他们的权利在《塔夫脱-哈特莱法》中被完全剥夺。国会修改了第9条(c)(3)款,授权国家劳动关系委员会可以允许这些罢工者在国家劳动关系委员会中投票,需要在罢工开始后12个月以内完成。

(4)1974年的医疗行业修正案

1974年国会修改了《国家劳动关系法》,将它的适用范围扩大到了非营利性医疗机构,包括医院、疗养机构(HMOs)和护理院。(对于营利性医疗行业的适用之前已经包括在其中了。)修正案为解决医疗行业争议作了特殊规定,例如,要求工会在罢工之前提前十天通知联邦调解和协商服务部门。见新法第8条(g)款。

(5)1977年的劳工改革提案和其他未获通过的立法

由于劳工和管理者,还有代表他们利益的团体之间的力量存在对立,并且没有一个政党能够(a)掌握总统的位子,(b)掌控上下两院,和(c)具有叫停参议院议案讨论的席位数(叫停立法或讨论需要至少60个席位的支持),因此很难通过任何重大劳动立法。见特里·摩尔:《利益、制度和积极理论:国家劳动关系委员会的政治》,载于《两项美国政治发展进程的研究》(1987),第236、240—241、262—263页;辛西娅·艾斯路德:《美国劳动法的僵硬化》,载于《哥伦比亚法律评论》第102卷(2002),第1527页[Terry M. Moe, Interests, Intstituions and Positive Theory: The Politics of the NLRB, in 2 Studies in American Political Development 236, 240 – 241, 262 – 263 (1987); Cynthia Estlund, The Ossification of American Labor Law, 102 Colum. L. Rev. 1527 (2002)]。因此,尽管有几次对1974年医疗修正案进行修改的努力,始终都未成功。

1977年的劳动改革提案又一次尝试推动修法,以便加强国家劳动关系委员会的救济力量和加快它的选举程序。当该议案以100票的支持率被民主党主导的国会通过后,它在参议院只进行了19天的讨论后就被匆匆叫停了。在1991—1993年间还提出了其他的一些对《国家劳动关系法》的重大修改的提案,它们包括禁止雇佣长期工来代替正在罢工的员工,提议颁布1995年《雇员与管理人员合作法》(Teamwork for Employees and Managers Act, TEAM Act),该法给予雇主更多的自由让它来帮助其雇员参与委员会。那些禁止使用长期工来代替罢工者的议案,如《劳动改革法》,虽然通过了众议员们的审议,但却被参议员们叫停。《雇员与管理人员合作法》虽然通过了参众两院的审议,但被时任总统的克林顿于1996年7月否决了。

第五节 美国的工会主义

1. 私营领域入会率的急剧下挫

正如前文所述,1935年颁布了《国家劳动关系法》,还有最高法于1937年在琼斯和劳克林案(Jone & Laughlin)判决中确认了此法的合宪性,带来了工会入会率的大幅上升;私营企业中工会入会率从1935年的14%跳升至1939年的23%,在1953年达到最高点36%。参见莱昂·特洛伊和尼尔·谢福林:《协会的原始资料目录A-1:会员,结构和财务》,1985年第1版[Leo Troy & Neil Sheflin, *Union Sourcebook: Membership, Structure, Finance, Directory A-1* (1st ed. 1985)]。这一比例此后开始逐渐下降,到1979年的时候达到22%,与约翰和克劳斯案判决之后一年的数据相同。同上。

上世纪80年代的时候出现了加速下降的趋势;私营企业中工会密度(即工会成员所占的比例)从1980年的20%下降到1990年的12%,到2005年甚至降到了7.8%——比《国家劳动关系法》颁布之前还要低。① 而且,如果把那些受集体合同保护、但并非工会会员的员工也包含进来,那么也仅仅是增长了1到2个百分点。②

所有行业的私营企业都出现了工会密度下降的情况,包括工会传统上比较强大的那些部门,如制造业和建筑业。③ 根据赫希和麦克弗森论文中的图表1c和1d(1973—1999)可以看出:制造业工会密度从1973年的39%下降到了1983年的28%,再降到2005年的13%;建筑业从1980年的31%下降至1993年的20%,再降到2005年13%。另外,工会在服务行业也鲜有作为,而服务行业正是增长最快的部门;私营服务行业中(包括医疗、度假和招待行业——如酒店和饭店等)隶属工会的工人在2005年只有5%。④

---

① 见劳动统计局(2006年1月20日):《2005年的工会成员》,美国劳工部,第6—99页,http://www.bls.gov/news.release/pdf/union2.pdf;巴里·T.赫希和大卫·A.麦克弗森(2000):《工会会员和财报数据:人口调查数据汇编》,图表1c(1973—1999);巴里·T.赫希和爱德华·舒马赫:《私人部门工会密度和工资溢价:过去、现在和未来》,载于《劳动研究杂志》第22卷(2001),第487页[BLS, Union Members in 2005, USDL 6-99 (Jan. 20, 2006), http://www.bls.gov/news.release/pdf/union2.pdf (2005); Barry T. Hirsch & David A. Macpherson, Union Membership and Earnings Data Book: Compilations from the Current Population Survey (2000) (Table 1c) (1973-1999); Barry T. Hirsch & Edward J. Schumacher, Private Sector Union Density and Wage Premium: Past, Present, and Future, 22 J. Lab. Res. 487 (2001) (noting comparison to pre-NLRA days)]。

② 见劳动统计局(2005);图表3(BLS, Union Members in 2005, supra, Table 3)。

③ 同上。

④ 同上。

工会可圈可点几个进展之一就是它在"新经济"部门(通信部门)的表现,在2005年21%的工人参加了工会,整个信息产业(通信部门也是其中的一部分)达到了14%的工会密度。①

在过去的20年里,尽管美国私营企业员工人数增加了上千万,但其工会成员总数却不升反降。虽然私营经济雇佣人数从1983—2005年增加了3,000万,工会成员在这一时期却下降了350万。②

与之相对应的是,工会在公共行业(该行业是由各州法律而非《国家劳动关系法》来调控,因此它不在本书的讨论范围)中表现较好。到2005年,公共领域中36.5%的员工都被组织起来,远远超过私营企业不足8%的工会率。③ 而且,公共领域的工会会员在最近20年当中,并没有出现下降,而是保持着基本稳定。④ 自2005年开始公共领域雇佣数量增长了500万,但该领域工会入会率却没有改变,事实上其总人数在该期间增加了150万人。⑤

与公共部门的巨大反差更进一步地凸显了私营领域中工会化下降之严重。很多理论都在试图解释这种下降,看法主要集中在:(1)美国经济的结构变化;(2)员工倾向发生了改变("需求方"改变);(3)雇主的抵制;(4)生产全球化和劳动力市场竞争。塞缪尔·艾斯托伊克和斯图尔特·J. 施瓦布:《劳动与就业法的基石》(2000),第85—120页;赫希和舒马赫,同前,第490—498页[Samuel Estreicher & Stewart J. Schwab, *Foundations of Labor and Employment Law* 85 – 120 (2000); Hirsch & Schumacher, supra, at 490 – 498]。

持有"结构改变"论者,最有代表性的是罗格斯(Rutgers)大学的莱昂·特洛伊(Leo Troy)教授,他认为,美国经济出现了变化,例如大量工作从传

---

① 见劳动统计局(2005):图表1和3。
② 见劳动统计局(2005):图表3;劳动部(1983):《就业与工资》[id. at Table 3 (2005); U.S. Dep't of Labor, Employment and Earnings (1983)]。
③ 见劳动统计局(2005):图表3。
④ 见劳动统计局(2005):图表3;劳动部(1983):《就业与工资》。
⑤ 同上。

统的工会集中的制造业转到了服务业,从工会密度高的东北和中西部地区转到了对待工会没那么友好的南部和西南地区,再加上工人人口的分布也发生了变化,这些都是私营领域工会密度减少的原因。[1]

其他研究通过关注美国工人取向来试图解释私营部门工会下降问题。一些研究将其归结为非工会员工对工作满意度的提高。亨利·法伯和艾伦·B.克鲁格:《美国工会会员数继续衰落》,载于《雇员代表:未来的方向》,第105页(布鲁斯·E.考夫曼和莫里斯·M.克莱纳主编,1993年)[Henry S. Farber & Alan B. Krueger, Union Membership in the United States: The Decline Continues, in *Employee Representation: Alternatives and Future Directions* 105 et seq. (Bruce E. Kaufman & Morris M. Kleiner eds., 1993)]。满意度的提高可能是因为颁布了大量劳动立法,所有员工面临的问题(如歧视、安全、探亲和病假、关厂、加班、养老金等),都受到了法律的直接调整,无须考虑他们是否属于工会成员。参见塞缪尔·艾斯托伊克:《劳动与市场竞争全球化时期的工作场所代表模式》,载于《劳动法:人权和社会公正》,第51页(罗杰·布莱篷主编,2001年);赫希和舒马赫,同上,第497—498页[Samuel Estreicher, Models of Workplace Representation for an Era of Global Labor and Product Market Competition, in *Labour Law: Human Rights and Social Justice* 51 (Roger Blanpain ed 2001); Hirsch & Schumacher, surpra, at 497 - 498.]。有些对美国员工意愿方面的研究专注于个人主义的传统和它

---

[1] 例如,莱昂·特洛伊:《美国和加拿大产业关系:趋同性还是趋异性?》,载于《劳资关系杂志》第39卷(2000),第695页;莱昂·特洛伊:《市场的力量与工会的衰退:对保罗·维勒的回应》,载于《芝加哥大学法学评论》第29卷(1992),第681页;亨利·法伯和布鲁斯:《1973—1998年西方私营部门工会的衰落》,载于《劳动研究杂志》第22卷(2001),第459页(指出在非工会部门就业人数的上升是工会密度下降的原因)[e.g., Leo Troy, U.S. and Canadian Industrial Relations: Convergent or Divergent?, 39 *Indus. Rel.* 695 (2000); Leo Troy, Market Forces and Union Decline: A Response to Paul Weiler, 29 *U. Chi. L. Rev.* 681 (1992); Henry S. Farber & Bruce Western, Accounting for the Decline of Unions in the Private Sector, 1973 - 1998, 22 *J. Lab. Res.* 459 (2001) (pointing to slow net growth in union relative to nonunion employment as key factor in decline in union density)].

对工人们的影响。参见西摩·马丁·李普塞特和伊凡·卡特汉沃斯基：《美国私营部门工会的未来》，载于《劳动研究杂志》第22卷（2001），第229页；沙龙·拉宾-马格林斯：《工人态度的意义：个人主义作为劳动衰落的一个原因》，载于《霍夫斯特拉劳动与就业杂志》第16卷（1998），133页[Seymour Marting Lipset & Ivan Katchanovski, The Future of Private Sector Unions in the U. S., 22 *J. Lab. Res.* 229 (2001); Sharon Rabin-Margalioth, The Significance of Worker Attitudes: Individualism as a Cause for Labor's Decline, 16 *Hofstra lab. & Emp. L. J.* 133 (1998)]。还有一些研究认为员工们希望获得一些工会无法提供的东西——他们想让自己的声音在工作场所更有分量，想通过"合作的方式而非工会所采取的对立方式来实现"。参见赫希和舒马赫，同上，第497页；理查德·弗里曼和乔尔·罗杰斯：《工人想要什么》（1999）；理查德·弗里曼和乔尔·罗杰斯：《工人想要什么》（2006新版）[Hirsch & Schumacher, supra, at 497; summarizing findings of Richard B. Freeman & Joel Rogers, *What Workers Want* (1999); see also Freeman & Rogers, *What Workers Want* (updated ed. 2006)]。

对此持有反对观点的人们认为，雇主对工会（合法或非法的）的抵制，还有《国家劳动关系法》所提供的救济手段太弱，是导致私营部门中工会率急速下降的主因。对此的经典论述，见保罗·C. 维勒：《恪守承诺：依据〈国家劳动关系法〉保障工人自我组织的权利》，载于《哈佛法律评论》第96卷（1983），第1769页；另见保罗·C. 维勒：《管制工作场所：劳动法的将来》（1990）；理查德·弗里曼和詹姆斯·L. 梅多夫：《工会做什么？》（1984），第15章[Paul C. Weiler, Promises to Keep: Securing Workers' Rights to Self-Organization Under the NLRA, 96 *Harv. L. Rev.* 1769 (1983): See also Paul C. Weiler, *Governing the Workplace: The Future of Labor and Employment Law* (1990); Richard B. Freeman & James L. Medoff, *What Do Unions Do?*, ch. 15 (1984)]。

第四种有关私营部门工会密度降低的解释是，很多工会的传统目标

(包括工会优待工资、更短的工时、规范雇工和资历体系)在全球化的生产模式和劳动力市场竞争的背景下变得难以实现。参见塞缪尔·艾斯托伊克:《工作场所代表性模型》(Estreicher, Models of Workplace Representation, supra.)。

私营企业中工会密度的下降很有可能是上述各种因素共同发挥影响而带来的。例如,更为激烈的竞争和更为国际化的产品生产会使雇主在抵制工会化方面变得更为强硬,也影响着工人们对工会代表的利弊作了重新认定。参见塞缪尔·艾斯托伊克:《在竞争性产品市场中的劳动法改革》,载于《芝加哥肯特法律评论》第59卷(1993),第3页;另见托马斯·A.科昌等:《美国劳资关系的转变》,第3章,1994年第2版[Samuel Estreicher, Labor Law Reform in a World of Competitive Product Markets, 59 Chi.-Kent L. Rev. 3 (1993); see also Thomas A. Kochan et al., The Transformation of American Industrial Relations, esp. ch. 3 (2d ed. 1994)]。

2. 劳工运动的碎片化

2005年,一些关键工会从美国劳工联合会(AFL)—产业组织联合会中退了出来,组成了"变中求胜联合会"(Change to Win Coalition)。到2006年的时候,该协会囊括了服务行业员工国际工会(Service Employees International Union)、卡车司机工会(the Teamsters)、国际劳工协会(the Laborers' International Union)和大众协会(UNITE HERE)(该协会包括服装业、工业、纺织业和酒店餐馆业的员工工会组织)。它们有大概540万工会成员,于此同时只剩下900万成员还留在美国劳工联合会—产业组织联合会之中了。

变中求胜联合会宣称,它的工作重心将放在吸收新员工加入,尤其是从事那些不会被外包工作的人,如零售、医疗、维护、建筑、交通、仓储、娱乐和接待(像酒店和餐厅等)。协会的章程规定它的成员工会不能互相"攻击"或"瞄准"那些按照其他成员工会的章程规定属于其他工会专属管辖的员工,但该章程并没有提到是否允许它的成员工会去攻击美国劳工联合会—产业组织联合会成员工会的问题。① 这两组织之间在一些政治活动中也进行了合作,"团结一起"去追寻它们共同目标。②

---

① 《变中求胜联合会章程》,第14—16 条,见2005 劳动代表日报[Change to Win Coalition. Articles XIV-XVI, reprinted at 2005 Daily Lab. Rep. (BNA) No. 187, at E-1 (Sept. 28, 2005); http://www.changetowin.org]。

② 对它们有关的评价,见帕伦克尔:《重新评估协会间的竞争》;艾斯托伊克:《劳工中的去工会化》(Pawlenko, Reevaluating Inter-Union Competition, supra; Estreicher, Disunity within the House of Labor, supra.)。

第三章 国家劳动关系委员会的管辖范围、结构和程序

第一节 简述国家劳动关系委员会的结构和程序

1. 委员会与事务总长

国家劳动关系委员会(委员会)负责执行和落实《国家劳动关系法》。"委员会"是指一个坐落在华盛顿特区的由五名成员组成的机构。但该称谓也被用来指代它的整个办事机构,其中包括大概34个区域办公室,事务总长(General Counsel)①办公室,区域法官(以前是指"法庭裁决者",现在被称为"行政法法官")。

委员会的成员是由总统任命的,并且还需经过参议院的批准。国家劳动关系委员的任期为五年,但继任者的任期是由他的前任剩余任期决定的。

---

① 关于 General Counsel 之译名,台湾学者有将之译为"参事"者(参照张天开,《各国劳资关系制度》,53页;在日本,对美国劳动法有深入研究之学者道幸哲将本词译为"事务总长",见道幸哲著《不当劳动行为救济法理论》,43页以下),在美国劳动关系法于1935年制定之时,劳动关系委员会之首长乃由总统所任命的三位委员组成的委员会所构成,当时的 General Counsel 虽然承担着不当劳动行为事件之起诉功能,但其可谓系劳动关系委员会之属下。但在1947年本法修订时,除将委员会三人增至五人外,并加扩充 General Counsel 之职权,且规定其亦由总统任命,其对不当劳动行为事件是否加以起诉,有绝对之裁量权,对于其决定,委员会并无置喙之余地,此外,其对劳动关系委员会地区办公室之职员及其所属律师,具有监督权。另一方面,劳动关系委员会还对地区办公室主任(regional director)及其办公室之人事问题具有决定权、对 General Counsel 进行授权(或撤回授权)、参与预算及决定其他行政事务。由是以观,翻译为参事未能完全说明其地位。因此,翻译为"事务总长"比较符合其原意。——译者注

见《国家劳动关系法》第 3 条(a)款。委员会有一个不具法律强制性的惯例,即由总统所属政党的三个党员和两个反对党的党员组成。

直到 20 世纪 70 年代,参议院通常都会批准总统对委员会的提名,鲜有例外。但自那时以后,参议院往往拒绝某些任命提名,最近几年甚至拒绝批准所有由总统提名的候选人,除非总统和参议院两党领袖们对于该项任命已经达成了"一揽子"共识。参见琼·弗林:《一场静悄悄的劳动委员会革命:1935 年至 2000 年〈国家劳动关系法〉的转型》,载于《俄亥俄州法律杂志》第 61 卷(2000),第 1361 页[Joan Flynn, A Quiet Revolution at the Labor Board: The Transformation of the NLRB, 1935—2000, 61 *Ohio St. L. J.* 1361 (2000)]。参议院对一揽子任命的坚持导致了委员会职位持续空缺,并且迫使总统不断使用"休会"任命策略。被休会任命的人可以不经参议院的确认,但只能在其休会期间内开展工作,一直工作到其休会之后的立法年度年末,其间大概有超过一年半的时间。职位空缺不仅降低了它处理案件的速度,因为所有案件应由三个委员组成的合议庭来聆讯,还妨碍了对一些有争议的案件作出最终决定,因为通常这些案件应由所有委员共同决定,此类判决大多应由四名以上委员作出。

事务总长是由总统任命并经参议院确认,任期四年,负责管理区域办公室,而且担任查处不当劳动行为的首席检察官。区域办公室主管决定是否对普通案件提起指控,新型和复杂案件将会被提交到事务总长来决定。事务总长拒绝提出投诉的决定是不受委员会和法院审查的。见国家劳动关系委员会诉美国食品和商业工会案[NLRB v. United Food & Commercial Workers Union, 484 U. S. 112 (1987)]。

事务总长在决定是否提告方面的权力使他(她)在《国家劳动关系法》框架下推动法律的发展扮演着非常重要的角色。一个活跃的"事务总长"会向委员会提出新的法律理念,也会争取委员会在很多领域放弃对先例的固守。委员会也时常会"越界"打破先例或在一个案例中建立新的规范,但如果事务总长在该案中并没有要求作这样的改变,那么很多委员会对事务总长的意见慎重考虑之后,然后选择处理争议问题的方式。

事务总长在委员会使用《国家劳动关系法》第 10 条(j)款的授权来颁布减损禁令时扮演着重要角色。尽管法条是授权"委员会"来实施第 10 条(j)款的减损措施,但委员会长期以来的实践是,只有在事务总长提出请求的情况下才会实施这样的减损措施。

2. 不当劳动行为与代表程序

委员会有两个主要功能:对雇主或工会实施的不当劳动行为(Unfair Labor Practices)或"投诉"程序进行指控和救济,还有开展投票选举来决定职工多数派是否愿意被某工会代表("代表"程序)。

(1)不当劳动行为程序

不当劳动行为案件是通过委员会下辖的区域办公室,根据个人、工会和雇主的告诉而启动的。区域职员调查指控,区域主管决定是取消指控还是提起告诉。决定提起告诉的案件由区域办公室的律师代表事务总长提起诉讼,并由委员会的区域法官来聆讯。区域法官对所有案件都须作出书面决定,但在少数案件中,双方可以有机会向委员会申请让区域法官对自己的行为作例外处理。委员会随后会作出自己的决定,这种决定的形式通常是一份共计1—2页的意见书,确认当事人涉案行为属于区域法官应作例外处理的情形。被委员会认定为"侵权"的当事人可以向巡回法院提起上诉,他们可以上诉到审理不当劳动行为初审法院所在地的巡回法院,即特区巡回法院,或其他当事人"所在地或营业地"的巡回法院。见《国家劳动关系法》第 10 条(f)款。因此,对全国性的雇主"巡回法院"具有非常广泛的管辖权。正如后文将要讨论到的,见 295—296 页,委员会的指令并不具备自动执行力,因此如果当事人拒绝遵守委员会的指令(但也没有提出上诉),委员会将会请求上诉法院来执行它的指令。根据《国家劳动关系法》第 10 条(e)款,委员会会向指控不当劳动行为活动所在地的巡回法院,或当事人"所在地或经营地"的巡回法院提出请求。然而,委员会在实践中并非只是一个议事性的、只负责向巡回法院起诉不当劳动行为的机构。参见塞缪尔·艾斯托伊克和理查德·L. 瑞斯:《联邦性质机构的非默许》,载于《耶鲁法律杂志》第 98 卷(1989),第 678、706 页[Samuel Estreciher & Richard L. Reesz. Nonacquiescence by Federal Administrative Agencies, 98 *Yale L. J.* 678, 706 & n.144 (1989)]。

超过 95% 的案子都在当地得到了解决。见劳动统计局:《劳动关系委员会年报》第 68—70 页图表 8(2003—2005)[68—70 N. L. R. B. Ann. Rep. Table 8 (2003 - 2005)]。大约有 60% 的指控都因为理由不充分而被注销或撤销了,同上,图表 6,大部分的案件在提交到区域法官之前都被解决了。只有 3% 案件交由委员会来决定,仅仅 1%—2% 案件才最终提交到上诉法院。同上,图表 8。

案件都在当地办公室得到了迅速解决,但当案件逐级上交时,处理瓶颈就出现了。参见塞缪尔·艾斯托伊克和马修·T. 博迪:《论文评论——国家劳动关系委员会带来的行政延误:相关温和建议》,载于《劳动研究杂志》第 23 卷(2002),第 87、88—92 页;爱德华·B. 米勒:《对劳动关系委员会行政性的评估》,1999 年第 4 版[Samuel Estreicher & Matthew T. Bodie, Review Essay-Administrative Delay at the NLRB: Some Modest Proposals, 23 *J. Lab. Res.* 87, 88 - 92 (2002); Edward B. Miller, *An Administrative Appraisal of the NLRB*(4th ed. 1999)]。在 2003 年到 2005 年之间的财务年度里,从提告到制作投诉书需要 87 到 95 天的时间(比 1993 年的 45 天要耗时更多)。与此同时,从提告到区域法官作出决定需要 275—315 天的时间,再到委员会作出决定时需要大概两年的时间。[1]

(2)代表程序

代表程序也始于区域层面。委员会自己在处理该类案件中发挥的作用比其在不当劳动行为案件中的作用要小。由于代表性案件数量巨大,委员会只审查那些对法律和政策有重大影响的问题。法院在处理代表案件时也表现得比处理"不当劳动行为"案件时更为保守。正如后文将要谈到的,见

---

[1] 劳动统计局:《劳动关系委员会年报》,第 68—70 页图表 23(2003—2005)[68 - 70 N. L. R. B Ann. Rep. Table 23 (2003 - 2005)]。

295—296页,代表性的问题,比如决定(谁是)谈判的代表机构,是不能由法院直接审查的,雇主只可以在提起不当劳动行为(诉讼)程序中,请求法院附带审查代表性问题。代表性问题将在第五章中进行全面讨论。

3. 制定规范与判例

(1) 程序冲突和机构自治问题

行政机构通过两个带有显著差别的程序来制定法律政策:制定判例和规范。判例是法院所开展的个案判决活动。对于(行政)机构来说,它们是基于呈现在区域法官面前的证据、区域法官以前的决定、当事人陈述作出决定的。由判例衍生出来的政策规范不仅对涉案当事人适用,也对所有在审案件和未来的同类案件有约束力。但是见后页有关"追溯"问题的讨论,此类问题发生在机构通过判例来改变政策的时候。

制定规范的运行方式与判例相比有很大的不同。"规范"就是一个"有着一般适用性和未来影响力的指令"[5 U.S.C. §551(4)]。根据《行政诉讼法》(Administrative Procedure Act),在颁布一个规范之前,相关机构必须制作规范起草公告,将规范建议稿的主旨,或涉及的问题公布,并为公众提供一个提出建议的机会。任何制定的规范都要包含一个"简明的有关其渊源和目的的陈述",且只有通过联邦登记处(Federal Register)公布至少30天之后才能生效[5 U.S.C. § 553 (b)-(d)]。要修改或废止一个规范,相关机构必须按照与颁布该规范一样严格的程序来进行[5 U.S.C. §551(5)]。

国家劳动关系委员会有着十分广泛的立法权;《国家劳动关系法》第6条授权委员会"在本法规定的范围内,依据《行政诉讼法》的要求,并根据需要来制定、修改、废止规范和法律"。但是,委员会尽管是一个重要的联邦机构,却选择完全依赖判例来制定政策。参见艾伦顿·麦克销售与服务公司诉国家劳动关系委员会案[522 U.S. 359, 374 (1998) Allentown Mack Sales & Service, Inc. v. NLRB, 522 U.S. 359, 374 (1998)]。事实上,70多年来,委员会只颁布过一个行政规范,该规范也获得了最高法院的全票支持。见美国艾森恩医院诉国家劳动关系委员会案[American Hosp. Ass'n v. NLRB, 499 U.S. 606 (1991), excerpted infra pages 279 - 283]。

长期以来,一些法官、律师协会和学者对委员会全盘拒绝使用立法权的行为不断提出指摘。见,国家劳动关系委员会诉大华织造有限公司案;塞缪尔·艾斯托伊克:《劳动委员会政策连续性:对规范制定的要求》,载于《行政法评论》(1985),第163、181页;默顿·C.伯恩斯坦:《劳动关系委员会行政程序法上的立法困境》,载于《耶鲁法律杂志》第79卷(1970),第571页;戴维·夏皮罗,《行政法发展出的政策法规制定和评估》,载于《哈佛法律评论》第78卷(1965),第921、942页[See, e. g., NLRB v. Majestic Weaving Co., 355 F. 2d 854, 860①(2d Cir. 1966)(Friendly, J.); 16 Admin. L. Rev. 77 (1964)(resolution by Administrative Law Section of ABA); Samuel Estreicher, Policy Oscilation at the Labor Board: A Plea for Rulemaking, 37 Admin. L. Rev. 163, 181 (1985); Merton C. Bernstein, The NLRB's Adjudication-Rule Making Dilemma Under the Administistative Procedure Act, 79 Yale L. J. 571 (1970); David Shapiro, The Choice of Rule Making or Adjudication in the Development of Administrative Law Policy, 78 Harv. L. Rev. 921, 942 (1965)]。

尽管存在这些批评,但是最高法院依旧立场鲜明地指出,委员会有权选择使用制定规范还是判例的方式来工作。在国家劳动关系委员会诉贝尔航空公司案[NLRB v. Bell Aerospace Co., 416 U.S. 267, 294 (1974)]中,(最高)法院一致否决了第二巡回法院法官弗兰德林(Friendly)的立场,即委员会应通过制定新规范来改变原有规范,(最高)法院称"不应剥夺委员会在判例中引入新原则的权力",而且"选择制定规范还是判例取决于委员会自主决定"。尽管如此,委员会在试图赋予其新政策追溯力的时候,却常常受到巡回法院的抵制。判决执行委员会的政策,但拒绝赋予其追溯力,因

---

① 《联邦上诉案例报告》第二辑第854页和860页。F. 2d是指the Federal appellate case reporter, second series。——译者注

为它注意到可能使雇主原先合法行为成为非法的并受到制裁。

当通过判例来制定政策时,委员会有时将某些案子视作重新审视现有政策和在新领域中构建新政策的一个工具。在很多情况下,委员会会组织口头辩论,为虽非当事方但对此感兴趣的工会和雇主组织提供发表他们意见的机会,有时还允许他们参与口头辩论。

在精致内衣公司案[Excelsior Underwear, Inc., 156 N. L. R. B. 1236 (1966)①]中,摘自后文第 313 页,委员会不仅邀请他们参加咨询,还公布了一个常例(要求雇主在选举申请获得批准或批复之后一周内公布雇员的名字和住址),但由于此决定在作出的 30 天之后才能生效,所以在此期间决定的内容尚不能对本案当事人进行适用。在国家劳动关系委员会诉怀曼-戈登公司案[NLRB v. Wyman-Gordon Co., 394 U. S. 759 (1969)]中,由于雇主拒绝提供它的"刨花工名单",因此委员会要对该雇主发出传票。法院中的六名法官认为委员会在精致内衣公司案中制定某项规则——"一项带有特定的执行力和对未来有影响的指令"——存在程序性错误,原因是它没有遵守行政程序法上的"通知并征询意见"的规定。尽管如此,这六名法官中的四名却联合持有异议观点的其他三名法官形成了多数派意见,认为本案中传票具有执行力。这四个法官的理由是:不管委员会在处理精致内衣公司案时是否有不当之处,本案所争议的签发传票一事却是一项有效司法程序性事项,故而应得到执行。

(2)利与弊

从机构和公众的视角来看,制定规范有以下的潜在好处:

> [1]具有合理性和合法性的……规范制定可以使机构生成的新信息获得普及,至少是通过一种大家对草案进行广泛评价的模式来实现……

---

① 《国家劳动关系委员会案例报告》第 156 卷第 1236 页(1966 年)。N. L. R. B. 指 the National Labor Relations Board's official case reporter。——译者注

[2] 扩大了信息的接收……尽管它不是一个能医百病的办法,制定规范的模式可以强迫机构与公众的对话,在这期间机构必须更为小心和用心地劝说公众支持自己的立场……

[3] 法律的确定性……制定规范会带来可预期性。相关领域的当事人将会清楚,在委员会通过合法的途径颁布了新的规范之前,他们是可以在自己理解范围内依照委员会现有规范来开展活动的……

[4] 法律的连贯性……制定规范使机构能够通过清晰的且确定的方式把那些指导以前判决的法规给区分出来。不必对大量旧法进行统计,新规范会自动清除过时的判决依据……

[5] 公共参与……制定规范保证了公众在一定程度上参与其过程,这样的参与在政策制定程序中是没有的。广发制定规范的通知让任何关注方都自动具有公众参与的机会……

[6] 集中化的上诉审查……规范的效力往往与在个案执行有冲突,从实际需要来讲,我们需要对规范的实际效力设置一个上诉审查的保险……

[7] 对事务总长(权力)的管控……当委员会通过判例来设立规范,而不使用制定规范方式,事务总长在政策制定中的角色将被削弱。

见艾斯托伊克:《劳动委员会的政策摇摆》,第 176—177 页。但制定规范是否存在弊端,或者说判例是否具有优点呢?见琼·弗林:《"隐藏不利证据"的成本和收益:劳动关系委员会的政策制定和司法审查的失败》,载于《BU 法律评论》第 75 卷(1995),第 387 页 [Joan Flynn, The Costs and Benefits of "Hiding the Ball": NLRB Policymaking and the Failure of Judicial Review, 75 B. U. L. Rev. 387 (1995)],它指出委员会使用判例可以让它能够根据"事实"情况作出具体判断,从而使这些判例不受司法审查的影响;而制定规范却为法院提供了一个明确的"靶子",也为国会进行过度干预提供了便利;另见,罗伯特·L.威玛:《注意国家劳动关系委员会的规则制定的程序公正与政治现实》,载于《耶鲁法律杂志》第 89 卷(1980),第 982 页

[Robert L. Willmore, Note, NLRB Rulemaking: Political Reality versus Procedural Fairness, 89 *Yale L. J.* 982(1980)]（进一步指出依赖判例法提高了委员会的"政治反应力"，让它能够快速轻巧地进行一些重要的政策转变）。有关制定规范和判例法，见后文第277—292页。

4. 国家劳动关系委员会造成的延迟

国家劳动关系委员会处理有不当劳动行为争议案件所耗费的漫长时间引起了广泛的关注。参见艾斯托伊克和博迪：《国家劳动关系委员会的行政迟延》；爱德华·B.米勒：《国家劳动关系委员会行政评估》(1977)[Estreicher & Bodie, Administrative Delay at the NLRB, supra; Edward B. Miller, An Administrative Appraisal of the NLRB (1977)]。从提起不当劳动行为指控到委员会作出决定通常需要两年的时间。造成迟延的原因有以下几个方面：

[1]委员会没能有效扩大自己的管辖权；

[2]委员会倾向使用就事论事的标准，这也助长了不必完全遵循立法目的来处理诉讼的模式；

[3]委员会喜欢重申它的某些宗旨，这样做通常也没有其他原因，仅仅是因为白宫易主导致它的人员构成发生了变化；

[4]委员会没能持续使用其拥有的制定规范权；

[5]事务总长和委员会没有充分使用第10条(j)款规定的通过颁布初级禁令来为不当劳动行为止损；

[6]委员会的政策倾向于将工会多数派身份确认的问题放在处理不当劳动行为的程序下解决，而非使用代表性(确立)程序解决；

[7]联邦上诉法院对委员会表现出过度尊重或(缺少尊重)。

有关三个原委员会成员分别对委员会审理延迟的原因、影响和解决方案的看法。见约翰·C.特斯德尔：《国家劳动关系委员会应对积压案件：在决策过程中的延误和克林顿委员会的回应所持续存在的问题》,载于《劳工律师》第 16 期(2000),第 1 页;威廉·B. 古尔德四世:《劳动关系的法律、政治和国家劳动关系委员会》(2000),第 13 章;米勒:《国家劳动关系委员会行政评估》(1977);其他学术评论,见查尔斯·J. 莫里斯:《国家劳动关系委员会的复兴——劳动委员会非立法程序改革的机遇与展望》,载于《斯泰森法律评论》第 23 卷(1993),第 101 页[John C. Truesdale. Battling Case Backlogs at the NLRB: The Continuing Problem of Delays in Decision Making and the Clinton Board's Response, 16 Lab. Law. 1 (2000); William B. Gould IV, Labored Relations: Law, Politics, and the NLRB, ch. 13 (2000); Miller, An Administrative Appraisal, supra. For additional academic commentary, see Charles J. Morris, Renaissance at the NLRB—Opportunity and Prospect for Non-Legislative Procedural Reform at the Labor Board, 23 Stetson L. Rev. 101 (1993)]。

第二节 对国家劳动关系委员会决定进行审查的范围

如后文所述,法院审查国家劳动关系委员会所审理案件时适用的标准是由争议问题的性质决定的。

1. "实质性证据"审查

该法的第 10 条(e)款规定"委员会对事实部分的认定应该是把卷宗中的实质性证据视为一个整体进行考虑而后作出的,且由此得出的结论也应是唯一的。"见《国家劳动关系法》第 10 条(e)款。在通用照相公司诉国家劳动关系委员会案[Universal Camera Corp. v. NLRB, 340 U.S. 474 (1951)]中,最高法院澄清道:第 10 条(e)款要求法院不仅考察案件的本证,而且应分开审查有可能降低这一证据可信度的反证。即便如此,"实质性证据"测试方法较此规定还是有些不同。正如一个权威行政法论文所述：

> 即便是通用照相公司判例增设了新的要求，实质性证据测试主要还是遵从机构所发现的事实来作出的。通常，一个事实证据会得出不止一个结论。在这样的案件中，机构的认定只要属于其中的任何一个结论时都是正确的。

见理查德·皮尔斯、西德尼·A.夏皮罗和保罗·R.威尔克：《行政法与程序》，第362页，1999年第3版[Richard J. Pierce, Jr., Sidney A. Shapiro & Paul R. Verkuil, *Administrative Law & Process* 362 (3d ed. 1999)]。另见艾伦顿·麦克销售与服务公司诉国家劳动关系委员会案[Allentown Mack Sales & Service, Inc. v. NLRB, 522 U.S. 359, 370 (1998)]（使用实质性证据测试原则需要法院来决定"根据现有记录是否能够构成让委员会得出相应的结论"）。

尽管第10条(e)款的规定和通用照相公司的判例都在强调"事实上的发现"这一概念，实质性证据测试作为一个实践问题适用于两种不同的委员会判决之中。第一个种类涉及的是"纯"事实问题或"管辖事实"问题——也就是：特定当事人的行为在本案中所涉及的基本问题，或，"是谁，做了什么，在哪里，什么时间，什么方式，为什么，动机和意图是什么?"见，理查德·皮尔斯：《行政法条约》，第732页，2002年第4版[II Richard J. Prierce, Jr., *Administrative Law Treatise* &10.5, at 732 (4th ed. 2002)]。第二类涉及委员会对法律的适用，或法律与事实的"混合"。尽管关于什么才是审查这类问题的恰当标准存有不少疑问，见塞缪尔·艾斯托伊克：《1980—1981年第二巡回法庭和劳动关系委员会：司法审查机构反应的案例研究》，载于《布鲁克法律评论》第48卷(1982)，第1063、1069页[Samuel Estreicher, The Second Circuit and the NLRB 1980-81: A Case Study in Judicial Review of Agency Action, 48 *Brook. L. Rev* 1063, 1069 (1982)]。但最高法院指出对此类问题仍应适用实质性证据的标准。见秋河染整公司诉国家劳动关系委员会案[Fall River Dyeing & Finishing Corp. v. NLRB, 482 U. S. 27, 42 (1987)] (如果委员会适用某法律或规范的决定是根据实质性证据作出的,法院应执行它的决定);贝斯以色列医院诉国家劳动关系委员会案和艾伦顿·麦克销售与服务公司诉国家劳动关系委员会案[Beth Israel Hosp. v. NLRB, 437 U. S. 483, 501 (1978) (same); Allentown Mack, 522 U. S. at 366, discussed further infra pages 390－401.]。

2. 审查"法律"或"政策"问题

在通用照相公司案中,审查主要针对的是"事实问题"而非"法律或政策问题",或者"自由裁量"问题。法院在对其进行审查前,对上述问题的分类决定着司法审查的范围。例如,当争议如果被标记为"法律"问题时,司法审查的范围应比较广泛,因为法院和机构(委员会)一样都是确定国会立法意图的专家,但机构在决定自己管辖范围的时候可能会不够主观。

法院在审查机构自己的管理章程时,经常引用最高法院的美国雪佛龙公司诉自然资源保护委员会的判决[Chevron U. S. A Inc. v. Natural Resources Defense Council, Inc., 467 U. S. 837 (1984)]。雪佛龙案涉及了一项环保部门所颁布的法规,法院为此构建了一套如下的审查模式:

> 当法院审查一项机构所构建的规范,它将面临两个问题:第一,国会是否已经直接对(争议的)问题的有关情况作出过规定。如果国会的意图已经很清晰,对于法院和机构来说就没有什么争议,它们必须执行国会清楚的意图。但是,如果法院觉得国会没有直接对争议问题作出规定,法院不应简单地给出自己对法条的观点……而是,如果法条对争议问题保持沉默和模棱两可,对于法院来说,问题就是机构对争议的回应是否建立在对法律合理解释之上。

同上,第842—843页。

雪佛龙判例认为：当委员会在国会明确或间接授权下运用政策制定权的时候，法院应对委员会的做法进行肯定。① 在雪佛龙案中，法院暗示：当法院认为国会并没有对争议问题作出规定时，法院"不用对机构演绎的法律是否是唯一正确的选择作出结论……也不用考虑法院自己在进行司法诉讼时是否会作出不同解读"，机构只需要是"有道理的"就可以认可它的做法（467 U.S. at 843 n.11）。另外，法院否定那些认为机构的规定因为经常变化所以不值得遵从的说法："相反，机构施展政策制定权力时必须广泛考虑可能出现的不同解读并保持政策的连贯性。"同上，第863—864页。

在审理雪佛龙案中，当国会还没有对涉案问题作出规定时，法院基于三项理由决定遵从机构的解读："（1）因为机构在国会所立法律基础之上制定规范的权力来源于国会通过明示或暗示的让其填补法律空白的授权"；（2）因为该专业性机构相比较法院，拥有较丰厚的知识基础，能从不同政策取向中选取符合实际的政策；（3）因为机构通过总统对人民间接负责，而联邦法官却不是民选的，所以由机构对于政策作出选择是比较好的。在雪佛龙案之后，法院虽然不时还坚持使用传统的"合理性和合法性"标准来审查委员会制定的规范，但现在主要是根据雪佛龙判例来决断。见国家劳动关系委员会诉科廷莫森科技公司案[NLRB v. Curtin Matheson Scientific, Inc., 494 U.S. 774, 787（1990）]；秋河染整公司诉国家劳动委员会案[Fall River Dyeing & Finishing Corp. v. NLRB, 482 U.S. 27, 42（1987）]；国家劳动关系委员会诉肯塔基河社区看护公司案[NLRB v. Kentucky River Community Care, Inc., 532 U.S. 706, 713（2001）]；兰奇米尔公司诉国家劳动关系委员会案[Lechmere, Inc. v. NLRB, 502 U.S. 527 536（1992）]（都引用了雪佛龙判决）。另见，弗林，《隐藏不利的证据》，第438页（标准是"无法区分的"）。在学习本书的资料时，你不仅应该评估委员会在政策制定方面的努力是否切合现有法律框架，而且考察法院是否是在合理权限内发挥作用，是否把它们自己的政策思想强加在法律之上。

---

① 另见美国诉麦德公司案[United States v. Mead Corp., 533 U.S. 218（2001）]。

第三节 管 辖

1. 国家劳动关系委员会管辖的商贸条款和其他限制

商贸条款和委员会管辖的自我限制

根据修改后的《国家劳动关系法》第 10 条(a)款和第 9 条(c)(1)款，国家劳动关系委员会可以管辖能"对商业产生影响"的案件，该概念的定义出现在该法的第 2 条(7)款中。在确认《华格纳法》合宪性的同时，最高法院宣布，委员会司法管辖权与国会在商贸条款中的权力并存。① 但是委员会通过对自己管辖范围自我限制，并没有真正地测试它在商贸条款下可以达到的最大管辖范围。

委员会有两个自我限制的标准，颁布于 1958 年，它们是：

[1]零售额标的:年营业额为 50 万美元；

[2]非零售业(如,生产性企业):资金直接或间接进出流量为 5 万美元。

直接流出指的是雇主将货物或服务直接输往本州以外的实体,直接流入是指外州实体将货物或服务直接输入到雇主。非直接流出包括虽然是销售给本州的实体,但它会把该货物或服务转而销售到州外。非直接流入是指雇主所在州之外货物或服务经由本州的经销商提供给雇主。

1996 年,国会试图将通胀的因素考虑进委员会的管辖标准当中,它把

---

① 见国家劳动关系委员会诉琼斯和劳克林钢铁公司案[NLRB v. Jones & Laughlin Steel Corp., 301 U.S. 1 (1937)]。

零售业的年营业额标准从 50 万美元调高到 250 万美元,非零售性企业的资金流入流出标准从 5 万美元调高到 25 万美元。但是,该提案由于会使委员会对很多小型企业失去管辖权,因此没有被通过,原来的 50 万美元和 5 万美元的标准仍旧保留。除此之外,委员会为某些特定行业制定了一些特殊的标准。见《读懂劳动法》,第 19—21、33 页(道格拉斯·E. 瑞恩,卡尔文·威廉·夏普和罗伯特·N. 斯特福德主编,2005 年第 2 版)[*Understanding Labor Law* 19‑21 n. 33(Douglas E. Ray, Calvin William Sharpe & Robert N. Strassfeld eds., 2d ed. 2005)]。

根据以上建议,委员会有权拒绝管辖符合其第 2 条(2)款定义的"雇主"。但这样的自由裁量权并非是无限制的。在办公室员工工会诉国家劳动关系委员会案[Office Employees, Local 11 v. NLRB, 353 U. S. 313 (1957)]中,最高法院否决了委员会拒绝管辖地方工会的决定,因为委员会认为它们是非营利性的。最高院称:第 2 条(2)款中特别指出应涵盖"担任雇主角色"工会,认为委员会"武断地排斥整个担任雇主角色的工会阶层"是违背国会立法意图的。(同上,第 318 页)。最高法院区分了委员会拒绝管辖财务水平达不到其立案标准雇主的行为与拒绝管辖那些即便去管辖也并不会使本法宗旨得到实现的案件。值得注意的是,1959 年增加的《国家劳动关系法》第 14 条(c)款规定,当委员会自主决定不予管辖时,各州可以要求其进行管辖。

国家劳动关系委员会的管辖范围包括了美国管理的海外公司在美国境内的商业活动。但本法的相关解释指出,本法不适用于受美国公司境外分支雇佣的美国公民。[①]

宗教例外:避免《第一修正案》的问题

《第一修正案》给委员会的管辖范围规定了一些限制范围。在国家劳

---

① 见雷森计算机科技公司案,在麦卡洛克诉皇家国民社会案得到引述[Computer Sciences Raytheon, 318 N. L. R. B 966, 968 (1995), citing McCulloch v. Sociedad Nacional, 372 U. S. 10 (1963)]。

动关系委员会诉芝加哥天主教主教[NLRB v. Catholic Bishop of Chicago, 440 U.S. 490 (1979)]的判例中,最高法院否决了委员会只可以拒绝管辖带有完全宗教性质的组织,而并非所有"和宗教有联系的"组织,最高法院认为委员会对教会学校的教师无管辖权。法院认为:委员会(管辖权)的测定标准和它所宣称的对教会管理下学校的老师拥有管辖权,都会对《第一修正案》带来严重的麻烦。最高院发现国会并没有明确表示,要让教会学校的老师接受委员会的管辖,为了使委员会的立法权不至于带来任何可能的宪法问题,最高院解释道:该法排斥这一管辖类型。有关近期发生的相关案件,见大瀑布大学诉国家劳动关系委员会案[University of Great Falls v. NLRB, 278 F. 3d 1335 (D.C. Cir. 2002)],该案否决了委员会在天主教主教案中个案式的处理方法,改为适用明确规定;圣埃德蒙高中和圣埃德蒙罗马天主教教堂案[St. Edmund's High School and St Edmund's Roman Catholic Church, 337 N.L.R.B. 1260 (2002)],该案讨论将天主教主教案的判决适用于教会学院中的非教职员工,委员会拒绝考虑宗教团体活动中某类职业者,并坚持"拒绝管辖教会雇主"即便是它的雇员仅仅是发挥世俗功能。

2. 法律例外

《国家劳动关系法》明确地将一些重要的劳工阶层排除在它的管辖之外,例如农业工人;家政工人;联邦、州和地方政府雇员,包括那些国营企业;铁路和航空职员受《铁路劳动法》调整。在上述的例外中,给委员会带来最多麻烦的是政府雇员这一类。最常出现问题的地方是,当私营企业与政府实体有合同关系时,委员会经常面对这样的矛盾,即它是否可以行使自己决定权,不去管辖这些和政府有着紧密关系的雇主,虽然他们在某种程度上还受着集体谈判的制约。根据它的尊重与关怀(Res-Care)理念[280 N.L.R.B 670 (1986)],委员会对私营企业与利益群体双方对合约实质内容控制力进行详细评估,从而确定私营雇主能否开展有意义的集体协商;如果委员会认为答案是否定的,它就会拒绝对其管辖。

在管理培训集团案[Management Training Corp., 317 N. L. R. B. 1355 (1995)]的判例中,委员会否定了尊重与关怀(Res-Care)原则,认为"关于工会和雇主之间谈判的内容是否主要是就业方面的问题,最好交由谈判当事人来决定,最后应由工人选民来决定"。委员会总结道:它以前曾试图判断非政府雇主所控因素的程度和性质,从而决定它是否能够开展有意义的谈判,并将此植入到了谈判过程中很重要的方面,导致了一些没有必要的诉讼。因此,在管理培训集团案中,委员会决定它对所有符合该法第2条(2)款中"雇主"定义的,且达到相应资金标准的私营雇主都拥有管辖权。委员会的培训管理(Management Training)政策也被巡回法院在考虑此类问题时使用。①

另外,1947年的《塔夫脱-哈特莱修正案》将"独立承包人"和"主管"排除在该法之外。决定哪些边缘劳动者属于该法规定的例外——或属于隐含被排斥的种类——已经带来了不少解释法律方面的问题,下文将进一步探讨。

(1)独立承包人

注释:国家劳动关系委员会诉赫斯特出版社案和国会的反应

1935年的《华格纳法》并没有将独立承包人排除在"雇员"这一概念之外。在1994年的国家劳动关系委员会诉赫斯特出版社案(NLRB V. Hearst Publications, Inc., 322 U. S. 111)中,最高法院支持了委员会的认定,即"报童"和推销报纸的人属于法定的雇员,相关陈述如下:

---

① 见国家劳动关系委员会诉基督教女青年会总会案;爱玛客公司诉国家劳动关系委员会案;肯塔基州派克维尔联合卫理公会医院诉国家劳动关系委员会案;特尔德业经济发展公司诉国家劳动关系委员会案[NLRB v. Young Women's Christian Assn., 192 F.3d 1111 (8th Cir. 1999); Aramark Corp. v. NLRB, 179 F.3d 872 (10th Cir. 1999) (en banc); Pikeville United Methodist Hospital of Kentucky, Inc. v. NLRB, 109 F.3d 1146 (6th Cir. 1997); Teledyne Econ. Dev. v. NLRB, 108 F.3d 56 (4th Cir. 1997)]。

本法的目的和它提供的救济不应只针对传统法律规定的"雇员"从而区别于"独立承包人"……除非无视本法之目的，完全适用普通法来评价和掌控，那么当某类工人由于自身某些经济方面的特征将被本应是防止侵害发生的法律所侵害的时候，那些为他们提供保护和治愈其创伤的法律是不能袖手旁观的……

……（他们）在有关工资、工时和工作环境谈判时所处的不平等地位（让人）不难确认，他们也属于集体谈判中的某个群体……简而言之，……基于本法的宗旨来判断，他的经济情况让他们之间的关系更像一个雇佣关系而非独立的商业企业关系。由于这些特征的存在，可以把那些与实现本法目的无关的、法律上的技术性分类放在一边，而将此关系放在本法的保护之下。（同上，第126—128页）

国会对赫斯特案的决定表现出极其不满。国会对《塔夫脱-哈特莱修正案》的报告写道：

……在国家劳动关系委员会诉赫斯特出版社案中，委员会将"雇员"的概念扩展到它以前从未覆盖的领域，最高法院，基于对委员会"专业素质"的信任，维持了委员会的判决。在这个案件中，委员会认为那些从出版商购买报纸并雇佣人员来销售的独立销售商是"雇员"，销售商雇佣的销售人员是销售商的"雇员"，但认为销售商是出版商的雇员就有些走的太过了……当国会通过《劳动法》的时候，它字里行间的意思就是国会的立法意图，并非是九年之后的劳动委员会所想象的那样。在该法中，"雇员"和"独立承包人"之间一直都有显著的不同。"雇员"在直接的监控下为工资或薪金而工作。"独立承包人"为赚取费用开展工作，决定工作完成的方式，经常还会雇佣他人来工作，依靠收入来生活而非工资，这些收入是他们收入和支出的产品、物资和劳动之间的差价，他们获得的是最终剩余，即利润……为了纠正委员会的错误和最高院错误地依赖委员会的做法，法律应将"独立承包人"从"雇员"概念中排除。

众议院第80届大会第一次会议的报告,载于《众议院报告》3020卷,第18页(1947年)[H. R. Rep. No. 245, 80th Cong., 1st Sess., on H. R. 3020, at 18 (1947)]。

在如下的案件中,法院开始考虑1947年法的合理例外范围。

国家劳动关系委员会诉联合保险公司案

NLRB v. United Insurance Co.

390 U.S. 254 (1968)

[该公司有大约3,300个保险经纪人,他们的主要任务是收取保险费,防止保险政策失效,销售新的保险产品,因为他们都是独立承包人,所以公司拒绝认可已经获得委员会认证的、代表这些经纪人的工会。上诉法庭支持了公司的意见,取消了委员会的谈判令。但最高法院又进行了改判。]

布莱克法官,在提及国会对赫斯特案的判决的强烈抵触表现之后,作出了部分的陈述:……一方面保险经纪人是在公司办公室以外开展工作的,他们自己确定自己的工作时间和工作日;很明显,他们并不像工厂里的生产工人那样。另一方面,他们也不是一个可以自己作决定的机构,而通常属于一个独立承包人。在这种情况下,不存在任何简明或神奇的辞藻能帮助(我们)找到答案,只有对与该关系有关的所有因素都进行评估和评价(才能得出结论),其中任何单一因素不可以被单独用来作为判断依据的。重要的是,所有相关的因素都要根据普通法的代理原则来评估。在完成此项任务时,本案中起决定作用的因素就是:经纪人并没运营他们自己的生意,他们所发挥的功能是公司正常运作的关键环节;他们在入职之前并不需要任何培训和经验,公司人事管理部门会给他们提供培训;他们以公司的名义开展工作,并接受公司和人事管理层提供的大量的协助和指导,且通常只做保险单的销售;他们执行"佣金计划"中的内容和条件都是由公司单方制定和修改的;代理人收取保费的账户是公司的账户,它由一套明晰的日常报告程序来控制;经纪人从公司获取休假、团体保险和养老金待遇;经纪人在公司中有一份固定的工作安排,只要他们的工作成绩让人满意就可以一直延续下去。对这一实际工作关系的最佳总结可以参见涉案公司董事会主席给经纪人们的一封信中,这封信写在不当劳动行为争议发生的时候:

> 如果哪一个经纪人认为他有权制定行事规则和处理公司业务,那么他应该马上提交他的辞职信,如果我们了解到某个经纪人不愿遵守公司的流程,那么公司将会迫使他的代理职务终止……

委员会在评估了所有的因素之后认定经纪人属于雇员。这并非一个纯粹的事实性发现,而是一个用法律来看待事实所产生的结果——即根据普通法的代理原则,这些事实到底能够说明什么:是雇员还是独立承包人?……此类判断并没有让专家来作出,法院也没有这些专家。另一方面,委员会的决定是在聆讯证人和口头答辩之后作出的判决……并且是书面总结。这样的决定不应仅凭法庭的意愿就被放在了一边,转而采取另一种方法来作出判断。正如我们在通用照相公司诉国家劳动关系委员会案中提过的那样,"要求重新评估整个案件证据就意味着,法院即便是不必需要运用专业知识来评判,但也许会根据具体情况重新作出另一个判断,从而越俎代庖地替委员会在两难命题中作出了选择。"同上,第488页。在本案中委员会已经在两个相互冲突的观点之中作出了选择,在此种情况下,上诉法院应该执行委员会的指令。

荣德伟包装系统公司案

Roadway Package System, Inc.
326 N. L. R. B. 842 (1998)

荣德伟公司……操控着一个覆盖全国范围的小件包裹的递送系统……(本案中)唯一需要解决的问题是荣德伟在安大略和波莫纳码头的司机是否

属于第2条(3)款所定义的雇员或属于不归委员会管辖的独立承包人……

在国家劳动关系委员会诉联合保险公司案中,[最高]法院称:不存在任何简单公式和神奇表述可以来替代普通法上的评价。取而代之的是,法院构建了一套基于普通法代理原则的评价方法,"只有对该关系下所有的因素都进行评估和评价,其中没有一个因素是可以单独用来判断的。重要的是,所有相关的因素都要根据普通法的代理原则来评估。"(390 U. S. at 258)……

联合保险公司案,还有后面的案子教育我们:普通法的代理原则是评价员工地位的标准,我们没有权力去改变它……

此类案件的当事人和代理人都依赖于代理的《代理法重述》(Restatement of Agency §220)来确定,但他们对第220条所列因素,在决定雇员身份时所起的决定性作用的大小有争论。① 荣德伟和它的代理人引用该条款第(1)款和第2条(a)款的规定,辩称"最为重要的"或"最具有决定作用的"因素是看雇主是否"有权控制"工作的形式和方式。与之对应,原告和美国劳工联合会——产业组织联合会宣称,正如第220条第2款开篇所说的那样,所有因素都应被同等对待。

---

① 32. 本节规定,在相关部分:
(1)服务员(雇员)是指一个被雇佣在他人场域中提供服务的人员,他在为开展服务而进行体力活动时是受他人的控制,或他人有权对其控制。
(2)在决定一个人在为他人提供服务时是服务员(雇员)或独立承包人,以下的因素,还有其他因素应被考虑到:
(a)控制的程度,在约定之下,主人(雇主)可以有权控制工作的细节。
(b)被雇佣人是否从事一种明确的职业或商业。
(c)该种职业,从忠诚度的角度来讲,是否其工作是在雇主的指挥下完成或由专业人士在没有监控的情况下完成。
(d)该职业需要的技术。
(e)是雇主还是雇员提供的设备、工具、工作场所。
(f)被雇佣人的工龄。
(g)付费的方式,是按时间还是按任务来付。
(h)工作是否是日常雇主业务的一部分。
(i)双方当事人是否自认为已经存在主从关系。
(j)相关(判定)原则是否已经在企业中存在。

最高法院曾经明确规定"只能对该关系下所有的因素都进行评估和评价，其中没有任何一个因素是可以单独用来判断的。"见联合保险公司案（United Insurance, 390 U. S. at 258）。然而我们注意到，《重述》所描述的普通法代理原则评价，最终是去评估雇佣单位对个人进行控制的程度和数量，但我们发现并没有足够的证据来证明，在评估中那些不包含"控制"的因素所占的权重比包含"控制"的因素所占的权重要低。《重述》中第220条（2）款提到"其他因素"的权重能占到10%，因此根据案件的特定情况，考察其他因素有时也是十分必要的。

……我们现在使用普通法代理原则来测定安大略和波莫纳码头的司机们的情况。我们发现，这些司机和荣德伟之间的互动和安排，包括依据1994年《快递服务商运营协议》（Pickup and Delivery Contractor Operating Agreement）所作的变更，在很多方面呈现了与联合保险公司案中的雇主—雇员关系类似的特征。

与联合保险公司案一样，司机并没有独立经营业务，而是为公司日常运作执行任务；他们不必在入职前受过培训或有经验，因为他们可以从公司得到这些；他们以公司名义开展工作，并接受公司的协助和指导；他们通常不参与外部的商业活动；他们是公司一个组成部分，并受严格的控制；他们对自己的卡车之外没有浓厚的投资兴趣；他们也没有那种创业性收益或损失。所有这些因素使他们更像雇员，这些因素也从下述的事实获得验证。

安大略和波莫纳码头的司机们投入了大量时间、劳动、设备，从而使荣德伟公司能够在小件快递市场上生存下来……没有任何一名司机入职前被要求需接受过培训和有工作经验。那些对荣德伟系统不熟悉的司机可以在荣德伟人力资源部门组织的新司机介绍会上获得相关的协助和指导。尽管少数人是以企业的形式参与运作，但所有安大略和波莫纳码头的司机是以荣德伟的名义开展业务。司机们穿着标有"经荣德伟认证"的制服，开着有公司统一标志的车辆。事实上，所有的车辆都是由纳威斯达（Navistar）厂商按照荣德伟的要求为其定制的。所有的车辆都显示着荣德伟的名字、标识和颜色。因此，司机与荣德伟运营之间的联系和合作是显而易见，也是公开的。

　　司机依据协议有权使用这些定制的车辆为荣德伟之外机构提供服务，但是安大略和波莫纳码头的司机中没有一人(荣德伟在全国的5000个司机中也只有3人)使用这些车辆从事其他活动。这种极少参与外部商业活动的事实，反映了安大略和波莫纳码头的司机并没有多少创业选择，(对他们参与外部活动的)阻力来自于他们和荣德伟之间的关系。①

　　1994年达成的协议禁止荣德伟的司机们在白天的任何时候为外部公司开展业务。司机和荣德伟工作关系在下班之后继续有效，因为他们晚上的时候要将车辆开回到集散地进行检修操作。通常，很多司机就将他们的车辆留在集散地过夜以便荣德伟的包裹搬运工将卡车装满。结果，他们的车辆在下班之后不再使用。即便是司机想在下班之后继续使用他们的车辆，这里仍旧有几个明显的障碍。第一，车辆并非总是闲置可以用来搞运输。第二，在司机将这些车辆用于其他用途之前，他必须将带有荣德伟名字和实体的标识覆盖……这些车辆缺乏契合其他用途的灵活性，也不易改装。因此，这些对司机在下班后使用车辆的限制"提供出不了多少创业的可能性，也降低了司机作为卡车的拥有者的独立性。"……荣德伟这样做只不过是将资本投资(成本)转嫁给了司机，并没有为他们提供任何独立创业的机会。

　　司机对卡车的所有权显示他是一个独立承包人，也就是说他(表面上)可以作为一个经营者使用卡车来为另一个顾客服务。但是，卡车的所有权形式并没有减弱安大略和波莫纳码头的司机在使用卡车一事上对荣德伟的依赖。荣德伟要求司机自行取得和维护自己的特制货车，荣德伟通过纳威斯达厂商来购买和安排车辆，并通过团租的方式来租用车辆，以此来减少司机们的负担。虽然它并没有直接参与到这些货车的交易之中，荣德伟通过

---

　　① 36. 在 C.C.东公司诉国家劳动关系委员会案[C.C. Eastern, Inc. v. NLRB, 60 F.3d 855, 860 D.C. Cir.(1995)]中，法院提出这样一个原则，即"如果公司仅仅给员工提供了事实上无法实现的创业机会，那么公司想借此证明这些工人是独立承包人的做法是不成立的"。我们认为安大略(Ontario)和波莫纳(Pomona)司机依约定拥有从事外部业务权利的事实也属此列。

对这些业务的干预保证了该车队是根据其要求建立和维护的,并保持这些车辆能够在司机之间循环利用。

荣德伟还鼓励车主将车辆卖给新司机。荣德伟通过这种办法减轻了新司机取得适格车辆时的负担……也增加了原车主出售这种价格昂贵专用车辆给专业买主的可能性。并没有任何此类车辆的专门市场存在。所有车辆的特征、细节和内部构架都是根据荣德伟的要求来制作的。简单地讲,荣德伟已经建立了一套系统使定制的车辆可供未来买家购买,让那些希望结束和荣德伟关系的司机可以轻松地转让他们的车辆给新来的司机……

其他证明司机的员工地位的证据存在于荣德伟对司机的补偿计划。除了控制向顾客的收费率之外,荣德伟还建立、规制并控制着向司机提供的补偿率和财务支持。总的来说,司机不太可能通过自己的努力和创造力来影响他们的收入。即便是有潜在的经营利润的存在,荣德伟有一套控制分配给司机的最低和最高邮包数量和停靠站数量系统,来挤压此类利润空间。

在衡量了他们同荣德伟关系的所有因素之后,我们作出结论,安大略和波莫纳码头的司机是雇员而非独立承包人……

注释和问题

1. 戴尔埃床品公司案。作为荣德伟的姊妹案件,在戴尔埃床品公司案[Dial-A-Mattress Operating Corp., 326 N.L.R.B. 884 (1998)]中,委员会认为有产权的操作人员是独立承包人而非雇员。在戴尔埃案中,公司并没有为有产权的操作人员提供培训,也没有对他们使用车辆提出要求,他们的结构非常多元化。有产权的操作人员雇佣他们的助手来帮助他们装卸,其中一些人还雇佣其他的司机。他们对其助手和司机的雇佣条件都有着绝对的掌控。有产权的操作人员组建自己的卡车公司,卡车上显示的是自己的名字,而非戴尔埃床品公司的标识。公司没有要求他们下班后返回戴尔埃的仓库,他们还被允许使用车辆为其他公司服务——除了戴尔埃的竞争者——也可以为客户提供额外的快递服务换取额外的收入。有产权的操作人员是按次收费的,他们不享受最低补偿保障,他们年度补偿额度的范围非常地广。依据普通法代理原则进行评价就会发现他们属于独立承包人,委员会认为他们有着明显的自担风险和利益的商业性质,与戴尔埃在身份关系上是分开的。一个近期有关报纸投递的案件,也揭示了一个与荣德伟和戴尔埃案件不同的价值取向,见国家劳动关系委员会的圣约瑟夫新闻发布会报告第345页[St. Joseph News-Press, 345 N.L.R.B. No. 31 (2005)]。

2. "控制权"与多因素评价。 思考一下在荣德伟案中对独立承包人的两个相对立的评价方法:考虑多因素的普通法代理原则评价与只关注雇主是否有权控制工作完成的方式与方法的评价。"方式和方法"或"控制权"是来自于侵权法的,它是用来判定公司是否应对为之(利益)服务的人们所实施的侵权行为承担责任。见迈克尔·C.哈珀:《给集体谈判定义适当的经济关系》,载于《BC法律评论》第39卷(1998),第329、334页[Michael C. Harper, Defining the Economic Relationship Appropriate for Collective Bargaining, 39 *B.C.L. Rev.* 329, 334 (1998)]。用这样的评价来决定某些工人是否能够参加与公司进行的集体谈判合适吗?另一方面,委员会在荣德伟案中使用的多因素考察法是否有不足之处?对于雇主和工会来说,此法的可预见性有多高?它是否会受雇主的操纵?此评价的政策目的是什么?见哈珀,第335页、337—338页。

3. 其他评价? 总统在1994年"邓洛普委员会"(Dunlop Commission)[名字来源于它的主席,原劳动部长约翰·T.邓洛普(John T. Dunlop)]建议雇员与独立承包人的区分应回归:

> (与雇主之间)关系在经济方面的现实情况。工作人员只有当他们是真正意义上的、为客户提供服务的、独立的商业人士的时候,才能被视作独立承包人——例如,他们在公众面前表现为一个已成立的商业实体,且拥有一定数量的顾客,并自担他们工作带来的经济风险。

委员会在《劳动者与管理者关系的未来:报告和建议》(Future of Worker-Management Relations, Report and Recommendations)(1994)(以下简称邓洛普报告)中表示,邓洛普委员会在审查联邦所有劳动和雇佣状态时,推荐使用一种"经济现实"评价方式,该评价已经被调整最低工资和加班费的法律——《公平劳动标准法》(Fair Labor Standards Act)所采用。见全国互助保险公司诉达顿案;哈珀,注释2 第339 页[Nationwide Mutual Insurance Co. v. Darden, 503 U.S. 318, 326 (1992); See also Harper, supra note 2, at 339]。在达顿案中,法院称运用评价方式可能会"让一些在传统代理法原则下被排除的当事人得到覆盖"(503 U.S. at 326)。

基于赫斯特案件审理结果和国会对它的反应,委员会是否仍可以自由使用经济现实性评价,或它还需要对法律的进一步修改?这样的评价对于某些法律如《国家劳动关系法》是否合适?如果不合适,《国家劳动关系法》应采用什么样的评价方法?对于有关建议之一,见哈珀,注释2 第341 页(Harper, supra note 2, at 341)(支持《国家劳动关系法》定制的评价,它包括雇员"所有出售他们劳动力为他人的资本工作的工人",并排除"那些利用自己的劳动与自己的资本的结合来提供产品和服务的人")。

(2)监督、管理和秘密人员

国家劳动关系委员会诉贝尔航空公司案

NLRB v. Bell Aerospace Co.
416 U.S. 267 (1974)

[在本案中,委员会将某个工会确认为适格的谈判代表,允许它代表一家研究和开发宇宙航空设备公司采购部门的25名采购员。委员会否定了公司认为采购员不应适用本法的看法,公司认为他们都属于管理人员。委员会强调,国会有意从本法排除的"管理人员"是指与"制定和执行劳动关系政策"有关的人。委员会认为其中的"关键点"是:"管理人员个人或集体所肩负的责任和义务,包括所作的决定,是否跟自己的利益产生冲突,如

果此人是劳工组织的成员,那么他就会遇到这样的利益冲突。"最高法院拒绝了委员会这一立场,转而支持将更广泛的管理人员排除在本法之外。]

鲍威尔(Powell)法官认为……

在聆讯中,能够证明它具有代表性的事实如下。采购部门从企业的其他部门获得需求指令,负责从外部购买所有公司需要的产品。一些采购项目是标准化的,可以直接从各类分销商和供应商之处购买。其他一些项目必须满足企业的特殊要求,需求单必须包括详细的蓝图和其他技术指标。需求单通常对应着特定销售商,在某些情况采购员必须先获得授权才能选择不同销售商。如果没有指定的销售商,采购员可以自由选择。

如果没有特殊要求,采购员有充分的自由,且不受预算限制来选择未来的卖家、起草投标邀请、评估标书、谈判价格和条件,还有为订购作准备。采购员可以执行最高50,000美元的采购项目。他们可以自己签名决定启动或取消5,000美元以内的订购。如果参与超过5,000美元的订购,他们必须获得直接主管的授权,如果标的价格升高,还需获得更高层级主管的授权。在米纽特人(Minute Man)火箭项目中,该项目占到公司营业额的70%,购买决定是由一组来自工程、质保、财会和生产部门的代表组成的人员作出。采购员担任该小组的主席并签署订单,但由一名来自于定价与谈判部门的代表制作合同内容。

在对代表性问题聆讯之后,区域主管将案件呈转到了委员会。1971年5月20日,委员会作出了裁决:认为公司的采购员构成了组织集体谈判和代表选举的要件(190 N. L. R. B. 431)。基于它最近的判决,北阿肯色州电力合作公司案[North Arkansas Electric Cooperative, Inc., 185 N. L. R. B. 550 (1970)],委员会称,即便公司的采购人员可能是"管理人员",他们依旧适用本法,有权受到本法的保护……

1971年6月16日举行了代表选举,15个采购员支持、8人反对由工会代表他们。委员会于8月12日确认该工会作为公司采购员的唯一谈判代表……

我们开始有这样的疑问,是否所有"管理人员",而非只是那些处于管理岗位的人存在劳动争议方面的利益冲突故而不受本法的保护……

《华格纳法》并没有明确"管理人员"的概念。但是，当该法获得通过的时候，委员会通过一系列涉及谈判单位适格性的案例，构建出了一套"管理人员"的概念。最初的一组案例所界定的"管理人员"不包括那些基层员工……

现在还不确定委员会是否认为所有的"管理人员"都不在该法的保护范围内，而且他们也不应被吸收在基层谈判主体中。但可以确定的是，委员会从来没有将"管理人员"作为一个独立群体，也从未讨论过这样作的可能性。但是，委员会在认定哪些员工属于"管理人员"时非常谨慎……

在此期间，委员会面对另一个相关、但范畴较窄类别——"（负）监管（责任的）员工"—— 的政策表现出不断增长的不确定性。委员会一开始就将主管从底层员工中排除……但是这一趋势却被马里兰州船坞公司案的 [Maryland Drydock Co., 49 N.L.R.B. 733 (1943)] 判例给停了下来，委员会在判例中认为，主管尽管字面上属于本法的"员工"，并不应被组织到任何组织当中……

马里兰州船坞公司案的判例在随后的帕卡德汽车公司案 [Packard Motor Car Co., 61 N.L.R.B. 4, 64 N.L.R.B. 1212 (1945)] 的判例中被取消了。在此案例中，委员会认为工头可以自己组织一个适格的谈判单位。委员会的这一立场得到了审理帕卡德汽车公司案 [Packard Motor Car Co. v. NLRB, 330 U.S. 485 (1947)] 的五名法官中四位的支持。后来当帕卡德汽车公司案件的判例属性被取消时，持有异议的道格拉斯（Douglas）法官的一些意见非常中肯。同上，第493页。他认为：

> 现在的决定……试图擦去管理层和劳工之间的分界线。它在联邦法的层面上，对所有层级上的工会化活动进行了制裁。它努力去证明产业中对立的双方不是管理层和劳工，而是运营人员与股东或债券持有人。根据这样的定义，产业问题就落在了如何合理划分这两个群体的问题上了。管理层和劳工之间有关控制权的斗争在他们共同应对公

司所有人的时候,成为第二位的问题了……

如果国会在它颁布《国家劳动关系法》的时候,意识到产业哲学的这一变革,那么它就会留下相关意图的清晰痕迹。但我却什么也没有发现。(同上,第494—495页)……

帕卡德汽车公司案的判决是带来1947年《塔夫脱-哈特莱法》颁布的主要原因……

《塔夫脱-哈特莱法》的立法历史……可以总结如下。众议院想把某些类别的群体归于"主管"这一概念之下,例如工头,但参议院认为这些人应该受本法的保护。最后参议院对于这些人的看法占了上风。但参议院和众议院都认为其他群体不应在本法的保障范围之内。众议院希望将被排除在外的群体确定清楚。在一次寻求共识的会议当中,来自参议院与众议院的代表们都同意,由于委员会把这类人员排除在该法的适用之外已经有很长一段历史,对此进行专项规定也就没什么必要了。该法隐含排除的人包括那些在"劳动关系、人事和招聘部门"工作的人员和"秘密职工"。但可以确定的是,这并没有穷尽所有被排除的类别。立法历史显示,其他更高层级管理人员也在该法排除之列,对于这些人并不需要特别的排除条款来说明。例如,在众议院讨论秘密员工的报告中提到"多数秘密员工都是执行经理,他们无论在何种情况下都属于本法排除的"(H. R. Rep. No. 245, P. 23)。我们认为从"管理人员"中推导出隐含的被排除人员是比较简单的。

在《塔夫脱-哈特莱法》通过之后,委员会坚持认为本法不适用于"管理人员"……委员会在1970年的北阿肯色州电力公司案的判决之前一直持有此种观点。自那以后,它从未单独或以其他方式认可过任何"管理人员"组成的谈判单位,不断重申他们不具有本法的谈判权利是国会的意志。1959年,当国会再次修改该法的时候,委员会正是持有这样的立场。

委员会所排除"管理人员"是指,那些"通过替雇主发布和制作运营决定的方式来制定和执行管理政策"的人们,委员会的这一观点被法院全盘接受。

总而言之,委员会早期的决定、1947年《塔夫脱-哈特莱法》的立法历史和目的、委员会对该法二十年来的不断构建,还有上诉法院判决,都无一例外地认为"管理人员"不适用于本法。我们同意上诉法院的观点,认为委员会"现在不能完全自由地"对该法作新的和更为狭义的解读(475 F. 2d, 494)。

我们的结论是,案件必须发回重审以便委员会能够适用合适的法律标准。

[怀特和布伦南,斯图尔特和马歇尔法官所持有的异议在此省略。]

注释和问题

1. 将雇员认定为主管或经理的后果。 如果作出将雇员视作主管或经理的认定,那么该认定对于适用《国家劳动关系法》来说是十分重要的,原因有三点。第一,经理和主管是无权组织起来的,也是不被本法所保护的对象。第二,他们不能被包括在受本法保护的雇员谈判团体之中,也不能在(工会)认证选举中投票。第三,主管和经理积极参与工会的活动会导致雇主对工会运作的干预,因而违反了第8条(a)(2)款。

2. 在贝尔航空公司案之后的管理层被排除(在适用范围之外)。 在本案被发回重审的时候,委员会作出的结论是,贝尔航空公司的采购员并没有在他们工作中获得"与他们管理层同等程度的意思自治",因此他们属于本法定义下的雇员。委员会注意到:采购员在订购时需要受到"一整套守则"的限制,主管和采购员比例是1:3,采购员没有权力决定自己和秘书的工作时间。委员会重申它对管理人员的定义:即那些"通过替雇主发布和制作运营决定的方式,来制定和执行管理政策的人,还有那些能够自主执行雇主制定的政策的人……管理人员地位不会被授予给基层工人,或那些从事日常工作的人,而是会给在执行经理位置上工作,并真正代表管理层来管理的人。"①

巡回法院在审理其他案件的过程中,也支持委员会拒绝将那些所拥有的决定权受到政策约束(且该政策并不是由他们自己制定的)的人们认定为管理人员。例如,东北乌尔蒂斯服务集团诉国家劳动关系委员会案[Northeast Utils. Serv. Corp. v. NLRB, 35 F.3d 621, 626 (1st Cir. 1994)](在新英格兰电力公司中拥有购销权力的员工并非属于管理层,因为他们的行为受到了一些守则的约束,且他们无权修改这些守则);在国家劳动关系委员会诉科斯集团案[NLRB v. Case Corp., 995 F.2d, 700, 704 (7th Cir. 1993)]中,能够作出技术建议的工程师也不属于管理人员,因为他们没有权利脱离已经制定的政策来自主作出决定;在马加比人寿保险公司诉国家劳动关系委员会案[Maccabees Mut. Life Ins. Co. v. NLRB, 757 F.2d 767(6th Cir. 1985)]中,有权同意或拒绝理赔申请的保险代表不属于管理人员,因为他们的决定是遵照雇主已制定的政策作出的。在阅读过肯塔基河案(Kentucky River)第129页、136页注释3后,再重新斟酌一下以上判决。

3. 立法史料的运用。由于国会没能将管理人员列入《国家劳动关系法》第2条所排除的名单中,法院基于贝尔航空公司案的判例所引用的立法史料将所有管理人员排除在《国家劳动关系法》保护之外是否合适?如果国会在制定《塔夫脱-哈特莱法》的时候也认为应将所有管理人员排除在该法之外,但国会为什么只对这些员工中的一个有限群体(即"被雇佣为主管的人们")点了名,并对"主管"下了很窄的定义?

4. 利益冲突与"结盟"。国会立法目的会不会存在这样的可能,即它把第一层级的工头从该法的适用中排除了出去,却涵盖那些处于更高层级的、

---

① 贝尔航空公司案(摘自通用动力公司案)[Bell Aerospace Corp., 219 N.L.R.B. 384, 385 (1975), quoting General Dynamics Corp., 213 N.L.R.B. 851 (1974)]。

但不直接管理任何员工的主管？国会目的只是通过对工会的反对或支持来保护被工头压迫的员工，还是应该像异议法官道格拉斯认为的那样：是为了推进更为广泛的结盟，即资本有权组织其忠实代表来对抗工人的利益？见大卫·拉班：《从"国家劳动关系法"涵盖的专业人士中剔除经理人》，载于《哥伦比亚法律评论》第89卷（1989），第1775页［David M. Rabban, Distinguishing Excluded Managers from Covered Professionals Under the NLRA, 89 Colum. L. Rev. 1775 (1989)］。另一方面，从职业性质之外角度考虑，被雇主认为是"管理者"的雇员，他们实际上缺乏管理其他员工的权力，这种情况的出现几率有多高？

5. 贝尔航空公司案和新工作场所条例（New Workplace Arrangements）。 贝尔航空公司案带来的一个重要结果是：《国家劳动关系法》在那些被其保护的雇员与另外一部分人之间建立了一个明确的分界线，这些人是那些由于在制定公司政策时扮演一定角色而被排除在法律适用范围之外的人员。工会化和集体谈判的范围主要是那些"（一线）操作"工人，例如操作工、技工、维护人员和服务人员——受执行主管、主管和工程师指令的人。中层主管和其他技术性的、扮演主动（管理）角色的员工不在该法保护之内，即便他们同其他人一样对工作稳定性和公平待遇有担忧，但却没有能力影响部门主管或其他执行主管作出的人事决定。本法是否应该进行修改以便让这些员工来选择集体谈判？见马里昂·克雷恩：《通过扩大"国家劳动关系法"的覆盖面来加强团结：工人力量的蓝图》，载于《明尼苏达法律评论》第74卷（1990），第953页［Marion Crain, Building Solidarity Through Expansion of NLRA Coverage: A Blueprint for Worker Empowerment, 74 Minn. L. Rev. 953 (1990)］。允许管理人员进行集体谈判是否会显著改变产业关系或出资人和劳工之间的经济平衡？它是否会让管理层更难管理？

在某些工作场所，"操作"工人承担着对质量和用料进行控制的责任，并掌控着生产过程，这些在以前都是主管和经理的职责。参见塞缪尔·艾斯托伊克：《员工参与和禁止"公司工会"：对第8节（2）款上诉问题的评价》,载于《纽约大学法律评论》第69卷(1994),125页[Samuel Estreicher, Employee Involvement and the "Company Union" Prohibition: The Case for Partial Repeal of Section 8 (a)(2) of the NLRA, 69 *N. Y. U. L. Rev.* 125 (1994)]。根据贝尔航空公司案的判例和委员会,还有司法界的相关回应(见注释2),"操作"工人所担负的这些可作自主决定的责任,是否让他们也成为《国家劳动关系法》排除的对象?工人们通过组成团体来集体实施其自治权是否存在问题?见国家劳动关系委员会诉叶史瓦大学案[NLRB v. Yeshiva Univ., 444 U. S. 672 (1980), discussed infra.];另见哈罗德·克伦:《集体谈判机构与专家:重新审视管理型雇员的例外规定》,载于《纽约大学法律评论》第56卷(1981),第694页[Harold J. Krent, Note, Colllective Authority and Technical Expertise: Reexamining the Managerial Employee Exclusion, 56 *N. Y. U. L. Rev.* 694 (1981)]。基层工人这种代行传统管理责任的新情况是否可以成为取消贝尔航空公司案的判例的理由?如果是的话,主管的定义是否也应进行修改?

6. "秘密"员工。"秘密"员工和管理人员与主管一样,都被排除在谈判单位之外。根据委员会的"劳动关系"评价,秘密员工是指那些"在秘密情况下,帮助那些在劳动关系中担任管理者角色的人"。① 那些能够获取商业秘密信息的人——但并非与劳动关系有关的秘密信息——不是该法所列的、不属于谈判团体的人员。(同上)这个对"劳动关系"的评价方式在国家劳动关系委员会诉亨德里克斯县农村电气会员公司案[NLRB v. Hendricks County Rural Electric Membership Corp., 454 U. S. 170 (1981)]中得到法院的支持。在此案中,法院发现,国会在《塔夫脱-哈特莱法》中故意对"劳动关系"评价方式不作改变,委员会对秘密员工的态度是有"合理的法律基础的"。

---

① 福特汽车公司案[Ford Motor Co., 66 N. L. R. B. 1317, 1322 (1946)]。

7. 通过解聘主管来威吓法定员工。 尽管主管本身并不受该法保护,但是委员会认为解聘主管却可以在某些情况下构成不当劳动行为,因为它对员工权利有影响,故而是受到《国家劳动关系法》保护的:

> 因此,雇主不能因为在国家劳动关系委员会处理员工基于集体谈判合同提出的抱怨的程序时,主管作出与雇主利益冲突的证言,而将其辞退。同理,雇主也不能因为主管不执行雇主的不当劳动行为,或没能阻止工会化的发生,而将其辞退。

帕克-罗布雪佛兰公司案的判例[Parker-Robb Chevrolet, Inc., 262 N. L. R. B. 402, 402—403 (1982)]于1983年被适用到了汽车销售员工会诉国家劳动关系委员会案[Automobile Salesmen's Union, Local 1095 v. NLRB, 711 F. 2d 383 (D. C. Cir. 1983)]。

但是,在帕克-罗布雪佛兰公司案中,委员会认为它不会为某些种类主管提供保护,他们是那些由于参加协调一致的活动,而被雇主将他们和法定员工一起解雇,即使有证据显示雇主解聘主管的目的是为了威吓那些受到《国家劳动关系法》保护的法定员工。帕克-罗布雪佛兰公司案的判例是否破坏了该法第7条对法定员工的保护?这一限制是否为了保障主管对雇主的忠诚,或是为了解决在证明雇主合理动机(保障主管的忠诚度)与雇主的不合理动机(威吓基层员工)进行举证时的纠结?见盖尔·古曼·布罗德:《国家劳动关系委员会转变对用人单位解雇不忠主管的态度》,载于《劳动法杂志》第34卷(1983),第13页;特里·贝瑟尔:《国家劳动关系委员会和解雇主管:帕克-罗布案带来的问题改革》,载于《科罗拉多州立大学法律评论》第54卷(1982),第1页[Gail Grommer Brod, The NLRB Changes Its Policy on the Legality of an Employer's Discharge of a Disloyal Supervisor, 34 Lab. L. J. 13(1983); Terry A. Bethel, The NLRB and the Discharge of Supervisors: Parker-Robb Brings Questionable Reform, 54 U. Colo. L. Rev. 1 (1982)]。

8. 保护正在谋求提拔为主管的员工？ 雇主拒绝让一名正式员工参与主管竞聘，因为该员工曾经积极参与了集体活动。该雇主的行为是否违反本法？如果是这样的话，那么该雇员是否有权通过委员会从雇主那里获得提拔并得到相应工资提升？见国家劳动关系委员会诉福特汽车公司案［NLRB v. Ford Motor Co., 683 F.2d 156 (6th Cir. 1982)］, enforcing as modified 251 N.L.R.B. 413 (1981)］（委员会的结论是，雇主违反了该法，因为雇员在雇主作出决定之时是法定员工，但拒绝将其"强制提拔"到主管位置；要求管理层去提拔一个指定的员工并非该法的意图）；另见，联合展览服务有限公司案［United Exposition Service Co., 300 N.L.R.B. 211, 221 (1990)］；对照比较一下，何瑞森诉肯斯巴丁律师事务所案［Hishon v. King & Spalding, 467 U.S. 69(1984)］(Title VII 中反歧视条款适用于律师事务所的合伙人)和霍普金斯诉普华案［Hopkins v. Price Waterhouse, 920 F.2d 967, 975—979 (D.C. Cir. 1990)］（区域法院依据《民权法》第七章的规定，命令会计师事务所授予原告合伙人资格，并以此作为它带有歧视性地否决当事人合伙人资格的补偿）。为什么《民权法》第七章和《国家劳动关系法》的救济结果是不一样的呢？

注释：在适用专业员工与排除主管和管理者之间的矛盾

有关这一基础矛盾的解释。《塔夫脱-哈特莱法》明确地将主管从《国家劳动关系法》中排除了，与此同时又明确地纳入某些专业员工。《塔夫脱-哈特莱法》增加了第9条(b)款，要求委员会不要将专业员工放在包含非专业员工的谈判主体之中，"除非绝大多数专业员工投票要求参加这一(谈判)主体"。它还在《国家劳动关系法》的第2条(12)款中增加了"专业员工"的定义。

请将第2条(11)款中"主管"与第2条(12)款中"专业员工"的法定概念进行对比，并回想一下在贝尔航空公司案件中对管理员工的判例。值得注意的是，《塔夫脱-哈特莱法》对专业员工的适用与明确排除对主管的适用,外加隐含排除对管理人员适用的规定有冲突。说到他们的监管职能,那些符合专业员工定义的人们经常具有指挥缺少相关经验员工的权力,比如说有权给他们"分配工作"和"有责任指导他们"。而且,因为有"同行评议"传统的存在,很多专业人士会雇佣他人或自己为他人进行评估。很多专业人士还有权力指挥非专业人士,比如说办公室秘书、医院护士。

除此之外,很多专业人士还可以通过运用一定程度的自主权来"制定和执行管理政策"。例如,工程师和药剂师在产品设计和研发或指导医生和护士给病人治病所具有的权力。专业员工履行多大程度的责任时,我们就可以认定该责任体现了贝尔航空公司案中提到"管理"功能或第2条(11)款中的"监管"功能?

为了应对上述矛盾,最高法院连续三次拒绝了委员会将专业员工宽泛地定义为非管理或监管人士的做法。其中每一次审理都是5票对4票的比例作出的判决。前两个案子,国家劳动关系委员会诉叶史瓦大学案[NLRB v. Yeshiva Univ., 444 U.S. 672 (1980)]和国家劳动关系委员会诉医保和退休公司案[NLRB v. Health Care & Retirement Corp. of Am., 511 U.S. 576 (1994)],将会在下文讨论。最高院最近涉及此领域的案例,国家劳动关系委员会诉肯塔基河社区看护公司案[NLRB v Kentucky River Community Care, Inc., 532 U.S. 706 (2001)],将在后文详细讨论,见129页。

担任主管的专业人士:国家劳动关系委员会诉叶史瓦大学案。在叶史瓦大学案中,法院认为一所私立大学中的全职学院成员都是"管理"人员,因为它是由学院(包括它任命的人)所扮演的角色决定的,负责制定课程安排、确立录取标准和毕业要求。鲍威尔法官代表多数派的观点否定了委员会观点,委员会认为学院把它在这些方面的责任分配给其成员并不是管理权下放,因为学院是通过实施"独立专业判断"来追求专业价值的主体,并非是"遵从(既定)管理政策"和服务机构利益的主体。鲍威尔法官解释道:

> 委员会认为,学院成员实施独立判断是为自己利益服务,所以不代表它的雇主利益,并因此确认学院的专业利益和该机构的利益是分开

的,是两个无法合并的利益。上诉法院认为这样区分是没有道理的,而且我们也看不到其中的道理。事实上,学院的专业利益——正如叶史瓦这样的大学在管理中所运用的——是无法从该机构的其他利益中分离出来的……大学的"业务"就是教育①。

鲍威尔法官还撤销了委员会在以前案例中将大学学院成员看作雇员时,所使用的与本案相冲突的理由;事实情况是学院的权力以集体表决的形式来行使。②

但是,在叶史瓦大学案中,法院暗示,专业员工所拥有的"日常专业责任"并不足以让他们具有管理(监管)身份,"即便是工会认为他们所涉及忠诚度问题与其他人不同。"法院在它的一个脚注里举了一个例子,提到"建筑师和工程师如果在一个由专业人士组成的工程小组中担任主管,尽管他们承担着大量的规划任务而且有权力指挥和评估小组成员,他们依旧是雇员。"法院的结论是"只有当员工的活动超出了专业人士开展类似工作时正常活动范围时,他才被认为是归属于管理层。"③

担任主管的专业人员"服务于雇主的利益"? 法院在它第二个判决中——国家劳动关系委员会诉医保和退休公司案,否决了委员会的观点,即执业护士"为了治疗病人作出职业化的判断"并对较低技能的员工进行指挥并未使他们具有主管身份,因为他们并不是为了"雇主利益而服务",这个是第2条(11)款所列的三个要求之一。肯尼迪法官代表法庭的不同意见写道:这一观点与叶史瓦大学案中拒绝将职业与机构利益进行区分的作法相矛盾。因此,护士在照顾病人过程中的职业利益,不应从雇佣他们的护理中心的利益中区分出来,在认定他们主管身份时,他们对护士助手的指挥应被认作是"为雇主利益服务"。

金斯伯格(Ginsburg)法官提出的异议认为法院没有认识到法律所适用

---

① 444 U.S. at 688.
② 同上,第685页,注22。
③ 同上,第690页,注30。

的专业员工与第 2 条(11)款规定的有关成立主管身份的条件之间的重合:

> "主管"与"专业员工"这两项是有重叠的……如果"主管"的概念构成范围很广,能够包括所有有权运用"独立判断"来分配和"负责任地指导"其他员工的工作的人,那么多数专业员工就成为了主管,因为他们很多人有权分配任务和指挥他人工作。但是,如果"主管"的概念从这样宽泛的角度来解读,那么国会将专业员工放在本法保护之下的努力就是无效的了……
>
> 国会将主管从法律保护中排除是因为他们是"与有真正管理大权的人有共同利益"的人,例如,那些有权力和责任在管理层和劳工有利益冲突事项上作出"为雇主利益服务"决定的人。我认为,委员会对于国会赋予它的权力非常恪守,它把雇主标志性的管理利益——在劳工管理关系中的利益——从企业的其他一般利益中区分出来,专业和技术员工在提供服务的时候也拥有这些利益。[同上,第 587—588,597—599 页(省略引用,强调部分存在于原文)]

作为主管的专业人员:实施"独立判断"。当它在医保和退休公司案中提出的以"照顾病人"为依据的切入点被拒绝后,委员会发展出了一个新的进路来应对涉及专业和技术员工的潜在主管身份,即强调他们缺少第 2 条(2)款规定的"独立判断"能力。例如,普罗维登斯医院案[Providence Hospital, 320 N. L. R. B. 717 (1996), enforced, 121 F.3d 548 (9th Cir. 1997)];还如,密西西比电力公司案[Mississippi Power § Light Co., 328 N. L. R. B. 965 (1999)]。在下面案子中,最高法院对委员会的新切入点进行了考量。

国家劳动关系委员会诉肯塔基河社区看护公司案

NLRB v. Kentucky River Community Care, Inc.

532 U. S. 706 (2001)

斯卡利亚法官代表法庭发表了意见：

I

被告肯塔基河社区看护公司经营了一个为患有痴呆和精神疾病的居民提供照顾的机构。该机构的名字是凯尼溪（Caney Creek），它雇佣了大约110名专业和非专业员工（包括6个注册护士）。当工会试图代表所有凯尼溪的员工时，肯塔基河社区看护公司认为依据《国家劳动关系法》第2条(11)款，注册护士是主管，因此必须从谈判单位中排除。委员会区域主管认定了以下事实，并获得了委员会的采纳：

  凯尼溪是一个每天24小时营业，一周运转7天的机构，但只有第一班是满员运转……三班中每班有两个注册护士。注册护士的职责是为住户分发药品，还有，在住户的保健师或心理师要求下提供其他医疗服务。

  每一班值守的两个注册护士负责服务整个机构（它有四个20床位的单位）。在第二班和第三班职守的注册护士还承担者"宿舍管理员"的角色，第一班注册护士在周末也担负此责任。注册护士并没有因为兼任"宿舍管理员"而获得额外补偿，也没有掌握设施的钥匙……

  注册护士在担当"宿舍管理员"的时候唯一的额外责任是在当班人员不足时去寻求帮助。在当班人员不足时，值班的注册护士会让员工中的自愿人士留下来继续在下一班工作。如果雇员中没人自愿留下来干下一班，"宿舍管理员"将根据含有员工名字、电话和地址的列表，联系家住比较近的非当班员工来补充下一班的缺员。但是，"宿舍管理员"并没有权力利用纪律处分手段强迫任何员工留下或来补充缺员。

  很明显，注册护士有时会要求其他员工来完成日常工作，但当员工拒绝他们的要求时，他们无权采取进一步措施。注册护士也可以撰写事故报告，但其他员工也有这样的权力。所有事故报告都要在护士或单位协调人进行独立调查之后再决定是否应采取任何纪律处分,但管理人员并没有明确的要求注册护士介入。尽管雇主在它的答辩中声称注册护士有权"上报"有关员工的情况,但没有任何记录显示他们这样做过。事实上,唯一的一份注册护士对一个其他员工的书面抱怨也显然被忽略了……

注册护士执行正常职务或担任"宿舍管理员"时并没有权力雇佣、解雇、奖励、提拔或独立纪律处分员工或对这样的处分给予有效的建议。他们不评估员工也不会采取能够影响雇佣状态的行动。事实上,注册护士,包括他们在担当"宿舍管理员"的时候,经常是独立工作,也没有任何辅助人员。

[委员会认定护士不是主管,但第六巡回法院进行了改判。]

Ⅲ

法案第 2 条(11)款为判定主管身份制定了一个从三个方面进行评价的策略。如果员工有以下三种情况,可以认为他们是法定主管:(1)他们有权发挥本法案所列的 12 种主管功能的任意一种功能;(2)他们"执行的权力并不仅仅是日常或行政性质,而是需要运用独立判断来作出";(3)他们的权力是为"雇主利益服务的"。见国家劳动关系委员会诉医保和退休公司案[NLRB v. Health Care & Retirement Corp. of America, 511 U. S. 571, 573—574(1994)]。委员会在上诉法院和我们面前,提出的唯一一个拒绝授予对方主管身份的理由就是它对第二项的解释——即,员工"通过日常专业和技术判断指挥缺少技术的职工来按照雇主制定的标准提供服务"的活动时并没有使用"独立判断"。上诉法院和我们都拒绝接受这样的解释。

委员会所作的解释中有两个方面是合理的,因此本法庭也支持,见……美国雪佛龙案诉资源保护委员会案[Chevron U. S. A. Inc. v. Natural Resources Defense Council, Inc. , 467 U. S. 837, 842—844(1984)]。第一,以"独立判断"的法定概念作为判定主管身份的、一个带有意思自治性质的标准明显有些模棱两可。见国家劳动关系委员会诉医保和退休公司案

(NLRB v. Health Care & Retirement Corp. of America, supra, at 579)。很多监管的功能都没有出现"符合有关本法主管身份的事实,还有实施一定程度的自主判断的现象"。见惠好木材公司案[Weyerhaeuser Timber Co., 85 N. L. R. B. 1170, 1173(1949)]。它完全是由委员会根据相关因素和它对自主权的认识来自由裁定的。第二,正如委员会所使用的措辞——"符合雇主设定的标准"所反映的那样,雇主为完成某项任务而制定的日常规定和要求,会让运用(自主)判断程度大大低于法定标准。因此,委员会在雪佛龙船运公司案[Chevron Shipping Co., 317 N. L. R. B. 379, 381(1995)]中做出的结论为:"尽管作为当事方拥有职业资格的主管被授予了高度的责权,但他们使用独立判断和自主决定的情形,受到了雇主指令和《操作规范》要求的限制,在发现不寻常的情况或出现问题时,负责监管的主管应向他的上级主管报告。"

但是,委员会进一步指出,员工在雇主同意的情况下按照意思自治作出判断,如果该判断是"指挥较低技术的员工提供服务时所履行的正常工作或作出的技术判断",那么它也不属于"独立判断"。法案第2条(11)款关注判断的(作为"独立性"对立面的)"行政性"或"常规性",它涉及了我们对于委员会可以在多大程度上运用自主判断这一问题上所达成的默契。但委员会所列举的排除事项和雇员运用意思自治的程度没有任何关系……;如果它是"专业或技术上的"判断,就当然不是独立判断。委员会只有拥有更多的"经验"和更为专业的知识,方能对排除事项的幅度作出判断。人们必须认真思考,当一个监管性决定需要作出时,它是否是基于"专业或技术或经验"作出的? 如果委员会使用这种方法来评价每个监管性的行为,那么它就会将"主管"这一概念从本法中完全删除。在国家劳动关系委员会诉叶史瓦大学案[NLRB v. Yeshiva Univ., 444 U.S. 672, 687(1980)]中,将"专家的决定排除"将会"给那些从事监管和管理工作的人都带来被一概定性为专业员工"的危险。

当这种情况发生时,只有一类主管群体在实践中会被排除,也就是委员会给法案所列12项监管功能所增补的、需具有"进行指挥的责任"这一项。

但是,这种做法略显片面,且没有明确的法定准则为依据,委员会也没有提供任何(具体)建议和概念性解释。委员会曾要求,必须基于对员工开展其工作时的熟练程度来决定"去雇佣、……停职、下岗、召回、提拔、解雇、……或处分"其他员工[第2条(11)款]。见国家劳动关系委员会诉叶史瓦大学案(NLRB v. Yeshiva Univ., supra, at 686)("多数在管理层的专业人士是凭借他们的专业技术和训练来工作的")。但我们至今还未发现,委员会将主管在雇佣、处分或提拔其他员工方面作出的决定认定为"独立判断"时,所使用理由是该决定依据主管的专业或技术训练或经验作出的。当一个员工为执行职务时能够独立地作出决定时,委员会都会无一例外地认定其具有主管身份。例如,诺伯医院托管会案[Trustees of Noble Hospital, 218 N. L. R. B. 1441, 1442 (1975)]。

委员会拒绝把它对"独立判断"的定义收窄为在履行监管功能时的行为,从而将非担责性地指挥其他员工的行为排除在外。因为早在七年以前,我们就否决了委员会对监管进行评价时对其第三项要求所作的解释,原因是这一解释同样只适用于监管功能。见国家劳动关系委员会诉医保和退休公司案[NLRB v. Health Care & Retirement Corp. of America, 511 U. S. 571 (1994)]。在医保和退休公司案中,委员会争辩道:护士们的"独立判断是针对事件进行的专业性或技术性判断"并不是执行"纪律处分或其他事项,比如,照顾病人之外的事项",他们并没有,像第152条(11)款中所规定的那样,"为雇主的利益服务"。见诺斯克莱斯养老院案[Northcrest Nursing Home, 313 N. L. R. B 491, 505 (1993)]。我们不应忽略的是,这一分析的对象是担责性指挥的监管功能……我们……拒绝委员会的意见,是因为它的结论与"法律表述不一致",它"并没有将第2条(11)款中有关担责性指挥规定纳入考虑范围"。结论就是:在我们对医保和退休公司案作出判决之后,委员会这次虽然面对着完全相同的对象,但对本案中护士却首次适用了有关"独立判断"的解释。这一有关"独立判断"的解释比已获认可的"为雇主服务"解释更为让人难以接受……

当《塔夫脱-哈特莱法》于1947年将"主管"这一概念加入的时候,它很大程度上源自于委员会曾对它下的定义,但有一点除外:委员会要求主管指挥其他员工工作的同时,还要他们发挥该法所列的其他功能,而该法认为只要指挥行为存在就足够了。"主管是指任何有权雇佣、调动、停职、裁撤、召回、提拔、解除、分派、奖励或处分其他员工,或担责性地指挥他们,或解决他们的抱怨。"《塔夫脱-哈特莱法》的第2条(11)款,正如被修改的那样……是该法对于委员会在特定方面提供法理上的补救,因为委员会在处理为数不少的员工(是否具有)主管身份时,试图对"担责性指挥"的适用进行限制,但却被它拖入了矛盾当中——该规定受到了政策考量的影响,如果不这样做的话,原先平衡的劳工—管理层关系就会被破坏。

委员会最终对"独立判断"的解释取决于政策的导向。正如异议法官在医保和退休公司案中所争辩的那样(511 U.S. at 588-590)[金斯伯格法官持异议],还有斯蒂文法官所持有的观点都认为,委员会坚决主张它的解释是把"专业员工"纳入在该法管辖范围内的必要做法[§2(12),29 U.S.C.§152(12)]。从概念上讲,专业员工从事的是"持续运用自主判断的"工作[§152(12)(a)(ii)]。因此,委员会认为……,如果某人作出这类判断而使他成为第152条(11)款所规定的主管,那么国会让该法涵盖专业人士的努力也就被挫伤了,因为"很多专业员工(例如律师、医生和护士)通常基于他们的判断指挥与其一起工作的低技能员工"。这一观点的问题不在于它背后的劳工政策的合理性,委员会有权在不受我们意志干涉的情况下作出自己的判断,例如,国家劳动关系委员会诉科廷莫森科技公司案[NLRB v. Curtin Matheson Scientific, Inc., 494 U.S. 775, 786 (1990)]。问题是,它的政策如果不通过法律规定来保障就不具备效力。见医保和退休公司案(Health Care, supra, at 581)["在该法所排除的(主管和)管理人员和其所涵盖的专业员工之间有一些冲突,但我们不认为这一矛盾,能够通过像委员会那样曲解法条意思的方式来解决"][摘自国家劳动关系委员会诉叶史瓦大学(NLRB v. Yeshiva Univ., supra, at 686)]。也许委员会能够通过将那些指挥他人自主完成工作与依照第152条(11)款规定的形式来指挥他人工作的人进行区分,来对"担责性指挥的监管功能"作出狭义的解释。委员会的一些决定显示，它曾经作过这样的区分，例如，普罗维登斯医院案[Providence Hospital, 320 N. L. R. B. 717, 729（1996）]。但是，我们没有机会来考察这一问题，因为委员会小心翼翼地坚持认为它对"担责性地指挥"的解释不会给本案造成影响……

（委员会的）意图与法律文本和结构都存在矛盾，它还和医保和退休公司案的判例中的范畴相冲突，在该判例中对主管身份评价，被不加区分地运用到了认定专业人员和其他员工的身份身上。① 我们发现委员会的解释是不合法的。

史蒂文斯法官，与萨特（Souter）、金斯伯格、布雷耶法官存在部分共识和异议。

[多数持有异议的法官认为：第六巡回法庭拒绝委员会在判定监管问题上的证据分配规则是错误的；最高法院一致认为，委员会规定由主张主管身份的人承担证明责任，是对法律合理的解释。但是，法院对委员会针对"独立判断"概念的解释和它作出的注册护士不是主管的判断持有异议。]

II

……"独立判断"这一概念的确是模糊的，国家劳动关系委员会对《国家劳动关系法》中模糊的表述作出了解释，依照冲突法的规定，（该解释）应受到尊重……当法律的模棱两可是由于将一个模糊的概念——"独立判断"——和受它影响的另一个模糊概念——即"担责性地指挥"——进行结合的产物，尊重专业解释就显得尤为必要。

III

即便是我同意其他法官的观点，也就是说"独立判断"这一概念的含义在评价12个监管功能中的每一项时，都应保持一致，并且对专业和非专业

---

① 511 U.S. at 581.

员工也应一致适用,但我也不赞同上诉法院判决。例如国家劳动关系委员会诉贝尔航空公司案[NLRB v. Bell Aerospace Co., 416 U.S. 267, 289—290(1974)];证券交易委员会诉舍纳里公司案[SEC v. Chenery Corp., 318 U.S. 80, 87—88(1943)]。法院对委员会在"独立判断"概念上所作解释的否定,并不能够说明第六巡回法庭的决定就是对的,因为它是在错误地分配了证据责任的基础上作出的。① 在很多方面,我不赞同多数派的观点。由于(委员会)区域主管发现注册护士的宿舍管理员职责并没有让他们成为第152条(11)款定义下的"主管",他们的"主要工作,是独立开展的,而且是凭借自己的力量,是在没有下属的情况下进行的",所以非常清楚的是:这些护士是受《国家劳动关系法》涵盖的……

注释和问题

1. 雪佛龙案和肯塔基河案。回想一下雪佛龙案中的两步分析法,见前文第107页。肯塔基河案中是如何适用雪佛龙案中形成的框架呢?该案异议观点是什么?双方哪边是对的?

2. 发回重审的恰当性。假设法院否决委员会对"独立判断"的评价是对的,它是应该将案件发回重审,还是简单地审查一下第六巡回法庭的判决?关注一下斯蒂文法官对于此事在贝尔航空公司案的观点。为什么法院当时将贝尔航空公司案发回重审,而在本案中,虽然发现了类似的关于评价的错误,却没有这么做(发回重审)?关于巡回法院在肯塔基河案的判决中纠正了委员会(的结论),但是否应将案件发回重审的讨论,见多媒体KSDK公司诉国家劳动关系委员会案[Multimedia KSDK, Inc. v. NLRB, 303 F.3d 896(8th Cir. 2002)(en banc)](多数派意见,引用肯塔基河案的判例,认为只有当委员会提供出了替代理论的时候,才能发回重审;异议观点认为,法

---

① 10. 即便是根据法院的角度,由于NLRB在证据分配问题上的做法是对的,最好的处理方式是将案件发回NLRB进行重审。See NLRB v. Bell Aerospace Co., 416 U.S. 267, 295 (1974)……

院有权"根据情况或衡平的需要"自主决定将案件发回重审,而且发回重审是保障委员会能够"为重新协调其第2条(11)款法理地位而迈出第一步")。

3. 向委员会开放的路径?

a. 实施"独立判断"。在肯塔基河案中,法院认定当两种情况出现时,委员会就可以认为案件中的个人并没有实施符合主管地位要求的"独立判断"。它们是什么呢?如果案件被发回重审,注册护士能否基于其中任何一种情况的存在被定性为非主管呢?

b. "担责性指挥"。在肯塔基河案的审理后期,在没有作出判决前,法院为委员会提出了第三条可能的路线,即"也许委员会能够通过将那些指挥他人自主完成工作与依据第2条(11)款规定的形式指挥他人工作的人进行区分,来提供一个对'担责性指挥的监管功能'的狭义解释。"(532 U.S. at 720)(原文中有强调)。斯卡利亚法官对普罗维登斯医院案[Providence Hospital 320 N.L.R.B. 717, 729 (1996)]作出的评论中提出了一个次级概念。见普罗维登斯阿拉斯加医疗中心诉国家劳动关系委员会案[Providence Alaska Medical Center v. NLRB, 121 F. 3d 548 (9th Cir. 1997)]。在普罗维登斯(Providence)案中,委员会称:

> 第2条(11)款规定的监管权力,不包括员工基于自己经验、技术、训练、职位来指挥他人自主完成任务的权力,正如,导游指路,或老员工给其他员工或学徒工提供指导,或一名有专业技术和训练的员工给出的指导,正巧指挥了其他员工所从事相关技术和训练的工作,或一名有专业技术和训练的员工和其他有类似专业技术和训练的员工进行合作。

法庭对普罗维登斯案的引用在此有什么重要涵义?它是否能够走出一条符合肯塔基河案判例的道路?是否符合法院早先就此类事项作出的判

决？法院在普罗维登斯案所作的区分如何对以下情况进行适用？

  a）一名职位较高的律师向职位较低的律师对他们共同处理的案件提供指导,告诉他们案件陈述当中应涵盖哪些潜在的争议事项；

  b）一名职位较高的律师指派几个职位较低的律师中的某一位来撰写案件陈述；

  c）一名电视制片人为某一故事分派撰写人、报道人、摄像和图片美工,并决定某个合作作者来审阅某个故事；

  d）一名缺少上述权力的制片人却去指挥其他员工如何呈现某一故事,包括应有篇幅,是否应现场直播或使用备录镜头,还有如何配图。

  再考虑一下,委员会如何使用其创新后的原则来判断这些案件,这些判决是否和普罗维登斯案的判例一致？

注释:2006 年委员会对主管身份的判决

  委员会在橡树医疗保健公司案[Oakwood Healthcare,Inc. , 348 N. L. R. B. No. 37(2006)]中作出了在肯塔基河案后最为重要的有关主管身份的解释,该案合议庭以 3 比 2 的投票结果作出涉及主管护士的判决。委员会在橡树医疗保健公司案中的多数派,"遵照最高法院在肯塔基河案中作出的指示",努力"采用该法第 2 条(11)款中使用的'分派'、'担责性地指挥'和'独立判断'这些概念"。

  我们将"分派"定义为,指派一名员工去一个地方(如一个区域、部门或建筑的一端)、当场任命一名员工(比如说参与轮班或加班),或给一名员工交代大量职责的行为,比如加大任务。内容涉及工作地点、时间、员工的工作环境和雇佣条件的问题。在医疗服务行业内,"分派"的概念是指主管护士分派其他护士和协助特殊病人的责任。它伴随着对以下因素——地点、时间或总任务——进行决定和建议,从而使之具有监管功能。

　　我们通常认为，分配一名员工去某个部门(如仓储部)或某个班次(如夜班)或执行某个重要任务(如重新码放货架)是符合"分派"功能的活动。但是，为了让员工完成已分配任务而对其工作顺序进行指导(如先摆放面包机再摆放咖啡机)，并不能说明他在运用"分派"的权力。下面的例子可以证明我们在医疗服务行业中的立场：如果一名主管护士指派一名护士为一名或一群病人提供日常用药管理，那么委托给护士的这项任务就是分派的任务。另一方面讲，主管护士指示护士马上给病人一剂镇静剂，该任务就不构成分派的任务。总而言之，第2条(11)款所述"分派"的目的是指主管护士分配员工一个重大责任，而不是主管护士指派员工完成一些不连续的任务……

　　我们发现：要想让其指挥行为具有"担责性"，负责指挥和监督其他员工疏漏的人必须能够为其他人的行为担责，当员工没有执行到位而产生不利后果时，责任将由负责监管的人来负。

　　因此，为了使担责性指挥能够担责，雇主必须证明它授予主管相应的权力来指挥工作，在需要的时候查漏补缺。还必须证明如果他/她没有履行职务应承担不利后果……

　　我们发现，如果一个判断是受制于公司政策或规章、上级机构的口头命令，或集体合同规定详细指引而作出的，它就不是一个独立判断。例如，一个有关每班次需要配备多少护士的决定，就不属于独立决定，因为这个数字是由早已固定的护士/病人比率来决定的。同样，如果一个集体谈判合同要求应根据资历来分派任务，任务分派的行为就不是监管性的。

　　另一方面，仅凭公司规章行事并非必然降低独立判断的可能性，尤其是这些政策允许任意性选择。因此，一名注册护士，当他/她运用自己的权威来推荐某人之前，会评估申请人的经验、能力、态度、性格和其他因素。如果这样的话，护士的雇佣建议就有很大可能实施了独立判断。同样，如果注册护士衡量了病人的个人条件和需求与待命护士人员的技能和特殊训练作出了工作分派,护士的这一工作分派行为就涉及了独立判断的实施……

当一个人有部分时间担任主管,另外的时间只是一名普通单位员工,此时,决定他的主管身份的法定标准就是,要看他承担监管功能是否属于经常性的,且占用了其大量工作时间的职责。根据委员会的标准,"经常性"是指一种方式或时间计划,与偶尔代管意思相反。委员会并没有为"大量"给出一个数字定义,经验显示,要达到监管身份的标准需要此人至少花费10%—15%总工作时间来扮演主管角色。我们觉得没有理由去否定这个经验。

委员会在橡树医疗保健公司案中运用这个原则并认为,雇主没能证明主管护士对他们指挥的员工承担责任;"没有证据显示,如果员工没能充分完成其任务,主管护士就要受到处分或被降低评级……"但是,委员会认为,那些定岗为主管护士的人是主管,因为橡树医疗保健公司案的证据显示,这些主管护士分派护士人员给病人或到急诊室的不同地方的行为构成了独立判断。委员会还作出了结论:"轮值"主管护士不是主管,因为雇主没能提供足够的证据来证明:这些护士在扮演主管角色时依据的是某种"常例或拟定的时间计划"。因为无法显示它的"经常性",有关他们的责任是否是"大量的"的问题也就没有必要来回答了。

在贝弗利企业案[Beverly Enterprises-Minnesota, Inc., 348 N.L.R.B. No. 39 (2006)]中,委员会的合议庭中有3人是橡树医疗保健公司案中支持多数派意见的成员,橡树医疗保健公司案的原则也适用到了其他形式的主管护士身上。委员会认为这些护士"请求"护士助手"在当班之后继续留下或从家里赶来工作",还有让他们在指定楼层工作的权力不能构成"分派"的权力,因为并没有证据显示他们有权力"要求"护士助手们这样做。委员会还认为雇主没能证明这些主管护士对受他们指挥的护士助手的行为负责:"雇主没能提供任何证据来证明,如果她指挥的护士助手出现了问题,主管护士将遭受到任何在雇佣条件和状况的负面影响。"

在第三个案件中,克洛夫特金属公司案[Croft Metals, Inc., 348 N.L.R.B. No.38（2006）],同样的合议庭将橡树医疗保健公司案的判例用在了不同对象上——在一个制造设施内的"领头人"。委员会认定克洛夫特金属公司案的"领头人"没有权力将其他员工分派到"生产线、部门、班次或加班工作"上去,而且"偶尔调换任务……也并不预示着,他拥有如同橡树医疗保健公司案中的'分派'权"。委员会发现:记录显示"领头人"确实"担责性地指挥"过其他员工,因为他们有些人曾被"书面警告处分过","因为他们小组没能完成生产目标或小组成员暴露出的其他缺点"。但是,雇主并没有证明这种担责性地指挥是基于"独立判断"作出的,并且是"在程度上高于'日常性和行政性'的自主决定"。"例如,证据显示,领头人在装载卡车的时候,遵从的是已经拟好的运送计划,并使用一个标准装载方式来规划不同产品在卡车中应摆放的位置。"

注释和问题

1. 委员会对肯塔基河案的判例的回应？ 委员会在橡树医疗保健公司案中的说法是否和法院在肯塔基河案中的意见一致？法院对这一说法是否在肯塔基河案中得到坚持或解释？委员会在肯塔基河案之后,是否能为"分派"和"担责性指挥"提供更为狭义的界定？橡树医疗保健公司案中异议指出,提出"分派"这个概念时,国会是想涵盖那些给员工分配"工作班次、部门和种类"的行为,而非特指其日常工作责任。橡树医疗保健公司案的异议者认为,应使用"担责性指挥"措辞来作为修法的基础。参议员也作了相关陈述,指出这一表述只是为了覆盖那些对整个"工作单位"拥有"实质性权力"的人,而非那些"小组老板、领头人、替补主管或其他低级监管雇员",这些人只对少数几个员工有管理权。这种另类定义是否和肯塔基河案的判决相一致？

2. 橡树医疗保健公司案的判例对雇主的人事政策的影响？ 委员会对橡树医疗保健公司案的做法,是否会促使雇主改变他们的人事管理政策,让更多的员工成为主管而被《国家劳动关系法》排除在外？这样的目标是否导致雇主授予工人更多自主权来让他们分派一般性工作责任给其他职工？它是否还会导致雇主更为倾向于通过衡量受其指挥的员工的工作来评估负责指挥员工的绩效？上述问题的答案是否涉及员工如果具有分派权或指挥权就是专业或技术员工？如果是的话，怎样才能如此？

3. 肯塔基河案和橡树医疗保健公司判例对委员会先例的影响？ 以下的先例是否能够在肯塔基河和橡树医疗保健公司案得以贯彻？

a. 电力公司派遣人员(Power Plant Dispatchers)案。在密西西比电力公司案[Mississippi Power & Light Co., 328 N.L.R.B. 965(1999)]中，涉及一个电力企业中的"分配派遣员"和"系统派遣员"。分配派遣员负责"指挥在场员工修理阀门和执行开关程序"，"为工作需求和订购排定顺序、与维修人员协作、监控下班后大楼的安全、决定是否派出读表员或服务人员在下班时间为顾客重新接通"。系统派遣员负责处理电力导线的损耗。在这一工作中：

> 他们提前一天联络服务主管、区域主管或受影响地区的行政人员，派现场工作人员第二天到达指定地点。为了监控现场工作情况，系统派遣员和现场工作人员保持持续沟通，指挥开关活动，确保开关程序一步一步地完成，并处理突发问题。

委员会认定派遣员的工作不具监管性的做法是否是"良法"？见海湾州能源公司诉国家劳动关系委员会案[Entergy Gulf States, Inc. v. NLRB, 253 F.3d 203, 211 (5th Cir. 2001)](发现电力企业中承担与密西西比电力公司案中的派遣员类似责任的操作协调员属于主管；委员会试图认定，他们不具监管性，它的理由是他们"使用其专业和判断……但并没有施展监管性的判断来分派和指挥其他人……"但这一理由"根据肯塔基河案的判例不再有效")；同样，见科罗拉多公共服务公司诉国家劳动关系委员会案

[Public Serv. Co. of Colorado v. NLRB, 271 F. 3d 1213, 1218-1221 (10th Cir. 2001)]。

b. 电视新闻导演和制片人(Television News Directors and Producers)。在麦格劳-希尔广播公司案[McGraw-Hill Broadcasting Co. KGTV(以此名称经营), 329 N. L. R. B. 454 (1999)]中,委员会认为"制片人/导演"决定镜头摄影和编辑,并给播报人、美工和技术人员"提供必要指导",他们行为不属于监管性的:

> 雇主的制片人/导演……是作为一个制作队伍中的一部分来工作,每一个成员都能够独立完成他们自己的任务。他们和其他员工之间的关系是成功制作新闻或特辑的必要条件,因此不是监管性的,它只是众多合作员工的一员、参与进了为制作一个节目时而设立的多项独立但又相联系的任务之中。除非有特别的事实证明,同样的制片人或导演还担负着其他的角色,例如,雇佣或处分员工,那么他们就具有监管身份。

根据肯塔基河案和橡树医疗保健公司判例,你还认为在麦格劳-希尔广播公司案中制片人/导演的这些职责不属于监管性的?你还需要其他信息来作出这项决定吗?

(3) 学生/医疗实习生视为员工?

医疗实习生和驻院医师

在赛达-西奈医疗中心案[Cedars-Sinai Medical Center, 223 N. L. R. B. 251 (1976)]和圣克莱尔医院案[St. Clare's Hospital & Health Center, 229 N. L. R. B. 1000 (1977)]中,委员会认为,医疗实习生、驻院医师和学习生(整体被称为"内部员工")"主要是学生",因此他们不属于《国家劳动关系法》法第 2 条(3)款规定的员工。在波士顿医疗中心案[Boston Medical

Center Corp., 330 N. L. R. B. 152 (1999)], 克林顿委员会重新考量了该立场。正如波士顿医疗中心案解释的那样,实习生和驻院医师都有医学学位。但是,为期一年的实习是驻院实践计划的一部分,也是参与医疗实践活动的必要方式,完成驻院实践计划是参加委员会组织的医师专业考试的必要条件。没能成为"委员会—认证"(通过参加考试)会对医生的职业机会产生限制性影响。实习生和驻院医师在实习医院中"当牛作马";他们的工作时间出了名的长,在波士顿医疗中心案中他们80%的工作时间都是在指挥照顾患者。尽管他们可以向具有完全资格的"当班医师"咨询对他们病人的护理,80%—90%病人护理工作是在无当班医师在场的情况下开展的。内部员工的收入是34,000—44,000美元/年,税收将从中扣除,他们还可获得带薪休假、病假、健康保险和其他福利。

在波士顿医疗中心案中,委员会以3票对2票的结果取消了它之前的决定,判定尽管内部员工是学生,但他们依旧是员工。多数派认为第2条(3)规定法的是广义的"员工",而且也没有排除"学生",内部员工因为付出了劳动而获得报酬,花费大量时间照顾他们的病人并提供服务。委员会指出法律规定的专业员工明显包括那些已经完成他们的教学课程,并且在专业人员的监督下开展相关的工作,地点是"在高等教育机构或医院",目的是为了成为具有完全资格的专业人员。见《国家劳动关系法》第2条(12)款(增加有强调)。最后,委员会还注意到,内部员工不像很多学生那样,他们并不用缴学费、参加教室里的考试,或获取学费,而且在公共医院里工作的实习生和驻院医师根据公共行业劳动法被认为是"雇员"。

学生助教(Graduate Teaching Assistants)

在波士顿医疗中心案一年之后,委员会在纽约大学案[New York University, 332 N. L. R. B. 1205 (2000)]中认定,大学里的学生助教是法定员工。纽约大学案和波士顿医疗中心案的判例一样,都推翻了委员会将正在进行职业培训中的人认定为"主要属于学生"而不是员工的做法。见斯坦福大学案[Leland Stanford Junior University, 214 N. L. R. B. 621 (1974)]

(被纽约大学案推翻)(它原先认定物理研究助理不是法定员工)。

重组后的委员会返回到了纽约大学案之前的立场,在布朗大学案[Brown University, 342 N.L.R.B. 483(2004)]中,认为研究生助理不是员工。在布朗大学案中,委员会断然宣称"研究生助理,包括布朗大学中的……和学校的关系主要是教育性的,而非经济性的",而且"宣布联邦法的立场应参照《国家劳动关系法》第2条(3)款的含义,认定研究生助理不是员工"(同上,第487、493页)。布朗大学案的判决并没有区分在布朗大学中有三分之二(69%)的学生助教或研究生助理都是为了获得他们学位而被要求来从事这项工作的,而剩下的三分之一并不受这一要求的限制。

提出异议的雷伯曼(Liebman)和沃尔什(Walsh)委员认为,多数派不仅忽视了该法中第2条(3)款"中性的表述",而且无视"当代学术现实"和相关的实证证据,举例来说,数据显示23%的大学指导员是研究生助理(同上,第493、497页)。作为对多数派认为学生助教进行集体谈判会破坏学术自由这一观点的回应,他们指出:委员会在决定哪些事项可以由大学和工会依据法定要求进行谈判这一权力上任意加入"它对学术单位的考量"。(同上,第499页,注28;另见第7章)(详细讨论了"法定"与"容许"的谈判事项)。他们指出,原先的委员会允许纽约大学的学生助教和学校就有关工资、健康保险、纪律处分、解聘和抱怨或仲裁程序的事项上签订合同。但是,在一个"管理和学术权"条款中,工会放弃了在决定"学生是谁、讲授什么、怎么讲授和谁来授课"问题上的谈判权(同上,第499页)。

注释和问题

1. 波士顿医疗中心案和布朗大学案判例并存? 布朗大学案判例并没有撤销波士顿医疗中心案的判决。那么有没有办法调和这两个判例,或当其他的有关内部员工的案子提告到委员会,布朗大学案依法优于波士顿医疗中心案适用?

2. 第2(3)和2(12)之间的交集? 参考一下该法的第2条(12)款,它将专业员工定义为:

(a)开展工作的任何员工……(iv)需要在某个科学领域具有先进的知识或在高等教育机构或医院学习过,并参加了长期专业培训,且获得指定的资质……或
(b)那些……员工
　　(i)已完成专业指导课程,并在第(iv)款第(a)段指定的机构里学习过的人,和
　　(ii)为了获得成为(a)段定义的专业员工的资格,而在专业人员的监督下开展相关工作的人。

这一表述对解决波士顿医疗中心案中出现的问题有多少启示作用?这个表述是否具有确定性,还是它仅仅将第2条(12)款所指的"任何员工",兜了一圈之后又指回到了第2条(3)款的概念?众议院对《塔夫脱-哈特莱修正案》中有关第2条(12)款的报告宣称:这一规定是为了涵盖"那些从事法律、机械、科研和医疗的人士,还有他们的低级别专业伙伴"。见《劳动关系管理法的历史》,第540页[I Leg. *Hist. of Labor-Management Relations Act of* 1947, at 540 (1947),摘自波士顿医疗中心案(Boston Medical, 330 N. L. R. B. at 161; and St Clare's Hospital, 229 N. L. R. B. at 257—258),费宁(Fanning)委员为异议者]。

3. 研究生助理津贴:是工作补贴还是经济协助? 在纽约大学案中,委员会将学生助教(TAs)的授课和研究活动定性为"为获得收入而工作",主要是因为担任学生助教工作并非多数学院对获取高等学位的要求。与之相反的是,委员会在布朗大学案中指出:布朗大学的助教和研究助理从学校获得补助,与提供完全不同服务的学监,以及没有为学校提供任何服务的人员

所获得补助是一样的。审理布朗大学案的多数派指出，这显示研究生助理获得的资金属于经济帮助，并非从工作中获得补偿。那么研究生助理"员工"身份的确定与他们获取学位是否必须与从事此项工作有关？其他研究生助理如果肩负不同责任或没能享受一样的补偿，那么他们身份如何确认？决定"员工"身份是否应采取统一标准？如果这样的话，什么才是决定性的因素？见后文注释5。

4. "矫正型"（Primarily Rehabilitative）员工的身份？ 在布里瓦德成就中心案[Brevard Achievement Center, Inc., 342 N.L.R.B. 982（2004）]中，涉及一群有智力缺陷的工人，依据一部旨在帮助有严重残疾的成人的联邦法律和依此法达成的一项协议，这些人在凯普飞机场（Cape Canaveral Air Station）提供门卫服务。对残疾工人工作的监管，与对待那些无残疾同事是一致的。布朗大学案的判例和判定残疾职工的法定员工地位有关吗？见布里瓦德成就中心案[Brevard, 342 N.L.R.B. at 985（3-2）]（其中引用布朗大学案例来证明残疾工人不是"雇员"，因为他们和雇主之间的关系"主要是修复性的"而非"主要是经济性的"）。残疾工人不像那些无残疾的同事那样可能接受累进型的处罚，或无法跟上他们同事的工作速度，这些情况重要吗？如果是的话，这些因素是否和判定"雇员"身份有关，或只和他们应否被吸收入和无残疾门卫一样的谈判单位之中？另见后文注释6，有关谈判单位判定原则，见第5章。

5. 政策立场成为排除的基础？ 审理布朗大学案中的多数派宣称，异议者基于第2条(3)款的"字面意思"认定研究生助理在该法保护范围之内的思辨过于简单，应根据认定研究生助理不属于该法保护的政策思路作出判断。如果工会试图代表私营部门雇佣的机场（乘客和货物）安检人员，相关的法条是否应被理解为也适用于他们呢？那么处于对国家安全的考虑，委员会是否应撤销它对这些人的管辖？见首线交通安全公司案[Firstline Transportation Security, Inc., 347 N.L.R.B. No.40, slip op. at 3,9-10

(2006)〕(认为答案是"否定的";委员会"使用法条本身作为开场白",认定国会并没有意图将这类个人排除在外,并声明它不会"采用广义的或错误定义的国家安全这一概念来对抗自己的管辖",即便是"认识到了9·11之后世界上所出现的新挑战")。首线交通安全公司案的判例是否和布朗大学案的判例一致? 在它对法条解读的切入点上面(是否一致)? 或它的结果(是否一致)? 首线交通安全公司案是否作出这样一个区分,《联邦服务性劳资关系法》(Federal Service Labor Management Relations Statute) 清楚地否决了安检员的罢工权利,另一方面,布朗大学案中的研究生助理和波士顿医疗中心案中实习生却同样享有《国家劳动关系法》赋予的罢工自由权?

6. 引入"非雇员"身份? 是否拥有"雇员"身份不仅决定着一个人是否能够组织或参与工会,还制约着他是否有权享受《国家劳动关系法》第7条提供的一般性保护,该条规定"雇员应有权通过他们自己选择的代表进行集体谈判,或参与其他以集体谈判、互相协助或保护为目的的集体谈判"。因为布朗大学案认定所有学生助理都是"非雇员",所以大学有可能对那些使用集体方式争取劳动条件提高——例如寻求涨工资或更高的医疗保险——的学生助理进行报复,不受《国家劳动关系法》的制约。

但是,赫特根(Hurtgen)委员在对波士顿医疗中心案提出的异议中,似乎建议委员会应依据该法自主决定拒绝内部员工的集体谈判权,尽管他们在某些情况下可以被认作"雇员"。见国家劳动关系委员会第330卷,第152、170页("我并没有说内部员工就不在法定雇员的定义之内。但我的结论是,作为一个政策性问题,委员会应继续实践它的自主决定权,将他们排除在以集体谈判为目的的活动之外。");见布朗大学案和圣克莱尔医院案,另见,布朗(法官),国家劳动关系委员会第342卷,第492页;圣克莱尔医院案,国家劳动关系委员会第229卷,第1003页(Brown, 342 N. L. R. B. at 492; St. Clare's Hospital, 229 N. L. R. B. at 1003)(认识到,委员会可以将研究生助理和内部员工视作"雇员",但同时基于政策的考量剥夺他们参与集体谈判的权利)。

委员会是否有权自主决定撤销其针对某些个体参与集体谈判的管辖，但当这些人从事像"互相帮助或保护"这类与集体谈判无关的活动时，委员会是否能够将该法的保护范围扩展至这些人呢？如果是这样的话，那么其权力的法定基础是什么呢？

第四章　保护协调一致的活动

正如前文所述,《国家劳动关系法》的构架似乎是为了服务于几个既相互独立、又相互关联的原则性目标:(1)保护雇员的选择权,让他们自主决定是否组织起来提高他们的雇佣条件;(2)协助雇员来选择是否由专属的谈判机构来代表;(3)鼓励开展有诚意的集体谈判,来为那些选择这种专属代表制度的雇员服务。从某种程度上来说,因为可以运用《国家劳动关系法》只服务于第一项目标而不计其他两项,或只服务于前两项目标而放弃第三项目标,所以后文中的几个章节都是按照这种功能组合的模式进行划分的。

第一节　反歧视和受干预、限制或胁迫的概念

下面的材料涉及两种不同类型的违法行为:由于存在非法动机而导致的违法和由于雇主(或工会)的行为影响了雇员在实现(该法)第7条所赋权利时的权利行为能力而导致的违法。但是,下文的案例将会清楚说明,无论是法条或劳动委员会、还是法院,都没能在这两种违法情形之间作出一个十分清晰的划分。

1. 由于雇主(或工会)的动机导致的违法

下文中的判例主要涉及该法中第8条(a)(3)款的规定。(巴特制造公司诉国家劳动关系委员会案还涉及违反第8条(a)(2)款,该款将在本章第五节详细解释。)《国家劳动关系法》中的第8条(a)(3)款和联邦反就业歧视法律规定十分相似,例如1964年《民权法》的第7章和《就业年龄歧视

法》[Title VII of Civil Rights Act of 1964 and the Age Discrimination in Employment Act(ADEA)];但关键的不同之处在于,《国家劳动关系法》禁止歧视所针对的是工会的活动,而非一种身份,如人种、肤色、宗教、性别或国别(Title VII)、年龄(ADEA)。有关《国家劳动关系法》和《民权法》第7章中"歧视"概念的比较,见丽贝卡·汉纳·怀特(1997):《现代歧视理论与国家劳动关系法》,《威廉和玛丽法律评论》,第39卷,第99页[Rebecca Hanner White, Modern Discrimination Theory and the National Labor Relations Act, 39 Wm. & Mary L. Rev. 99 (1997)]。

爱德华-巴特制造公司诉国家劳动关系委员会案

Edward G. Budd Manufacturing Co. v. NLRB
138 F.2d 86 (3d Cir. 1943)

巡回法院的比格斯(Biggs)法官认为:

在巴特制造公司的员工代表组织(Budd Employee Representation Association)于1933年建立之前,原告在费城的工厂里并没有任何工会组织。一些原告的雇员根据当时已经通过的《国家产业复兴法》(National Industrial Recovery Act of June 16, 1933, 48 Stat. 195)希望成立工会组织。一名在原告运输部门工作的员工,艾尔曼迪(Alminde),试图从美国劳工联合会(American Federation of Labor)那里获得一份特许状,组织一个代表运输部门员工的工会。但这一要求被拒绝了,他和其他运输部门的成员于是决定单独组织一个工人组织。为了实现这一目标,艾尔曼迪找到担任业务主管助理的沙利文(Sullivan),让其安排与业务主管哈德(Harder)进行会面。1933年8月24日,沙利文、哈德和麦尔文(McIlvain)(人事部门主管),还有马汗(Mahan)(另一名业务主管的助手)与艾尔曼迪和来自于原告运输部门的委员会成员进行了会谈。根据艾尔曼迪的要求,沙利文制作了一个代表雇员的计划,其中的一些条款至今还发挥着作用……员工们在企业管理层代表缺席的情况下进行了一些讨论,之后艾尔曼迪代表他的委员会,要求管理层起草和提交一份与沙利文先前向所有员工宣读的文件一致的计划,并建议组织一场选举来选出计划所规定的代表。

有关此建议的通知于1933年9月1日邮寄到了工厂。9月5日,管理层及时将下列文件放在每个雇员存放工作卡的架子上:一份名为"有关员工代表的计划提案",一份名为"初步宣布建立巴特雇员代表组织"、并带有主席爱德华·G.巴特(Edward G. Buddy)签字的文件夹,和一张用于提名雇员代表的选票。9月7日举行了选举,并选出了19名员工代表。该场选举的费用由原告支付,使用的是工作时间和公司场地。

该计划还提出了一套运作方案规定:厂区被分为11个区域,每一名代表都代表一个区域,代表们应代表他们的选民和工人。该计划还规定所有工人需至少参加企业带薪工作90天以上才有代表投票权,任何超过21岁并在此企业中工作满一年的雇员(除了管理员工),都可以作为代表候选人。代表如果成为公司主管、管理者或"领导"时,需要让出他们的代表职位。原告任命了五名管理层代表和雇员代表一起参加会议,在多数雇员代表投票支持并获得管理层多数派同意的情况下可以对该方案进行修改,但他们在方案没有被修改的情况下无权投票。很多委员会被建立了起来,同管理层就工资、投诉程序或工作条件等问题展开谈判。公司每月向每位代表支付两美元来补贴他们参加代表会议的成本……

代表们的会议不定期召开,它任命的委员会活动非常积极。管理层对员工代表组织(Association)采取十分合作的态度。这样正是大家所期望的。后来发生的是,管理层了解到部分员工要求建立一个劳工组织,公司随后根据他们的要求资助并建立了一个这样的组织。原告对待它雇员的态度看起来是友好的。我们对该计划和员工代表组织所受到大量的来自原告的支持没有任何怀疑。如果巴特公司撤销它的支持,那么员工代表组织将无法存在下去……

……原告对雇员代表采用无比宽仁的态度。证据显示雇主在很大程度上对员工代表组织和其官员采取了父母般的照顾。原告允许雇员代表按自己的意愿行事。他们可以随意离开工厂来处理个人或员工代表组织的事务。他们中一些人很少工作或没去工作,却能享受全额工资。非常明显的是,他们中间的一些人,比如华特·韦甘德(Walter Weigand),因为拥有代表身份而免于处分。我们很难相信原告会表现出任何对非主流工人组织的"否定"态度。

在我们看来,委员会的生效决定——认为员工代表组织(简称"组织")曾受和仍受原告主导和控制——是有大量证据支持的……

华特·韦甘德的情况是非常典型的。最应被立即解雇的人就是他。他在当值的时候酗酒。他自己决定上班的时间,根据自己意愿离开工厂下班回家。工头有一次发现韦甘德正在工作,感到非常惊讶并对此作出了评论。韦甘德平静地回应道:他正在享受工作的乐趣。他带一名妇女(通常被称为"公爵夫人")来到工厂的后院,并把她介绍给一些员工。他带领另一员工去拜访她,当这名员工喝的太醉而无法回家时,他替其打了工卡,并将其放在代表会议室的桌子上,让其睡觉醒酒。韦甘德的直接上级多次要求将其解雇,但上级管理者因为他是"代表"而出面进行袒护。尽管他没有从事他的本职工作,原告还给他发全额工资,并先后涨了五次工资。有一次涨工资是普涨,也就是说,韦甘德从工厂普涨工资中获益,但另外四次是在没有给其他人涨工资的情况下给韦甘德提高了报酬。

原告宣称是由于针对韦甘德的投诉太多而将其解聘。但是当他被解聘的时候,一些代表怀疑韦甘德(是因为)参加了对手工会——产业组织联合会而被解雇。一名代表甚至指出了韦甘德(参加对手工会的)事实,为此韦甘德出100美元打赌绝无此事,不过这一事实无法得到验证。1941年7月22日,韦甘德向组织的副主席芮特根(Rattigan)和另一名代表穆伦(Mullen)透露了他的(产业组织联合会)成员身份,而且他当时明显是在努力劝说他们支持该工会。韦甘德第二天辩称,人们看到是他和芮特根还有穆伦同产业组织联合会的组织者瑞切文(Reichwein)在街角谈话。根据韦甘德的证词,次日,穆伦在工厂找到韦甘德,说韦甘德、芮特根和他自己都被看到和瑞切文谈话了,他(穆伦)刚刚同人力主管麦尔文还有工厂主管作了一次访谈。根据韦甘德的说法,穆伦告诉他"也许你没能把我带进麻烦当中",

"有人看到我们都在那里。"第二天韦甘德就被解雇了。

法庭在国家劳动关系委员会诉冷凝器集团案[National Labor Relations Board v. Condenser Corp.,128 F.2d 67（1942）]中指出：只要没有违反《国家劳动关系法》，雇主完全可以凭借一个不论是否合理的理由或根本没有理由来解雇一名雇员。当然，如果是因为雇员参与了代表工会的活动就将其解雇则属于违法行为。相反雇主可以凭借一个合理的理由，抑或不合理的理由，甚至根本不需要理由来留用一名雇员，这并不是委员会关心的问题。如果认为我们像原告一样将韦甘德的解聘归咎于他积少成多的违法行为，那么就太小看我们的判断力了。我们认为：是因为工厂管理人员获知他为产业组织联合会工作，使他结束了在巴特工厂的"挂职"。委员会认定他是由于参与该工会活动而被解雇。相关记录显示委员会的发现是基于足够的证据作出的。

委员会的命令应得到执行。

注释和问题

1. 第8条(a)(1)款规定的"引申"。对巴特公司的处罚是因为它违反了该法第8条(a)(1)款，还有第8条(a)(3)款和第8条(a)(2)款。所有违反第8条(a)(2)款—第8条(a)(5)款的事项，同时也都违反了第8条(a)(1)款的规定，因为他们都属于"干预、限制或强迫雇员"实现他们在第7条所拥有的权利。这些违法事项被视为第8条(a)(1)款中违法事由的"引申"（区别于"独立"）。

2. 第8条(a)(3)款的含义。思考一下第8条(a)(3)款的表述。韦甘德是不是巴特公司"通过对工作任期的歧视，来鼓励或打击工人组织中的成员"这一策略的牺牲品？如果他没有参加产业组织联合会工会，他会被解雇吗？如果韦甘德不再是组织的代表，那么他还会被保留工作吗？

3. 鼓励或打击工会活动。该法是否应该像禁止雇主打击雇员参与工会活动那样,禁止雇主鼓励雇员参与相关活动?雇主对组织代表的宽仁如何能影响到它的其他雇员享受第7条所赋予的权利?

4. 双重动机。如果巴特公司争辩道:它针对韦甘德采取措施是因为不愿意再容忍他的行为,即便是韦甘德依旧对组织保持忠诚,那么此案该如何处理呢?委员会如何处理这种有部分原因是合法的(韦甘德错误行为),而另一部分是非法的(韦甘德参加了一个独立的工会)做法?有关双重动机的讨论将在以下的案例中展开。

5. 调查有关第8条(a)(3)款的解雇案件。如果你正在为国家劳动关系委员会的派驻机构调查有关第8条(a)(3)款的解雇案件,你会试图查看或收集什么样的证据来揭示解雇的真正原因?

6. 恢复工作是否是妥帖的救济?思考一下对违反第8条进行救济的第10条(c)款的规定。委员会命令为韦甘德恢复工作和提供工资补偿的目的是什么?它仅仅是对他所受到的不公正待遇的补偿,还是为了实现更为宽泛的公共利益?如果是后者,这样的救济是否足够?你认为在该判决出来后韦甘德还能在巴特公司工作多久?这种救济是否合适?如果韦甘德继续从事错误的行为,那么巴特公司必须要为韦甘德保留多久的工作?

7. 第8条(a)(2)款中的违法事由。委员会和法院都认定本案还违反了第8条(a)(2)款明确禁止的事项。除了对组织的代表(如韦甘德)表现仁慈以外,该公司是如何违反了这一规定的呢?这些行为是如何影响到了第7条所规定的雇员权利?有关第8条(a)(2)款的讨论,见257—274页。

国家劳动关系委员会诉交通管理集团案

NLRB v. Transportation Management Corp.
462 U. S. 393 (1983)

怀特法官……（回应）原告辩称，员工是由于他参与的工会活动而被解雇，雇主认为自己的决定是有合法性的。在莱特线案[Wright Line,251 N. L. R. B 1083（1980），enforced，662 F. 2d 899（CAI 1981），cert. denied, 455 U. S. 989（1982）]中，国家劳动关系委员会对这类案件的证据责任作了重新分配。它规定事务总长有义务说服委员会：雇主对工会敌视态度和其所作的解聘雇员的决定有影响；但证据责任至此并未转移，雇主即便是无法推翻事务总长所指出的现象，他依旧可以通过拿出有足够分量的证据来证明：即使该员工没有参与工会活动，他仍会被开除，这样的话，雇主的行为不被认定违法。问题是……莱特线案中雇主的证据责任是否和第8条（a）（1）款和第8条（a）（2）款，还有《国家劳动关系法》中第10条（c）款规定一致，它们都指出委员会必须通过"权衡证据"来证明不当劳动行为。

……（行政法官）通过权衡相关证据判定，帕特森（Patterson）[他负责监管桑蒂洛（Santillo）和其他司机]明显具有反工会意图，而且将桑蒂洛解雇就是为了打击工会活动……即使认识到桑蒂洛也从事一些不恰当的行为，但行政法官不认为：即便是桑蒂洛没有参加工会活动，他仍会被解雇。

委员会宣称，……应适用它的莱特线案的判例。它认为对方没能说服委员会来相信：桑蒂洛即便是没有参加受到本法保护的工会活动也会被解雇的说法。第一巡回法庭拒绝执行委员会的命令，将案件发回重新审查：事务总长是否能够通过经权衡的证据来证明，如果桑蒂洛没有参加工会活动他就不会被解雇……我们现在将该判决进行改判……

第一法庭拒绝执行委员会的命令，是因为它认为：让雇主证明它作出解雇决定之时，并没有法律所禁止的动机，这种做法是错误的。上诉法院认为，事务总长不仅有责任呈现法律禁止的动机对解雇决定有影响，而且需证明该解聘行为的发生与员工从事的受到保护的行为之间有联系。因为上诉法院是比较正确的，所以委员会也没有异议，故而在整个程序中，事务总长肩负着证明不当劳动行为存在的责任。第10条（c）款明确指出，违法行为的认定只能根据委员会接受的"经权衡的证言"来决定……但我们非常确信，上诉法院认为第10条（c）款禁止让雇主证明即便是没有不良的动机他也会基于完全合法的理由作出同样的（解雇决定）行为，是错误的。

根据我们对委员会决定的理解，他们一直认为，不当劳动行为是完全或部分出于反工会意图作出的、包括解雇和其他种类的反制行动……或正如委员会所描述的那样，员工从事了受到保护的行为是雇主采取这些反制行动的主要动机。事务总长有责任根据第10条（c）款证明它的存在。委员会对法条的解释，允许雇主通过证明他即便是没有法律禁止的动机也会实施该行动，从而使自己不被认定为违法者。委员会认为，它只是为雇主增加了一个抗辩方式，并没有改变或增加事务总长根据第10条（c）款证明不当劳动行为时的责任成分。① 我们假设委员会将在上诉法院认定的范围内进行解释。我们还认为，委员会可以考虑让雇主证明他的反制行动并非是为了避免违法，而是去实施一个可容许的救济措施，不管属于何种情况，雇主都承担着证明责任。取而代之的是，委员会正如它多年来一直坚持的那样，认定雇主把有责任维护其经营的持续性作为抗辩的理由。我们不准备将这

---

① 《国家劳动关系法》要求委员会权衡证据之后再行动的要求是由《劳资关系法》在1947年提出的。与之紧密相关的法条规定，委员会不应命令对那些基于正当理由被解雇的员工提供恢复性救济或补偿。第10条（c）款只要求事务总长证明不当劳动行为的存在，而不必试图去推翻对方的抗辩。而且，《劳资关系法》的立法历史显示，起草第10条（c）款的人并没有考虑到解聘的混合动机。他们的讨论内容反映出解聘动机如果不是"有正当原因的"那么就会被认定为对参与法律保护行动的报复。从公平的角度来看，立法史并未显示，在混合动机的案件中，雇主或事务总长之间，在雇主有没有受到他的非法动机影响的问题上，应分别承担的责任；立法历史对这一点是沉默的。

规定中"有正当原因的"并非是指它可以同时适用于有合法理由的和无合法理由的解雇。这一修正案的提出主要是由于委员会对某些事实可能对实践带来的干扰存在担心，即如果一名积极参加工会活动的工人被解雇，并非是由于他犯有不端行为，而是因为雇主存在的反工会情绪。国会报告使用了如下声明解释了这一修改：

第三项修改禁止了委员会做出对个人恢复状态的命令，除非有足够的证据显示该个人并非是基于正当理由被停职或解雇。在以前，委员会尽管承认某雇主有犯不端行为，但经常判令为其恢复状态，这是因为他的工会的成员或官员身份导致了他的解雇，而非他的不端行为。

立法报告编号［H. R. Rep. No. 245，80th Cong.，1st Sess.，at 42 （April 11. 1947）］（有强调）。该规定是对委员会对反工会意图进行干预活动的一个反馈，事实上，有些时候工会活跃分子被解雇和委员会所称的雇主有反工会倾向的关系不大。

种法律解释,认定为超出容许范围。"委员会在这里的解释,尽管可能并非该法本身要求的,至少是该法容许的……"在这些情况下,它的立场应得到遵从。见国家劳动关系委员会诉万家顿公司案和国家劳动关系委员会诉伊利电阻公司案[NLRB v. Weingarten, Inc., 420 U. S. 251, 266 – 267 (1975); NLRB v. Erie Resistor Corp., 373 U. S. 221, 236 (1963)]。

委员会对证据责任分配的规定在此语境下显然是有道理的……雇主是犯错误者,他受本法所列的非法动机驱使而行事。在无法区分合法与非法动机时,让他承担不利后果是正当的,不仅是因为他明知故犯地制造了该风险,还因为该风险并非是其无罪的行为制造的,而是由他自己的错误做法导致的。

在康山市教育委员会诉多伊尔案[Mount Healthy City Board of Education v. Doyle, 429 U. S. 274 (1977)]中,我们发现,委员会纵使在某个判例中曾获得了《宪法》的默许授权,但依旧谨慎地坚持一个在莱特线案的判例中形成的证据责任分担模式……委员会将此案与康山案进行类比是正当的。

基于这些原因的存在,我们的结论是,上诉法院拒绝执行委员会依据莱特线案的判例作出的命令是错误的。

……桑蒂洛至少有两个违法行为可以使他被解雇,但他的这些行为没有一个受到处分。而且,雇主并没有遵照一贯的处理违规行为的方法;事实上,雇主不仅没有警告桑蒂洛的行为将会受到处分,它甚至从来没有表达过对其行为的不满。除此之外,帕特森,作为提出解聘桑蒂洛的人,非常明显地表现出了对桑蒂洛参与受法律保护活动的不满。因此十分清楚的是,委员会认为,如果雇主没有反工会的动机,那么桑蒂洛就不会被解雇,这"从整个证据记录来看,是有大量证据支持的"。

故而,对前判决改判。

注释和问题

1. 遵从国家劳动关系委员会的解释? 法院的决定在多大程度上,遵从了委员会在解释法律方面的代理权？委员会权力的界限在哪里？委员会要求事务总长来证明,如果雇主考虑到被解聘员工的工会身份就不会解雇他的情况,法院对这种做法也应给予认可？如果委员会单凭员工的工会身份助推了解聘的决定,就判定该行为违法,而不问雇主是否无论是否存在该情况都会实施解聘行为,那么法院是否应支持委员会的立场？

2. 在第8条(a)(3)款中有必要使用"(虽然存在某种动因)但(某行动)因为(其他原因)"的抗辩吗？委员会解释构成违反第8条(a)(3)款包含了"实质性的"或"有动机的"这两项要素,而非具有"但因为"或需要(这样做)的事由。对于审理交通管理公司案的法院来说,它让证明责任转移到雇主身上,尽管第10条(c)款把证明不当劳动行为的责任交给了事务总长。但是,一旦委员会作出这样的解释:即第8条不包含"但因为"的抗辩;它如何才能保障雇主积极地以他们(依旧会)作出的"同一决定"作为抗辩的权利？

3. 违宪与违法。 正如交通管理公司案中,委员会在处理康山市教育委员会诉多伊尔案"借鉴"了莱特线案例的做法,它是一个涉及第一修正案有关解雇公共职员的案件。委员会在莱特线案中依据一个对宪法的司法解释,来解读某个特定法条是合适的吗？违宪责任的确立是否要比违法责任的确立更容易些,还是更难些？

4. 完全抗辩与对恢复原状的限制？ 根据莱特线案的判例所采取的策略,雇主以"同一决定"抗辩可以完全推卸掉自己的责任。1989年,最高法院在依据1964年《民权法》的第7章处理普华诉霍普金斯案(Price Waterhouse v. Hopkins, 490 U.S. 228)中的歧视诉求时,采取了同样角度。但在1991年,国会修改了第7章,规定"只有在原告能够证明被告所实施的某项雇佣行为是基于人种、肤色、宗教、性别或国籍而作出的,即便也有其他动机的存在，不影响将其认定为非法劳动行为。"①但是，1991年的修正案还规定，如果雇主能够证明"即便是没有这些非法动机也会采取同样的行动"，它就无须恢复雇员的工作或承担补偿或损害赔偿责任。②

根据第7章的这些改变，委员会是否应该改变它对"同一决定"抗辩的认识，让它只和确定对不当劳动行为的合理救济关联？根据这一认识，即使雇主开展了"同一决定"抗辩，他的行为还是有可能是违法的，并成为将来遭受处罚的依据。法律谴责和将来的停止损害令将会对其产生多大的实际影响呢？

5. 抵抗预期处分的挡箭牌？委员会对莱特线案的判例，是否让那些预测到自己将被合理解雇或其他形式处分的员工，为了规避不利后果而去参加工会活动？雇主能否通过构建清晰的工作场所章程并持续性地落实，来处理（工人）这种策略性的行为？这种方法对于没有人事部门和处理违纪行为机制的小规模雇主是否适用？另一方面，这里面那些"错误的代价"是在合规进程中无法避免的吗？

6. "后获取的"证据原则。在雇主对雇员的不当代表行为作出雇佣方面的决定后，雇主能否利用员工的不当行为这一事实，来抗辩雇主本应承担的基于非法动机作出的雇佣决定所应承担的责任？1995年，在一个涉及年龄歧视的联邦法律中，最高法院判定"后获取的"有关员工不当行为的证据，不能用来抗辩其应负的责任；一般来说，原告依旧可以有权获得一定期间的偿付，直到雇主发现证明解聘行为存在合理性的理由，不过，在发现这些理由之后不允许他们继续享受恢复原状和享受偿付的待遇。见麦肯若诉纳什维尔出版社案[Mckennon v. Nashville Banner Publishing Co., 513 U.S. 352 (1995)]。

---

① Title VII, §703 (m), 42 U.S.C. §2000e-2(m).
② Title VII, §706 (g)(2)(B), 42 U.S.C. §2000e-5(g)(2)(B).

在一桩与此相关的案子中,艾比物流系统公司诉国家劳动关系委员会案[ABF Freight System, Inc. v. NLRB, 510 U.S. 317 (1994)],法院认为,一名原员工在国家劳动关系委员会聆讯中,在宣誓后作出了虚假证言的行为,并不构成妨碍其获益的因素,委员会同意他获得偿付,因为委员会发现,他是由于参与工会活动而被解雇的。斯蒂芬法官代表多数派观点回答了,无论国会是如何认定不当行为的,机构都有权自主决定对违法行为的救济问题。

注释:在解雇和拒绝雇佣案件中《国家劳动关系法》的救济措施

1. 菲尔普斯道奇公司案和求全救济案(Phelps Dodge and Make-Whole Relief)。 在菲尔普斯道奇公司诉国家劳动关系委员会案[Phelps Dodge Corp. v. NLRB, 313 U.S. 177 (1941)]中,尽管一些申请人已经在其他地方暂时性地得到了类似的工作,法院依旧支持根据第8条(a)(3)款的规定下达录用申请者们的命令,因为他们的雇佣申请曾经因为其具有工会身份而被拒绝。其中所涉及的法理解释问题,见第2条(3)款,它指出"雇员"是指"并未曾获得……其他日常性的、实质性的类似就业"的人,而且第10条(c)款也使用了"雇员复职"的措辞。法院的理由是:该录用令尽管未必能够保障被拒绝的申请人不遭受金钱上的损失,但它是符合立法目的的,因为该法的设计意图是,通过支持自我组织来强化公共政策的效力,而非去弥补个人的损失。但是,法院还认为,计算损失赔偿,不仅要反映被歧视人所损失的收入,而且还要体现他们被无故剥夺的收入。虽然法院了解委员会根据第10条(c)款的规定拥有着广泛的自治权力,但还是拒绝了委员会提出的争辩理由:落实减损的要求将会增加(委员会的)行政负担。

菲尔普斯道奇公司案将第8条(a)(3)款中的救济目标定义为,"尽可能地恢复原状态,达到没有非法歧视情况下的状态。"如果员工被歧视性地解雇,通常的救济方法是裁定恢复(原状)令和带息偿付,补偿从解雇日到恢复日之间损失的收入,通常雇主应对此承担经济责任。当雇主就委员会的恢复令提出上诉时,补偿期间延长到上诉法院作出支持委员会的不当劳动行为判决之日。

偿付额度通常是在"合规(审查)阶段"定下的,该阶段是一个独立的国家劳动关系委员会进行的程序,始于国家劳动关系委员会对不当劳动行为的指控颁布令状之后,或者,如果委员会的命令被提告,那么就始于法院开始执行之后。在该程序中,事务总长根据申请人的要求,计算出一个大致的偿付标准,雇主有责任证明申请人没有积极地降低他或她的损失。见艾克米公交车公司案[Acme Bus Corp., 326 N.L.R.B. 1447, 1448 (1998)]。根据标准的减损原则,雇员如果已经尽到合理的努力来求得实质上类似的录用,就应视为满足了减损的条件。例如,国家劳动关系委员会诉马斯特案[NLRB v. Master Slack, 773 F. 2d 77, 84 (6th Cir. 1985)]。而且,所有不确定的因素都以有利于雇员的方向解决。艾克米公交车公司案有关偿付救济的全面介绍,见罗伯特·S.福驰、亨利·M.凯切尔和罗斯玛丽福·贝克斯:《偿付》,载于《波士顿学院法律评论》第15卷(1973),第227页[Robert S. Fuchs, Henry M. Kelleher & Rosemary Pye, Back pay Revisited, 15 *B. C. L. Rev.* 227 (1973)]。

2. 国家劳动关系委员会全盘补偿计划的问题?

a. 恢复原状。坚持要求恢复原状是否会在实践中遇到问题?政府机构在非法解雇员工的雇主和非法解雇行为的牺牲者之间构建稳固持久的雇佣关系的可能性有多大?如果雇主一开始就打算违反法律,那它是否还会去寻找其他借口去解雇已恢复工作的受害者?假如雇员在回到曾经非法解雇她的雇主那里会不会担心,尤其是她在其他地方已经在从事另一份工作?见韦勒:《恪守承诺》,同前,第1791页。

b. 偿付裁定。正如上文所提及的,如雇员没能够采取合理的措施来减损,例如通过寻找替代工作,那么将会面临偿付款的减少。减损原则来自于合同法,然而违反第8条(a)(3)款的解雇行为是故意侵权行为。(也就是说,应认定该行为存在非法的故意。)这些是否应区别对待呢?见韦勒:《恪守承诺》,同前,第1789页,注70。而且,正如国家劳动关系委员会在菲尔普斯道奇公司案中指出的,减损要求是否增加了不必要的负担?谁来对此作出决定?

3.《国家劳动关系法》救济与 第7章(Title VII)救济。在1991年之前,对违反第7章的解雇行为的救济和《国家劳动关系法》中规定的救济一致。见第7章,第706条(g)款。但国会在1991年修改了第7章,在整体弥补损失之外,允许增加补偿性和惩罚性损害赔偿("上限"在50,000—300,000美元之间,取决于雇主企业的大小)[42 U.S.C. §§1981a(a)(1) §(b)(3)]。与之形成对比的是,根据以前的年度数据,《国家劳动关系法》的偿付裁定平均数不足3000美元。见国家劳动关系委员会年度报告(2005),第70页图表4[70 N.L.R.B. Ann. Rep. Table 4(2005)]。

华格纳参议员提出,法律草案本可以授权委员会来裁决损害赔偿的。造成该条款被修订的部分原因是因为有批评指出:行政机构作出的任何法律救济裁定,如损害赔偿(和偿付不同,因为它被认为是弥补性的救济),都是侵犯第七修正案中(有权)享受陪审团审判的权利。见玛莎·S. 怀斯特:《不当解雇的复职案》,载于《U. Ill. 法律评论》(1988),第1、19页(See Martha S. West, The Case Against Reinstatement in Wrongful Discharge, 1988 U. Ill. L. Rev. 1,19)。当第7章被修改为可以提供损害赔偿时,国会应当就此类案件安排一个陪审团审核此类赔偿[42 U.S.C. §1981a(c)]。在此之前,所有的涉及第7章规定的案件都是由法官而非陪审团聆讯。

4. 对国家劳动关系委员会救济的进一步讨论。国家劳动关系委员会对违反第8条(a)(3)款的情况进行救济的途径是否充足,将在第五章中进一步讨论,该章还会详细考察在工会组织运动过程中的非法行为。

注释：霍夫曼塑料化合物公司诉国家劳动关系委员会：对于非法工作的外国人的救济？

那些在美国无权工作的、无身份的外国人,当他们的雇主因为其试图组织工会或参与第7条规定的、受到法律保护的其他活动而将其解雇时,是否有权获得完全的补偿？在旭谭公司诉国家劳动关系委员会案[Sure-Tan, Inc. v. NLRB, 467 U.S. 883 (1984)]中,法院认为《国家劳动关系法》对无身份的外国人适用,但前提是移民法的规定也同时适用,所以当他们被遣返国外且无法回来的时候,委员会是没有权力裁定恢复工作或偿付的。当1986年通过《移民改革和管制法》(*Immigration Reform and Control Act*)之后,劳动法与移民法之间潜在的矛盾再次在霍夫曼塑料化合物公司诉国家劳动关系委员会案[Hoffman plastic Compounds, Inc. v. NLRB, 535 U.S. 137 (2002)]中呈现在法院面前。在霍夫曼案中,委员会认为,作为非法移民的乔斯—卡斯罗(Jose Castro)因为参加工会组织的活动而被非法解雇。虽然他在合规聆讯中承认他在被雇佣时提供给雇主的带有照片的身份材料是假造的,委员会依旧裁定给予卡斯罗偿付。最高法院认为此类裁定已经被《移民改革和管制法》中的联邦移民政策预先排除了。主审法官伦奎斯特代表五位多数派意见写道：

> 根据《移民改革和管制法》的规定,一名非法移民是没有可能在不违反国会政策的情况下取得就业的。非法移民或许通过提供假造的证件而获得了合法就业,但这是《移民改革和管制法》执行机制制裁的重点;或者是雇主故意雇佣非法移民,这是直接违反《移民改革和管制法》规定的义务的行为。委员会问道：我们是否应该姑且把这个(非法雇佣)事实放在一边,允许委员会在审理通过刑事欺诈行为获得工作的案件中,裁定为当事人多年无法获得的工资提供偿付。但是,我们发现对非法移民偿付的裁定和《移民改革和管制法》中的政策有冲突,委员会是没有权力来执行或操控该政策的。因此,正如我们在处理这类

情况时所一直坚持的那样,该裁定超出了委员会对救济的自由裁量权范围。

委员会坚称,给予卡斯罗一定限制的偿付之裁定并非与《移民改革和管制法》"抵触"。委员会指出,因为偿付期间截止到霍夫曼发现了卡斯罗的非法身份,霍夫曼在此之前雇佣卡斯罗的行为并没有违反《移民改革和管制法》。委员会进一步指出,《移民改革和管制法》将使用伪造证件视为刑事问题,但"它并没有让犯罪者失去享受由于使用伪造证件而获得相关的就业偿付或其他补偿资格"。当然,这句话说明不了什么……这里所涉及的问题,同时也是推翻委员会这两条论断的关键是:国会态度明确地对外国人使用伪造证件获取工作的行为实施刑事惩罚。没有理由认为,国会其实有意愿在雇主实施不当劳动行为的时候允许对其给予豁免,允许外国雇员继续非法留在美国并继续非法工作,并使之成功地逃避了移民部门的监管。委员会对于雇主不当行为和处理非法移民不端行为的立场已经远非去"融合"《移民改革和管制法》那么简单,而是去颠覆它。事实上,在此类案件中裁定偿付不仅与移民法冲突,而且还会赦免和助长未来的违法行为。委员会承认,移民局(Immigration Naturalization Service, INS)拘留了卡斯罗,或卡斯罗自动依法返回墨西哥,卡斯罗将会失去获得偿付的权利。因此,卡斯罗只有继续非法居留在美国才有资格享受委员会的裁定。同样,卡斯罗也无法在不违反《移民改革和管制法》的情况下履行法定的减损义务,因为要想这么做或者需要向雇主提供伪造的证件,或者需要找到愿意无视《移民改革和管制法》的存在而录用非法劳工的雇主,但这个减损义务是我们处理这类案件所要求的……

缺少裁定偿付的权力并不意味着雇主可以脱掉干系。委员会在本案中已经对霍夫曼实施了其他的处罚——霍夫曼也没有对这些处罚提出质疑,这些处罚包括要求霍夫曼应立即停止违反《国家劳动关系法》的活动,应在显要的地方向雇员张贴对《国家劳动关系法》中权利的介绍,并详细介绍自己的不当劳动行为。如果霍夫曼没有遵照执行,它将

遭受到公众谴责程序的制裁。(535 U.S. at 148－152)

布雷耶法官代表其他四位异议法官作出部分陈述：

委员会缺少了运用裁定偿付来进行震慑，无法给正在违法的雇主增加预期责任，而且委员会也没有其他的救济途径。如果缺少偿付这一武器，雇主可以认为，他们违反劳动法律时至少能享有一次豁免……因此偿付是必须的；它使劳动法律实施具有公信力；它清楚地表明违反劳动法要当即予以赔偿。

法院在移民法的哪个地方能找到一条阻止委员会行使这一重要救济权力的"规定"？法条中确实没有这样的规定。移民法规定：雇主或许并非出于故意雇佣了一名非法移民，或许非法移民并没有提交虚假（身份）文件，但雇主必须对相关文件进行审查。① 他们的违法行为对应着特定罚则，包括刑事处罚。② 但法条的表述本身并没有清楚地说明，一个违法行为会如何影响到其他法律的实施，比如劳动法。例如，当一名雇主聘请外国人工作时，是否会违反这些规定？该外国人是否会丧失所有劳动报酬？雇主可以忽略劳动法吗？另外，雇主（基于对委员会不能作出财产性惩罚的认识）违反这些法律可以获得赦免吗，哪怕只是一次？移民法并没有提到这些。

法院也无法从移民法的立法目的中顺理成章地推导出自己的判断。移民法律中有关雇佣禁止的规定原则上是为了消除就业对移民的吸引作用，因为它一直都像"磁石"一样吸引非法移民来到美国。允许委员会裁定偿付并不会显著增强这一磁石作用，此种不可预测的、未来的可能性难以真正影响到个人非法迁移的决定。

但是，否定委员会的偿付裁定权或许会进一步增强这种磁场力量。

---

① 8 U.S.C. §§1324a(a)(1), 1324a(b); 18 U.S.C. §1546(b)(1).
② 8 U.S.C. §§1324a(e)(4), 1324a(f)(1).

这种否定降低了雇主违反劳动法的成本(当然,非法移民是唯一的受害者)。它因此也助长了雇主寻找并雇佣非法移民员工的积极性。禁止委员会去评估明知故犯的雇主之赔偿责任——这是一种我们之前没有遇到过的情况——会产生经济性反向刺激,它明显和移民法基本目标存在严重抵触。即便是在那些雇主不知道雇员非法身份的案件中,这种反向刺激也是非常显著的——正如委员会告诉我们的那样,法院的判决为雇主在涉及出入境事务的案件中提供了豁免,鼓励了他们去冒这个险,比如,使用故意疏忽的方法去雇佣这些潜在的非法移民,因为(根据法院的观点)这将最终降低他们违反劳动法律的成本……。摘自总会计办公室(1994年11月):《服装行业:努力解决血汗工厂的患病率和工作条件》,第8页[(C)f. General Accounting Office, Garment Industry: Efforts to Address the Prevalence and Conditions of Sweatshops 8 (GAO/HEHS 95-29, Nov. 1994)](应注意到,在非法移民集中的地方,违反劳动法的情况也比较多)。法院已经认识到这些问题,从而宣布为了保障《国家劳动关系法》不给招收非法移民的行为提供可乘之机",劳动法必须对非法移民适用,这样做同时也起到了打消"非法移民前来工作的积极性"的作用。见前文旭谭公司案,第893—894页(Sure-Tan, 467 U.S. at 893-894)。法院当下的做法却与此背道而驰。(535 U.S. at 154-160)

谁的论证更有力?霍夫曼案的判决是鼓励了还是打消了非法移民工作和迁移的积极性?该决定是否对工人在美国政府工作场所内落实第7条中的权利产生了显著影响?见《法律的发展——工作和边界:对非法劳工的法律保护(四)》,载于《哈佛法律评论》第118卷(2005),第2224页;珍妮弗·伯曼:《针与损害》,载于《Kan法律与公共政治杂志》第13卷(2004),第585页[See Developments in the Law-Jobs and Borders: IV. Legal Protections of Illegal Workers, 118 *Harv. L. Rev.* 2224(2005); Jennifer Berman, The Needle and the Damage Done, 13 *Kan. J. L. § Pub.*

Pol'y. 585（2004）〕。

2. 基于雇主（或工会）行动后果的违法

播音员协会诉国家劳动关系委员会案

Radio Officer's Union v. NLRB
347 U. S. 17（1954）

该案件涉及的三项指控，都是关于雇主在作出录用决定时，工会让其将有"良好信誉的"工会会员与非工会会员和无"良好信誉的"人区别对待，在这种情况下，雇主是否违反第8条（a）(3)款，工会是否也相应地违反第8条（b）(1)（A）款和第8条（b）(2)款规定的问题。此案缺乏足够证据来证明，雇主同意采取这种差别化政策的动机到底是"为了扶持还是为了打压某些工人组织的成员"。本案提出的问题牵扯到员工和他/她的工会之间的关系，还有工会在保障职业稳定方面的限度，尽管这些问题要在13章中进行详细讨论，但为了说明《国家劳动关系法》反歧视原则的适用范围，在此予以简要介绍。

〔1〕在卡车司机案（*Teamsters*）中，工会坚持执行一个工作成例，根据该成例之规定，依据资历列出一个包括工会成员和非成员的名单向雇主推荐司机。一名工会成员，波士顿（Boston），由于他拖欠了工会会费而被排在名单末尾，故而没有分得开车任务。

〔2〕在播音员案（*Radio Officers*）中，雇主同意使用有"良好信誉"的工会成员来填补电台主管职位的空缺。雇主拒绝为一名工会成员——富勒（Fowler）——提供工作，因为他被工会认定为信誉不佳之人，所以没能够从工会那里获得支持。

〔3〕在戛纳案（*Gaynor*）中，罗勒（Loner）虽然是一名非工会成员，但属于"报纸与邮件投递员工会"与其雇主之间集体协议的涵盖范围，不过他的

补涨工资和发放假期工资的要求被拒绝了,而那些有工会代表的员工们的类似请求却获得了批准。

瑞德法官……

第8条(a)(3)款中的表述并非不清楚。不当劳动行为是指,雇主通过歧视手段来扶持或打压工会会员。因此该条并没有将所有扶持或打压工人组织会员的行为设为非法;只有当这些行为是通过歧视的方式来实现的时候才是被禁止的。该条也没有将此种就业歧视定为非法;只有当这种歧视的存在,是为了扶持或打压劳工组织中的会员才是被禁止的……

但是,同样确定的是,那些能够证明存在扶持或打压意图的证据,并非是证明违反第8条(a)(3)款的必要证据。众议院对《华格纳法》所作的报告体现了它在这一问题的立场,该报告根据第8条(3)款谈到:"那些更有利于多数人而非少数人的协议是不可能的……"委员会和法院两机构都认识到:(如果有)能够证明某些类歧视存在的证据,(那么就)已满足了对动机的证明要求。它们认为:当雇主事实上采取了扶持或打压工会成员的行为之时,无须专门证明动机的存在,就可以适用普通法规定来认定此人对其行为可预见的后果存在故意……。因此,如果雇主行为的自然后果是产生了对(工会的)扶持或打压,那么雇主声称他没有扶持或打压的故意必定是于事无补的。在这种情况下,扶持的故意已经足够清楚了……

在戛纳案中,第二巡回法院……恰当地运用了该原则。审理本案的法院认为:完全基于工会成员身份执行差别化工资待遇,"事实上是提高工会成员数量的方式"。法院只需观察到一个常见事实——雇员参与工会能够获得的利益直接关系到他们参与的积极性,(那么)它就可以认定,这种基于是否拥有工会会员身份的差别化待遇,是对该工会会员进行了打压或扶持,其自然后果就是歧视。再没有本案更为典型的歧视例子了,本案中的行为存在明显的故意性,根本不必再寻找其他证据来证明动机的存在,它比支付身为工会成员的雇员和非工会成员的员工不同工资的行为,带有更为明显的故意性……

对于当工会作为非排他性的谈判机构时出现的差异化工资是否合法的

问题,由于没有类似案件提告到我们这里,我们没有对此发表过意见。我们确实认为在本案情形中,由于工会既是会员雇员也是非会员雇员的排他性谈判代表,雇主不可能在不违反第8条(a)(3)款的情况下,实施对工会成员身份的工资歧视行为,即便是雇主已经和工会就实施该行为签订了合约……这种合约是非法的,不能作为违反第8条(a)(3)款的行为的抗辩理由……

在夏纳和播音员案中,原告主张第二巡回法院不应执行委员会就这两个案件发出的令状,因为材料中没有"独立的证据能够证明确实发生过优待(拥有)工会会员身份的情况"。……

扶持或打压行为是"难以捉摸的事",依赖"高度的自主判断"。见劳动委员会诉唐纳利服装公司案(Cf. Labor Board v. Donnelly Garment Co., 330 U.S. 219, 231)。但……通常的经验是:雇员参加工会的积极性的提高与降低,取决于他们认为能从该行为所获得的好处。而且,该法并没有要求在判定违反第8条(a)(3)款的时候,受歧视的雇员必须是那些受到鼓励的人。该法也没有规定什么直观的指标来反映雇员参与工会的"积极性大小"的改变。

一方面是坚持认为某些歧视的内在作用就是鼓励(拥有)工会会员身份,但与此同时,另一方面又认为委员会不能凭此就能合理推断出来这种鼓励行为的存在,这两者之间很明显存在矛盾。我们曾指出夏纳案中差异化工资待遇的自然结果就是鼓励(拥有)工会会员身份;因此,如果说这种鼓励性后果的出现并非源于该行为,那么该说法显然是不合理的。公司的辩驳理由是:如果允许它证明本案提告的员工——罗勒,曾经申请成为工会成员但被拒绝,那么它就可以推翻这一论断。但很清楚的是,此案的证据并不能反驳此推论:它不仅无法说明为什么其他雇员、工会成员或非工会成员加入工会或在工会中保持良好信誉的热情出现了上涨,也没能证明罗勒没有受到相应的鼓励。第二巡回法院在拒绝该理由时提到的工会准入政策并非静态的,当情况改变的时候,雇员参加的热情会受到鼓舞……

播音员案和卡车司机案的情况非常接近。在每个案件中,雇主都在扶持工会方面有歧视性行为。(对参与)工会(活动方面)所作的反歧视规定之目的,显然是为了鼓励成员履行其义务或履行成为会员应尽的义务。显然,如果工会不认为此种措施是一种有效强制成员履行工会义务或实践的方法,那么它们就不会运用此类的救济措施。波士顿和富勒都是因为他们没有参与的工会行为而被雇主拒绝提供工作。因为,这种对(获取)工会会员身份的激励效应是雇主在工会的要求下歧视行为的自然和可预见的后果,所以这些雇主应被视为有鼓励的故意。其当然后果就是,委员会完全有理由推断,那些对(拥有)工会会员身份的鼓励是存在的,[上诉法院]认为无法证明鼓励的存在是错误的……

法兰克福法官,意见相同……
下级法院对第8条(a)(3)款中的"通过歧视……来扶持或打压任何劳工组织的会员"的规定给出了相互矛盾的解释。我们应该,在不制造更多原本可以避免的争议的前提下化解这个冲突。

该表述根据语境的不同,会产生不同概念外延:

(a)如果雇主对雇员差别待遇已经不言自明,或有证据显示雇主的行为有此情形,那么就由委员会来判定雇主是否是在扶持或打压工会成员,确定是否构成了违反本法。

(b)即便是差别待遇的证据已经足以让委员会得出(a)中的结论,委员会在所有案件中,还必须找到特定的证据,来证实雇主的目的曾是为了扶持或打压工会会员。

我认为(a)才是正确的解读。在很多案件中委员会作出结论时,已经有足够显著的证据说明:雇主的行为会帮助或伤害工会,再进一步或专门寻找雇主当时的主观意识都是没有必要的和吹毛求疵的。在此类案件中,雇主(的主观意识)或许可以通过他的行为推演出来……

我所作的书面陈述与我对法院观点的理解是没有冲突的。因此,我赞同它的判决。

伯顿(Burton)和弥敦(Minton)法官都赞同法院的观点,同时也同意该观点。

〔布莱克法官和道格拉斯法官持有异议,认为第8条(a)(3)款只"禁止雇主"为了"扶持或打压"工会成员身份采取行动导致的"歧视",相关证据并不足以认定此目的的存在,事实上,或许还会推翻此判断。〕

注释和问题

1. **"各种劳工组织中的会员身份。"** 第8条(a)(3)款使用工会的"会员身份"这一概念。但是,在未被上文引用的一部分观点陈述中,审理播音员案的法院对"各种劳工组织的会员身份"作了宽泛的解读,把一些不具备正式工会会员资格的人开展协调一致的活动纳入到(工会活动中)来。这是否意味着任何员工由于行使其在第7条中的权利而遭受到了差别化对待都属于第8条(a)(3)款的救济的范畴?在第7条的表述之中,那些协同行动与"各种劳工组织的会员身份"是否存在关联?

2. 是否全程都需要有关扶持或打压工会活动动机的证据?《国家劳动关系法》的第8条(a)(3)款显示有两个构成违法的要件:(1)在录用、合同期及就业条件和待遇方面的歧视;还有(2)导致了扶持或打压的工会会员身份。这两个要件在播音员案中是否得到了体现?本章中讨论的三个案子是否有和巴特案和交通管理公司案中一样的问题,即雇主对某些雇员进行了歧视,根据他们的工会身份采取了差别化的待遇?有没有雇主试图争辩:他们遭到指责的差别待遇政策,其实是有一些合法因素的,比如说工作情况或工作能力,而并非是对他们参与工会的决定所作出的回应?

a. 从结果推断非法歧视?审理播音员案的法院是否认为:事务总长不需要证明雇主的动机是扶持或打压工会会员身份,只要他能够合理地推断出雇主对工会身份歧视极有可能带来这种扶持或打压的后果?这种对结果

(或影响)而非动机的关注,是否是法院认定不当劳动行为的要件?

b. 从歧视中推断非法后果? 在播音员案中,仅凭歧视性待遇这一事实就足以认定违反第 8 条(a)(3)款的规定——例如,如果认定雇主对工会成员身份或参与其他第 7 条规定的活动实施了歧视行为,能否推断这些活动带来非法的扶持或打压作用? 如果事实并非如此的话,是否还要证明其他哪些方面来判定其行为属于违法?

c. 对动机和结果之间关系的进一步解释。法院在国家劳动关系委员会诉伊利电阻公司案(*NLRB v. Erie Resistor Corp*)和国家劳动关系委员会诉大丹拖车案(*NLRB v. Great Dane Trailers*)中重提动机与结果之间的关系是否违反第 8 条(a)(3)款之规定? 见达灵顿案(See also the Darlington case, infra page 198)。有关第 8 条(a)(3)款规定中动机—结果之间关系的解释,见怀特:《现代歧视理论》(White, *Modern Discrimination Theory*, supra);塞缪尔·艾斯托伊克:《罢工者和替代者》,载于《劳工律师》第 3 期(1987),第 897 页[Samuel Estreicher, Strikers and Replacements, 3 *Lab. Law.* 897 (1987)];鲍勃-巴郎:《受保护的员工权利理论:最高法院对〈国家劳动关系法〉的解读的修正主义分析》,载于《得克萨斯法律评论》第 59 卷(1981),第 421 页[Paul v. Barron, A Theory of Protected Employer Rights: A Revisionist Analysis of the Supreme Court's Interpretation of the National Labor Relations Act, 59 *Tex. L. Rev.* 421 (1981)];汤姆斯-克里斯藤森和安德里亚-斯瓦诺:《不当劳动行为的动机:最高法院和虚构的形式主义》,载于《耶鲁法律杂志》第 77 卷(1968),第 1269 页[Thomas G. S. Chritensen § Andrea H. Svanoe, Motive and Intent in the Commission of Unfair Labor Practices: The Supreme Court and the Fictive Formality, 77 *Yale L. J.* 1269 (1968)];沃尔特-欧博尔:《劳动法第 8 条(a)(1)款和(3)款的科学因素:狗与尾巴的平衡和敌视》,载于《康奈尔法律季刊》第 52 卷(1967),第 491 页[Walter E. Ober-er, The Scienter Factor in Sections 8(a)(1) and (3) of the Labor Act:: Of Balancing, Hostile Motive, Dogs and Tails, 52 *Cornell L. Q.* 491 (1967)];朱莉叶斯·G.盖特曼:《国家劳动关系法的第 8 条(a)款和隔离员工的自由选

择》,载于《芝加哥大学法律评论》第 32 卷(1965),第 735 页[Julius G. Getman, Section 8(a)(3) of the National Labor Relations Act and Effort to Insulate Free Employee Choice, 32 *U. Chi. L. Rev.* 735 (1965)]。

3. 第 8 条(a)(2)款的衍生理论? 假如播音员案中的雇主没有鼓励(员工拥有)工会会员身份的故意,而是工会要求雇主采取这种歧视性的做法。当雇主根据工会的要求对雇员推行基于他们工会身份的差别待遇时或实施违反其他第 7 条所规定事由时,法院是否就可以草草地判定雇主违反了第 8 条(a)(3)款的规定?这个思路和第 8 条(a)(2)款中所规定的之间的契合度有多高?

共和航空公司诉国家劳动关系委员会案

Republic Aviation Corp. v. NLRB
324 U. S. 793 (1945)

瑞德法官。在共和航空公司案中,雇主是一个大型的、发展迅速的军用飞行器制造商,它早在工会开展活动之前,就已经制定了一套反对招揽活动的规章,内容如下:"工厂和办公室场所禁止任何形式的招揽活动。"……共和航空公司的工厂坐落在纽约市萨福克(Suffolk)郊区的工业区中。一名雇员不顾禁止招揽工会会员的警告,执意利用自己吃午饭的时间向其他雇员分发(工会成员资格)申请卡。此雇员因为违规而被解雇,正如[国家劳动关系委员会]所发现的,该处分记录上并没有显示雇主存在对工会活动的歧视。

三名员工由于不顾雇主反对,坚持佩戴有 UAW(产业组织联合会工会服务人员)标志的纽扣而被解雇。而该工会在那个时候正在试图将工厂员工组织起来。雇主对此做法所给出的解释是,当时,该工会还没有成为员工们的适格专属代表,在工厂里佩戴有工会服务人员标志的纽扣预示着,企业管理层认可了该工会服务人员有代表雇员与管理层交涉的权力,这种做法削弱了雇主在工会问题上严守独立的政策,还会对企业现有的抱怨程序产生干扰。

委员会的观点是:雇员佩戴工会服务人员的纽扣标志,并没有预示着雇主对工会的认可,因为在此案中,并没有其他工人组织与该工会竞争。但是,解雇这些服务人员的动机并非是处于为其他工会考虑,据我们推断,而是针对被工会化现象。

委员会判定,订立和执行"禁止招揽"的规定违反了《国家劳动关系法》中第 8 条(1)款的规定,因为它通过限制或强迫手段干扰了第 7 条中所赋予雇员权利的实现,违反第 8 条(3)款的规定,歧视了被解雇的员工。它还认定解雇服务人员同时违反了第 8 条(1)款和第 8 条(3)款的规定。根据它对招揽和佩戴标志行为之结论,委员会发出了停止侵害的命令,指示通过偿付来恢复被解雇雇员的损失,并撤销"其反招揽的规则,只要它继续禁止工会活动或雇员利用私人时间在公司场所的招揽行为,(就必须被撤销)"(51 N. L. R. B. 1186,1189)。第二巡回法院确认了该判决[51 N. L. R. B. 1186, 1189. The Circuit Court of Appeals for the Second Circuit affirmed……]。

在佐治亚州的莱图尔诺公司案(*Le Tourneau Company*)中,有两名雇员被停职了两天,因为他们利用其私人时间,在公司所属和管理的、并与公司所圈定的厂区相连的停车场内,分发工会材料和通知,这种行为被认为是违反了公司长期以来所严格执行的一项章程,该章程早在工会的组织活动开展之前,就对工会在厂区活动作了如下规定:"以后任何商户、公司或个人,如果没有获得人事部门预先许可,都不能在公司场地上分发告示,或转发传单、张贴画或说明材料。"这个章程的出台是为了控制乱扔垃圾和发放人从停放车辆中偷窃的行为。委员会认定公司执行该规定过程中并未对工会存有偏见或歧视。

公司生产土方器械和其他军需品的工厂,坐落在面积为 6,000 公顷的乡村中。厂区由一条公路一分为二。在公路到封闭厂区(员工开展工作的地方)的员工入口之间有一片100英尺长的公司场地作为停车或其他用途,因此使用这些公共道路或厂区附近非公司场地的员工,通常是那些(2100人中大约有800人)步行穿过公路来上班的人,还有一些雇员将私车、大巴或其他运输工具停在公路上来上下班。雇员居住得十分分散。

委员会发现,公司将该章程适用于在公司场地上分发工会材料的雇员身上,并最终导致他们被解雇的后果,这种做法是第8条(1)款和第8条(3)款规定的不当劳动行为。故而颁布了停止损害令和撤销令,并指令偿付雇员失去的工作收入。(54 N.L.R.B. 1253)第五巡回法院的巡回上诉法院对委员会的决定进行了改判⋯⋯

此处提到这些案件是为了帮助考察委员会的意向⋯⋯。委员会试图在《华格纳法》所保障的员工自我组织方面的绝对权利,和同样属于绝对权利的、雇主对其场所的物权处分权之间,寻求某种调和。和很多其他权利一样,这些权利并不是没有限制的,它们的实现离不开承担作为雇主或雇员所应担负的其他法定义务。有机会进行组织和合理处分都是衡平社会的关键组成部分。

《华格纳法》并没有给这两个能够为不当劳动行为定性的因素提供准确无误的定义。相反,法案让委员会将法案中的一般性禁止,适用到那些可以被认定为违反该规定的所有可能情况当中,从而避免了使之成为一个"僵硬的救济计划"。在法定的合理空间内,法案允许通过灵活的行政手段来实现立法目的。见菲尔普斯道奇公司诉国家劳动关系委员会案(Phelps Dodge Corp. v. Laobr Board, 313 U.S. 177, 194)。我们所关注的是,此法是保护雇员的互助组织权不受雇主的干涉。这正是委员会应着力树立的劳动关系之原则。

被告在对委员会就共和航空公司案和莱图尔诺公司案所作出的判决进行的申诉当中曾提到,这些判决的作出并没有经过合理行政程序。再明确点说就是,委员会没有运用自己对产业关系的认识来代替事实证据。问题的关键是:委员会必须掌握足够的证据,以证明雇主的章程和命令干涉了、并打击了在这两个公司中工会的组织活动。不管是在共和航空公司还是莱图尔诺公司案中的证据都无法让人很有把握地认定,工厂的特殊地理位置让在公司外开展工会宣传难以奏效。这两个工厂都不像采掘场或伐木场那样,工人们在雇主的场地里共同生活和工作,所以它们工会组织活动必须在雇主的场地里进行,否则就无法实施。

……法定的对抗式程序设计,要求委员会对被告的不当劳动行为裁定应基于证人提供给它的证据,证人还应接受对方当事人的交叉质询。这种程序设计机理是通过对已有证据的再发掘来强化审判的公平性。但是,这一要求并没有超出所获取的证据事实,其结果也是从证据事实中获得。在对抗式的程序中,行政机构在聆讯后,它可以从经过质询所获知的事实中推导出结论,或从已知事实中得出是否存在违法行为的结论。成立该委员会的目的之一,就是让有经验的官员,根据其对服务对象的复杂性的充分认识,以事实为依据,以法律为准绳来作出决定……

共和航空公司案中的证据显示,上诉人在1943年年初是一个雇佣上千人的、位于乡村的军工生产企业。它发展十分迅速。火车和汽车每天从长岛运送大量的雇员到工厂里,这个距离远远超出步行所及的距离。证据还显示,企业确实存在反招揽章程,而且那些在警告之后被解职的员工们也详细道出了该章程违法的情况。

有证据证明:那些由于佩戴工会服务人员的纽扣标志而被解雇的员工,在他们讨论佩戴标志的时候,该工会还没有被上诉人认可为代表雇员的工会。雇主认可该服务人员的工会之后,曾在处理抱怨时将工会服务人员认作是与管理层对等的工会代表。上诉人认为在获得承认之前,如果让雇员展示工会服务人员标志,那么就属于违反了它应对工人组织所采取的中立态度。根据此观点,这种展示行为对于其他雇员来说意味着该工会已经获得认可。

即便是没有证据证明劳动关系中有任何反常的情况,也可以主张工厂的位置条件和其他大型企业常见情况不一样。

莱图尔诺公司案中也有此类特殊情况。该案中的证据简要勾勒出了这两名分发工会通知的员工被解雇时所处的情况。

委员会根据该案的一些事实作出了存在不当劳动行为的结论。在共和航空公司案的中期报告(Intermediate Report in the Republic Aviation case, 51 N. L. R. B. at 1195)中,给出了反招揽章程会对结社权产生破坏的原因。① 该报告经过了委员会的批准。委员会认定上诉人坚持限制雇员佩戴服务人员纽扣标志是违法的,具体理由见报告 1187 页。② 在莱图尔诺公司案中对相关原因的讨论更为广泛(54 N. L. R. B. 1253,1258)。我们在引文中加入的备注也发现了委员会对该特征的观点。③ 另外,委员会在这两个案中的观点将得到全面的支持,包括佩顿包装公司案(Matter of Peyton Packing Co., 49 N. L. R. B. 828, 50 N. L. R. B. 355),后文提及。

我们认为,委员会已经详细解释了它是如何得出了它的结论。上文已引用的观点恰恰显示了此过程。

委员会对这些案件的判例,不仅说明了它认为,反招揽规定和禁止佩戴标志行为构成了对工会组织活动的干涉,而且,就反招揽这一规定本身而言,它还简要地陈述了如果要推翻或抗辩反招揽规定违法这一

---

① 6. 案件(51 N.L.R.B)第 1195 页:"根据 1943 年 1 月时的情况,被告的雇员在工厂里长时间地从事战争物资生产,生产规模迅速扩大,故而他们在工厂里利用自己时间来实现正常的"全面自由结社"的权利被完全剥夺了,当时的时间和空间环境非常特殊,决定着他们只能处于此状态。被告的规章因此破坏了法律赋予雇员的权利。"

② 我们只引用了能够起到点题作用的部分。案件(51 N.L.R.B)第 1187—1188 页:"我们不认为佩戴服务人员纽扣代表着雇主批准或认可该工会成为雇员的代表,尤其是当厂区没有其他与之竞争的工会存在。而且,记录中没有证据显示被告的员工也会对印有工会服务人员的纽扣产生同样的联想,或工会服务人员的出现对原告的抱怨程序能够产生影响。另一方面,雇员在工作时佩戴工会徽章的权利长久以来都是被认可的,也是合法的工会活动,被告削弱此权利的行为明显是违法的。"

③ 案例(54 N.L.R.B.)第 1259—1260 页写道:"第二巡回法院的巡回上诉法院认为,'并非所有的、干扰物权的行为都违反了第五修正案……给物权带来了不便,甚至错位,但这有时是保障集体谈判权的必要措施。'委员会经常将此原则适用在判断各种情况当中,它认为雇主对自己财物的控制并不能否定那些为了保障雇员能够有效实施其自我组织和集体谈判权利而必须出现在工作场所的人进入其场地,在一些后来被提告到法院的案例中,委员会的立场获得法院的支持。同样,委员会认为,'雇主制定和推行禁止工会在工作时间进行招揽的规章是它自己的权利',但'雇主制定和推行禁止工会在工作时间之外(即便是在工作场所内)进行招揽活动的规章却不属于它自己的权利',后一个限制被认为是无理妨碍自我组织权的实现。"

假设所需要的证据。在佩顿包装公司案(Peyton Packing Company case, 49 N.L.R.B. 828, at 843)中,上文所说假设是指,委员会为其判断所置的预设①……

在共和航空公司案中,上诉人申辩道:撇开反招揽章程的合法性不谈,在本案中适用该章程并没有违反第8条(3)款之规定……因为该章程并没有专门针对工会的招揽活动进行歧视性的适用,而是不偏不倚地禁止所有人的招揽活动。但是,很明显,如果反招揽章程应该对于工人利用非工作时间、在工作场所内的工会招揽活动网开一面的话,那么雇员由于违反该规定而被解雇的处分,就构成了第8条(3)款所规定的歧视行为,因为它打击了具有劳工组织成员资格的人员。

共和航空公司诉国家劳动关系委员会案获得了确认。

国家劳动关系委员会诉莱图尔诺公司案被改判了。

罗伯特法官对两个案子都持有异议。

注释和问题

1. 没有(有关)"歧视"方面的证据也(成立)违反第8条(a)(3)款之规定? 事实是:委员会发现共和航空公司案和莱图尔诺公司案采取或适用案中所涉的、貌似中立的、反招揽和反分发章程的动机中并没有反工会意向,那么为什么委员会认为处分那些违规的人却违反了第8条(a)(3)款之规定,为什么法院也支持委员会的认定?这些雇主在哪个方面涉嫌构成第8条(a)(3)款规定的"歧视"?

---

① 案例(49 N.L.R.B.)第843—844页写道:"当然,此法案并没有阻止雇主制定和执行合理的章程来管理员工在工作时间段内的行为。工作时间就是为了工作。所以,雇主有权发布和执行禁止在工作时间进行招揽行为的规定。这种规定如果没有证据证明它存有歧视性目的,那么就必须假定它是有效的。在工作时间之外也是一样的道理,不管工作前或下班后,或者午餐和休息时间,都是雇员自己的时间,他们可以利用该段时间开展想从事的活动而不受任何不合理的限制,尽管雇员是在公司场地开展这些活动。因此,雇主无权发布或执行禁止雇员利用自己时间在工作场所进行工会招揽活动的规定。如果没有证据表明某些特殊情况让该规定成为维持生产和纪律所必须的,这样的规定必须被视作对自我组织活动的无理妨碍和带有歧视性的。"

2. 对第8条(a)(3)款的依赖是否必要?

a. 事实上第8条(a)(1)款中的表述更具有原则性和开放性,那么有没有理由认为,审理共和航空公司案的法院,仅凭第8条(a)(1)款的规定而不问第8条(a)(3)款的规定是无法接受委员会对本案中解聘和处分所作的判令的? 但当本案中行为是非法解雇或非法处分时,这两个规定提供的救济却是一样的。

b. 据此也思考一下国家劳动关系委员会诉波西公司案[NLRB v. Burnup & Sims, Inc., 379 U.S. 21 (1964)]。在这个案件中,雇主解雇了两个雇员,因为在一场组织(工会)运动中,他们曾威胁:在必要的时候将不惜使用炸药来实现(对其组织的)承认。委员会发现,案中提到的威胁并未付诸实施,判定雇主对这一后果的担忧不构成抗辩,认定其行为同时违反第8条(a)(1)款和第8条(a)(3)款,判令其恢复状态和偿付。法院认定委员会的判令是完全基于第8条(a)(1)款作出的,认为(第22—24页):

> 我们发现,无论雇主的动机是否达到第8条(a)(3)款规定的程度,仅凭第8条(a)(1)款的一般规定就可以判定其行为是否违法……如果雇主仅仅因为员工参与了受保护的活动会给自己地位带来不稳定就解雇了员工,那么该行为是违法的,因为虽然有时雇主这样做是出于善意目的,但难免不伤及到无辜的雇员。这种解雇处分带来的影响就是削弱或破坏了第8条(a)(1)款所要保障的权利。此时的解雇权并非属于管理层的绝对权力……其宣称的炸弹威胁和第7条中的规定完全无联系,故而需要从其他视角考虑此问题。

波西公司案是否意味着:即便是雇主的行为不带有歧视性的动机,第8条(a)(1)款依旧保护雇员组织者不因被事后发现的理由而遭到解雇? 是否应将波西公司案的判例理解为:一旦发现雇主作出解雇决定的前提存在错误时,如果雇主在给员工恢复工作一事上的态度消极,那么雇主将承担责任,但雇主不必对其解聘决定承担责任?

3. 国家劳动关系委员会的"填补空白"的功能。 注意,法院曾讨论国家劳动关系委员会在共和航空公司案中所发挥的作用,并认为国家劳动关系委员会将该法作了极为宽泛的解释,将其适用于"不可穷尽的、可能被指控为违反该法的情形当中",还认为,有必要"让有经验的、对客体的复杂性有充分了解的官员"来对到底哪项事实有违该法作出第一性的正确判断。委员会认定执行禁止利用非工作时间招揽和分发的章程是违反该法行为的根据是什么?根据在佩顿包装公司案中所提出的、并得到共和航空公司案确认的假设,是否应允许利用工作时间来讨论工会代表事务?需要指出的是,该假设是基于委员会的一个决定,即雇员利用非工作时间的招揽行为并未对雇主在其工业场所的合法利益带来干扰;法院的相关判决(规定),即不管这样的干扰是否发生,雇主都必须容忍因为雇员行使第7条所保护的权利时带来的不便。

注释:对工作场所招揽和分发的限制

佩顿包装公司案的假设。 委员会在共和航空公司案中所持的态度,并非是说所有限制第7条的行为都违反了第8条(a)(1)款。而是,委员会支持雇主利用在维持"生产和纪律"方面的诉求来平衡和限制自由运用该法第7条所保护的权利。委员会的"佩顿包装公司案的假设"引用了共和航空公司判例的脚注10,还附加两个有争议的假设。第一,禁止运用中立性的、在工作时间开展招揽活动的章程,来对抗雇员们的工会招揽行为,无需证据来证明运用该章程就是为了打击第7条所保护的活动。第二,禁止利用非工作时间在公司场地内进行任何形式的招揽活动的章程,如果被用来针对工会的招揽活动,即便它是中立的,也都属于非法的,除非公司证明"存在必须为了维持生产或纪律而实施该章程的特殊情况"。该原则被委员会和法院在后续的案件审理中作了进一步的发展和解释。

"工作时间"（Working Time）与"工作时段"（Working Hours）。一项限制组织活动的章程要想具有有效性,必须具有适度的明确性,应说明它不适用于雇员的工作时间之外的时段——例如,午饭和休息时间。正如共和航空公司案所揭示的,章程如果规定的太宽泛,就会(正如案件中的做法)在表面上看是非法的。而且,委员会的立场是,由于模糊宽泛的限制会对开展受保护的活动产生限制,雇主应承担规定不明确带来的不利后果。见圣乔治仓库公司案[E. g., St George Warehouse, Inc., 331 N. L. R. B. 454 (2000)]。尽管佩顿包装公司案和共和航空公司案使用的是"工作时段",委员会认为对利用"工作时段"(而非"工作时间")招揽或分发禁止的规定是无效的。见我们的道路公司案[Our Way, Inc., 268 N. L. R. B. 394 (1983)]。它认为"工作时段"可以被理解为包括雇员午餐和休息的时间,而"工作时间"明显只指实际从事工作的时间段。

招揽与分发。委员会将雇员的口头招揽和分发宣传材料的行为作了区分,确认那些限定只能在工厂非工作区域从事"分发"活动的章程为有效的,不管该分发活动是在工作时间还是在非工作时间发生。基于此区分的目的来判断,分发工会招揽卡与分发传单不同,是一种招揽的形式。见斯通快克案[Stoddard-Quirk Mfg. Co., 138 N. L. R. B. 615 (1962)](两个成员提出了异议)。又见,全国半导体集团案[National Semiconductor Corp., 272 N. L. R. B. 973 (1984)](以分发请求书的形式搜集员工签名来抵制人事调整方案视作招揽)。

有工会标志的纽扣或徽章。正如共和航空公司案所示,佩戴工会纽扣或徽章是雇主限制雇员在工作时间招揽规定的一个例外。积极招揽在非工作时间实施也许是合法的,但佩戴徽章就不同了,它们之间的区别并非一直都很清晰。例如,沃尔玛超市集团案[Wal-Mart Stores, Inc., 340 N. L. R. B. 637 (2003), enforced in relevant part, 400 F. 3d 1093 (8th Cir. 2005)](雇员不应由于穿着标有"去在卡上签上名字……向我咨询如何做"字样的

T恤衫就被处分,因为穿T恤衫并不代表呼吁"其他雇员需马上对"招揽作出"回应")。

全天候禁止佩戴工会纽扣和徽章的章程都应被视作违法,除非"有特殊情况"显示,该章程是为了维持生产、纪律或客户关系必须采取的。例如,银瑞艾克消防公司案[In re Eckert Fire Protection, Inc., 332 N.L.R.B. 198 (2000)];百事可乐公司案[Pepsi Cola Bottling Co., Inc., of Norton, 301 N.L.R.B. 1008 (1991)]。又见,梅捷公司诉国家劳动关系委员会案[Meijer, Inc. v. NLRB, 130 F.3d 1209, 1216 (6th Cir. 1997)](指的是雇员有"近乎绝对的"佩戴徽章的权利)。委员会的观点是雇员和顾客接触并不本质性地构成禁止其佩戴徽章的"特殊情形"。例如,富勒希拉案[Flamingo Hilton-Laughin, 330 N.L.R.B. 287 (1999)];艾尔伯特公司案[Albertson's, Inc., 300 N.L.R.B. 1013 (1990)]。但是,委员会已经指出,可以禁止经常和顾客接触的雇员佩戴某个工会的纽扣,因为这种纽扣所传达信息会让"顾客感到不和谐"。① 如果工会纽扣上写着"帮助我们在这个血汗工厂里组织起来"或简单地标注"和工会一起走向成功",那么是否会有问题?纽扣或徽章的大小是否有讲究?见法勃莱克公司诉国家劳动关系委员会案[Fabri-Tek, Inc. v. NLRB, 352F.2d 577, 583 – 584 (8th Cir. 1965)](雇主可以禁止佩戴特大号纽扣或印有"超大号字"的员工文化衫);又见,弗吉尼亚电力公司诉国家劳动关系委员会案[Virginia Elec. § Power Co. v. NLRB, 703 F.2d 79(4th Cir. 1983)](雇主可以要求前台服务人员,在工作时佩戴较小的和"不太花哨"的工会标志)。

委员会(支持的)不得招揽或分发章程的优先适用权。 在某些工作场所中,如零售百货公司或医院,那些对招揽和分发行为进行的扩大限制将被视为有效。因此,那些禁止雇员(甚至包括利用非工作时间)在百货公司

---

① 见,艾尔伯特公司案,第1016页,国家劳动关系委员会300号案件(Albertson's supra, 300 N.L.R.B. at 1016)。

销售区域从事招揽行为的规定一般是有效的。例如,格费百货公司案[Gayfers Dep't Store, 324 N. L. R. B. 1246, 1250 (1997)]及佩妮公司案[J. C. Penney Co., 266 N. L. R. B. 1223, 1224 (1983)]。委员会还将"销售场所"的概念扩展到其他种类的工作场所,如酒店或博彩场所。①

对于医院和其他医疗设施,委员会一概禁止所有的、在"直接提供医疗服务"的场所,如病房、手术室或其他诊疗室,(佩戴)纽扣(标志)、招揽和分发行为(即便是利用非工作时间开展)。见库珀卫生系统案[Cooper Health Systems, 327 N. L. R. B. 1159 (1999)];又见,史坦顿岛医院案[Doctors Hospital of Staten Island, 325 N. L. R. B. 730 (1998)]。反之,如果医院禁止利用非工作时间在"病人可进入"或"访客可进入"的区域,如餐厅、礼品店或医院大门处佩戴纽扣标志、招揽和分发行为,但无法证明出台该禁止性规定是为了避免干扰病人的医疗或生活而必须采取的做法,那么该规定将被视为无效。库珀卫生系统案和东缅因州医疗中心案[Eastern Maine Medical Center, 253 N. L. R. B. No. 48(2006)](雇主可以禁止在非直接提供医疗服务的区域内佩戴写有"注册护士们要求用工安全"的纽扣,原因是该纽扣传递了干扰信息)。委员会对哪些地方属于"直接提供医疗服务"的区域,哪些是"病人可进入"或"访客可进入"的区域作了界定,最高法院也对委员会的界定作了确认。见国家劳动关系委员会诉巴特斯特医院案[NLRB v. Baptist Hospital, 442 U. S. 773(1979)];贝斯医院诉国家劳动关系委员会案[Beth Israel Hospital v. NLRB, 437 U. S. 483 (1987)]。但是,它还指出,判定医疗场所某一部分是否对组织活动开放与判断该场所是否适用这种禁止性章程是有关联的。见贝斯医院案(See Beth Israel, 437 U. S. at 505)。

在贝斯医院案中,法院支持了委员会的判令,即取消一项禁止雇员在医院餐厅、员工物品存放室和休息室附近,从事招揽或分发活动的章程。2200名正式员工当中只有600名能够在各处的物品存放室接触到招揽

---

① 见,富勒希拉案,第294页,国家劳动关系委员会330号案件(Flamingo Hilton-Laughlin, 330 N. L. R. B. at 294)。

活动,工会的调查显示,餐厅的顾客当中,77%是雇员,只有9%是访客,1.5%是病人。但是,在贝斯医院案中,法院对委员会为某些区域的定性持有不同意见,它发现走廊和休息间散落在病房、手术室或其他诊疗区域的各个楼层之中,这些地方应被视为直接提供医疗服务的区域,故而应禁止招揽行为。

歧视性地运用或执行不得招揽/不得分发的章程。在工会航空公司案中,法院注意到:导致争议的两个涉案章程,都是早在工会化运动开始之前就被采用了。委员会认为不得招揽或分发的章程,除非能够证明它当时是为了实现一个歧视性的目的而制定——如降低雇员招揽或分发与组织活动有关的材料的机会,那么它就不能被视作是无效的。例如,棕榈滩废物处理公司案[Waste Management of Palm Beach, 329 N. L. R. B. 198 (1999)]。它同样还认为,歧视性地执行或适用表面上有效的规定——如,通过允许以其他形式的招揽或分发活动来孤立工会———一般属于不当劳动行为。见库珀卫生系统案(Cooper Health Systems, 327 N. L. R. B. at 1164)和雷诺·希尔顿度假村案[Reno Hilton Resorts, 320 N. L. R. B. 197, 208 (1995)]。但是,雇主可能会在实施它的反工会招揽章程的同时,允许一些不违反该法的慈善性招揽活动。见汉姆瑞制造配套公司案和服务航空公司案[Hammary Mfg. Corp., 265 N. L. R. B. 57 (1982); Serv-Air, Inc., 175 N. L. R. B. 801 (1969)]。

作为对2001年9月11日恐怖袭击的回应,事务总长制作了一个备忘录来明确委员会在此领域的政策。见《事务总长备忘录01—06》:《为近期发生的悲剧募捐》一章[Fundraising Following Recent Tragedy, GC Memorandum 01-06 (Sept. 28, 2001)]。该备忘录写道,雇主在某些例外情况下开展"一些独立的慈善活动"而不受不得招揽章程的约束,但不得一方面反对工会进行招揽,另一方面却默许频繁或长期的慈善性招揽。但是,有些巡回法院在对待非雇员进入雇主场所的问题上,既允许雇主禁止工会招揽活动,又赋予雇主开展慈善招揽活动的权利,从而给了雇主更多的自由空间。见监护产业诉国家劳动关系委员会案[Guardian Indus. v. NLRB, 49 F. 3d 317, 320－321 (7th Cir. 1995)]。这种差别化的执行标准是否降低了雇主辩解的可信度:即设置不得招揽章程在一开始就是为了维护工作场所生产和纪律所必需的? 或者,有计划的、周期性的慈善招揽活动对雇主的影响与无计划的工会招揽活动所带来的影响是一样的吗? 见弗莱明库斯诉国家劳动关系委员会案[Fleming Cos. v. NLRB, 349 F. 3d 968 (7th Cir. 2003)](允许雇主禁止在用于发布个人声明和出售通知的公司公告栏中张贴工会宣传材料,因为雇主一贯以来都禁止任何组织和团体在此张贴)。

不得招揽/不得分发政策如何适用于使用雇主电邮系统(开展的相关)行为? 委员会不得招揽/不得分发政策能否应对雇员使用雇主电邮系统的情况? 雇主可以一边禁止雇员使用电邮系统发送与工会有关的材料,但另一边又允许他们发送其他"非业务"信息吗? 见E. I.杜邦有限公司案[E. I. du Pont de Nemours § Co., 311 N. L. R. B. 893 (1993)](认为答案是"否定的")。他们是否可以继续用表面上中立的、全面性的章程来禁止使用电邮系统从事非业务性活动? 2007年1月,委员会宣布:委员会全体成员将会聆讯警卫印刷公司案(*Guard Publishing Company*)的口头辩论,该案涉及的问题是禁止使用公司电邮系统开展那些"与工作无关的招揽活动"。委员会邀请了所有利益相关方作出陈述。委员会是否应将电邮联络视为"招揽",(虽然)它更像是"分发"行为? 需要注意的是,只有"在工作场所内的招揽"是受到法律保护的,即便是利用非工作时间来开展的。如果电邮联络被认定为招揽,那么委员会如何处理当电邮信息是员工在非工作时间发送出去的,而其他员工却是在他们的工作时间阅读这些材料的时候所出现的问题——尤其是在专业或高技术行业中,"工作"和"非工作"时间之间的界限并没那么明显? 委员会是否会把它对招揽和分发行为的判令适用于那些像警卫印刷公司案类似的案件中,即出现雇员使用雇主设备(开展活动)的情况? 如果是在非工作时间内使用公司拥有的设备,如电话和复印机的活动,那么是否允许雇主对这些行为进行非歧视性的限制?在联合碳化物公司诉国家劳动关系委员会案和冠军国际公司案[Union Carbide Corp. v. NLRB, 714 F. 2d 657 (6th Cir. 1983);Champion Int'l Corp., 303 N. L. R. B. 102 (1991)]中,电邮系统和上述设备有区别吗?

给雇员文明通信章程带来了显著的挑战。委员会曾认定,雇主不仅会通过直接禁止组织活动,还会通过规制雇员通信内容的文明性,来冷却组织活动的热情,以此来对第7条中的法定权利实施非法干预。因此,委员会禁止对商讨工资和工作条件及待遇问题的活动施加限制。见双头鹰大酒店赌场案和韦科公司案[Double Eagle Hotel § Casino, 341 N. L. R. B. 112 (2004); Waco, Inc., 273 N. L. R. B. 764 (1984)]。委员会还撤销了表面上中立的工厂礼仪规范,因为它可能给开展受保护的活动泼冷水。见安德垂恩·戴姆勒—奔驰交通公司案[Adtranz, Abb Daimler-Benz Transportation, N. A., Inc., 331 N. L. R. B. 291 (2000)](禁止使用"辱骂性的语言"的规定);拉法叶公园酒店案[Lafayette Park Hotel, 326 N. L. R. B. 824 (1998)](规定禁止"欺骗性的、品行不端的、亵渎性的或恶毒的言辞")。但是,在纪念马丁·路德之家公司案[Martin Luther Memorial Home, Inc., 343 N. L. R. B. 1044 (2004)]中,委员会接受了特区巡回法院在安德垂恩案中的分析意见:只要雇员自己不认为不得有"辱骂性的和亵渎性的语言"、"骚扰"和"口头上的、精神上的或身体上的侵扰"的章程构成了第7条所禁止的行为,而且这些章程也没有被用来纵容这些禁止性行为,那么它们就是合法的。雇员应如何解读这种表面上中立的规定?雇主会如何操控它们来冷却工会的招揽活动?它们维护合法商业利益的借口能否成为其抗辩理由?在纪念马丁·路德之家公司案之后,委员会认定雇主禁止对其他雇员和管理人员进行"否定性地评头论足"的章程是非法的。见 KSL 克莱尔蒙特度假村案[KSL Claremont Resort, Inc., 344 N. L. R. B. No. 105 (2005)],并要求对公司信息保密,见信达思公司案[Cintas Corp., 344 N. L. R. B. No. 118 (2005)]。在其后一个案件中,委员会表达了它的顾虑,即雇员可能会将这些章程解读为要去限制对工资和其他就业条件进行讨论。①

第二节 第7条中权利与雇主利益的兼顾

1. 维护生产和纪律的需要

正如共和航空案和对不得招揽/不得分发章程所附条件所显示的那样，尽管在第7条或第8条都没有明确提及雇主的利益和权利，委员会和法院已经假定，国会在其立法中并没有干涉雇主运营其经营自主权的意愿。因此，如果要判定雇主是否违反第8条（a）（1）款的规定并因此无理地干扰了第7条中规定的权利，或通过违反第8条（a）（3）款的规定而歧视性地打压了工会的活动，那么就需要考虑和兼顾雇主的利益来综合判定。

2. 排斥"外人"的利益：雇主的财产权

因为雇员已经合法地进入雇主的场地，所以通常不认为雇员的招揽和分发行为是侵犯了雇主的财产权。但是，当"外人"，包括非雇员的工会组织者，试图进入雇主场地时，就必须遵守州物权法。

注释：国家劳动关系委员会诉巴布科克威尔科克斯有限公司案

NLRB v. Babcock & Wilcox Co.

在国家劳动关系委员会诉巴布科克威尔科克斯有限公司案中，也就是在共和航空案作出判决11年之后，法院首次遇到了雇主运用物权请求权来禁止非雇员的工会组织者进入其场地的问题。在巴布科克案中，法院（瑞

---

① 见拉斐尔·格里和伦纳德·比尔曼：《工资、保密规定和〈国家劳动关系法〉》，载于《劳动与就业杂志》第6卷（2003），第121页[Rafael Gely § Leonard Bierman, Pay Secrecy/Confidentiality Rules and the《NLRA》, 6 U. Pa. J. Lab § Emp. L. 121 (2003)]。

迪法官,他还撰写了共和航空案的判决说明)认为,虽然第 7 条的规定中并没有对工会进行直接授权,但可以从第 7 条推演出它拥有同雇主沟通的权益。但是,法院还认为这种权益必须向雇主的物权作出让步,遵守不能进入的规定:

> 委员会负责作出相应的调整。当它基于全部卷宗中的大量证据,认定了案件事实,并借此作出了(相关)规定时,这样的规定应得到法院的支持,除非它属于法律适用错误。但是,委员会在这里却没能将适用于雇员的法律与适用于非雇员的法律区分开来。
>
> 这种区分是非常关键的。任何规定都不能限制雇员们在内部讨论自我组织的权利,除非雇主能够证明作出此类限制是维持生产和纪律所必须的。见共和航空案。但对于不是其员工的组织者来说却没有这样的要求。对他们进入公司场地的行为存在着不同的考量。自我组织权的实现,在某种程度上取决于雇员从其他人了解到自我组织好处的能力。因此,如果工厂的位置和雇员的居住区超出了工会与其联络所及的范围,雇主必须允许工会在其场地内接触它的雇员们。[在此案中]没有证据显示有这样的情况。
>
> 这些工厂距离大部分雇员所居住的社区都很近。常规的信息传播方法已经存在……各种大众传播工具也在掌握之中。尽管雇员的居住区是分散的,但依旧是在可联络到的合理范围内。本法案要求限制雇主干预、歧视、妨碍或强迫雇员实现他们自己的权利。当已经存在其他途径的情况下,它并没有要求雇主允许使用其设施来进行组织活动。

(同上,第 112—114 页)

兰奇米尔公司诉国家劳动关系委员会案

Lechmere, Inc. v. NLRB

502 U. S. 527 (1992)

第四章 保护协调一致的活动 225

托马斯法官陈述了法院的观点。

该案件源自美国食品和商业工人工会第919地方工会(Local 919 of United Food and Commercial Workers Union)和劳工协会—产业组织联合会工会要求组织纽因顿康涅狄格(Newington,Connecticut)零售店中的员工,该店是由上诉人兰奇米尔公司(Lechmere,Inc)管理的。此店位于兰奇米尔购物广场(Lechmere Shopping Plaza)中,形状大约是个矩形,南北长大概800英尺,东西宽740英尺。兰奇米尔的店坐落在广场的南端,其北边紧靠着主停车场。一组由13个不归兰奇米尔所有的小型"卫星商店",顺着广场西侧面向停车场一字排开。在广场的东面(也就是主入口处)是一条四车道收费高速公路。但是,停车场并不邻接收费公路;它们之间有一个46英尺宽的带状绿地将其隔开,通向广场的入口。该停车场归兰奇米尔和"卫星商店"的开发商所有。带状绿地是公共财产……

1987年6月,工会发起了组织该商店中200名雇员的运动,之前并没有任何一个工会来代表这些雇员。工会在当地报纸刊登了整版广告但却没有收到多少回应,非雇员身份的工会组织者之后进入了兰奇米尔的停车场,并开始将传单放置在停车场角落里的汽车挡风玻璃上,这些汽车大部分属于员工所有的。兰奇米尔的经理迅速来到组织者面前,通知他们兰奇米尔禁止在它的任何场地内招揽或发放传单,①并要求他们离开。他们照做了,兰奇米尔的人员取走了这些传单。工会组织者随后又几次试图在该停车场分发传单;每一次都被要求离开,传单也被清理掉了。组织者便搬到公共带状绿地上,他们从那里给那些在非工作时间(开门前或关门后)驶入的车辆

---

① 1. 兰奇米尔在工会开始组织活动很多年之前就已经制定了这一政策。商店的官方政策的相关部分写道:

所有时段在公司所有地方,包括停车场,都禁止无关人员(如非雇员)从事招揽和分发宣传材料的活动。无关人员无权进入非工作区域,只能进入公共和商店为公众提供的销售区域。

兰奇米尔所有大门上都有6英寸宽8英寸长的标志,上书"告诫公众:不得招揽、兜售、分发材料或禁止非雇员闯入"。兰奇米尔持续在其商店和停车场中执行该政策(来抵制其他人、救世军和女童子军)。

发传单,因为该时段的司机大多为商店员工。在长达一个月的时间里,工会组织者每天都到带状绿地上纠察兰奇米尔;之后,他们又频繁地纠察了六个月之久。他们还记录了在员工停车区域的车辆牌号;在康涅狄格交通局(Connecticut Department of Motor Vehicles)的帮助下,他们找到41名非管理层成员的员工名字和住址(大约为总员工人数的20%)。工会向这些雇员发出了四封邮件;他们还试图通过电话或家访形式和这些人联络。这些邮件联络和家访工作只换来了一个给工会进行授权的签名。

工会宣称,兰奇米尔禁止非雇员身份的工会组织者进入它的场地已经违反了《国家劳动关系法》,并向国家劳动关系委员会针对其提起了不当劳动行为诉讼。行政法官适用了委员会在费尔蒙酒店有限公司案(Fairmont Hotel Co., 282 N.L.R.B. 139)中设定的标准,作出了有利于工会的判决。审理兰奇米尔公司案[Lechmere, Inc., 295 N.L.R.B. 94(1988)]……委员会确认了行政法官的判决,并发出了一个建议令,建议适用它在简康迪案[Jean Country,291 N.L.R.B.11(1988)]中设定的观点,以此代替了短命的费尔蒙酒店判决。第一巡回法院的联邦上诉法院观点出现分歧,最终否定了兰奇米尔提出的审查请求,并执行了委员会的命令。

……《国家劳动关系法》通过中性的措辞确认了,只有雇员而非工会或他们外来组织者拥有此法案所赋予的权利。但是,在国家劳动关系委员会诉巴布科克威尔科克斯有限公司案[NLRB v. Babcock & Wilcox Co., 351 U.S. 105 (1956)]中,我们认识到雇员"自我组织权利的实现在某种程度上,有赖于他们从其他人那里了解到自我组织好处的能力",同上,第113页,《国家劳动关系法》第7条的规定允许,在某些特定情况下限制雇主阻止非外来工会组织者进入其场地的权利。我们今天所要探讨的就是这些情况的本质……

正如上文所述,简康迪案代表着委员会最近一次为落实第7条中所保护的权利所作的尝试。委员会设定一个包含三因子的平衡评价方式:

在所有进入(雇主)场地的案件中,我们考量的关键是(1)如果进入请求被拒绝了,那么第7条所保护的权利会受到多大程度的削弱,并以此参照从一种平衡的角度来对比(2)如果要求进入的请求获批,那么私有财产权的保护会受到多大的削弱。我们还将(3)是否存在有效的替代方法,视作平衡考量的重要因子(291 N. L. R. B., at 14)。

委员会承认,这种分析方式不太可能提高此法条的清晰度或可预测性,但宣称"和其他涉及多重因素的法律问题一样,'问题的本质,正如它的不同情形所揭示的那样,对其作出的理性回应将不可避免地经历一个进化过程,这个过程既不是一蹴而就的,也不是确定的,而是一个综合性的历程。'"摘自电气工人诉国家劳动关系委员会案[Quoting Electrical Workers v. NLRB, 366 U. S. 667 U. S. 667, 674(1961)]。

……委员会认为简康迪判例是对《国家劳动关系法》作出了合理的解释,应得到司法机关的遵从……雪佛龙美国公司诉美国自然资源保护委员会案[Chevron U. S. A. Inc. v. Natural Resources Defense Council, Inc., 467 U. S. 837, 842–843 (1984)]。

但是,在我们讨论去遵从委员会规定之前,我们应首先研判简康迪案——至少在适用于外来组织者的越界行为问题上——是否和我们以前对第7条的解释相一致。"一旦我们判断出该法条的确切涵义,我们应在遵守先例的原则下,遵照执行该判断……"[删除了部分引用]。

在巴布科克案中……我们认为,此法案对雇员的工会行为和非雇员的工会行为作了"实质性"的区分(351 U. S. 113)。在涉及雇员活动的案件中,我们认可委员会的做法,即"当雇员利用工余时间,在公司的场地内,从同事那里获得有关自行组织方面的信息,与雇主控制自己场地的权利发生冲突时,在这两者利益间要找到一个平衡点"(同上,第109—110页)。但是,在涉及非雇员人员活动的案件中,委员会是不能搞此类平衡的(我们也将委员会所搞的此种平衡纠正了过来)。委员会在解释本法条时没能区别雇员与非雇员的组织行为,我们认为应根据雪佛龙案所下的定义来纠正这一问题,第7条其实涉及了非雇员进入雇主场地的问题。巴布科克判例有着显著的启示意义:第 7 条显然不保护非雇员身份的工会组织者,除非在少数情况下,当"雇员进出受阻的情况,导致工会组织者在合理范围内尝试通过正常途径与之进行联络无效时"(同上,第 112 页)。我们在此使用的"在合理范围内尝试"这一表述,是基于我们的普遍认识,即工会不应采取过度的行为来联络它们无法接触到的雇员——(我们)但并非要为其引申含义进行背书(同时也是我们明确拒绝的观点),即该法保护"合理的"越界。当有替代的接触方式存在的话,第 7 条就不会授权非雇员身份的组织者越界进入,即便是出现(正如我们在巴布科克案中所注意到的)委员会所设立的所谓"基于……合理规则"的情况。

如果说我们所审理的案件需要综合考量雇员和雇主的权利是正确的、但并非全面的论述,那么对于那些涉及非雇员进行组织活动的案件,此种综合考量还应再向前推进一步。只要外部工会组织者在雇主场地之外存在联络员工的合理途径,就已经达到了此种综合考量所提的要求。只有当这种途径无法实现时,才应提升到第二个层面进行平衡考量雇员与雇主的权利,这才是必要的、同时也是适当的做法……至少在对非雇员的人员进行适用的问题上,简康迪案未经允许就将上述两个步骤合并了——因此破坏了巴布科克判例所确立的一般性规则,即"雇主可以有效地运用物权权利,对抗非雇员分发工会宣传材料"(同上,第 112 页)。我们今天再次重申该一般性规定,拒绝委员会试图将其重构为一个在多因素中寻求平衡的方法。

那么该案首先要去追问的问题就是,案中的事实是否能够证明,本案属于巴布科克判例中"无法接触(条件下)"(导致)的例外……正如我们解释的那样,巴布科克判例所设置的例外是狭义的。它并不适用于那些,如果不越界去联络雇员就会比较难以或达不到理想效果的情况,而只适用于当"工厂的地点和员工生活区超出了工会以合理方式与雇员联络的范围"[同上,第 113 页(补增的强调)]。典型的例子包括伐木营地、矿场和山中的度假酒店[删除部分引用]。巴布科克判例订立的例外,正是为了保护某些雇员所享有第 7 条中的权利,他们属于那些由于工作性质方面的原因,与某些社会基本信息绝缘的人们。正如我们已经解释过的,工会证明存在此种孤立的责任十分"沉重",西尔斯-罗巴克及公司诉卡木工案[Sears, Roebuck & Co. v. Carpenters, 436 U. S. 180, 205 (1978)],要实现此项证明责任,不能仅靠提出某些猜测性的(论断)或对不越界就无法有效联络的情况单纯质疑。

委员会对本案所下的结论——工会除了越界便没有其他合理的方式来使兰奇米尔的雇员了解到正在开展的组织工作,对法条中的"例外范围"产生了错误理解。因为雇员并非居住在兰奇米尔工厂所属的区域中,所以他们并没有"超出了工会信息传递的范围",巴布科克案,第113页。尽管雇员散居在一片广阔的都市区域当中,但这一现实也并非使他们就像巴布科克案中情况那样无法联络得到。见会标模型公司案[Monogram Models, Inc., 192 N. L. R. B. 705, 706 (1971)]。他们具有的可联络性已经在工会通过邮件、电话和家访方式直接联络到大部分员工的事实中得到了印证。当然,在具体的个案中,直接联络并非就是构成"合理有效"联络的必要要件;标牌或广告也可能成为充分条件。就本案而言,工会曾试图在当地报纸做广告;委员会说此方法事实上并不存在有效性,因为这样作不仅昂贵而且难以将信息传递到员工那里。暂且不管委员会所下的结论的正确性如何,本案中存在其他替代性的联络方法是不争的事实。因此,标牌(例如,矗立在公共绿地到兰奇米尔停车场之间)将会起到向雇员告知工会在组织方面所作的努力。(事实上,工会组织者在购物中心主通道步哨了几个月,那里其实就是雇员每天进出的地方。)虽然接触到了雇员、但没能成功赢得他们的支持才是问题的关键——尽管成功与否可能取决于合理的接触途径是否存在。因为在本案中工会没能证明:由于有某些"特殊的障碍"存在,[①]所以阻碍了它接触到兰奇米尔的雇员。委员会在本案中错误地认定:兰奇米尔通过禁止非本单位的工会组织者进入其场地实施了不当劳动行为。

因此对第一巡回法院的判决进行改判,同时对执行委员会的命令作出了否决。

---

① 见西尔斯案,第205—206页,注41(Sears, 436 U. S., at 205‑206, n.41)。

本案据此判决。

怀特法官,与布莱克曼法官,持有异议。

"只要委员会所作出的判决是合理且符合本法案的,即便是我们若担任委员会成员时会作出不同判决的情况下,我们也会一贯性地支持它的判决。"见国家劳动关系委员会诉科廷莫森科技公司案[NLRB v. Curtin Matheson Scientific, Inc., 494 U.S. 775, 787 (1990)]。司法所扮演角色是有限的:如果委员会的结论在整体上有实质性的证据支撑,委员会判令就必须获得执行。见贝斯医院诉国家劳动关系委员会案[Beth Israel Hospital v. NLRB, 437 U.S. 483, 501 (1978)]……

法院在此案中犯错是由几方面的原因导致的。首先,巴布科克判例规定,如果实在无法接触,那么可以准许其进入,但这并不是说只有准许进入这一种救济办法,而没有其他办法可以既能实现工会使用雇主停车场的要求同时又能满足法院的要求,也就是既要保障不干扰到雇主的物权,又要让雇员能够从其他人那里了解到自行组织的好处。当然,工会必须证明,如果不能进入的话,它所作的"合理努力"就不能实现和雇员的妥善沟通。但我不能相信的是,法院在巴布科克案中有意将此一般性的考量,限定为现今法院所坚持的唯一条件。如果法院在巴布科克案中暗示,非雇员进入伐木场是必须的,它并非是说只有在这样的情况下,才准许非雇员进入。在巴布科克案中,也没有要求委员会去忽略某个归生产厂家完全所有的停车场与一个面向大众无限制开放的购物中心之间存在的实质性区别。巴布科克判例中的陈述也没有暗示:委员会不应去考虑雇员的居住地散落于某个都会城市各处这一事实;但巴布科克案的判决却要依据前一个判例来作出,在之前的案件中雇员是居住在一个集中的地区从而使他们容易地被联络得到。

另外,法院在巴布科克案中认识到,启动与外部组织者进行联络的活动,不仅仅是为了开展组织活动,更是为了维护第7条所赋的权利(351 U. S., at 113)。如果说雇员有权从其他人那里了解到自行组织益处,那么仅仅因为工会组织者能够在从毗连高速公路通往停车场的公共草地上举标牌，就说本案中的工会拥有足够的介入途径来实现其目的，这种说法是缺乏说服力的……

……更为根本的是，巴布科克判例与严格遵从机构行政指令的理念格格不入。见雪佛龙美国公司诉美国自然资源保护委员会案［Chevron U. S. A. Inc. v. Natural Resources Defense Council, Inc. , 467 U. S. 837（1984）］。当我们面对机构制定的规章首先要问的就是，国会是否对所涉问题作了规定。同上，第842页。如果它并未规定，我们也不能简单地将我们作出的规定强加进来；而是，我们应判断机构的观点是否在其立法权限之内。同上，第843页。巴布科克案的审理中没有提出国会是否对第三方进入的问题作出明确的规定，也没有解释当出现第三方时，《国家劳动关系法》应采取什么样的准入规定。如果它提出了这样的疑问，解决该问题的答案只能在第7条的表述中去寻找，也就是关注雇员权利那一条；不过法院会发现，第7条根本没有为工会代表提供准入权。但审理巴布科克案的法院认识到，雇员有权从其他人那里了解关于自行组织的事项，同上，第113页。而且它自己也认识到在某些情况下，第7条和第8条都要求雇主准许工会进入停车场……

如果这是事实的话，审理巴布科克案的法院应该认识到，委员会对法条作出的解释是受到允许的，所以应遵从其判决。然而，法院却简单地宣布：在涉及进入问题时，第三方的待遇必须低于雇员。而且，当审理巴布科克案的法院制定出的解释与委员会作出的决定不同时，没有将案件发回委员会来判定如何处理第三方，而是采取越俎代庖，承担起行政机构的工作，不仅详细规定工会组织者的进入权应如何判定，而且宣布其现有证据不能满足它新制定的进入规则的要求。

1991年，一桩和巴布科克案类似的案件第一次被提交到法院，需根据此法来作出决定，我非常确定的是，我们要么遵守委员会的决定，要么至少需找到一个合理的不执行的理由……

……委员会对于本案中是否有其他合理的、替代性途径所下的结论是有大量实质性的证据支持的。即便是多数派不赞同它对法律的适用，但因为委员会适用其制度背后原因存在着深奥性,所以案件应发回委员会根据本法院现今制定的规则作出决定,而非坐在国会分配给的委员会的位子上越俎代庖……

根据现今生效的法律,巴布科克判例是建立在有法律争议的基础之上。事实恰恰相反,委员会在简康迪案的决定不仅合理而且合乎法律的规定。因此,法院应遵从委员会的决定,而非重新激活或扩大那些依据过时法律原则所作之决定的适用范围。

[史蒂文斯法官的异议观点在此被省略。]

注释和问题

1. 由谁来平衡考量? 有观点认为工会所享有的是第7条所赋予的衍生权利,它大小取决于雇员从其他人那里"了解自我组织好处"的能力,所以觉得工会比雇员拥有的入场权要小。但这种观点是否也支持,法院在第7条权利与雇主自己利益之间寻求平衡时所作的假设?委员会在本案中所拥有的、谋求此种平衡的权力,是否比它在共和航空案的权力要小,因为在本案中非雇员的进入可能会侵犯到雇主受到州法律保护的、对抗"外来者"的财产权?当雇主因为其他原因邀请他们进入自己场地,但他们却从事了招揽活动,共和航空判例是否会影响雇主依据普通法而享有的权利?

2. 州法律的角色。 如果康涅狄格州在入场权方面的法律并没有授权所有人拥有购物中心停车场的排他物权,那么审理兰奇米尔的法院是否就会作出不一样的判决?见印度食品杂货直销店案[Indo Grocery Outlet, 323 N. L. R. B. 1138 (1997)](根据加利福尼亚州的法律,购物中心或其出租人都无权禁止任何个人在购物中心场地上分发传单或步哨;因此,兰奇米尔判决依据不再模糊,工会传单分发员就不会被拒绝进入);另见格伦代尔联营有限公司诉国家劳动关系委员会案[Gelndale Associates Ltd. v. NLRB, 347 F. 3d 1145 (9th Cir. 2003)](加利福尼亚州法律);美国食品和商业工人诉国家劳动关系委员会案[United Food & Commercial Workers v. NLRB

(Farm Fresh, Inc.), 222 F. 3d 1030 (D. C. Cir. 2000)](弗吉尼亚州法律);奥尼尔MKTS公司诉美国食品经营工人工会切肉工第88地方工会案[O'Neil Mkts., Inc. v. United Food & Commercial Workers Union Meatcutters Local 88, 95 F. 3d733 (8th Cir. 1996)](密苏里州法律)(所有这些法律都规定兰奇米尔判例不适用于那些《物权法》并未授权雇主有排他物权的州)。摘自沃尔玛食品诉国家劳动关系委员会案[Cf. Waremart Food v. NLRB, 359 354 F. 3d 870 (D. C. Cir. 2004)](本案中将兰奇米尔判例适用于一个加利福尼亚州案件中,因为加利福尼亚州法律保护独立商店的物权并禁止招揽者侵入)。

3. 遵循先例? 兰奇米尔的判决是否应遵循36年前的先例——巴布科克威尔科克斯判例?审理兰奇米尔的法院是否应该依据遵循先例原则,接受巴布科克威尔科克斯判例所作宽泛界定而非以其事实为依据作出判断?你是否同意怀特法官的观点,即无论在任何情况下,当巴布科克威尔科克斯案首次被判,审理雪铁龙案件的委员会应遵从其规定,来寻求在雇主物权与第7条权利之间找到平衡?

4. 雇主利益的力量。 将传单放置在购物中心停车场拐角处汽车上是否破坏了购物中心商店的正常运作,比如干扰了经营、妨碍了顾客进入购物中心,或破坏了员工纪律?如果委员会衡量后认为:兰奇米尔公司在它的购物中心管控他人进入其停车场的法益需求弱于巴布科克威尔科克斯案中在属于雇主的孤立厂区内控制他人进入其停车场的法益?根据在兰奇米尔案审理中否决掉的简康迪的思路:委员会在判定对雇主场地的干扰程度时,曾考虑到雇主场地是面向大众开放的。在兰奇米尔判决之后,委员会是否可以要求百货公司或医院允许工会组织者不受干扰地在商店的公共咖啡厅和下班后的职工讨论无关食物的话题?比较蒙哥马利沃德公司诉国家劳动关系委员会案[Montgomery Ward & Co. v. NLRB, 728 F. 2d 389 (6th Cir. 1984)(pre-Lechmere)]与橡树医院诉国家劳动关系委员会案[Oakwood

Hosp. v. NLRB, 983 F.2d 698, 703 (6th Cir. 1993)](撤销蒙哥马利沃德判决,原因是"如果室外停车场的业主有权禁止非雇员身份的组织者,那么室内餐厅所有者也能这样做")。

187   **5. "合理接触(的手段)"的概念。** 审理兰奇米尔的法院认为委员会不应强迫某个雇主允许非雇员工会组织者进入其场地(即便是符合第7条权利与物权的平衡),除非组织者在雇主场地之外没有"其他同雇员的合理接触(的手段)"。"合理接触(的手段)"是否是指那些工会可以采用的、某些同样有效的、接触到雇员的方法,而且还不应是困难或代价高的途径?或它是否是指某些可行的接触,即便是那些接触到的可能性较小、更昂贵或更有难度的方法?法院引用伐木和采矿营地和度假酒店作为那些工作场所无法提供合理接触手段的例子;它还拒绝了巴布科克威尔科克斯判例为都市区域设置的例外性规定。如果在兰奇米尔案中组织者无法获得雇员的名字、地址或电话号码等资料故而获准使用条状草地,这和在当地媒体做广告带来效果是不一样的吗?假如没有条状草地或其他区域可以让其步哨或张贴标志,剩下的选择只有在当地媒体上发布昂贵的广告了,而这些广告未必能够被相关员工看到或听到,这时该怎么办?在奥克兰商城有限公司案二期中[Oakland Mall Ltd., 316 N.L.R.B. 1160 (1995) ("Oakland Mall II")],委员会多数派依据兰奇米尔判例,否定了简康迪判例中的一个论述,即只有在"例外情况下",大众媒体,如报纸、广播和电视才应被认定为是合理有效的替代性联络方式,并认为事务总长根据兰奇米尔判例需要证明这些途径效果不彰,这无疑是一份沉重的证明责任。有关在兰奇米尔判例之后的案件中,认定没有合理有效手段来接触到雇员的情况,见那波尔阿拉斯加钻井公司案[Nabors Alaska Drilling, Inc., 325 N.L.R.B. 574 (1998)](此案中的雇员居住在离岸钻井平台上,或在雇主拥有的营地里,委员会利用权利平衡进行了评价,作出了入场是必须的结论)。

6. 保护雇员与非雇员组织者之间的联络？ 兰奇米尔判例是否意味着雇主不仅可以将非雇员组织者驱逐出自己的场地，而且可以处分自己雇员不让其与未经允许进入雇主场地的非雇员组织者交谈？在北山办公服务公司案[North Hills Office Services Inc., 345 N. L. R. B. No. 107 (2005)]中，委员会认为，雇主告诫其雇员不能与侵入公司场地的工会组织者继续交谈的行为，并未构成不当劳动行为。如果雇员违反这些告诫，雇主是否可以合法地解雇她？

7. 对第 7 条权利的影响？ 现实情况是：雇员有参与口头招揽活动和在雇主场所内分发材料的权利，那么兰奇米尔和巴布科克威尔科克斯判决对工会组织运动的有效性的影响有多大？如果在一些工厂内部，工会找不到愿意启动招揽活动的组织者，组织活动是否无论如何都注定会失败？上述问题的答案，是否涉及到雇员在多大程度上在参与场内招揽活动时，就需要受到不被雇主报复的保护？或关涉到雇主是否能和工会一样有效传达工会信息？①

8. 工会接触顾客而非雇员。 兰奇米尔判例是否适用于：工会并非寻求通过接触雇员来实现其组织目的，而是通过接触顾客，将雇主未能落实工资"区域标准"或福利的事项公之于众？在莱斯利家庭护理公司案[In Leslie Homes, Inc., 316 N. L. R. B. 123, enforced sub nom. Metropolitan District Council v. NLRB, 68 F. 3d 71 (3d Cir. 1995)]中，委员会以 3∶2 的多数认为，兰奇米尔判例同样是适用于非雇员向顾客招揽的情况。其中异议意见指出，兰奇米尔判例不应适用在非雇员向顾客倾诉"区域标准"的问题上，

― ― ― ― ― ― ― ―

① 见杰伊·格雷沙姆：《仍然是第三人：非雇员的工会组织者在他人的私人商业物业内》，载于《得克萨斯法律评论》第 62 卷(1983)，第 111 页；伦纳德·比尔曼：《大法官托马斯和兰奇米尔公司诉国家劳动关系委员会：教授罗伯特·A. 戈尔曼的回复》，载于《霍夫斯特拉劳动法杂志》第 10 卷(1992)，第 299 页[ay Gresham, Still as Strangers: Nonemployee Union Organizers on Private Commercial Property, 62 Tex. L. Rev. 111 (1983); Leonard Bierman, Justice Thomas and Lechmere Inc. v. NLRB: A Reply to Professor Robert A. Gorman, 10 Hosfstra Lab. L. J. 299 (1992)]。

因为非雇员在第7条中的权利，是从雇员的组织权衍生出来的，而非雇员可以通过与雇员们之间互助或保护等合法途径来实现保障区域标准的愿望。异议者还强调，如果不进入雇主场地，非雇员接触到分散的顾客群体的难度与接触到数量一定但身份不定的雇员的难度，前者要更大些。你是否同意此观点，或异议者区分兰奇米尔判例的方式难以让人信服？有关以下两点讨论：兰奇米尔公司的控制力，还有非雇员在《国家劳动关系法》的规定下，其试图接触顾客来开展反对或抵制活动时的能力，要比其为了开展组织活动试图接触雇员的能力要弱，见法官爱德华兹对美国食品和商业工人工会案的看法（Judge Edwards's opinion in United Food & Commercial Workers, Local No. 880 v. NLRB, supra note 5）。

9. 下班后的雇员和与雇主有业务关系的人的雇员开展的招揽行为。 有时候案件属于共和航空判例中雇员入场问题，还是属于兰奇米尔判例中非雇员进入问题，依旧不清楚。

a. 当某些雇员下班后又返回其工作场所，向正在上班的其他员工开展工会活动的时候，这种情况应适用什么样的规则？见三国医疗中心案［Tri-Country Medical Center, Inc., 222 N. L. R. B. 1089 (1976)］（下班后的雇员的组织活动，只要它是在"工厂内部或其他工作场所"之外的地方开展的，就应受到保护）；汽车塑料技术有限公司案［Automotive Plastic Technologies, Inc., 313 N. L. R. B. 462 (1993)］（重申了兰奇米尔案件之后的Tri-Country判例）；国家劳动关系委员会诉比萨公司的宾夕法尼亚公司案［NLRB v. Pizza Crust Co. of Penn., Inc., 862 F. 2d 49 (3rd Cir. 1988)］。如果这些下班后的雇员，同时也是不在现场工作的员工，那么问题是否就不同了，也就是说如果他们还在其他雇主那里工作，该适用什么样的规则？见ITT工业公司诉国家国家劳动关系委员会［ITT Indus. v. NLRB, 413 F. 3d 64 (D.C. Cir. 2005)］；第一医疗保健公司诉国家劳动关系委员会［First Healthcare Corp. v. NLRB, 344 F. 3d 523 (6th Cir. 2003)］（需要考察雇主应特别考量的某些法定事项，比如安全或交通管理等不能从其他角度考虑的事项,两个判例都认为,委员会将外面工作的雇员视作"非边缘的",如同那些内部工作的员工)。

b. 如果雇主在其场所内,限制那些归属于其他雇主的雇员开展招揽活动,而所谓其他雇主的雇员是受到邀请进入该场所协助业主开展业务的雇员,或是承租商雇佣的、开展工作的雇员,这种情况下应适用什么样的规则?例如,如果兰奇米尔公司曾禁止在购物中心承租的、其他商户的员工在其停车场上开展招揽活动,那么结果又将会如何?见南部服务公司诉国家劳动关系委员会案 [Southern Servs. , Inc. v. NLRB, 954 F. 2d 700 (11th Cir. 1992)] (认可委员会依据共和航空判例,保护签约保安公司雇员的招揽活动);但见,纽约 LLC 诉国家劳动关系委员会案 [New York, LLC v. NLRB, 313 F. 3d 585 (D. C. Cir. 2002)] (将案件发回委员会,让其依据兰奇米尔判例,重新考虑该先例,包括南部服务公司案,并特别关注承租人员工在出租地之外的活动)。

10. 不准进入之规定的区别性适用所带来的影响。 需要留意的是,在兰奇米尔案中,雇主将所有非雇员身份的招揽者都排除在其场地之外。雇主如果已经允许非雇员为实现其他目的进入其场地招揽,它能否再禁止工会人员进入其场地? 如果雇主或业主曾经只允许慈善组织或非慈善组织进入其场地,是否对此有影响?

委员会与法院在该问题上有着严重的分歧。例如,在克利夫兰房地产合作伙伴案 [Cleveland Real Estate Partners, 316 N. L. R. B. 158, 166 (1995)] 中,委员会认为,如果某个购物中心的业主,曾允许女子夏令营成员、哥伦布骑士会成员 (Knights of Columbus) 和政治竞选人进行招揽活动,那么它将工会传单分发员驱逐出自己场地就是非法的。委员会作出这样的判决,是基于法院在巴布科克案中所作的陈述,即它的判决只适用于那些"雇主并没有一边带有歧视性地阻止工会的招揽行为,另一边允许其他人这样做"的情况。见巴布科克案,第112页。第6巡回法庭拒绝执行,它认为,"法院不能给'歧视'一词下定义。这个词是归委员会专属选择使用的……在巴布科克案中涉及的'歧视'的概念是指为一个工会提供的优待高于其他工会，或允许传递与雇主有关的信息，但同时又禁止传递工会相关的信息。"

此时出现了两条错误的思路。第一，法院试图区分，非雇员寻求进入是要去开展组织活动还是非组织活动，而委员会却没有这样做。比较一下毕罗店诉国家劳动关系委员会案[Be-Lo Stores v. NLRB, 126 F. 3d 268 (4th Cir. 1997)]（对巴布科克案中将"反歧视例外"运用在涉及的非组织活动上的做法，表达了"严重的质疑"）；砍价公司诉国家劳动关系委员会案[Price Chopper v. NLRB, 163 F. 3d 1177 (10th Cir. 1998)]；露西尔·索尔特贝卡德儿童医院案[Lucile Salter Packard Children's Hospital, 97 F. 3d 583 (D. C. Cir. 1996)]（这两个案例中，都适用了委员会有关工会组织活动涉及的反歧视政策），还有桑达斯基·玛尔有限公司案[Sandusky Mal Co., 329 N. L. R. B. 618(1999)]（购物中心业主允许在其场地上开展大量的慈善、促销和市民团体活动，却非法阻止工会代表在其场地上分发传单）。第二，如果委员会对慈善性招揽活动的态度稍加放松，那么法院就不会主动地、在慈善和市民活动与工会招揽活动之间的比较中寻找带有非法性的"歧视"了。比较一下艾尔伯特公司案[Albertson's Inc., 332 N. L. R. B. 1132 (2000)]（某个允许非雇员在其场地上开展只是"为数不多的相互孤立的活动"的雇主，可以依照其不得招揽政策来禁止工会开展代表活动，但"如果允许其他非雇员开展的经常性招揽活动，即便是这些招揽活动是慈善性的或不具争议性的，那么也不能排除它存在对工会招揽活动歧视的嫌疑"），和克利夫兰房地产合作伙伴案[Cleveland Real Estate Partners, 95 F. 3d at 465]（"并没有任何政策性规定，是为了保障雇主有权拒绝非本单位员工分发工会的材料，从而也一概禁止慈善招揽行为的开展"）；毕罗店案[Be-Lo Stores, 126 F. 3d at 284]（类似）。

11. 第一修正案的利益。 在混合食品雇员工会第1590地方工会诉洛根谷广场案[Amalgamated Food Employees Union, Local 1590 v. Logan Valley Plaza, 391 U. S. 308 (1968)]中,法院认为,第一修正案为在私营购物中心里表达观点的行为提供了保护,现代的购物中心诸如此类的地方,与传统的市中心商业区为公众交换意见所提供的"公共论坛"具有"同等功能"。但是,法院在哈金斯诉国家劳动关系委员会案[Hudgens v. NLRB, 424 U. S. 507 (1976)]中推翻了洛根谷判决,原因是设定私人所有的购物中心的排他事项,并不属于政府权力范围,因此不需要引用第一修正案所赋予的权利来解决。且不说洛根谷判例是否构成一个良性的宪法规则,但从社会角度对其进行分析是否正确? 这种通过类比市中心商业区来界定私营商业中心属性的模式是否会降低公众联络的几率呢? 这种改变是否会对兰奇米尔所提出雇主与雇员利益之间的平衡形成变化?

少数法院曾解释道:宪法之言论自由权对某些业主制定章程来禁止和平步哨或分发的行为产生了限制。见琼斯诉纪念医院系统公司案[Jones v. Memorial Hosp. System, 677 S. W. 2d 221(Tex. App. 1984)]。摘自蒲亚德购物中心诉罗宾斯[PruneYard Shopping Center v. Robbins, 447 U. S. 74 (1980)](否决了联邦宪法对加利福尼亚州宪法对在私营购物中心言论自由权进行保护的质疑)。见《个人言论自由和国家宪法》,载于《耶鲁法律杂志》第 90 卷(1980),第 165 页[Private Abridgement of Speech and the State Constitution, 90 *Yale L. J.* 165 (1980)]。

12. 评论。对于兰奇米尔判例的批评,见辛西娅·艾斯特伦德:《兰奇米尔判例之后劳动、财产和主权》,载于《斯坦福法律评论》第 46 卷(1994),第 305 页;丽贝卡·汉纳·怀特:《遵循雪佛龙规则先例的"例外"》,载于《佛罗里达法律评论》第 44 卷(1992),第 723 页;罗伯特·A. 戈曼:《协会私有财产:兰奇米尔的重要评估公司诉国家劳动关系委员会》,载于《霍夫斯特拉劳动法杂志》第 9 卷(1991),第 1 页[Cynthia L. Estlund, Labor, Property, and Sovereignty after Lechmere, 46 *Stan. L. Rev.* 305 (1994); Rebecca Hanner White, The Stare Decisis "Exception" to the Chevron Deference Rule, 44 *Fla. L. Rev.* 723 (1992); Robert A. Gorman, Union Access to Private

Property: A Critical Assessment of Lechmere, Inc. v. NLRB, 9 *Hofstra Lab. L. J.* 1 (1991)]。

注释：国家劳动关系委员会诉城市与乡村电气公司案和受保护的工会组织者

工会如果为了克服巴布科克威尔科克斯和兰奇米尔判例对其组织行为的限制，它们是否可以让下辖的工会组织者在无工会的雇主那里寻求就业以便开展组织活动？在国家劳动关系委员会诉城市与乡村电气公司案〔NLRB v. Town & Country Electric, Inc., 516 U. S. 85 (1995)〕中，最高法院一致判定，委员会对《国家劳动关系法》第2(3)所定义的"雇员"给出的解释包括："渗透者"（salts）——那些受雇于工会的组织者。因此委员会判定城市与乡村电气公司案拒绝录用那些由工会付钱来让他们在该雇主企业中开展组织活动的工会成员是违反第8条(a)(1)款和(3)款规定的。法院还发现委员会对第2条(3)款的解释与广义上的法条表述、立法历史，还有最高法院先前对委员会就此概念所作的解释是一致的。法院还注意到1947年的《劳资关系法》的一条规定，此规定废除了禁止雇主向工会机构中的"属于劳工组织的雇员，同时也是公司雇员"的人支付工资〔29 U. S. C. §186(c)(1)〕。

法院拒绝了城市与乡村电气公司案中提出的争辩，即根据普通法的代理规则，一位工人不能同时为一名雇主和一个工会提供服务。法院宣称"在非工作时间有偿的组织工会活动，将被视为等同于做兼职，该做法完全不影响公司对工人在其完成分配任务时进行的控制"(516 U. S. at 91)。在城市与乡村电气公司案中，有意见认为，"渗透者"会选择不合时宜的时间退出，甚至去通过破坏或其他非法行为伤害公司利益，但法院对此意见不予支持。布雷耶法官指出：

> 如果一名带薪工会组织者突然退出或离开公司……这种事情也会发生在不带薪的组织者，或已经找到更好工作的工人，或在家属的鼓动

下去其他地方的人的身上。而且,如果过度狂热的工会组织者能通过非法行为损害公司,那么其他不带薪的狂热分子(他或许对法律了解更少),或其他带有不满的工人(将会带来怎样的影响)……这并不意味着他们不是"雇员"。

而且,法律也为城市与乡村电气公司案中所担心的问题提供了救济……例如,如果一个公司担心遭受员工在无预先通知情况下退出产生的损害,它可以和雇员签订有固定期限的合同,而非"依自愿"录用他们……;或它可以和它的工人商定一个预先通知期限。如果公司遇到非法(或可能是非法)行为的时候可以处分或解雇该工人……或通知执法机构。(同上,第 96 页)

注释和问题

1. 城市与乡村案和兰奇米尔判例案。城市与乡村案将兰奇米尔判例对工会组织者的影响降低了多少?工会是否一直能够从法院所接受的、广义上的"雇员"中获得利益?思考一下如下的材料。

2. 使用表面上中立的政策来避免"渗透者"。在城市与乡村判例之后,雇主是否能够使用表面上中立的雇佣政策来抵制工会试图派遣其组织者进入雇主的工人队伍?只有当一个表面上中立的雇佣政策是为了实现反工会或具有歧视性时,它才违反了本法。见图拉丁电子公司案[Tualatin Electric, 319 N. L. R. B. 1237 (1995)](使用表面上中立的反兼职的政策来抵制雇佣有其他工作的申请者)。一个人如何证明一个表面上中立的政策是为了实现或被用来实现某个歧视性目的?例如,如果该政策是在工会实施渗透者行为之后制定的,而且雇主还为一名与自己锁店生意有关的申请者破了一次例,这些证据是否足以证明违法行为存在?见前文(认为答案是肯定的)。这次破例本身是否起到足够的证明效果?

尽管克林顿委员会认定,某些雇佣政策虽表面上是中立,但因为它们对工会活动存在影响而是非法的,见后文注3,法院依旧要求有反工会目的方面的证据。见操作工程师国际工会地方150分会诉国家劳动关系委员会案[Int'l Union of Operating Engineers, Local 150 v. NLRB, 325 F.3d 818 (7th Cir. 2003)](给予那些推荐过来的申请者优于其他直接上门或不太了解的申请者的录用倾向,而无视他们之间技能水平的比较差异,这种做法并不是非法的);劳动力资源承包公司诉国家劳动关系委员会案[Contractor's Labor Pool, Inc. v. NLRB, 323 F.3d 1051 (D.C. Cir. 2003)](某项政策拒绝录用那些近期工资高于公司现今工资水平的30%或更多的申请人,该政策有效地限制了那些曾经在有工会企业工作过的求职者,因此该政策是非法的);BE&K建筑公司诉国家劳动关系委员会案[BE & K Construction Co. v. NLRB, 133 F.3d 1372(11th Cir. 1997)](拒绝"集体"而非单个提交的申请也是非法的)。

除了不愿被认为是违反本法案之外,是否还有其他导致雇主不会使用中立雇佣政策来驱逐"渗透者"的理由?例如,"反兼职"政策或只雇佣那些愿意从事有固定期限劳动的人的政策是否对雇主带来不利?

3. "隐蔽的"和"公然的"渗透(salting)。渗透行为可以是"隐蔽的"也可以是"公然的"。隐蔽的渗透者在获得雇佣之前尽量隐藏自己的工会身份。而公然的渗透者却相反,他们故意通知雇主自己是为工会工作的。那么他们这么做的目的是什么?

在哈特曼兄弟暖气和空调公司诉国家劳动关系委员会案[Hartman Brothers Heating & Air Conditioning, Inc. v. NLRB, 280 F.3d 1110 (7th Cir. 2002)]中,第7巡回法庭判定"隐蔽的"渗透者可以在其工作申请表上隐瞒他们是带薪工会组织者的身份,只要他们不欺瞒其相关职业资格方面的信息就行。主审法官波斯纳(Posner)解释道:这种行为实质上并非欺骗行为,因为雇主并没有因为申请人是个渗透者就拒绝其申请的法律依据。你是否同意这一决定?还有它的理由?

雇主防范公然渗透者的一个方法就是采取"无不相关信息"政策,它剥夺了那些申请人在申请材料中加入非雇主要求之信息的做法。克林顿委员会发现,当求职人在申请表中写到"工会组织者"或其他类似的信息的时候,该政策就会对"雇员一些重要权利产生了内在的破坏",因此是非法的,而且依据大丹拖车公司案(Great Dane Trailers)中的情况,它往往让人没法证明雇主有反工会的动机,见后文597页。见 H. B. 扎卡里有限公司案和主线承包公司案[H. B. Zachary Co., 319 N. L. R. B. 967 (1995); Mainline Contracting Corp., 334 N. L. R. B. 922 (2001)](当申请书出现了"种族、肤色、宗教、信仰、性别、国籍、年龄……和受到《国家劳动关系法》保护事由"时,他们运用同样方法来阻挠对某些申请政策的考察)。但是,法院拒绝委员会在这种案件中使用"内在破坏"原则,并重新支持了雇主这一政策,因为暂无证据显示,雇主采取此政策时带有反工会的歧视性目的。见,锅炉制造国际同业工会诉国家劳动关系委员会案和 TIC－东南亚实业公司诉国家劳动关系委员会案[Int'l Brotherhood of Boilermakers v. NLRB (H. B. Zachary Co.), 127 F. 3d 1300 (11th Cir. 1997); TIC-The Industrial Co. Southeast, Inc. v. NLRB, 126F. 3d 334 (D. C. Cir. 1997)]。

4. 在建筑行业中的渗透行为。渗透行为在建筑行业中比较常见,在这个行业中渗透行为通常是一大群"自发的工会组织者"一起申请工作。关于在该行业渗透行为的真正目的还在争论当中:是为了无工会企业的职工组织起来以便迫使这些企业遵守工资和健康与安全法律吗,还是依照大量相关法律所规定的不当劳动行为来指控和投诉威吓雇主,或甚至将雇主剔除出行业吗?或者是两个原因都有? 有关争议各方的观点的讨论,见维克多·J. 宛布尔格和艾琳·莫斯科维特:《采矿业的潜入者:将带薪工会组织者送入企业带来的法律和政治影响》,载于《霍夫斯特拉劳动法律杂志》第16卷(1998),第1期,第24—35页;另见,赫伯特·R. 诺思拉普:《潜入承包商的员工队伍:在国家劳动关系委员会的帮助下组织建筑工人工会》,载于《劳动研究杂志》第14卷(1993),第469页;斯达康公司诉国家劳动关系委员会案[Vitor J. Van Bourg & Ellyn Moscowitz, Salting the Mines: The Legal and Political Implications of Placing Paid Union Organizers in the Employer's Work Place, 16 *Hofstra Lab. & Emp. L. J.* 1, 24–35(1998). See also Herbert R. Northrup, "Salting" the Contractors' Labor Force: Construction Unions Organizing with NLRB Assistance, 14 *J. Lab. Res.* 469 (1993); Starcon, Inc. v. NLRB, 176 F.3d 948, 949 (7th Cir.1999)]。

5. 未录用或考虑：举证责任和救济问题。在某些案子中，申请者的数目超过了拟招聘人数，这是非常常见但又难以界定的涉及"渗透行为"的情况，这时候就出现了难以依照第8条(a)(3)款的规定举证和救济的问题。见FES(热电组)案[FES (A Division of Thermo Power), 331 N.L.R.B. 9 (2000)](此案显示某个申请者受到的歧视，属于违反停止侵害令的规定，但如果责令给申请人提供偿付和重新将其雇佣时，却需要能够证明仍有足够多的招聘岗位存在)。如果某个雇主依照自己的歧视性政策拒绝考虑某个特定申请人，而且此时已经完全没有招聘岗位存在，那该怎么办？是否违反本法？见委员会在前文FES中的意见(对于带有歧视性地不予考虑而导致的违法；救济手段是停止侵害令外加在将来有新职位招聘时不带有歧视性地考虑被歧视人，并当同样或相似职位在将来进行招聘时通知被歧视人和区域主管)。但见国家劳动关系委员会诉福陆丹尼尔公司案[NLRB v. Fluor Daniel, Inc., 161 F.3d 953 (6th Cir. 1998)](如果当时没有空缺职位，歧视性地不予考虑并没有违反第8条(a)(3)款之规定)。

6. 其他有关接触的规则。更多的有关涉及接触雇员的问题将在第五章"接触雇员选民"节中进行讨论。见后文307—317页(纽通和阿冯达尔案判决，公众演讲，工会进入"精益求精"名单)(Nutone and Avondale decision, captive audience speeches, and union access to the "Excesior" list)。

3. 自由经营权

国家劳动关系委员会诉 J. M. 拉斯应案

NLRB v. J. M. Lassing

284 F. 2d 781（6th Cir. 1960）

由法庭全体同意。

国家劳动关系委员会试图实施其1960年3月8日作出的命令，该命令的作出是因为发现了当事人有违反法案第8条(a)(1)款和(3)款行为的事实，……当事人将三名参加了工会的雇员解雇了，还拒绝同工会谈判从而也违反了法案第8条(a)(1)款和(5)款的规定。

当事人属于一个田纳西州和肯塔基州的、合伙制的、独立的天热气零售连锁机构。1958年末，它开始考虑和研究是否继续使用其自己设备和雇员来运输天然气，尤其是当时存在成本增加和设备不足的问题，它于是决定在成本提高之前，务必在它的卡车运输牌照失效之前（即1959年4月1日），采用一套公用的天然气递送系统。

当事人的三个司机于1959年1月1日加入了工会。工会要求当事人的承认并召开商谈集体谈判合同的会议。开会日期被安排在1959年1月20日。1959年1月19日，这些司机被要求在上午8:30到当事人的办公室报道。当他们到达后，当事人告诉他们，它打算与一家公共递送公司签约来运输汽油，于是向他们发出了解散通知和付清余款。三个司机随后离开，并自此不再受当事人雇佣。

当工会和当事人后来在早上会面的时候，工会改变了请求认可的要求。当事人拒绝了工会的要求，并宣布它经过一段时间的深思熟虑之后，决定放弃其原有的运输方式，而工会的到来，增加了额外的工资支出，成为压垮骆驼的最后一根稻草。

该案涉及的问题基本上与本法院所考察并改判的由委员会审理的国家

劳动关系委员会诉阿德金斯传输有限公司(NLRB v. Adkins Transfer Co., 6 Cir., 226 F. 2d 324)和国家劳动关系委员会诉马洪有限公司案(NLRB v. R. C. Mahon Co., 6 Cir., 269 F. 2d 44)中的问题一致。我们在此认为：公司可以暂停它的运作或改变它做生意的方式,对某些雇员来说由此会导致就业的减少、条件的变化,这是它改变运营方式的结果,其目的并不在于为了非法规避实现它在《国家劳动关系法》中的义务。源于财务或经济原因而产生的经营方式转换,不属于本法定义的不当劳动行为。

委员会认为,该案不应受阿德金斯和马洪案的先例制约,因为当事人在了解到它的三个员工加入了工会、但工会还没有提出涨工资要求之时,就加快了转变经营方式的速度,委员会发现此行为已构成了歧视。

我们却不这么认为。尽管工会并未曾提出涨工资的要求,证据完全可以证明当事人已经意识到涨工资要求将会被提出,而自己也无法满足此要求。在这样的情况下,我们不认为当事人有责任将它的新经营模式生效时间准确地推迟到工会到来之后的日子。需要注意的是,当事人所作出的转变经营模式的决定,并不包括将现有经营模式延续到1959年4月1日。这个日期只是说明了转变生效前最长能有多久。当事人已决定当出现成本上升事由时,就在上述日期之前改变经营模式。工会的出现是一个新的经济性因素,它必然会被当事人作为评估整体运营成本的一部分进行考虑。在商业领域里,管理层没有等到成本上升出现之时,就基于他们对成本上升的合理预测而转变了经营模式,如果说这是武断或不合情理的话,那么这种说法就是完全脱离现实的。

在此案中没有证据显示,也没有相关质疑指出：当事人在什么地方表现出了反工会的倾向。关键是,此变更是基于对成本上升的合理预测,而非是工会出现或者是其他因素的加入导致的成本上升。此行为并不构成针对这三名雇员依据法案第8条(a)(1)款和(3)款中所规定的歧视,他们的工会成员身份并没有影响他们的就业合同期。国家劳动关系委员会诉休斯敦纪事报酒吧有限公司案(NLRB v. Houston Chronicle Pub. Co., 5 Cir., 211 F. 2d 848, 854)。

由于当事人此部门业务不再继续，三个司机的雇佣关系也被合法解除了，故而就没有和工会召开以集体谈判为目的的会议的基础。见国家劳动关系委员会诉休斯敦纪事报酒吧有限公司案。

撤销执行委员会的命令。

注释和问题

1. 为什么需要有反工会意图的证据？ 再次思考一下前面165页注释2中所讨论的，在播音员案发生之后，那两个认定违反第8条(a)(3)款规定的基本因素。在拉斯应案中雇主因为它的司机决定参加工会而对该员工采取区别化的待遇，那么是否就可以据此认定，雇主作出将服务外包的决定是为了通过打击雇员和公司其他雇员来实现打压工会的目的？那么为什么审理拉斯应案的法院要求委员会必须提供充足的证据证明雇主的行为带有破坏工会组织的动机？审理拉斯应案的法院坚持要求提供反工会意图的证据，是否因为此案中的雇主完全有权因为合法的成本原因来关停它的部分业务，而这正是在那些雇主不完全具备此权利的案件中（如播音员和共和航空案）所没有的情形？保护这类雇主的"经营权"是否成为了审理拉斯应案的法院拒绝认可委员会所作出的案中存在违反第8条(a)(1)款规定的判定提供了法定依据，尽管此条法律并未要求提供反工会意图的证据？

2. 避免预期的高额劳动成本：是雇主的合法权益吗？ 根据委员会和其他法院的判例，审理拉斯应案的法院认为，为了应对工会化带来劳动成本的提高而关闭或转移设施的行为并不构成或加重构成违反第8条(a)(3)款的情形。根据委员会在莱特线案中的评价方法，见前文152页，如果证明有反工会动机，但雇主又能证明即便无此动机它也会因劳动成本上升而作出同样的决定，那么判决结果应是怎样的？见多尔西拖车公司诉国家劳动关系委员会案[Dorsey Trailers, Inc. v. NLRB, 233 F. ed 831 (4th Cir. 2000)]（案中发现雇主的反工会意图在其作出将设备从宾夕法尼亚州迁到佐治亚州决定中扮演着重要的"动机角色"，但公司仅凭经济因素这一项也会作出同样的决定;因此依据莱特线案例可认定它的行为没有违法)。法律应该有所不同吗？一个不同的规则如何放在同一个框架下？此种异质的规则如何影响雇员、工会、企业和经济大环境？见第一章中的讨论,前文第13—18页。

3. 反工会动机与经济动机? 除了担心更高的劳工成本,雇主还会基于什么样的原因抵触工会？不愿分享权力？是纯意识形态的对抗吗？这些其他原因是否经常存在,即便是不存在对成本升高的担心？

拉斯应判例是否应被理解为:雇主不应将工会化视为带来(比关停)更高的成本,而是如果找不到雇主存在反工会意图的证据存在的话,那么是否允许雇主作出某种决定——包括关闭部分工厂或大量抽出资本的其他活动？如果说雇主在作出某个因成本高昂而停业的决定时,法律要求他只能根据业务需要来决定,自己对工会化的仇视、不愿分享权力或对更高劳动成本不明就里的担心不能成为作出此项决定的理由,那么本案是否符合该说法？但是,在拉斯应案中雇主将运输系统外包的决定是否招致了大量的损失？

4. 无法谈判的重要性? a. 注意一下,委员会认定在拉斯应案中公司没能开展诚信谈判,故而违反第8条(a)(3)款的规定。公司为什么要在即将与工会开会了解其谈判立场之前就解聘三名司机？管理层怎么能提前知道它没法和工会一起制定出避免劳动成本上升的计划？注意一下,本法规定雇主的谈判责任,并不要求和工会达成协议或作出任何让步。见《国家劳动关系法》第8条(d)款,在第七章中继续讨论。此观点是否预示着公司迫于时间限制,故而无法去试探工会的底线,所以没通过谈判去解决问题？如果公司在1958年的下半年——也就是在认可要求提出之前——就决定在1959年4月份的时候将运输天然气的服务外包,那么这对于法院来说,对案件定性有多大的帮助？管理层在宣布其决定时,是否知道工会在组织方面的诉求(对案件定性)与本案的认定有关联吗？

b. 根据审理拉斯应案件的法院所依据的阿德金斯判例,公司在和卡车司机工会代表会面两次之后,宣布它将卡车维护员工的业务外包,而这些员工是刚刚被卡车司机工会组织起来的。而且,卡车司机工会已经是阿德金斯公司所有卡车司机的谈判代表,它同时也曾代表卡车维护工,并致力于为他们在已达成某些共识的方面建立一个跨公司的标准合同。阿德金斯判决是否和拉斯应判决确然一致? 一般参见:辛西娅·艾斯特伦德:《经济理性与回避工会:对国家劳动关系法的误读》,载于《得克萨斯法律评论》第71卷(1993),第921页[See generally Cynthia L. Eslund, Economic Rationality and Union Avoidance: Misunderstanding the National Labor Relations Act, 71 Tex. L. Rev. 921 (1993)]。

纺织工人工会诉达灵顿制造有限公司案

Textile Workers Union v. Darlington Manufacturing Co.
380 U.S. 263 (1965)

哈伦法官……认为,达灵顿制造有限公司是一个由南加利福尼亚公司运营的纺织厂。达灵顿的大部分股权掌握在迪灵美利肯(Deering Milliken)手中,它是一个位于纽约的"销售场所"(业主),负责销售其他人生产的纺织品。迪灵美利肯由罗杰·美利肯-达灵顿(Roger Milliken-Darlington)的主席和美利肯家族其他成员共同控制。国家劳动关系委员会认定,美利肯家族,通过迪灵美利肯掌控了17个纺织品生产商,其中包括达灵顿,它的产品在27个纺织品厂中生产,并通过迪灵美利肯销售。

1956年3月,上诉人——纺织工人工会(Textile Workers Union)在达灵顿中发起了组织工会运动,但公司通过各种方式对其横加阻挠,包括威胁如果工会赢得代表选举就关厂。1956年9月6日,工会以微弱优势赢得选举。当罗杰·美利肯收到工会获胜的消息,他决定召集达灵顿董事会会议来讨论关闭工厂的问题。美利肯在向委员会作证时说道:

我感觉,从工会开展活动带来的结果来看和依其所分发的(宣传工会化好处)传单中所作的承诺和陈述,如果说我们之前还对通过安装新型设备来提升竞争力曾抱有某些希望的话,那么这些希望已被此次选举中多数雇员投票支持工会的现实给湮灭了……

董事会于 9 月 12 日召开会议并投票决定停业清算,此议案于 10 月 17 日获得股东们的认可。此工厂从 11 月开始停止运营,所有的工厂设备和器材都在 12 月份的拍卖会上一揽子售出了。

工会向劳动委员会提出了告诉,指控达灵顿的关厂行为违反了第 8 条(a)(1)款和(3)款的规定;拒绝与经过选举的工会进行谈判的行为违反了第 8 条(a)(5)款的规定。[1] 委员会(内部有分歧)认为达灵顿被关闭是源于罗杰·美利肯的反工会意图,因此判定其行为违反了第 8 条(a)(3)款的规定。委员会还发现,达灵顿事实上是由美利肯家族通过迪灵美利肯控制的一个自成一体的雇主集团中的一部分;因此可由迪灵美利肯对达灵顿的不当劳动行为承担责任。或者说,由于达灵顿是迪灵美利肯企业的一部分,所以迪灵美利肯歧视性地关闭其部分工厂的做法已构成了违法。委员会命令向所有达灵顿员工支付偿付,赔偿期限一直到他们找到实质上相同的工作或他们名字被列入到其他迪灵美利肯厂的照顾录用的名单上。被告迪灵美利肯被要求同工会开展谈判,商定落实委员会命令的细节。

司法审查过程中,上诉法院全体法官经过听审,作出搁置委员会命令、并拒绝予以执行的决定(作出此决定存在意见分歧)。上诉法院认为,即便是依委员会认定的那样迪灵美利肯是一个独立的雇主,作为一个公司无论其反工会意图如何,它都有关闭其部分或全部实体的权利。法院因此不同

---

[1] 5. 工会曾要求在 1956 年 9 月 12 日召开谈判会议(也就是董事会投票决定停业清算的那天),但工会被告知需要等待委员会的确认。委员会于 10 月 24 日获得确认,并最终于 11 月份见到了达灵顿的官员,但并未开展任何实际上的谈判。委员会发现这是违反第 8 条(a)(5)款规定的行为。此发现部分地源于对它的关厂决定定性为不当劳动行为的决定,没有人对将第 8 条(a)(5)款理解为要求雇主在做出停业这一纯商业决定时进行谈判提出质疑。摘自纤维板纸制品公司诉劳动委员会案(Cf. Fibreboard Paper Products Corp. v. Labor Board, 379 U.S. 203)。

意委员会将迪灵美利肯视为一体的雇主。我们颁布了诉讼文件调取令,以便考察案中涉及的重要问题。我们认为根据《劳动关系法》所强调的,雇主有依自己喜好终止其所有业务的绝对权利,但我们不赞同上诉法院认为,此权利包括雇主可以凭借随意的理由就能关闭其部分业务。我们的结论是,相关事由必须发还委员会作进一步的考察。

首先需要看到的是:两方上诉人认为关闭达灵顿的举动违反了第8条(a)(1)款和第8条(a)(3)款……但是,我们认为委员会只依据第8条(a)(3)款来审查关厂行为是正确的。① 第8条(a)(1)款规定雇主"干预、限制或阻吓雇员实现其在第7条中的权利"的行为构成了不当劳动行为。某些商业决定在某种程度上自然会干扰到和雇员们协调一致的活动。但只有对第7条中所列权利的干扰超过了雇主决定在商业上的正当性才能认定违反了第8条(a)(1)款规定。见劳动委员会诉钢铁工人联合会案;共和航空公司诉劳动委员会案(Labor Board v. Steelworkers, 357 U.S. 357; Republic Aviation Corp. v. Labor Board, 324 U.S. 793)。认定此行为仅仅违反了第8条(a)(1)款的规定,其认定前提是假定该行为即便是没有歧视的动机也是违法的。无论第8条(a)(1)款所界定的是什么,某些雇主凭借其管理自主权作出的决定,无论多么奇怪,也不管是否有合理的商业目的,都不会构成违反第8条(a)(1)款的规定,除非这些决定也违反了第8条(a)(3)款的规定。因此,如果该决定是歧视之外动机导致的,那么本案中的关键问题不在于雇主是否有权终止其业务,也不用管该行为对协同行动的影响。② 如果该行为是源于歧视性动机,那么它就属于第8条(a)(3)款规定的范畴

---

① 8. 委员会认定,达灵顿在作出关闭公司的决定后才解雇雇员的做法,违反了第8条(a)(1)款的规定……

② 10. 现在已经清楚的是,雇主在工会选举之后关厂这一行为在性质上模棱两可,如果不去考察雇主的动机,是不能将其认定为歧视性的。我们也没有遇到那种情形:有可以认定雇主"有意促成它行为所导致必然后果……"的顺理成章的情形,劳动委员会诉伊利电阻公司案(Labor Board v. Erie Resistor Corp., 373 U.S. 221,228),在这种情形出现时委员会不用考察其动机就可以认定其违反第8条(a)(3)款的规定。见播音员诉劳动委员会案(Radio Officers v. Labor Board, 347 U.S.17, 42-43; Teamsters Local 357 v. Labor Board, 365 U.S.667, 674-676)。

了。所以我们需依据第8条(a)(3)款处理达灵顿关闭一事。

I

我考察了争议的第一个问题,这个问题就是上诉人的工会而非委员会提出的、但遭到上诉法院拒绝的说法,即雇主如果能够避免工会化就或许不会在没有碰触《劳动关系法》的情况下选择完全放弃其业务。基于委员会在动机问题上的发现,如果是按照这一辩解处理的话,即便是将达灵顿视作一个独立的与世无争的雇主,委员会依旧会把关闭该厂的举动认定为不当劳动行为。如果某个生意人即使他愿意也不能选择放弃生意,那么此命题将是一个惊人的创举,如果对此举在立法中没有非常清晰的规定或在依据《劳动关系法》作出的司法先例中也没有清楚的界定,它不应被随意运用。我们没有在上述两个地方找到相关根据……

美国劳工联合会—产业组织联合会在它的咨询陈述中指出,达灵顿的行动和歧视性的封闭工厂类似,此类行为应受到禁止,"因为它计划挫败在组织方面的努力、为了破坏或削弱谈判代表力量,或逃避谈判的责任。"《劳动关系法》的目的之一,就是禁止歧视性地运用经济武器来获取将来的利益。歧视性封闭工厂就是为了破坏工会而设计的,正如一个"逃避(工会)型搬家"的行为,是一个被用来打击未来集体员工活动积极性的操纵杆。但如果真的实施了完全关闭生意的行为,那么它不会为雇主提供此种预期利益。① 此行为或许更多地源于反工会而非经营上的目的,但它并非本法案所禁止的那种歧视行为。雇主坚持自己想法所带来的满足感和其他雇主效仿这些例子的可能性都是太过遥远的事情,不足以让劳动法律去关注。② 尽管在某些情况下员工参与罢工,但没人会把它视作集体离职的违法行为,

---

① 14. 达灵顿的财产和设备无法分开来卖,因此它最终被一揽子拍卖掉了。我们故而也没有遇到关于出售方面的问题,此种问题往往会带来对第8条(a)(3)款和第8条(a)(5)款规定的重新思考。见约翰·威利父子公司诉利文斯通案和劳动委员会诉黛娜艺术品公司案(Cf. John Wiley & Sons, Inc. v. Livingston, 376 U. S. 543; Labor board v. Deena Artware, Inc., 361 U. S. 398)。

② 15. 参见《国家劳动关系法》第8条(c)款。有些不同意见认为,雇主的关闭行为是为了实现和其他雇主在经营场所内打击雇员组织活动达成某些共识和共同行动。

即便他们的目的是为了损伤雇主。长期坚持此行为将会对雇员的未来收益造成负面影响。雇主运用退出经营的权利也是如此。

我们在这里面对的并非是"逃避(工会)型搬家"行为,即达灵顿将会把它的业务转移到另一个工厂或在其他地方开设一个新工厂来代替被关闭的工厂。我们也不认为,如果工人宣布退出工会,就能促成工厂重开。此案件中,雇主为了不在雇员的预期利益中受损而实施了歧视性行为。我们认为当一个雇主关闭了它的全部业务,即便这种停业清算行为是源于反工会的动机,这种行为也不属于不当劳动行为。[①]

II

我们故而同意上诉法院将达灵顿视作一个独立雇主的做法,它的停业清算做法不构成不当劳动行为,我们不能接受基层法院做法,即将达灵顿视作迪灵美利肯公司的一部分却得出同样结论。

关闭整个生意的行为,即便它带有歧视性,也带来了雇主和雇员关系的解除;但此种关闭行为把力量在企业终止的那一刻进行了完全释放。另一方面,一个歧视性关闭部分企业的行为可能会影响到企业的其他部分,它使雇主可以阻挠留下来的雇员去实现第7条所赋予的法定权利,这与"逃避性转移"和"临时关闭"行为带来的效果类似。而且,对于此类案件,委员会有一个可以运用的救济手段,它和应对"逃避性转移"和"临时关闭"行为的救济手段类似:即命令雇主在它的其他工厂里重新雇佣受到解雇的雇员。但此种救济手段不适用于整个业务终止的情况。根据对那

[①] 20. 我们所说的观点中,没有任何地方承认雇主可以通过关厂威胁来干预雇员的组织活动,此举须与董事会或其他有权管理层做出此类决定分别开来。我们认为这种保障措施并没有排除如下可能性:即我们的立场会对利用关厂威胁来破坏组织活动产生阻吓作用。雇主将被迫做出有关关厂的确然决定,因为它在代表选举之前如果单单表面宣布此决定将会阻碍雇员给工会投票,那么它的决定就可能不必去落实。但是这种可能性并不太会发生,除了那些边际业务;成功牢固的雇主并不会让自己生意冒着一旦雇员组织起来就关闭的风险。如果允许委员会命令那些选择和雇员赌一把的雇主不去执行他们宣称的关厂意图,我们没有见到任何实际办法对我们判决所带来可能结果产生制约。我们不认为此问题对与整个劳工与管理者之间关系的重要性能使我们改变我们以前判决的立场。

些涉及雇主(在关闭部分企业后)继续经营的案件所作的类比分析,我们不同意上诉法院的观点。我们认为:如果雇主关闭部分企业的行为是为了打击在此雇主剩余企业中员工组织工会的热情,如果雇主已经预见到此种关闭行为所可能带来的后果,那么它的行为违反了对第8条(a)(3)款的规定。

委员会将达灵顿视作某个受美利肯家族控制的企业中的一部分,当我们把此情形作为谈及"部分关闭"一词的背景的时候,我们并非倡导:企业在组织工会活动中采取的整合或合作行为是构成违反第8条(a)(3)款行为的必要前提条件。如果某些人为了反工会而关闭一家其控制的企业,但(1)在另一企业中也有利益,不管该企业是否和被关闭的企业有隶属关系或是否从事相同业务,(他们的行为)已经足以保障他们能从其在(被关闭的)企业里所开展的打击工会化活动中收获利益;(2)(他们)就是为了制造此种结果,而实施关闭其工厂的行为;(3)在其业务中构建一种可真实预见的关系框架,即让雇员担心:如果他们坚持组织活动,业务就会关闭,我们认为涉案行为已经构成了不当劳动行为。

尽管委员会针对单一雇主认定是源于:它认为如果通过综合迪灵美利肯企业的其他部分(另外,如果上诉法院也认可的话)就会发现罗杰·美利肯和美利肯家族之间的关系将会满足(上文提到的)"有利益联系"和"关系框架"这两个因素,但委员会对其他方面的认定却没能找到"目的"和"效果"这两方面的因素,而这些因素正是处理此类案件的关键所在。

因此,委员会在达灵顿关闭目的和预期结果方面所发现的证据,仅限于该行为对达灵顿雇员的影响。对于关闭行为企图对迪灵美利肯其他分支工厂中员工产生什么样的影响却无任何发现。如果仅仅声称达灵顿关闭行为会对其他企业工会化运动带来负面影响,是不足以认定存在不当劳动行为的。我们观察到雇主的行为虽然一般都带有某种预期的打击协同行动的效果,但如果缺乏动机方面的证据证明其目的是实现法律禁止的效果,就还不足以违反第8条(a)(3)款的规定。在这个与雇主合法权利"差之毫厘,谬以千里"的领域,我们认为委员会发现的不足是其决定里的致命缺陷。上诉法院在处理时根本没有回答动机与效果问题,因为它的结论是雇主有权因为不喜欢工会而关闭他的整个生意,也谈到基于同样目的的部分关闭行为。

除此之外,法院在没有对委员会作出的单一雇主的认定进行审查之前,不应接受或拒绝委员会的意见,或者自行根据上文提出一般原则作出判决。虽然下级法院认为依据他们的归因方式没有必要审查这种(单一雇主)认定,但是我们在形成对此部分意见的时候却是有必要这么做的,这也是上诉法院向我们移交的任务之一。环宇相机公司诉劳动委员会案(Universal Camera Corp. v. Labor Board, 340 U.S. 474)。

在发回重审的时候,审判官作出结论道:根据法院的审查,现有证据不足以证明其行为构成违法。委员会依据罗杰·美利肯给同济会俱乐部和其他非雇员群体所作的反工会演讲中的内容否定了上述结论,它指出第 8 条(c)款的立法背景是,让"委员会有权为了找到在法庭有用的证据而自由审查雇主的声明",委员会的相关命令也曾获得第四巡回法院的上诉法院(全法官审理)的(以 5∶2 通过的决定)支持;1969 年 1 月最高法院否决了公司提出的重新审查要求。见达灵顿制造配套有限公司诉国家劳动关系委员会案[Darlington Mfg. Co. v. NLRB, 397 F. 2d 760(4th Cir. 1968), cert. denied, 393 U.S. 1023(1969)]。审理达灵顿案中的偿付请求开始于 20 世纪 70 年代,在几年中花费了 400 多天来聆讯,并制作了长达 37,000 页的法庭记录。1980 年 12 月,国家劳动关系委员会的事务总长宣布:公司同意了他提出的 500 万美元的偿付解决方案,并确认了受影响的雇员。一般参见:国家劳动关系委员会办公室事务总长,报告第 1625 号,1980 年 12 月 3 日;帕特里夏·E. 埃姆斯:《达灵顿案件行政诉讼实践史》,载于《Tol 法律评论》第 5 卷(1974),第 595 页[See generally NLRB Office of the General Counsel, Release No. 1625, Dec. 3, 1980; Patricia E. Eames, The History of the Litigation of Darlington as an Exercise in Administrative Procedure, 5 U. Tol. L. Rev. 595(1974)]。

注释和问题

1. 第8条(a)(3)款的规定要有反工会的动机？ 哈伦法官称"雇主的行为，倘若带来了可以通常预期的、打压协同行动的后果，但却没有证据显示它有追求这一阻挠性效果的动机，那么也不能认定其违反了第8条(a)(3)款的规定。"在一个被省略的脚注中，哈伦法官引用了播音员案件来作为引证。这也是你对播音员案的理解吗？它和前文提出的其他决定一致吗？

2. 为什么第8条(a)(1)款的规定在此不适用？ 你是否理解哈伦法官只依据第8条(a)(3)款来处理达灵顿案？这是否因为对于雇主某些关键性决定，第8条(a)(1)规定利益平衡说是否必然总是有利于雇主的利益，除非有夯实的合法理由来说明该决定的作出源于非法的反工会动机？这种说法是否也部分地解释了拉斯应法院的做法？法院是否为委员会提供了指导来判定哪个雇主决定是"真正意义上的管理特权，故而永远不会构成对第8条(a)(1)款的违反……除非它还违反了第8条(a)(3)款的规定"？

3. 为什么歧视性地全面关厂行为超出了第8条(a)(3)款的适用范围？ 哈伦法官下的结论是，一个雇主，"即便它的停业清算决定是源自于对工会的抵制"，那么它作出关闭其全部业务的决定也不构成不当劳动行为，他这样认为的依据是什么？第8条(a)(3)款中所有因素是否没有得到满足？考虑一下如下情景：

a. 无"未来收益"？为什么法院会认为有证据显示雇主的行为有可能给其带来"未来利益"？基于资本流动现实，"未来利益"的可能性是否可以被排除？

b. 无效的救济？在救济方面的考量对达灵顿判决作出有影响吗？正如法院所指出的，即便是委员会也发现要求公司违背其意愿坚持营业是非常困难的，如果由于公司歧视性地关闭而失业的雇员而被要求偿付，那么这笔偿付要求为什么不能在公司清算过程中列为债务？

c.对错误所要代价的担心？你从脚注第15中和它所标注的句子中得到的启示是什么？雇主是否被授予不受限制的权利，它通过完全关闭其经营来避免委员会可能会错误地发现它的决定中带有反工会动机（虽然法院认为这种雇主不大会基于此动机采取行动）？

4. 威胁全部关闭。为什么法院在它脚注第20条中认定雇主有能力威胁关闭其生意？考虑到威胁关闭和真正关闭之间的成本差距，雇主是否更像是为了实现反工会的目的威胁关闭而非要真正关闭生意？

在脚注20中定义的威胁与已达成的决定之间分界线是否具有适用上的可持续性？在很多情况下，企业不会轻描淡写地宣布关闭。但是，通常现象是，公布一个可能关闭的决定会阻滞雇员对工会的投票，那么会不会出现这种情形：即那些完全出于策略性目的作出将要关闭的决定，如果雇员确然选择工会，该决定就会被撤回？但禁止所有涉及关闭想法的宣告是否会剥夺了对于雇员至关重要的知情权，倘若那些真正的关闭行为并不都是非法的？

5. 部分关闭：为什么需要有相关证据来证明雇主有在其他地方为（组织）权利运动降温的动机？为什么审理达灵顿的法院认为部分关闭应与全部关闭区别对待？为什么，除了有证据证明存在有关冷却工会运动效果的合理预期，还需要有证据证明雇主的动机有给它的其余业务领域的"工会运动降温的目的"？从法条的立法目的角度来看，为什么它不足以证明，歧视性地关闭会对被关闭企业中员工未来参与工会活动产生负面影响？

6. 是否总能找到为在其他地方权利运动降温的动机？ 雇主是否会为了除掉工会去关掉一个工厂，除非它对此有着某种合理预期：对于那些与雇主利益有实质性关联的其他工厂中的工会组织活动，这种关闭活动将会带来冷却效应？如果某个雇主没有预测到对其他设施中存在的组织活动的影响，它会不会回避处理工会在其某个设施中所作的组织方面的努力？或试图获取无工会雇主的称号，从而避免工会化活动扩散到它的其他地方，即便在这些地方的组织活动并非是现实的或可合理预见的？

7. 达灵顿判例对其他类型的工厂关闭的适用性？ 法院的"给其他地方权利运动降温"的测试方式是否仅限于工厂关闭这一情形？达灵顿判例是否预示着，委员会还应提供一些特定的证据证明解雇那些参与工会组织活动的雇员给其他雇员的组织活动泼了冷水？在拉斯应案中，事务总长证明了公司决定外包它的天然气运输服务是由于它不想与工会打交道，而并非是担心运输成本问题，或委员会已经证明了公司试图给剩余员工的组织活动降温，这些证据是否足以将其行为认定为违法？见乔治版画有限公司案[See George Lithograph Co., 204 N.L.R.B. 431 (1973)]（即便是没有直接证明反工会动机的证据，但当被解聘的雇员与其他雇员在相同工厂工作并受相同管理层控制时，是可以推论出存在给余下的员工开展组织活动降温的动机）。达灵顿判决是否可以适用于下面这种情况：雇主决定将工作从刚刚工会化的工厂转移到无工会的工厂中，这正如事务总长所论证的那样，它转出的意图并非是为了冷却已经工会化的企业中的工会活动，而是给转入地的无工会企业中的工会活动进行降温？见国际女装工人工会地方57号工会诉国家劳动关系委员会案；李尔·西格勒公司案[Local 57, International Ladies Garment Workers Union v. NLRB (Garwin Corp.), 374 F. 2d 295 (D.C. Cir. 1967); Lear Siegler, Inc., 295 N.L.R.B. 857 (1989)]（委员会的观点是达灵顿判决不适用于歧视性的转移工作或外包）。

8. "逃避型转移"：救济方面的考虑。 在"逃避型转移"案件中，如果委员会确实发现了雇主的反工会动机足以证明它构成了不当劳动行为，是否应该依常理来命令它重开关闭的企业？如果该工厂或它的设备已经被卖掉了怎么办？委员会是否能够命令雇主将工会认可为新工厂的谈判代表？如何进行救济是否应依据雇主在转移到的工厂中所达到的给工会活动降温的效果来决定？它是否确实给那里的工会化活动降温了？如果没有获得新工厂的多数员工的同意就让那个工会作为其代表，那么在那里执行开展谈判的命令合理吗？这种事后救济的困难是否预示着委员会应尝试运用法案第10条(j)款中规定的(而且区法院也会同意的)预防性禁令？见后文第376页［讨论第10条(j)款］。

9. **谈判的义务和"商业决定"**。审判达灵顿案件的法院是否按其在脚注5中所说的那样，即公司没有义务就关闭工厂的决定进行谈判？见前文第199页。就"商业"决定谈判的义务，例如关厂，将在第七章中讨论，后文第525—545页。

10. **评论**。对达灵顿判例的尖锐批评，见詹姆斯·B.阿特勒森:《美国劳动法中的价值与假设》(1983)，第138—142页；盖特曼:《第8条(a)(3)款》，第752—756页；克莱德·W.萨默斯:《最高法院的劳动法:1964年期间》，载于《耶鲁法律杂志》第75卷(1965)，第63—67页［James B. Atleson, *Values and Assumptions in American Labor Law* 138‐142（1983）；Getman, *Section* 8(a)(3), supra, at 752‐756; and Clyde W. Summers, Labor Law in the Supreme Court:1964 Term, 75 *Yale L. J.* 59, 63‐67（1965）］。

第三节　雇员受保护活动的范围

在本章早先讨论的案件中，将第7条之规定适用于雇主被控的歧视或限制行为是没有任何问题的。工会的加盟或组织活动，还有通过罢工达到谈判目标的行为都是第7条规定的核心。但是，第7条不仅授予雇员"自我组织、建立、参加或协助劳工组织，并通过其自己选择的代表谈判"的权利，而且还给予他们"为了集体谈判或其他相互帮助和保护的目的而参与其他种类的协同行动"的权利。《国家劳动关系法》第7条(增加了强调)。本节将讨论第7条后半部分,其中有三个成分:协调一致、目标或目的,还有途径。前两个成分直接来自于第7条表述的本身。但是,有关途径的含义需要从最高法院和委员会对法条的解读中认识。

1. "受到保护"的协调一致的活动:途径评价法

国家劳动关系委员会诉华盛顿铝业公司案

NLRB v. Washington Aluminum Co.
370 U.S. 9 (1962)

布莱克法官代表法院陈述了观点。

第四巡回法院的上诉法院[主审法官松柏奥夫(Sobeloff)持异议]拒绝执行国家劳动关系委员会颁布的命令,此命令内容是让被告华盛顿铝业公司(Washington Aluminum Company)为七名员工恢复工作,这些人曾宣称车间太冷无法工作,而公司以他们未经允许就擅离职守为由将他们解雇。①
……这七名雇员工作的车间并未作隔温处理,并且有好几个直通外面的门经常敞开。一个坐落在毗连建筑内的燃油火炉是该车间的主要加热源,虽然另外还有两个燃油加热器,但它们贡献的热量较为有限。这些设备提供的热量一直难以让人满意,即使在这些工人停工前一天,八名白班的机器操作工中的好几个人都向公司工头抱怨"工作环境太冷了"。

1959年1月5日,巴尔的摩港市的天气异常冷,并伴随着强风,温度从22℃下降至11℃。当白班雇员早上前来工作的时候,他们发现车间的寒冷

---

① 1. 上诉法院还拒绝执行委员会的另一个命令,即要求被告公司将美国工联-产业组织大会下辖的海洋产业美国造船工人协会(Industrial Union of Marine § Shipbuiding Workers of America, AFL-CIO),认可为它的员工谈判代表,并与之展开谈判。由于工会的多数员工代表身份取决于这七名被解雇员工中四名在委员会选举中的投票,因此此命令的执行效力取决于本案中备受争议的已遭解雇雇员投票的有效性问题上了。所以我们在解雇问题上的观点决定着对"拒绝谈判"问题的处理。

令人难以忍受,不光是因为天气异常恶劣,雪上加霜的是大燃油火炉在前晚坏了且一直未能恢复运作。当工人们在开工时间7:30前聚集在一起的时候,他们中间的一位,卡隆(Caron)先生,走到了当班工头贾维斯(Jarvis)先生的办公室,希望取一下暖,但发现工头办公室和车间其他地方一样寒冷。当卡隆和贾维斯在自己办公室讨论车间有多冷的时候,其他一些操作工在经过办公室窗前的时候蜷缩一团,这使得贾维斯叫喊着说出"如果这些人有胆的话,他们应该回家"。但开工的汽笛在稍后响起的时候,卡隆回到了他在车间的工作台,发现所有其他操作工都"蜷缩在那里,冻得有点哆嗦"。卡隆于是就跟这些工人说:"戴夫(Dave)[贾维斯]告诉我如果我们有胆的话,就应该回家……。我打算回家了,这里真是冷得没法工作了。"卡隆问了一下其他人的打算,在进行一番讨论之后,他们决定和他一起离开。其中的一个工人在给委员会作证时,将他们之间的讨论总结为"我们都聚在一起,并认为回家是个好主意;或许我们能通过此法给工厂带来些温暖"。他们开始离开的时候,贾维斯找到他们并劝说其中的一个工人留下工作。但卡隆和其他上白班的六名员工基本上是在7:30汽笛响起之后的几分钟内一起离开的。

委员会发现的事实之一就是:工人的行为是一个协调一致的活动来抗议公司没能为车间提供足够的暖气,这种行为是受国家劳动关系法第7条所保护的……因此公司解雇这些工人的行为违反了第8条(a)(1)款的规定,属于不当劳动行为。

上诉法院多数派拒绝执行委员会的此项命令,它的立场是因为工人在没有给公司一个"为避免停工作出妥协的机会"的情况下就"单方面离开工作场所",他们的离开不足以构成法案第7条所保护的协调一致的活动……

我们不会认可,仅凭雇员没有向他们的雇主点名要求改善他们不满意的工作环境,他们就会失去根据第7条的规定开展协同行动的权利。第7条的表述是宽泛的,足以涵盖对协同行动的保护,不管它们是发生在提出请求之前、之后或同时。强迫委员会解释或按照被告提出对法条的狭义理解来适用,只会破坏法案对工人共同争取更佳工作环境所采取的保护性政策。事实上,正如本案所显示的那样,这种对第7条的解释方式可能会给雇员增加过重的责任,以致它会使此条的规定对参与协同行动的权利的保护失去效用。这七名雇员是一群没有组织起来的员工中的一部分。他们没有谈判代表,而且也没有任何类型的代表能够代他们向其雇主提出抱怨。在这些情况下,他们不得不亲自尽力发声。正如前面所指出的那样,在他们离开车间的前一日,他们中的几位已经不停地向公司主管抱怨车间里的寒冷条件……

……在一个没有谈判代表,也没有一项可以用以表达共同诉求的既有程序的情况下,这些人使用了最直接的手段来让公司知道他们希望得到更为暖和的工作环境。因此,他们在内部讨论之后一起走掉,希望借此引起对他们抱怨的关注,希望给他们认为"悲惨"的工作条件带来一些改进。我们认为这些事实已经足够支持委员会的观点,即他们不必再提出任何特定需求就已经能够享受第7条所赋予的保护了。

尽管公司的意见恰恰相反,我们认为本案涉及的出走行为确实是符合法案第2条(9)款设定的"劳动争议"这一概念,此概念称:它包括"任何针对就业内容、期限和条件的争议……"……事实是公司在那天早上已经穷尽所有力量来维修火炉,并给车间带去了取暖器,但并未对导致出走争议点带来实质改善。总体看来,事实或许会显示,这些人离开行为未必是必要和明智的,但不难看出,工人们开展协同行动之决定的合理性与判定劳动争议是否存在无关。而且,此案中的证据显示,工人们此种环境下所采取的行动是不无根据的。公司自己的工头也表达了车间太冷、工人应该回家的观点。工头的话所强调的情形十分明确——它就是,原告曾经抱怨过的寒冷工作环境,在出走行为发生的当天已经进一步严重恶化了,从而使这些人协调一致地离开工作岗位,该行为看起来是非常自然和合理的抉择。

当然,第7条并非保护所有协调一致的活动也是事实,但那些不受其保护的情由在本案中不存在。此案中的活动不属于通常不受保护的协同行动,如非法的①、暴力的②或违反合同的③行为。它们也不属于本法院最近刚刚宣布的、不让第 7 条去保护的、那些可以定性为"无法自圆其说的"活动,这些活动带有对雇主的不忠动机,所以法院才认为它们不应继续属于工人合法协调一致的活动。④ 无论依据当下何种行为标准来判断,这七名员工的行为都不能被认定为"无法自圆其说的"活动。事实上,雇员所采取协调一致的活动是为了保护自己不受不适工作环境的侵害,委员会的发现也验证了他们所说的情况,他们的活动是纠正工作环境作出的正确举动,案中的工作环境是现代劳工——管理层规则的反面教材,也是我们这个充满人道主义和文明社会所无法忍受的。

麋鹿木材有限公司案

Elk Lumber Co.

91 N. L. R. B. 333（1950）

［原告指控,雇主由于雇员反对单方面变更工资率而将其解雇的行为违反了第 8 条(a)(1)款和第 8 条(a)(3)款的规定。］

1949 年 1 月 3 日,作为对工厂设施进行完善的一项成果,被告改变了装载的方式……这样就使汽车装卸工的工作更为便捷和稳定。

与此同时,被告单方面将汽车装卸工的工资变更为每小时 1.52 美元（在此之前,作为激励员工的机制,他们的平均工资是每小时 2.71 美元）。因此,一些汽车装卸工自行决定每天装载一部车就足够了,他们坚持按照此生产效率工作直到 2 月 7 日。根据他们的证言,他们采取这个生产率不仅

---

① 14. 南方汽船公司诉劳动委员会(Southern Steamship Co. v. Labor Board, 316 U.S. 31)。

② 15. 劳动委员会诉泛钢冶金公司(Labor Board v. Fansteel Metallurgical Corp., 306 U.S. 240)。

③ 16. 劳动委员会诉沙漠制造公司(Labor Board v. Sands Manufacturing Co., 306 U.S. 332)。

④ 17. 劳动委员会诉国际电器工人兄弟会地方第 1229 号工会(杰斐逊标准)［Labor Board v. Local Union No.1229, International Brotherhood of Electrical Workers (Jefferson Standard), 346 U.S. 464,477］。

是因为其他工厂在相同地方适用同样配额,还因为他们"认为一天装载一部车挣 1.5 美元足矣"。他们也承认他们可以一天装载更多车辆,也愿意多劳多得,也知道被告对他们现有的生产率不满。

被告从未给汽车装卸工作设定配额,也未警告过他们如果他们没能提高自己的生产率就会被解聘。但是,1949 年 2 月 1 日这一天,被告的副主席,经理人乔治·C. 弗拉纳根(George C. Flanagan),曾邀请他们去自己家来讨论现状。在大家的讨论过程中,他向他们征询提高生产率的建议。他们中的一位,很明显是得到了代表整个参与减产活动的群体的授权,代表他们提出:被告应该要么恢复计件工资要么提高小时工资;他同时还清楚表明:这些人除非能够获得相应的工资增长,否则就不会主动提高他们的生产率。弗拉纳根说他将会造访附近另一家工厂来查探情况,随后再向他们通报。他随后访问了提到的工厂,但却没有任何下文。

原告中的五名汽车装卸工虽然没有罢工,但依旧暂且保持自己选择的工作速度,但他们却在 1949 年 2 月 7 日收到了结算工资。工厂主管肯尼迪(Kennedy)只告诉他们中的一位,说"我们不能允许(你们)那么做,所以我们不得不去寻找一些新面孔了。"……

被告声称:五名汽车装卸工被解雇并非是像他们所抱怨的那样,源于他们参与了协调一致的活动,而是因为他们的生产(效率)不能让人满意。但显而易见的是,他们没能达到生产上的要求是因为他们之间存在减产协议。因此,在我们看来,表现出来的唯一问题就是这种行为是否属于本法规定的协调一致的活动。我们与事务总长观点相左,认为它不属于……

在此案中,汽车装卸工参与协调一致的活动的目的——是为了促使被告提高小时工资或恢复计件工资——不是一个合法目的。但是,为了实现此目标,他们采取了已计划好的活动,将产量减至他们认为和其所获得工资一致的水平。他们没有采取停工手段而是根据自己设定的生产率继续工作达到单方面拒绝雇主为其设定的雇佣条件效果。

但是,事务总长主张道:"如果这种[减产]活动会受到委员会的批评,那么也只是在明确地拒绝了雇主的要求之后才能对其批评",而且在本案中,"在被解雇的时候,并未看到有任何没能遵守管理层指令的情况"。为了支持这一主张,他强调:"在减产发生之后,雇主很明显地对(减产)有所默许,且并未提出任何抗议";雇主"并未设定一个明确的[生产]率,也没有声明什么样的生产率才是准确的";而且它解雇这些人时"没有给出任何警告或理由"。 212

但是,根据我们现有的记录,我们发现没有确凿的证据显示被告在何时对减产行为采取了默许态度。相反,有关2月1日晚宴聚会的证词恰恰说明了被告对减产的担忧,并且试图找到提高它的办法。

另外,尽管被告承认并没有明确表达希望汽车装卸工一天应装载多少车。现有记录还显示,被告也没有警告他们如果不提高生产率就会被解雇,但是这些人很明显知道他们采取的生产率并未达到令人满意的程度。即便知道这些,他们每日继续装载少于其本可以装载的汽车数量,或少于其在收费较高情况下可以装载的汽车数量。依据这些特定情况,我们认为有关被告没有给他们明确的工作量指令,或没有警告他们如果没有达到要求就要被解雇的说法是站不住脚的。

注释:对于可使用方式的种类限制

华盛顿铝业公司案列出了一些不受允许的方式,运用这些方式开展的协同行动不受第7条保护。

非法活动。《国家劳动关系法》不保护某些规定的非法行为,如第8条(b)款禁止的工会活动,或其他联邦法律规定的非法行为,如在华盛顿铝业公司判例中引用的、在南方轮船案中涉及的、《联邦反暴乱法》的刑事规定。它也不保护通过协调一致的活动迫使雇主违反本法或其他联邦法律。见美国新闻有限公司案[American News Co., Inc., 55 N.L.R.B. 1302 (1944)](如果罢工的目的是为了强迫雇主违反《联邦工资和价格控制法》来上涨工资,那么此类罢工行为不受保护)。

相反,那些依照州法律属于非法的活动并非自动地失去第7条的保护,因为,州法律中涉及受到《国家劳动关系法》和《铁路劳动法》保护的活动应优先适用联邦法律的规定,此内容将在第十二章中讨论。虽然因为国会起草的《国家劳动关系法》中带有抗衡各州的刑事和侵权法律的目的,但是某些协调一致的活动假如违反各州的财产权和名誉权保护方面的法律,也将不受联邦法案保护。

暴力活动。暴力行为也不受该法的保护。华盛顿铝业公司判例中所引用的樊斯提尔案(Fansteel)涉及了一个"静坐罢工"行为,但后来雇主解雇了罢工者,并叫来州警察将他们从其场地上带离,此行为随即转化为一场暴力事件。樊斯提尔案还涉及一些非法行为;法院认定此罢工是不受保护的,并宣布此行为依据州法律是非法的,因为它出现了强行站在雇主场地的情况。同理,法院认为当罢工者威胁将对雇主财物进行破坏时,这些罢工行为是不受保护的。见马歇尔汽车轮毂铸造有限公司案[Marshall Car Wheel & Foundry Co., 218 F.2d 409 (5th Cir.1955)](当雇员撇下高炉里的铁水不管时,他们的行为会带来巨大的破坏,所以这种罢工行为是不受保护的)。

针对个人的恐吓性暴力活动也不受第7条有关协同行动的保护。但是,委员会已经认识到"如果员工的任何不当行为,无论它的严重程度有多大,都会导致他应享受的[法定保护]被剥夺……,那么罢工权……定会遭到不当削弱。"皇冠休闲鞋公司案[Coronet Casuals, 207 N.L.R.B. 304, 305 (1973)]。在克里尔松木模具公司案中[Clear Pine Mouldings, Inc., 268 N.L.R.B. 1044 (1984), enforced, 765 F.2d 148 (9th Cir.1985)],当某行为"有可能会对[其他]雇员造成胁迫或恐吓效果,而让其无法实现其受法案保护的权利时"(它并不要求去证明某个员工到底是否真的受到强迫和恐吓),该行为会让当事人失去法案对他的保护。见莫霍克露酒有限公司案[Mohawk Liqueur Co., 300 N.L.R.B. 1075 (1990)]。克里尔松木案认为,即便是没有身体接触,言语型的口头威胁也是不受保护的。有关罢工不当行为后果的讨论见后文第586页。

违约。在华盛顿铝业公司案中第三个会导致失去第7条对协同行动保护的因素是违约。法院引用了国家劳动关系委员会诉金沙制造公司案[NLRB v. Sands Mfg. Co., 306 U.S. 332 (1938)],案由是雇员由于拒绝完成依据集体合同分配给他们的工作而被辞退。委员会和法院都考察了集体合同的有效期,工会为了防止某些受保护活动(包括罢工活动)的出现所付出的努力,认定工会确已代表员工放弃了第7条中的权利。见国家劳动关系委员会诉洛克威新闻公司案[NLRB v. Rockaway News Supply Co., 345 U.S. 71 (1953)](不能罢工条款使得协调一致的罢工不受保护)。但是,正如后文将要全面讨论的那样,见第248—257页,最高法院也认为工会无权代表其成员放弃第7条中的全部权利。

"无法自圆其说的"或"不忠的"行为? 华盛顿铝业公司案的意见中也提到第7条不保护那些"可以定性为'无法自圆其说的'行为,因为它们对雇主来说是不忠的行为,本法院故而认为此类活动必然不属于工人合法的协调一致的活动"(370 U.S. at 17)。在此法院还借用了杰斐逊标准案,将在后文第217页展开。

注释和问题

1. 雇员罢工的"合理性"是相关因素吗? 注意一下,雇员在华盛顿铝业公司案中的行为并不属于任何上文所提及的、受到禁止的类别。因此,法院被迫还要去判定争议的行为是否是可归因于某些其他原因而导致其不受保护。上诉法院已经发现,雇员们没有在决定罢工前向其雇主提出任何诉求,故而未给雇主任何改正的机会,所以他们的行为是不受保护的。但是,最高法院纠正了这一看法。为什么法院认为在此案中不应对诉求作此类要求呢?为什么法院认定雇主穷尽"所有努力"来修理火炉、在罢工的时候为车间供热的这些事实与案件的定性无关?那么法院此处到底有没有将员工罢工行为是否具有"合理性"与其行为受保护与否进行联系?

尽管巡回法院几次试图勾画出一个有关"合理手段"的要求,见鲍勃·埃文斯农场公司诉国家劳动关系委员会案;昨日儿童用品公司诉国家劳动关系委员会案;多布斯房屋公司诉国家劳动关系委员会案[Bob Evans Farms, Inc. v. NLRB, 163 F.3d 1012 (7th Cir. 1998); Yesterday's Children, Inc. v. NLRB, 115 F.3d 36 (1st Cir. 1997); Dobbs Houses, Inc. v.

NLRB, 325 F. 2d 531(6th Cir. 1963)], 但委员会还是继续将保护扩展到那些孤立的, 但又是同时举行的罢工活动, 也不去评估员工对其雇主之行为进行回应的合理性和适度性。见 QSI 公司案; 埃克斯尔公司案; 垂艾德管理企业案[QSI, Inc., 346 N. L. R. B. No. 97 (2006); Accel, Inc., 338 N. L. R. B. 1052 (2003); Triad Management Corp., 287 N. L. R. B. 1259 (1988)]。

在鲍勃·埃文斯农场公司诉国家劳动关系委员会案中, 一些非工会会员的餐厅工作人员在一个繁忙的周五晚上, 当听说他们的主管被解雇后, 立即集体撇下工作离去。这个离职行为给餐厅运营造成了巨大破坏, 这些员工因此被解雇了。委员会发现此次离职属于受保护的行为[325 N. L. R. B. 138 (1997)]。但第七巡回法院拒绝认可(委员会的命令), 因为雇员的行为是"超出合理范围的、破坏性"和"不成比例的"行为, 他们应使用"更为温和的方式——写抱怨信"来代替此做法(163 F. 3d at 1023)。法院认为: 委员会没有给"雇员提出将损失控制在最低水平的建议", 因此它的做法"带有鼓励破坏行为的意味, 虽然带来这种破坏正是产业行动的本质, 而产业行动又是能够给员工带来好处的经济阵痛的"。同上。不过, 委员会也宣称"对于(雇主)利益的破坏也不是无限制的, 存在一个内在的适度性要求"。同上。但此立场是否与华盛顿铝业公司判例一致? 是否和法案要求一致? 关于更为深入的讨论, 见陶步乐公司诉国家劳动关系委员会案[Trompler, Inc. v. NLRB, 338 F. 3d 747 (7th Cir. 2003)(Posner, C. J.)] (其中虽然提到"劳动关系的'斗争'模式[也是该法所赖以建立的模式], 但该模式与斗争者应'合理地'行动的要求无法很好地融合", 但最终还是选择去限制鲍勃·埃文斯案中的反抗, 而没有从更高的层面上对此案进行评估); 同上, 第 753—755 页(注意到了巡回法院在"合理性"要求的有效性方面的分歧, 并主张直接撤销鲍勃·埃文斯判决)。

2. 抗议者同时拒绝离开经营场所的行为是否与本法案相关联? 即使华盛顿铝业公司判决并不能给雇员同时离职活动勾画出一个普遍性的"合理性"和"适度性"限制, 它是否依旧允许对同时开展的抵制活动施加其他限制？例如，雇主能够解雇那些在同时擅离职守之后，却又拒绝离开工作场所的雇员吗？如果雇员拒绝离开工作区域或在非工作区域聚集，是否会给案件定性带来妨碍？不管雇主是否已经提出会见要求来讨论他们的抱怨，都与案件定性无关吗？委员会对待拒绝离开雇主场地的行为与放下工作离开雇主场地的行为采取了不一样的态度。例如，在库艾特福雷克斯制造有限公司案[Quietflex Manufacturing Co., 344 N.L.R.B. No. 130 (2005)]中，83名姓海斯潘立科(Hispanic)的雇员因为抗议他们工资低于其越南同事而采取放下工作的行动，但在此之后，他们占据雇主的停车场达12个小时之久并拒绝离开，委员会发现他们的行为是不受保护的。雇主曾两次警告他们或者离开，或者返回工作岗位，还提议与他们展开讨论以听取其意见。委员会认为雇主可以，在一段合理时间之后(时间的长短取决于抗议活动的目的和破坏力)，坚持要求抗议员工离开它的场地，包括它的非工作区域。委员会在库艾特福雷克斯案中使用的合理限制与华盛顿铝业公司判例是一致的吗？

3. 未被组织起来的工人开展的协同行动。华盛顿铝业公司判例似乎在宣示一个立场，即某个活动无论它是否为了促进工会化或集体谈判都可以受到第7条的保护。第7条是否可以被解释为只保护工会主导的抗议活动？《塔夫脱-哈特莱法》所认可的第7条中的"克制权"是否排除了这种解释？作为局外人的法庭在什么样的特定情况下，可以认定抗议活动并不会带来组织化或集体谈判的最终效果？例如，考虑一下华盛顿铝业公司判例中脚注1的观点。

4. 部分性的或间歇性的罢工对照全面停工。麋鹿木材判例是否和华盛顿铝业公司判例有区别？如果在麋鹿木材案中，工人们在公司改用新小时工资之后只减慢了某一天的工作速度，那么此案会不会有不同判决？如果华盛顿铝业公司案中的工人们不断地拒绝在寒冷的地方工作，那么此案会不会有不同判决？如果他们继续留在他们的工作场所但拒绝在这一极端寒冷的条件下工作,那该怎么处理?

216　　　委员会在没有司法异议的情况下拒绝认定部分性的或间歇性的罢工,或工作减慢行为应受到法案的保护。见肯尼斯·T.沃帕特卡:《〈国家劳动关系法〉和〈民权法〉第7章对员工抗议私营部门中的就业歧视所提供的保护》,载于《纽约大学法律评论》第50卷(1975),第1179页;耶鲁大学案[Kenneth T. Lopatka, Protection Under the National Labor Relations Act and Title VII of the Civil Rights Act for Employees Who Protest Discrimination in Private Employment, 50 N. Y. U. L. Rev. 1179, 1205 - 1211 (1975); See, e. g., Yale University, 330 N. L. R. B. 246 (1999)]。在耶鲁大学的案子中,200名大学老师在12月中旬开展了"分数罢工",拒绝将学生的最终成绩提交给学校,但与此同时,他们继续从事他们的其他本职工作,如和学生会面,撰写推荐信,还有准备下个学期的课程。委员会认为由于这些老师一边工作一边罢工,他们的行为属于"部分性罢工",故而不受第7条保护。

　　为什么说第7条只保护全面停工或罢工而不给部分停工或减产活动提供保护? 部分性罢工行为是否会给雇主利益带来更大的实质性伤害,或是带来不同形式的伤害? 即便确有其事,委员会是否依旧有权根据第8条的规定来判定雇主对部分性罢工行为的反应是否超出了维持生产的合理范围? 有关委员会如何处理雇主对受第7条保护的全面停工行为的回应,见后文第571—633页。另见,克雷格·贝克尔:《"比罢工更有效":国家劳动关系法保护新形式的集体中止工作的行为》,载于《芝加哥法律评论》第61卷(1994),第351页;塞缪尔·艾斯托伊克:《罢工者和替补者》,载于《劳工律师》第3卷(1987),第897、903页;艾莉森:《价值观和设想》,第44—66页;朱莉叶斯·盖特曼:《76宪章出台之后保护部分罢工》,载于《斯坦福法律评论》第29卷(1977),第205页;斯托顿·林德:《工会获得承认之后从事协同行动:立法史研究》,载于《印第安纳法律杂志》第50卷(1975),第720页[Craig Becker, "better than a Strike": Protecting new Forms of Collective Work Stoppages Under the National Labor Relations Act, 61 U. Chi. L. Rev. 351 (1994); Samuel Estreicher, Strikers and Replacements, 3 Lab.

Law. 897, 903 (1987); Alteson, Values and Assumptions, supra, at 44 - 66' Julius G. Getman, The Protected Status of Partial Strikes After Lodge 76: A Comment, 29 *Stan. L. Rev.* 205 (1977); Staughton Lynd, The Right to Engage in Concerted Activity After Union Recognition: A Study of Legislative History, 50 *Ind. L. J.* 720 (1975)]。

5."宽恕"。注意一下,审理麋鹿木材案的委员会拒绝了事务总长提出的、认为雇主默许了怠工行为的观点。即便此案行为属于不受保护的活动,如果雇主通过明示或暗示方式宽恕了雇员的不当行为并放弃了对其追究的权利,国家劳动关系委员会依旧可以依据"宽恕"原则下令为雇员恢复工作。有关宽恕通常是在罢工时提出,尤其是当雇主呼吁罢工者重返工作,并承诺放弃对其在罢工中的不当行为进行追究的时候。见马歇尔汽车轮毂案;白橡煤电有限责任公司案[Marshall Car Wheel, supra page 213; White Oak Coal Co., Inc., 295 N. L. R. B. 567 (1989)]。如果委员会要作出同意雇主原谅那些不受保护的行为——把过去的事"一笔勾销"——的判定,它就必须拥有确凿的、让人信服的正面证据;如果公司在调查完成之前仅仅提出了恢复工作的建议,这个建议不能被认定为(宽恕的)证据。见国际造纸公司案;联合纸业工人国际工会第14地方分会诉国家劳动关系委员会案;纤维板公司案[International Paper Co., 309 N. L. R. B. 31 (1992), enforced sub norm. Local 14, United Paperworkers Intl. Union v. NLRB, 4 F. 3d 982 (1st Cir. 1993) (table decision); Fibreboard Corp., 283 N. L. R. B. 1093 (1987)]。

国家劳动关系委员会诉国际电气工人兄弟会第1229地方分会案(杰斐逊标准)

NLRB v. Local 1229, IBEW (Jefferson Standard)
346 U. S. 464 (1953)

[第1229地方分工会的成员代表22名电视机技工与杰斐逊标准广播公司展开了更新集体合同的谈判,在谈判受阻之后参与了下文所述的活动。]

伯顿法官:从1949年7月9日开始,工会每天都到公司所在地进行和平纠察活动。在纠察的沿线上张贴公告和分发传单,指控雇主对它的技术人员有不公正待遇,并强调公司拒绝对它有关解雇仲裁的规定进行更新。其张贴的文告和分发的传单中都点名本案中的工会为WBT技术人员的代表。员工并未进行罢工。他们将各自的纠察活动放在下班后开展,同时继续享受全额工资待遇。此案中并不存在暴力或暴力威胁行为,且所有人都参与到上述活动。

但在1949年8月24日,一个新的(解雇仲裁)程序出现了。在没有任何警告的情况下,几个技术工人开始对公司电视广播质量进行了刻薄的指责。5,000份印有"WBT技工"字样的传单被制作了出来。这些传单被沿着纠察路线分发出去,具体范围是在距离公司建筑物两到三个建筑之遥的公共广场的理发店、饭店和公车上分发。这些传单并未提及工会的名字、劳动争议或集体谈判。它们内容如下:

夏洛特市是个二流城市吗?

你在观看杰斐逊标准广播公司通过WBTV播放的电视节目时可能会有上述的感觉。你最近看过它们的电视节目吗?你是否知道WBTV播出的所有节目都是录播带上的,是在一天前至五年前制作的。WBTV没有播出过任何当地节目。你无法接收到当地棒球、橄榄球赛事或其他当地事件的报道,因为WBTV没有话播设备来转播这些事件。那些像纽约、波士顿、费城和华盛顿这样的城市每晚都能接收到这样的节目。为什么杰斐逊标准广播公司不去购买需要的设备让你能够欣赏到其他美国大城市一样可以收到的节目?难道说它们认为夏洛特市是个二流社区,故而只有权欣赏到它们眼前的图景吗?

WBT技术人员

此次攻击一直持续到1949年9月3日,当日公司辞退了10名它认为是资助或分发这些传单的技术人员。

这个问题本身是简单的。它就是这些雇佣合同将要过期的雇员是否被"合理地"解聘了。他们被解雇完全是因为他们在公司启动电视服务的关键时刻,资助或分发了5,000份传单,这些传单公开地对公司产品的质量和政策进行了尖锐的批评和贬低,导致了对公司名誉的伤害和收入的减少……

公司……将此种传单视为破坏性的不忠行为,并以此为由拒绝与发起此攻击的员工继续保持雇佣关系。我们同意此看法。

《塔夫脱-哈特莱法》第10条(c)款明确的写道:"如果某个雇员由于合理原因被停职或解雇,委员会不应为这个被停职或解雇的雇员下达恢复原状或提供偿付的命令。"没有比不忠于雇主更为基本的解雇理由了……

假设没有先前劳动争议的存在,"WBT技术人员"在8月24日到9月3日之间的行为毫无疑问地符合第10条(c)款中规定可以导致违纪解雇的理由。他们攻击的内容与公司劳动管理无关。它没有涉及任何工资、工时或工作环境的问题。他们指责的对象是公司管理层,而非技术人员所负责执行的财务和公共关系方面的政策。这个指责并没有呼吁公众的同情和支持。它是一群攻击者们在下班时间继续对本应是他们受雇来保护和发展的利益进行指责的行为。法案的立法目的除了要求雇主资助这些活动外并没有提出任何进一步的要求。此行为对实现法案要保护的产业和平与稳定的贡献极为有限。

与此行为偶然共存的劳动争议,并未给这些技术人员提供实质性的抗辩理由。尽管他们既是工会成员也是劳动争议主导者,但他们却忍痛剥离了这些身份。他们8月24日的传单省略了所有指向劳动争议的内容,这个情况与他们提出的设置纠察线是为了劳动争议而设的意见相左。传单的内容远离了劳动争议这一焦点。它批评的是与劳动争议无明显关系的公司政策。在传单和劳动争议之间唯一的关联是它们隐含的最终目的或部分发起者的动机,批评者通过借助期望产生的财务压力,来使公司将来能够作出一些让步。如果公开这一动机会使雇员失去群众的支持,这要比他们不这样做失去的更多,因为它更多地体现了传单的胁迫性而非集体谈判性。在提到该指责行为时,委员会说:"依照我们的看法,本案中的这些策略比起破坏活动更没有辩驳的余地。"(94 N.L.R.B., at 1511)委员会在本案中把对劳动争议的指责有效地区分出来,将本案视作一个公司技术专家对公司产品质量质疑的案件。正是因为如此,可以将本案视作与正在进行的劳动争议无关,故而此案中的雇主有充足的理由来解雇发起人。技术人员所参与的攻击行为构成了第10条(c)款规定的解雇要件。

委员会称:"我们……不参与判定,此案所涉及贬低产品的行为是否为雇主解雇责任雇员提供了依据,或如果该行为是为了支持劳动争议中的工会,那么这样的做法是否是正确的问题。"同上,第1512页,注18。这一陈述赞同了委员会曾作出的初步结论,即8月24日的攻击并非为正在进行的劳动争议进行呼吁活动的一部分……

法兰克福法官提出了异议,布莱克和道格拉斯法官也加入了异议行列……

法院依据第10条(c)款允许"合理"解雇的情形,指出雇员存在"不忠"行为,故而足以构成解雇的"理由",没有去判断传单分发行为是否属于第7条所规定的"协调一致的活动"。第10条(c)款并没有"因为不忠"而解雇规定。如果国会将这样的规定写入此条,那么委员会和法院在《塔夫脱-哈特莱法》后的12年间所精心搭建的一大部分法律将会被改写。立法历史很明确地显示国会并无此目的,也确认了委员会和法院对"协调一致的活动"的解释。很多受到法律认可的劳动策略和武器,如果将其放在人与人之间友好关系视角下,都可以被指责为是带有"不忠"性质的。

如果说,在没有劳动争议存在的情况下,所有的行动都是导致解雇的"理由"——或,使用在劳动合同中常用的词,"合理理由"——故而不受保护,即便这些行动是"为了实现集体谈判目标而采取的协调一致的活动",

也无济于事。这种说法对那些致力于将劳工与管理层放在公平的位置上的法律来说是一种误读。而且,它还会忽视了罢工中出现过的又叫又闹的现象,在这期间粗俗或不当语言是不受追究的。

注释和问题

1. 关联性要求:劳动争议与产品贬损行为的关联? 在由谈判僵局导致的罢工过程中,某个生产颜料的公司继续在主管带领下运营。此后,几个罢工者分发标题为"小心颜料成分"的通知。这些通知在提及罢工事件之后向顾客建议:公司并未使用"受过良好训练的、有经验的、能够生产你以前经常使用的那种颜料的员工"来制作颜料,并警告这些其他(人生产的)颜料会剥落或干裂。通知最后说:将会告知顾客何时能够再次买到公司日常员工生产的颜料。分发此种通知的行为是否是受到保护的行为? 见帕特森萨金特有限公司案[Patterson Sargent Co., 115 N.L.R.B. 1627 (1956)](认为它不是)。

委员会和法院后来的判决都说明帕特森萨金特有限公司案与杰弗逊标准公司案之间的区别在于劳动争议和贬低产品行为之间是否有足够联系。见塞拉利昂出版公司诉国家劳动关系委员会案;国家劳动关系委员会诉沙漠山岛医院案;米斯瑞德医院医疗中心诉国家劳动关系委员会案;SAS救护车服务公司案;新泽西州联合航空服务公司案;山影高尔夫度假村案[Sierra Publishing Co. v. NLRB, 889 F.2d 210, 216 (9th Cir. 1989); NLRB v. Mount Desert Island Hosp., 695 F.2d 634 (1st Cir. 1982); Misericordia Hosp. Medical Ctr. v. NLRB, 623 F.2d 808 (2d Cir.1980); SAS Ambulance Serv., Inc., 255 N.L.R.B. 286 (1981); Allied Aviation Serv. Co. of N.J., 248 N.L.R.B. 229, enforced, 636 F.2d 1210 (3d Cir. 1980); Mountain Shadows Golf Resort, 330 N.L.R.B. 1238 (2000)]。你是否认为杰弗逊标准公司案中的传单,如果只是写上这些分发传单技术人员正处于与公司有劳动争议的状态,那么是否会,或应该会导致不同的判决结果呢?

2."不忠"？ 为什么不忠足以构成将技术人员贬低产品的行为排除在第 7 条保护之外的根据？贬低产品的行为依据州法律的规定是否属于非法？雇主是否拥有州法律所赋予的要求雇员忠心的权利，同财产权类似，是否应依第 7 条的解释作出平衡处理？如果贬低产品行为被视作一个附随行为，那么是否也不能认为（相关的）罢工和工会组织活动是违反雇主意愿的行为？

是否有办法区分以下这两种情况：杰弗逊标准公司案中贬低产品的行为；还有像帕特森萨金特有限公司案中的情况，即雇员对产品的批评与劳动争议绑缚在一起，当劳动争议解决的时候，批评也随之消失？前者中的贬低产品行为是否给企业远景利益造成威胁，而这个利益是雇主和雇员都致力于追求的？而后者，比如罢工行为，是否只伤害到了企业短期利益从而带来在雇主与雇员间的让步？但见恩迪科特互联技术公司诉国家劳动关系委员会案[Endicott Interconnect Technologies, Inc. v. NLRB, 453 F.3d 532 (D. C. Cir 2006)]（撤销了委员会的命令，因为它保护"不忠"的雇员，该雇员曾指控管理层导致业务"受限"、允许"多个漏洞"的存在、在解聘之后指责其"缺乏关键知识"）；钻石核桃种植者公司诉国家劳动关系委员会案[Diamond Walnut Growers, Inc. v. NLRB, 113 F.3d 1259, 1267 (D. C. Cir. 1997) (en banc)]（认定，罢工者在运动过程中宣称由"工贼"包装的核桃被"霉菌、尘土、油污、虫子和粉尘"所污染，这些话在公众心目中形成了"内心担忧"、并给公司的经营带来破坏，而这种影响不会随着罢工的解决而消失）。如果雇主采取过度的罢工反制措施，包括雇佣固定工来代替罢工者的位子，那么就重新思考一下互相忠诚的概念和"对冲突就事论事"的原则。

3."粗俗的"贬低行为？ 与某个劳动争议有关的贬低产品的行为如果是带有尖锐谩骂性质的批评，那么它是否也不应受到保护？见可口可乐灌装公司案[Coca Cola Bottling Works, Inc., 186 N.L.R.B 1050 1054 (1970)]，对其他事由的定义在细节上进行了修改。零售、批发、百货工会诉国家劳动关系委员会案［Retail, Wholesale and Dept. Store Union v. NLRB, 466 F. 2d 380 (D. C. Cir. 1972)］（分发宣传单警告公众苏打水瓶里有蟑螂和死耗子，因为在罢工期间没有足够替补雇员来把关生产质量）；美国仲裁总会案［American Arbitration Ass'n, 233 N. L. R. B. 71, 75 (1977)］（将问卷发送给律师客户，其中提到"律师和保险理算员与狗及其他动物从一个鼻孔出气"）。另见钻石核桃案［Diamond Walnut, cited supra note 2, 113 F. 3d at 1267 & n. 8］。

4. 虚假的贬低？ 因某个劳动争议而引起的、贬低产品的行为包含虚假的内容，那么它是否也不用受到保护？如果该虚假内容是恶意编造的，也就是说利用虚假的知识或故意不顾事情的真实性而生成的，那么该如何处理？见 TNT 北美物流公司案和单丝电缆有限公司案［TNT Logistics North America, Inc., 347 N. L. R. B. No. 55 (2006)；Simplex Wire & Cable Co., 313 N. L. R. B. 1311 (1994)］（都判定恶意虚构将会失去法案对其行为的保护）；国家劳动关系委员会诉水泥运输公司案［NLRB v. Cement Transp., Inc., 490 F. 2d 1024 (6th Cir. 1974)］（未达到恶意虚构标准；故而予以保护）。见国家邮递员总会奥多明尼昂第 496 号分公司诉奥斯汀案［Old Dominion Branch No. 496, Nat'l Ass'n of Letter Carriers v. Austin, 418 U. S. 264 (1974)］（如果工会并非故意或有意提供虚假信息，保护工会组织活动不受诽谤罪的惩罚）。

5. "不忠"因素的外延？ 杰弗逊标准公司案的归因方式，对那些没有涉及贬低产品的案件是否也适用？例如，它是否为把某些罢工行为排除在第 7 条的保护之外提供了一个根据？如果餐厅那些负责冷藏昂贵食材的工作人员突然罢工，或那些负责给日报纸排版的员工突然罢工，将如何对待？见国家劳动关系委员会诉 A. 拉斯帕纳父子公司［NLRB v. A. Lasaponara & Sons, Inc., 541 F. 2d 992, 998 (2d Cir. 1976)］（受保护的行为）；国家劳动关系委员会诉考尔斯出版有限公司案［NLRB v. Cowles Publishing Co., 214

F. 2d 708 (9th Cir. 1954)]。或者,如果在圣诞购物季针对百货公司进行罢工,那将如何对待?杰弗逊标准公司对最终解决这些案件有多大帮助,或你是否同意法兰克福法官的说法(他一部分异议意见在再版后的前文没有列出),即该案例所运用的"欠精确"的标准给"委员会成员和法官作出个人判断打开了方便之门"。

6. 工会"合作运动"。杰弗逊标准公司判例的原则或许对于某些工会来说越来越重要,这些工会试图通过直接向雇主施加经济压力,或通过向雇主的供货商、投资人,或顾客呼吁的方式从特定雇主那里获取某些利益。这些呼吁有时采取对目标雇主产品、服务或财务状况进行贬低的行为。见梅林达·J. 布兰斯科姆:《劳动者、忠诚度和企业运动》,载于《波士顿大学法律评论》第 73 卷(1993),第 291 页[Melinda J. Branscomb, Labor, Loyalty, and the Corporate Campaign, 73 *B. U. L. Rev.* 291 (1993)]。这些呼吁同第 8 条(b)(4)款的关系将在后文第 664—680 页中详述。

2. "受保护"的协调一致的活动:目的或目标评价

伊斯泰克斯公司诉国家劳动关系委员会案

Eastex, Inc. v. NLRB

437 U. S. 556 (1978)

法官鲍威尔……。上诉人在得克萨斯州的瑟斯比(Silsbee)生产纸质产品。从 1954 年开始,在上诉人处从事生产的员工由美国造纸工人国际工会第 801 地方工会(Local 801 of the United Paperworkers International Union)来代表……。由于法律规定得克萨斯州是一个(保护)"工作权"的州,所以第 801 地方工会被禁止向上诉人争取签订要求所有生产工人成为工会员工的协议。

1974 年 3 月,第 801 地方工会的主管为了给将要进行的(与上诉人的)

合同谈判造势,着手强化员工对工会的支持并尽可能地招募更多成员,因此决定向上诉人的所有雇员分发一份工会报道……。这份报道的第一和第四节呼吁员工们支持和参加该工会,还泛泛地颂扬了一番团结工会的益处。第二节鼓励员工向他们的立法者写信反对将州"工作权"的规定嵌入到修改后的州宪法,并警告若嵌入将会"弱化工会的力量,并提升商业机构在谈判桌上的地位"。第三节提到总统最近否决了将联邦最低工资从 1.60 美元提高到 2.00 美元的一个提案,并将该事件与在行政管理下的石油行业中价格和利润的上升作了比较;借此警告说:"作为工作中的人(无论男女),我们必须击败我们敌人并选出我们的朋友。如果你还没有登记投票,请今天就行动。"……

1974 年 3—4 月这段时间里,公司禁止某些员工,还有工会领导在工厂的非工作区域分发工会报道。工会故而提出了不当劳动行为的指控。

在一次聆讯当中,公司的人力资源主管作证道,他对工会报道的第一和第四节没有反对意见。他拒绝分发这个报道的理由是他"没有看到[第二节和第三节的内容]到底在哪个方面与我们和工会合作有关系"。[行政法官]认为尽管此报道并非所有部分都关涉上诉人与第 801 地方工会之间的关系,但是分发它所有内容的行为属于为了实现员工"相互协助或保护"的目的,而采取的协调一致的活动,故而应受到第 7 条的保护。因为上诉人未能提供任何存在"特殊情况"的证据来说明它禁止在非工作时间、非工作区域分发涉及员工受保护利益的传单这一行为存在合理性,[行政法官]判定上诉人已违反了第 8 条(a)(1)款的规定……委员会支持了这一认定……[215 N. L. R. B. 271 (1974)]。

上诉法院维持了此命令。

这里出现了两个不同的问题。第一问题是,如果不考虑活动地点的情形,那么分发此报道的行为是否属于《国家劳动关系法》第 7 条和第 8 条(a)(1)款所保护的、不受雇主干涉的协调一致的活动? 如果它是,第二个问题就是,该活动是在上诉人的场地上开展的,这一事实是否形成一个法益冲突,从而驱逐了在此地点实现第 7 条所规定之权利的法益……我们应依次回答这些问题……上诉人主张,此活动并不属于第 7 条规定的"相互协助或保护"的范畴,因为报道中"特定争议"超出了"本案雇主权力范围",所以行为本身和涉案雇员及雇主之间不存在关联。……

我们认为上诉人对"互相协助或保护"条款的外延存在错误认识。对于那些为了"相互协助或保护"而参与协同行动的"雇员",法案第 2 条(3)款所下的定义为"应包括任何雇员,而不应限定为某个特定雇主的雇员,除非法案作出了相反的解释……"这个概念是为了保护那些通过参与其他合法的、协调一致的活动来支持其他雇主所雇佣员工的雇员。在认识到这一立法目的之后,委员会和法院长期以来认为"相互协助或保护"条款包含此活动。上诉人对此点主张忽略了法案的表述和它的构成。

我们也不赞同上诉人的观点,即当雇员通过劳资关系之外的途径来试图提高就业条件和待遇,或提高其他福利时,他们就失去了"相互协助或保护"条款对他们的保护。第 74 届国会非常清楚:劳工方面的请求经常会超出在雇佣关系中的集体协商和申诉处理的范围。正是因为认识到了这个事实,所以正如第 7 条所明确指出的,选择不仅保护"自我组织"和"集体谈判"这些狭义客体,也保护那些广义上的"相互协助或保护"。当雇员在寻求通过求助行政或司法手段来提高他们的工作条件时,国会认为"相互协助或保护"条款应保护他们免受雇主的报复,因此,雇员向立法者呼吁保护他们作为雇员的利益属于此条款的保护范围。如果将这种性质的活动认定为不受保护的——不论它发生的地点和方式——那么将会使雇员由于参加合法的、能够为雇员利益带来整体提高的活动而受到报复。因为这可能会"削弱法案对工人为争取更好工作条件而采取集体行动所给予的保护",国家劳动关系委员会诉华盛顿铝业有限公司案[NLRB v. Washington Aluminum Co., 370 U. S. 9, 14 (1962)],我们不认为国会有意将第 7 条的保护按上诉人的要求作狭义解释。

某些协调一致的活动与雇员利益的关系相比其他类型的活动所具有的关联性要弱,这的确是事实。我们或许可以假设在某些点时这种联系已经薄弱到让相关的活动不再属于"相互协助或保护"条款规定的范畴。但是,对于我们来说，试图划清"相互协助或保护"的准确界限既没有必要也不恰当。这个任务是由委员会在面对各种不同的案件时通过作出初次评定来完成的。[①]……委员会将分发印有第二节和第三节内容的报道的行为视为存在"相互协助或保护"之目的，它作出该判断到底有没有错误，是帮助我们判定此案的关键。

委员会判定发放包含第二节内容的报道，也就是呼吁雇员向立法者写信反对将州"工作权"的法律嵌入修改后的州宪法，是受到保护的。因为，保护工会安全不仅是"团结就是力量这一概念的主旨"，也是"在尚未规定工作权的州中进行谈判的法定主旋律"（215 N.L.R.B., at 274）。该报道警告如果将其嵌入将会带来"弱化工会的力量并提升商业机构在谈判桌上的地位"的效果，并对员工产生负面影响。实际情况是得克萨斯州已经有了"工作权"规定，它不会使雇员利益受到弱化，因为，正如上诉法院指出的那样，"一条致力于修法或废法的立法建议（提出建议）是一回事"，而"（立法建议）已经被宪法性规定固定下来却是另一回事"（550 F.2d, at 295）。我们不能说，委员会错误地将报道中的内容认定为与保护雇员利益有关系，所以属于"相互协助或保护"条款所保障的范畴……

虽然传单中的第三节批评总统否决了提高最低工资议案，并呼吁员工登记投票来"击败我们的敌人和选出我们的朋友"，尽管上诉人员工的工资

[①] 18. 见福特汽车公司案[Ford Motor Co., 221 N.L.R.B. 663, 666 (1975), enforced, 546 F.2d 418 (3rd Cir. 1976)]（认定在雇主场地内分发"纯政治性传单"是不受保护的，尽管"对任何政治候选人的选举都会最终影响到雇佣条件"）；引自福特汽车公司案[Ford Motor Co. (Rouge Complex), 233 N.L.R.B. No 102 (1977), decision of [ALJ], at 8 (General Counsel)]（作出让步道：在雇主建筑内发放呼吁参加革命的、有关共产党庆典活动的宣传材料和党报的活动是不受保护的）。委员会还从未曾澄清它到底是认为只要牵涉到上述行为的所有案件都是不受保护的，还是认为只有在雇主建筑内的活动才不受保护。另外，即便是协调一致的活动属于"相互协助或保护"条款的范畴的时候，这些活动的受允许程度还在很大程度上取决于它们的目标。"有观点主张：如果雇主（对活动针对目标）无利益或控制，那么就可以认为这些活动的目标超出'相互协助或保护'条款规定，这种说法是难以让人信服的。在这里案件中主张施加经济压力却是让人信服的。"盖特曼：《国家劳动关系法第7条对经济压力的保护》，载于《宾夕法尼亚大学法律评论》第115卷(1967)，第1195、1221页[Getman, The Protection of Economic Pressure by Section 7 of the National Labor Relations Act, 115 U. Pa. L. Rev. 1195, 1221 (1967)]。

收入要比被否决的最低工资要高,委员会依然认为此处的分发行为是受到法律保护的。原因是"最低工资会不可避免地影响到通过集体谈判实现的工资水平,即便是实际工资已经远高于最低工资",而且"[上诉人]的员工对其他雇员所面临困境的关心,使他们在将来与其雇主出现争议的时候,可能会从这些人那里获得支持"(215 N. L. R. B., at 274)。我们认为委员会是在其自主权限之内作出了它的判定。这里面的内容与员工对自己工资水平的关注之间的直接联系不多。委员会有权去关注一个获得广泛认可的情况,即最低工资的上升会对谈判达成的工资水平产生普遍影响,这个现象也会在上诉人的雇员身上显现。工会有关最低工资的呼吁……应当被定性为,为了实现对上诉人的员工和其他所有员工进行"相互协助或保护"的目的,而采取协调一致的活动……

剩下的问题就是委员会是否错误地认为,上诉人的雇员可以在下班时间在上诉人的场地内的非工作区域分发报道。对此问题的思考必须在共和航空公司诉国家劳动关系委员会案和国家劳动关系委员会诉巴布科克·威尔科克斯有限公司案[Republic Aviation Corp. v. NLRB, 324 U. S. 793 (1945), and NLRB v. Bacock & Wilcox Co., 351 U. S. 105 (1956)]的框架下考虑……。很明显,此案和共和航空案有很高的相似度……

它们之间唯一可用来划分的根据是本案中的报道,其中一部分内容并非针对组织活动,而是专注于其他受到第7条保护的行为。因此,现在的问题就是这个不同点是否会导致委员会适用与共和航空案不同规则来处理本案。

上诉人主张委员会必须基于分发的内容来区分雇员在雇主场地上的分发活动(是否属于)受保护事由。上诉人与他先前的主张相呼应,呼吁如果分发行为"不涉及要求雇主的任何机构开展行动,或也不牵扯任何雇主有控制权的事项",那么就不应适用共和航空判例中的规则。……在上诉人看来,雇员未能证明不存在与同志们进行联络的其他渠道……,分发包含第7条中所保护的其他事项材料给"雇主的物权带来了不必要侵扰"。

我们认为,委员会不必在本案中采取此观点来判断。首先,上诉人运用物权来进行抗辩的做法已经犯了严重的错误。本案和共和航空案类似,上诉人的雇员"已经合法地进入到了雇主场地内",故而依本案的情况,案中主要涉及"雇主在管理方面的权益,而非它的财产权益"。见哈金斯诉国家劳动关系委员会案[Hudgens v. NLRB, 424 U. S. 507, 521‐522 n. 10 (1976)]。正如之前提到的:上诉人没能证明,它的雇员为实现第7条所赋予的权利而采取的方法会对它的管理权带来危害。即使是雇员只分发涉及第7条所保护内容的材料,假设此活动也构成了对上诉人财产权的某种切实侵害,但是这种侵害程度理应不会随着所分发材料的内容而变化的。据此,上诉人的绝对财产权只能是全盘阻止雇员携带任何宣传材料进入它的场地或就地分发——而不是选择性地查禁它希望去查禁的、那份受到第7条保护的材料。

在天平的另一端,有人会争辩:分发那些虽与员工身份有关,但和自我组织或集体谈判无关的文字材料是雇员的特定权益,该权益在论证为什么本案要适用与共和航空案不同的规则的时候就已经被剔除出法案关注的中心了。尽管这个辩解或许在某些情形下还能说得过去,委员会当时已经原则上放弃了运用该规则来考察雇员利用非工作时间,在他们雇主场所中的非工作区域内进行的分发资料活动。我们不打算在本案中指出委员会的观点有误。

如果不仅要求委员会去甄别(被分发的)资料本身是否受第7条的保护,而且还让它去区分资料子目录里的内容是否也都受第7条的保护,那么其中的复杂性和艰巨性无疑加重了委员会判案时的责任。另外,在分发资料方面,无论第7条赋予了雇员多大的权利,假如雇主的管理权已经得到充分的保护,那么委员会就有权利认为雇员对雇主财产权带来的侵扰程度在本案中是相当有限的。

但是,我们在本案中没必要再进一步认定:共和航空判例的规定适用于所有在厂区内分发(受到第7条保护的)资料的案件。对于委员会和法院来说,这是一个新领域,还没有得到深入的考察……。正是由于这个原因,我们仅限于案件事实作出判定。

上诉人承认，它的员工有权在它的场地上分发这个报道的大部分内容。除此之外，正如我们前面认定的那样，上诉人反对其中的某些章节，理由是其中的内容与上诉人本人无关，但正是因为如此，上诉人也无权去阻挠。上诉人始终没有证实它在管理方面的权益，将会在某种程度上遭到分发这些章节材料行为的破坏。在我们看来任何分发资料行为，包括对其他章节的分发行为，给上诉人财产权带来的侵扰增量都是极其轻微的。而且，不容置疑的是，该工会开展分发行为是为了扩大自己的支持队伍，并在即将到来的与上诉人的合同谈判中提高自己的谈判地位。因此，从这个方面来看，分发行为和法案的主要关注点紧密相连。基于这些情况，我们认为委员会将共和航空判例中的规则适用于本案是没有错误的。上诉法院的判决因此予以支持。

［怀特法官同时作出意见，还有伦奎斯特法官，与后来加入的伯格法官的异议意见，在此省略。］

注释和问题

1. 目的和手段。法院在伊斯泰克斯案中解释道：它需要回答两个"不同的问题"：分发报道的行为是否属于受到第 7 条保护的活动；如果是的话，雇主的财产权是否会构成一个"（与之）相冲突的权益"从而排挤掉所有类型的雇员权利。法院在回答第一个问题时是否不应只关注雇员的"目的"或"目标"，它还需关注雇员所采取的"手段"是否也包含在第 7 条所保护的范围？有观点认为如果雇员"通过劳资关系之外的途径"开展行动，他们"就将失去第 7 条对他们的保护"，但值得关注的是法院对此观点进行了否定。

2. 遵从机构"专家"的意见？ 国会是否倾向于让法院遵从委员会对注释 1 中第一个问题的回答？或遵从委员会对"相互协助或保护"条款所作出的其他方面的解释？法院是否提供一些标准给委员会来帮其判定在什么时候可以认定：员工活动与提升自己利益之间关系已变得非常"薄弱"（故

而基本上没有联系了)?

3. 在工厂内分发"政党性"政治呼吁。 考虑一下伊斯泰克斯判例脚注18中的案子,还有汽车工人工会第174地方工会诉国家劳动关系委员会案[Local 174, UAW v. NLRB, 645 F. 2d 1151 (D. C. Cir. 1981)],在这些案件中,法院认为分发那些宣传政治候选人的活页是不受保护的,即便是这些活页中提到一些能够影响工作条件的政府决定。委员会或法院能否完全确定:有关政治问题的声明不会对正在组织起来的雇员带来最终的好处?围绕某个政治议题团结起来会对参与集体谈判的组织有帮助吗?那些有关政治议题最终会影响员工的生活状态的说法是否看似有道理?员工和工会愿意花精力在某些公共议题上,是否可以将这一现象视作围绕这些政治议题团结起来将会惠及员工的最好证据?艾伦·海德:《经济性劳动法与政治性劳动关系:自由主义法学的困境》,载于《得克萨斯法律评论》第60卷(1981),第1页[Alan Hyde, Economic Labor Law v. Political Labor Relations: Dilemmas for Liberal Legalism, 60 Tex. L. Rev. 1 (1981)]。而且,如果因为某些政治材料的内容存在问题,委员会就依职权拒绝为其提供保护,这样的做法是否违反第一修正案的规定?

但是,即使是在伊斯泰克斯案之后,当与之对抗的财产权益和经营权益足够强大时,雇主是否能够借此对员工在工作场所分发的内容加以限制?例如,如果这些传单的内容是体现雇员的政治角色而非工人角色,那么雇主是否拥有禁止某些分发传单活动的法益?或如果员工队伍中有部分人反对传单所传达的信息,那么雇主是否因此拥有禁止某些分发传单活动的法益?如果一群工人向某个雇主要求,准许在其工厂里分发《劳工日报》(Daily Workers)(这是一份美国共产党办的报纸),那么你会如何建议这名雇主呢?见福特汽车公司案[Ford Motor Co. (Rouge Complex), 233 N. L. R. B. 698 (1977), cited in Eastex footnote 18]。那么分发有关"工作权"委员会开展活动的材料,或反对进行组织活动的材料又将被如何看待?

4. 依据第8条(a)(1)款或第7条的规定来平衡雇主的利益? 委员会依据第8条(a)(1)款的规定来平衡雇主的利益,或依据第7条所规定的"相互协助或保护"之定义来体现雇主所关注的利益,这两种方式哪个更好些?例如,如果完全剥离第7条提供的保护,其结果将是允许雇主为某些政治候选人开展招揽或分发传单的活动,但不允许其他人这么做。另见下文的注释7。

5. 在无工会情况下的分发权利? 如果在某个无工会企业中的一群工人试图分发一份呼吁提高法定最低工资,或抵制将"提倡工作权的州法律"嵌入州宪法中的声明,那么情况将会是怎样?根据已经存在的华盛顿铝业公司判例,无工会雇主是否必须允许这种厂内分发行为?

6. "揭发行为"和抵制其他与劳动管理无关的政策。 有种情况是:雇员采取行动抵制雇主的某些管理实践,并非是为了维护自己的利益,而是为了保护公众或他们顾客、客户或患者的利益,但委员会和法院拒绝为此类行为提供保护。见文森特诉趋势西方技术公司案[Vincent v. Trend Western Technical Corp., 828 F.2d 563 (9th Cir. 1987)](揭发雇主违反了政府合同);乌节园医疗中心案[Orchard Park health Care Center, Inc., 341 N.L.R.B. 642 (2004)](员工呼吁将护理中心温度过高的情况,向州健康管理部门汇报,这个呼吁主要是出于对病人而非对自己担心);明尼苏达州路德会社会服务公司案[Lutheran Social Serv. of Minn., Inc., 250 N.L.R.B. 35 (1980)](雇员对管理方面的抱怨是源自于对问题青年在福利方面的担忧,而非是对自己的担忧)。但见斯奎尔配送有限公司诉第7地方工会案[Squier Distributing Co. v. Local 7, 801 F.2d 238 (6th Cir. 1986)](其中引用了伊斯泰克斯案来保护雇员,因为如果公司垮了,那么他们就会失业,所以他们就向执法部门提供了副总裁侵占公司财产的信息)。有关那些涉及将第7条的保护扩展到保护揭发行为的案件,见辛西娅·艾斯特伦德:《工人想要什么?国家劳动关系法规定的员工利益、公共利益和言论自由》,载于《宾夕法尼亚大学法律评论》第 140 卷(1992),第 921、938—960 页[Cynthia L. Estlund, What Do Workers Want? Employee Interests, Public Interests, and Freedom of Expression Under the National Labor Relations Act, 140 U. Pa. L. Rev. 921, 938-960 (1992)]。

7. 在(雇主)场地外的政治活动。是否可以这样理解:如果一些员工在雇主场外所参与的演讲活动是属于与自己员工利益无关的、政治性或其他性质的活动,第 7 条将为这些员工提供保护使其免受处分,尽管伊斯泰克斯判例规定,如果此类活动发生在厂区内那么雇主就无须忍受? 思考一下伊斯泰克斯判例中脚注 18 的第一段的最后一句话。法院是否是在提示委员会:它可以保护在雇主场地之外的为政治候选人分发的活动,但不保护在其场地内的同类活动? 这一区分是否意味着,纯政治性的意思表示行为是属于"相互协助或保护"的范畴,但雇主可以以它和工作场所无关联为由拒绝让此类活动干扰它的工作场所? 根据法案表述、结构和目的来判断,这一解读能否解释得通?

8. 为了"政治性"目标而罢工。再思考一下伊斯泰克斯判例脚注 18 中的最后一段。假使伊斯泰克斯的员工加入了一个全州性的为期一周的罢工来抗议得克萨斯州立法者正在考虑出台的某部反工会法律。这样的罢工是否应受到第 7 条的保护? 如果伊斯泰克斯的雇员拒绝完成日本客户的订单直到日本能够修改它的贸易政策,向美国产品更为全面地开放市场为止,那该如何对待? 见后文第 638—639 页。

9. 对主管构成的抗议。第 7 条在多大程度上保护雇员在选任或撤换主管或经理问题上的抗议? 一般规则是员工影响管理层成分的活动是不受保护的,因为它"存在于雇员合法权益之外"。国家劳动关系委员会诉奥克斯机器公司案;鲍勃埃文斯农场案[NLRB v. Oakes Machines Corp., 897 F. 2d 84, 89 (2d Cir. 1990); see also Bob Evans Farms, supra note 1, page 214,

163 F. 3d at 1021]。但是,如果该主管或经理对"员工自己的工作利益和工作开展有直接影响",那么这样的抗议活动是受到保护的。多布斯之家案[Dobbs Houses, 135 N. L. R. B. 885 (1962)](餐厅的助理经理在餐厅员工与言语粗暴的经理之间扮演着一个缓冲器的作用);鲍勃埃文斯案[Bob Evans, 163 F. 3d at 1021 - 1022](餐厅主管多次调和了员工和其他主管之间的矛盾——一名"毛遂自荐的[而且是成功的]、处理员工抱怨的调解人")。这类案件中抗议活动的焦点会不会仅仅涉及一名低级别的或高级别的主管?见布拉斯埃立特公司案[Plastilite Corp., 153 N. L. R. B. 180 (1965), enforced in relevant part, 375 F. 2d 343 (8th Cir. 1867)]。

10. "经营性"目标。 在太浩湖哈拉斯赌场度假村案[Harrah's Lake Tahoe Resort Casino, 307 N. L. R. B. 182 (1992)]中,一名员工提出执行雇员股份购买计划(ESOP)来购买雇主母公司50%的股份的建议,并在同事当中寻求支持。委员会认为他的行为不受保护,因为尽管这个建议是为现任雇员提高收益,"它所推动的目标是让员工成为拥有公司最终控制权的所有人,从而从根本上改变应如何和由谁管理公司。现任雇员除非他们通过ESOP有效地控制了公司,他们才能获得此建议所预期的利益。"在伊斯泰克斯案之后,这个观点是否显得太片面了?

11. 拒绝穿越"第三人"的纠察线。 两个并非某工会成员的卡车司机拒绝服从雇主让他们运送存货给某个顾客的命令,因为这名顾客的雇员正在开展争取更优惠合同条款的罢工,它的工厂车道被这些雇员所设立的纠察线阻塞了。这种拒绝穿越界限的行为是否受到第7条的保护?卡车司机是如何将其拒绝行为视作他们自己的"相互协助或保护"?国家劳动关系委员会诉勃朗宁-菲利斯工业化学服务公司案[NLRB v. Browning-Ferris Industries, Chemical Servs., Inc., 700 F. 2d 385 (7th Cir. 1983)](认定这是受保护行为,但同时却备注道:雇主可以为抗命司机雇佣替补人员来作为回应);昼夜运输公司案[Overnite Trans. Co., 154 N. L. R. B. 1271 (1965), enforced sub nom.];卡车司机地方 728 工会诉国家劳动关系委员会案[Teamsters Local 728 v. NLRB, 364 F.2d 682(4th Cir. 1966)](将拒绝穿越纠察线的员工替换下来是不合理的,因为雇主的业务并未受到实质上的影响)。更多相关讨论,见后文第 587—589 页。

12. 向政府请愿和适用劳资关系之外的解决途径。在伊斯泰克斯案中的传单,鼓励员工通过给立法者写信的方式来向政府请愿。还有些什么其他形式的"向政府请愿"行为也受到保护?这包括那些提起雇佣有关的诉讼或向行政机构抱怨吗?如果员工发起一个要求禁止(分包机构)的请愿来保护自己不受分包机构的伤害,那么应如何看待?见莫哈维电力合作公司诉国家劳动关系委员会案[Mojave Electric Cooperative, Inc. v. NLRB, 206 F.3d 1183, 1189 (D. C. Cir. 2000)](受保护,除非存在恶意或不诚信的情况)。协调一致的向非政府机构提出的、与工作有关的请求是否属于伊斯泰克斯所规定受保护的行为?那么发起向报纸写信运动来揭漏公司的工作条件是否同属此类?那么提出涨工资要求也属于吗?

3. 个体雇员的行动视作"协调一致的"活动

前面提到的这些案件都是涉及两个或两个以上员工的共同行动。因此,第 7 条中的"协调一致"要求并未遇到问题。下面的章节转而探讨在另一种情况下出现的问题,即当某个行为只是由一名员工开展的,却依旧可以根据第 7 条将其认定为"协调一致的"活动。

国家劳动关系委员会诉市政处理系统公司案

NLRB v. City Disposal Systems, Inc.

465 U. S. 822 (1984)

布伦南法官:詹姆斯·布朗(James Brown)……在他拒绝去驾驶一部他认为不安全的带有刹车问题的卡车之后被解雇了。被告与卡车司机第 247

地方工会之间的集体谈判合同第 XXI 条规定了布朗的问题,它写道:

> 雇主不应要求雇员驾驶任何不具备法律规定之安全操作条件的,或没有装备安全保护设施的车辆上街或上高速公路。如果雇员拒绝操作此类设备,除非这个拒绝行为是无理的,那么他的行为就不能认定为违反本协议的规定。①

问题是……布朗基于合理理由提出了拒绝驾驶不安全卡车,该行为是否构成了《国家劳动关系法》第 7 条规定的"协调一致的活动"……

……被告,市政处理系统公司……负责将底特律市的垃圾拖运到一个倾倒场……。1979 年 5 月 12 日,周六,布朗看到他的一名同事司机在驾驶 244 号卡车的时候出现刹车困难的问题。244 号卡车由于刹车存在问题,差一点和布朗自己驾驶的卡车相撞。在倾倒场卸下垃圾之后,布朗和 244 号卡车的司机将 244 号卡车带到了被告卡车修理场里,他们在那里被告知这些刹车将在 5 月 14 日(周一)的上午修理好。

在那个周一的早晨,……布朗正在运输垃圾去倾倒场的途中,感觉到他的卡车——第 245 号——的一个轮子操作困难,并将此卡车带去修理……。布朗被告知,由于修理场工作繁忙,245 号卡车当天无法修好。布朗将这个情况报告给了它的主管——奥托·加斯穆德(Otto Jasmund),主管下令布朗打卡下班回家。但就在布朗可以离开之前,加斯穆德改变了想法,并让布朗去开 244 号卡车。布朗拒绝此要求,解释道"那个卡车刹车有些问题……存在油渍或其他方面的泄漏影响了刹车"。但是,布朗并未明确引用集体谈判合同第 XXI 条或这个合同本身,加斯穆德对布朗拒绝驾驶 244 号卡车所作的回应是气愤地让布朗回家。此刻,双方开始争吵,另外一名主管——罗伯特·麦德瑞(Robert Madary)——介入,重申了加斯穆德的要求,

---

① 1. 第 XXI 条规定:"如果某设备被其他雇员报告有运行不安全的情况,雇主不应让或要求任何雇员来操作该设备除非它已被机械部门证明是安全的。"

让布朗驾驶 244 号卡车。布朗再次拒绝,解释说第 244 号卡车"有问题,我不想开它"。麦德瑞回应道,有一半的卡车都存在问题,如果被告试图修理所有问题车辆,那么它就无法开展经营了。他继续向布朗说道:"我们这里有这么多垃圾要拖运,你却告诉我你不想开车。"布朗回敬道:"波布(Bob),你想干什么,难道垃圾比人们的安全更重要吗?"最后,麦德瑞去了他的办公室,布朗也回了家。当天晚些时候,布朗听说他已经被解雇了……

……[第二天]布朗提交了一份书面抱怨,引用了集体谈判合同的内容,宣称 244 号卡车有问题,命令他驾驶此卡车是不合适的,故而将其解雇的决定也是不合理的。但是,工会认为他的抱怨无正当性,故而拒绝处理。

1979 年 9 月 7 日,布朗向国家劳动关系委员会提出了指控……[行政法官]发现布朗由于拒绝驾驶 244 号卡车而被开除,布朗的拒绝行为受到第 7 条的保护……,被告故而违反了第 8 条(a)(1)款的规定。行政法官认为一名员工独自行动捍卫合同中的权利可以被认为参与第 7 条所意指的协调一致的活动……。国家劳动关系委员会采纳了行政法官的发现和结论,命令给予布朗以补偿。

……上诉法院不同意行政法官和委员会的意见。法院发现布朗拒绝驾驶 244 号卡车的行为是完全自己代表自己的行动,故而下结论道:此拒绝行为并非第 7 条意指的协调一致的活动……

……国家劳动关系委员会在此案中的决定运用了委员会长期以来坚持的"因特博若案(Interboro)原则",根据此原则,个人捍卫他在集体谈判合同中的权利的活动视为"协调一致的活动",因此享受第 7 条的保护。[①] 因特博若承包公司案[Interboro Contractors, Inc., 157 N. L. R. B. 1295, 1298 (1966), enforced, 388 F. 2d 495 (CA2 1967)]……委员会运用此原则时有

[①] 6. 国家劳动关系委员会近来认为,当一群员工还没有被工会化,而且也没有签订集体谈判合同的时候,一个员工捍卫某个只能被看作为其他员工利益服务的权利而采取的行动不是协调一致的活动。迈尔斯产业案[Meyers Industries, 268 N. L. R. B. No. 73 (1984) ("Meyers I")]。但是,委员会将那个案件从那些涉及"因特博若原则"的案子中区分出来,那些案件都是有集体谈判合同存在的情况。迈尔斯案故而在此与之无关。

两个前提：第一，所捍卫的权利包含在集体谈判合同之中，属于合同中协同行动的延伸……；第二，捍卫此项权利将会对受此集体谈判合同覆盖的所有员工产生影响。

我们经常重申界定第 7 条之范围的任务"是由委员会在开始阶段完成"，伊斯泰克斯公司案[Eastex, Inc. v. NLRB, 437 U.S. 556, 568 (1978)]，还有，在碰到涉及劳动关系专业知识的问题时，委员会对其进行的合理解释是应该受到遵从的……。因此现在的问题……就集中在当委员会判定第 7 条的规定对布朗拒绝驾驶 244 号卡车的做法适用时，该判定是否合理上来……

……法案并未界定"协调一致的活动"这一概念，但它明显包括那些组织起来去追求共同目标的员工所开展的活动。迈尔斯产业案[Meyers Industries, 268 N.L.R.B. No.73, at 3 (1984)]。但是，法案虽然规定但并非十分清楚的是……到底个体雇员的某些特定行为必须和同事们的行动有多大程度的关联，才能说这个个人的行为是协调一致的活动……

尽管可以将该句子解释为，"参与协调一致的活动"是指两个或更多员工在同一时间同一地点一起为实现共同目标而作出的努力，但是第 7 条中的行文并未将自己圈定在这个狭隘的定义之中。事实上，第 7 条本身将参加和帮助劳工组织（属于单个雇员可以参与的行为）定义为协调一致的活动。① 事实上，即使是曾否定因特博若原则的法院也认识到，单个员工有可能在独自行动的时候参与到了协调一致的活动。但是，法院只在两种特定的情况下才认可这种协调一致的活动：(1)单个雇员试图发动群体活动的情况，和(2)雇员作为至少一名以上雇员代表行动的情况。见阿罗公司诉国家劳动关系委员会案和国家劳动关系委员会诉北方金属公司案[Aro, Inc. v. NLRB, 596 F.2d, at 713, 717 (CA6 1979); NLRB v. Northern Metal Co., 440 F.2d 881,884(CA3 1971)]。因此对于因特博若原则的不同认

---

① 8. 第 7 条一开始就列出这样和那样的活动，并在列表后面使用"其他协调一致的活动"作为结语，因此意味着所列的活动都注定是"协调一致的活动"。

识,属于对个体员工的行为与群体行为之间联系的属性方面的不同看法,对关联性的判断从而决定着是否适用第 7 条的规定。我们不能说委员会对这个关系的认识是不合理的,正如它在因特博若原则上的错误立场。

捍卫一个根植于集体谈判合同的权利,毫无疑问是此类合同形成过程的一个延伸。这个过程——始自组建工会,继而商议集体谈判合同,然后伸向落实该合同——是一项独立的集体活动。很明显,如果没有其同事们前期的谈判活动,单个雇员是无法请求一项集体谈判合同中设定的权利的。如果一个工会谈下了一份集体谈判合同,而个体员工却无法使用其中设立的权利来对抗其雇主,这是完全说不通的。还有,当雇员请求某个集体谈判合同所设定的权利之时,他并非是孤军奋战。事实上,他是在运用所有同事的集体权力来让雇主承担其应负的责任……

进一步讲,参与和协助某个劳工组织的活动,同时也是第 7 条所认可的协调一致的活动,它们和集体行动的关系,在本质上与捍卫一个集体谈判所确立的权利和集体行动的关系是异曲同工的。当雇员参与或协助某个劳工组织的时候,他的行动可能在当时当地与其同事们的行动是分开的。但因为其行为与员工们的活动存在着部分与整体的联系,所以国会将每个员工的行为视作参与了协调一致的活动。

……有证据表明,在颁布《国家劳动关系法》第 7 条的时候,国会试图普遍性地平衡雇员相对于其雇主的谈判力量,采用的办法是允许雇员们联合起来在有关雇佣待遇和条件问题上共同面对雇主……

委员会的因特博若原则的产生是基于认识到了在签署集体谈判合同之后雇员和雇主之间关系仍然存在潜在的不平等,故而在整个就业关系存续期间减少这种不平等是完全合乎国会意图的。而且,通过将第 7 条适用于个体员工捍卫他们在集体谈判合同中所取得的权利的行动,因特博若原则保障了整个集体谈判过程的完整性;也保障了通过捍卫集体谈判合同所有赋予的权利,雇员使该权利成为现实,而且它不仅给集体谈判合同的内容带来了生命,还给国会所设计的、用以实现产业和平的整个谈判程序带来了生命。

当然，一名员工在捍卫集体谈判合同赋予他的权利时，可以利用的主要工具是依照集体谈判合同所建立起来的抱怨处理程序。没有人会怀疑此种抱怨活动属于第7条所意指的协调一致的活动……

但是，在实践中，提出初级性抱怨，也就是向雇主发牢骚，与雇员初次拒绝开展他认为自己无义务执行的某种工作之间，不太可能存在一个明显的分界线。有理由相信，雇员在认为集体谈判合同被违反时，通常作出的初次反应是向其雇主提出抗议。他是否申请抱怨程序部分地取决于雇主的反应和争议所对应的权利之性质。另外，某些权利可能不太会通过走抱怨程序来获得落实。在这样的案件中，集体谈判合同本身或许会，正如本案所涉及的合同那样，提供一个落实的方法，或在此问题上保持沉默。因此，当一名雇员认为集体合同赋予他的权利受到侵害时，他向雇主首次提出的声明，或雇员对他认为自己无义务从事之工作首次予以拒绝，都可能构成了发起正式抱怨程序的自然前奏和有效补充。只要雇员的声明或行为是以一个合理和诚实的信念为出发点，也就是说他正在被，或已经被命令去执行一项他认为不为集体合同所容的任务，而且他的声明或行为与集体谈判所确定的权利直接对应，那么就没有理由去推翻委员会所作的判定，即认为该雇员所参与的属于协调一致的活动，该雇员行为的性质和发起正式抱怨程序的性质一样。

但是，即便承认了某个活动属于协调一致的活动，并非就意味着雇员参加该活动将获得免责。有个别雇员可能会采用粗陋的方式开展此类活动从而让他失去第7条提供的保护。见皇冠中心石油天然气股份有限公司诉国家劳动关系委员会案［Crown Central Petroleum Corp. v. NLRB, 430 F. 2d 724, 729（CA5 1970）］……而且，如果雇主不愿忍受雇员们在捍卫集体合同里的权利时所采用的某些方式，那么他有权请求在集体合同里增加一个限制条款来杜绝此类方式。例如，那些不得罢工条款，就是雇主和雇员达成的常见约定，要求后者不能为了捍卫他们的权利而拒绝工作……。但是，布朗在本案中的行为是否属于不受保护的行为并非是我们需面对的问题。

被告争辩道：因特博若原则会破坏仲裁程序，因为它给雇员提供了故意导致被解雇、然后提起不当劳动行为指控的可能性。但是,有几个方面的原因使这个争辩站不住脚。某个雇员如果故意按这个套路行事,那么正如上文所述,他将会进入到委员会虽然承认其行为是协调一致的,但却是不受保护的窘境……

〔而且,〕某个不当劳动行为所带来的实际问题已经或能够被申诉程序来厘定清楚,委员会也会遵从这个程序。见科勒尔绝缘电线公司案〔Collyer Insulated Wire, 192 N. L. R. B. 937 (1971)〕;斯皮尔伯格制造有限公司案〔Spielberg Manufacturing Co., 112 N. L. R. B. 1080 (1955)〕。因此没有理由要求委员会,对第 7 条中"协同行动"的解释必须限定在保持抱怨和仲裁程序完整性的范围内。

……被告还争辩道:布朗的行为不是协调一致的,因为他并未明确引述集体谈判合同作为他拒绝驾驶那部卡车的根据。但是,委员会从未认为某个雇员想要适用因特博若原则,他必须旗帜鲜明地引述这一合同约定来为自己辩护,我们认为委员会的立场是有道理的……

被告进一步地争辩道:委员会在认定布朗的行为属于协调一致的时候,仅仅援引布朗自己的一个所谓合理诚实的想法,即 244 号卡车是不安全的,这种做法是错误的。被告基于本案涉及的集体谈判合同中的表述来发难,这个合同规定雇员可以拒绝驾驶一辆不安全的卡车,"除非这个拒绝行为是没有根据的"。根据被告观点,该表述的意思是只有当卡车确实不安全的时候,才允许司机拒绝驾驶此车。姑且不管被告对此合同的解释是否正确,我们对此问题不表达观点,但我们认为被告把引起争议的问题,即布朗的行为是否是协调一致的,与本案的终极问题,即该行为是否受到保护,混淆在一起了。从因特博若原则的基本原理中可以得出一个结论,即无论雇员认为他的权利受到了侵害的想法是否正确,诚实合理地捍卫集体谈判得来的权利本身就已经构成了协调一致的活动。举例来说,没有人会认为只有当所抱怨事实被证明是正确的时候,才去启动属于协商一致活动的抱怨程序。只要抱怨是基于诚实合理的信念——认为权利已被侵害,启动相关程序的行动就是一个协调一致的活动,因为它是落实集体谈判合同的一个不可或缺的步骤。一名员工在落实该合同时采用了其他手段也是同样道理。另一方面,如果集体谈判合同给捍卫权利的方式施加了限制,一旦协调一致的活动超出了限定范围,那么它就不会受到保护。

……因为布朗合理诚实地捍卫他的权利来避免驾驶不安全的卡车,他的行为是协调一致的。集体谈判合同或许会禁止雇员拒绝驾驶自认为不安全,但实际上完全安全的卡车。如果是这样的话,布朗的行为是协调一致的,但不受保护……。但是,摆在本法院面前的唯一问题,同时也是委员会或上诉法院递交过来的唯一问题,就是布朗的行为是不是协调一致的,而非它是否是受到保护的。

[奥康纳(O'Connor)法官的异议,还有加入异议行列的伯格主审法官、鲍威尔法官和伦奎斯特法官的意见在此省略。]

注释和问题

1. 个体性的抗议对比协调一致的抗议。法院和委员会将第7条中的短语"协调一致的活动"不断加以限定,并通常将单一员工的抱怨(他或她被当作一个个体遭受到不公平的待遇)从第7条的保护中排除。见塔伯纳空社区医院与健康中心案[Tabernacle Community Hosp. & Health Ctr., 233 N. L. R. B. 1425 (1977)];安大略刀具有限公司诉国家劳动关系委员会案[Ontario Knife Co. v. NLRB, 637 F. 2d 840 (2d Cir. 1980) (Friendly, J.)](讨论个体活动与协同行动的区分,认为一人罢工是不受保护的)。市政处理案是个体性的抗议活动不受保护的例外情况之一。其他例外情况将在后文注释6中讨论。

2. 为什么个体性的抗议活动一般不受保护? 为什么国会将"协调一致"一词写入第7条?由两个或更多员工,像在华盛顿铝业公司案中那样开展的抗议活动,比员工独自进行抗议带来的干扰要更小吗?群体性的抗议活动更有可能具有合理性吗?有意见认为国会并非是从狭义角度来适用"协调一致"一词,而是用其来强调该法拒绝适用普通法措施来惩治(所谓的)劳工阴谋活动,见戈尔曼和芬金:《个人和协商一致的要求》(Gorman & Finkin, *The Individual and the Requirement of "Concert"*)。

委员会能否在适用第8条(a)(1)款和第8条(a)(3)款的时候,通过利益平衡的方式来控制个体或群体实施具有破坏性的抗议活动,以便为雇主的利益提供足够的保护?与让个体的抱怨行为被排除在所有保护之外的"协同行动"的规定不同的是,这种平衡的方式能够给委员会带来更多的自由,对于雇主对无碍自己的个人抱怨活动所采取无理报复和雇主为避免干扰工作而采取的合理回应,它是否可以适用不同方式来分别处理?

3. 法定权利与约定权利? 需要注意的是,在市政处理案中,布朗所属的工会认为其抱怨是无理的,并拒绝采取进一步的行动。因此,市政处理判决好像是在说:布朗有其法定权利,该权利源自于已由集体代表谈判达成的集体合同,尽管该代表并不认为在布朗案中出现了违反此集体合同的情况。但是,审理市政处理案件的法院认为,捍卫集体合同的活动只是让布朗拒绝工作的行为成为协调一致的活动,但并非就是说它必然受到保护。因此,工会接受布朗被解雇的事实是否应被视作撤销了对他的法定保护?工会没能将抱怨程序进行下去,是否意味着公司当时可以以布朗拒绝工作为由将其解雇,而不必以他启动了抱怨程序,但并未援引(集体)合同为由(作出解雇决定)?假设公司不能以这名司机援引了合同中的权利来拒绝驾驶不安全卡车为由将其解雇,但是如果工会同意公司的看法,即卡车实际上是安全的,且合同并未赋予司机拒绝开安全卡车的权利,那么该司机是否就可以被解雇,而且不享受约定或法定的救济?

4. "先遵从,后申诉"。 在市政处理案中,法院提到如果雇主不愿"忍受雇员捍卫集体合同中的权利而采取的某些方式",它们可以通过合同约定的方式限制使用这些方法。正如将要进一步探讨的那样,这些限制方式就包括不得罢工条款。见前文第213页。

即便是没有合同的明确约定,通常,劳动合同仍会被理解为允许雇主要求工人不要无视工作任务,即使这些任务违反了合同的约定。见后文注释5,第711页。这个原则就是"先遵从,后申诉"。不过,这个原则的一个常见例外是,如果该任务具有安全上的危险性时,可以不必墨守此原则。市政处理判例的脚注1也说明了,涉案的集体合同中载有体现此例外的一个明示条款。

5. 主张未经约定的工作场所权利的个人抗议活动:从哈利路亚坐垫公司案到迈尔斯产业案。 在哈利路亚坐垫公司案 [Allelluia Cushion Co., 221 N.L.R.B. 999 (1975)] 中,委员会跳出了自己的因特博若原则,给一名在未组织起来的工厂中的员工提供了保护,该名员工完全基于自己对工厂安全的担忧而行动,未曾向其他员工寻求或获取公开支持,他通过向适格执法机构写信的方式,努力将州安全生产法律落实到自己的工厂。委员会的结论是"当一名员工呼吁或寻求执行能够惠及所有员工的职业安全方面的法规,如果没有任何证据显示其同事拒绝这种代表方式,我们将会认为它是一个暗含共同意志的活动,并认定这种活动是协调一致的。"同上,第1000页。

但是,十年之后,里根总统任命的新委员会否定了哈利路亚坐垫公司判例。取而代之的是,它要求有证据表明,某项活动的开展"是有其他雇员参与或授权的",且自己不享受此种授权所带来的利益,还认为对法条的这种解读是法案所规定的。迈尔斯产业案(迈尔斯案一期)[Meyers Indus., Inc. ("Meyers I"), 268 N.L.R.B. 493 (1984)]。特区巡回法院拒绝委员会在迈尔斯案一期中自称所作的解释是法案所规定的这一说法,将案件发还"给委员会为其提供一个全面考察此问题的机会",并指示要其更为完整地说明其理由。普瑞丽诉国家劳动关系委员会案(普瑞丽案一期)[Prill v. NLRB ("Prill I"), 755 F.2d 941 (D.C. Cir.1985)]。在发回重审过程中,委员会决定凭其自由裁量权坚持迈尔斯案一期判例对协同行动的定义。迈尔斯产业案(迈尔斯案二期)[See Meyers Indus., Inc. ("Meyers II"), 281 N.L.R.B. 882 (1986)] 特区巡回法院随后将迈尔斯案二期判决视作是对法条的合理解释,故而依据最高法院的雪铁龙判例加以遵从,见前文第107页。见普瑞丽诉国家劳动关系委员会案(普瑞丽案二期)[Prill v. NLRB ("Prill II"), 835 F. 2d 1481 (D. C. Cir. 1987)];尤因诉国家劳动关系委员会案[Ewing v. NLRB, 861 F. 2d 353 (2d Cir. 1988)](不同意委员会认为迈尔斯案"适用于"哈利路亚坐垫公司案的看法,但接受委员会的解释是自主有权行为)。

6. 个人行动作为序幕或集体行动顺理成章的产物:蘑菇运输公司案(*Mushroom Transportation*)**和相关原则。**在迈尔斯案二期的审理中,委员会继续为蘑菇运输公司判例背书的行为,明确显示协调一致的活动"包含某些特定活动,即员工个人寻求发起或促成集体行动的活动,或为之所作的准备,还有员工个人引起管理层关注属于群体性抱怨的活动"。迈尔斯案[Meyers, 281 N. L. R. B. at 887, citing Mushroom Transp. Co. v. NLRB, 330 F. 2d 683 (3d Cir. 1964)]。员工在一个集体会议上对管理层和新执行的政策进行了批评是否可以依此原则认定为协调一致的活动?见国家劳动关系委员会诉卡莫里约燃气轮机股份有限公司管网工具事业部案[NLRB v. Caval Tool Division, Chromalloy Gas Turbine Corp., 262 F. 3d 184, 190 (2d Cir. 2000)](答案:是的;在探讨工作条件的集体会议上试图发起或促成集体行动属于协调一致的活动)。向同事发邮件抱怨一个对休假政策的改变?见计时系统公司案[Timekeeping Systems, Inc., 323 N. L. R. B. 244 (1997)](暗地里促成集体行动被视为"协调一致的活动";促成集体行动目标不必说明)。如果一名员工和同僚们谈论工作条件或某位同事遭到的无礼对待时,没有明确提及集体行动的可能性,那么该当如何?见阿德菲研究所案[Adelphi Inst., Inc., 287 N. L. R. B. 1073 (1988)]和芬妮城帕克护理公司案[Parke Care of Finneytown, Inc., 287 N. L. R. B. 710 (1987)](都需要有对集体行动存在预期的证据,认为此次活动并非协调一致的)。阿德菲案和帕克护理案与计时系统案能否被调和在一起?如果可以的话,应基于什么样的基础?它们和管网工具案关系如何?

另外一些判例认为,如果个人的行为是集体活动"顺理成章的产物",那么它也是"协调一致的活动"。见索尔兹伯里酒店公司案[Salisbury Hotel, Inc., 283 N.L.R.B. 685 (1987)](在员工们已同意要向管理层提出抱怨的时候,一名员工和美国劳动部进行了联系);女性殿堂公司案[Every Woman's Place, Inc., 282 N.L.R.B. 413 (1986)](在几名员工向管理层针对某问题提出批评之后,一名员工和劳动部进行了联系)。有关这两类判例对"受保护的协同行动"的看法的一般性讨论,见查尔斯·J. 莫里斯:《国家劳动关系委员会对无工会场所的保护:浅论规定与行动理论》,载于《宾夕法尼亚大学法律评论》第 136 卷(1989),第 1673 页[Charles J. Morris, NLRB Protection in the Nonunion Workplace: A Glimpse at a General Theory of Section & Conduct, 136 U. Pa. L. Rev. 1673 (1989)]。

7. 雇主必须对个人抗议活动中的协调一致本性有所了解吗? 在迈尔斯案一期中,委员会也陈述道,雇主必须知道员工个人抗议活动之协调一致的本性,以便使此种抗议获得保护。见交易员公司案[Tradesmen Indtl., Inc., 332 N.L.R.B. 1158 (2000)]。这一有关"明知"的要求对于那些因为没有工会,所以通常无法预知协同行动的雇主来说,是否合理呢? 如果不要求明知,此类雇主是否不得不预先假设所有个人抗议活动都是协调一致的,从而避免委员会的救济性惩罚,如恢复原状和偿付? 另一方面,承认这一"明知"要求是否会把参与协同行动的工人置于失去工作的危险之中,因为事务总长无法证明雇主已知道其他人也涉及其中的事实?

8. 单个员工的自益性活动会不会虽然是协调一致的,但不属于相互协助或保护的性质? 一名员工为争取自己的工作利益从她的同事中征求帮助的行为既属于以"相互协助或保护"为目的,还属于"协调一致的"吗? 法律是否应假定一名员工对另一名员工的支持最终会给其他员工和被协助的员工都带来益处? 这种假设是必要的吗? 它是否对于所有情况都适合? 对于那些会再次发生的情况适用吗? 见候里灵出版公司案[Holling Press, Inc.,

343 N.L.R.B. No.45（2004）］（发现一名员工请求另一名员工成为某个性骚扰指控的证人的行为不太可能是相互的，故而不属于以相互协助为目的的）。候里灵出版公司案和下面的案例能融合在一起吗？

国家劳动关系委员会诉 J. 万家顿公司案

NLRB v. J. Weingarten, Inc.
420 U.S. 251（1975）

布伦南法官……。被告经营着一个零售店连锁企业，在它某些店里有午餐柜台，在其他店里有所谓的食堂操作间……。被告的销售人员是由零售店员工会第 455 地方工会（Retail Clerks Union, Local 455）来代表。雷拉·柯林斯（Leura Collins）……于 1961—1970 年在 2 号商店午餐柜台工作，此后被调到 98 号商店的食堂操作间工作。被告保有一个覆盖全公司的保安部门，该部门是由一群"预防失窃的专业人士"组成，他们秘密开展工作……来防止偷窃和员工不忠诚行为。1972 年 7 月，"专业人员"哈代（Hardy），在商店雇员不知情的情况下，为了调查有关柯林斯从柜员机里取走现金的报案，花了两天的时间来观察 98 号店堂食操作间。当哈代在对柯林斯的监视中没有发现有支持报告内容的证据时，哈代向商店主管亮明了身份，并报告他未能发现有什么不对的地方。商店主管随后告诉他有一名大堂工作的同事……向他报告柯林斯曾购买了价值 2.98 美元的鸡肉但只将 1 美元放入柜员机里。专业人员哈代和商店主管将柯林斯找来面谈，哈代询问了她。委员会发现，在提问的过程中她有几次让商店主管叫来店里的工会人员或其他工会代表来参与面谈，她的要求被拒绝了。柯林斯承认她付钱购买了一些鸡肉、一块面包和一些蛋糕，并将这些作为教会午餐捐给了她的教会。她解释道，她确实购买了价值 1 美元的四块鸡肉，但是由于大堂部通常用于包装这类货品的小号盒子已经售罄了，所以她把这些鸡肉放在了通常用于装更大数量的盒子里。专业人员哈代中途离开面谈，向曾举报柯林斯的同事核对柯林斯的解释。该员工确认大堂部确实用完了小号盒子,并说她并不知道柯林斯将多少块鸡肉放到了较大号的盒子里。专业人员哈代回到面谈中,告诉柯林斯她的解释已经得到验证,他为给她带来的不便道歉,这个事情到此为止。

柯林斯于是泪流满面,不经意之间说出她曾从商店无偿取走的唯一东西就是她的免费午餐⋯⋯。商店主管和专业人员哈代详细地讯问了柯林斯有关在98号店大堂部违反[有关免费午餐]的政策。柯林斯再次要求叫来店里的工会人员参加面谈,但商店主管否决了她的要求。根据她对其问题的回答,专业人员哈代起草了一份书面陈述,其中包括柯林斯在午餐上欠商店大概160美元这一数字。委员会发现,柯林斯和大部分在98号商店大堂部的员工(如果不是所有员工的话)一样,也包括该部门的主管,从大堂无偿领取午餐,这显然是因为他们从未听说过有不让这么做的规定。事实上,当公司总部在面谈过程中通过电话给专业人员哈代提供建议时,总部自己也不清楚是否有在98号店生效的、禁止在大堂部提供免费午餐的规章,他终止了对柯林斯讯问⋯⋯[在柯林斯向工会通知这次面谈之后,启动了不当劳动行为的处理程序。国家劳动关系委员会认为,雇主拒绝了柯林斯所提出的、让她的工会代表出席一个有理由认为会带来纪律处分的调查讯问的要求,雇主的行为违反了第8条(a)(1)款的规定。第五巡回法院拒绝执行。]

委员会解释道:第7条提供的法定权利包含,员工在没有工会代表在场的情况下,去拒绝一项他有理由担心会导致对自己纪律处分的面谈,该解释于1972年1月28日出现在它对品质制造有限公司案(Quality Mfg. Co., 195 N.L.R.B. 197)的决定和命令中⋯⋯。在它对此案和三个月后美孚石油公司案(Mobil Oil Corp., 196 N.L.R.B. 1052)的意见当中,委员会为该法定权利圈定了轮廓和限制范围。

第一,此权利属于第7条中对雇员协同行动提供相互协助和保护权利的保障。

第二,此权利只存在于雇员要求有代表在场的情况⋯⋯

第三,雇员将要求代表在场作为参加某个面谈的条件,应限定在雇员有理由认为相关调查会带来纪律处分的情况……

第四,实现此权利不应干扰到雇主的合法处分权。雇主没有义务来证明它拒绝工会代表在场是有道理的,除了拒绝,雇主还可以在放弃与当事员工面谈的情况下继续开展调查,故而让当事雇员自己决定是在没有代表在场的情况接受面谈,或不接受面谈从而放弃从中受益的机会……

第五,雇主没有义务和任何获准参加调查面谈的工会代表进行谈判。委员会在美孚案中曾说:"如果工会没有在集体谈判中确立相关权利的话,我们不会给工会任何有关处分前讨论的特殊权利。"(196 N. L. R. B., at 1052 n.3……)"代表在场是为了帮助员工,还有可能努力澄清某些事实,或指出可能了解相关情况的其他员工。而雇主有权坚持只和当事员工交换对涉案事由的看法。"

委员会的意见是对"为了相互协助或保护……所开展的协调一致的活动"的适格解释,应被支持。

一名雇员在面对他雇主的时候,寻求其工会代表帮助的行为明显属于第 7 条所描述的范畴:"雇员应有权……参与……到以……相互协助或保护为目的的协调一致的活动中。"即便只对员工自己产生直接后果,它的属性也是如此;员工通过寻求"协助或保护"来保障自己工作稳定性不会遭受预期的威胁。但是,在员工的请求下而参与的工会代表,不仅要去保护该特定员工的利益,而且也要通过警示来确保雇主不会启动或继续施加不当的惩罚,从而保障整个谈判团体利益。代表的出席是让谈判团体里的其他员工确信:他们如果被叫来参加此类面谈的时候也会获得同样协助和保护……

委员会的解释直观地反映出了法案最为基本的目标[在总论的第 1 节]……。要求员工独自参加一项他认为会给自己带来纪律处分的调查面谈,如果面谈内容涉及本法案所致力于消灭的不平等现象,那么就会妨碍当事员工利用法案所提供的、"重新调整劳工和管理层之间在经济力量方面的现有不平衡"的保护来救济的可能性。[引用省略]……

委员会的解释也澄清了,这个权利在什么时候对雇员和雇主双方才是最有用的。单个员工在面对一项针对自己某些行为而开展的调查的时候，且该调查决定着自己是否会受到处罚，他可能会太害怕或吞吞吐吐从而无法准确回应被调查的事情，或太无知而无法提供减责事由。一名经验丰富的工会代表可能会通过归纳出有效事实来协助雇主，还有通过剖析事件的本源来帮助雇主节省生产时间。当然，他的出场也不应把面谈转变成为一个对抗斗争。被告认为工会代表在此阶段介入是没有必要的，因为在最终决定给予处分之后，这种对员工苛责或处分的行动仍可以被纠正。易言之，被告打算将代表参与的时间点延至在雇员被解雇，或被处分之后并启动了针对雇主的正式申诉程序之时。但是，对于雇员来说，在这个点澄清自己就会变得更为困难，而且代表参与价值也相应地大打折扣了。雇主到那时或许更热衷于论证自己行动的合理性，而非重新审查案件事实……

运用本法案来改变产业行为方式的责任托付给了委员会。上诉法院擅自侵犯了委员会的功能，并自作主张地认为：雇员在调查面谈时不"需要"工会协助……委员会在此所作的解释，即便并非是该法所要求的，但至少是它所允许的，只要委员会的做法能够让工会在劳工与管理层的利益之间发挥其深入细致的调和功能，就只能对委员会的做法"进行有限度的司法审查"。国家劳动关系委员会诉卡车司机案[NLRB v. Truck Drivers, 353 U. S. 87, 96 (1957)]。

今天，(我们)确认此法定权利同日常的产业实践完全一致。很多重要的集体合同……都赋予了员工有权要求工会代表出现在调查面谈的现场。即便是该权利并未在合同明确提出，"现今已臻完善的仲裁机构"已经将工会代表出席那些员工认为会给自己带来处分后果的调查面谈活动的权利延续了下来。见雪佛龙化工有限公司案[Chevron Chemical Co., 60 Lab. Arb. 1066, 1071 (1973)]。

该判决被推翻，案件被发回，并附有要求其作出执行委员会命令的判决……

[鲍威尔法官，连同斯图尔特法官和伯格主审法官的异议意见在此省略。]

注释和问题

1. 第 7 条中有关获得某个特定雇佣条件的权利? 在本章的其他案件中,只有员工的抗议、申诉或组织方面的工作以及招揽活动,才享受到了第 7 条的保护。万家顿判例是否表明:委员会通过对某个特殊程序进行保护从而迈出其前进的步伐,这套程序更似保护一个现有的劳动条件而非致力于争取更好的条件?注意一下,当启动员工有理由认为会导致纪律处分的调查性面谈的时候,委员会既要防止员工因要求工会代表参加而受到处分,也要防止因员工在没有相关代表在场的情况下拒绝提供信息而受处分。但是还应注意的是,委员会并未要求雇主给雇员提供一个被约谈机会。

2. 万家顿判例的依据? 在万家顿案中,法院认识到"员工自己或许对[面谈的]结果有切身利益"。那么为什么柯林斯的请求属于是为了"相互协助或保护"?承认万家顿案中权利的本源因素是什么?

3. 万家顿判例中专业词汇:"调查性"与"处分性"面谈? 委员会、法院和评论人在讨论万家顿案中的权利时经常使用"调查性"面谈这一词汇——但有时也使用"处分性"面谈——作为一个缩略表述。但是,委员会的完整表述是:要求代表参与的权利存在于"员工有理由相信此调查会带来纪律处分"的情况下。之后的万家顿案只适用于以下两种因素都出现的情况:(1)调查性面谈(2)这可能会带来纪律处分。这一概念的局限性将在下面注释中介绍。

4. 为什么只有一个程序上的权利? 如果第 7 条设立了万家顿判例所认可的程序性权利,那么为什么不设立其他让工会代表协助的程序性权利呢?例如,在雇主不愿开展调查性面谈的情况下,员工们能否坚持要求获得一个在工会代表的帮助下回应对自己指控的机会?能否坚持要求将召开有工会代表在场的聆讯,作为作出纪律处分的前提?能否要求在培训期间,或纠正工作技术问题期间有工会代表在场以确保指令被全面传达？为什么这些诉求与万家顿判例中注释 1 结尾所确立权利在概念上存在区别？将万家顿判例扩展到包括这些程序性权利是否限制了雇主人事权力，从而阻却了它们在集体谈判中作出让步或从中有所斩获？

5. 开会通知员工有关处分的决定。委员会并不保护工会代表有权出席仅仅是为了传达已经拟定的员工处分决定而召开的会议。见巴吞鲁日水务有限公司案[Baton Rouge Water Works Co., 246 N.L.R.B. 995 (1979)]，雅阁和阿尔弗雷德·刘易斯公司诉国家劳动关系委员会案[Accord, Alfred M. Lewis, Inc. v. NLRB, 587 F.2d 403 (9th Cir. 1978)]，为什么不(保护)呢？基于什么样的理由可以让此类面谈不适用万家顿案？

6. 个人毒品测试。万家顿判例中的权利能够适用于对个体员工实施毒品测试的情况？见西弗韦商店公司案[Safeway Stores, Inc., 303 N.L.R.B. 989 (1991)]（委员会并未认可行政法官的"明确结论，即毒品测试本身就构成了万家顿判例所规定的调查性面谈"，而是认为万家顿判例适用于当这项测试隶属于调查员工缺勤记录的活动的时候）。工会代表在执行毒品或其他医疗检查时扮演什么样的角色？

7. 秘密调查。如果某同事依管理层的要求开展一个秘密调查，那么他的行为是否侵犯了万家顿案规定的权利？国家财政部雇员工会诉 FLRA 案[National Treasury Employees' Union v. FLRA, 835 F.2d 1446 (D.C. Cir. 1987)]（认为万家顿判例并不适用，因为员工在秘密调查中感受不到恐惧）。

8. 出现违反万家顿判例时的救济。如果员工受到调查的行为是导致被处分的"原因"，雇主违反了万家顿案程序性规定，那么雇员是否就可以免于处分？塔瑞科普产业公司案[Taracorp Indus., 273 N.L.R.B. 221

(1984)，推翻了克劳福德食品公司案(Kraft Food, Inc.)，251 N. L. R. B. 598(1980)](第10条(c)款禁止在员工已被合理解雇的情况下，给予员工复职或偿付的待遇，但委员会在雇员还未被解雇并要求工会代表出席的情况下会给予雇员救济)；通信工人第5008地方工会诉国家劳动关系委员会案[Communication Workers Local 5008 v. NLRB, 784 F. 2d 847 (7th Cir. 1986)]。如果处分决定的主要依据，是一份从某次无视万家顿判例规定的面谈中所获得的坦白记录，那么将如何对待；雇员是否至少能够要求其"抹去"自己的坦白记录？见新泽西州的贝尔电话公司案[N. J. Bell Telephone Co., 300 N. L. R. B. 42 (1990)]（拒绝执行"抹去"这一救济方式，因为它和塔瑞科普判例以及第10条(c)款的规定之间存在冲突)。你认为：员工因为捍卫她在万家顿判例的权利，而非因为她受调查的行为被开除的几率有多大？塔瑞科普判例对可用救济手段的限制条件对万家顿判例中的权利影响有多大？

注释：在无工会环境下万家顿判例的权利？

非工会成员的员工是否有权拒绝在没有同事在场情况下提供信息？委员会在这个问题上前后摇摆不定。见材料研究公司案[Materials Research Corp., 262 N. L. R. B. 1010 (1982) (3-2)]（将万家顿判例扩展到了无工会环境中）；西尔斯-罗巴克有限公司案[Sears, Roebuck & Co., 274 N. L. R. B. 230 (1985)]（法案的规定反对万家顿判例的适用扩展至有工会环境中）；E. I. 杜邦公司案[E. I. DuPont de Nemours, 289 N. L. R. B. 627 (1988), on remand from 794 F. 2d 120 (3d Cir. 1986)]（委员会认为西尔斯判例的解释符合法案要求，虽然巡回法院否定这一结论，但坚持认为作出西尔斯判例属于有权处理行为），参见俄亥俄东北癫痫基金会案[Epilepsy Foundation of Northeast Ohio, 331 N. L. R. B. 676 (2000) (3-2)]（回到了万家顿判例应适用于非工会员工这一规定上了）；IBM公司案[IBM Corp., 341 N. L. R. B. 1288 (2004)]（返回到了委员会的先例，认为万家顿判例不适用于无工会的工作场所）。

在审理 IBM 案件中，委员会虽然认为癫痫基金会（Epliepsy Foundation）判例是对法案的适格解释，但却又作出结论道，如果将法案另行解释为，万家顿判例中所规定的权利不适用于无工会的生产场所，那么国家劳动关系政策就会得到"最佳地体现"。委员会的结论是基于多方面因素的考量而作出的，它在平衡缺少工会的雇主在场与员工坚持有工会代表在场之间的冲突时，给这些因素分配不同量级。第一，委员会注意到，在无工会环境中的工友与工会代表不同，他们没有义务代表整个职工队伍。第二，非工会成员的同事们手中没有平衡雇主和雇员力量的工具。第三，同事们并没有与工会代表一样的技巧。第四，一个非工会成员的同事可能会泄露保密信息，而工会代表由于有合理进行代表活动的法定义务或许不会恶意揭露或错用从员工面谈中获得的信息。委员会确认：员工有权寻求工友来代表，并不应因此而受到处分。但是，无工会的雇主无义务答应相应的要求，可以处分那些因为没有代表在场就拒绝提供信息的员工。

在不同意见中，成员雷伯曼和沃尔什争辩道：即便假定在没有工会的情况下万家顿判例中的权利功效会降低，也不应影响它的适用性。他们还指责多数派没能找到任何证据证明，"从1975年作出万家顿判决开始，工会曾干扰过任何雇主的调查义务，或工友代表在2000年作出癫痫基金会判决之后，曾造成过任何伤害。现有记录中没有任何地方显示因为某个工友出现在一个调查性面谈中，而导致了调查的停顿，或有任何在面谈中获得的信息被泄露了。"

注释和问题

1. 劳动委员会的政策摇摆。假如当委员会希望改变已有政策时，倾向于利用制定规则而非作出判例的方式来实现，那么能否或应否控制得住，委员会在此问题所体现的这种"政策摇摆"？见艾斯托伊克著《劳动委员会的政策摇摆》一文；另见贝尔航空案，见前文第119页[Estreicher, *Policy Oscillation at the Labor Board*, supra; but see Bell Aerospace, supra page 119]。

这些委员会政策的波动是不是机构政治倾向的反映,比如民主党任命的委员会倾向于将万家顿中的权利扩展到无工会的环境里(材料研究公司案与癫痫基金会案),而共和党任命的委员会反对这么做(西尔斯、杜邦、IBM案)?见雪佛龙公司案和小拉尔夫·温特:《对机构决定的司法审查:劳动委员会和法院》,载于《最高法院评论》第53期(1968),第64—67页[Chevron, supra page 107, 467 U.S. at 865; see also Ralph K. Winter, Jr., Judicial Review of Agency Decisions: The Labor Board and the Court, 1968 S. Ct. Rev. 53, 64-67]。有关政治和意识形态对委员会影响更为深入的观点,见罗纳德·特纳:《国家劳动关系委员会意识形态选择》,载于《宾夕法尼亚大学劳动与就业法杂志》第8卷(2006),第707页;詹姆斯·J.布鲁德尼:《孤立化和政治化:国家劳动关系委员会的不确定的未来》,载于《比较劳动法与政治杂志》第26卷(2005),第221页[Ronald Turner, Ideological Voting on the National Labor Relations Board, 8 U. Pa. J. of Lab. & Emp. L. 707 (2006); James J. Brudney, Isolated and Politicized: The NLRB's Uncertain Future, 26 Comp. Lab. L. & Pol. J. 221 (2005)]。

2. 协调一致的与为了相互协助或保护的? 在 IBM 案中并存的一些看法中,绍姆堡(Schaumber)委员争辩道:一名没有被工会代表的员工要求另一名员工在场的行为,不应视为正在发起集体行动,因为他关心的只是对自己保护,而工会"代表的出席是在向谈判团体里的员工保证,他们也会获得协助和保护……"(引自万家顿判例,420 U.S. at 260-261)。雷伯曼和沃尔什委员引用委员会对材料研究公司案的判决作为回应:"要求某位同事的协助是……协调一致的活动——以十分明显的方式表现出来——原因是员工们寻求采取共同行动。它与为了相互协助和保护而实施的行为类似:通过这种做法,所有员工都能确信他们也能在类似的情况下从同事的协助中受益……。"(262 NLRB at 1015, n.12)

在考察委员会成员对 IBM 案的争论时,应注意一下,当工会代表依据集体谈判合同成功地推动出台了一个"合理的"规定,他或她通过自己对

"工厂制度"的影响可能会在未来争议中,让雇主接受过去的做法约束。但是,无工会雇主在对待类似问题时不必受到类似约束。此解释是否为雷伯曼和沃尔什委员提供了充分的回应?

有关万家顿判例中权利在无工会环境的适用,见安娜·C. 霍奇斯:《多权利和补救措施的限制:呼吁重新审视工作场所之法》,载于《霍夫斯特拉劳动法律杂志》第22卷(2005),第601页;莫里斯:《国家劳动关系委员会对无工会场所的保护》,第1730—1750页;马修·W. 芬金:《劳动法的保护:迈尔斯产业公司案、西尔斯-罗巴克及公司案、机械鸟工程公司案》,载于《爱荷华法律评论》第71卷(1985),第155页[Ann C. Hodges, the Limits of Multiple Rights and Remedies: A Call for Revisiting the Law of the Workplace, 22. *Hofstra Lab. & Emp. L. J.* 601 (2005); Morris, *NLRB Protection in the Nonunion Workplace*, supra, at 1730 - 1750; Matthew W. Finkin, Labor Law by Boz: A Theory of Meyers Industries, Inc., Sears Roebuck and Co., and Bird Engineering, 71 *Iowa L. Rev.* 155, 177 - 188 (1985)]。

3. 为无工会领域设立特殊权利? 在癫痫基金会判例的单独异议陈述中,委员布雷姆(Brame)强调无工会雇主与有工会雇主之间的不同,无工会雇主"完全"有权坚持与某个雇员单独谈论对报酬和工时的变更。他故而质疑道:为什么在无工会领域里和有工会领域调查性面谈应有一样的待遇?对于此问题有没有很好的回应?将万家顿判例适用范围扩展到无工会领域是否会阻滞无工会雇主和不愿与其沟通的个体员工讨论其他方面的就业待遇和条件?回想一下,万家顿判例并不适用于那些只是通知雇员有关纪律处分决定的情况。

4. 一个有关意识形态的或实践效果的争议? 委员会继续针对万家顿判例在无工会领域适用问题进行争论的实践意义有多大?如果这个权利确实存在的话,非工会成员的员工知道这些权利的可能性有多大?他们有多大可能会去主张它们?如果他们试图主张此类权利,但遭到了雇主的拒绝,那么会有多少人冒着被解雇的风险继续坚持同事在场呢？最后，如果坚持拒绝被单独面谈，雇主是否会因为她不妥协而解雇她或在没有面谈的情况下结束调查，并随后根据她被调查的行为来处分或开除她？关于这些问题，回想一下万家顿判例和塔瑞科普产业公司判例中的救济方式。

第四节　工会放弃员工参加受保护活动的权利

国家劳动关系委员会诉田纳西州的马格纳沃克斯有限公司案

NLRB v. Magnavox Co. of Tennessee

415 U. S. 322 (1974)

道格拉斯法官代表法庭陈述了观点。

1954年，电子、广播、机械工人国际工会(International Union of Electrical, Radio, and Machine Workers, IUE)成为了被告雇员的集体谈判代表。在当时，被告有一项禁止雇员在它的场地内（包括停车场和其他非工作区域）分发任何资料的规定。集体合同授权公司设立规则来"维护工厂场地正常状况"，但这些规则不应是"不公平的"或"带有歧视性的"。它规定可以用宣传板来张贴工会通知，但公司有权拒绝张贴那些"有争议"的通知。随后所有的合同里都包含类似的规定。在1954年之后整个期间里，被告禁止雇员分发资料的活动，即便是利用非工作时间在非工作区域开展的活动。

在此期间，电子、广播、机械工人国际工会质疑了公司此项规定的有效性，并要求将其修改。相关要求被拒绝了，电子、广播、机械工人国际工会随后提出了指控，控告被告存在违反《国家劳动关系法》第8条(a)(1)款之规定的不当劳动行为。委员会支持了电子、广播、机械工人国际工会指控，它的依据是其先前在大风产品案(Gale Products, 142 N. L. R. B. 1246)中的判决,其中曾说道:

> 他们的工作地点是员工每天都集中的地方。它是他们明确分享共同利益的地方,也是他们借之向同事传递,能够对他们工会组织生活产生影响的情事和其他与他们雇员身份有关情事的地方。(同上,第1249页)

大风产品判例所提供的救济措施有利于那些为某个工会开展分发活动被拒绝的员工。但是,委员会在此案中将其主旨进一步扩宽到涵盖那些想支持工会代表的员工(195 N. L. R. B. 265)。上诉法院拒绝执行委员会的命令,因为它认为工会曾放弃了它对禁止在场地内分发材料的反对权,它有权这样做……

员工拥有法案第7条所赋予的"成立、参加或协助劳工组织"的权利或"抵制"这类活动的权利(29 U.S.C. 157)。我们认为:禁止员工所支持的工会利用非工作时间在工厂里开展分发工会资料或为工会招揽活动,事实上侵犯了第7条中所规定的权利……。这里并没说被告对维持生产或纪律的担忧能够证明制定这样的章程是必要的。此处唯一需要关注的问题是集体谈判代表放弃了这些权利。

当然,工会可以就工资和其他工作福利达成协议,并放弃在合同期内的罢工权以此作为让雇主接受相关抱怨或仲裁程序的交换条件。见纺织工人诉林肯工厂案(Textile Workers v. Lincoln Mills, 353 U. S. 448, 455)。但是此类合同的基础是建立在"公平代表的平台"上和"保有"选择谈判代表的"自由"这一假设之上的。马斯特罗塑料公司诉国家劳动关系委员会案(Mastro Plastics Corp. v. NLRB, 350 U. S. 270, 280)。在此案中,我们认为放弃"罢工权"并非包括放弃那些"反抗非法破坏集体谈判之基础"的罢工。同上,第281页。我们面对的是经济领域的权利。故而,……当员工在选择运用谈判代表权时——包括是否不需要集体谈判代表,或保留在职代表,或找来一个新的代表,对他们采取的规则应该有所不同。当员工实际运用此选择权的时候,很难保证现任代表不存在为了一己之私、来长期维持其谈判代表身份的情况。工作场所是独一无二的交换对谈判代表看法的地方,各种不同选项可供员工选择。只要分发行为是在雇员之间开展的,只要场区内的招揽活动是在非工作时间开展的,那么禁止此类招揽行为可能会对第7条中的权利带来严重削弱。国会在法案的第1条中宣称,美国的政策是保护"工人们在结社、自我组织和任命自己选择的代表方面所拥有的完全自由"(29 U.S.C. § 151)。……

而且,限制在工厂里向反对工会的人分发资料的权利,并没有给第7条中的权利提供一个公平的平衡机制,这也正如委员会在本案所判定的那样。那些支持工会的与那些反对工会的员工拥有同样的、受到第7条保护的权利……

斯图尔特法官,携联鲍威尔和伦奎斯特法官,存在部分共识和部分分歧。

法院认为工会不能约定放弃与其无关的员工在利用非工作时间在非工作区域分发号召替换现任集体谈判代表的权利,在这个方面,我完全同意此观点。这是委员会大风产品案判决的关键(142 N.L.R.B. 1246)。但在我看来,它和《国家劳动关系法》某些措辞和精神相悖,它实际上让工会不受不在工厂分发自益性资料的承诺所约束……

……在集体谈判过程中没有任何理由地同意那些有损于工会自己利益的弃权约定是很少见的。作为回报,工会通常从管理方的谈判代表那里争取一些补偿。由于去甄别工会某个让步所换来的回报通常是不可能的,废除工会替其支持者放弃某些第7条权利的约定,将必然地剥夺了管理层从谈判中所获的利益,从而让工会也变得毫无价值。不允许放弃罢工的做法并不会提高集体谈判过程的稳定性,必定会给劳工—管理者之间关系带来负面影响。正是基于此原因,委员会和法院不能解除当事方所承诺的事项,除非约定事项违反了法案的某个特定规定或联邦劳动法律的明确政策。① ……

注释和问题

1. 基于机构成本的解释？ 委员会的马格纳沃克斯判例认为分发材料适用于现任工会的反对者和支持者双方，这个观点能否可以理解为：存在工会不一定会一直忠实地为它所代表的全体员工服务的担心？为什么工会不能决定是否通过用牺牲它分发宣传材料的权利来换取一些经济利益的方式来赢得员工们的支持？法院从准入平等的角度作出了解释：如果批评工会的人有权分发反工会的材料，工会支持者必须有一个反制的权利。这个观点是否也蕴含着不能假定只是工会支持者与工会领导之间才有利益关系？

2. 基于权利的解释？ 有关《国家劳动关系法》为什么只保护某些种类的权利，马格纳沃克斯判例是否为此作出更好的注解？思考下文：

> 法律赋予了多数派谈判代表的排他权力，但并不支持以此去压制员工的合法表达意见的行为，可以表达的意见既包括那些获得排他代表支持的意见，也包括为了给谈判团体换取集体利益的意见。的确，排他谈判代表的权力是基于法案"鼓励集体谈判实践和程序"的政策建立起来的。但是，正如最高法院在马斯特罗塑料诉国家劳动关系委员会案（*Mastro Plastics v. NLRB*）中强调的那样，法案有一个"补充"政策，即"保护工人能够实现在结社、自我组织和任命自己所选择的代表方面有完全的自由"。……而且，保障"完全结社自由"是法案这两个政策的共同"基础"；没有它的话，排他代表的有效性和民主合法性都将被削弱。限制排他代表放弃自由结社和对第7条中员工权利的自由表达权会对自由和有效的集体谈判的开展产生支持作用，因为它保证

---

① 委员会认为，我猜想法院也同意，工会可以放弃任何有关员工分发工会制度方面的材料的权利。本案件的唯一问题就是是否能放弃分发有关选举、保留或替换集体谈判机构材料的权利。——编者注

了经济上强势的雇主不能够强迫工会在谈判桌上牺牲它继续作为有效谈判机构赖以存在的任何权利。

迈克尔·C.哈珀:《工会对〈国家劳动关系法〉规定的雇员权利的放弃》(第一部分),载于《劳资关系法律杂志》第4卷(1981),第335、345页[Michael C. Harper, Union Waiver of Employee Rights Under the《NLRA》: Part I, 4 *Indus. Rel. L. J.* 335, 345(1981)]。

3. 适用

a. 委员会和法院如何处理放弃分发有关工会内部事务材料的权利,比如选举工会官员?见通用汽车公司诉国家劳动关系委员会案[General Motors Corp. v. NLRB, 512 F. 2d 447 (6th Cir. 1975)](不可放弃)。那么放弃在第7条中规定的有关领导、支持、加入或拒绝加入某个劳工组织的权利,该如何处理?如果是在公司制服上佩戴或拒绝佩戴工会标志的权利,又该怎样?见李诉国家劳动关系委员会案[Lee v. NLRB, 393 F. 3d 491 (4th Cir. 2005)](不可放弃)。如果是分发有关员工雇佣条件的政治性宣传材料的权利,正如伊斯泰克斯案前文222页所保护的,那该如何对待?

b. 工会能否放弃被万格顿判例确认且受到第7条保护的权利,即有权利坚持要求工会代表出席任何由雇主组织的,而且雇员有理由担心会导致对自己纪律处分的面谈?

c. 如果某个在雇主与经国家劳动关系委员会认证的工会之间达成的两年期集体谈判合同中包含如下条款:"在本合同期间,除了经过认证的员工代表,其他任何工会都不准进入雇主的场地或使用宣传板;但获得认证之代表的准入排他权,不应影响员工在雇主场地上进行分发或招揽活动的法定权利。"马格纳沃克斯判例能回答此约定是否违反《国家劳动关系法》规定的问题吗?佩里教育者总会诉佩里地方教育工作者联谊会案[Perry Educ. Ass'n v. Perry Local Educators' Ass'n 460 U. S. 37(1983)],在此案中法院认为:通过谈判约定让某个(已获得认可的)公共行业工会拥有进入教师邮箱或校内邮件系统的排他权利,这样的做法没有违反第一修正案,因为它注意到,私营领域中谈判代表的排他进入规定"已经被明确批准了"。同上,第51页,注11。

大都会爱迪生公司诉国家劳动关系委员会案

Metropolitan Edison Co. v. NLRB
460 U.S. 693 (1983)

公司正在三哩岛(Three Mile Island)建造一个核电厂。在一系列与国际电气工人兄弟会(IBEW)签订的谈判合同中提到"兄弟会(Brotherhood)和它的成员同意在合同期内不进行罢工或出走活动"。在1970年到1974年之间,工会成员参与了四起违反本规定的停工事件。在每次事件之后,公司对工会官员的处分要比其他参与人的处分更严厉一些。两个结论性仲裁裁决证明了公司存在的差别化待遇。在这两个案件中,仲裁员都判定工会官员有遵守集体合同的"积极义务",违反此义务有理由受到更为严厉的处分。

1977年8月,国际电气工人兄弟会成员拒绝穿越一条其他工会在其建筑工地设立的虚拟纠察线。公司"多次"命令当地国际电气工人兄弟会主席穿越此纠察线来向其他员工展示国际电气工人兄弟会遵守不罢工条款。他拒绝这样做,转而选择劝说那个工会去除这条纠察线。在四个小时内,国际电气工人兄弟会主席和副主席为那个工会就争议问题达成了一个解决方案,纠察线随之被去除了。公司给那些拒绝穿越纠察线的所有工人作出了停职5到10天的惩罚。当地工会的主席和副主席却受到了25天的停职处分,并被警告如果他们将来参加任何非法停工活动将会被立即解雇。

国家劳动关系委员会判决选择性地处分工会官员的行为违反了第8条(a)(1)款和第8条(a)(3)款的规定[252 N.L.R.B. 1030 (1980)]。第三巡回法院执行了委员会的命令,认为雇主只能在集体合同明确规定工会员工有阻止停工的"积极义务"的时候,才可以对其施加更为严厉的处分。最高法院确认了这一判决。

鲍威尔法官……

II

这个案件并未触及雇主能否给在非法罢工中起带头作用的工会官员施以更为严厉处分的问题。行政法官发现无论莱特(Light)或里昂(Lang)(地方工会的主席和副主席)都没有担任此罢工活动的领导者。[①] 这个案子也没有对雇主向没有参与不法活动的工会官员作出的处理提出质疑。无论是工会或委员会都没有论及没能捍卫不得罢工条款的工会官员应和其他罢工者一样获得豁免。更为纠结的问题是:雇主能否单边要求工会官员采取行动来执行不得罢工条款,并在他未能遵照执行的时候惩罚他……

委员会发现给予工会官员较其他参与非法停工活动的员工更为严厉的处分"与第8条(a)(3)款的规定是有抵触的,如果允许它存在话,会挫伤法案的政策"。精密铸造公司案[Precision Castings Co., 233 N. L. R. B. (183) at 184 (1979)]。在委员会看来,这个行为是对合法个体权利的"固有破坏",因为它完全基于工会身份进行歧视。见联合煤电公司案和印第安纳密歇根电器公司案[Consolidation Coal Co., 263 N. L. R. B. 1306 (1982); Indiana & Michigan Electric Co., 237 N. L. R. B. 226 (1978), enf. denied, 599 F. 2d 227 (CA7 1979)]。委员会曾下结论道,雇主约定不受未经授权罢工之扰的权利,并不能用来抗辩"针对工会官员的某些严厉惩罚所带来的歧视性后果"。见联合煤电公司案(Consolidation Coal Co., 263 N. L. R. B., at

---

[①] 6. 委员会已经认定,那些唆使或领导不受保护罢工的员工将会面临比其他员工更为严厉的处分。见中西部精密铸造公司案和克莱斯勒公司案[Midwest precision Castings Co., 244 N. L. R. B. 597, 598 (1979); Chrysler Corp., 232 N. L. R. B. 466, 474 (1977)]。在做出这个判断时,委员会已认识到工会官员进行倡导,或许比起其他的基层成员做出同样行为的作用更大些。见中西部精密铸件公司案[Midwest Precision Castings, supra, at 599]。

在此案中,委员会行政法官发现莱特(Light)和里昂(Lang)并非罢工领导者,上诉法院认可了这个发现……

1309）。对工会官员采取歧视性的处分行为，可能对基层决定的罢工行为仅仅产生了间接影响，但足以阻吓适格员工争当工会官员的热情。

我们尊重委员会的结论，大都会爱迪生公司的所为对受保护员工的利益产生了负面影响。第8条(a)(3)款不仅禁止能影响工会成员的歧视，而且设置了针对那些参加受到第7条保护的协同行动的员工的非法歧视……。见广播员工会诉国家劳动关系委员会案［Radio Officers' Union v. NLRB, 347 U.S. 17, 39-40 (1954)］，认为工会的职务行为明显属于第7条所保护的活动……。毫无疑问，雇主单边给工会官员施以处分，会抑制那些适格的员工参与工会管理……

单单认定这种行为会对员工合法利益产生负面影响，并不足以为此案盖棺定论。如果雇主为其行为找到了合法的解释，委员会必须"在其主张的商业价值与员工权利受损之间找到一个合适的平衡点"。国家劳动关系委员会诉大丹拖车公司案［NLRB v. Great Dane Trailers, Inc., 388 U.S. 26, 33-34 (1967)］……公司曾申辩：它的行为是有道理的，因为部分工会官员没有遵守集体谈判合同条款的隐含义务。毫无疑问的是，这个说法是有根据的，工会官员和基层工人的领导一样都有遵守合同规定的法定义务，并为他们的成员作出一个负责任的榜样。见印第安纳密歇根电器公司诉国家劳动关系委员会案(Idiana & Michigan Electric Co. v. NLRB, 599 F. 2d, at 230-232)。从野猫罢工的破坏性角度来看，遵守不得罢工条款的重要性不证自明……。但并非就是说，雇主可以假定工会官员应通过遵从雇主的指挥来努力执行不得罢工条款，对那些不遵守的官员施以惩罚……

Ⅲ

公司争辩道：即便是第8条(a)(3)款禁止它给工会官员较其他员工施加更为严厉的惩罚，工会事实上放弃了对自己的[法定]保护……。此主张的关键是，在本案中，前面的仲裁裁定，还有工会官员被严厉制裁后、工会的默默承受，足以证明它放弃了这一权利……。工会作出的回应是，免受歧视是法定权利，故而不能被放弃……

……工会可以放弃其成员的某个法定权利,包括"在合同期内的罢工权和拒绝穿越合法纠察线的权利"。国家劳动关系委员会诉阿利斯-查默斯制造公司案[NLRB v. Allis-Chalmers Manufacturing Co.,388 U.S. 175,180(1967)]。此类弃权是有效的,因为他们"有赖于'公平代表这一基础'并建立在'自由'选择谈判代表这一假设之上"。国家劳动关系委员会诉马格纳沃克斯公司案[NLRB v. Magnavox Co.,415 U.S. 322,325(1974)]和马斯特罗塑料公司诉国家劳动关系委员会案[Mastro Plastics Corp. v. NLRB,350 U.S. 270,280(1956)]……弃权行为不应破坏上述事实的基础。虽然工会或许会贱卖其成员的经济权利,但它不能向会削弱员工选择其谈判代表的权利让步。见国家劳动关系委员会诉马格纳沃克斯公司案(NLRB v. Magnavorx Co.,415 U.S., at 325)。

我们认为,工会作出要求其官员开展积极步骤来结束非法停工的决定和"公平代表这一基础"是一致的。这种弃权没有对员工在选择哪个工会来代表方面的能力产生限制作用。此类责任的出现与工会在放弃其成员罢工权时所作出的经济决定关系密切。它仅仅要求工会官员躬身协助落实工会不罢工的承诺,从而为雇主提供落实此承诺的额外途径……

我们不会从一般合同条款推论出当事人有意放弃某个法定权利,除非对此有"明确的意思表示"。简单地说,放弃行为必须是明确无误的。

……大都会爱迪生公司并未主张:谈判合同的一般性的、不得罢工条款给工会官员施以了何种明确的责任。相反,它还争辩道:工会依据前两次仲裁裁决更改了合同相关内容,从而形成了一个默示的弃权约定……

我们不怀疑之前的仲裁裁决对(集体)谈判合同的内容解释的确与本案有关联。但对于放弃法定权利的行为,设立相关义务的时候必须做到明确无误。如果之前的仲裁裁决认定本案集体合同是不合规的、散乱的或含混不清的,那么该合同就失去了作为判断当事人是否有意将裁定的内容纳入到后续合同中的基础。当然,如果去评估当事人约定的责任是否清晰,那么就需要考察每个案件的特殊情况。见碳燃料有限公司诉煤矿工人案[Carbon Fuel Co. v. Mine Workers,444 U.S. 212,221-222(1979)]。

……公司争辩道:当重新讨论之前的谈判合同的时候,工会的沉默体现了它明显接受前期的仲裁裁定。但是,反观这两方当事人之间集体谈判历史,……只有这两个仲裁裁决……给工会官员加重了责任。我们并不认为这两个仲裁裁决已构建了一个明确的规则,使工会的沉默转化为接受约束。谈判合同中相关条款更是如此,"[仲裁员]所作出的决定应对此合同的条款有约束力"(有强调)。我们的结论是,没有证据显示当事人有意将两个之前仲裁裁决融入到后续的合同之中。

注释和问题

1. 工会官员免受特殊惩罚的权利能否被放弃? 在大都会爱迪生案中,法院似乎接受了委员会的结论,即给工会官员施以比其他员工更为严厉的处罚是对那些选择积极投身工会活动的人们的歧视,因此侵犯了第7条所赋予的、成为工会领导者的权利。法院还引用了它之前的马格纳沃克斯判决来主张:工会"在罢工代表的权利方面作出妥协"。那么,为什么法院会支持工会有权接受对工会官员施以更重的处罚?假使员工对谈判代表的自由选择权可以推导出对代表领导者的自由选择权,那么对于非法罢工中工会官员施以特殊的惩罚很有可能会打击其中一部分人争取成为工会官员的积极性。这个回应是否足以说明:工会有责任保护其领导者和组织者的职务立场?

2."明确无误的"弃权之作用。 法院判定在大都会爱迪生案件中涉及的权利属于经济权利,故而可由工会来约定放弃或修改,那么为什么还要规定任何放弃行为都必须有"清晰无误的"意思表示?这个要求是否体现了这样一个假设,即放弃法定权利是例外情形?用这个假设来考察通过订立谈判条款来放弃一项第7条的基本权利——罢工权——的做法是否有道理?要求放弃法定权利的行为必须进行清晰无误的界定是否印证了这样一个法律预设,即工会只有在非常清楚它们所做事情的后果的情况下,而且有机会借此获得某些回报的时候,它们才能够放弃员工们的某些权利?如果是这样的话，这个原则是否符合《国家劳动关系法》在允许当事人缔约自由方面的一般进路？在阅读第七章之后再次思考此问题。

3. 参与一些罢工的权利是否不能被放弃？

a. 不当劳动行为罢工。工会可以在多大程度上放弃它所代表员工的权利，使之不能参与抗议不当劳动行为的罢工活动？在马斯特罗塑料公司诉国家劳动关系委员会案[Mastro Plastics Corp. v. NLRB, 350 U.S. 270, 281 (1956)]中，雇主解雇了一名支持自己工会的员工，并非法为一个反水工会提供协助，最高法院认为，当出现"那些会给集体谈判的基础带来破坏作用的非法行为"时，一般性的不得罢工条款不应被视为员工放弃了参与罢工抗议活动的权利。

马斯特罗塑料公司判例依旧没能回答如下几个问题。第一，因为这个案件涉及雇主试图驱逐原谈判代表的行为，所以有说法认为，那些针对较轻的不当劳动行为而开展的罢工可以被认为是违反了不罢工条款的一般性规定。事实上，在阿兰百货公司案[Arlan's Department Store, 133 N.L.R.B. 802 (1961)]中，委员会认为只有那些抗议"严重"不当劳动行为的罢工才不受不得罢工条款的约束。另见，陶氏化学公司案[Dow Chemical Co., 244 N.L.R.B. 1060 (1979)]（重新强调阿兰判例），但本案的判决被否决了[636 F.2d 1352 (3d Cir. 1980)]。那么，什么才是"严重的"不当劳动行为？比较阿兰判决（某名员工为了取消对某工会的认证进行了串联活动，但被雇主解雇了，从而激起了罢工抗议活动。在该案中，一般不得罢工条款对此罢工有约束力）和化学公司判决（一般不得罢工条款不适用于抗议雇主单方改变工作计划的罢工）。第二，即使不得罢工条款明确表明适用于针对不当劳动行为的罢工，马格纳沃克斯判例所给出的理由仍旧建议：当雇主的违法行为涉嫌剥夺某个不可被放弃的权利，比如选择或拒绝某个谈判代表的权利，此种约定放弃行为视为无效。例如，抗议一个非法认可或不认可某个谈判代表的罢工，将被视为不受不得罢工条款的约束。

b. 同情性罢工。也考虑一下工会代表员工放弃拒绝穿越由在不同代表谈判团体里的员工所建立起来的纠察线的权利。有关此问题的讨论,见后文第587页。

第五节 雇主的"支持"或劳工组织的"主导"

《国家劳动关系法》的设计者将第8条(a)(2)款有关禁止"公司工会"的规定作为它对组织过程进行保护的主要方面。该条款曾在巴特案中有所涉及(前文第148页),它的颁布在某种程度上是为了回应在1933年颁布《国家产业复兴法》(NIRA)之后出现的雇主—主导的代表计划遍地开花现象,该法在第7条(a)中规定,员工有权利组织和参与集体谈判。因为《国家产业复兴法》并未提供一个有效的执行机制,很多公司公开挑战第7条(a)的规定,运用公司内部代表计划作为应对手段之一,它包括使用奸细、职业的罢工破坏者和大量解雇工会的支持者。

例如,在巴特员工代表协会(Budd Employee Representation Association)成立之初,公司曾坚称它只有在有充分证据证明它的多数员工支持某个独立工会的情况下,才会与它的员工组织打交道:"管理层曾对宣称拥有1,000名巴特员工的美国汽车联邦劳工协会(United Automobile Federal Labor Union)说:公司'不能认可美国劳工联合会(American Federation of Labor),因为巴特已有能够满足正常需要的员工代表了'的时候,有大约1,500名巴特的员工出来罢工。"见爱德华·G.巴特制造公司案[Edward G. Budd Mfg. Co., I N.L.B. 58, 59 (1933)]。另见,格鲁斯:《劳动关系委员会的构建》;伯恩斯坦:《动荡的年代》[Gross, The Making of the National Labor Relations Board, supra, at 37; Bernstein, Turbulent Years, supra, at 179]。

但是,通过将第8条(a)(2)款规定为一个单独禁止事项,国会力图禁止雇主卷入任何选择和维持员工谈判代表的活动中,即便是雇主没有使用其内部章程来作为拒绝与独立工会打交道的理由。有关在1935年第8条

(a)(2)款所禁止的范围的考察,和它与当代情况之联系的问题,比较塞缪尔·艾斯托伊克:《员工参与与禁止"公司工会":对国家劳动关系法第 8 条(a)(2)款部分上诉案例分析》,载于《纽约大学法律评论》第 69 期(1994),第 101 页[Samuel Estreicher, Employee Involvement and the "Company Union" Prohibition: The Case for Partial Repeal of Section 8(a)(2) of the 《NLRA》, 69 *N. Y. U. L. Rev.* 101 (1994)]和迈克尔·C.哈珀:《当代工厂第 8 条(a)(2)款的持续相关性》,载于《密歇根法学》第 96 卷(1998),第 2322 页;马克·巴润勃革论文:《民主和统治工作场所的法律:从官僚主义到柔性生产》,载于《哥伦比亚法律评论》第 94 卷(1994),第 753 页;《"华格纳法"的政治经济学:权力、符号和工作场所合作》,载于《哈佛法律评论》第 106 卷(1993),第 1379 页;劳伦斯·金:《在劳动委员会电子信息公司和杜邦案之后"员工参与计划"的法律地位》,载于《第 46 届纽约大学年度大会论文》(1993)[Michael C. Harper, The Continuing Relevance of Section 8(a)(2) to the Contemporary Workplace, 96 *Mich. L.* 2322 (1998); Mark Barenberg's essays, Democracy and Domination the Law of Workplace Cooperation: From Bureaucratic to Flexible Production, 94 *Colum. L. Rev.* 753 (1994); The Political Economy of the Wagner Act: Power, Symbol and Workplace Cooperation, 106 *Harv. L. Rev.* 1379 (1993); and Laurence Gold, The Legal Status of "Employee Participation" Programs After the Labor Board's Electromation and du pont Decision, in Proc., 46th N. Y. U. Ann Conf. on Lab. 21, 24 (Brunon Stein ed., 1993)]。

尽管雇主认可少数派工会的情形可能在一些行业里存在遗留,不过第 8 条(a)(2)款的出台已有效地消除了与这些工会开展集体谈判的问题。但是广泛适用第 8 条(a)(2)款也带来了争议。伴随着私营领域工会密度的下降和美国雇主表现出的、让更多员工参与到一些层次上公司管理的热情提高,坊间提出了很多重新审视第 8 条(a)(2)款之原则的呼吁。相关的呼吁和建议将在 272 页讨论。

电子信息公司案

Electromation, Inc.

307 N. L. R. B. 990 (1992), enforced, 35 F. 3d 1148 (7th Cir. 1994)

I

被告是一家生产电子及相关产品的公司。它雇佣了大约 200 名员工。这些员工在下面提到的事件发生之前，并没有任何劳工组织来代表他们。

1988 年后期，被告认定它正面临着难以承受的财务困难。它决定通过改变当时的员工出勤奖励政策，并通过一次性地发放基于工龄的年终奖，来代替计划将在 1989 年上涨的工资。在这些调整被宣布不久，被告了解到员工对他们利益的减少感到不满。1989 年 1 月上旬，被告收到了 68 名员工联署的请愿，表达了对新出勤政策的不满。在收到请愿书之后，被告的主席，约翰·霍华德 (John Howard)，和被告的主管们开会讨论该请愿书和员工们的抱怨内容。在这个会议上，被告决定直接会见员工们来讨论他们的问题。在此之后，被告于 1 月 11 日会见了选出来的 8 名员工，并和他们讨论一系列的问题，包括工资、奖金、激励金、考勤制度和离职政策。

在 1 月 11 日的会面之后，霍华德主席再次会见了它的主管们，并认定被告和它的员工们之间存在严重分歧。霍华德作证道："当时的决定是，管理层进一步单方采取解决这些问题的行动，但不大可能达到让每个人都高兴的效果……我们认为最好的办法是让员工参与，来给这些问题找到解决办法。"霍华德进一步证实，管理层提议成立"行动委员会"作为员工参与的平台。

被告第二次和这 8 名员工会见的时间是 1 月 18 日。霍华德向这群人解释道，管理层将员工的抱怨进行提炼并划分为五个议题。霍华德作证称，他倡议设立一个行动委员会，该机构"将会通过会议努力找到解决这些问题的办法；如果他们能够找到解决方案，……而且这些方案也在我们预算能力的范围内，且也会被员工接受，那么我们将执行这些建议或意见"。霍华德进一步证实,这群员工对成立行动委员会的建议反应并"不积极"。霍华德向这些员工解释说,因为"公司正面临财务危机……我们不能再按照以前的方式来行事了……我们在此刻除了坐下来和你们共同处理这些问题之外,也没有其他更好的办法了"。据霍华德的说法,随着会议的进行,员工们"开始理解这个办法要比维持现状好得多,而且我们也不会单边作出改变。所以他们接受了它"。霍华德同意将不会根据工龄高低选择委员会成员,而是通过在张贴的报名表上署名的方式选择。

1月19日,被告面向所有员工张贴了会议备忘录,宣布成立五个行动委员会并为每一名行动委员职位贴出了报名单。备忘录解释:每个行动委员会将由六名员工组成,外加一到两名管理人员,还有被告的员工福利经理——洛雷塔·迪基(Loretta Dickey)——她将负责协调所有的行动委员会。报名单解释了每个委员会的责任和目标。员工并没有参与上述目标的起草工作。被告圈定了可以报名参加行动委员会的人数。被告告诉两名曾报名参加两个以上行动委员会的员工说:他们各自只能参加一个行动委员会。在行动委员会被组织起来之后,被告向全体员工发出了通知,并宣布了每个行动委员会的成员和首次行动委员会会议的日期。行动委员会的名称是:(1)缺勤/违规,(2)无烟政策,(3)通讯网络,(4)高级职位工资增长,和(5)出勤奖励计划。

行动委员会从1月下旬和2月上旬开始会面。被告的行动委员会协调员迪基,作证道:管理层期望委员会的职工委员能够与工厂里的其他员工通过"往复沟通"来获取他们的想法,而且,被告张榜公布的目的就是保障"任何想知道事情进展的人可以向在委员会里的这些人了解"。其他管理层代表还有迪基,都参加了在被告场地里的会议室每周召开的行动委员会会议。被告为员工支付参加会议期间的报酬和提供必需的物质材料。迪基在这些会议里起着协助讨论的作用。

2月13日,工会向被告提出了认可请求。没有证据显示被告在此之前已知道工会在组织方面的行动。2月21日,霍华德通知迪基有关认可的要求,在随后安排的各个委员会会议中,迪基通知其成员说被告不能再参加了,但如果员工们觉得有必要的话,他们可以继续把会开下去。缺勤/违规和通讯网络委员会各自决定在公司里继续开会;工资增长委员决定解散;出勤奖励委员会决定根据他们之前的讨论撰写一个建议书,然后不再开会。出勤奖励委员会的建议是根据员工提出的有关出勤奖励的两份建议中的一篇制作的。第一个建议是在委员会第二或第三次会议上形成的,但被告的控制人也是委员会的成员宣布无法接受,因为它的成本太高。在此之后员工提出了第二个建议,控制人认为该建议具有财务上的合理性。但由于工会推动认可运动的干扰,这个建议最终没能呈报给霍华德。

3月15日,霍华德通知员工们:"由于工会运动的开展,在工会选举之后,公司将不能够参加委员会会议,也不能继续和委员们一起努力。"而选举是在3月31日举行的……

[行政法官认为行动委员会属于《国家劳动关系法》规定的"劳工组织",公司主导着它们并为它们提供超出允许范围的协助。]

在它的抗辩中,被告主张行动委员会并非法定劳工组织,它也没有干涉员工们自由选择。需要注意的是,没有任何来自于行动委员会的建议获得了实施,行动委员会是在不具有任何工会活动方面知识的情况下组成的,它们遵循的模式是传统的雇主—雇员会议的方式。

Ⅲ

在确认有第8条(a)(2)款规定的非法操控情况之前,需先认定存在第2条(5)款规定的"劳工组织"。根据第2条(5)款设定的法定概念,相关组织若是一个劳工组织需:(1)有员工参与;(2)组织存在的全部或部分使命是为了和雇主"打交道";(3)打交道的范围是"工作条件"或其他法定事项,比如抱怨、劳动争议、工资率、或工时。另外,如果组织订立的有代表员工们的宗旨,那么它符合第2条(5)款设立的有关"员工代表委员会或体系"的法定定义,如果它还满足员工参与和打交道的范围为工作条件或其他法定事项这两个条件的话,那么它就构成了一个劳工组织。任何群体,包括员工代表委员会,可能都会符合"劳工组织"的法定定义,即便是缺少正式的结构,例如没有选定的官员、章程或制度,也没有经常开会、没有要求收取开设金或费用。见火警报警器公司案和阿姆科公司案[Fire Alert Co., 182 N. L. R. B. 910, 912 fn. 12 (1970), enfd. 77 L. R. R. M. 2895 (10th Cir. 1971); Armco, Inc., 271 N. L. R. B. 350 (1984)]。因此,即便某个群体在被代表员工(例如,那些工作条件受委员会关注的员工)中缺少正式的、召开会议的制度,或缺少表达员工不同意见的途径,该群体依旧可以是一个符合第2条(5)款定义的"雇员代表委员会"……

在考察第2条(5)款和第8条(a)(2)款之间互动关系的时候,我们接受最高法院在国家劳动关系委员会诉卡博特碳素有限公司案[NLRB v. Cabot Carbon Co., 360 U. S. 203 (1959)]中之观点的指引。在卡博特碳素案中,法院认为第2条(5)款中规定"打交道"这一概念比"集体谈判"的概念要宽泛,适用于那些不涉及商谈集体谈判合同的情况……

纵使卡博特碳素判例对"打交道"这一概念作了宽泛的界定,但一个组织的使命如果仅限于执行本质上属于管理或调整方面的功能,那么它就不属于第2条(5)款所规定的劳工组织。这时该组织是否为雇主幕后操纵建立起来的就与之无关了。见通用食品公司案[General Foods Corp., 231 N. L. R. B. 1232 (1977)](雇主设立一个由全体员工替补人员组成的工作拓展计划);梅斯纪念医院案[Mercy-Memorial Hospital, 231 N. L. R. B. 1108 (1977)](企业内的委员会判定员工抱怨的有效性,但不和雇主一起讨论或处理这些抱怨);约翰阿斯根阿特案[John Ascuag's Nugget, 230 N. L. R. B. 275, 276 (1977)](员工组织解决员工的抱怨,但不和管理层互动)。

尽管第8条(a)(2)款并没有定义什么样的行为才能构成操控行为,(但通常认为)一个由管理层成立的劳工组织,它的结构和功能都是由管理层决定……而且它的继续存在,也取决于管理层的命令,那么它就是第8条(a)(2)款所规定的那种、在构成和运营过程中被操控的组织。在此种情况下,雇主在设立和决定其结构和功能时的特定行为已经构成了实际上的操控。但是,当设立组织和构建机构的事项是由员工来决定的话,就不构成操控了,即便是雇主对其结构和组织有效性存在潜在的影响。见杜肯大学案〔Duquesn University, 198 N. L. R. B. 891, 892 – 893 (1972)〕……

……委员会的先例和最高法院的决定都显示反工会动机的存在与否,在认定违反第8条(a)(2)款规定一事上并非关键因素。我们在法条里、立法历史上或判例中(除了国家劳动关系委员会诉司提木威斯科特-费策尔有限公司案)〔NLRB v. Steamway Div. , Scott & Fetzer Co. , 691 F. 2d 288 (6th Cir. 1982)〕都没有看到任何相关依据——即为了获得对组织的承认,员工自己首先要将他们的组织视为一个工会……

当然,第2条(5)款的字里行间都在要求我们去考察案中员工团体的"宗旨",因为我们必须判定它的存在是否就是"为了处理"劳动条件问题。但"宗旨"并非动机;此法条要求进行"宗旨"测试并非出于对工会的敌视思想。宗旨是一个组织的既定任务,可以通过该组织实际行为表现出来。如果其宗旨是和雇主在劳动条件方面打交道,那么它就符合了第2条(5)款的定义,而无论雇主是否建立了它,或催化了它,或是存在避免工会化的目的,也无论员工自己是否将该组织视为一个工会。

Ⅳ

我们和行政法官将这些原则适用于本案并取得了一致的发现,即行动委员会构成了法案第2条(5)款所规定的劳工组织;同时,被告对其进行操控和帮助的事实也符合第8条(a)(2)款所规定的情况。

第一,员工们毫无疑问地参与了行动委员会。第二,我们发现委员们的活动构成了和雇主打交道的行为。第三,我们发现,打交道的目的——涉及处理员工缺勤问题和以奖金或其他现金形式激励工资的构成问题——都关乎劳动条件的改变。第四,我们发现这些员工们的行为是符合第2条(5)款的代表行为。综合看来,承载这些发现的证据显示,行动委员会就是为和被告在工作条件问题上打交道而设立的,在实际运行当中也是服务于该目的的。

……本案的证据有力地证明了行动委员会的一个主旨,实际上也是它唯一的主旨,就是为了处理员工们对于工作条件的不满,通过建立一种员工和雇主之间的双边磋商体系来根据员工提出的建议达成双边解决方案。这在本质上来说符合第2条(5)款中"为了处理"一词的含义。

……我们发现行动委员会中的员工成员是在代表授权范围内行事,而且这些行动委员会也属于一个第2条(5)款所定义的"员工代表委员会或体系"。

同样毋庸置疑的是:被告对行动委员会成立和运转过程中所采取的做法也构成了"操控"。建立行动委员会是被告的主意。当它于1月18日向员工们提出这个想法时,正如被告主席霍华德所承认的那样,员工们的反应并"不积极"。霍华德随后告诉员工们说,管理层不会"采取单边改变"来满足员工的抱怨。结果,摆在员工们面前的只有两个选择,即[和霍布森(Hobson)选择的一样]接受他们不喜欢的现状,或在被告提议的行动委员会框架下开展"双边性的意见交换"。被告起草了书面的行动委员会目标和宗旨,它圈定和限制了每个委员会的议题范围,决定了一个委员会应有多少成员,且一名员工只能在一个委员会里任职,还任命管理人员代表来协调讨论活动。最后,很多支持存在操控行为的证据还印证了它非法进行帮助的事实。尤其是,被告允许员工利用带薪工作时间在被告设立的框架下处理委员会事务。

根据这些事实,我们发现行动委员会是被告的作品,是否让它们继续存在取决于被告而非员工的态度。故而,被告在其设立和运作中操控了行动委员会并非法支持他们……

德瓦尼(Devaney)委员赞同此观点。

……和我的同事们一样,我认为委员会今天所面对的并非一个真正的"员工参与计划",另外,我也同样认为被告违反了第8条(a)(2)款的规定,我不认为它符合任何其他情形……

行动委员会对第7条所规定权利的影响正是国会试图利用第8条(a)(2)款的规定来避免的……。尽管员工对此表现出了不情愿,而且也无法确定此提议获得了多数员工的支持,被告毅然建立了行动委员会来和员工们"谈判"工作条件和待遇。被告自己选择行动委员会成员,让他们代表其同事,忽略员工在如何选择他们代表方面的看法。通过这些事实,委员会用自己的愿望代替了多数员工的愿望,并压制了他们选择自己代表的权利。另外,行动委员会有效地将被告推上了谈判桌;尽管员工希望能够讨论工资议题,但公司还是将工资问题从委员会议题中排除,还有,控制人"预先过滤"员工的提议以便使被告只考虑易于接受的提议……。通过建立一些声称是代表工人的、对问题进行双边商讨的,但实际上代表被告自己的委员会,被告构成了第8条(a)(2)款所规定的非法"操控和支持"劳工组织的行为……

奥维亚特(Oviatt)委员同意此观点。

在我看来,多数涉嫌违反第8条(a)(2)款的案件中的关键问题是,该机构的创设是否是为了处理第2条(5)款中有关"劳工组织"所涉及的"抱怨、劳动争议、工资、工资率、工时或工作条件"。在这个案件中,我坚信行动委员会的宗旨完全符合此定义的内容。委员会的宗旨是判定有关缺勤、加薪、出勤奖和无烟政策等方面的问题并找到相应的解决办法……

……法条并未禁止雇主和雇员之间通过直接联络来确定和解决重要的工作场所生产效率问题。在我看来,那些处理这些问题的委员会和群体本身不属于第2条(5)款所定义的"劳工组织",因为它们关注的不是抱怨、劳动争议、工资、工资率、工时或工作条件。事实上,面对当下激烈的全球竞争,我认为通过激励管理层和员工开展合作来提升生产方式和产品质量是至关重要的。

注释和问题

1. 与雇主动机的相关性? 在电子信息公司案中,委员会发现反工会动机存在与否,并非是构成违反第8条(a)(2)款规定的必要元素。这个发现是否是法条或立法目的所要求的?第六巡回法庭曾认为缺少"反工会动机"将是评估员工代表计划合法性的"一个因素"。见国家劳动关系委员会诉司提木威斯科特-费策尔有限公司案[NLRB v. Streamway Division, Scott & Fetzer Co., 691 F.2d 288 (6th Cir. 1982)]。但在国家劳动关系委员会诉威客波包装公司案[NLRB v. Webcor Packaging, Inc., 118 F.3d 1115, 1122 (6th Cir. 1997)]中,第六巡回法院拒绝了委员会在斯科特-费策尔案中对待动机的态度,将其视为与法律和最高法院先例有冲突。

2."员工自由选择权"? 第六法院在审理斯科特-费策尔案中将(是否)侵害"员工自由选择权"作为认定一个"劳工组织"的关键。它宣称如果一个员工委员会没有干涉员工们的自由选择,那么它就是一个"真正的代表和开展集体谈判的适格机构"。这是对第2条(5)款的正确解读吗? 其他法院曾认为,员工的满意度与回答当事"劳工组织"是否在事实上被雇主"操控"或"支持"这一问题有密切联系。见赫特瑞克诺尔斯诉国家劳动关系委员会案;芝加哥罗海德制造配套有限公司诉国家劳动关系委员会案[Hertzka & Knowles v. NLRB, 503 F.2d 625, 630 (9th Cir. 1974); Chicago Rahide Mfg. Co. v. NLRB, 221 F.2d 165, 168 (7th Cir.1955)]。在国家劳动关系委员会诉纽波特纽斯造船有限公司案[NLRB v. Newport News Shipbuilding Co., 308 U.S. 241 (1939)]中,尽管涉案员工大多数都支持此类委员会,但最高法院还是认定此案中由雇主控制的代表体系违反了第8条(a)(2)款的规定,本案是否和这一判决兼容? 有关对上诉法院判决的批评,见托马斯·科勒:《员工的参与模式:第8条(a)(2)款的不确定性》(1986)[Thomas Co. Kohler, Models of Worker Participation: The Uncertain Significance of Section 8(a)(2), 27 B. C. L. Rev. 499, 543-545(1986)]。

委员会拒绝斯科特-费策尔判例的立场是否使劳工政策变得合理? 如果员工们晓得该组织并非"真正的工会",他们依旧依据第9条(a)款自由选择了它作为代表,那么为什么劳动委员会要去干涉它呢? 是因为委员会的家长制作风太强了,还是有理由认为雇主是在利用这些代表组织来避免独立工会的出现?

3. 司法对法条的更新？ 即使同意审理斯科特-费策尔案件的法院所述，也就是说委员会现有政策不具有"启迪性的"作用，且"对抗性的劳动关系是过时的"，在国会和相关被授权执行此条款的机构没能出面的情况下，让联邦法院来"更新"某个"过时的条文"是否恰当？见威客波案 [Webcor, supra, at 1123 n.8]（斯科特-费策尔判例并没有对委员会判决给予适当的遵从）。见詹姆斯·J. 布鲁德尼：《著名的胜利：保护集体谈判和法条老化》(1996)[James J. brudney, A Famous Victory: Collective Bargaining Protections and the Statutory Aging Process, 74 N. C. L. Rev. 939 (1996)]。

4. "打交道"与沟通方法？ 在电子信息公司案中，委员会对最高法院在国家劳动关系委员会诉卡博特碳素有限公司案 [NLRB v. Cabot Carbon Co., 360 U.S. 203 (1959)]判例中使用的"打交道"概念进行了解读。委员会解释："'打交道'的核心"是"设置一个双边机制来根据员工提出的建议达成双边的解决办法"。这个解释是否令人满意？沟通手段在实践中真的能够避免管理者与员工之间的矛盾吗？

审理电子信息公司案的委员会是否就如下情形中的"打交道"作了合适的定位：(1)当参加"行动委员会"的员工不仅提出了自己的抱怨，还为雇主提出了可被接受的建议的时候；或(2)当雇主对抱怨作出了口头回应的时候；或(3)当雇主实际上作出了相应的改变？如果电子信息公司案中事实上构成了"打交道"，那么什么才是单纯的"沟通"呢？如果电子信息公司通过建议箱或集思广益之类的活动来定向听取来自于个体员工们的建议，那该如何看待？工厂委员会向管理层陈述员工们对工作条件的看法，但并未提出如何接纳这些观点的建议，这种行为是否被允许？有关在电子信息公司案之后适用"打交道"这一概念的讨论，请比较宝丽来公司案；EFCO 公司案；V&S 伯格李维诉国家劳动关系委员会案 [Polarodi Corp., 329 N. L. R. B. 424 (1999); EFCO Corp., 327 N. L. R. B. 372 (1998), enforced, 215 F. 3d 1318 (4th Cir. 2000); and V & S ProGalv v.

NLRB, 168 F. 3d 270 (6th Cir. 1999)〕(所有这些案件中都发现,当雇主设立委员会向管理层提出建议,而管理层随后予以接受或拒绝的时候,"打交道"要求就已满足了),和 E. I. 杜邦公司案〔E. I. DuPont de Nemours & Co., 311 N. L. R. B. 893 (1993)〕(在安全生产会议上收集员工个人观点不属于"打交道",因为没有形成任何共同的建议让管理层来回应;这种会议属于"集思广益活动");EFCO 公司案("员工建议审查委员会"的任务是审查个体员工提出的建议,并将它们提交给管理层但不附带推荐意见,它不属于和雇主"打交道";此类委员会"发挥审查功能在本质上就是一个员工'建议箱'的功能")。见宝丽来案(描述的是一些员工参与计划的"安全港")。

5. 代表能力? 第 2 条(5)款中定义的"劳工组织"有没有说,雇主设立的委员会应具有代表能力? 第 2 条(5)款的表述是否包含此要求? 此类政策是否符合第 8 条(a)(2)款的规定? 委员会在好几个场合中都拒绝回应此问题。见宝丽来案〔Polaroid, 329 N. L. R. B. at 424 (citing cases)〕。

有什么理由认为电子信息公司"行动委员会"中的员工成员发挥着代表功能? 如果电子信息公司安排在职工当中举行一场选举来决定谁将入选这些委员会,那么这样做的结果会是更好呢还是更糟呢? 见威客波包装公司案〔Webcor Packaging, Inc., 319 N. L. R. B. 1203, 1204 n. 6 (1995)〕(认为工厂会议具有代表功能"因为它的员工—成员是由〔公司〕的工人选出的",还因为发现会议成员向其他员工拉票以便让他们在政策调整方面的观点获得会议的考虑,例如,传阅一份考勤计划建议书,该书中附有评论表请求员工回应)。

一些公司通过培训一线工人来担任"自我—管理工作组"的角色,让其负责任务分配、规划工作、维护和提高管理水平、成本和质量控制、生产安全——传统基层管理人员通常在这些方面只保留最低限度的监管,以这种方式将传统意义上的主管和工程师功能下放。见塞缪尔·艾斯托伊克:《员工参与》(1994);保罗·奥斯特曼:《常见的是工作场所的变革,谁采用它?》,载于《产业与劳动关系评论》第47卷(1994),第173页;爱德华·E.艾丽华三世:《高度参与管理:提高工作性能的参与策略》(1986)[See Estreicher, *Employee Involvement*, supra, at 138-139, and authorities cited therein; Paul Osterman, How Common Is Workplace Transformation and Who Adopts It?, 47 *Indus. & Lab. Rel. Rev.* 173 (1994); Edward E. ELawer III, *High-Involvement Management: Participation Strategies for Improving Organizational Performance* 175-176 (1986)]。这些工作组通常有管理层——任命的、或员工——选举的小组长,他们担当着代表或和公司联络的中间人的角色,这些事实是否满足了第2条(5)款所规定的"代表能力"要求?

6. "质量"和"效率" vs. 第2条(5)款的目标? 回忆一下奥维亚特在电子信息公司案中提出的共识。雇主如果既想在员工的参与中获益又不想招致第8条(a)(2)款的苛责,那么他是否只用把员工委员会所讨论的议题限定在工作条件之外的"质量"和"效率"问题上就可以了?能否给这种行为划出一条有用的界限?你将如何定性安全问题?轮班的改变?

7. 雇主操控和支持。 委员会在电子信息公司案中认定行动委员会被雇主非法操控和支持了,因为它们是"管理层所设……并继续依赖于管理层而非员工们而存在",这种归因方式的基础是什么?难道雇主发起行为的本身就是违反第8条(a)(2)款的?或者说,有一些担心雇主继续操纵的理由才是至关重要的?

委员会通常对雇主向获得合法认可的独立工会提供财政和其他帮助——包括为在处理抱怨活动上所占用的时间支付报酬和为工会会议的召开提供公司的设施——持有较为自由放任的态度。这种放任态度是否符合第8条(a)(2)款的规定?是否符合《国家劳动关系法》的政策?即便是在有工会代表的公司里,向工会官员为他们在工会事务上所付出的时间支付报酬出现了触及第8条(a)(2)款、《劳资关系法》第302条和《劳资报告和公开法》第202条、第203条规定的问题。见吉尔伯特·E.德怀尔:《联邦法下的雇主支付的"工会时间"》，载于《劳动法杂志》第 12 卷（1961），第 236 页［Gilbert E. Dwyer, Employer-Paid "Union Time" Under the Federal Labor Law, 12 *Lab. L. J.* 236（1961）］。

8. 拒绝参加的权利？ 在无工会的企业中，员工们是否有权拒绝参加雇主发起的员工参与机制？如果该机制其实是一个符合第 2 条（5）款规定的劳工组织，是否会带来不同效果？该机制是否是在提供生产和服务过程中的一个不可或缺的部分？见艾斯托伊克：《员工参与》，第 93—95 页。

9. 在有工会情景下的由雇主发起的参与机制。 在那些有工会的地方，雇主对建立员工参与机制到底是应采取更高，或更低，还是同样的容忍度？工会的同意是必须的吗？雇主在满足法案规定的谈判义务之后能否实施这一机制？（有关谈判义务的讨论，见后文第 519 页）如果雇主发起的机制不具有代表性而且只处理"质量"和"效率"方面的问题，那么它是否有影响？摘自杜邦案（DuPont, supra note 4, 311 N. L. R. B. 893）。

10. 工会领导参与企业管理。 第 8 条（a）（2）款是否允许同一些人同时在工会领导层和企业管理层工作？见杰弗瑞生产公司案［Jeffrey Mfg. Co., 208 N. L. R. B. 75, 83（1974）］（允许主管担任工会主席来处理基于集体谈判合同引发的争议的做法属于违反第 8 条（a）（2）款的规定）。是否应禁止工会主席担任所在公司的董事会成员？涉案企业是否归员工所有的对其有影响吗？这些问题在迈克尔•C. 哈珀：《雇员管理模式下集体谈判的下降》［Michael C. Harper, Reconciling Collective Bargaining with Employee Supervision of Management, 137 *U. Pa. L. Rev.* 1（1988）］有所解释。哈珀教授争论道：即便是"终身制的工会官员，也会从全公司和它股东的利益角度考虑问题，在作出决定时自然受到他这方面经验的影响"，而且即使在一个归员工所有的公司里，那些为工会服务的人员也不应带有管理功能，因为"集体谈判是对员工管理骨干的立场最为现实的检验方式"。（同上，第

21、52页）

11. 第8条(a)(2)款的救济:"操控"vs."干预和支持"。自从1948年以来,委员会曾使用如下做法来救济违反第8条(a)(2)款的情况:

> 当我们发现某个雇主的不当劳动行为由于过于明显,从而已构成了对组织的**操控**的时候,我们就会命令它放手,不管它们是否有隶属关系⋯⋯但是当委员会发现某个雇主的不当劳动行为,只是在干预和支持的范围并未达到操控的程度,我们将在认证之前暂不对其认可,这里也不需要考虑它们是否有隶属关系。

卡本特钢材有限公司案〔Carpenter Steel Co., 76 N.L.R.B. 670, 673 (1948)〕(原文有强调)。

注释:皇冠软木及密封有限公司案和管理权下降

在通用食品公司案中,此判例也曾被电子信息公司案引用,委员会建议:当公司希望放弃所有监管权力来让员工们承担所有管理职责时,员工委员们和管理层不产生"打交道"关系。另见火花块公司案〔Sparks Nugget, Inc., 230 N.L.R.B. 275 (1977)〕(参加联合申诉处理委员会的员工们,该委员会统辖申诉聆讯和作出有约束力的决定)。

委员会在皇冠软木及密封有限公司案〔Crown Cork & Seal Co., 334 N.L.R.B. 699(2001)〕判例中重申了通用食品公司案的解释。皇冠软木公司"社会技术"(Socio-Tech)系统的员工属于四个生产小组之一。

四个生产小组可以对有关工作场所的议题"作出决定并着手实施",这一范围"包括生产、质量、培训、出勤、安全、维护和作出短期停职或解雇的处分"。例如,这些小组有权在没有管理层批准的情况下停掉生产线。在产品质量问题上,〔工厂经理〕德扬(De Young)证实,如果在物流部门工作的小组成员担心破损的罐子已经被运给了某个顾客，"他们有权力联络该顾客、停止运送和将其运回"。在培训方面，小组有权决定哪些成员将接受正式或非正式的培训。生产小组负责管理工厂的考勤计划，决定是否同意小组成员的休假要求和缺勤是有理由的或无理由的。

在生产安全方面，生产小组有权调查事故和纠正安全问题。例如，工厂经理德扬证实，如果一台机器存在安全问题、并"不断吃掉人们的手指"，生产小组可以在没有任何审批的情况下，建造和安装一个保险的方式来解决问题……

生产小组能够决定对任何一个没能达到小组的操作和行为标准的成员施以什么样的纪律处分。小组可以劝告该成员，还可以在必要的时候要求该成员订立一个"社会合同"。"社会合同"可以是口头或书面的形式，用以改变成员的行为。如果此社会合同并没有达到预期的效果，而且该小组也认为停职或解聘是不可避免的，那么就会向下文所谈及的组织评议委员会（Organizational Review Board）发出一份建议书。

……生产小组之上的直接行政管理层是三个[其他]委员会。每个委员会有大约一打成员，包括两名来自于每个小组的成员和一些管理层成员。很多由这三个委员会作出的决定将由十五人组成的管理团队来审核。工厂经理是高于管理团队的。他有审核三个委员会所有决定的终极权力。

在社会技术系统中，组织评议委员会（ORB）负责监控工厂政策来保障它们在四个生产小组里得到一致运用。ORB 还为工厂标准修改提供建议，这些标准涉及工时、下岗程序、吸烟政策、休假、所有的就业条件和待遇。ORB 的决定以建议书的形式送交管理团队以及工厂经理。工厂经理德扬证实他想不起来曾拒绝过任何 ORB 建议。他说，"我从未这样做过。"德扬也证实 ORB 的决定在呈送他那里之前就已经开始实施了……

另外，ORB 负责审核有关停职或处分小组成员的建议。记录再次显示工厂经理十分看重 ORB 的审核结果……

和很多其他委员会一样，ORB 必须在限定的框架下运作。资料显示管理层的任务之一就是保障委员会不超出它们的授权范围行事。例如，当管理团队发现 ORB 所建议的下岗程序中包含一个资历条款，就把此建议稿发还给 ORB，并标注了以下意见："我们工厂里没有资历制度。"下岗政策的最后版本并未将资历作为一个独立因素来考虑。

社会技术系统将被告"购买必备技术"的管理权授予了高级认证委员会(Advancement Certification Board)(ACB)来承担。ACB 为员工的技术升级提供认证，并向工厂经理建议为他们提高工资。事实上，德扬从未拒绝 ACB 的建议。

社会技术系统将审核生产小组事故报告和优化工厂安全生产环境的权力交给了安全委员会(Safety Committee)。工厂主管从未拒绝过安全委员会的建议书。德扬曾暗示他即便是不同意其建议也依旧会遵从……(同上，第 699—700 页)

委员会将该系统与基勒黄铜公司案[Keeler Brass Co.，317 N. L. R. B. 1110 (1995)]中的情况进行比较，在那个案件中委员会认定涉案员工委员会是劳工组织。

……在那个案件中，申诉(处理)委员会认为：公司依据它的"没告知，没出现"政策决定解雇某个员工的做法是过于粗暴的。委员会建议：该员工应被重新雇佣，而且此项政策应被重新检视。申诉委员会随后针对有关以往的实践问题进行了补充质询和聆讯，并改变了自己的立场，拒绝为员工的抱怨提供救济。基于这些事实，委员会发现：法定"打交道"的情况在处理这个解雇抱怨和执行"没告知、没出现"政策的过程中是存在的，因为委员会和公司"相互之间反反复复解释它们自己的立场直到最终出现了双方都可接受的结果"。同上，第 1114 页。

同上。与此相反的是,委员会下结论道:在皇冠软木案中的委员们都"毫无疑问"是"管理型的"。

……在如何给这四个生产小组定性的问题上,经工厂经理德扬证实、由法院发现整理,并获得我们认可的情况是:它们所执行的权力和传统工厂环境下的一线主管有相似之处。同样,根据德扬经验证的证言,他是极少拒绝 ORB、ACB 或安全委员会的建议,毋庸置疑的是:每个委员会所发挥的集体性功能在传统的工厂机制里通常被视为管理性功能。因此,我们的结论是通用食品公司案原则上可以适用于此案,案中七个委员会并非劳工组织,因为他们的使命是执行本质上属于管理方面的功能,所以他们并没有和被告进行法案第 2 条(5)款所意指的"打交道"行为。

事务总长提出了反对意见认为:因为这七个委员会没有一个具有最终的和绝对的权力,所以当它们的建议书提交给管理团队和工厂经理时,"打交道"的行为就必然出现了。我们和法官一样都拒绝这个主张。在通常意义上的工厂里,很少(即便有的话)有主管拥有最终和绝对的权力。被告的场所和那些较为传统的工厂无异,管理层(例如,ORB)是在其被授权的范围内行使权力,并将它的建议书提交给更高一级的主管来审核(例如,工厂经理)。但如果将这种交换(意见)的活动定性为第 2 条(5)款所意指的"打交道",那是不准确的。而在被告的场所里所发生的情况类似于管理建议沿着指挥系统逐级上报的情况。更高层级管理者审核下级管理层提供建议书的活动,不能够等同于法律所规定的、雇主与其员工代表之间的"打交道"行为。事实情况是,互动是在两个管理机构之间进行的,这使本案与基勒黄铜公司案有所区别,并使我们确信此处并不存在法定的、有关打交道的元素。(同上,第 700—701 页)

从哪方面可以得出员工小组扮演着"管理机构"的角色？委员会的归因方式是否带来这样的结论:这些小组的员工因为属于主管或经理故而不受《国家劳动关系法》的保护？从管理层和工会视角来考察皇冠软木案和"打交道"这一概念,可以参见《皇冠软木及密封有限公司案对员工参与组织的意义》,载于《劳工法律》第 18 卷(2002),第 215 页;同上,第 235 页(作者:吉拉德·L. 宝林二世、安德鲁·麦克格瑞和维多利亚·海笛安)[The Implications of Crown Cork & Seal Co. for Employee Involvement Organizations, 18 *Lab. Law.* 215 (2002); id. at 235 (articles by Gerald L. Pauling II & M. Andrew McGurie, and by H. Victoria Hedian, respectively)]。

注释:对第 8 条(a)(2)款进行修改的建议

《雇员与管理人员合作法》(*The TEAM Act*)。在 20 世纪 90 年代中叶,国会通过了《雇员与管理人员合作法》[H. R. 743, 104th Cong., 2d Sess. (1996)],但克林顿总统否决了该法。《雇员与管理人员合作法》曾试图在第 8 条(a)(2)款加入如下条文:

> 如果一个雇主设立、帮助、维护或参加任何有员工参与的、旨在确定涉及相互利益的组织或实体,其中,这些相互利益包括但不限于:质量问题、生产率、效率和安全与健康;且这些组织和实体不是拥有、宣称拥有或寻求拥有排他性代表员工谈判的权力,或者与雇主进行谈判、签订集体谈判协议或修改业已存在的雇主与劳工组织之间集体谈判合同的权力的机构;那么雇主这些行为不构成不当劳动行为或不能成为(帮助成立工会)的证据,除非某个劳工组织已经成立并成为了符合第 9 条(a)款所规定类型的员工代表,那么此条款将不再适用。

注意一下,《雇员与管理人员合作法》额外赋予了雇主组建"员工参与"机制的权利,但该权利不得在员工已经被某个工会代表的情况下运用。但是,此草案的原版并没有这个例外条款。见国会文件[H. R. 1529, 103d

Cong., 1st Sess. (1993); S. 669, 103d Cong., 1st Sess. (1993)]。

其他建议。有不少有关《雇员与管理人员合作法》的其他建议也被摆上了桌面。思考一下下面的例子：

a. 劳动法应进行修改,将第2条(5)款中有关"劳工组织"的概念外延限定为那些与他们雇主在就业条件和待遇问题上"谈判"的实体。第8条(a)(2)款应保留禁止雇主通过设立由其操控的组织来冒充独立工会的欺骗行为,不必理会此类组织是否已经与之签订了正式的合同。见艾斯托伊克:《员工参与》。

b. 只在无工会的工作场所允许设立员工参与性组织,还须专门要求雇主张贴告示向员工宣传《国家劳动关系法》中的权利,例如,他们依据第9条(a)款享有选举或指定一个集体谈判代表的权利。见查尔斯·J. 莫里斯:《美国产业关系将有一个新的方向吗？——团体方案、索亚替代方案和雇员参与方案的再审视》,载于《劳动法杂志》第47卷(1996),第89页[Charles J. Morris, Will There Be a New Direction for American Industrial Relations? —A Hard Look at the Team Bill, the Sawyer Substitute Bill, and the Employee Involvement Bill, 47 *Lab. L. J.* 89 (1996) (two aspects of detailed proposal)]。

c. 如果某些雇主在过去的三年里没有违反过《国家劳动关系法》的规定,且在过去的十二个月里也没有出现过任何针对它们的请愿或组织运动;那么它们可以在诚信且没有反工会意图的环境中建立一个参与机制,不过设立这一机制还需满足如下条件:员工们(i)通过秘密投票来建立该机制,而且每隔几年都能投票再确认一下;(ii)通过秘密投票来指定代表;(iii)有权利抗议此机制且不受打击报复;(iv)确保雇主将来会依据他们的授权卡来认可某个独立工会;还有(v)雇主赞成通过秘密投票的方式来决定结束或更改此计划。另外,将雇主们从未违反过第8条(a)(2)款的规定作为认定他们的参与机制符合这些条件的必要要件。见卡尔·E. 克莱尔向"劳工—管理关系的未来委员会"提交的报告,1994年1月,第49—51页;另见克莱德·W. 萨默斯:《雇员和雇主的声音:第 8 条(a)(2)款的结构期待》,载于《芝加哥肯特法律评论》第 69 卷(1993),第 129 页;阿兰·海德:《雇员团体:一个新生成劳动法机构》,载于《芝加哥肯特法律评论》第 69 卷(1993),第 187—190 页[Prepared Statement of Karl E. Klare Submitted to the Commission on the Future of Worker-Management Relations, Jan. 19, 1994, at 49 – 51. See also Clyde W. Summers, Employee Voice and Employer Choice: A Structured Exception to Section 8 (a) (2), 69 Chi.-Kent L. Rev. 129 (1993); Alan Hyde, Employee Caucus: A Key Institution in the Emerging System of Employment Law, 69 Chi.-Kent L. Rev. 149, 187 – 190 (1993)]。

修改第 8 条(a)(2)款规定的必要性和可取性? 如果这些建议有可取性的话,哪个最应被采纳? 采纳这些建议对迎合现代工作场所的需要是否有任何实际上的必要性? 有关对现行法律的辩护,见哈珀:《第 8 条(a)(2)款的持续相关性》[Harper, The Continuing Relevance of Section 8(a)(2)](争辩道:法律允许良性的员工参与机制,同时又拒绝它成为雇主规避工会的工具)。皇冠软木判决是否偏离了如下立法轨迹:赋予雇主足够的灵活度,让其能够把决定权下放给更低层级的工作场所? 即便如此,这种做法是否涵盖了那种虽是员工建议委员会,但并非作决定的机构的情况?

第五章　劳动关系委员会对于谈判主体的决定

很显然，《国家劳动关系法》的核心功能，是保护雇员的协同行动不受干涉、限制、强制和歧视。然而，国会在制定该法时还有第二个任务：在一般团体中的大多数雇员想让工会成为他们的代理人时，就要求雇主承认工会是他们的排他性谈判代理人。要保护协同行动，不一定需要对工会的认可进行规制，也不需要对集体谈判进行规制，雇主对工会作为集体谈判代理人进行认可，可能完全是工会由于《劳动关系法》第7条和第8条的保护而聚集的经济冲击力所决定的。

尽管大多数其他工业化国家都禁止歧视加入工会的雇员，但是很少有国家对工会获得代表地位的过程加以规制。这归因于这样一个事实——除美国和加拿大之外，大多数制度仅将工会看作是代表其成员利益的民间团体。这些国家的法律未赋予雇主承认工会，并与之进行谈判的法定义务。是否会发生谈判是工会的经济杠杆所起作用的结果，在一些国家中是通过法律规定，将集体谈判中取得的标准，通过行政的手段扩展适用于没有成立工会的其他部门。与之相比，在美国和加拿大，尽管由会员组成的协会都是合法的，但是劳动组织可以努力成为谈判单位中排他性的谈判代理人。他们一般都会这样做：雇主有法定的义务承认工会，并且仅与具有排他性代表地位的代理人进行谈判。这种排他性的规则并不是说一定要进行选举，但是国会相信，由政府对选举作出规定，可能会将竞争的工会组织之间的冲突减少到最小，并使得雇主更难以由公司支持的工会进行欺骗，或者操纵让一个工人组织来反对另一个工人组织，并在总体上减少因工会认可问题而引起的冲突。我们将在第七章根据《国家劳动关系法》，以及该法对于集体谈判的规制，来解释排他性代表的含义。

尽管本章所论述的是工会通过国家劳动关系委员会的选举获得认证的

过程,但要记住这一点是很重要的——选举不是工会获得谈判地位的唯一途径。《国家劳动关系法》的第9条(c)授权委员会采取秘密投票选举的方式决定工会的多数代表人地位,并对选举的结果进行认证。然而,该法的第9条(a)规定:"在适格的集体谈判单位中,为了集体谈判的目的而指定或选举的代表,应该是该单位中所有雇员的排他性的代表……"该法没有规定以何种方式来"指定",以确定其多数代表人的地位。因此,工会也可以通过雇主主动认可的方式来获得代表地位——我们将在第六章讨论这一问题。

第一节 通过国家劳动关系委员会的选举程序获得代表地位

1. 适格的谈判单位

(1) 国家劳动关系委员会对谈判单位的决定:实质和程序

在举行国家劳动关系委员会发起的选举之前,必须就适格的选举单位问题作出决定,这样的单位是由工作分类决定的,而不是由从事的工作决定的。第9条(a)规定要求的"为集体谈判目的"的"适格单位",一般来说,应该是一个"适格的集体谈判单位"。

单位的问题基本是在两个背景下产生的:(1)在一个工作场所中;(2)在一个工作场所相对于多个工作场所时。在第一种情况下,问题可能是,在一个特定的工作场所中(如仓库或工厂),所有的非管理岗位是否应合在一起作为一个单位(整个的单位),或者是否该单位应仅包括这个场所中一部分的职业分类人员。在第二种情况下,问题是在一个工作场所(如餐馆)中的雇员是否构成一个单独的谈判单位,或者在一个特定的地理区域内,某种工作分类的所有的雇员应否全部放在一起作为一个谈判单位。

从策略上讲,劳动关系委员会对单位的决定是相当重要的,就谈判的单位来说,在确定谈判主体时,工会和雇主均会关注两个不同的阶段:组织解决和代表阶段。也就是说,每一方都想要该单位(1)最大可能地去赢得选举,(2)如果工会赢得了选举的话,在随之而来的谈判中,最大可能地对合同进行协商和管理。

在对谈判单位进行决定时,是由工会"首先开球"的。工会必须在向国家劳动关系委员会地区办公室提交的申请表中,列明其想要代表的单位,在附件中还应包含一个副本。法律没有要求最终批准的单位应是"最适格"的单位;第9条(a)仅要求谈判单位是"适合[集体谈判]谈判目的的单位"。然而,雇主常常想改变工会所申请的单位(通常是采取扩大谈判单位的职业分类数量或工作场所的数量),关于单位问题的协商也随之而来。如果双方就谈判单位的问题达成协议,并签订了"规定的选举协议",在2005年的选举中,大约85%的都属于这种情况[70 N. L. R. B. Ann. Rep. 14 (2005)(表9)],地区主任(Regional Director)会批准这个双方都同意的谈判单位,除非该单位明显不适格。然而,如果双方不能达成协议,就需要在地区办公室举行听证,由地区主管就谈判单位作出决定,委员会可以对该决定作任意性审查。在雇主不同意工会所提出的谈判单位,且双方不能就谈判单位达成妥协时,就会产生谈判单位的决定问题。

277

美国医院协会诉国家劳动关系委员会案

American Hospital Ass'n v. NLRB
899. F. 2d 651 (7th, Cir. 1990) affirmed, 499 U. S. 606 (1991)

波斯纳(Posner)法官……。在工会的参加下,国家劳动关系委员会对地区法院的判决提起上诉。该判决对半个世纪以前《国家劳动关系法》第6条(29 U. S. C. & 156)授予国家劳动关系委员会的规则制定权,第一次进行了重大的实质性的禁止。我们这里所说的"实质性"指的是管辖、程序和救济之外的内容。该法第9条(b)规定[29 U. S. C. § 159(b)],委员会对每一个案件中的集体谈判的适格单位作出决定。受到地区法院禁止的这一规定的内容是,除非在特别例外的情形下,委员会将对下列谈判单位作出认证:医生、注册护士、其他专业雇员、医疗技师、专业维修人员、文员、保安、其他非专业雇员……。然而,少于6名雇员的单位不能获得认证。

医疗行业反对这个要求最少超过三类的法定的谈判单位(专业雇员、保安、非专业雇员)的标准[见《国家劳动关系法》第9条(b)]。也就是说,医疗行业反对所有的这些规定,认为既然有了法律规定,也就不需要其他规定了。

劳资双方往往总是不能对适格谈判单位的数量达成一致意见。从组织劳工角度来看,一般来说,谈判单位越多越好,这是因为,谈判单位越小,在集体行动的过程中,其成员就越容易对共同的利益达成一致意见,因此,就组织工会来作为雇员集体行动的工具来看,工会就更有吸引力。由于同样的原因,谈判单位越大,越多样化,在共同行动的过程中,工会会员就越难达成一致的意见。在庞大而多样化的谈判单位中,成员利益的多样化,常常导致会员之间的利益冲突,会使得集体行动变得困难。在这样的工会中,工会很难得到大多数会员的支持,即使得到了大多数会员的支持,也很难有效地利用这一谈判单位进行谈判(例如,威胁说要罢工,雇主都不会相信)。这是从工会的角度来看,从雇主的角度来看,情况就不同了。谈判单位越多,雇主为进行集体谈判所花费的成本就越大。并且,因为存在有较多的作出罢工号召的独立决策中心,也更有可能发生停工。谈判单位中的雇员越属于同一类别,罢工的号召就越有可能得到大部分人的支持。因为如果工会获得胜利,所有的会员都获得好处的可能性就越大。

因此,委员会在对谈判单位作出决定时,需要平衡工会、雇员(他们的利益和工会的利益并不总是完全相同的)、雇主,以及广义的社会公众之间的互相竞争的利益。法律的规定可以被理解为是要求对工会倾斜,因此是倾向于有相对多的谈判单位,而不是较少的谈判单位,尽管这一倾向是间接的……。"为了保障雇员完全自由地行使《国家劳动关系法》所赋予的权利,委员会应当在每一个案中决定适格的集体谈判单位是否应以雇主为单位、以职业为单位、以工厂或者是其分支机构为单位。"[29 U.S.C. §159(b)]。事实上,在《国家劳动关系法》所赋予工人的权利之中,还包括了工人不参加工会的权利(29 U. S. C. §157)。但是,即使在《塔夫脱—哈特莱法》的修正案中,依据《国家劳动关系法》,这也不是工人的主要的权利。该法的主要目的是保护愿意组织起来进行集体谈判的工人。

无论如何,立法中肯定都难以精确地对互相冲突的利益进行平衡。在卫生保健行业,这一决定尤其困难,因为,一般来说,医院(或护理中心或康复中心)的人员,组成人员不多,却又呈现出多样化。可能会包括:医生、注册护士、心理治疗师、取得执照的实习护士、护士助理、实验技师、勤杂工、理疗师、营养师、厨师、保安、文员、维修工、其他人员——通常每类只有几个人,如果要将同类谈判单位理想化(从工会的角度来看),一个中等大小的医院可能会有10个至20个,或者更多的谈判单位,每一类只有几个雇员。该机构的劳动关系成本和发生罢工的可能性会大大增加……

如果是为了组织谈判单位的目的,把急性病治疗医院的所有雇员笼统地归为一类,当然,这也会忽视了他们之间的差别。医疗行业拒绝承认的是,这就是这些规则的本质所在。这一规则让一个或几个团体在法律上具有决定意义,而忽视了其余的团体。其结果是,获得了肯定性、可预见性、明确性和经济性,而损失了对于个体的公正。通常,这一平衡是值得的,至少,在我们的法律体系中,大多数规则都是这样做的……

在开头的前44年,劳动委员会一直尝试以普通法的方式,探索行使对谈判单位的任意决定权,一个案件一个案件地提出和修正标准。1974年,在非营利的医疗保健部门要求其进行保护时,所采取的也是这种方法。人们广泛地认为,这一方法是个失败,不仅上诉法院这样认为,本法院也这样认为。当然,劳动委员会也有权这样认为。"经历了13年,在处理了数百个案件之后,劳动委员会发现,尽管其作出了无数善意的努力,想通过制定一个一般的概念化的标准,来完成国会的意愿,但是直到现在,到了1974年,还是没有对适格的谈判单位作出清楚地界定。"(52 Fed. Reg. at 25143①)在这样令人不悦的背景下,委员会试验用严格的规则来替代宽松

---

① 《联邦公报》第29卷第25143页。Fed. Reg. 指the Federal Register。——译者注

的标准,并不是不切实际的。其结果是,对比较细的类化作必要的压缩。尽管这一规则不能那么简单——它不能覆盖整个的医疗卫生行业,仅能包括急性病医院,但它为一方当事人能够展示出例外情况的案例,敞开了例外之门——当然,它可以更简单一些,它可以区分治疗急性病医院的大小、位置或宗旨(例如,区分其是主要的护理医院,还是次要的护理医院还是保健医院)。委员会考虑了这些可能性,但是决定不这样做。委员会对作出这样的选择,给出了貌似合理的理由。

……在判决过程中,对排除多大的自由裁量权的决定,其本身也是可以自由裁量的,有权享有广泛司法谦益(judicial deference)。……不是由我们通过告诉委员说,其规则应当比现在稍微有更多或更少的区别,以对该规则进行微调。委员会过去对冲突意见的权衡是负责任的,我们因此支持其确立的规则,而不是假装我们认为其是乌托邦。

美国医院协会诉国家劳动关系委员会案

American Hospital Ass'n v. NLRB
499 U. S. 606 (1991)

史蒂文斯法官发表了法院全体意见一致的观点……

I

申诉人认为,第9条(b)对(委员会的规则制定权)作出了限制性的规定……,因为该条要求委员会"就每一个个案"来决定适格的谈判单位。[第159条(b)]……

……尽管申诉人所讲的这段限制范围有些模糊不清,但是申诉人对该语言的理解会阻碍委员会在某产业范围内施行详细地说明适格单位的规则。我们相信申诉人的理解与该法整体文意下的自然含义不符。

我们更加自然地对这"每一个个案"几个字作出解读,会简单地表明,每当对适格的单位不能达成一致意见时,就要由委员会来解决这一纠纷。

按照这一理解,"每一个个案"这几个字,与"在需要的时候"或者"在出现纠纷的情况下"具有相同的含义。国会没有制定一般的规则,在工厂工会、职业工会或产业工会方面,对每个商业行业的每个雇主作出要求,也没有将决定权交给雇员和雇主自己,而是在纠纷发生时,要委员会来对"每一个个案"的纠纷作出决定。

在解决这类纠纷时,委员会的裁决大概不仅仅要按照《国家劳动关系法》的基本政策,而且要按照委员会在每一个个案例的裁决过程中,通过行使其规则制定权而创造的,用来指引其行使自由裁量权的限制性规则。要求委员会在每一个有争议的案件中行使其自由裁量权,不能被合理地或合乎逻辑地理解为,是命令委员会在每一个个案中没有标准地去行使自由裁量权。正如一位著名的行政法学者所述:"授权委员会对'每一个个案'作出裁决,并不阻碍委员会以一定程度的命令来替代原来的任意裁决所造成的混乱,委员会规制在'每一个个案'中作出任意性裁决的最重要的工具,是采取分类、制定规则和原则,并创设出先例等方式,明智的人不会拒绝他们使用这些工具,明智的国会也不会期望他们这样做。"凯·戴维斯:《行政法教材》,第145页,1972年第3版[K. Davis, *Administrative Law Text*, § 6.04, p. 145 (3d ed. 1972)]。

……申诉人甚至也承认:"委员会是可以适用那些规定,创设出一般性的规则,来指导一个个具体的谈判单位确定的案例。"申诉人还进一步承认,委员会在半个世纪中已经创设了很多这样的规则,在这段时间中,委员会已经对谈判单位的争议作出了裁决。然而,申诉人认为,排除整个行业成为适格谈判单位的规则,与那些前面所讲的规则有着质的区别,那些规则最多不过是创设了一些可以反驳的假设——在某种情况下某些单位会被认为是适格的。

我们只是在"每一个个案"这几个字中,没有找到申诉人想让我们作出的精确区分的基础。与申诉人的观点相反,委员会的规则并不是一个不可反驳的假设,然而,其包含了"特别情况下"的例外。即使该规则没有规定不可反驳的假设,它和委员会以前所采纳的其他规则也没有很大的区别。

就像对待以前的规则一样,委员会仍然在"每一个个案"中适用这一规则。例如,委员会除处理其他的问题外,无论一个特定的工作场所是否可以确定为急性病医院,无论某些雇员是否适当地放在某一特定的单位,委员会都必须对每一个案件作出裁决……

II

在讨论申诉人的第二个论点时,我们需要对联邦劳动法适用于急性病医院的问题,作一个历史性的回顾。依据1935年制定的《国家劳动关系法》的条文,医院是"雇主",但是,在1947年,国会将非营利性医院排除出了该法的适用范围[这一规定于1974年被废除——编辑]。1960年,委员会决定,私立医院也应被排除在外……

国会[在1973年]处理了这一问题,考虑了一个提案,将所有的私立卫生机构扩展到该法适用范围。该提案所提出的立法建议非常保守,很大程度上是考虑到卫生服务行业的劳动动荡局面可能会对社会公众造成伤害,此外,很多专家受雇于这一行业的事实,也对谈判单位构成了潜在的威胁。在每一个谈判单位中,单个单位的工会代表可能在谈判中会增加资方的负担,也会加大罢工的风险。出于对这些问题的考虑,塔夫脱参议员提出提案,该提案可能会废除对医院的豁免。但是该提案在非营利性卫生机构中,作出了谈判单位的数量不超过5个的限制[S. 2292, 93d Cong., 1st Sess. (1973)]。塔夫脱参议员的议案没有获得通过。

然而,在同一届国会的第二次会议上,《1974年国家劳动关系法修正案》得到通过(88 Stat. 395)。该修正案将所有的急性病医院纳入该法的覆盖范围,但是对委员会在每一个案件中对适格谈判单位的决定权没有作出改变。见:同前。众议院和参议院委员会的报告都包含了这样的论述:

现行法律的作用

谈判单位

委员会应当充分考虑在卫生行业如何防止谈判单位的分散,在这一点上，委员会注意到，委员会最近的对四季护理中心案［Four Seasons Nursing Center, 208 NLRB No. 50, 58 LRRM 1093（1974）］和森林公园医院案［Woodland Park Hospital, 205 NLRB No. 144, 84 LRRM 1075（1973）］的裁决所清楚地表达的，对西弗吉尼亚护理站案［Extendicare of West Virginia, 203 NLRB No. 170, 83 LRRM 1242（1973）］的裁决确定的谈判单位标准的放宽的趋势。

申诉人没有——很显然也不能——提出这样的观点，即委员会报告中的这一说法有法律的效力，因为《宪法》对国会立法所应遵循的程序是相当清楚的，就国会拒绝将塔夫脱的提案通过为法律这一事实来看（通过了该立法就会将医院的谈判单位限制在5个以内），申诉人也不能认为8个单位就一定会构成单位的谈判分散。当然，申诉人的主要观点是，这种告诫在伴随着对实施5个谈判单位限制的一般规则的拒绝时，表明了国会的意图是强调要求按照第9条(b)规定的对"每一个个案"作出裁决的重要性……

申诉人还提出，这种劝告"是在国会将该法扩展适用于非私立医院时，对国会意图的一种权威性的陈述"。即使我们接受这一观点，我们认为，委员会的这一劝告的意图是，希望委员会对于急性病医院中所可能出现的谈判单位"扩散"这一特殊问题给予"充分的考虑"。在对委员会规则制定程序的档案进行详细核查后，我们发现委员会曾针对这个问题给予了广泛的考虑……

无论如何，我们认为，委员会报告中的这一劝告，最好被理解为这是委员会一种形式的通知，如果委员会没有对这个行业的谈判单位扩散问题进行过适当考虑的话，国会可能会采取立法措施进行救济。按照这样的理解，对于没有遵守劝告情况进行救济的权利，是在发出这种劝告机关的手里……

Ⅲ

申诉人的最后一个观点是，这一规则是武断而任性的，因为"它忽略了美国4000家急性病医院的巨大差别,包括在规模、地理位置、运营方式以及人力组织等方面的差别"。……

委员会依据其在制定规则期间所形成的丰富的档案资料,以及在实施卫生修正案到其对制定规则进行通知的13年期间就卫生部门的案例作出的判决,对这一观点作出了回应。根据这些经验,委员会形成了"经过考虑的裁决",即"在单位的适格性方面,急性病医院没有实质性的重大的区别"。进一步来说,委员会认为,对于"特殊的情况"作出例外的规定,对于处理特殊情况是适当的,在这种情况下对于规则的特别适用可能会是武断的……

申诉人能够提出一种假设的情况,在这种假设的情况中,该规则可能会导致武断的裁决结果,这一事实不能导致我们认为这一规则是"武断的和任性的"。本案对整个规则在所有适用中的有效性均构成了挑战,我们认为有这种可能,如果认为急性病医院对该规则的适用是武断的,委员会可能会得出结论说"特殊的情况"使得其有正当理由偏离这一规则。[29 C.F.R. § §103.3(a),(b)(1990)①]

按照这种观点,对该规则的智慧、对特定的单位作出决定的适当性,或者对避免急性病医院停工的重要性,我们有意地避免再作进一步的评述。我们已经允许了这样的讨论,不是因为这些问题是不重要的,而是因为这些问题主要与委员会的权利行使相关,而不仅仅限于我们对申诉人所提出的法律观点进行审查的范围。因为我们认为这些法律观点没有什么意义,我们维持上诉法院的判决……

注释和问题

1. 机构对使用规则制定权的决定。 在美国医院协会案中所讨论的规则,是劳动关系委员会第一次依据《劳动关系法》第6条,依据《行政程序

---

① 《联邦条例汇编》第29章第103条3(a)和(b),1990年通过。CFR是指the Code of Federal Regulations,29是指章目,1990是指该规定通过的时间。——译者注

法》[Administrative Procedure Act(APA)]行使这一权利。关于对该规则制定和判决的各自的好处和坏处,以及他们之间区别的讨论,见前文第102—105页;另见下文第290—292页。对于委员会在卫生保健领域使用规则制定权以及其程序的论述,见马克·赫·格鲁尼沃尔德:《劳动关系委员会第一次制订的规则:一个实用主义的权利行使》,载于《杜克法律评论》第41卷(1991),第274页[Mark H. Grunewald, The NLRB's First Rulemaking: An Exercise on Pragmatism, 41 *Duke L. J.* 274 (1991)]。

2. 卫生保健规则的效果。已经有人提出,美国医院协会案中所许可的卫生保健行业的规则的主要作用,并没有提升医院的工会入会率,反而因在该行业的代表程序中花费了太多的时间,而降低了工会入会率。见米歇尔·安布尔:《医疗护理行业的工会组织——两年的观察》,载于《劳动关系周刊》英国护理学会特刊,第7卷,第19期,1993年5月12日[Michelle Amber, Health Care Organizing —— A Two Year Perspective, BNA Special Supplement to Labor Relations Week, vol. 7, no. 19, May 12, 1993]。其采取选举的方式,程序会更快,因为委员会将拒绝采纳以前选举听证的证据,雇主认为偏离了这一规则的观点,和在颁布该规则时已经考虑过的并被该机构驳回的观点是类似的。见:例如,玛格丽特纪念医院案[Margaret Memorial Hospital, 303 N. L. R. B. 923 (1991), approved, 991 F. 2d 1146 (3d Cir. 1993)];另见:54 Fed. Reg. 19336, 16338 (1989)(最终规则)(解释说,尽管其他的问题,如依据在听证中采纳的证词,某些雇员是管理人员或者会涉及经理人员,适当单位的范围问题一般来说会按照这一规则而不是按照判决来解决)。

3. 单位决定在策略上的重要性。请注意波斯纳法官关于工会和资方各自对于确定更小的更窄的谈判单位和确定更大的包含工作分类更多的谈判单位的偏好的分析。在代表和组织阶段,对于哪些问题的考虑,在驱使着工会和资方各自的偏好?

4. 公共利益？ 怎样的单位才能最好地促进公共利益？是否可以这样说，代表着更广泛的更多单位的工会，在它们的谈判和合同执行政策中，有可能会考虑公司的整体福利？见艾斯托伊克：《劳动法改革》，同前，第42页 [Estreicher, *Labor Law Reform*, supra at 42]。

5. 单位的规模和工会的获胜率。 工会的获胜率与谈判单位中的雇员数量相关。2004 年在 1—49 个雇员的单位中，工会在 1552 场选举中获胜率为 63%；在 500 以上雇员的单位中，在 45 场选举中，工会的获胜率为将近 47%。2001 年在 1—49 个雇员的单位中，工会在选举中的获胜率为 59%；在 100—499 个雇员的单位中，获胜率为 38%；在有 500 以上雇员的单位中，获胜率为 39%。见："2004 年选举的数量下降"（Number of Elections Decreased in 2004）；"工会获胜率第八年上升"［Union Win Rate Increased for Eighth Year, 2005 Daily Lab. Rep.（BNA）No. 84, at C－1（May 3, 2005）］①；"2001 年工会的选举数量下滑"（Number of Union Elections Down in 2001）；"自 1996 年来获胜率持续下降"［Win Rate Continues to Edge Up Since 1996, 2002 Daily Lab, Rep.（BNA）No. 116, at C－1（June 17, 2002）］。单位的规模并不总是起决定性作用的，国家调解委员会依据《铁路劳动法》（the Railway Labor Act）负责举行代表选举的机构，在铁路业和航空业，历史上一直坚持以全系统范围或者全公司范围为单位，在这两个行业中，工会的入会率都相当高。

6. 对工会来说是困难的选择？ 正如前面所说的，工会先有机会在认证中或"代表认证"的诉讼请求中，确定其谈判单位的地位，一般来说，雇主的应对措施是要求扩大单位的范围。工会对此有一个选择：它可以同意雇主

---

① 国务事务局《劳动日报》2005 年第 85 期 C 版第 1 页。BNA 指 Bureau of National Affairs。——译者注

提出的谈判单位(或者双方当事人都同意的经过"妥协"的单位),这有利于早日进行选举。或者工会可以坚持其原先提出的单位,将这一问题拿到地区办公室进行听证。在大约85%的选举中,尽管工会都认可了雇主提出的谈判单位,近年来工会的获胜率已经提高。有人提出,如果工会能够更容易地以其最初要求的单位来进行选举,工会的获胜率会更高。有一项研究发现,如果工会不是以其最初提出的谈判单位来进行选举,工会的获胜率会下降15%,该研究还发现,如果在工会提出申请的2个月内就举行选举,工会要比在2至6个月内进行选举的发展得更好。见凯特·L.布朗冯布兰娜:《雇主在认证选举中和第一次签订合同过程中的行为:劳动法改革的寓意》,载于《践行美国劳动法的诺言》,谢尔登·弗里德曼等主编,第75、78—80页[Kate L. Bronfenbrenner, Employer Behavior in Certification Elections and First-Contract Campaigns: Implications for Labor Law Reform, in Restoring the Promise of American Labor Law, 75, 78 – 80, Sheldon Friedman et al. eds. 1994]。

友好冰激凌公司诉国家劳动关系委员会案

Friendly Ice Cream Corp. v. NLRB
705 F. 2d 570(1st Cir. 1983)

鲍恩斯法官……

友好公司(Friendly)是一家位于马萨诸塞州的公司,在美国的16个州拥有并经营着605家连锁饭店。连锁店东区的总部在马萨诸塞州的威尔布拉汉姆市(Wilbraham),该总部的行政管理人员负责制定适用于所有连锁饭店的标准,这些标准的事项包括:菜单、价格、食品的装备、配方、内外装饰、员工服饰、维护、营销、广告、采购、存货清单、现金结算、保安、经营时间、人员管理。东区分为12个分区,每个分区由一名分区经理负责管理。第一分区主要覆盖了马萨诸塞州东部和南部的地区,又进一步分成9个小区,每个小区由4到9个饭店组成,在整个第一分区一共有65个饭店。每个小区有一名经理负责小区内饭店的运营,并向分区经理报告工作。

本案所涉及的饭店为名叫味美思(Weymouth)的饭店,是一个由8个饭店组成的小区中的其中一家饭店。这个饭店雇用了24个非全日制工和3个全日制工。味美思饭店的管理构架是这样的:值班主管(shift supervisor)是店长的代表人,店长(Store Manager)不在时,由值班主管负责;店长每周工作50—54小时,全面负责饭店的日常管理;店长由地区经理(District Manager)管理,地区经理要定期到该辖区内的8个饭店查看。在查看时,地区经理要检查供应、销售、服务、卫生和员工。地区经理每周要检查一到三次,每次检查的时间是15分钟到几个小时。地区经理要向位于马萨诸塞州布伦特里(Braintree)的分区经理(Division Manager)报告工作,分区经理每月来味美思饭店检查一次。

1979年4月5日,工会提出的一份代表申请,要求获得代表味美思饭店一些员工进行集体谈判的认证书。① 友好公司对该单位的构成没有异议,但却提出该单位的范围不合适,因为它仅仅包括了连锁店其中的一个饭店。友好公司提出,最适当的谈判单位是一个能代表其在美国所有饭店的单位。友好公司也提出了4个可供选择的单位:由波士顿市(Boston)地理区域里所有的饭店组成的单位;由第一分区里所有的饭店组成的单位;由一个县里所有饭店组成的单位;在一个特定的地理区域里由几个饭店组成的单位。

在经过广泛的听证后,劳动关系委员会地区主任确定,单个店是适格的谈判单位,委员会拒绝对这一决定再进行复议,随后进行了选举,工会以11比10票获胜。但是,友好公司提出了申诉,又再一次提出味美思饭店不是适格的谈判单位。在后文第292—296页将讨论这种拒绝谈判和雇主对谈判单位的申诉。

法律并没有要求委员会在特定的事实背景下要选择最为适格的单位;

---

① 2. 该单位包括:在马萨诸塞州韦茅斯市(Weymouth)华盛顿街435号由雇主雇佣的所有全日制和正式的非全日制的男女服务员、厨师、男女杂务、收银员和值班主管,但不包括所有的记账人、经理、实习经理(Manager trainees)、助理经理、保安以及法律所界定的所有的管理人员。

它只需在特定的情况下,从一系列的适格单位中,选择一个适格单位就可以了……。雇主不能仅因为提出一个更适格的谈判单位,就对委员会的决定提出质疑,更确切地说,如果认为劳动关系委员会对谈判单位的选择明显不适格,雇主对此负有证明责任……

在就谈判的单位作出决定时,委员会的主要义务是实现《国家劳动关系法》的最重要的政策——保障雇员行使集体谈判权的完全的自由[见《国家劳动关系法》第9条(b)的规定]。同时,委员会必须"在维护企业范围的劳动关系时,尊重多雇主谈判单位的整体利益"。见国家劳动关系委员会诉索利斯剧场公司案[NLRB v. Solis Theatre Corp., 403 F. 2d 381, 382(2d Cir. 1968)]。因此,劳动关系委员会对雇主的利益应有最低限度的考量,避免因一个单位一个单位地成立工会而产生的破坏性作用。见国家劳动关系委员会诉纯洁食品商店公司案[NLRB v. Purity Food Store, Inc., 354 F. 2d 926, 931(1st Cir. 1965)]。具有劳动政策中心制订权的雇主,会更喜欢与其公司内部组织相称的谈判单位,这是可以预见的。尽管在可行的情况下,应方便雇主与最可能和最便利的单位进行谈判,但是,劳动关系委员会可以自由地更多地考虑让雇员由他们自己选择的代表来代表自己的利益。《国家劳动关系法》明确规定,在谈判单位的决定上,雇员的选择自由是至高无上的。因此,"雇员的自由"这一因素,在决定对两个同样适格的谈判单位应该选择哪一个的时候,合法地起着决定性的作用。

在决定所建议的谈判单位的适格性时,关键是要考量,构成谈判单位的雇员是否享有"共同利益",在决定是否存在"共同利益"这一要件时,劳动关系委员会通常考量几个标准,没有一个单个的标准起着决定性的作用,这几个决定性的要素包括:

(a)店与店之间地理位置的远近;

(b)不同的店之间的雇员相互交流的程度;

(c)当地商店经理自主管理的程度,特别是在劳动关系方面的自主管理程度;

(d)工会组织的程度;

(e)集体谈判的历史；

(f)受到集体谈判影响的意愿；

(g)雇主的组织构架；

(h)技术、雇员福利、工资、工时方面的相同性。

劳动关系委员会在对这些因素进行考量,并就什么样的雇员群体构成适格的谈判单位作出决定时,不必遵循任何法律规定的或先例确定的严格的规则,因为,任何一次对于谈判单位的决定,都要视事实的变化情况而定,所以,劳动关系委员会可以依此为基础,自由作出决定。然而,委员会已经形成了一些行政政策,对决定谈判单位来作出指导。在多个商店均是零售店的情况下,在考虑单个的商店作为集体谈判单位的适格性时,可以推定为单个商店是适格的谈判单位。见哈格制药公司案[Haag Drug Co., Inc., 169 N.L.R.B.877, 878 (1968)]。这一推定与《国家劳动关系法》的规定是一致的,也是有理性的基础的,反映了劳动关系委员会在处理这一问题上是有专门知识的,对这一推定也是可以提出反驳意见的。因此,在有关适格谈判单位的案件中,劳动关系委员会有权使用这一推定。见国家劳动关系委员会诉浸礼会医院案[NLRB v. Baptist Hospital, Inc., 442 U.S. 773, 787 (1979)]……

友好公司连锁店的管理就像一本中枢管理案例的教科书。和大多数的零售连锁店一样,友好公司实行统一政策,实际上对每一个店的经营的各个方面都进行管理。但是公司对最有效地组织形式的决定,不能成为谈判单位确定的重要理由,除此之外,"雇主通过把所有与劳动政策相关的事物集中由最高层来决定,[可能]会阻止劳动关系委员会依照所有相关因素确定适格的谈判单位。"国家劳动关系委员会诉生活和学习中心公司案[NLRB v. Living and Learning Centers, Inc., 652 F.2d 209, 215(1st Cir.1981)]。

在采用连锁零售经营的背景下,在决定单个的商店作为集体谈判单位的适格性时,最重要的要素之一是店长对商店控制权的大小。这种控制权不是指地方的经理对商品价格、商店装潢或菜单的确定等方面有多大的自由——尽管对这些事项的决定权可能能够显示其在雇主的商业中其独立的程度。然而,劳动关系委员会认为,地方的经理对这些"直接影响到饭店雇员"的地区的有效控制,才是重要的。魔盘公司诉国家劳动关系委员会案〔Magic Pan. Inc. v. NLRB,627 F.2d 105,108(7th Cir. 1980)〕(由法庭全体同意),在本案中,委员会合理地认为,味美思饭店的经理,在直接影响味美思饭店员工的事务上的权力虽然有限,但是却具有重要作用。

在独立审查案件的卷宗材料后,我们相信,劳动关系委员会有足够的理由得出结论:事实上,店长有一定的自主权。这方面的证据可以归纳为以下几点:味美思饭店的雇员系在店长的直接监督之下履行日常的工作;通常来说,店长是唯一的对求职者进行面试的公司管理人员;店长可能独立决定不再给予第二次面试的机会,求职者系从店长处收到附条件的雇佣要约,在有些情况下,在第一次面试后,就会立即收到要约。

一旦受雇,雇员是由店长或店长所指派的人进行培训。店长定期检查雇员的工作,每季度填写一次书面评估意见,这些意见是建议给员工涨薪的基础,按照公司的规定,地区经理(District Manager)必须对所有的涨薪建议予以批准,但是,实际上,店长有时可以当场就宣布给某人涨薪……

总之,劳动关系委员会关于味美思饭店是适格谈判单位的决定,是在其自由决定权的范围内作出的,并且是有案卷中的实质性证据支持的。

注释和问题

1. 劳动关系委员会在谈判单位决定方面的政策。 第9条(b)赋予了劳动关系委员会在谈判单位决定上的广泛的自由裁量权。劳动关系委员会对这种自由裁量权的行使,作出了如下的说明:

> 劳动关系委员会……首先对申请的单位进行审查。如果该单位是适格的,那么,对适格单位的审查就此结束。如果申请的单位不适格,劳动关系委员会可以对双方提出的替代单位进行审查,但是,劳动关系委员会仍有自由裁量权,可以选择双方建议的替代单位以外的单位作为适格的集体谈判单位。一般来说,委员会会选择代表提出申请的那

类雇员的最小的适格单位。

波音公司案［Boeing Co., 337 N.L.R.B. 152,153 (2001)］；巴列特·柯林斯公司案［Barlett Collins Co. 334 N.L.R.B. 484 (2001)］（省略了其中的引用）。委员会选择能够代表提出申请的雇员的最小谈判单位的基础是什么？委员会的政策与国会在第9条(c)(5)中的判断是一致的吗？即，在决定一个单位是否是适格的时候，这条规定还适用吗？然而,委员会在作决定时,是否会受到组织范围的影响？

2. 委员会在对谈判单位作出决定时是否应考虑雇主的利益？为什么审理友好公司案的法院说"委员会应对雇主的利益给予最小的考虑"，以避免一个一个地组织工会所带来的破坏性作用？第9条(b)的规定中所使用的语言是否支持委员会权衡雇主的利益？1947年在第9条(c)(5)中增加的规定，是否表明雇员获得集体谈判的利益并不总是占主导地位的？这一规定表达了雇主的利益吗？如果雇主的利益可以被考虑，雇主在维持中央决策运营与允许以单个店长的自主权的强调有效地解决了雇主所关心的问题吗？

3. 更广泛单位上的雇员利益？雇员的利益也会涉及国会在第9条(c)(5)中作出的判断吗？即工会组织的范围不能成为谈判单位决定中的主要的因素？对工会来说，在更大的谈判单位不是一个现实的可以替代的单位的情况下，有什么方法来协调由较小的谈判单位行使《国家劳动关系法》保护的雇员权利？如何衡量其对被排除的单位的雇员的影响？他们可能无法组织自己的谈判单位，并自由行使《国家劳动关系法》所赋予他们的权利。提出确认谈判单位申请的小单位的雇员交流程度是怎样的？在雇主维持中央集权式的经营模式的情况下，以较小单位为基础的谈判是否是有效的？

4. 地理上的临近可以作为对抗的要素吗？ 如果我们假设在一个案例中，人员的控制是分散决定的，雇员之间的交流程度也比较低，店与店之间地理上较为临近，总的来说，可以用来抵抗以单个店来作为谈判单位，而赞同由多个店来组织谈判单位吗？或者说，只有在工会要求更广泛的谈判单位时才考虑？这与第 9 条所赋予劳动关系委员会的并受第 9 条(c)(5)限制的权利是否一致，即考虑到地理上的临近是倾向于多个店为谈判单位，而非不赞成以单个店为谈判单位？

5. "被并购"的单位？ 在有多个商店的连锁店中，假设有一个商店的雇员代表获得了集体谈判资格后，在连锁店中，又有第二个店的雇员代表的工会获得了谈判资格。工会现在是否可以要求雇主与两个商店为单位的代表进行谈判？劳动关系委员会认定，一方不能合法的强迫另一方与现在的单位进行合并。见：例如，芝加哥卡车司机案［Chicago Truck Drivers(Signal Delivery)，279 N. L. R. B. 904 (1986)］；见：关于联合和协调罢工的注释，后文第 555—556 页。在未取得以两个店为基础的谈判资格的情况下，尽管工会不能强迫雇主以两个店为基础进行谈判，双方均同意在更广泛的基础上进行谈判。如果其中一个店的雇员适时地要求选举，取消工会的资格或提出新的工会组织，这对以多个店为基础的成功的集体谈判会产生怎样的影响？最初的谈判组织单位确定的标准和终止的请求应该是一样的吗？一般参见乔治·布鲁克斯:《稳定与雇员的自由选择》，载于《康奈尔法律评论》第 61 卷(1976)，第 344 页［George Brooks,Stability Versus Employee Free Choice, 61 *Cornell L. Rev.* 344(1976)］。

6. "利益共同体"标准与强力的假设。 请注意一下友好公司案中讨论过的一般的"共同利益"。"按照劳动关系委员会的意见"对委员会关于谈判单位决定作出分析的一位人士说,"有几个可以适用的假设"，但是,"没有关于单位适格性判断的明确不变的原则"。见道格拉斯·L. 莱斯利:《劳动谈判单位》，载于《弗吉尼亚法律评论》第 70 期(1984)，第 353、381 页

[Douglas L. Leslie, Labor Bargaining Units, 70 Va. L. Rev. 353, 381 (1984)]。然而，以前长期担任过劳动关系委员会谈判代表上诉办公室主任的人士说，委员会灵活地"根据整体情况来决定的"方法是虚幻的，在大多数地区，委员会的决定是受强力的假设所引导的，或者说，是受其他相对固定的原则指导的。见伯顿·比·萨伯伦：《劳动委员会的保守的能量：为集体谈判单位制定规则的案件》，载于《劳动法杂志》第 32 期(1981)[Berton B. Subrin, Conserving Energy at the Labor Board: the Case for Making Rules on Collective Bargaining Units,32 Lab. L. J. 105, 110 (1981)]。萨伯伦的论点为，谈判单位确定对于规则的制定具有特别好的影响。1977 年《劳动改革法》(Labor Reform Act of 1977)的失败，见前文第 93 页，可能会要求委员会"在最大的可能范围内"行使其制定规则的权利，"颁布规则，宣告某些单位是适格单位"[H. R. 8410, 95th Cong. ,1st Sess. , §3(1977)]。劳动关系委员会曾试图颁布关于工会请求以单个地方单位作为谈判单位的规定。

立法建议通告：在代表案中，单个地方单位作为集体谈判代表的适格性

60 Fed. Reg. 50146 (1995), Withdrawn, 63 Fed. Reg. 8890 (1998)

在 1995 年，劳动关系委员会提出了一条适用于公用事业单位、建筑业，以及远洋运输业以外的所有产业中的同一地方的谈判单位(Single-Location Units)的规定。依据该规定，"没有特殊情况"，如果工会提出申请，同一地方的谈判单位就应认定为适格单位，如果(a)该地雇佣了 15 名或 15 名以上的雇员；(b)在一英里的范围内，该地没有其他的店；(c)在该地至少有 1 名符合第 2 条(11)规定的主管。

如果有特殊情况，委员会将通过裁决来决定适格的单位。委员会注意到，其目前赞同某个单位的推定(友好冰激凌公司案中已有描述)，并且说其相信这一规则对大多数的单个单位的案件并没有产生实质性的影响。恰恰相反,确定这一规则的目的是减少诉讼以及减少对委员会资源的不必要的使用。

目前,委员会考虑了几个要素……,以决定是否应当驳回对以某个地区的单位作为适格谈判单位的假设……。双方当事人就每项事实和每个要素的意义进行诉讼,然后,由劳动关系委员会的地区主任和(距离上有些远的)委员会来决定是否存在这些事实,以及这些事实是否有意义……。大多数案件的结果是,单个谈判单位被认定为适格的……

我们……预计,所提出的这一规则,会导致更多的其所规定的选举协议,因为,双方将不再耗费时间和精力对我们决定的实质性的重要因素提出异议。委员会注意到,[然而,在建议的规则中的提前通知中,]有几个因素尽管在有关单个地方作为谈判单位的案件中被引用过,并在理论上被考虑过,但是却很少带来差别……

注释和问题

1. "隐藏不利的证据"? 如果委员会事实上已经使用了相对清楚的"规则",那么它为什么不这样说,而是,自称说适用的是多种因素的方法?见弗林:《隐藏不利的证据》,同前,第402—404页,认为委员会这样做,是为了有效地逃避对此决定政策进行司法审查。对单个地方的单位采取多因素的方法,其成本和效益是怎样的?同时也考虑一下下面的注释3的内容。

2. 所提议的单个地方作为谈判单位的规则可能会产生什么样的作用? 委员会说,在就单个单位所提出的大多数案件中,其所提出的规则不会改变裁决的结果,另见芭芭拉·阿·余珥:《古尔德对共和党关于其建议的采取单个单位谈判规则指控的应对》[Barbara A. Yuill, Gould Responds to Republican Charges on Proposed NLRB Single Facility Rule, 1996 Daily, Lab. Rep. (BNA) No. 74, at d4 (April 17, 1996)][1995年,例如,在37个案件中有32次单独单位(a single-facility unit)被认定为适格单位,占87%]。如果这样,为什么雇主群体没有反对这一规则?

3. 建议规则的撤回? 所提出的这个单个地方的规则(Single-Location Rule)从来就没有成为法律。在提出建议后的连续三年,国会中的大多数共和党给劳动关系委员会的预算贴上了"附加条件",阻止劳动委员会在单独单位的(Single-facility)程序上花钱,实际上扼杀了这一计划。劳动委员会最终撤回了这一立法建议,古尔德主席并不同意。见琼·弗林:《擅长于什么?:劳动关系委员会的古尔德时代与"独立"机构的不负责任的神话》,载于《行政法研究》第 52 卷(2000),第 465、501—502 页,以及注释 151 和 152 [Joan Flynn, Expertness for What?:The Gould Years at the NLRB and the Irresponsible Myth of the "Independent" Agency,52 Admin. L. Rev. 465, 501 – 502 & nn.151 – 152(2000)](记录了这些事件)。在那之后不久,国会的共和党人写信给古尔德主席,对委员会对单独单位案中的裁决表示关切(Id. at 502 n. 152)。如果克林顿执政时期的劳动关系委员会,简单地继续其前任关于对单独单位案件的裁决,在大量的这种案件中允许单独单位作为谈判单位,在国会中,劳动关系委员会的反对派是否会投入到这一辩论中去?见弗林:《隐藏不利的证据》,同前,第 425、433 页。

(2)对谈判单位决定的司法审查及其他代表权问题

利达姆诉凯尼案

Leedom v. Kyne
358 U.S.184 (1958)

惠特克法官……。美国工程师和科学家的西屋工程协会(以下简称协会)的水牛城分部。该协会是一个自发创立的工人组织,该协会创立的目的是通过和雇主进行集体谈判,促进西屋电力公司(Westing House Electric Corporation)在纽约州奇克托瓦加(Cheektowaga)工厂的非管理性的专业人员的经济利益和专业地位。1955年10月,该协会向劳动关系委员会提出申请,要求被认定为代表所有[在奇克托瓦加工厂的]非管理岗位的专业人员的排他性的谈判代表,当时的人数为233,……劳动关系委员会对该申请举行了听证。委员会也允许另一个参与竞争的工会加入进来。工会要求劳动关系委员会扩大代表单位,将其认为符合《劳动关系法》第2条(12)规定的"专业性雇员"意义上的另外5类从事于技术工作的人员纳入其中。

委员会认定,他们不是《国家劳动关系法》意义上的专业性雇员。然而,委员会认为,在其中3类雇员之中,有9名雇员应当被包括在该谈判单位之中,因为他们和那些专业雇员享有密切的共同的雇佣利益,且他们的加入并不会消除该谈判单位的占主导地位的专业性特点。协会提出,在专业雇员中进行投票,来让大多数人决定是否可以把他们纳入这个谈判单位之中,劳动关系委员会否定了这一提议,然后决定,将233名专业雇员和9名非专业雇员放在一起,并指导他们进行选举,来决定他们是否希望由该协会来代表他们进行集体谈判,还是由另一个工会组织来代表他们进行谈判,或者不要这两个之中任何一个来代表他们进行谈判。该协会要求劳动关系委员会中止此次选举,修正这一决议,将非专业雇员从该代表单位之中排除出去。劳动关系委员会否决了这一提议,进行了选举。选举中协会获得了多数有效票,并因此获得了认证……

此后,作为该协会会长的被上诉人,单独向地区法院对劳动关系委员会提起诉讼,提出了以上的事实,并提出,委员会未经他们同意,将非专业雇员纳入到专业雇员中,超越了其法定的权限,违反了第9条(b)(1)的规定,根据该规定,委员会"无权"这样做,请求法院确认委员会的做法无效,并提出了其他的要求……

在委员会的上诉中,它未就初审法院的结论作出辩解,即,委员会在代表单位中将专业雇员和非专业雇员混在一起,超越了权限,因此侵犯了专业雇员的法定权利。然而,委员会仅提出,地区法院对该案没有管辖权,上诉法院认定,地区法院有管辖权,并维持了原判决。

申诉人（委员会成员）承认，依据《司法法典》(the Judicial Code)第24条(8)(28 U.S.C. §1337)的规定，地区法院对该诉讼没有管辖权，除非《国家劳动关系法》关于审查的规定使该条款失去法律约束力。在美国劳动联合会诉劳动委员会案(American Federation of Labor v. Labor Board)中(308 U.S. 401)本法院认定，依据第9条的规定，委员会在认定程序中的命令不是"最终的命令"，因此不受司法审查，除非有人依据《国家劳动关系法》第10条(c)关于限制不当劳动行为的规定，申请执行或者申请对该命令进行审查，从而使之产生问题。但是，法院费尽苦心地指出，在那个案子中"[所提出的]问题与《华格纳法》的规定是否禁止在地区法院中维持独立的诉讼以宣布委员会的行为无效，是有区别的，因为其与法规相抵触……"见后文第404页……

本案的卷宗材料明确地提出了这个问题，这是美国劳动联合会诉劳动委员会案的卷宗材料所没有提出的问题。摆在我们面前的这个案件涉及"委员会的非法行为已经[对被上诉人]造成损害"。除了《国家劳动关系法》关于审查的规定外……，法律是否给予救济？我们认为，答案无疑是肯定的。从该法使用的术语意义上来说，本案不是要"审查"委员会在其管辖权范围内所作的决定，而是要撤销委员会的命令，该命令超越了其权限，与《国家劳动关系法》的明确规定相违背。第9条(b)(1)的规定是清楚的，并具有强制性。该条规定，在为集体谈判的目的决定适格的单位时，"委员会不应当(1)确定某单位为适当的谈判单位，如果该单位中既有专业性雇员，又有非专业性雇员，除非经过投票表决，大多数专业性雇员愿意纳入这一谈判单位。"[着重记号系作者添加]然而，在拒绝决定是否让大多数专业性雇员"通过投票纳入这一谈判单位"后，委员会在单位中包括了非专业性雇员。很显然，这是在故意地行使法律并没有授予他们的权力。它剥夺了由国会授权专业性雇员的"权利"。可以肯定，在这种情况下，联邦地区法院对原诉讼有管辖权，以阻止这种对于所赋权利的剥夺……

……如果没有联邦法院的管辖，就会意味着牺牲了或消除了国会所已经创设的权利。这种干涉会是强有力的,国会的意图是其立法能够控制着法院所能控制的所有的司法管辖区……

在这里,……"没有联邦法院的管辖"会意味着"牺牲或消除国会所赋予专业性雇员的权利",因为在他们的控制范围内没有其他的办法(美国劳动联合会诉劳动委员会案,见前文)来保护和执行这一权利,并且,这种干涉会是强有力的,国会的意图是其立法能够控制着法院所能控制的所有的司法管辖区(320 U.S. at page 300)。本法院不能轻易地推断,国会不想对其所赋予却被其他机构滥用代表权利所侵犯的权利给予司法保护……

在国会赋予专业性雇员以权利时,正如本案的情况,我们必须认定,国会希望这一权利得到执行……

上诉法院是正确的,在本案中认定地区法院对本诉讼有管辖权,本院维持地区法院作出的判决。

[这里省略了布伦南法官及法兰克福法官的不同意见]。

注释和问题

1. 利达姆诉凯尼案中的范围狭窄的问题。请注意,在凯尼案中是工会提出的请求,要求颁发禁止令。在地区法院准许其关于管辖权的主张时,法院注意到,委员会的命令"超越了其被赋予的权利,与《国家劳动关系法》明确禁止的规定相违背"。法院还指出,依据美国劳动联合会诉劳动委员会案,认定在代表案中的命令不是"最终的命令",依据《国家劳动关系法》第10条的规定,可以对之进行审查(工会缺乏获得对代表权问题进行司法审查的问题,在下面的注释3中讨论)。

在联邦储备系统主管人员理事会诉墨克财物公司案[Board of Governors of the Federal Reserve System v. MCorp Financial, Inc., 502 U.S. 32, 43–44(1991)]中,法院认为,"在凯尼案中,判决的中心事实是,委员会对于《国家劳动关系法》的解释,会完全剥夺工会保护其法定权利的有意义的适当的措施。"在墨克案(MCorp)中,法院主要依据这一事实——原告公司依法有权(尽管是对后一点)要求上诉法院对委员会关于主管人员案

(*Governor's*)的判决进行审查,认定依据凯尼案不能获得"不合法"的审查。关于国家劳动关系委员会适用墨克案的案件,见:底特律报纸经销处诉国家劳动关系委员会案[Detroit Newspaper Agency v. NLRB, 286 F. 3d 391, 399 (6th Cir. 2002)](根据凯尼案,依据《国家劳动关系法》第10条(f)的规定,以原告——雇主最终均有机会对委员会的决定向上诉法院起诉,而推翻了地区法院关于管辖权的决定,"因此使得仅依据利达姆案来决定管辖权不适当了")。

2. 对单位决定和其他关于代表权问题的间接审查:关于第8条(a)(5)的技术性案件。雇主仅仅需要拒绝进行谈判,将这一案件转化为一个不当劳动行为程序,就可以得到对代表权问题的司法审查。《国家劳动关系法》第9条(d)规定,在代表问题的案件的程序中,如果在不当劳动行为的程序中,最后的命令"全部或部分是基于认定事实而提出的,依据《国家劳动关系法》第10条(e)或第10条(f)"规定的程序,在潜在的代表案中,认证和记录都应包括在转到上诉法院的材料里。因此,在选举中失败,希望提出代表问题的雇主,可以拒绝与工会进行谈判(这类案件被称为第8条(a)(5)技术性案件)。此外,因为委员会自己不能执行命令,雇主可以坐等委员会依据《国家劳动关系法》第10条(e)的规定提出执行其命令的请求,或者,雇主可以依据第10条(f)的规定,自己向上诉法院提出请求,那么,在决定是否支持委员会关于违反第8条(a)(5)的规定时,法院将审查潜在的代表权问题(如果雇主对选举行为提出反对,其后的程序也是相同的,我们将在后文第331—334页讨论这一问题)。注意:司法审查,包括第8条(a)(5)技术性案件的程序,允许雇主推迟谈判达两年半左右。

审议《华格纳法》的国会不愿意规定对委员会的决定进行直接审查,因为国会认为,雇主依据以前的《国家劳动关系法》已经使用了对认证的预审机制来拖延选举,通常拖延一年或一年以上。然而,其未能在认证之后对认证的结果进行直接的审查,在程序的最后会加重这种拖延吗? 见迈克尔·西·哈珀:《限制对委员会认证的决定进行司法审查的案例》,载于《乔治·华盛顿法学评论》第 55 卷(1987),第 262、281—282 页和注释 99 [Michael C. Harper, The Case for Limiting Judicial Review of Labor Board Certification Decisions, 55, *Geo. Wash. L. Rev.* 262, 281-282 & n 99 (1987)] (结论为,尽管委员会在有关第 8 条(a)(5)的案件中技术性地运用了快速审理的方式,要求提出不当劳动行为指控并进入程序,而不是允许在选举中再对认证决定进行直接审查,这样有可能另外增加审查,会推迟六个月)。

3. 工会对代表问题提出审查要求? 相比之下,工会没有与之可比的措施,将代表问题转化为不当劳动行为案,因而依据第 10 条(e)或第 10 条(f)获得司法审查,只能或多或少地救助于利达姆诉凯尼案确立的狭窄的原则。对于在选举中失败的工会来说,在首次选举后,如果他们每年都可以要求在谈判单位中举行新的选举,直接审查对他们来说还有意义吗? 再说,直接审查还要改变立法。见《国家劳动关系法》第 9 条(c)(3)。直接审查会避免因技术性地使用不当劳动行为程序而造成的迟延,但是,上诉法院要作出有利于工会的决定几乎肯定地至少要一年的时间,而提出新的选举申请就能达到同样的结果。然而,可能有这样的情况:法院不同意委员会推翻工会获胜的理由。

4. 废除第 10 条规定的审查? 是否应当完全废除依据第 10 条所进行的对代表决定问题进行的司法审查,让凯尼案成为雇主和工会获得对代表问题进行司法审查的唯一途径? 如果不这样做,对于认证结果的审查是否至少应少受限制? 理由为,委员会在代表案中的决定在很大程度上是事实认定的问题。见哈珀:《限制司法审查》(Harper, *Limiting Judicial Review*?),同前,第 305—320 页(对非常狭窄的审查提出了建议)。

注释：由谈判单位决定而产生的特殊问题

同业①与产业单位②(Craft v. Industrial Unit)

在劳动关系委员会的早年，单位的主要问题涉及的是关于美国劳工联合会(AFL)工会所寻求的技术工人单位，与产业组织联合会(CIO)工会所寻求的"整个"单位或产业单位的请求之间所产生的冲突。在全球机器和冲压公司案[Globe Machine and Stamping Co. , 3 N. L. R. B. 294 (1937)]，劳动关系委员会的裁决认为，在相互竞争的工会提出请求，要求平等的适格的谈判单位的时候，应当举行选举，按照雇员的意愿来决定。全球公司的选举给了有手艺的雇员一个机会，让他们投票赞成"成立单独的谈判单位，与较广大的产业单位分开，否则他们就会被纳入其中。通过投票成立同业工会，让这个工会单独代表他们，而不是让产业工会代表他们，成为大工会的一部分"[15 N. L. R. B. Ann. Rep. 33 n. 26 (1950)]。和其他雇员一样，有手艺的雇员也可以投票"不要工会"。

在美国罐头公司案[American Can Co. , 13 N. L. R. B. 1252 (1939)]，劳动关系委员会认定，一旦有手艺的雇员被作为较大的产业工会的一部分而由其代表，就不允许他们从较大的工会中分开。然而，1947年通过了一项附属于第9条(b)(2)的条文规定："劳动关系委员会……不应当依据不同的谈判单位已经由以前的劳动关系委员会的决定建立了起来，就决定某一同业谈判单位是不适格的，除非同业所提出的单位中大多数雇员投票反对单独成立工会代表他们。"有一段时间，劳动关系委员会继续裁决，不允许同业人从大工会中独立出来，甚至从最初建立的四个基本产业中(铝、钢铁、伐木和湿磨机)独立而成立同业工会都不可以，他们所依据的基本原理

---

① Craft Unit，同业单位，是指拥有手艺的人组成的谈判单位，例如，木工、油漆工可以组成一个谈判单位。

② Industrial Unit，产业单位，是指在一个工业企业中所有的雇员共同参加一个谈判单位，包括有手艺和技术的人，也包括无手艺和技术的人。

是,这些产业已经高度联合,对同业分开进行处理会影响劳动关系的稳定。见:国家电子管公司案[National Tube Co., 76 N.L.R.B. 1199(1948)]。在美国碳酸钾及化学公司案[American Potash & Chemical, 107 N.L.R.B. 1418(1954)]中,劳动关系委员会采取了支持分开的立场,然而,在马林克罗化工工人案[Mallinckrodt Chemical Workers, 162 N.L.R.B. 387, 397 (1966)]中,又偏离了这种赞成分开的立场,劳动关系委员会认定,从今以后,同业从大工会分离出来的问题,要在对几个因素进行分析的基础上确定:

[1]无论所建议的谈判单位是否包括一群明确的、同种性质的、技术熟练的,在相互没有竞争的基础上从事他们的手艺劳动的同业人士,或者是一群在功能上构成完全不同部门的雇员,在传统上是有单独的代表的同业或职业。

[2]这些雇员涉及本工厂以及涉及该雇主的其他工厂的集体谈判的历史,需要强调的是,现存的集体谈判模式是否能促进劳动关系的稳定,取消了现存的这种代表模式,这种劳动关系的稳定是否注定会瓦解。

[3]在要将更大的单位纳入谈判单位的期间,雇员建议成立更大的谈判单位,并维持这个单位的独立的身份,雇员的参与程度,或者雇员对成立和维持现存模式的参与程度,如果有这样的情况,他们就能获得独立的代表权。

[4]涉及集体谈判的历史和模式。

[5]雇主生产过程的整合程度,包括这种继续标准化的生产过程的模式对所建议的谈判单位雇员的工作任务所依赖的程度。

[6]工会要求"分离出来"一个独立的谈判单位的资格。包括工会在代表这些采取行动要求补偿的工人方面的经验。

1955年美国劳工联合会和产业组织联合会合并,工会之间达成了互不侵犯协议,并且工会组织活动的下降已经降低了有手艺人同业的对抗。然而,会员会继续使用马林克罗案(Mallinchrodt)的标准来评估——并且一般来说会否定——同业分离的请求。见约翰·E. 艾伯蒂尼:《劳动关系委员会的同业分离政策:马林克罗案之后谈判历史因素的重要性》,载于《波士顿学院工商法律评论》第 11 卷(1970),第 411 页[John E. Abodeely, NLRB Craft Severance Policies: Preeminence of the Bargaining History Factor After Mallinchrodt, 11 B. C. Indus. & Comp. L. Rev. 411 (1970)]。另一方面,关于抵制委员会对分离要求的决定,见:威廉米特工业公司诉国家劳动关系委员会案[Williamette Industries, Inc. v. NLRB, 144 F. 3d 877 (D. C Cir. 1998)](委员会没有能适当地解释,在本案对维修技术工人的谈判单位进行认证时,为什么偏离了在伐木业(lumber industry)中所采取的对"整个单位"给予认证的做法)。然而,在以前不存在集体谈判关系的情况下,当工会要组成同业单位时,委员会按照其一般的单位决定判断标准,通常都会认定这样的单位是适格的。

另外,马林克罗案还被用来作为否定其他同业分离工会的请求。见:例如,大都会歌剧协会案[Metropolitan Opera Ass'n, 327 N. L. R. B. 676 (1999)](合唱队队员试图从歌剧的合唱队队员、独奏演员、舞蹈演员、舞台经历、舞台指挥和舞台编导的谈判单位中分离出来);凯撒基金会医院案[Kaiser Foundation Hospitals, 312 N. L. R. B. 933 (1993)](技术维修工人想从以前已存在的更大的谈判单位中分离出来)。

"临时工"(contingent workers)

近年来,委员会遇到的一个较显著的问题是如何对待"临时工",例如,在一个用工公司工作很长时间的临时机构派来的雇员。如 2005 年 2 月,劳动部的劳动统计局[Labor Department's Bureau of Labor Statistics(BLS)]报告,临时工(被界定为是指那些不指望其工作长久持续下去的工人,或者那些说他们的工作为临时性的工人)占美国所有受雇人员的 1.8% 到 4.1%。此外(尽管可能有一定的重复计算),在全部的雇佣人员中,为临时性帮扶机构(temporary help agency)工作的人占 0.9%,由合同劳务机构(contract agencies)提供的工人占 0.6%。根据劳动统计局(BLS)的统计,在其过去的对临时工现象的统计中,临时工的总量没有增长。见:劳动统计局 美国劳工部新闻发布会,2005 年 7 月 25 日(BLS, News Release USDL 05 - 1433, July 25, 2005)。

本节将首先讨论理解工会在组织"临时的"工人时产生的困难,以及所需要了解的两个问题:"增长"的原则和规制多雇主谈判单位的法律。然后,本节将讨论委员会处理有关临时工谈判单位的几个重要问题。

注释:自然增加和多雇主谈判单位

自然增加。当已经成立了工会的雇主在现有的工厂中增加雇佣了一些有新技术的雇员,或成立了或收购了新的工厂或工作场所,委员会必须决定,这些新雇员是否可以通过"自然增加"的方式,纳入现有的谈判单位之中,或者这些雇员必须单独地组织一个工会,成立一个独立的谈判单位。自然增加的问题可以用各种方式提出:依据第 8 条(a)(5)的规定提出指控;向委员会提出请求,要求举行覆盖潜在的自然增加的雇员的选举;请求进行"谈判单位澄清"。根据劳资双方的劳动协议的约定,这些问题也可以提起仲裁。然而,即使是工会获得了仲裁裁决,确定现有的集体协议能够覆盖这些新雇员,这样的裁决也不能阻碍国家劳动关系委员会对符合《国家劳动关系法》的仲裁裁决进行审查。

因为对自然增加的认定阻碍了这些雇员以秘密投票的方式来表达他们的意愿。国家劳动关系委员会的自然增加标准,比一般谈判单位的决定标准更加严格。委员会说,"只有在增加的雇员没有独立的群体身份……且自然增加的雇员与他们所工作的现行单位中的雇员享有几乎相同的利益时",他们才会认定这种自然增加是有效的。超值商店案[Super Value Stores, Inc., 283 N. L. R. B. 134, 136 (1987)][引自安全商店案(Safety Stores, 256 N. L. R. B. 918 (1981)]。

进一步来说,"在对谈判单位进行承认或认证时,如果这些要求自然增加的群体已经存在,但其后签订的合同没有将他们包括在内,或者此后这一群体才产生,没有成为他们所要求加入的谈判单位的一部分",这一自然增加就会被否定。拉科尼亚鞋业公司案[Laconia Shoe Co., 215 N. L. R. B. 573 (1974)];另见:联合包装服务公司案[United Parcel Serv., 303 N. L. R. B. 326 (1991), enforced sub nom],卡车司机国家联合包装服务公司协商委员会诉国家劳动关系委员会案[Teamsters National United Parcel Serv. Negotiating Committee v. NLRB, 17 F. 3d 1518 (D. C. Cir. 1994)]。委员会关于自然增加的政策,反映出他们不愿意"剥夺雇员的选择自己代表的基本权利"。吉他多集团公司案[Gitato Group, Inc., 308 N. L. R. B. 1172 (1992)]。

多雇主谈判单位。集体协议覆盖的许多雇员是在多雇主单位中工作的,在多雇主单位中,雇主团体签订有一个主协议(也可能有解决特定雇主问题的单个补充协议)。在有大量在地方或地区劳动和产品层面的市场上运营的小公司的产业,这样的单位是常见的,如建筑行业、零售行业、服务行业。在相对有较少的公司所主导的行业,如汽车行业,很少有这样的谈判。在这样的产业中,更重要的是一种"模型式"谈判,即和一个雇主进行的、覆盖整个产业的谈判。一般参见:约翰·W. 巴德:《汽车工人工会的谈判模型的决定要素和范围》,载于《劳资关系评论》第 45 卷(1992),第 523 页[John W. Budd, The Determinants and Extent of UAW Pattern Bargaining, 45 Indus. & Lab. Rel. Rev. 523 (1992)]。

《国家劳动关系法》并没有明确授权要组成多雇主谈判单位;第 9 条(b)提到了由雇主、行业或工厂(或者他们的下属机构)确定的单位。然而,在委员会的早期历史中,曾对多雇主单位表示过承认,并得到过司法的认可。见:太平洋海岸船主协会案[Ship-owners' Ass'n of the Pacific Coast, 7 N. L. R. B. 1002 (1938), enforced sub nom. AFL v. NLRB, 103 F. 2d 933 (D. C. Cir. 1939), affirmed, 308 U. S. 401 (1940)];国家劳动关系委员会诉卡车司机地方 449 工会案(NLRB v. Truck Drivers Local 449);水牛城亚麻供应公司案[Buffalo Linen Supply Co., 353 U. S. 87 (1957)]。然而,与其他的谈判单位不同,多雇主谈判单位既需要雇主的同意,也需要工会代表的同意。这意味着在多雇主谈判单位中,不是由工会首先要求进行认证选举。

工会必须先和谈判单位中的每一个雇主建立起多数雇员代表的身份。

多雇主谈判单位的形成,说明雇主想钝挫工会的力量,阻止工会挑选其中的一个雇主,采取实际的或威胁的罢工来迫使他们让步,然后再利用最初的协议所形成的强制作用,从竞争者那里获得同样的条件。见克拉克·科尔和克洛伊德·费雪:《多雇主谈判:以旧金山的经验对劳动问题所进行的分析》,第25页(理查德·莱斯特和约瑟·西斯特编辑,1948年版)[Clark Kerr & Kloyd H. Fisher, *Multi-Employer Bargaining*: *The San Francisco Experience in Insights into Labor Issues* 25 (Richard Lester & Joseph Shister eds., 1948)]。这样设计多雇主谈判单位是为了避免对双方都带来不利的局面,扩大实际的或威胁停工的范围,因此增加所涉及的工会和雇员的成本。这样的扩展也可能会减少遭受罢工打击的雇主,为了避免其竞争对手有机会赢得其客户而不得不与工会和解而产生的压力。

然而,有人已经提出,多雇主谈判使得雇主由于担心其竞争对手可能会签订更好的协议而不作让步。对于此观点,多雇主单位加强了而不是弱化了工会的力量。见高特弗兰德·哈伯拉:《工资政策、雇佣和经济的稳定性及工会的影响》(大卫·麦科德·怀特编辑,1951年版)[Gottfriend Haberler, *Wage Policy*, *Employment and Economic Stability*, *in the Impact of the Union*, 34, 41, David McCord Wright ed., 1951]。关于较好的讨论,请见:道格拉斯·L. 莱斯利:《多雇主谈判规则》,载于《弗吉尼亚法律评论》第75卷(1989),第241页[Douglas L. Leslies, Multiemployer Bargaining Rules, 75 *Va. L. Rev.* 241(1989)];简·菲特尔:《对"多雇主谈判规则"的评论:寻找正确的问题》,载于《弗吉尼亚法律评论》第75卷(1989),第285页[Jan Vetter, Commentary on "Multiemployer Bargaining Rules": Searching for the Right Questions, 75 *Va. L. Rev.* 285 (1989)];伯纳德·D. 梅尔泽:《依据〈塔夫脱-哈特莱法〉单个雇主和多个雇主的封闭工厂》,载于《犹他法学评论》第24卷(1956),第70、85—86页[Bernard D. Meltzer, Single-Employer and Multi-Employer Lockouts Under the Taft-Hartley Act, 24 *U. L. Rev.* 70, 85-86 (1956)]。

注释：M. B. 斯特吉斯公司和橡树林中心案

在 M. B. 斯特吉斯公司案[M. B. Sturgis, Inc., 331, N. L. R. B. 1928 (2000)]，委员会处理了这一问题——由"提供劳务的雇主"（如临时机构）所提供的为"用工"雇主服务的雇员，是否会以及在什么情况下，才能与那些由雇主自己雇佣的雇员，纳入同一谈判单位。比较典型的情况是，提供劳务的雇主雇佣和解雇这些临时性雇员，并决定他们的报酬和福利，尽管是"用工"的雇主来负责他们的日常监督和指挥。在这样的案例中，委员会可以将提供者和使用者视为"共同雇主"（joint employers），都对同一雇员负有义务。见：例如，国家劳动关系委员会诉勃朗宁·菲利斯工业公司案[NLRB v. Browning Ferris Indus., 691 F. 2d 1117, 1123 (3d Cir. 1982)]；里弗代尔家庭护理案[Riverdale Nursing Home, 317 N. L. R. B. 881, 882 (1995)]；关于对"共同雇主"原则的进一步讨论，见后文第303—306页。然而，斯特吉斯案中的问题是，在同一谈判单位中，由共同雇佣的雇员和雇主单独雇佣的雇员所构成的多雇主谈判单位是否需要两个雇主的同意。

在斯特吉斯案中，委员会重新审查了其在以前的格林湖特公司案[Greenhoot, Inc., 205 N. L. R. B. 250 (1973)]和李氏医院案[Lee Hospital, 300 N. L. R. B. 947 (1990)]中的裁决。在格林湖特案中，工会想要代表由格林湖特管理的在14个地区的办公大楼里工作的工程人员和维修人员。委员会的裁决认为，这些雇员是由格林湖特及14个不同大楼的业主联合雇佣，其所要求的谈判单位是多雇主谈判单位，需要既得到格林湖特的同意，又得到每一位大楼业主的同意。在李氏医院案中，工会想要在一个谈判单位中代表，由医院和提供劳动的雇主——麻醉师协会公司联合雇佣的麻醉护士和其他由医院单独雇佣的雇员。审理李氏医院案的委员会扩展了格林湖特案，认为这是一个多雇主单位，要求其获得两个雇主的同意。

斯特吉斯案涉及两个与之有联系的案件。在第一个案件中，工会想要代表35名由一家软气管制造商——M. B. 斯特吉斯公司单独雇佣的正式雇员，然而，公司主张这一谈判单位是不适格的，除非其将临时服务机构中间公司(Interim)所提供的10—15名临时雇员也包括在内。这些临时雇员和正式雇员一起工作,在同样的主管指挥下,干着同样的工作。相反,工会辩解说,谈判单位中含有临时工是不适当的,因为临时工是由中间公司雇佣并由其支付工资,临时工的工资和福利水平是他们决定的。这些临时工被认为由两个主体联合雇佣,中间公司不同意这种联合单位的说法,因此斯特吉斯公司说,依据格林湖特案和李氏医院案,这种请求应被驳回。地区主任同意了这个意见。

在与之类似的杰夫造船厂案(Jeffboat)中,工会想把由临时机构TT&O公司派给杰夫造船厂公司的30名电焊工和蒸汽管装修工,纳入由杰夫造船厂和工会之间集体协议覆盖的600名生产和维修工的集体谈判单位中。地区执行主管的结论是,杰夫造船厂几乎控制了这些临时雇员的日常工作环境的每一个方面,因此,这些雇员应是杰夫造船厂和TT&O公司联合雇佣的。委员会还进一步认定,这两个单位对杰夫造船厂的正式雇员也有很大的共同利益。然而,因为杰夫造船厂和TT&O公司都不同意进行联合谈判,根据格林湖特案和李氏医院案,该请求被驳回。

审理斯特吉斯案的委员会推翻了李氏医院案的判决,认定在工会想要代表劳务提供者和用工单位自己雇佣的雇员混合而组成的单位时,多雇主雇佣原则与此并不相关。委员会的裁决认为,在这种情况下,不需要任何一个雇主对该单位表示同意,而只需要使用传统的共同利益原则,来决定所申请的谈判单位是否是适格的。委员会的理由为,谈判单位的范围是由某一特定雇主所做的工作确定的,在李氏医院案/斯特吉斯案所处的情形下,所有的工作是为用工雇主而做,所有的雇员也是全部或部分由其雇佣。委员会得出结论说,以为一个用工雇主而工作的员工为谈判单位,是符合《国家劳动关系法》第9条(b)规定目的的"雇主单位"。

委员会认为,就这种情况下的谈判机制,每一个雇主都有义务与工会进行其所控制的劳动条件谈判。因此,用工雇主必须与其自己雇佣的雇员就所有的劳动条件进行谈判,与其所共同雇佣的临时雇员就那些其所能控制的劳动条件(一般是指工作场所的条件,如管理、命令和安全,而不是工资和福利)进行谈判。反过来,作为临时工提供者的雇主,必须与临时工就其所控制的工作条件(一般来说是工资和福利)进行谈判。委员会要求,斯特吉斯案与杰夫造船厂案都适用其各自的地区办公室所制定的传统的谈判单位政策。

在 H. S. 护理公司案(*H. S. Care, Inc.*),橡树林护理中心(以此名称经营)案[*d/b/a Oakwood Care Center*,343 N. L. R. B. No. 76 (2004)],布什政府的行政委员会,以 3∶2 的投票推翻了斯特吉斯案的判决,重申了必须得到雇主的同意的规则。其主要的理由如下:

> 审判斯特吉斯案的委员会,对"雇主单位"这一概念的重新解释,割断了这一术语与成文法的联系……
>
> 《国家劳动关系法》第 9 条(b)规定,决定适格单位是委员会的权利,其相关规定为:
>
> 为了保障雇员有完全地行使本法所保障的权利,委员会有权在每一个案件中决定单位是否符合集体谈判的目的,无论是*雇主单位*、*同业单位*、*工厂单位*或者是他们的*下属机构*……"[原文有强调标记]

在这些得到许可的单位类别之中,最宽泛的是"雇主单位",其他所说的都是某一雇主所雇佣劳动力的下属分支机构。因此,该法的内容反映出,国会没有授权委员会在超过一个雇主以上范围进行谈判单位选举。立法的历史也支持对该法的这种清楚明白的语言作出这样的解释。特别是,国会的立法中包括了"他们的下属机构"这样的短语,来授权其他的"没有'雇主单位'那样宽泛的、也不符其他的或'工厂单位'的那些单位"。然而,在双方自愿对多雇主谈判单位达成协议时,委员会一直以来承认这样单位的合法性……

斯特吉斯案没有改变那个基本原则——只有在双方同意的情况下,第9 条(b)才允许委员会认定多雇主谈判单位是适格的,但限制了通过扩张解释"雇主单位"这句话而适用这个原则的情形。审理斯特吉斯案的多数意见认定,由用工雇主雇佣的雇员和由用工雇主及劳务提供者雇主共同雇佣的雇员所组成的单位,是由一个雇主的雇员所构成的。我们不同意对这一术语作出这样的重新界定,因为它与《国家劳动关系法》中"雇主单位"的清楚明白的含义不符。回到依据格林湖特案和李氏医院案所作的判决先例,我们的结论为,单独雇佣的雇员与联合雇佣的雇员是不同雇主的雇员,他们纳入同一谈判单位中就构成多雇主谈判单位。

按照委员会的传统定义,公共雇主是由"两个或两个以上的雇主(例如A和B)",共同对谈判单位中的雇员的"实质性的劳动条件事项承担责任或作出决定的雇主"。该单位的所有的雇员都是为一个单个的雇主工作,例如,联合的雇主实体A/B。因此,共同雇主单位A/B不是多雇主单位,比较而言,在斯特吉斯案的谈判单位中,情况可能是这样:A和B联合确定了所有的雇佣条件,或者,情况也可能是这样:A确定了部分的雇佣条件,而B确定了其他的雇佣条件。关键问题在于,一部分人的劳动条件是由A/B确定的,而另一部分人的劳动条件是仅由A确定的。因此,这一实体中有两部分的人员,而看起来他们的雇主不相同。无论耍多少法律上的花招,都不能改变这一事实……

斯特吉斯案的政策含义和其对第9条(b)的解释一样,都是有问题的……

尽管斯特吉斯案预料到每一位雇主,都是与自己雇佣的雇员,就自己能够控制的劳动条件进行谈判,但是,这种明确的划分与集体谈判的现实是不相符的。有两个例子可以阐明这一问题:第一,共同雇主的工资常常是劳务提供单位控制的,而这一工资对用工单位单独雇佣的雇员的工资协商有一定的影响,而这种工资协商是由用工的雇主控制的;第二,由用工雇主对工作场所的假期上班作安排,而提供劳动的单位可能控制着是否对这些联合雇佣的雇员发放假期工资。这些都是关于同一谈判单位中的雇员的谈判分歧如何影响了工会和雇主之间讨价还价的协商过程的,将雇主推到与其他雇主协商、同时又与工会协商的,比较极端的例证。用工雇主作为劳务提供者客户的地位,对于其管辖范围内的项目,可能在谈判中有效地限制着劳务提供者的选择。这种分裂因此破坏着谈判的有效进行。

斯特吉斯案提出的这种谈判制度,也没有对雇员的权利提供适当的保护。它将共同雇佣的雇员和单独雇佣的雇员放在一个谈判单位中,让一个工会去和两个不同的雇主进行协商,其中每一个雇主都仅控制着该单位劳动条件的一部分。这样一种结构让雇员去进行破碎的谈判,其中有着固有的利益上的冲突,这一结果与《国家劳动关系法》的充满活力的原则是不相符的。

例如,在许多情形下,被提供的雇员的工资是由劳务提供雇主(A)来确定,而单独雇佣的雇员的工资是由用工雇主(B)来确定,其结果是,在谈判过程中,A/B 雇员的工资,为了 B 的雇员的利益会被卖掉,反之亦然。为了让雇员享有完全的、有效的代表,《国家劳动关系法》认为,应当将享有共同利益的雇员与其共同的雇主放在一起。未经同意就将不同雇主的雇员混在一起,损害了这一基本原则。

注释和问题

1. 多雇主谈判与雇主的同意。依据《国家劳动关系法》,为什么多雇主谈判要以每一个雇主的同意为条件?审理橡树林护理中心案的委员会认为,要求雇主同意是因为国会在《国家劳动关系法》第 9 条(b)的规定中没有提到一个以上的雇主单位,这一观点正确吗?如果该法提到的"雇主单位"排除了一个雇主以上的单位,那么,经过雇主单位同意或联合而形成的多雇主单位有法定的基础吗?在斯特吉斯这种案子中,引起争议的雇员共同为互不竞争的雇主工作,在这种情况下,要求他们必须同意,有政策的基础吗?这种情况原则上是否与格林湖特案不同?在那个案件中,雇员们是为互相竞争的雇主工作。见迈克尔·C. 哈珀:《对集体谈判中经济关系适当性的界定》,载于《波士顿学院法律评论》第 39 卷(1998),第 329、352—356 页[Michael C. Harper, Defining the Economic Relationship Appropriate for Collective Bargaining, 39 *B. C. L. Rev.* 329, 352 - 356 (1998)](主张

《国家劳动关系法》允许而不是强迫相互竞争的雇主在谈判过程中合作)。

2. 共同雇主的雇员？看起来,审理橡树林护理中心案的委员会是要明确区分,不需要雇主同意的联合雇佣的雇员的谈判单位,以及需要雇主同意的一些是联合雇佣的、另外一些是单独雇佣的雇员的谈判单位。"在该单位中所有的雇员都为一个雇主工作,例如,联合雇主实体A/B,因此,作为联合雇主单位的A/B不是一个多雇主谈判单位。"在其观点的脚注15(上面没有印出来),委员会引用了伯威诉灰狗公司案[Boire v. Greyhound Corp., 376 U.S. 473 (1964)]。在那个案件中,委员会认定,尽管一家地板清洁公司在灰狗公司的一个终点站雇佣员工、支付工资、管理和调配员工、对员工升职或者解雇员工,但是灰狗公司部分参与了工作安排,决定完成工作安排所需的雇员的数量,指挥涉及该案的员工进行工作。委员会的结论为:灰狗公司和地板清洁公司为联合雇主,因为他们对雇员施加了共同的控制;在联合雇佣关系下由所有的雇员构成的单位,是可以举行选举的适合的单位。尽管委员会指令进行选举的命令被上诉法院驳回,但最高法院依据利达姆诉凯尼案(见前文第292页),以缺乏管辖权撤销了那个判决。最高法院解释说:"无论灰狗公司是否有足够的控制表现,这实质上是个事实问题,这和凯尼案的问题是不一样的,凯尼案完全依赖于对于法律的解释。"(376 U.S. at 481)在重审中,上诉法院维持了委员会对于联合雇主的决定[368 F. 2d 778(5th Cir. 1966)]。尽管委员会强调这一事实——在本案中工会没有要代表不在灰狗公司终点站工作的地板清洁公司的雇员,但是,看起来没有观点表示联合雇主在功能上是一个"实体",或者工会所要求的谈判单位仅包括联合雇主共同雇佣的雇员。这个后一种要素——只存在着共同雇佣的雇员,也没要在其他广为引用的关于联合雇佣的判决中,如在国家劳动关系委员会诉勃朗宁·菲利斯工业公司案[NLRB v. Browning Ferris Indus.,691 F 2d. 117 (3d Cir. 1982)]中得到确定。无论如何,审理橡树林护理中心案的委员会对这一要素的强调——这推动了更多由单个雇主雇佣的雇员的现象,而不是雇主越来越多,这与其对原理的阐述相符合吗？即,由一个以上雇主的雇员所构成的谈判单位应当被视为产生这一同意规则的多雇主单位。

3. 是临时雇员与正式雇员之间的利益共同体？还是雇主单独雇佣的雇员与联合雇主雇员之间的利益共同体？ 即使审理橡树林案的委员会潜在地关心，在那些联合雇佣的单位中存在雇主单独雇佣的雇员。但是，无论是否有同意规则的存在，委员会均有权对所建议的谈判单位是否包括适格的谈判单位进行评估。在一些情况下，是否有这样的可能？即，依据共同利益进行分析，由正式雇员（那些被用工雇主雇佣的人），或者由正式雇员和临时雇员（那些被劳动使用者和提供者的机构所共同雇佣的人），均是适格的。如果是这样的话，对于谈判单位的决定，按照什么来确定呢？见：工程储存用品公司案［Engineered Storage Prods. Co., 334 N. L. R. B. 1063 (2001)］（申请的单位只有正式员工获得批准；尽管申请单位中临时雇员也可能是适格的，但是临时雇员就要求加入该谈判单位而言，与正式雇员之间没有那么强的共同利益）。在橡树案之后，这一判决是否仍是良法？使用劳动者的雇主和提供劳动者的雇主在任何情况下都有可能会同意将联合雇佣的临时雇员，包括那些单独雇佣的临时雇员，包含在谈判单位之中吗？

4. 关于对已成立谈判单位的添附及其他案例。 在斯特吉斯案中，委员会委员布雷姆发表了部分不同意见，对潜在的添附原则适用的宽泛性问题，提出了特别的批评。他指出，让提供劳动者的雇主来承担使用劳动者雇主的集体协议所带来的成本，是不公平的，"将联合雇佣的雇员添附到由单个雇主所单独雇佣的雇员所支撑的谈判单位之中，会使提供劳动者的雇主在几年间有义务遵守现有的集体协议，而在这些集体协议协商的过程中，其根本未参与过。"（331 N. L. R. B. at 1321）这样是否是一个适当的做法？即，在就提供劳动者进行劳动签订合同之前，提供劳动者的雇主可以就劳动使用者的雇主与工会签订的现行的集体合同进行询问。这很可能让使用劳动者的雇主提高遵守集体协议的成本吗？

当然,另外一个需要关心的问题是这些被添附的雇员的代表权问题。在生命之树公司案(Tree of Life, Inc.),东北美食食品公司(以该名称经营)案[Gourment Award Foods Northeast, 336 N.L.R.B. 872 (2001)]中,集体协议将谈判单位宽泛地界定为"驾驶员和仓库管理员",委员会中根据多数意见作出裁决,被联合雇佣的临时仓库管理员,完全符合这一谈判单位的界定,因此,不需要适用共同利益分析法,也不需要适用前文第299—300页所讨论的添附中的"所重点讨论过的标准",就应该包括在集体合同的范围之中。委员会将那些临时雇员看作是现有分类中的新的雇员,他们可以自动成为某一类现有分类中所包含的谈判单位的一部分。在橡树案后,生命之树案仍是良法吗?

307

5. 斯特吉斯案会对谁有帮助? 很明显,斯特吉斯案对工会有帮助,工会希望将临时雇员组织起来,但发现这样做很困难,因为这些临时雇员的离职率比较高,将临时工包含在正式工组成的谈判单位中,可能是将临时工组织起来的唯一方式。无论情况如何,在橡树案之后,劳动者提供单位向用工单位提供的那些派遣雇员是否既要和用工方的其他雇员分开,又要和劳动者提供单位向其他用工单位派遣的雇员分开,而去单独组织工会?

2. 接触雇员选民

请回忆一下我们在第四章讨论过的不准劝说、不准分发材料规则,兰奇米尔案和渗透行为案,所有这些都涉及"接触"的问题,这样的问题所关注的是在工作场所雇员彼此交流的能力,以及雇员和工会的交流能力。在组织工会的过程中,接触雇员是个关键问题,本节所关注的是,在工会组织的过程中,雇主接触雇员,向雇员传达信息,以及雇主和工会所享有的接触权的程度问题。

国家劳动关系委员会诉美国钢铁工人联合会案（纽通案和阿冯达尔案）

NLRB v. United Steelworkers of America (Nutone and Avondale)
357 U.S. 357 (1958)

法兰克福法官……。第81号。——在1953年4月份，作为被上诉人的钢铁工人工会，发起了一场组织被上诉人纽通公司的雇员成立工会的活动。该公司是一家设备制造商，在组织活动的早期阶段，公司的管理人员询问了一些雇员，听取了其他雇员关于工会组织活动的报告，几个雇员被解雇。委员会后来认定，解雇那几个雇员是因为他们参加了工会的组织活动。6月份，公司开始通过管理人员发放文字材料，尽管没有什么强制性，但很明显，大体上是反对组织工会的。8月份，在继续发放这种材料的同时，公司通知说，将实行规定反对员工张贴标语，或者在公司的地盘上发放文字材料，禁止在公司上班的时间拉票或者搞组织活动。按照这些通知，这一规定适用于"所有的雇员——无论这些雇员是赞成或者是反对工会"。在8月下旬，举行了代表选举，在选举中钢铁工人工会失败。

在委员会开始钢铁工会案的审理程序之前，工会指控公司在选举之前和选举之后，数次违反《国家劳动关系法》，包括歧视性地适用禁止劝说的规则，以及对雇员的解雇构成不当劳动行为。劳动关系委员会还认定，该公司帮助和支持了在选举之后成立的一个工人组织，违反了《国家劳动关系法》的规定。然而，委员会没有认定公司歧视性地适用了禁止劝说规则（112 N. L. R. B. 1153）。……上诉法院的结论为：公司禁止在非工作时间在公司的地盘上分发组织材料，同时，公司自己在分发反对组织工会的材料，构成不当劳动行为，并指令劳动关系委员会对其命令作出相应修改，按照修改后的命令执行。

第289号。——1954年秋天，纺织工人工会在被上诉人阿冯达尔工厂（Avondale Mills）的几个工厂开展组织工会活动。公司的人力资源主管部门召见了几名雇员,理由是他们劝说他人参加工会,违反了工厂守则,公司将不会容忍这样的行为。这一禁止劝说规则并没有以书面形式颁布,但有证据证明,在公司未成立工会的时候,这一规定曾施行过。在这同一时期,人事主管部门对雇员进行关于工厂规则问题的约见,并到工作岗位上询问工人对组织工会的观点和组织行动情况,并要求雇员从工会那里撤回申请卡。在很多情况下,这一要求还伴随着威胁,称如果工厂组织了工会,工厂就会倒闭,工人就会失去各种福利待遇。此后三名工人被迫下岗,并最终因违反规章被解雇,而这三名工人每一个人都被告知过不得劝说他人参加工会的规则。

……劳动关系委员会还认定,公司人事主管部门对雇员的询问、劝说和威胁,均构成不当劳动行为。劳动关系委员会进一步认定,适用不准劝说的规则,并对违反这一规则的三名工人进行解雇,构成歧视,因此,违反了《国家劳动关系法》;劳动关系委员会进一步认为,即使没有歧视性地适用这一规则,因雇员组织工会的活动,除此之外,雇员没有任何违章之处,就以违章解雇雇员,因而构成不当劳动行为。劳动关系委员会命令,停止这些行为,并召回被解雇的雇员(115 N.L.R.B. 840)。在委员会向第五巡回上诉法院申请执行时,公司仅就委员会的部分认定,以及关于规则的命令和解雇等问题进行了辩解。法院……认定,公司在适用"禁止劝说"规则时,没有充分的证据证明存在歧视,对关于规则的命令以及由此[违反该规则]而导致的解雇部分,拒绝予以执行……

在我们审理的就不准劝说规则提出申请的两个案件中,挑战者未能否定其有效性,其所提出的,雇主在适当的环境下,可以非强制性地劝说反对成立工会的主张,也未能对其有效性进行挑战;的确,雇主这样做的权利是受到《国家劳动关系法》第8条(c)关于"雇主言论自由"条款的保护的。反过来说,正如目前我们审理的这两个案件所显示的,反对成立工会的强制性的劝说,以及其他类似的行为,无论这些行为是如何执行不准劝说原则的,均违反了《国家劳动关系法》。从这一请求中所引申出的非常狭窄的、几乎是抽象的问题是,在雇主自己有反对成立工会的劝说行为时,如果这样的行为是由雇员所进行的,那么就构成了对该规则的违反——特别是在其劝说行为是强制性的或者伴随着其他的不当劳动行为时——其对雇员所实施的有悖于有效的不准劝说规则的行为。申请人要求我们判决,无论雇主的这些特定的争议行为的方式如何,或者其行为在多大程度上造成了组织交流的不平衡,有了这些情况,即构成对《国家劳动关系法》的违反。

在这两个案件的卷宗中,没有一个案件的材料能够显示,雇员或者工会曾要求对其所从事的要求别人参加工会的行为进行豁免,因为雇主自己也在从事反对成立工会的劝说行为。在这两个案例中,均有证据表明,在过去就劝说雇员进行慈善捐赠的问题,作过例外的处理。尽管雇主明显对工会持有偏见,在法律上,我们也不能得出结论——也许这还要由劳动关系委员会从劳资关系的经验中得出结论——关于类似的组织活动劝说规则的请求可能会被拒绝。当然,如果没有请求,雇主没有义务主动地提供设施给他人用,或者给雇员时间让他们听取赞成成立工会的劝说。雇主也应当小心,他对工会组织活动进行干涉,或对工会的组织活动提供支持,会违反《国家劳动关系法》第8条(a)(2)的规定。

在这两个案例中,没有一个案例试图要证明,这一禁止劝说的规则真正地降低了有关劳工组织将信息传递给雇员的能力。正如在决定不准劝说规则的有效性的时候,这是一个关键性的问题一样;在决定这一有效的规则是否被公正地适用了时,这一问题也是有高度关联的。当然,这些规则有封闭某一交流渠道的作用,但是,从抽象的法律规则的角度来看,《塔夫脱—哈特莱法》并没有要求,在所有情形下,劳工组织与单个雇员沟通的每一种方式均受到法律的保护,该法也没有要求因为雇主用了某种交流方式,劳工组织就有权使用这一方式。比较邦威特出纳公司诉劳动委员会案(Bonwit Teller, Inc. v. Labor Board, 197 F. 2d 640, 646);劳动委员会诉 F. W. 羊毛制品公司案(Labor Board v. F. W. Wool Worth Co., 214 F. 2d 78, 84)(赞同的意见)。对于这种非机械的复杂的劳动关系问题,并没有现成的机械的答案。如果因为工厂的地理位置,工会可以利用工厂的设施和资源,尽管有不准劝说的规则,雇员也能有效地接触赞成成立工会的信息,并且和他

第五章 劳动关系委员会对于谈判主体的决定 387

们接触,雇主通过其他能力发布的反对成立工会的信息一样多,那么,就没有理由否定"其他的有效的"方式的有效性。在根据每个案件的具体情况决定是否适用这一规则时,委员会也许可能会发现,在工会组织方面,存在着其他的渠道。在委员会对案件进行审理时,这一重要的问题甚至没有被提起过,也没有举出相关的证据,因此,对雇主的行为作出评估的重要问题是空缺的。

我们一点也没有这样的意思:由雇主来实施有效的不准劝说规则,雇主同时又可以从事劝说雇员不准参加工会的活动,这样不会构成不当劳动行为。我们所认定的是:在劳动关系的实际状况中,要作出这样的认定,必须有一定的依据,而在这两个案件的卷宗材料中,缺乏作出这样的认定所需要的依据。因此我们推翻第81号判决,撤销该判决,并要求委员会修改其命令,该判决的原因报送给上诉法院,以便其在对不同意本观点的问题进行审理时作为参考。在其他方面,我们维持原来的判决;维持第289号判决。

〔这里省略了首席大法官沃伦的意见,他在阿冯达尔案中持反对意见,在纽通案件中持赞成意见(这些观点得到了布莱克大法官和道格拉斯大法官的支持)。〕

注释和问题

1. 在纽通案之后委员会有改变这一法律的能力吗? 钢铁工人案(一般是指阿冯达尔案和纽通案)在多大程度上遵从了委员会的判决?请注意,法院的陈述是"没有试图去……证明这一禁止劝说的规则真正地降低了有关劳工组织将信息传递给雇员的能力"。假如委员会,在行使其在劳动关系方面的专门经验时,随后决定,在非工作时间限制劝说雇员,而同时允许公司的代理人,在工作场所不受限制地使用非强制性的劝说工人不要参加工会的行为,严重限制了工会向工人传达信息的能力,那么,委员会是否就可以自由地作出决定,这种对于不准劝说规则的歧视性的适用,侵犯了雇员依据第7条所享有的了解参加工会的潜在利益的权利,因此,违反了第8条(a)(1)的规定,或者决定,这种做法足以损害公正的选举条件,从而应该重新进行选举？见：黑尔·南尼康复护理中心案［Hale Nani Rehabilitation and Nursing Center, 326 N. L. R. B. 335(1998)］（委员会中的三位民主党成员坚持否认有这种可能性，但是，只有委员会主席古尔德不同意这种意见，并依据案件的事实认定，雇主歧视性地适用了这一规则，因此应重新选举）。这样的一个规则与雇主依据《国家劳动关系法》第8条(c)所享有的言论自由的权利是一致的吗？我们会在后文第318—332页讨论这一权利。与前文第179页法院对兰奇米尔案（Lechmere）作的判决是一致的吗？

2. "受制听众"①演讲和委员会及有特权的不准劝说规则。 在邦威特出纳公司案［Bonwit-Teller, Inc. ,96 N. L. R. B. 608 (1951)］中，委员会认定，虽然雇主可以聚集一些受制的听众，并向他们发表演说，但是雇主拒绝工会向同一群众作出回答的请求，违反了《国家劳动关系法》。然而，在利文斯通衬衣公司案［Livingston Shirt Corp. ,107 N. L. R. B. 400,409(1953)］中，重新组成的委员会却转变了方向，认定"雇主在他自己的工厂里没有给予工会以同样的权利并无什么不妥"，从而抛弃了"邦威特出纳公司案的标准，仅要求雇主在'特殊的情况下'才对工会的这样要求给予回复"，即雇主在适用了"非法的宽泛的不准劝说的规则时……或者适用的享有特权的不准劝说规定时(因为商业的特点，宽泛的但不是非法的)"。

3. 雇主对雇员听众的控制。 一般来说，委员会也不愿意对受制听众离席的资格作出规定。例如，委员会裁决认为，"对在工作时间和工作地点，资方要求雇员参加的旨在影响工会选举结果的非强制性的演讲会，雇员们并无法律保护的离开会议的权利。"立顿系统公司案［Litton Systems, Inc. , 173 N. L. R. B. 1024,1030 (1968)］，在受制听众会议上，雇主也可以禁止雇员发言，并将支持工会的雇员排除在这种会议之外。见：F. W. 伍德沃斯公司案［F. W. Woodworth Co. , 251 N. L. R. B. 1111 (1980), enforced, 665

---

① 受制听众(captive audience)，指在辩论有结果前不能自由离开的听众。——译者注

F. 2d 51(8th Cir. 1981)];纽约拉克思瑞案[Luxuray of New York, 185 N. L. R. B. 100 (1970), enforced in part,447 F. 2d 112 (2d Cir. 1971)]。在代表选举中这些裁决是禁止还是鼓舞了思想自由传递。是否需要这样的裁决,来使雇主能够表达他们的观点?《国家劳动关系法》第 8 条(c)要求作出这样的裁决了吗? 这些裁决是否最好被理解为,它们适用了巴布科克·威尔科克斯案(Babcock & Wilcox)所提出的并且在兰奇米尔案所得到确认的原则,即第 7 条规定的权利必须与雇主的财产权相符合,如果是后者的话,他们是否达到了适当的平衡?

4. 委员会在通用鞋厂案(General Shoe)中的原则以及皮尔利斯胶合板案(Peerless Plywood)的裁决。委员会主张,在检验雇员喜好的"实验条件"被损害时,即使这一损害行为还没有达到第 8 条所规定的构成不当劳动行为的程度,其有权推翻这一选举结果。见:通用鞋厂案[77 N. L. R. B. 124 (1948)],引用自后文第 332 页。这一原则也允许委员会触及那些由于第 8 条(c)的限制不构成不当劳动行为的某些行为。委员会援引通用鞋厂案,在皮尔利斯胶合板公司案[Peerless Plywood Co., 107 N. L. R. B. 427 (1953)]中的裁决,"在计划……的选举开始前 24 小时之内,如果雇主或工会在上班时间向大规模聚集的工会讲话",他就会废除这一选举结果。在上班时间最后的紧要关头进行讲话,委员会推测,意在创造一种与"清醒的、经过思考的选择"不相适应的"大众心理",给予最后有机会向投票人讲话的一方以"不当的有利地位"。然而,请注意,皮尔利斯胶合板公司案的裁决局限的一面。例如,它没有能够触及在选举开始的前一天内的其他形式的受制性的竞选活动。因此,在这段时间里资方的经理可以以个人的身份在工作场所或者在经理的办公室中向投票者讲话,见:例如,弗莱克斯·普特公司案[Flex Poods., Inc., 280 N. L. R. B. 1117 (1986)];阿肯色州地雾公司案[Land O'Frost of Arkansas, Inc., 252 N. L. R. B. I (1980)]。进一步来说,皮尔利斯胶合板公司案既没有禁止雇主,也没有禁止工会,在这 24 个小时内在公司的地盘之内或地盘之外作选举讲话,如果雇员是在他们所自由支配的时间内,或者他们参加会议是自愿的。此外,发放传单及进行其他形式的选举活动,在这段时间内也没有限制,据我们推断,依据通用鞋厂案,委员会有权发布对 24 小时选举活动的更宽的禁止令,但它没有选择那么做。

在选举的那天,在雇主的工作场所,如果工会从宣传车上播放工会赞歌,如"我骄傲我是工会会员",尽管不是在选举区内,但声音大的能让工作现场的许多员工听见,这种情况会怎样?依据皮尔利斯胶合板公司案,这属于被禁止的"受制听众"吗?见:兄弟技术公司案[Bro-Tech Corp., 330 N. L. R. B. 37 (1999), on remand from 105 F. 3d 890 (3d. Cir. 1997)]。

5. 工会接触工人的机会至少应该像雇主一样多? 在纽通接触工人案和阿冯代尔案中,法院认为,"如果赞成让工会来作代表的信息能够有效到达雇员的机会……至少是像雇主反对让工会来作代表的机会一样多,那么就没有理由裁决只允许雇主而不允许工会在上班时间向雇员宣传。"工会在工作场所之外接触雇员的能力,与雇主在工作时间向那些必须听他们讲话的受制听众讲话的机会是否可能是均等的?特别是这个要素在兰奇米尔案的判决中起着重要的作用,见前文第 179 页。法院在那个案例中的判决中提到了工会"至少应该与雇主接触雇员选民的机会一样多"吗?在思考下面的精致内衣案后,再作评论。

6. 在工作场所举行选举有什么样的冲击? 为了使参加选举的投票人能够最大化,一般来说,委员会是在征得雇主的同意后,在工作单位的场所举行代表选举。对工会来说,这种做法加剧了工会接触雇员机会的不平等。参见克雷格·贝克尔:《工作场所的民主:工会代表选举和联邦劳动法》,载于《明尼苏达法学评论》第 77 卷(1993),第 495、566 页[Craig Becker, Democracy in the Workplace: Union Representation Elections and Federal Labor Law, 77 Minn. L. Rev. 495, 566 (1993)](如果在公众场所举行投票,雇主可以合法的让工会与投票保持一定距离……。实际的效果是,在举行选举的这一天,甚至在投票的过程中,雇主对雇员可以进行拉票活动,但是工会却不能)。

7. 严重的不当劳动行为所能获得的救济途径。雇主对组织工会行为的回应,往往会采取一系列的违法行为,一般来说性质都是比较严重的,委员会已经发布过一些命令,让工会以各种形式进入雇主的工作场所作为一种救济方式——例如让工会用工厂的工作牌,在非工作时间使用工厂的非工作区域,或者在工作时间开会时对受制听众的演讲作出回应,这样的救济措施通常仅限于发生不当劳动行为的场所。委员会坚持使用这样的命令,认为不需要证明工会存在其他合理的方式去接触员工,这样是合理的吗?关于这些救济措施详细的讨论见美国钢铁工人联合会诉国家劳动关系委员会案(佛罗里达钢铁公司)[United Steel-workers v. NLRB (Florida Steel Corp.),646 F. 2d 616 (D.C. Cir. 1981)]。另见:斯考特·R.哈博、克雷格·B.克劳斯科:《注解,劳动关系委员会关于准许工会使用公司财产的命令》,载于《康奈尔法学评论》第68卷(1983),第895页[Scott R. Haber & Craig B. Klosk, Note, NLRB Orders Granting Unions Access to Company Property, 68 *Cornell L. Rev.* 895 (1983)]。

精致内衣公司案

Excelsior Underwear, Inc.
156 N. L. R. B. 1236 (1966)

[在精致内衣案中,在一场选举中247名有资格的雇员中有246名参与了投票,有206名投票反对成立工会。选举后,工会起诉表示反对,理由是雇主没有向工会提供雇员的姓名和住址,以及其他理由,地区主任建议驳回这些反对理由。商会、全国制造业协会、美国劳工联合会—产业组织联合会及各种国际工会,应委员会的邀请,在精致内衣案中提出了法院之友意见摘

……这些案子里面,每个案子都提出了这个问题:在工会选举中,雇主拒绝向工会提供有资格参加选举的雇员的姓名和住址,这是否可以成为废除选举结果的理由。在过去,委员会没有以此为理由废除过选举……

我们相信……我们需要实行比目前更高的信息公布标准,要求在所有的代表选举中,都应及时公布申诉人在本案所要求公开的信息。因此,我们在所有的选举案件中都做这样的要求,即,在地区主任于双方达成的选举协议表示同意后的7天内……,或者在地区主任或委员会开始指挥进行选举后……,雇主必须向地区主任提交有资格参加选举的雇员的名单,包括所有有资格投票人的姓名和住址。反过来,地区主任应该让案件的各方当事人都获得这一信息。未能达成此要求,只要当事人提出适当的反对,就可以成为废除选举结果的理由。①

促使我们采纳上述规定的是基于以下的考虑:我们认为委员会的功能是指挥选举,在选举中雇员有权依据《国家劳动关系法》不仅在不受干涉、限制或勉强的情况下,有机会通过投票来决定是赞成还是反对工会,而且是在没有其他的阻碍或者妨碍自由的和经过慎重选择的情况下作出的决定。缺乏这种选择所需要的信息,毫无疑问是影响这种选择所需的要素之一。换句话说,有充分的机会听到关于代表选举问题的辩论,会使他更有利于获得更多的信息,并有利于他作出更理性的选择。因此我们认为,我们制定新的规则以消除这种交流的障碍是适当的。

……雇主由于拥有雇员的姓名和家庭住址,并且能够有能力在工厂的地盘上与雇员交流,肯定有机会持续性地向全体雇员选民表达其观点……。而劳工组织则不一样,它的组织者一般情况下无权进入工厂的地盘,也没有办法肯定它能让所有雇员接触到他的支持成立工会的意见……。换句话说,通过向各方提供所有雇员的姓名和住址,我们将能最大化地了解到雇员

---

① 5. 然而,我们在这里宣布的规定仅对将来有效力。该规定对本案没有约束力,仅对本判决30天以后委员会指挥下举行的选举或双方当事人同意举行的选举具有约束力。

赞成或反对工会的意见……

反对实行这一公开要求的意见没有什么说服力,特别是考虑到由此所能获得的结果时,更是如此。一开始我们就能够看到,这种要求不会对雇主的利益带来实质性的侵害。雇员的姓名及住址簿和客户名单不同,看起来雇主对雇员的名单和住址保密没有多大的意义(除非雇主想阻止工会与雇员的交流——在我们看来这一利益不值得保护)。无论如何,公开这种信息所带来的公共利益都会重于雇主对这种信息的合法地保密……

由雇主和支持雇主的法律之友向我们提出的主要观点,与公开姓名和地址的要求是否会侵害雇主权利无关,而是说这样做侵害了雇员的权利……。我们认为这种观点是没意义的,雇员没有向工会提供姓名和住址,不管是否因为懒惰、害怕雇主报复,或者是因为初步的准备是投反对票,不让工会来做他们代表,在我们看来,都不是在行使第7条规定的不从事工会活动的权利。进一步说,在本案所面临的背景下——在举行由委员会主持的选举——雇员通过投票行使其赞成或反对让工会来代表他们的权利。

我们同样反对这种意见,即,向工会提供雇员的姓名和住址会使雇员在家中受到骚扰或强制的危险。我们不认为致力于让雇员在秘密投票中支持他们的工会,会做出这种性质的事情;如果是这样,我们应提供适当的救济。无论如何,我们不认为工会会在雇员的家里滥用这种交流,以致有可能使他们完全失去获胜的机会……

(精致内衣案中的雇员)还提出这样的观点:依据最高法院在国家劳动关系委员会诉巴布科克·威尔科克斯公司案(NLRB v. The Babcock & Wilcox Company)、国家劳动关系委员会诉美国钢铁工人联合会案(NLRB v. United Steelworkers of America)、纽通公司案的判决,委员会不能要求雇主公开雇员的姓名和住址,除非是在工会没有办法向雇员传达其信息的特别情况下……

起初,我们在研究巴布科克案和纽通案时,只有在委员会所许可的交流机会可能会干涉到雇主的重要利益时——如雇主控制其所有的财产的使用时才适用。在本案中,正如我们所显示的,雇主对雇员的姓名和住址保密对雇主来说没有什么重大的利益。因此在要求公开这些信息前,委员会没有必要考虑存在着替代的交流渠道问题。进一步来说,即使雇主对不公开这些信息享有一定的合法利益,那么,对这种利益的服从,只有限于这种情形才可以——应证明雇员的自我组织利益是实质性的利益。因为每当地区主任在指挥进行选举时,都会发现有关代表权存在的真正的问题;在雇主同意进行选举时,他已经以默示的方式承认了存在代表权这一事实。在巴布科克案和纽通案中,在公司的地盘上进行信息交流机会的问题,并不限于雇员的组织利益是实质性利益这一种情况;例如,在选举受到指挥的情况下;我们认为,依据这一利益,也能够对这些案件作出区分。

[委员会证明,在工会参加的选举中,大多数有效票都没有投。]

注释和问题

1. 对通用鞋厂案中确定的原则行使。 精致内衣案中的规定不是以存在不当劳动行为为基础的,而是委员会依据通用鞋厂案行使规定公开选举条件的一个例子。正如委员会所指出的,没有遵守这一要求,就可以构成推翻雇主在选举中获胜的理由。

2. 制定虚假的规则? 请注意,委员会在裁决刚开始所使用的程序,以及脚注5中所使用的程序,并回忆一下,我们前文第102—105页所讨论过的规则制定和裁决问题。在精致内衣案中,委员会是否实际上以自己的规则制定程序取代了《行政程序法》规定的程序?

在国家劳动关系委员会诉怀曼-戈登公司案[NLRB v. Wyman-Gordon Co.,394 U.S. 759 (1969)],雇主拒绝提供"精致内衣案所要求的名单",委员会签发了传票,要求雇主提供。最高法院要解决的问题是,依据精致内衣案所签发的传票,是否因为审理精致内衣案的委员会没有遵循《行政程序法》规定的规则制定程序,而不能得到强制执行。有六个法官都认为,委员会没有遵循通用的规则,在精致内衣案中所做的仅对未来生效的决定也是属于规定,应当符合《行政程序法》规定的"通知和评价的要求"。然而其中的四个法官，还是投票同意执行传票，理由为，这是有效裁决的结果。加上三个不反对精致内衣案所遵循的程序的法官，他们形成了同意执行的多数，精致内衣案所确定的规则因此得以幸存下来。

3. 精致内衣案对委员会的"受制听众"规则造成了怎样的冲击？ 在与精致内衣案同一天作出裁决的通用电气公司案[General Elec. Co., 156 N. L. R. B. 1247(1966)]中，委员会在回应邦威特出纳公司案原则时，不愿意再适用"平等机会"/权，见前文第311页，注释2，而是更愿意"在工厂区域进入权方面，推迟再考虑任何现有的委员会的原则，直至精致内衣案所确立的原则所产生的效果广为人知"。同上，1251页。就兰奇米尔案来看，委员会现在应当重新适用邦威特出纳公司案所确立的原则吗？在纽通案和阿冯达尔案之后，委员会能这样做吗？精致内衣案所确立的对雇员进行家庭访问的原则，有助于促进工会与工人交流的能力和雇主在工作场所与工人交流能力之间的平衡吗？见里昂纳多·比尔曼：《托马斯·兰奇米尔公司诉国家劳动关系委员会案中的正义：对罗伯特·A.高曼教授的回答》，载于《霍夫斯特拉劳动法律杂志》第10卷(1992)，第299、308—309页[Leonard Bierman, Justice Thomas and Lechmere, Inc. v. N. L. R. B: A Reply to Professor Robert A. Gorman, 10 *Hofstra Lab. L. J.* 299, 308–309 (1992)]（提出了这个观点，现在雇员比三四十年前的雇员居住的更加分散，这使得他们找这些雇员更加困难）。

4. 获得精致内衣案所要求的名单？ 请注意，精致内衣案的判决，要求雇主提供有资格参选的投票人的名单。另请注意，工会必须证明在提起选举要求之前，其已经获得了30%雇员的支持[29 C.F.R. §101.18(a)]，一般情况下，在提出选举申请前他们已经获得了该选举单位的半数以上的雇员的支持。在这一过程中，委员会是否应当要求雇主比精致内衣案要求的时间更早地向工会组织者提供雇员的姓名和住址？这种理由与委员会在精致内衣案所说的理由是否一致？兰奇米尔案与这种情况有关吗？如果委员会有权要求雇主更早地提供雇员的姓名和地址名单,应该说在这个过程中的什么时间内要求雇主提供精致内衣案所需要的名单?委员会是否至少在工会接触雇员有困难时,应考虑雇主更早地公布这一名单?见:技术服务解决公司案〔Technology Serv. Solutions, 324 N. L. R. B. 298, 303 – 306 (1997)〕(古尔德主席持赞成意见)。

3. 对选举行为的规制

在前面一节,以及第四章中,关于不准劝说/不准散发的规定、关于进入雇主地盘的规定,以及工会组织人员以雇员的身份渗透(salting)的问题①,都讲的是关于雇员的权利、非雇员身份的工会组织者,以及雇主就组织工会问题同雇员的交流权利。然而这些内容没有考虑所交流信息的内容的合法性问题;例如,纽通案,阿冯达尔案和受制听众问题,都讲的是雇主进行非强制性的反对工会的劝说的权利。相比较而言,本节主要讨论在雇主与雇员的口头和书面的交流的内容上,许可的内容与不许可的内容的分界线。本节也讨论雇主和雇员某些行为的合法性问题,例如,给予利益和控制,在你通读这些材料时,请紧密注意,委员会的和法院的关于雇主和工会在工会成立过程中的策略,实际上会对雇员产生多大影响的观点,问问你自己,这些观点与案例和不同实质性领域的情形是否一致。

(1)恐吓性的言论

国家劳动关系委员会诉高拉博公司案

NLRB v. Golub Corp.

388 F. 2d 921(2d Cir. 1967)

---

① 渗透是指工会人员如果要在某单位组织工会,所能采取的合法的做法,就是就派人员去该单位应聘,成为该单位的雇员后,在单位中进行组织工会的工作。因为工会无法进入雇主的单位去组织工人参加工会。

——译者注

第五章 劳动关系委员会对于谈判主体的决定

弗兰德林法官……。1965年元月18日,地区主任命令,在2月17日举行选举。公司向雇员发了三封信,日期分别是:2月2号、8号、12号,讲了一些反对成立工会的观点。在2月11日的另外一封信中,工会邀请雇员及(他们的)妻子在2月16号参加宴会,并说对他们参加宴会所花的时间要进行补偿。在宴会结束后,威廉姆·高拉博(William Golub)又发表了反对成立工会的演讲。

工会以24:4在选举中失败,地区主任废除了选举的结果,因为高拉博的演讲违反了皮尔利斯胶合板公司案[107 N.L.R.B. 427(1953)]所确立的,在选举开始前的24小时内禁止从事这些行为的规定。后来地区主任同意了工会撤回其请求认证的申请。同时,工会提出了不法劳动行为指控并递交了诉状。讯问审查官[1]认定……,2月2号、8号的信以及2月16号演讲的部分内容违反了《国家劳动关系法》第8条(a)(1)的规定。委员会也同意了这一认定……

相对于第8条(a)(1)所规定的许多程序,这里所认定的违法行为,仅包括书面的违法,以及向雇员群体进行演讲中的违法——对质问、监视、歧视性解雇或利益给予没有作出认定。本案因此提出了这么一个尖锐的问题:在制止与第8条(c)和第一修正案相一致的言论自由方面,委员会究竟能走多远?

委员会对公司2月11号和12号所发出的信没有提出批评,仅认为2月2号和8号的信的部分内容,以及2月16号高拉博演讲的一小部分内容有错。仅仅引述那些有争议的段落,会给人一种错误的印象,因此有必要把这些有争议的部分放在他们当时所处的背景之下。

---

[1] [美]讯问审查官(trial examiner),行政机关中负责听证的官员,他有权进行听证并接受证据,地位相当于审计官或法院的主事官(special master of a court);是美国联邦行政程序法制定之前对主持行政听证的官员的通称。1946年美国联邦行政法制定后成为听证审查官(hearing examiner),1972年又改为行政法官(administrative law judge),其地位逐步确定和独立。引自薛波主编:《元照英美法词典》,北京大学出版社2013年版,第1358页。——译者注

2月2号的信,一开始就告诉雇员很快就要举行选举,接着批评工会作出虚假的承诺,"你们能轻易地分出这些承诺与……其他承诺的区别";又批评工会选一个店进行选举,而避免让连锁店的所有雇员都参加投票。该信向雇员保证说,投票是在绝对秘密的情况下进行的,他们"受到法律的保护,其自由选择权不受任何人的干涉",他们不受工会卡签字的约束。然而这封信接着说,"为了让你们投票支持他们,工会一直在作许多的承诺——承诺去提可能会是很过分的要求。被迫满足工会过分要求的公司有的已破产,其他地产连锁店(西弗韦商店)的雇员没有受工会承诺的愚弄,就在不久前直接拒绝了他们。"①在讲了成为工会会员就意味着要交纳会费、风险评估费以及其他的财务负担,甚至还要参加同情罢工之后,这封信又继续说:

  食品零售行业是世界上竞争最激烈的行业。是顾客在付你们工资,而不是工会。如果我们能以有竞争力的价格吸引顾客,我们就能让顾客走进我们的商店。即使是大连锁店如果不作重大调整也无法满足工会的要求,因为他们也不得不保持自己的竞争力。被迫与工会签订合同的大超市,都增加了个人的工作量,减少了雇员的人数,以抵销更高的成本。他们发现要保持竞争力就必须让更少的人来干同样多的工作。②

最后,公司说还会再写信,并请雇员不要有成见。

2月8号的信,一开头就要求雇员"看一下事实,对你来说,外来的干涉真正会意味着什么"。首先的事实是,要支付工会会费,并履行对工会的其他义务,即上一封信里所描述的那些义务。接下来的一段是被认定为违反

---

① 7. 最后两句话被认定为违反了第8条(a)(1)。
② 8. 最后两句话被认定为违反了第8条(a)(1)。

了第8条(a)(1)规定的一段,我们引在下面的注释中①。这封信继续批驳"两个错误的观点"——如果工会获胜的话,不签字或不投票赞成工会的人会被解雇;[高拉博]的雇主真的很想成立工会。这封信敦促雇员不要将他们的未来放在那些对他们需求或问题没有什么兴趣的工会代表手里,并且警告说工会可能会制造争议,"目的只是证明他们自己的存在价值,或者可能是为了帮助你们商店里某个他们所青睐的人",选择工会"可能会意味着漫长的罢工"。这封信告诉那些决心在该公司中发展事业的雇员,他们不需要工会"就能够获得公司能够给予他们的最大的利益,没有工会公司也会给",并请求那些上过中学或上了大学的雇员,不要给他们的同事造成负担。这封信的结论说,雇员应该问问工会怎么样能"真正地保障职业安定",并且说"他们的过高的、过分的、奇怪的要求,经常导致裁员,甚至是迫使公司破产",真正的职业安定在于销售和对客户的服务。高拉博保证会再写信,要求雇员"不要有成见,直至选举"。

[高拉博在2月16号的长篇讲话中]只有两段话被认定为违反了第8条(a)(1)的规定。第一段我们引述在下面的注释中。②在第二段里高拉博讲了食品杂货(Grocery)连锁店的特点是具有1%的很小的利润空间,对于"很多不切实际的、增加你们经常性开支和花费的要求",相对来说只有很

---

① 9. "2. 选择工会对个人之间的关系有什么影响呢?这意味着你和你的经理或其他管理人员之间的亲密关系终结了。你一定会记得,你可以不时地要求经理作一点个人的特别安排或很高兴给予一点可能的照顾,如在你的孩子生病、你要举行婚礼、要去理发、要去参加学校的舞会、家里有急事、要求参加学习等,如果与工会订了集体合同,就可能不会给予个人这些特别照顾了。依据合同,要禁止这些特殊照顾,这是违反合同的。在这样的情况下,我们不会直接和你处理这些问题,而只能和你的工会代表处理这些问题,你就不能像过去那样自己来解决这些问题了。别受那些有不同说法的人的欺骗——特别是那些同事,他们可能恐吓你,让你认为他们能控制你的工作。"

② 10. "我们从来没有过不安或误解,一直以来,我们总是能够说服他们,他们现在又在这里。他们带来了这些不安和困难,这是你在他们的管理下所要承受的。现在,也不要忘记,如果他们进来了,我们现在所做的很多人性化的管理,如果按照和他们签订的合同,将是不可能的了。像我们所做的很多人性化的事情,在很多情况下我们都给了你们以照顾,例如,在你们想出去跳舞的时候,或者在你们要参加篮球比赛的时候,或者在你们的孩子生病的时候,或者因为其他很多原因。我们将永远给予你们以合理的照顾。如果依照合同,我们将受到合同规则的约束。如果我们还做这样的照顾,我们就会被指控为偏袒,我们可能就会违反了合同。其结果是,董事会给予的这些照顾就没有了……"

小的余地。他然后说,在签订了集体合同后,连锁店提高了商品价格,结果是需要被迫解雇大约25%的帮手,让留下来的雇员"做强度更高的工作,因为他们要把被解雇工人的活也干了",他说还有一个市场,也是个打折商店,由于签订了集体劳动合同,被迫破产了。

……基本问题是,雇主在行使《国家劳动关系法》第7条规定的权利时,是否强制了其雇员,这是该法第8条(a)(1)所禁止的。雇主预言,成立工会将导致工作机会的减少或者甚至会导致工作机会的全部消失,会增加工作量或者在人力关系管理方面会更僵化,这样的预言是否属于该法第8条(c)的保护范围……。尽管对这一问题的回答看起来很容易,但是,委员会裁决对雇主的言论不断增加的限制趋势,使得我们有必要简要地回顾一下历史,才能明白其中的观点。

《华格纳法》包含有《国家劳动关系法》第8条(a)(1)的规定,却没有《国家劳动关系法》第8条(c)的有关规定,依据《华格纳法》,委员会几乎可以谴责雇主所为的任何形式的反对工会的言论。法院认为这是违反《第一修正案》的,委员会一直受到法院批评,其中也包括这个法院,法院的理由是,雇主的意见有着"模棱两可的特点"。因为"对外人来看,这只不过是一个非常确信的意见表达,而在雇员看来,这是一个决定的表达,反对这个决定是不安全的",我们认定,在有实质性的证据支持其决定时,"委员会要决定第二层含义对第一层含义偏离了多远",国家劳动关系委员会诉费的布什公司案[NLRB v. Federbush Co.,12 F. 2d 954, 957 (2d Cir. 1941)]。很明显,最高法院的想法是不一样的。国家劳动关系委员会诉弗吉尼亚电力公司案[NLRB v. Virginia Electric & Power Co.,314 U. S. 469(1941)]处理了关于雇主通告的问题,指出,自从组织罢工失败后,15年以来,在任何部门都没有工会存在的情况下,雇主的信心和想法均处于统治性的地位。该案的裁决继续说到,对于雇员的不满,公司可以自由地处置,裁决认为,所有人的共同利益可能"通过这种信心和合作,得到最好的提升"。委员会认定,公司的信息交流违反了《国家劳动关系法》第8条(a)(1)的规定。法院解释了《华格纳法》的条文,以避免因《第一修正案》所产生的违宪性的怀疑。法院认定,公司的言论本身没有强制性,没有违反《国家劳动关系法》,除非其行为过程中部分是强制性的。① 由于委员会很明显地已经认定雇主的言论本身违反了《国家劳动关系法》,法院将案件发还给委员会,以便让其决定雇主的行为整体上(雇主的言论只是其中的一部分)违法强制了雇员。委员会后来认定,雇主确实对雇员构成了强制。见:国家劳动关系委员会诉弗吉尼亚电力公司案[319 U.S. 533(1943)]。

这一判决,以及雇员会对该判决作出的相当迟疑的反应……,就是《塔夫脱-哈特莱法》第8条(c)出台的背景……

根据这一历史,以及最高法院不久前对雇主的言论本身认为是不当劳动行为的警告,见:国家劳动关系委员会诉零件更换公司案[NLRB v. Co., 375 Y.S. 405(1964)],我们认定本案中采取的方法是不可接受的。在认定我们引用的这几段信的内容违法时,讯问审查官只是简单地陈述说:"我们认为这些信和语言……在雇员的心中造成了一种担心,如果他们加入了工会,就会失去这些优惠照顾,并会承受经济上的不利后果,这构成了《国家劳动关系法》第8条(a)(1)规定意义上的干涉、限制和强制。"这好像是在不存在第8条(c)的规定的情况下,对《国家劳动关系法》所作的解释。尽管雇主对于成立工会后的结果预测可能得出相反的结果,但是可以用存在着这样的风险作为恐吓,来产生相反的结果。认定这一危险的本身足以将预测转变成一种报复性的威胁,会使我们回到20世纪40年代早期的立场,这种立场正是我们制定第8条(c)规定所要改变的……。只有在被上诉人的语言中包含了"报复性的威胁",才能够超过第8条(c)所规定的界限。但是,正如字典所告诉我们的,"报复性的威胁"是指"反击性的威胁,这反过来意味着,不是会产生相反结果的预测,而是会导致因故意而产生一种伤害威胁——以牙还牙"。无论是何等重要的判决……对某机构关于法

---

① 12. 法院在托马斯诉科林斯案[Thomas v. Collins, 323 U.S. 516,537(1945)]的法官附言中,解释了弗吉尼亚电力公司案(Virginia Electric),认为雇主试图说服雇员加入工会或者不加入工会,都属于"《第一修正案》保证范围",只有在"增加了其他因素带来了强制性,或者赋予了其强制性的色彩时,才受到限制"。

律语言的解释进行考虑,一般来说都会靠近宪法权的限制,在执行法律时,这样的考虑没有什么价值。在这种情况下,我们就会遭遇到法律解释的最重要的原则,要求我们从避免危险的对合宪性怀疑的角度,来对成文法作出解释……

雇主在2月2号的那封信,以及2月16号中第二段的讲话,讲到组建工会会失去工作机会,意味着更加艰苦的工作,甚至会导致关门的结果,这些是显而易见的,委员会在认定这两个地方违反了《国家劳动关系法》时犯了错误。这些讲法并不能被合理地解释为,这是一种威胁,会使得雇员对投票赞成成立工会产生报复……,仅有的合理解读是,从经济的必要性来看,并且遗憾的是……雇主只有采取这些步骤。尽管关于组建工会会对这些特殊的优惠所产生的效果所作的预测是逐渐产生的,但是我们的结论是相同的。高拉博的演讲说的很清楚,如果签订了集体合同,其目标也不是要废掉这些优惠措施,肯定地说,其不会废掉这些措施,来作为对签订集体合同的报复,但是他只是担心合同的规则或工会的管理,可能会禁止雇主给予某个雇员这样的优惠,除非雇主给予所有的雇员这样的优惠。在对这些信进行整体阅读时,2月8号的信确实也是一样的。尽管这是些没有什么保障的担心,但是它并没有远远超出合理的界限,以致让委员会能认定这些言论是经过伪装的报复性威胁……

强制执行的请求被否决。

海斯法官表达了不同的意见。大多数法官的意见再次展现了这一无法回避的事实:美国巡回法院的法官,安稳地坐在他们的法官办公室里,没有受到雇主向雇员说的那些话的威胁。雇主可以用预测性的语言将威胁装扮起来(说"你会失去工作"而不是说"我会解雇你"),从而来愚弄法官。他们没有愚弄雇员,雇员非常清楚地知道他的意思是什么……

构成大多数的法官在捍卫雇主的权利时走了多远,显示在他们对待雇主威胁要取消"特殊的安排"和"特殊的照顾"的态度上,这些"特殊的安排"和"特殊的照顾"措施有,"在你的孩子生病,你要举行婚礼,要去理发,去参加学校的舞会,家里有事情,要求参加学习等,给你放假。"大多数法官说,这些"担心"可能还没有得到保证,"没有什么能显示他们"是不合理的。如果说表面上还不清楚,但没有雇员会相信工会会干涉他们请假去理发,雇员毫无疑问地(并正确地)理解,是雇主将要取消这些优惠的安排……,那么,这一问题应该让委员会来作出专业的判断,而不是要求"说明"委员会是正确的……

注释和问题

1. 弗兰德林法官和海斯法官之间的辩论,以及"预测"和"威胁"之间的界限。在本案中,关于雇员对于这些雇主预测的理解,你赞成弗兰德雷法官的意见,还是赞成海斯法官的反对意见?在高拉博案中,海斯法官这样认为正确吗?即大多数法官所确定的这个界限,会使得雇主仅仅是说工会获得认证引起的情况,会对雇员产生一些不幸的后果,就会发出一些隐含性的威胁。

2. 工会的回应机会的相关性。这一点与对强制性演讲的调查是否相关?即工会至少有五天的时间来对雇主的信去作出回应,而工会却没有什么机会对高拉博2月16号的演讲作出回应。尽管工会在对这些优惠措施表明立场的时候,可能会遇到雇主所预测的失去这些非正式的优惠措施的机会,在处理关于雇主的利润率问题和其他地方店铺的关闭问题时,它会怎么说?

3. 雇主有中立性? 正如高拉博案所提到的,在最高法院1941年对弗吉尼亚电力公司案作出判决前,国家劳动关系委员会,就已经充分考虑了雇主在参与代表选举中,对雇员的自由选举权所产生作用的问题,几乎将之变成了一个规则,要求雇主保持中立。《塔夫脱-哈特莱法》增加了第8条(c)的规定,也许就是为了排除这一规则。然而,即使不考虑《第一修正案》和第8条(c)的规定,雇主保持中立的政策可能是不受欢迎的吗?如果不允许雇主对因工会获得认证所可能产生的不利后果进行描述(包括雇主撤回资本),那么,雇员就没有了解到成立工会的全部不利后果,而只是了解到选择工会作代表的好处?或者,雇员是不是完全可以从其他渠道,如从反对成立工会的雇员或行业协会那里,获得这一信息?

4.《第一修正案》与此相关吗? 第8条(c)对雇主言论自由的保护,在多大程度上反映了《第一修正案》不管在任何情况下所要求的言论自由?代表选举和一般的政治选举有区别吗?如果国会想做的话,其是否可以基于雇主的言论不可避免地会对雇员产生强制性的作用,而禁止雇主在成立工会的问题上发表言论?请注意,雇主是工作场所的统治者,不可能在工会认定的选举中,通过投票将之逐出办公室。再说,雇主和政治家不一样,政治家必须获得立法机构中的多数票,才能实现规则的改变,而雇主经常可以有能力单方实施他的这些不利预测。在阅读国家劳动关系委员会诉吉赛尔包装公司案(NLRB v. Gessel Packing Co.)后再回顾这些问题,见后文第325页。

5. 有可能失去这些特别的优惠吗? 审理高拉博案的法院,是否应当将工会对失去这些优惠措施的预见,与其依据第8条(c)所认定的其他预见区别对待?

6. 委员会应该怎么来决定雇主的言论所可能造成的影响? 一般来说,委员会本身不考虑这些言论和行为对所涉及的特定雇员所造成的实际影响[33 N. L. R. B. Ann. Rep. 60 (1968)]。然而,委员会基于其对于"劳资关系现实的理解",来合理地决定雇主在行使他根据第7条所享有的权利时,他的行为是否有可能干涉、限制或强制了雇员。为什么委员会明显地不愿意裁决,雇主的行为对雇员造成了主观的影响?如果要作出这种裁决,委员会需要什么类型的证据?例如,对于雇主的陈述所造成的影响,委员会是否可能依据雇员的证词?寻找或者依赖这种类型的证据的缺点在哪?

7. 据第 8 条(c)规定的受保护言论可以作为证据使用吗？请注意，第 8 条(c)禁止在不当劳动行为诉讼的过程中，使用受到保护的言论来作为证据。请考虑这样一个假设：在组织工会的运动开始后，雇主解雇了一个积极分子，表面上看是因为其违反了刚执行不久的工厂规则。第二天，雇主在员工布告栏中贴出了下列通知："我一直公正地对待你们，并且想继续这样做。但是，本厂的工会对你或公司没有好处。工会的要求会使你失去工作。不要去签字支持那些想挣工会会费的工会老板。"委员会的事务总长是否可以用这个通知作为证据，说那个积极分子被解雇是由于雇主对工会的敌视态度所驱动的，因此违反了第 8 条(a)(3)的规定？将菲尔法克斯医院案[Fairfax Hops., 310 N. L. R. B. 299,314 n.18(1993)①]（委员会"继续认定这种不能被认定为违反了《国家劳动关系法》的行为，可以被用来证明其有恶意"）与国家劳动关系委员会诉威姆寇公司案[NLRB v. Vemco, Inc., 989 F. 2d 1468 (6th Cir. 1993)]（拒绝委员会用受到保护的言论来作为证明恶意的直接证据），和合洛·克鲁姆公司诉国家劳动关系委员会案[Holo-Krome Co. v. NLRB, 907 F. 2d 1343 (2d Cir. 1990)]相比较（相同结果）。委员会的立场与第 8 条(c)或者与《第一修正案》的规定是一致的吗？要参考评论者的观点，见丽贝卡·汉纳·怀特：《依据〈国家劳动关系法〉成文法和宪法对使用受到保护言论作为非法动机证据的限制》，载于《俄亥俄州劳动杂志》第 53 卷(1992)[Rebecca Hanner White, The Statutory and Constitutional Limits of Using Protected Speech as Evidence of Unlawful Motive Under the National Labor Relations Act, 53 *Ohio St. L. J.* 1. (1992)]。

国家劳动关系委员会诉吉赛尔包装公司案

NLRB v. Gissel Packing Co.

395 U.S. 575（1969）

---

① 《国家劳动关系委员会案例报告》第 310 卷第 299 页和第 314 页注释 18。n. 18 是指 note 18。——译者注

［法院审理的这四个案件中,每个案件都提出了谈判命令有效性的问题,这些谈判命令是依据第8条(a)(5)对雇主作出的,雇主既拒绝认可工会以大多数授权卡为基础而提出的要求其承认工会的请求,又拒绝承认其在反对组织工会的过程中从事了不当劳动行为。法官关于谈判命令那部分的内容见后文第362页。在这里法院考虑了第8条(c)和《第一修正案》的适用范围问题——这一问题是由辛克莱(Sinclair)公司提出的,申诉人辛克莱公司认为,对于其与雇员的交流被认定为违反了第8条(a)(1)是错误的。］

首席法官沃伦……。1965年7月,国际卡车司机兄弟会,地方第404号工会(the International Brotherhood of Teamsters, Local Union No. 404)开始在申诉人的霍利约克(Holyoke)工厂的雇员中组织工会……

申诉人的总经理在7月份第一次知道了组织工会的运动后,他与全体工人谈了话,试图劝说他们不要参加工会。他特别强调了1952年那次历时较长的罢工,他说那次罢工"差点让我们的公司破产",他对雇员可能会忘记"过去的教训"表示担忧。其次,他强调说,公司现在的财务状况仍是"如履薄冰",并说工会的"唯一武器是罢工",而罢工可能会导致"工厂关门",因为母公司在其他地方有足够的生产能力。第三,他提到,由于雇员的年龄,以及他们在自己本行之外,他们技能的实用性有限,如果他们由于罢工失去了工作的话,他们可能很难再找到工作。最后他警告那些不相信公司会倒闭的人,去"霍利约克周围看看,看看有多少公司倒闭了"。在11月初,总裁写了相同意思的信给雇员,强调说,如果利润下降的话,母公司就没有必要留在马萨诸塞州。

在12月9日举行选举前的二三周,总裁向雇员发了一份标题为"你想再罢工13周吗?"的小册子,说:"我们毫不怀疑卡车司机工会(the Teamsters Unions)能用罢工的方法再次关了丝织部和整个工厂,我们不敢希望……卡车司机工会的老板们不号召罢工。卡车司机工会是喜欢罢工的机构。"随后一直有这样的信息传递,直至11月底,其中有一封信强调卡车司机工会是"流氓控制的"。在选举的前两天,公司又发出了另一份册子,题目为"让我们看看记录",并称其为马萨诸塞州霍利约克-斯普林菲尔德(Holyoke-Springfield)公司的讣告,说在这个地区由于工会的过高要求,很多公司都破产了,失去了3,500个工作岗位。在小册子的第一页上有一幅漫画,上面画着为辛克莱公司准备好的坟墓,以及其他声称由于工会而倒闭的工厂的墓碑。最后,在选举的前一天,总裁再一次以个人的名义请求员工拒绝成立工会。他再次重复说,公司的财务状况不好,可能发生的罢工会威胁到工厂的继续运营,由于工人年龄大、受教育程度不高,他们再次就业会很困难。工会以7∶6在选举中失败。然而,工会提出了选举指控和不当劳动行为指控,这两个指控合由讯问审查官审理。

委员会同意讯问审查官的意见:从总体上来看,公司总裁与员工之间的交流,"想要合理地把自己的想法或印象传达给工人——在未来的选举中,选举了工会会导致(公司)关闭工厂,或者转移针织生产,从而使针织工失去工作。"因此,委员会认定,依据"整体的情况",申诉人的行为,违反了《国家劳动关系法》第8条(a)(1)的规定。委员会还同意了讯问审查官的观点:申诉人的行为"还干涉了雇员在选举中的自由的、不受限制的选择权",并"可能会影响"举行公正的选举,因此,要求废除选举的结果……。第一巡回法院支持了委员会的认定和结论,并完全执行了这些命令……

……雇主向雇员传达其观点的言论自由权是稳固地确立的,不受工会或委员会的侵犯。因此,第8条(c)仅仅是实施了《第一修正案》。

当然,对雇主表达范围的精确把握,必须是在劳动关系的背景下才能作出。因此,雇主的权利不能高于雇员的平等的自由结社权。这些权利在第7条有规定,受到第8条(a)(1)和第8条(c)的保护。并且,在平衡这些权利的时候,必须考虑雇员对雇主的经济依赖。由于他们存在着这种依赖关系,雇员就有必要留心雇主所说的话的隐含的意思,对于那些无利益关系的人,这些话的隐含的意思可能很容易被忽略。这里说这些很明显的原则,只不过是以另一种方式来让人们认识到,雇员与雇主之间的这种非永久性的有限的关系,雇主对雇员和工会的经济上的依赖,正处于危机之中,这种选举不同于立法委员的选举或立法的实施,在这些情况下,立法委员和立法委员之间的关系是永久性的,独立的投票人能够更加自由、更加客观地听取立法者的意见,雇主也可以作为一个不受阶级限制的人去发表自己的意见。参见:纽约时报公司诉沙利文案[New York Times Co., v. Sullivan, 376 U. S. 254(1964)]。

在这一框架下,我们必须驳回该公司对下级法院的判决和该判决所依据的认定所提出的上诉。申诉人并没有对下级法院所适用的、用来评估雇主的言论对雇员所产生的影响的评估标准,提出什么严重的问题,我们这里没必要再去涉及这些问题。因此,只要雇主向雇员传达的信息不包含"报复或者强制性的威胁,或对于利润的承诺",就可以自由地向雇员表达他们对成立工会的一般的看法,或者是对某一特定工会的特别看法,甚至可以对在他们的公司成立工会所产生的特别影响,发表他们所相信的预测。然而,在这一情况下,这种预测必须基于客观事实,谨慎措辞,从而基于客观事实把雇主所相信的事情传达给雇员,让雇员了解其所不能控制的,显然可能发生的后果,或者是资方已经达成的,一旦组织了工会就准备关闭工厂的决定。见:纺织工人诉达灵顿制造公司案[Textile Workers v. Darlington Mfg. Co., 380 U. S. 263, 274 n. 20(1965)]。如果有什么能够显示,雇主是由于其个人的,只有自己了解的,与经济的必要性无关的理由,而作为或不作为,那么雇主的说法,不再是基于既有的事实所作出的合理预测,而是基于错误的陈述和强制所作出的报复性的威胁,这样的行为不能得到《第一修正案》的保护。因此,我们必须同意下级法院的结论:"即使是雇主真诚地把自己所相信的事情——成立工会将导致工厂倒闭告诉雇员,但是这也不是一个对于事实的陈述,除非雇主能够证明工厂最终会倒闭,然而,这是不可能得到证明的。"正如我们在其他地方已经论述过的,雇主仅仅可以自由地告诉雇员"因成立工会导致他不能控制局面的情况下,他相信可能会产生的后果"。而不是"他自己单方采取经济报复的威胁"。国家劳动关系委员会诉河拖公司案[NLRB v. River Tog, Inc., 382 F 2d 198, 202(2d Cir.

1967)]。

法院和委员会的这个认定也是同样有效的,即申诉人的陈述和传达的信息,不是明显的对"经济后果"的预测,而是采取报复性行动的威胁。委员会认定,申诉人的言论、小册子、传单和书信,传达了这些信息:公司的财务状况危机;"喜好罢工"的工会很可能通过罢工来获取潜在的不合理的要求,正如这个地区的劳动关系所显示,罢工很可能导致工厂关闭;这种情况下,雇员很难在别处找到工作。

法院要完成其任务需要关注这一问题:"说话人想要表达的意思是什么?听话人理解的意思是什么?"[A. Cox, *Law and the National Labor Policy* 44(1960)]委员会能够合理地得出结论说,雇主要表达的和雇员所理解的信息,不是成立工会将不可避免地导致工厂倒闭,而是不管经济情况如何,都威胁让工人失业。在这一点上,我们不需要进一步指出:(1)申诉人没有为其基本假设提供任何的支持证据,说明这个还没有提出任何要求的工会,为什么要通过罢工才能让雇主听到其建议,在庭审时雇主承认,他将这一地区工厂的关闭归咎于工会是没有任何基础的;(2)委员会经常认定,雇员对于工厂关闭的谣言特别敏感,会把这种暗示,作为强制性的威胁,而不是诚实的预言。

申诉人辩解说,所谓的允许的预测和明令的禁止威胁之间,区别过于模糊,无法承受依据《第一修正案》所作的分析,相应地,委员会限制言论自由的权利,不大受控制了。这一点是确实的,复审法院首先必须承认,在雇主和雇员的关系中,委员会有能力对言辞表达所产生的影响作出判断。见:国家劳动关系委员会诉弗吉尼亚电力公司案[NLRB v. Virginia Electric & Power Co., 314 U.S. 469, 479(1941)]。但是,这种关系是受雇主控制的,因此,对这种关系也最了解,不能听他抱怨说,他的行为没有适当的指引,在他太容易"逾越边缘,践踏边界"时,他不必采取靠近"边缘政策"的方式,就能很容易地使其观点为他人知晓。万绍钢铁公司诉国家劳动关系委员会案[Wausau Steel Corp. v. NLRB, 377 F. 2d 369, 372(7th Cir. 1967)]。至少,通过不要有意识地、过度地宣扬其有理由相信会误导雇员的言论,其就能避免强制性的言论……

注释和问题

1. 雇员对雇主言论的感知。审理吉赛尔案的法院,关于雇员如何倾向于感知雇主的"预测"的观点,是接近于高拉博案中弗兰德林法官的观点? 还是接近于海斯法官的观点? 在吉赛尔案之后高拉博案还是良法吗?

2. 吉赛尔案的标准。请注意,在雇主对在公司成立工会的效果作出预测时,[依据达灵顿案(*Darlington*)的脚注20,传达资方已经作出的关闭工厂的决定除外,见前文第201页]法院的标准所包含的要素:(1)依据客观事实谨慎措辞;(2)将雇主所相信的情况传达给雇员;(3)说明明显可能发生的后果;(4)这些后果是雇主无法控制的。在雇主讲过其他公司(例如在高拉博公司)因成立工会所产生的后果,而没有对其本公司因成立工会所产生的后果作出特别的预测时,也适用这一标准吗? 如果答案是否定的,在后一类的案件中,禁止性的威胁与合法的预测之间的分界线在哪? 请重新看一下吉赛尔案关于此问题的观点,以及下面注释3和注释4。

3. 对吉赛尔案的要素分析。吉赛尔案的四个要素,每一个要素的目标是什么? 允许雇主向雇员提供潜在的、有用的,但不包括威胁因素的信息,这些要素能否达到适当的平衡? 如果雇主对作出后果严重的预测有很好的理由,例如,如果获胜的话,就会造成生意上的损失,委员会还应要求为这个理由提供证明吗? 见:国家劳动关系委员会诉彭特电力公司案[NLRB v. Pentre Electric, 998 F. 2d 363(6th Cir. 1993)](引用的委员会的案件向两方面发展的都有,认定这种要求是不适当的),对审查适用的标准表示质疑,国家劳动关系委员会诉沃博包装公司案[NLRB v. Webcor Packaging, Inc. ,118 F. 3d 1115, 1119 n 2 (6th Cir. 1997)]。在吉赛尔案中,法院是否实质上建立了一个非法威胁的标准——将雇主所作的关于不利后果的预测,放在了基于事实而作的误述之上? 如果这样的话,为什么工会基于自身的利益对这样的误述的反驳,不足以抵消雇主误述所产生的效果?在思考工会成立宣传过程中委员会对误述确立的原则后,再思考这一问题。见下文第334—341页。

要素2是否要求在一些案件中对雇主的意图作出决定?所引用的考克斯教授的观点,是否表明要有这一要求?雇主的意图或动机,在有关第8条(a)(1)的案件中,是否具有相关性?请回忆一下我们在第四章所作的关于第8条(a)(1)的讨论。

要素4要求的是什么?回顾一下前文第197页拉斯应案(Lassing)的判决。如果选举了强制的工会,然后工会又提出了实质性的增加成本的要求,雇主就能够宣布他已经决定关闭利润微薄的工厂吗?依据吉赛尔案,获利性的考虑是否在雇主的控制之外?见:皇冠软木密封公司诉国家劳动关系委员会案[Crown Cork & Seal Co., v. NLRB, 36 F. 3 d 1130 (D. C. Cir. 1994)](认定雇主预测工会会提出与其余12个工厂与雇主签订的主合同相类似的条件,并没有构成不当劳动行为,这样的条件会危及两个成本特别大的项目,维持现行雇佣水平是这两个项目所必需的)。

4. 适用吉赛尔案

a."蒙羞之墙"。美国汽车工人工会在组织工会的活动中,雇主打出了一面旗子,上面写着:"关闭工厂:美国汽车工人工会的蒙羞之墙"。旗子上画着纸墓碑,每个墓碑都写着"安息",以及由汽车工人工会所代表的且已经关闭的工厂的名字。每一天,雇主都在旗子上添加一个墓碑,上面写着"这是艾尔多拉多(Eldorado)工厂吗?"这是属于非法的威胁,还是属于对第8条(c)许可的言论自由权的行使?见:艾尔多拉多工具厂案[Eldorado Tool,325 N. L. R. B. 222 (1997)(2-1)]("我们认定,从不断增加的、由美国汽车工人工会代表的工厂组织的墓碑中,我们只能得出这种隐含的意思:工厂关闭和失去工作的命运在等待着艾尔多拉多工厂)。我们没有把旗子上的这个问号与被上诉人构成隐含的威胁这个结论割裂开来。没有证据显示,以前有人和雇员说过,他们对工厂的命运存在疑问,或者被上诉人有经济上的理由在考虑关闭工厂。因此,这种展示所隐含的意思是很明显的,只要雇员选择工会作他们的代表,工厂的命运就会产生问题;在其他雇主存在不当劳动行为的背景下,被认定违反了第8条(a)(1)的规定。如果没有明确地参考艾尔多拉多案,这个案子的结果会有什么区别吗?

b. 模拟的解雇通知书。 在食品和商业工人联合会(UFCW)致力于在一家有30个连锁食品杂货店组织工会时,雇主向雇员发放了一张"模拟解雇通知书"给雇员,上面写着这样一句话:"我很遗憾地通知你,因为我们在这个竞争激烈的市场中失去了竞争力,我们将关闭本店,让你失业。"解雇通知书上面,画了三家食品杂货店的标识,这三家店都在食品和商业工人联合组织工会后被关闭了[这三家店是:殖民商店(Colonial Stores),大星商店(Big Star)和西弗韦商店(Safeway)],这张字条的签名为"你的真诚的殖民店、大星店和西弗韦店"(Colonial Stores/Big Star/Safeway)。伴随这个字条,还有一封附信,上面写着:"你可能想再看一下食品和商业工人联合会,在这个地区,为那些向他们缴纳了会费的人争取到了什么——解雇通知。"附信(但不是那张解雇通知书)还说:"我们将尽我们所能避免这事发生在你身上……,但是,在你相信工会对你的未来所作的承诺之前,请你考虑一下,工会过去为你做了什么?"

在这个案例中,雇主要践踏的是哪条线?在雇主受吉赛尔案确立的标准所覆盖的范围内,有潜在的不利后果的威胁吗?如果有这样的威胁,那么违反了第8条(a)(1)的规定吗?见:比罗商店案[Be-Lo Stores, 318 N. L. R. B. 1 (1995)](在考虑了雇主所做的其他的关于关闭工厂的直接威胁后,适用吉赛尔案的四部分标准,认定违反了第8条(a)(1)的规定),相关部分的执行被否定[126 F. 3d 268 (4th Cir. 1997)(2-1)](依据同样的标准作出分析,但是认定不存在实质性的违法的证据)。在评估某一特定的陈述是否违反了第8条(a)(1)的规定时,依据其他雇主存在违法行为,是否适当?或者,是否应当孤立地来看这一陈述?请复习一下高拉博案中关于第8条(c)的立法历史的讨论。

5. 关于谈判是徒劳的以及"讨价还价从零开始"的信息。雇主在证词中所说的,其将不会与选举的代表诚信地完成谈判的义务,这一点是非法的。因此,例如,雇主不能说,即使雇员投票选举了工会,他还将在所有的工厂实行统一的利润。见:美国远程通讯公司电力技术分公司案[American Telecommunications Corp., Electro-mechanical Division, 249 N. L. R. B. 1135 (1980)]。

然而,正如我们在第七章中将要讨论的,《国家劳动关系法》不要求雇主在谈判中作出让步。在什么情况下,雇主所说的和工会的谈判要"从零开始","以零为基础开始"或者"从一张白纸开始",才能被认定为违法,或者被给予重新选举的机会? 在衡量这样的说法的时候,委员会试图将两种情况区别开来:一种情况是,一个理性的雇员在这种情况下把这种言论理解为,这是威胁说如果工会获胜,即使没有经济上的原因,也会终止这种现存的利益;另一种情况是,只是合法地通知雇员,成立工会是无法保障他们的利益的。另见:肖氏超市公司诉国家劳动关系委员会案[Shaw's Supermarkets In., v. NLRB, 884 F. 2d 34, 37, 40 (1st Cir. 1989)](布雷耶法官)(请注意,如果雇主从事于其他严重的不当劳动行为,委员会很可能认定雇主违法)。

6. 起草练习。公司官员的下述讲话,是否构成了不当劳动行为? 或者是构成了废除工会失败结果的理由?

工会没有什么魔力,如果公司有竞争力,如果公司能生产出好产品,你们就有工作保障。如果公司做不到,你们就没有工作。工会只会损害你的工作前程。如果工会在选举中获胜的话,我们就会和工会谈判,但是,法赋予了我们和工会进行激烈谈判的权利,我们也会这样做,坚持降低我们现在所给予你们的利益,以换取工会想要的新利益。如果工会不采取长期罢工的话,我们怀疑工会不会取得任何利益的增加。毕竟,我们现在给你们的利益,比我们这个行业中大多数组织了工会的工厂还高。如果举行长期罢工的话,我们就有权雇佣永久性的替代性工人,并且你们将不能拿到失业补偿。进一步来说,长期罢工会增加公司的经营成本,缩减公司的经营。如果我们允许增加你们的利益,我们将不得不提高产品的价格,这也会影响我们的生意,缩减我们的经营。我们不会浪费时间,如果我们认为,我们不能以更高的劳动力成本经营,我们就会彻底关闭工厂。工会没有办法帮你们,却有很多办法毁了你们。

如果你认定这段讲话中部分内容有问题,你将怎样重新起草这段讲话,并避免最少地缩减公司所要传达的信息?

(2) 对工会组织运动技巧提出异议的两个途径

在我们继续讲述规制其他各种工会组织活动技巧的法律之前,我们将更加详细地讨论前面的内容已经提到过的一个问题:对所称的工会组织活动违法行为进行救济的两种不同的程序性途径。正如下面所要讨论的,这两种途径是指:(1) 依据委员会的代表程序对选举提出"反对";(2) 依据第 8 条 (a)(1) [或者依据第 8 条 (b)(1)(A),这种理由不太常见]按照不当劳动行为的程序提出指控。

通用鞋厂案

General Shoe Corp.
77 N.L.R.B. 124 (1948)

我们认定,没有必要将工会的反对意见交由选举来决定,就可以通过或采用讯问审查官的调查结果。被上诉人的管理人员在下班之后到雇员家中访问,劝说他们不要选工会……,并且在选举的前夜,总裁在其办公室内召集其雇员,让雇员 20—25 个人为一组,听取他反对工会的讲话,被上诉人的这些行为违反了《国家劳动关系法》。

……尽管这样的行为可能不构成不当劳动行为,但是这样的行为会造成一种氛围,使得雇员不能作出自由的选择,有时也会导致选举无效。只有在可以保障雇员有权自主选择支持或反对某个谈判代表的情况下,选举才能够达到其目的。正因如此,委员会有时候在没有不当劳动行为的指控或者证明的情况下,作出了撤销选举的决定……。当卷宗的记录显示,这样的行为相当明显,以至于几乎完全损害了雇员自由选择权时,我们可以撤销选举,指令重新进行选举……

因此,根据本案的卷宗记录,尽管被上诉人在选举就要开始之前的行为……未被认定构成不当劳动行为……,但是这样的行为旨在创造一种氛围,阻止雇员进行自由的、没有障碍的选择……。本案中重要的是,在选举之前一天,公司总裁向雇员表达其反对工会的观点的方式。他让人将雇员分为 25 组,每组 20—25 个人,带到他的办公室,在这个工人认为象征着工厂最高权威的房间里,向每小组雇员肆意地发表相同的反对工会的言论。在我们看来,这种行为和此前的雇主让其经理们去雇员的家里宣传的行为,都远远超出了我们现阶段在选举中能接受的、旨在让雇员作合理判断的惯例,以致我们不能就此推断,这场选举的结果能代表雇员们的真实意愿。

我们不赞成这样的观点……即,委员会在代表程序中适用的,决定某种不当行为是否干涉了选举的标准,必须是和判断是否构成不当劳动行为中所使用的标准是相同的。尽管通常来说结果可能是相同的。① 在选举过程中,委员会的功能就是提供一个实验室,在尽可能理想的条件下做试验,来让雇员在不受禁止的情况下表达其愿望。我们的职责是创设这样的条件;我们的职责还包括去决定这样的条件是否得到了满足。在一些比较极端的案例中,因为我们或其他人的过错,这个标准降得过低,所必需的实验的条件要求未得到满足,那么,这个实验就要重新进行。本案的情况正是如此。我们认定,关于本案的选举情况……对其选举结果是否能反映雇员真实的

---

① 10. ……国会对不当劳动行为案仅适用了新的第 8 条(c)的规定。对于不能证明违法,从而对被告给予处罚的事件,如果该事件极端恶劣,委员会在决定该选举是否能满足自己的行政标准时,仍然可能将之作为相关的理由。

意思,提出实质性的质疑……。因此,我们应当废除这次选举的结果。

注释和问题

1. 不受第 8 条(c)约束的规制权? 在通用鞋厂案中,如果家庭走访和选举之前在总裁办公室进行反对工会的演说,是第 8 条(c)所保护的行为,那么,委员会还有权决定撤销选举结果吗?如果该行为也受到《第一修正案》的保护,不能根据第 8 条的规定认定其为非法,这能构成依据第 9 条规定的确定选举无效的条件吗?一方面,保护雇主依据第 8 条(c)规定的自由发表意见的权利,同时又以这样自由地发表了意见为理由,废除了"不成立工会"的投票结果,这样的做法合理吗?另一方面,是否会出现这样一种意见——由于根据第 9 条的规定,委员会的权力不涉及将某一方当事人打上违法者的烙印,或者对这种违法行为进行处罚,这就要求委员会对选举的结果作出肯定性的认证,委员会的这种权力是否应当与委员会依据第 8 条(c)规定所享有的权力区别对待?另外,第 8 条(c)准确的文字表达是否对于委员会的地位有支持的作用?

2. 不当劳动行为本身是对"实验室条件"的违反吗? 在达尔-特克斯光学公司案[Dal-Tex Opitcal Co. ,137 N. L. R. B 1782, 1786－1787 (1962)]中,委员会宣布,依据通用鞋厂案,构成不当劳动行为的行为,必然会影响公平的选举环境。在选举前的一个不当劳动行为,能自动地构成选举无效的理由吗?举例来说,假如在一个由 300 个雇员组成的谈判单位中,雇主只进行了一次第 8 条(a)(1)规定的威胁,或者只对其中的一个雇员采取了强制性讯问(见后文第 357—362 页),这也会导致选举无效吗?在卡尔顿国际案[Caron Int'l, 246 N. L. R. B. 1120 (1979)]中,委员会拒绝采用这种本身违法的方法①,而仅是判决,有了非法的行为,是否废除选举结果,还需要

---

① 所谓的本身违法,是指只要有这种行为存在,就认定其结果因违法而无效的方法。——译者注

"对违法的次数、违法的程度、违法的影响、单位的大小,以及其他相关要素进行评估"。另见:宾夕法尼亚废品自动回收和管理公司案[Waste Automation and Waste Management Pennsylvania, 314 N. L. R. B. 376 (1994)](选举结果差距很小也是相关的考量因素)。

3. 两条路径,两种救济。 除了第 8 条(c)规定的问题外,采取不当劳动行为的路径和采取通用鞋厂案的路径之间的重要不同,在于其所遵循的程序以及其可能获得的救济。对选举的异议必须在选举结束的 7 天内提交,而且一般来说,异议必须以发生在"关键期"的行为为基础,这个"关键期"是指从提交选举申请到选举举行的这段期间。见:理想电力制造公司案[Ideal Electric & Mfg. Co. ,134 N. L. R. B. 1275 (1961)];固特异轮胎和橡胶公司案[Goodyear Tire & Rubber Co. ,138 N. L. R. B. 453 (1962)]。对于提交选举申请前的行为,只有该行为对选举申请提出后的行为"有意义和影响",才可以对这些行为进行审查。修女护理中心案[Vestal Nursing Center, 328 N. L. R. B. 87, 103 n. 34 (1999)];另见:国家专业棒球俱乐部协会案[ational League of Professional Baseball Clubs, 330 N. L. R. B. 670 (2000)](对判例法进行了广泛的讨论)。如果寻求救济的内容是请求进行一次新的选举,那么就必须提交异议。

相反,有关第 8 条(a)(1)规定的案例,依据委员会审理不当劳动行为案件的程序,可以审查申请选举前的行为,以及其后的行为,这个问题在前文第 100—101 页已经讨论过。对不当劳动行为的指控,必须在其所称的不当劳动行为发生后的六个月内提出。见《国家劳动关系法》第 10 条(b)的规定。对有关第 8 条(a)(1)规定的案件,标准救济是发布禁止令(cease-and-desist order);发布国家劳动关系委员会关于认定雇主违反了《国家劳动关系法》的公告;并要雇主向雇员保障其将来会依据《国家劳动关系法》尊重他们所享有的权利。

(3) 对事实的虚假陈述

委员会在 1962 年规定,虚假陈述在"严重背离事实,并且此时让另一方或者其他各方当事人无法作出有效回应"时,就能成为另行选举的正当条件。好莱坞制陶公司案[Hollywood Ceramics Co. Inc., 140 N. L. R. B. 221, 224 (1962)]。在 1977 年,在对此规定有了 15 年的适用经验之后,委员会声明,其将不再去探究竞选的宣传是真是假,除非当欺骗行为"不当的影响了委员会及其审理进程,或者使用的虚假文件致使选民搞不清其宣传的究竟是什么"。购物卡特食品市场公司案[Shopping Kart Food Market, Inc., 228 N. L. R. B. 1311, 1313 (1977)]。20 个月之后,委员会推翻了自己的这个观点,重新采取了好莱坞制陶公司案的标准,认定其在购物卡特食品市场公司案中所采用的做法,是对其确保公平选举责任的一种贬低。加利福尼亚通用编织公司案[General Knit of California, 239 N. L. R. B. 619 (1978)]。在下面的裁判中,委员会再一次改变了主意,重新采用购物卡特案中的放松管制的做法。

中部国家人寿保险公司案

Midland National Life Insurance Co.
263 N. L. R. B. 127(1982)

[根据工会的申请,委员会查明了雇主的不当劳动行为和有异议的竞选活动,撤销了在 1978 年 4 月 28 日雇主以 127 票对 75 票的结果获胜的一次选举。在法院对委员会的不利于雇主的命令进行强制执行后,第二次选举在 1980 年 10 月 16 日举行。工会获得了 107 票支持,107 票反对的结果。工会依然对此次选举提出异议。委员会拒绝采纳听证官(Hearing Officer)的建议,驳回了工会的异议,并确认了第二次选举的结果。]

……1980 年 10 月 15 日下午,即选举的前一天,雇主将雇员的工资和竞选活动的印刷品一并发给了雇员。所发的物品中有一份长达六页的文件,该文件含有照片和文字材料,描述当地的三个雇主以及他们与上诉人之间的关系。这份文件还包括上诉人根据1959年《劳资报告和公开法》(the Labor Management Reporting and Disclosure Act)的规定,提交给劳动部的其在1979年财政报告(此后简称为 LMRDA 报告)的部分内容的复印件。上诉人在第二天的早上,在民意测验即将开始前的三个半小时,才得知这份文件。

这份文件的第一个主题是,美尔曼食品公司(Meilman Food)在一张"最近"的照片中,被描述成一个被遗弃的单位,附随这张照片的文字这样写道:"他们也雇佣了200—300人的雇员。地方第304A工会在这家工厂进行了罢工——双方发生了激烈冲突,现在所有的工人都走了!地方第304A工会为这些工人做了什么?这个304A工会所说的就业保障又在哪里?"(原文强调)上诉人的商务代表杰克·史密斯(Jack Smith)作证说:地方第304A工会,即上诉人,虽然是美尔曼公司的雇员的代表,但是在公司倒闭时,无论是上诉人还是美尔曼公司的雇员都没在罢工。他还说,在罢工后至单位倒闭前,雇员们至少仍工作了一年半的时间。

……这份文件也提及了路德庄园家庭护理案(Luther Manor Nursing Home)和蓝十字/蓝盾案(Blue Cross/Blue Shield)。有关路德庄园的照片的附随文字解释说:

[差不多]一年以前,同一个工会告诉你,他们会"建立就业保障"(我们确信只有你们才能做到这点)并且会为你争取更多的薪水,[第二次,这次是在苏福尔斯市(Sioux Falls)]……告诉路德庄园公司的雇员,工会会给他们争取到一份拥有更高薪水并具备就业保障的合同。不幸的是地方第304A工会并未告诉雇员,他们所讨论的事情会在哪一年或哪一个世纪才能实现。今天这些雇员仍没有获得那样的合同。大部分的工会领导人离开了,到别的地方工作去了,他们所说的就业保障也是一样(像一直以来一样,要看个人的能力如何)。工资没有增长,工时没有变化。工会已经派了三拨谈判者。可是一次次的,承诺与履行仍然相差甚远。协商在继续,而所有的工资、额外补贴和工作条件

仍旧保持丝毫未变。

在蓝十字照片下附的文字说道:"在承诺了减少限制性政策、更高的工资和更好的就业保障之后,同一家工会在蓝十字/蓝盾的选举中获得了胜利。自从那次选举之后,其很大百分比的以前的雇员已经不在那里工作了。问问他们!这些雇员被涨了工资——第二年上涨5%……"(原文有强调)

史密斯作证称,上诉人在1980年1月或者这前后,接手路德庄园和蓝十字的集体协商,在上诉人与零售人员地方第1665号工会(Retail Clerks, Local 1665)合并之后,是零售人员地方第1665号工会而不是上诉人,进行了前面所说的集体协商,并且在蓝十字获得了选举的胜利。

……听证官的结论认为:雇主在对美尔曼食品的描述中,想在雇员的思想中灌输这样一个错误的印象——上诉人领导了美尔曼食品的罢工,导致了随之而来的混乱,罢工的直接结果是导致所有的美尔曼食品公司雇员劳动合同都终止了……。听证官[也]认定,雇主对[路德庄园和蓝十字]劳动组织作了虚假陈述。

雇主发的印刷制品中,也[复制了]上诉人1979年的《劳资报告和公开法》报告的部分内容……。三个条目下以画线的形式被着重标出:全部收入,报告为508,946美元;"为了成员个人利益"的支出,报告为零;所有支出,报告为492,701美元。复印件上的其他条目显示用于高级职员的支出为93,185美元,用于公司雇员的为22,662美元。附随的文字称:上诉人有141,000美元的资金用于"工会的高级职员和行政人员以及为他们工作的人",并且"根据其向美国政府提交的报告来看——一分钱——也'没有花在工会会员的个人利益上'[原文如此]"。

听证官认定,该报告实际显示的上诉人用于高级职员和雇员的支出只有115,847美元,(与雇主发的复印件)有25,000美元的差异;并且雇主的陈述将比百分之十九多的收入算在了工会高级职员和雇员的头上。听证官进一步认定,虽然报告显示"为了工会会员个人的开支"为零,但是《劳资报告和公开法》报告的说明中要求,这一条目是用来反映"正常经营活动之外的其他目的"的支出的,然而,雇主在其发的材料中并没有包含这一事实。

……听证官推断称:雇主发的文件中,包含着大量的实质上对于事实的虚假陈述,他们计划用这些材料,将上诉人描述成……一些由拿着高薪的工会官员和雇员组成的机构,根本没有能力来作谈判代表,其结果是,雇员在就业保障和补偿方面会吃亏……。听证官同时裁定,上诉人没有足够的时间来作出有效的反应。听证官适用了加利福尼亚通用编织公司案(*General Knit of California*)和好莱坞制陶公司案(*Hollywood Ceramics*)中确立的标准,……建议支持上诉人提出的异议,并举行第三次选举。

我们已经决定不采纳听证官的建议,并对选举的结果给予认证。我们这样做是因为,在经过了艰苦的评估之后,……我们决定回归到在购物卡特食品市场公司案所宣布的合理的规则,而否决通用编织公司案和好莱坞制陶公司案所采用的标准……

购物卡特案"在能提出异议的与不能提出异议的中间划出一道清晰的界限",这与好莱坞制陶公司案中的标准形成了强烈对比。因此,"废除选举的结果"不是基于陈述中的实质内容,而是基于其是以欺骗的方式作出了这种陈述……。只要竞选活动的材料符合其主旨,也就是说,如果仅仅是特定一方当事人的宣传,委员会让雇员单独地对其内容进行评判。由于伪造行为,选民不能够分清其宣传活动"究竟是什么"时,委员会就有权进行干涉。进一步来说,购物卡特案本身能够产生确定的、可预测的、迅速的结果,这和好莱坞制陶公司案是不一样的。因为委员会和法庭之间不一致的可能性而拖延诉讼的动机被大大地减少了。因为关于陈述错误或者不准确的异议可以在第一阶段的委员会的程序中被快速否决,因此,推迟的机会就几乎不存在了。最后,通过对工会和雇员的异议的一致适用,购物卡特案中的规则"促进了一致的、公正的裁决目标"……[我们]同时也认为好莱坞制陶公司案的规则所反映的选民对误导性的竞选宣传的评判能力,是不切实际的……。这个规则……提出的"保护主义",并没有得到批准。相反,正如我们在购物卡特案中认定的:"我们认为在这个范围内委员会的规则,必须以这样一个观点为基础,即,雇员作为成熟的个人,有能力分辨工会选举过程中的宣传究竟是为什么,并且有能力对这些宣传打折。"

总而言之,今天我们判定,我们不再去探讨各方当事人在竞选活动中的陈述是否是假,同时也不会依据在工会选举中的误导性陈述,而废除选举的结果。然而,如果一方当事人使用了伪造的文件,致使选民们无法辨别宣传究竟是什么……,我们将会进行干涉。因此,鉴于上诉人的异议仅涉及虚假陈述,我们在此驳回其异议。① ……

审判庭成员范宁法官和詹金斯法官发表了不同的观点……

……显然,《国家劳动关系法》……深思熟虑所建立的这个代表推举制度,存续得相当好,在过去的几十年中,国家劳动关系委员会担当了保障选举完整性的角色。的确,与歪曲不同,大多数的选择并不是表明放松对推选过程的规制……,[我们]特别对大多数人所作的关于伪造(其将规制这种行为)和其他形式的欺诈(其将不规制这些行为)区分感到困惑。大多数人认为,伪造"使得投票者无法认清他们宣传的是什么"。然而,劳动关系委员会的传统观点明明是,雇员能够认清楚一些歪曲"所宣传的是什么",而根据委员会深思熟虑的判定,对另外的一些歪曲,他们可能认识不清楚,因此他们作出了好莱坞制陶公司案的裁判标准……,雇员在推选中的自由选择权,是举行推选的唯一的理由,这点一定不能被[大多数人]制定的新规则所禁止、歪曲或挫败。对大多数人来说,这没有自由地进行撒谎、欺骗和欺诈重要。根据新规则,在考虑不负责任的指控和欺骗时,重要的选举问题会被忽视。依据好莱坞制陶公司案,委员会不需要对选举进行完全的消毒,仅需要使得选举宣传保持在合理的范围内。这些界限现在已经消失了。为什么?

---

① 26. 根据有关的《劳资报告和公开法》报告,我们持有异议的同事尝试与以前在费慕科公司案[Formco, Inc., 223 N.L.R.B. 61 (1977)]确立的规则相类比,但偏离了靶心……。费慕科案显然是不合适的,因为,在这个案件中不涉及委员会的相关文件。在任何情况下,都不存在将雇主在LM—2表中的陈述摘录描述成"一个精心炮制的令人信服的骗局"的基础,而持异议者却是那样说的。雇主分发的表格看起来与上诉人提交的完全一样。异议者认为对任何文件的任何失实陈述都构成欺诈,我们对此断然反对。

尽管,在正式的意义上,今天的美国雇员比上几代雇员受到了更好的教育,在某些方面可能也更老练,但是我们不能通过让他们去依靠那些毫无道德的工会活动家以及那些为许多的代表选举提供专业意见的专家干部的怜悯,来向他们表达敬意。在政治选举中,选举进行的时间要长得多,受到更广泛的媒体监督,选民们对有关问题有既定的独立的信息获取渠道。而在代表选举中,工人选民没有这样的渠道……

注释和问题

1. 劳动委员会的"政策摇摆"。委员会在最后一刻对虚假陈述所作的态度上的180度的转变,已经受到了上诉法院诸多的批评。见艾斯托伊克:《劳动委员会的政策摇摆》[Estreicher, *Policy Oscillation at the Labor Board*, supra, at 171 & n. 30]。见:例如,莫西制造(Mosey Mfg)诉国家劳动关系委员会案[701 F. 2d 610 (7th Cir. 1983)]。这种政策摇摆是劳动委员会通过政策制定的方式,而不是通过裁决的方式,来确立政策所导致的失败后果之一吗?请注意,《行政程序法》(the Administrative Procedure Act)要求有关部门在改变或者撤销一个规定之前,必须严格遵循通知和评议程序,与初次制定规定所必需的程序是相同的。[5 U.S.C. §551(5)]

艾斯托伊克教授强烈主张,就政策而言,应当排除用规则制定的方式来推翻委员会以前的政策。由于规则制定只对将来有约束力,所以各方当事人在决定适用特定的竞选策略之前,至少知道应适用怎样的游戏规则。与此相反,在中部案(*Midland*)中,购物卡特案的解除管制的方式是在虚假陈述时被适用的,但是在听证官作出裁决(并认定对其行为有异议时),好莱坞制陶案的更多的监管制度还是有效的。然而,在案件起诉到劳动委员会时,法律又变回到(有关中部案)"开始的行为"受到规制的状态。另见:莫西制造案(见前文,在诉讼过程中政策三次改变)。

2. 是事实上的虚假陈述还是默示的威胁?重新审视一下事实上的虚假陈述,其对审理吉赛尔案的法院在判断雇主对成立工会不利后果的预测是否构成默示的威胁起了什么作用,见前文第 329 页注释 3,委员会是否已经认定在中部案中所引起争议的 6 页文件中包含了非法的默示的威胁,或者,雇主仅仅是行使其依据第 8(c)条的规定所享有的权利,将成立工会所可能带来的不利后果通知雇员?

3. 保留劳动关系委员会选举的"公正性"? 即使我们假设参加选举的雇员通常能够对雇主最后的虚假陈述打以折扣,然而,为了促进委员会选举程序的公正性,是否还存在需要规制的情况?依据这种"公正性"原则进行的规制,与我们对待一般性政治选举的原则是一致的吗?考虑一下合议庭成员范宁法官对委员会选举的不同的观点。另见爱德华·B. 米勒:《盖特曼、金伯格和赫尔曼的问题》,载于《斯坦福法律评论》第 28 卷(1976),第 1163、1172—1174 页[Edward B. Miller, The Getman, Goldberg and Herman Questions, 28 Stan. L. Rev. 1163, 1172 - 1174 (1976)](前委员会主席质疑委员是否应"降低在政治选举中所遵循的标准")。

4. 规制对谁有益? 对虚假陈述的规制是对工会更有益?还是对资方更有益?回想一下,尽管雇主能最终获得对委员会关于工会选举胜利认证决定的司法审查,工会却不能对废除工会胜利的决定请求司法审查。另请考虑下面一个问题:

> 对成立工会战术技巧的规制常常会导致推翻选举的结果,我们必须理解,推翻工会胜利的选举结果,比推翻雇主胜利的选举结果是一个更需认真考虑的问题。推翻雇主选举胜利的结果时,公司可以在不成立工会的情形下继续运营,选举也可能导致这样的结果,直至举行新的选举,工会取得胜利。在工会的胜利结果被推翻时,投票要求工会来作他们的代表的工人的请求被否定。因此,旨在创设平衡保障的规则,在实际运行中对工会是不利的。

尤尔·G.盖特曼：《对私营企业组织工会的思考》，载于《芝加哥大学法学评论》第53卷(1986)，第45、70页[Julus G. Getman, Rumination on U-nion Organizing In the Private Sector, 53 U. Chi. L. Rev. 45, 70(1986)]。你同意这样的观点吗？关于对成立工会技巧的规制的比较成本和利益的讨论，见后文第341—343页。

5. 中部案规则在法院中的适用。尽管有第六巡回法院对中部案规则适用的例外，但该规则在法院里还是被广泛地接受。在虚假陈述"如此具有说服力，欺诈具有如此的艺术性，以致雇员不能将真实与谎言区分开来"，在不存在伪造的情况下，第六巡回法院也会废除选举结果。因此，雇员的自由选择权受到影响。见：泛·多恩塑料机器公司诉国家劳动关系委员会案[Van Dorn Plastic Machinery Co. v. NLRB, 736 F. 2d 243 (6th Cir. 1984)]；另见：国家劳动关系委员会诉高马克定作制造公司案[NLRB v. Gormac Custom Manufacturing, Inc., 190 F. 3d 742(6th Cir.1999)]；国家劳动关系委员会诉弗兰西斯保健护理中心案[NLRB v. St. Francis Healthcare Centre, 212 F.3d 945 (6th Cir.2000)]（两者均适用泛多恩塑料机器公司案的五要素标准）。假设对虚假陈述的规制是以委员会在通用鞋厂案中确定的原则为前提的，那么在本案中法院的权力来源在哪？

6. 费慕科案中确定的原则。依据费慕科案确定的原则，这一原则比中部案原则适用的时间较长，委员会认定，任何在党派选举中旨在进行严重的虚假陈述的对委员会的文件所作的不当描述或滥用，都会导致其选举的结果被否定。费慕科公司案[Formco. Inc.,233 N.L.R.B. 61 (1977)]。费慕科案特别关注那些可能对委员会的中立地位引起质疑的变更或者不当描述（同上，第62页）。在中部案中，异议者将公司使用《劳资报告和公开法》财政报告的行为类推为对委员会文件的虚假陈述，依据费慕科案，有权重新选举。见中部案(263 N.L.R.B. 135)，你同意他们的观点吗？

7. 适用。在艾尔伯特公司案[Albertson's, Inc., 344 N. L. R. B. No. 158(2005)],委员会推翻了一场工会胜诉的选举,原因是工会向关键雇员发出了声称是来自雇主营业总部的一份匿名传真,列出了公司计划关闭的没有成立工会的商店的名单。委员会强调,公司提出了证据证明这份传真系伪造,且工会并没有告知雇员这一事实:"尽管雇主为此作出努力,但是对传真的形式和内容,对工会在散发这一消息中所起的作用,工会决定保持沉默以防止雇员们合理的辨别出这是一个伪造行为,而不是将这一伪造事件告知他们。"如果工会不为传播传真的行为负责,那么本案的结果会有不同吗?鉴于雇主反复对传真件表示否认,雇员有可能会对工会的沉默给予特别的关注吗?这一裁决与中部案的裁决是一致的吗?

注释:成立工会的行为影响到了雇员们吗?:实证文献的考察

这些失实的陈述,或者其他的选举宣传或选举行为,无论是合法或违法,有多大的可能会影响选举的结果?更通常一些来说,委员会如何判决这些类型的案件?值得注意的是,委员会并未自行进行过实证研究,只是很偶尔地参照一些已有的实证数据,以支持或测试他们的设想。

关于委员会对选举中雇员投票行为的规范的最著名的研究,是朱莉叶斯·G.盖特曼(Julius G. Getman),斯蒂芬·B.金伯格(Stephen B. Goldberg)和詹妮·B.赫尔曼(Janne B. Herman)所做的,其题目为"工会代表选举:法律与现实(1976)"[Union Representation Elections: Law and Reality (1976),以下称为"盖特曼的研究"]。作者在选举前后,对超过1000名于1972—1973年在中东部进行的劳动关系委员会主持的选举中投票的雇员进行了访谈,发现竞选活动中的行为对投票行为的影响是有限的,因为大多数雇员在接触到选举工会代表问题之前,都带有很强的倾向性。盖特曼的研究还发现,"比起公正的选举或者说存在较少不法行为的选举,在致使国家劳动关系委员会发布谈判令的选举中,雇员不会大举投票反对让工会来作他们的代表,因为他们受到不当劳动行为的阻挠。同样,在委员会认定存在违法竞选行为的案例中,与那些委员会没有认定违法竞选的案例相比,也没有出现有更多的员工举报违法行为的情况。"同前,第 129 页。

一些批评者们对该研究样本是否能代表那些竞争激烈的选举以及这一研究所作的设计,提出了质疑。见詹姆斯·E. 马丁:《雇员的特点与代表选举的结果》,载于《劳资关系评论》第 38 卷(1985),第 365、375 页[James E. Martin, Employee Characteristics and Representation Election Outcomes,38 Indus. & Lab. Rel. Rev. 365, 375 (1985)];托马斯·A. 寇肯:《法律上的胡说:实证研究和政策评估》,载于《斯坦福法律评论》第 29 卷(1977),第 1115 页[Thomas A. Kochan,Legal Nonsense, Empirical Examination and Policy Evaluation,29 Stan. L. Rev. 1115 (1977)];帕特丽夏·埃姆斯:《从工会的角度对工会投票权所作的分析》,《斯坦福法律评论》第 28 卷(1976),第 1181 页[Patricia Eames, An analysis of the Union Voting Study from a Trade-Unionist's Point of View,28 Stan. L. Rev. 1181(1976)]。

其他人认为,该研究以其自己提供的证据得出其结论是不合理,即这些研究既没有提供足够的统计数据证明有强制性的竞选行为影响了雇员个人的投票,也没有足够证据证明与之相反的结论,即有强制性的竞选行为不影响投票。盖特曼的研究遭到批评,因为其既没有关注那些开始就没有作出决定的人(占样本的 6%),也没有关注那些由选举前有支持工会倾向而转变成之后投票反对工会代表的那部分人(13%)。转换阵营和没作出决定的那部分人,可能"在数量上微不足道",但是他们的投票可能会改变 31 场选举中的 9 场。见盖特曼的研究第 103 页。通过利用盖特曼的研究数据进行的电脑模拟,一名研究人员发现,"如果雇主的竞选活动完全公正透明,那么工会可能会在那[31]场选举中赢得 46%—47% 胜利(如果完全没有竞选活动的话,将达到 53%—75%),但是如果每一位雇主在样本中以最大强度的和最剧烈的违法性进行竞选活动,那么工会的获胜率会仅有 3%—10%。"韦勒,《恪守承诺》,同前,第 1786 页。威廉姆·狄更斯:《工会代表选举:组织工会的活动和投票》(William Dickens, Union Representation Elections:Campaign and Vote)(1980 年 10 月)(马萨诸塞技术学院经济部,未出版的哲学博士论文)。

盖特曼研究的作者在金伯格、盖特曼和布雷特三人所撰写的"工会代表选举：作者对批评的回应"一文中对批评作出了回应,载于《密歇根法学评论》第79卷(1981),第564页[Union Representation Elections Outcomes: The Authors Respond to the Critics, 79 Mich. L. Rev, 564(1981)]。见：《自由选择与劳动委员会的原则：不同的实证研究方法》,载于《西北大学法学评论》第79卷(1984),第721页[The Relationship Between Free Chioce and Labor Board Doctrine: Differing Empirical Approaches, 79 Nw. U. L. Rev, 721(1984)]。

劳拉·库珀教授通过对明尼阿波利斯(Minneapolis)地方政府办公室举行的近800场选举进行的研究,支持了盖特曼的书中的观点。见劳拉·库珀：《授权卡和工会代表选举的结果：对最高法院在吉赛尔案判决中所作假设的实证评估》[Laura Cooper, Authorization Cards and Union Representation Election Outcomes: An Empirical Assessment of Assumptions Underlying the Supreme Court's Gissel Decision]。通过比较在选举活动之前的支持工会的情况(反映在被地方政府办公室归档的授权文件中)和在选举结果中反映出的支持情况,库珀教授发现在实力相近的选举中,工会支持率的上升与存在而不是没有不当劳动行为有关联。库珀的研究是对盖特曼研究发现的支持(尽管在她的样本中,几乎没有怎么涉及因为构成了足够严重的不当劳动行为而致使国家劳动关系委员会发出谈判令的选举),但是它也暗示存在这样的问题：比起工会几乎无法获得雇员支持的情况下,雇主可能会在工会在选举中有大好机会获胜的情况下出现更多的违法行为。见布朗冯布兰娜：《雇主在认证运动中的行为》(Bronfenbrenner, Employer Behavior in Certification Drives),同前,第81页。

两个委员会成员在购物卡特案中采纳了盖特曼的研究的观点(228 N. L. R. B. at 1313)。但是在通用编织案(General Kint)中,委员会因为"这只是对在一个国家的一个地区中的31场选举中出现的其中之一的研究"而不再考虑此观点。并且进一步声明,在此研究中19%的选民——一个相当大的比例——决定了在此选举活动中采用何种方式进行投票(239 N. L. R. B. at 622)。在中部案中,盖特曼研究的观点未被提及。

(4)种族性和宗教性言论

蜜镇谷物公司诉国家劳动关系委员会案

Honeyville Grain, Inc. v. NLRB
444 F. 3d 1296 (10th Cir. 2006)

巡回审判庭亨利法官。

2002年4月12日,委员会在兰桥库加蒙卡(Rancho Cucamonga)进行了一次秘密的投票选举。所有的32位有资格投票的人都参加投票;有23票支持成立工会,有7票反对,还有2票提出了质疑……[质疑这次选举]。蜜镇公司(Honeyville)质疑此次选举,并对选举5天之前,工会在其办公室里集会发表的言论表示异议;有20—25个司机参加了那次会议。出席集会的人作证称,两位工会的代理人雷内·托雷斯(Rene Torres)和大卫·阿科斯塔(David Acosta)曾说过:

[1]蜜镇公司是由摩门教徒办的;
[2]蜜镇公司一直向摩门教会提供金钱;
[3]公司将利润给教堂有税收上的动因,公司应该与员工分享这些利润;
[4]蜜镇公司的摩门教徒老板,不仅给摩门教汇钱,而且还给摩门传教士钱;
[5]并且,这些摩门教徒是传教士,且西班牙语说得很好。

托雷斯先生是蜜镇谷物公司(Honeyville Grain)的司机,阿科斯塔先生是商务代理,并兼任"本地卡车司机396号工会"的组织者。阿科斯塔声明其在会上并未提及摩门教会或传教士。

大量的证词都是恩里克·埃拉索（Enrique Erazo）提供的,他是蜜镇公司的司机,出席了那次发表了宗教性言论的会议。在委员会的庭审过程中,埃拉索先生作证称,托雷斯先生曾有这样的言论：

[司机们]有权利获得利润。那么,公司在挣钱,这是个有钱的公司,公司在挣钱,他们需要与每一个职工分享其盈利,提高他们的福利。[原话如此]

由于该公司是摩门教徒经营的公司,[工会]说他们会……监督着公司,会让公司作更多贡献——他们确实为教堂作了捐献,他们也向出国的传教士捐献,或者与他们分享金钱,因为这些钱是免于征税的,这就是他们为什么把部分钱捐给摩门教堂,而不是把这些钱发给员工——与员工分享这些钱——这是让他们过更好的生活的机会。[原话如此]

埃拉索先生还作证说,当托雷斯先生讨论了公司利益分配方式并提及公司所有者的宗教信仰后,参加会议的人都鼓起掌来。但是,没有一方当事人提出有关公司雇员的宗教构成,这些关于宗教的言论是在举行选举前的10次工会会议中的其中一次会议中发表的。

……在听证会之后,听证官建议委员会驳回了……对宗教性言论的异议,并对工会在选举中的胜利给予认证……

委员会采纳了建议,对该工会给予了认证……

就种族或宗教偏见起诉,并被确认为选举无效的具有重要影响的案例是苏埃尔制造公司案[Sewell Manufacturing, 138 N. L. R. B. 66（1982）]。在苏埃尔案中,委员会废除了选举的结果,在这个案件中工会的支持人数从985人下降到331人……。在四个月的时间里,雇主针对工会支持民权运动,散发了反非裔美国人的宣传材料,其中包括一张一名白人工会工作人员与一名非裔美国人女性跳舞的照片（在选举的前两周被寄出）,还附了个关于"种族混合"的故事,同上,第66—88页。

在苏埃尔案中,委员会说明了何种关于种族的言论是被允许的,何种会致使选举结果被废除。它这样写道:

> 只要……在种族利益问题上,一方真实地将其自己限定于向另一方陈述其在种族利益事务上的立场,并没有故意地通过无关的、煽动性的宣传行为,来对种族情感进行施压,使之恶化,在这种情况下,我们不会废除选举的结果。但是,由作出相关种族性言论的一方承担证明责任,证明其言论是真实而恰当的,以及该方的全部行为是否是在规定的范围内,如果对这些问题有疑问,就会作出对其不利的结论。(同上,第71—72页)

如果"受到质疑的宣传行为,将组织工会竞选活动的标准降低到了一定程度,以致在选举中无法对雇员的不被禁止的愿望作出裁决",那么宣传种族或者宗教偏见的行为,就会构成撤销选举结果的依据。同上,第70—71页。(强调记号为作者添加)

……苏埃尔案以及上诉法院在解释该判决时,要求提出撤销选举结果的一方,需要首先对代表选举提出质疑的一方说明,那些宗教性言论具有煽动性,或者这些言论就构成了工会成立活动的核心内容。如果该当事人完成了举证,则举证责任就会转移到作出那些宗教性言论那一方,他们需要像苏埃尔案讲的那样(138 N. L. R. B. at 72),证明这些言论"真实并且相关"。若发现那些言论不具有煽动性,或者不构成竞选活动的核心或主题,则根据其他类型的失实陈述所适用的标准进行审查。

[我们现在]来检验一下委员会是否有足够的证据,证明那些宗教性的言论没有煽动性,或者没有构成工会竞选活动的核心或主题……。在苏埃尔案中,委员会曾考虑一方当事人,是否会"故意地"试图"通过无关的、煽动性的呼吁行为,来对种族情感施压、使之恶化"(138 N. L. R. B. at 72),但是委员会并没有明确"煽动性的呼吁行为"的构成要件。然而,委员会确

实明确了这一点,其工作就是为了在没有"阻止或妨碍作出合理选择因素"的情况下引导进行选举,同上,第70页。并且,委员会不会"容忍诸如进行选举宣传的呼吁行为或观点,这些行为或观点没有其他的目的,只是为了在选举中激化选民的种族情感"。同上,第71页。更重要的是,第七巡回审判庭解释称,"如果一个观点试图创造或利用强烈的种族偏见,而且实际上也很可能就创造或者利用了种族偏见,那么这种观点就是具有种族煽动性的。"印第安国家银行诉国家劳动关系委员会案[State Bank India v. NLRB, 808 F. 2d 526, 541(7th Cir., 1986)]。委员会描述了这些原则,第七巡回法院在其所作的评论中适用了相似原则。

让我们带着这些建议,看看委员会对工会发表的宗教性言论的认定:

> 在苏埃尔案中,委员会对持续的、故意的、有计划的关于煽动种族偏见的呼吁行为(如本案中的行为),以及孤立的、偶尔的宣传种族偏见的言论作了区分……。因此,在苏埃尔案之后,只要这些言论不具有煽动性或者不构成持续地、执意地试图向有投票资格的选民作有关种族或者宗教偏见呼吁的性质,即使这些言论是不准确的或者是没有必要的,委员会一直拒绝因为种族或宗教方面的不当言论,而去推翻选举的结果。与调查相关的是作出这些言论的背景,以及那些人作出该言论的"整体情况"。

在适用这些规则时,我们采纳了听证官的结论:工会在本案中的行为,并没有将竞选活动的标准降低到这种程度,以致在选举中无法对雇员的不受禁止的选择权利作出决定。我们认定,尽管证据充分真实可信,蜜镇公司也并未能证明工会的行为构成了"持续性的和煽动性的呼吁"或者"有计划、有步骤地试图将宗教问题纳入到工会的组织活动之中"。

通过对背景和工会两个方面整体情况的考虑,我们认定,工会并没有过分的或者严重的宗教偏见。在工会的集会上存在有十分之一发表有争议言论的行为。蜜镇公司并未(以书面或者其他方式)提供证据证明,有宗教性言论被卷入竞选的活动中来;因此宗教问题既不是此次竞选活动的中心,也不是其主题。同时蜜镇公司也没有提出任何证据证明,在选举前存在关系紧张的历史记录。任何宣扬宗教歧视的行为——如果确实有这样的一个宣传行为——确实不能表明其含有试图故意或计划加剧宗教歧视,以致让雇员们仅基于宗教背景而投票反对蜜镇公司的行为。我们认为,在任何情况下,工会的言论都不太"可能""阻止或妨碍"雇员们在选举中作出"合理的选择"……

注释和问题

1. 关于种族或宗教的煽动性言论对"实验环境"是破坏性的吗? "煽动性"的言论是一种试图"激起一些过激、无法控制的行为或感情"的言论。见《韦伯斯特新大学词典》第 619 页,1985 年第 9 版 [Webster's Ninth New Collegiate Dictionary 619 (1985)]。委员会对煽动性言论的规制与通用鞋厂案中的原则是相联系起来的吗?即,委员会应当在确保雇员对工会组织相关的成本和收益进行评估之后,再决定选举结果,并且,进行这种选举不可能阻挠雇员自由的选择权利。

依据苏埃尔案,除了信息的文本内容之外,在决定一个信息是否具有煽动性时,还要考虑什么因素?如果那些有争议的言论并没有局限在那十分之一的工会集会中,而是每次会议上都与雇员反复强调,那么委员会或法院对蜜镇案的判决会有不同吗?如果一小部分雇员是摩门教徒,其分析会有所改变吗?如果雇主是美籍阿拉伯人,而工会的言论又质疑了美籍阿拉伯人对这个国家的贡献呢?

2. 是动机还是结果? 仔细看看法庭在审理蜜镇案时所用的语言:在(a)描述苏埃尔案和(b)解决之前案件的用词。在苏埃尔案中法院所采用的标准,是依据其动机还是结果,还是两者兼有?在决定实验环境是否被破坏了时,应当考虑到雇主或者工会的动机吗?

3. 对种族或宗教的问题进行宣扬的行为,何时与"实验条件"相一致? 如果委员会合适地援引了苏埃尔案的原则,那么,当一方使用了有关种族的煽动性的言辞时,虽然没有人表达种族主义的或者固执己见的观点,但雇主或工会因种族、宗教或民族的偏见问题而被诉时,委员会仍可以适用它来撤销选举结果吗?主张其是偏见必须有事实上的充分根据吗?注意审理蜜镇案的法院对委员会在苏埃尔案后所作的裁定的描述:"当言论不具有煽动性,或者不构成持续地、执意地试图向有投票资格的选民呼吁种族或者宗教偏见的行为时,尽管这些言论有时不甚准确或毫无原委,委员会也一直拒绝仅基于言论带有种族或者宗教色彩,就推翻选举的结果。"工会或者雇主提出的那些不具有煽动性言论但是却是错误的主张,与"实验环境"相一致吗?

4. 让苏埃尔案与中部案相一致? 与具有煽动性的有关种族的言论一样,委员会继续将苏埃尔案的原则适用在不相关的、有煽动性的那些有关国别、宗教或者民族背景的言论上,甚至在根据国家中部案确立了应对失实陈述的方法之后也是如此。例如,见日本吉田拉链(美国)公司案[YKK(U. S. A.)Inc.,269 N. L. R. B. 82 (1984)];扎迪克公司案[Zartic, Inc.,315 N. L. R. B. 495(1994)]。负有种族或者民族责任的陈述,应当与其他失实陈述区别对待吗?如果是的,为什么?基于种族或者民族问题所做的失实陈述本身,更有可能歪曲选举进程吗?适用苏埃尔案的原则,而不适用中部国家案(*Midland National*)的解除管制规则,工会在今天有可能获益吗?见前文,注释4,第340页。

5. 呼吁种族团结与煽动种族分裂。 思考一下阿彻洗衣公司案(Archer Laundry)的事实[150 N. L. R. B. 1427 (1965)],在该案中,工会试图在以非裔美国人为主的巴尔的摩洗衣工人中组织工会,并散发印有"马丁·路德·金是如何评价劳动工会的"传单,传单上说道:"反对劳动者的是一个双头怪,从一张嘴里喷出反黑人的字眼,从另一张嘴里则喷出反工会的宣

第五章 劳动关系委员会对于谈判主体的决定 435

传。"另一个传单说:"做一个自由的人,而不是'用手帕裹头的汤姆大叔'。"其他传单描绘了政治走狗和政治暴行。委员会驳回了雇主对选举的异议,解释说工会的竞选活动是在呼吁种族自觉性,而不是煽动种族仇恨。这是对苏埃尔案的原则的适当适用吗?

6.《第一修正案》审查? 苏埃尔案确立的原则合宪吗? 在 R. A. V. 诉圣保罗案 [R. A. V. v. St. Paul, 505 U. S 377 (1992)] 中,最高法院取消了一项市政条例,该条例禁止在种族、肤色、信仰、宗教或者性别方面使用"侮辱性的或者会激起暴力冲突的'激烈的言辞'"。同上,第 391 页。法院认为在辩论过程中,所有的符合该条例的表达方式,都可能符合法院在查普林斯基(Chaplinsky)诉新罕布什尔州案中适用的"激烈的言辞"原则 [315 U. S. 568 (1942)],但是尽管如此,法院还是认为该条例表面上不合宪,原因是,其仅禁止使用其内容所界定的次类"激烈的言辞"。另见:华纳斯科诉斯瓦茨案 [Vanasco v. Schwartz, 401 F. Supp. 87① (E. D. N. Y. 1975)] (由三位法官组成的地区法院法庭认定,阻止公务员候选人"基于种族、性别、宗教或民族背景 [攻击其他] 候选人"的规定违反了《第一修正案》),该判决在没有异议的情况下通过 [423 U. S. 1041 (1976)]。

(5)承诺和利益的给予

国家劳动关系委员会诉零件更换公司案

NLRB v. Exchange Parts Co.
375 U. S. 405 (1964)

哈伦法官:本案提出的这个问题是关于第 8 条 (a) (1) 的规定在临近代表选举之前,对雇主给予其雇员经济利益所进行的限制,具体的问题是,如

---

① 《联邦地区法院案例报告》第 401 卷第 87 页。

果雇主的目的就是要影响选举的结果,而不是其他的目的,本条规定是否禁止给予这样的利益……

被上诉人零件更换公司位于得克萨斯的福特·沃思(Fort Worth),从事汽车配件的改造工作,1959 年 11 月份之前,该公司的雇员没有成立工会。1959 年的 11 月 9 日,美国劳工联合会—产业组织联合会的锻工及助理、铁匠、铁船制作工、锅炉工兄弟会(Forgers and Helpers, Blacksmiths, Iron Shipbuilders, the International Brother hood of Boilermakers, AFL-CIO)工会通知零件更换公司,该工会在其工厂进行组织工会的活动,大部分雇员已经指定该工会作为他们的集体谈判代表。11 月 16 日工会提出申请……,要进行代表选举。劳动关系委员会在 12 月 29 日和 1960 年的 2 月 19 日进行了听证,并发出命令……,指令进行选举……。1960 年 3 月 18 日举行了选举。

在 1959 年 11 月 4 日和 5 日的两次会议上,零件更换公司的副总裁兼总经理 C. V. 麦克唐纳(C. V. McDonald)向雇员宣布,他们 1959 年的"浮动假期"(floating holiday)将定在 12 月 26 日举行,1960 年还会有"浮动假期"。2 月 25 日,在委员会发出选举命令的 6 天后,零件更换公司为雇员举行宴会,在宴会上,副总裁麦克唐纳对雇员说,雇员可以决定 1960 年的额外假期是作为浮动假期还是算作他们的生日假,雇员投票表决选择了后者。麦克唐纳还提到了即将到来的选举,用讯问审查官的话说,他是问雇员是否决定"愿意交出他们的话语权和行动权"。他说工会歪曲了一些事实,并列举了在没有工会时由雇员自己所获得的利益,他敦促所有雇员都参与选举投票。

3 月 4 日,零件更换公司向雇员发了一封信,谈到了"工会的空头承诺",并说"事实是公司给了你们这一切……"在提到了几项福利后,这封信说:"工会不会给予你们这些福利——只有公司才能给你们这些福利。"①这封信还进一步说:"过去没有工会就获得了这些福利,未来不需要工会也可以改进这些福利。"伴随着这封信,还附了一个说明,列出了 1949 年以来公

---

① 2. 信的原件带有这些强调部分。

司给予雇员的福利,并计算出了给予雇员的这些福利所值的金钱上的价值。在1960年的福利说明中,还包括了生日假、在休假周期间计算加班时间的实际上能够提高这些休假周工资的新制度、能够使得员工把休假时间夹在两个周末之间的新的休假制度。尽管零件更换公司说,后面包括的这两项制度以前就有,但很清楚的是,3月4日的这封信是第一次向雇员全面地宣告这些变化,其目的是让工会选举失败。

  劳动委员会确认了讯问审查官的认定,并认定,零件更换公司宣布放生日假,宣布给予加班和假期的福利,包含了让雇员投票反对工会的目的。劳动关系委员会还认定,这一行为违反了第8条(a)(1)的规定……,并发出了适当的命令。在劳动关系委员会申请执行这一命令时,上诉法院驳回了这时候宣布生日假是为了影响选举结果的认定。在加班和假期的福利上,上诉法院接受了劳动关系委员会的认定。这些认定的适当性在这里没有争议。然而,法院注意到,"这些福利是无条件地永久性地施行的,没有任何人提出过,如果工人投票支持工会,这些福利就会被取消。"(304 F. 2d 368,375)法院不允许执行劳动关系委员会的命令……

  ……我们认为,毫无疑问,第8条(a)(1)的规定不仅禁止干涉性的威胁和承诺,而且禁止很快对雇员就有利的行为,这些行为的明确目的就是侵犯雇员赞成或反对工会的自由选择权,并且能够合理地推测出,就会有这种效果……。在恰好的时间对福利进行增加,所产生的固有的危险,就像是带着天鹅绒手套的拳头。雇员不可能会忽视这一暗示,现在给予这些福利的来源,也是将来给予福利的来源,如果它没有义务,福利也就枯竭了。如果福利是永久性地和无条件地给予的,如在本案中一样,这一危险就会消失。但是,对于没有条件或威胁的情况下所给予的某种福利,可能会有控制的意义,除非能够假设,这一福利不涉及将来的额外福利,或要对现在的福利进行重新协商,当然,这样的假设是站不住脚的。

  其他的上诉法院已经认定本案所涉及的行为违反了第8条(a)(1)的规定……。的确,正如下面的法院所指出的,在大多数情况下,这种福利的提高可以被认为是"雇主整个干涉计划和干涉行为的一部分"(303 F. 2d, at 372），在这个案件中，引起争议的行为是孤立的。在选举悬而未决的时候，其他的非法行为可能常常是给予福利背后的动机的表现，就其范围来看，这和给予福利的合法性是相关的。但是，当这一动机得到证明时，正如在本案中，雇主不能通过简单地给予利益，就可以自由地违反第8条(a)(1)的规定，因为它控制了其他的人，这是更加明显的违法。我们不能同意上诉法院的意见，他们认为执行劳动关系委员会的命令对于"阻碍劳工的福利"会有"讽刺性"的结果(304 F. 2d at 376)。雇主的善行如果是因威胁不要组成工会而激起的，那么很可能是短暂的，随后就会被拿走。这种将集体组织权与有计划的好意隔离开来，剥夺了雇员仅有的持续性的价值。

驳回上诉。

注释和问题

1. 无条件的改善是"威胁"吗？ 一直以来，劳动关系委员会和法院都坚持认定，雇主以雇员反对工会和拒绝让工会代表为条件，而向他们提供福利，应当被视为是对支持工会的劳动者的威胁。见：例如，戴·雷伊·时尚案[Del Rey Tortilleria, 272 N. L. R. B. 1106 (1984)，enforced, 787 F. 2d 1118 (7th Cir. 1986)] (承诺如果拒绝工会就增加工资)；纽约女佣案[Maid in New York, 289 N. L. R. B. 524 (1988)] (许诺雇员，如果其停止支持工会就可进入管理层)。即使第8条(c)从雇主的语言中排除了"对利益的承诺"和威胁。然而，零件更换公司的行为没有涉及有条件的贿赂，公司提供的假日和休假福利，并不是以悬而未决的工会选举结果为条件的。那么，为什么劳动关系委员会认定，给予这些福利就构成了不当劳动行为，并且得到了最高法院的认可？在代表选举期间给予这些福利，是怎样可能构成威胁的？

2. 无条件地改善福利是"策略"还是"贿赂"？ 对零件更换公司来说，这样是否是一个更好的解释，即，雇主不应当单纯地"策略性地"改善福利，这是由工会的组织行为推动的，并未反映雇主政策的长久的变化，但是具有剥夺工会成果的作用,使得他们的组织花费没有成果,并阻碍未来的试图组织工会的行为。用稍微不同的话来说,零件更换公司这个想法至少部分是以此为前提的——在工会选举期间允许雇主"贿赂"员工是不公平的,因为,这个时候,工会还无法控制工资和劳动条件,也无法用同样的方式给予员工以好处?

3. "阻碍了劳工的福利"? 零件更换公司是否像上诉法院所说的那样,当雇员已经最大可能地从雇主那里获得了待遇,在这一点上,在阻碍雇员获得工资和其他雇佣条件上,有"讽刺性"的结果。在选举前的这段时间,我们是否应当允许提高收入和改善福利,然后,让雇员通过他们在选举中的投票来判断,给予这些福利是否是出于策略上的考虑,并且可能是"短暂的"?如果雇主赢得了选举,然后又拿走了这些福利,至少在过了一年以后,雇员不是还有办法吗?另一方面,对投资在一个工作场所组织工会但没有成功的工会来说,它还会积极地投资另一个地方,并且知道雇主也许可能又一次地"收买"雇员,在雇员自己的游戏策略里,他们可能对于用工会作为一个可以利用的幌子,而不是用工会作为长期的代表,更感兴趣?

4. 是动机还是冲击? 为什么法院认为,雇主改变劳动条件是受影响选举驱动的,应当被认定为违法?这一观点符合第8条(a)(1)规定或其他关于第8条(a)(1)规定的判决吗?法院是否在暗中认定,在代表选举期间,雇主任何合法的给予福利的动机,都超过了这种独立待遇的给予对第7条规定的权利带来的影响?法院是否是在暗示,雇佣条件总是在变化的,因此,像纪律规定一样,只有在存在反对第7条规定的活动的动机时,工业化生活中的事实才能够启动立法上的关心?

5. "动态的现状"? 劳动关系委员会的做法是在推断,恰恰是在雇员从事工会活动期间给予员工以福利,是有不当的动机的,干涉了雇员依据第7条规定所享有的权利。见沃特·伽肯及协会案[Walter Garcon, Jr. & Assocs., 276 N. L. R. B. 1226, 1240–1241 (1985)]。雇主一方负有义务来证明"他们选在这个时间采取这一做法,不是因为工会选举就要开始,而是由于其他因素决定的"。美国遮阳篷公司案[American Sunroof Corp., 248 N. L. R. B. 748 (1980), modified on other grounds, 667 F. 2d 20 (6th Cir. 1981)];另见:棕榈海滩废品管理案[Waste Management of Palm Beach, 329 N. L. R. B. 198 (1999)]。雇主可以通过证明来担负起这个义务,例如,说明给予福利待遇是基于以前已经就有的公司政策,在工会组织活动发起后,公司并没有偏离这一政策。对公司来说,证明其依据是为了避免来自工会竞争而采取的维持工资增长是长期政策,以应对工会作为竞争对手所进行的工资协商,这样的理由是否充分? 的确,在选举期间还要求零件更换公司继续坚持这样的政策? 如果最初采取的政策是想让雇员觉得成立工会没有什么吸引力,这会有问题吗?

在1994—2001年,雇主根据年工资调查,在四月份的第一周,给所有的员工增加了工资。2001年12月8日,工会提出了选举申请,该选举申请覆盖了航运部的所有雇员。2002年5月26日举行了选举,2002年4月的第一周,根据以前的惯例性的工资调查,雇主启动了年工资增长,但仅包括了那些没有涉及参加即将进行工会选举的那部分雇员,包括已经由工会代表的部门。同时,雇主发了一个通知说,根据法律顾问的建议,涉及工会选举的雇员的工资调整向后推迟,以避免看起来像是在购买选票,或是构成不当劳动行为。工会在选举中失败,对上面所说的通知提出了抗议。劳动关系委员会应当如何裁决? 它是否能够依据,无论工资的增长是否是根据规则进行,都不给雇主以自由决定的权利? 见:尤阿科公司案[Uarco, Inc., 169 N. L. R. B. 1153 F. 2d 252, 254–255 (1st Cir. 1976)](在组织工会的运动中,不给予福利是违法的,如果福利是正常的增加,如果已答应过增加,或者没有给予福利而使工会因此受到指责);联合牛奶制造公司案[Associated Milk Producers, Inc., 255 N. L. R. B. 750 (1981)](认定在有工会组织的工厂中雇主非法扣留了制度性的工资增长);罗素干草糖果公司案[Russell Stover Candies, Inc., 221 N. L. R. B. 441, 444 (1975)](再次确认"在面临着组织工会的活动时,雇主应该像没有工会组织活动时一样继续做其本来应该做的事")。

6. 请求员工提出不满的意见。在组织成立工会活动期间,如果雇主以前没有和雇员一起开会,请他们向公司提出他们的不满和委屈,他们现在可以这样做吗?无论雇主对处理雇员的不满作出怎样的承诺,都没有关系吗?见:托比特和卡斯尔曼公司案[Torbitt & Castleman, Inc., 320 B. L. R. B 907(1996)];另见:DTR 工业公司案[DTR Industries, 311 N. L. R. B. 833,834(1993),enforced in relevant part,39 F. 3d 106(6th Cir. 1994)](两个都认定为违法)。是否应当禁止雇主进行这样的"正面的"活动?雇主的这些行为和无条件地给予雇员以福利有区别吗?

国家劳动关系委员会诉萨维尔制造公司案

NLRB v. Savair Manufacturing Co.

414 U. S. 270(1973)

道格拉斯法官……。被上诉人提出申请,反对(工会以 22 票对 20 票获胜)选举,但是……,听证官作出了不利于被上诉人的认定,劳动委员会对该工会作为该单位雇员代表的地位给予了认证……。上诉法院对[委员会的谈判命令]裁定不予执行……。我们认可这一裁定。

看起来,在选举之前"承认工会的小卡片"就在雇员中流传,有个雇员在这张纸片上签了字,在选举前就成了一名工会会员,他不用付费,这种付费有时被称为"入会费",有时候被称为"罚款"。如果经过投票工会得以成立,没在承认工会的这张卡片上签字的人就要支付会费。

实际上,要求在"承认工会的卡片上签字"不是工会干部所为,然而,工会干部在会上向雇员解释说,在卡片上签字的人,将来不需要再付入会费,没签字的人要付入会费。那些官员挑选了大约 5 个雇员来做这样要求别人签字的工作,并授权他们去解释工会的入会费政策。他们告诉被要求签字的工人说,在选举之前签字,将来就不需要支付入会费了。按照工会的章程,很明显,入会费不得超过10美元。但是,在听证会上作证的雇员说,(1)他们那个时候不知道这笔费用是多少;并说,(2)按照他们的理解这笔费用是一种"罚款"……

劳动委员会原来的立场是,工会在选举之前就请求他人成为会员,并承诺免除他们的工会入会费,违背了谈判代表的公平自由的选择原则。罗伯兄弟案[Lobuo Bros., 109 N. L. R. B. 1182 (1954)]。后来,在DIT-MCO公司案[DIT-MCO, Inc., 163 N. L. R. B. 1019 (1967)],劳动委员会对其立场的变化作了如下的解释:

> 我们应当假设,那些收到免除入会费的承诺就在卡片上签了字的雇员,这样做的原因,仅仅是因为不需要支付任何费用;事实上,那个时候,他们并不是真想让工会作为他们的谈判代表……。[然而,]无论主动减免费用使雇员对工会感觉多么亲切,在考虑到入会费问题时,将其作为不适当的引诱或强制措施,来让他们投"赞成票",以避免他们简单地投"反对票"就能避免的内容,这看起来完全是不符合逻辑的。

……劳动委员会的分析忽视了实际的情况。无论雇员的真实目的是什么,他在工会选举之前,在承认工会的卡片上签了字,都是向其他雇员表明他是支持工会的。如果仅因为许多雇员在组织工会的问题上尊重其同事的观点,他的这种外在的支持表示,在工会的手中,常被作为一个有用的竞选活动的工具,用来说服其他雇员投票支持工会。如果劳动关系委员会允许工会在选举之前,对那些签字承认工会的雇员免除入会费,就是允许工会购买对工会的认可,就是在竞选的过程中描绘一副雇员支持的虚假的画像……

此外,尽管这一点是正确的,即,在承认工会的卡片上签了字的雇员,在法律上并没有义务投票赞成工会,他们并没有正式地答应过支持工会。但是可以肯定的是,有一些雇员会觉得他们有义务按照他们所声明过的那样,继续支持工会。就本案的事实而言，仅仅一票之差，就会使选举的结果是21：21，而不是22：20……

工会向签字支持工会的人承诺给予特殊的利益，是否被认定为"不当的"劳动行为，这一点似乎未被完全地解决。但是，选举的自由权是第9条(c)(1)(A)所规定的固有的基本原则……

……在零件更换公司案中，我们认为，尽管雇主所给的福利是永久性的和无条件的，但是雇员"不可能会忽视这一暗示，现在给予这些福利的来源，也是将来给予福利的来源，如果它没有义务，福利也就枯竭了"。如果我们尊重雇员在工厂中拒绝组织工会的法定权利，而我们是必须尊重这一权利的，我们就不能想当然地认为，对工会的反对者来说，无论是赞成不成立工会的雇员或者是雇主，工会行使的权利对他们是完全有利的。对于反对成立工会的雇员来说，不在承认工会的卡片上签字，可能看起来有一定的危险，他们担心如果他们不签字，而如果工会获胜的话，他们会面对愤怒的工会的统治。这种影响可能在本案中有决定性的作用，因为一票之差就会改变结果。

小怀特及布伦南法官和布莱克曼法官，发表了不同意的意见……

在选举之后的一段时间内，"无条件地"公开地主动许诺免除入会费，不是一种强制行为，也不是不当劳动行为，这已经完全得到认可……。入会费是工会创设的，代表了加入工会的一个自设的门槛。没有证据表明，设立这一费用唯一目的是为了在组织工会的活动中取消它。如果工会所说的是免除不存在的费用或者是人为夸大了的费用，以便歪曲这种费用免除所代表的利益，那么情况就不一样了……。和这一情况相似，工会可以向雇员承诺，如果它被选举为集体谈判代表，它可以获得提高工资或其他的福利，这一做法是得到认可的。

大多数人太依赖于这样的对比：以本案中免除费用的例子，与选举期间雇主增加雇员的实际利益进行类比。国家劳动关系委员会诉零件更换公司案[NLRB v. Exchange Parts Co., 375 U. S. 405 (1964)]……。在那个案件和本案之间存在着一些重要的差别。首先,雇主实际上给了雇员实质性的增长了的利益,而在这里仅仅是可能发生的并且是微小的利益,工会的武器并不是那么隐蔽。其次,在工会所处的背景下,工会并没有什么武器,在雇主增加福利时,雇主所发出的威胁是,"现在的给予这些福利的来源,也是将来给予福利的来源,如果它没有义务,福利也就枯竭了。"同上。另一方面,由于工会还不是雇员的谈判代表,如果选举失败的话,它将来也不是谈判代表,它不能通过提供如果它选举失败就要收回的福利,而发出同样的威胁。工会仅仅能做的是在雇员的心中燃起让工会胜利的愿望。

注释和问题

1. 法院所施加的"试验性条件"? 劳动委员会不愿意依据其在通用鞋厂案中确立的原则,认定萨维尔案中的工会的某种行为违反了"试验性条件",而是认定在萨维尔案中,参加选举的一方当事人用不当劳动行为进行竞争。法院的判决与通用鞋厂案中确立的原则中所体现的任意性的特点相一致吗?与差别性审查的观点相一致吗,即法院应和劳动关系委员会对第9条所作的裁决保持一致,特别是在法院依据其对雇员所采取的反应作出判断时。

2. 萨维尔案的基本原理。

a. 零件更换公司案的类推?道格拉斯法官说:"不在承认工会的卡片上签字,可能看起来有一定的危险,他们担心如果他们不签字,而如果工会获胜的话,他们会面对这个愤怒的工会的统治。"他所说的这种效果,与工会所提出的对在卡片上签字的雇员免除入会费有联系吗?或者与这一提议所提出的时间有联系吗?法院的这种观点会对工会使用授权的请求卡提出质疑吗?

b. 道德上的义务。一些在免除入会费并承认工会的卡片上签字的雇员,在道德上是否会感觉有义务在秘密的投票选举中投工会的票?创造了这种义务感,能损害公平的选举条件吗?劳动关系委员会本身在亚特兰大豪华轿车公司案［Atlantic Limousine, Inc., 331 N. L. R. B. 1025, 1029 (2000)(3-2)］(认定在选举日由任何一方举行的有奖销售在本质上都是要不得的;"赢得了抽彩奖的雇员可能会合理地认为,这是对他的'奖励'或'照顾'……,他们可能会感觉到有义务在投票的时候予以回报")中也是部分依赖了类似的"道德上的义务"原理。

c. 与授权卡相关吗? 萨维尔案认为,劳动委员会本来就应当,因免除入会费的问题,推翻劳动关系委员会主持的选举,然而,在这个案件中,没有选举,或者尽管有选举,而投了不赞成成立工会的票,授权卡不是用来作为获得谈判代表资格的基础的。如果在没有选举的情况下,工会以这些卡作为基础来寻求获得谈判资格,这与法官所关心的问题有关系吗?

3. 没有合法的工会利益? 萨维尔案这样说是否有正当的理由:基于选举前就放弃入会费的要求所带来的影响,无论这种影响多么微小,但是由于这种费用是可以避免的,因为所有的工会会员均应当享受同样的费用待遇,而不是应该根据是否在认可卡上签字。就传统而言,这种无条件的放弃(也就是说,在选举后的一段时间内,这种无条件放弃的要约都是存在的)一直是得到许可的。见:例如,国家劳动关系委员会诉河城升降梯公司案［NLRB v. River City Elevator Co., 289 F. 3d 1029 (7th Cir. 2002)］。工会仅仅在选举前放弃对入会费的要求,其有这样做的合法利益吗?

4. 适用。工会有的政策是,单位大多数雇员都同意交入会费,并在交一个月的会费后,才提出选举申请。如果工会选举失败,就用这些资金支付劳动关系委员会选举工会活动的花费。如果在选举中胜利,在第一期的合同签订后,这些会费就用来冲抵第一个月的会费。工会一直会把会费打折政策保留到第一次合同签订的时候。如果工会在选举中胜利,雇主能基于工会的行为获得新的选举机会吗? 见:阿拉丁宾馆公司案［Aladdin Hotel Corp., 229 N. L. R. B. 499 (1977), enforcement denied, 584, F. 2d 891 (9th Cir. 1978)］。

5. 工会的承诺与雇主的承诺。 工会承诺说,如果其当选,就代理员工协商,争取更好的雇佣福利。这不是违法的,也不被认为会给工会代表的选举带来污点。然而,在工会成立期间,雇主甚至连无条件的承诺都不可以做。见:格林伍德健康中心诉国家劳动关系委员会案[Greenwood Health Center v. NLRB, 139 F. 3d 135, 140－141(2d Cir. 1998)];另见:零件更换公司案(NLRB v. Exchange Parts Co., Supra page 348)。这些规则是可以调和的吗?见:波士顿珀西林港湾公司案[Fleet Boston Pacilion, 333 N. L. R. B. No. 655 (2001)]。

6. 工会给予的其他福利。 劳动关系委员会对工会赠予的福利,一直是采取严格的政策,关于以此为理由而推翻选举的判决,见:邮寄服务公司案[Mailing Services, Inc., 293 N. L. R. B. 565 (1989)](免费体检);欧文斯－伊利诺伊公司案[Owens-Illinois, Inc., 293 N. L. R. B. 1235 (1984)](在选举日以价值16美元的工会夹克作为赠品),如果以夹克作为赠品不能被许可,那么工会T恤衫呢?是不是在一定程度上的礼品是可以忽略不计的?见:R. L. 怀特公司案[R. L. White Co., 262 N. L. R. B. 575 (1982)](不能反对分发工会T恤衫、徽章和贴纸)。

7. 对萨维尔的违法行为,由工会资助提起诉讼? 假如工会了解到,雇主正在或可能在违反最低工资法和《公平劳动标准法》规定的加班费的规定,工会的律师可以代表雇员提起诉讼吗?如果其部分的目的是展示工会代表所能提供的福利,并想以此来影响劳动关系委员会的选举结果的话。提起这样的诉讼与雇主无条件地给予利益是否没有区别?比较纽约诺富特案[Novotel New York, 321 N. L. R. B. 624 (1996)](不能反对在选举前一周提起诉讼;这一诉讼直指雇员所面临的选举问题的核心,尽管工会的行动可能影响雇员的投票)与弗洛因德银行公司诉国家劳动关系委员会案[Freund Banking Co., v. NLRB, 165 F. 2d. 928, 933 (D. C. Cir. 1999)]

（依据同样的事实推翻了选举,虽然工会可以自由地宣传其成员有资格获得的利益,但是,在选举前工会不能给投票人"免费树立一个榜样")。假如,在法律上假定,在选举前不久提起法律诉讼会有问题,工会是否能够在选举前向雇员承诺,如果工会获胜,工会在选举后,将立即代表他们提起诉讼,这种承诺和前面注释 5 中所讨论的承诺有区别吗? 一般参见:凯瑟琳·L. 菲斯克:《工会的律师与劳动法》,载于《伯克利劳动法杂志》第 23 卷(2002),第 57 页[Catherine L. Fisk, Union Lawyers and Employment Law, 23 Berk. J. Emp. & Lab. L. 57 (2002)]。在选举前,禁止提出这种诉讼违反工会在《第一修正案》中规定的权利吗?

(6)询问、投票和监督

蒂姆斯科公司诉国家劳动关系委员会案

Timsco Inc. v. NLRB

819 F. 2d 1173 (D. C. Cir. 1987)

米克瓦(Mikva)巡回法官。

本案的中心问题是劳动关系委员会 1985 年 7 月的命令的合法性问题。该命令认定 1984 年 12 月举行的,双方得票相同的选举无效,理由是雇主对雇员进行了强制性的询问。如果劳动关系委员会的处置合理,命令进行重新选举,公司就有义务与经过适当认证的[赢得了再次选举的]工会进行谈判。为了评估劳动关系委员会行动的合理性,我们必须考虑其行动所依据的事实。当事双方对这些事实没有争议。听证官是按对话发生的时间顺序来认定这些事实的,劳动关系委员会也采信了这些事实。

(1)1984 年 11 月 10 日,在选举活动的过程中,蒂姆斯科公司的总经理基思·普里查德(Keith Pritchard),总裁的儿子,走到维修工约翰·马赫夫卡(John Marhefka)身边,问道:"怎么样呀?"马赫夫卡回答:"什么?"然后,普里查德说:"你知道,在后面组织工会的那些人会搞砸很多人的工作。"

（2）1984年11月20日，在普里查德的办公室旁边，马赫夫卡走到普里查德的身边请假，马赫夫卡跟着普里查德走进了他的办公室。在谈完了请假的事以后，普里查德说："既然你问了我一个问题，我也想问你一个问题。我知道工会已经组织好了，他们也告诉你什么也别说。我想知道为什么人们想组织工会，我们付了他们很好的工资。"普里查德在进行这段谈话之前，要求马赫夫卡为谈话"保密"，马赫夫卡同意了。

（3）在11月23—30号，普里查德在马赫夫卡干活的地方，走到马赫夫卡身边问："这些人要干什么？是想要钱吗？"马赫夫卡回答说："我想要住院保险。"普里查德回答说："如果你想要这个，在对你作评估的时候，你为什么不过来跟我说，向我提要求？就像文斯（Vince）一样，因为文斯在考核的时候不满意，到我这里来说，我就给他升了级。"

（4）1984年12月3号那周期间，普里查德和马赫夫卡谈了在选举时工会是否会讲维修工大卫·伊仁菲尔德（David Ehrenfried）的票无效的问题。普里查德说："我听说他们会提出戴夫（Dave）的票无效。"马赫夫卡回答说："我不知道。"普里查德然后问："你知道他们依据什么理由说戴夫的票无效？"马赫夫卡回答："我想戴夫可以投票。"普里查德然后问："如果戴夫投票反对［让工会代表］，你会恨他吗？"马赫夫卡回答："不……"

（5）1984年12月6日，普里查德的父亲沃特·普里查德（Walter Pritchard），蒂姆斯科公司的总裁，走到马赫夫卡身边问："以前你是工会会员吗？"沃特·普里查德问马赫夫卡以前是否受雇于他人，以前参加了什么工会，马赫夫卡回答说，以前受雇于美国钢铁公司科莱尔顿厂（U. S. Steel's Clairton Works）时，他是美国钢铁工人联合会（the United Steel Workers of American）的会员。沃特·普里查德告诉马赫夫卡说，他不认为工会对公司有好处，并说他希望得到马赫夫卡的支持。

（6）1984年12月6日，沃特·普里查德走到公司的绘图师多萝西娅·格林（Dorothea Green）的身边，对她说："我知道你积极参与组织工会。"格林回答说："你的意思是说，你在给我的投票打折扣？"沃特·普里查德告诉她，他对她和工会接触感到失望，他希望她到他的办公室里来谈谈，并说他的门总是敞开的。

(7)1984年12月6日,在同一天的午饭后,沃特·普里查德又走到格林的身边,对她说:"多萝西娅,我对你很吃惊,你怎么就和工会联系了呢?"多萝西娅说她在电话簿里找到了工会的电话,就给工会打电话了。沃特·普里查德告诉格林他很吃惊格林干了这事,他以前没想到她会做这种事。

所有的重要的先例都是先讨论伯尔尼诉国家劳动关系委员会案[Bourne v. NLRB,332 F. 2d 47 (2d. Cir. 1964)],该案明确地表达了依据《国家劳动关系法》确定的雇主询问雇员的标准。"伯尔尼案"确定的标准,要求我们考虑下列要素:

(1)背景,例如,雇主有敌视或歧视的历史吗?
(2)雇主要了解的信息的本质……
(3)询问人的身份,例如,他在公司中处于多高的地位?
(4)询问的地点和方法?
(5)回答是否真实。

同上,第48页。1980年,劳动关系委员会短暂地偏离了伯尔尼案的标准,创设了一种本身违法原则,该原则宣布,雇主所有的关于询问员工对工会立场的问题,均具有固有的强制性。见:PPG工业公司案[PPG Industries,251 N. L. R. B. 1156 (1980)]。但是,劳动关系委员会在最近所审理的罗斯莫尔住房公司案(Rossmore House)的判决中,推翻了PPG案的判决[269 N. L. R. B. 1176 (1984)],代之而采用了比较灵活的"整体情况"标准,并引用了伯尔尼案所述的有关的询问范围。同上,第1178页和注释20……

很明显,劳动委员会的做法是合理的,认为普里查德和马赫夫卡之间的第一次谈话是有强制性的,在那次对话中,普里查德说,工会的组织者会"搞砸很多人的工作"。听证官认定,这句话完全是一种威胁,是更加有效的威胁,因为这句话是直接向一个不是公开地表示支持工会的、不积极支持工会的雇员说的……

考虑到本案的背景（小工厂，询问人是总经理，雇员只是一个维修工，且不是一个积极的工会支持者），我们接受劳动委员会的认定，马赫夫卡在第一次的谈话中受到了威胁。

这种威胁对随后的马赫夫卡和普里查德之间的三次对话产生了影响。不断地询问他对工会是否持支持的态度，和前面所说的会"搞砸"很多人的工作联系起来，可以合理地认为存在着威胁，即使任何一次这样的对话，从谈话的背景单单来看，都不能认定为威胁。此外，马赫夫卡和普里查德之间的对话，按照伯尔尼案确立的标准，存在着一些威胁性的特点。例如，11月20号的对话发生在普里查德的办公室，在那里普里查德要求马赫夫卡答应为对话保密。伯尔尼案确认了询问地点的重要性，显然，雇主的办公室是"权力的所在地"。国家劳动关系委员会诉科诺格公司案［NLRB v. Knogo Corp., 727 F. 2d 55, 58 (2d Cir. 1984)］。劳动关系委员会可以合理地得出结论，普里查德所要求的保密的承诺，增加了这种关门谈话的强制性，在马赫夫卡面对来自管理层的压力时，进一步将其隔离起来。另外，普里查德所问的是工会是否将提出另一个雇员的投票无效的问题。根据这个情况，劳动关系委员会可以合理地得出结论，根据伯尔尼案所确定的标准，这些问题的动机是不当的，是为了诱出工会的特定的计划，以便公司更好地制定反对工会的计划。

蒂姆斯科公司总裁沃特·普里查德所涉及的最后三次询问，以及他本人亲自参与询问，按照伯尔尼案所确定的标准，是有强迫的气氛存在，因为他在公司中是最高级别的领导。尽管在本案中单位很小，可能说明和总裁对话并不是什么特别不寻常的或有威胁的事情，但是，卷宗材料表明，总裁以前和雇员的接触，只是限于谈谈天气情况……

我们同意，马赫夫卡和普里查德之间的谈话，除了第一次谈话有一定的威胁性以外，其他的交流，如果单个地从背景情况来看，表面看来均没有什么威胁性。但是，对于这七次交谈所产生的累积的效果进行评估——"对整体情况的判断"，是劳动关系委员会的工作，不是我们的工作。我们的任务不是对谈话所产生的威胁性单独进行重新评估，而是对劳动关系委员会结论的合理性进行评估……

我们认定劳动关系委员会的结论是合理的,即,询问有足够的强制性,能够破坏实验的条件,因此需要进行重新选举。

注释和问题

1. 委员会的询问的"整体情况标准"。在罗斯莫尔住房案中,委员会将伯尔尼案确立的五个标准中的前四个结合起来,但仅涉及了对"公开和积极的"工会支持者的询问。然而,在后来,劳动关系委员会将整体情况的标准,扩大适用到那些支持工会倾向不是广为人知的雇员。见:桑尼雅尔医疗诊所案[Sunnyyale Medical Clinic, Inc., 277 N.L.R.B. 1217 (1985)]。被询问的雇员支持工会的态度的公开性至少和整体情况是相关的吗? 罗斯莫尔案和桑尼雅尔案两个案件均表明,雇员公开支持工会,或明显不考虑他们隐藏着支持工会的立场,对于认定询问是强制性的是不利的。然而,在一些案件中是否可以这样说,对于最公开和积极的工会支持者的询问,比对于隐藏性雇员的询问更具有强制性?

2. 在雇主询问背后的动机是什么? 是否认定询问是强制性的,要看影响而不是看动机。然而,雇主询问雇员对工会或相关事情的态度有合法的动机吗? 在雇主知道某个雇员是工会的支持者时,他可能会作何反应? 或者,了解到尽管他不是一个支持工会的人,但工会正在积极地组织工人,他能作何反应?

3. 对雇员做系统性的民意测验:斯塔科尼斯案(*Struksnes*)确立的保护措施。对雇员做系统性的民意测验涉及询问一群雇员对工会来代表他们的态度,劳动关系委员会所做的前沿性的裁决是斯塔科尼斯建筑公司案[165 N.L.R.B. 1062 (1967)]:

除非有非同寻常的情况,雇主对雇员做民意测验,就会被认定违反

《国家劳动关系法》第8条(a)(1)的规定,除非遵守了下列保护措施:(1)民意测验的目的是决定工会声称代表了大多数工人的真实性;(2)与雇员交流过这个目的;(3)保证不报复;(4)采取秘密的投票对工人进行民意测验;(5)雇主没有过不当劳动行为,或者以其他方式创造出强制性的气氛。(同上,第1063页)

在以下第390—400页和第403页,将对雇主进行民意测验作进一步的讨论。

4. 监视或制造出监视的印象。一直以来,委员会总是认定,雇主对雇员从事工会活动监视是非法的,无论雇员是否知道存在监视。这一观点得到了法院的认可。见:例如,国家劳动关系委员会诉J. P. 史蒂文斯公司案[NLRB v. J. P. Stevens & Co., 563 F. 2d 8 (2d Cir. 1977)];伯利恒钢铁公司诉国家劳动关系委员会案[Bethlehem Steel Co. v. NLRB, 120 F. 2d 641(DC Cir. 1941)]。为什么?雇员怎样受到了他们并不知道的行为的影响?应该注意,制造了一种雇员的工会活动是在监督之下的印象也是违反《国家劳动关系法》的。见:例如,纽朗伯LLC(在康涅狄格州所有的)米尔福特案[Newlonbro, LLC (Connecticut Own) Milford, 332 N. L. R. B. 1559 (2000)](雇主告诉雇员"我知道你去参加了工会的会议");赛盾公司案[Seton Co., 332 N. L. R. B. 979 (2000)]。

5. 雇主对受到法律保护的合法活动进行拍照或录像。雇主对雇员从事和平的罢工纠察或其他受到法律保护的活动,如分发传单等,进行拍照或录像,一般会被认为有强制性的倾向,如果没有适当的正当性,就违法了第8条(a)(1)的规定。见:国家钢铁和造船公司诉国家劳动关系委员会案[National Steel and Shipbuilding Co. v. NLRB, 156 F. 3d 1268, 1271 (DC Cir. 1998)];F. W. 伍尔沃斯案[F. W. Woolworth, 310 N. L. R. B. 1194 (1993)];另见:亚利桑那兰德尔仓储公司案[Randell Warehouse of Arizona, Inc., 328 N. L. R. B. 1034, 1039 – 1041 (1999), enforcement denied, 252 F. 3d 445 (DC Cir. 2001)](会员布雷姆对结果表示赞成)。存在适当的正当理由,例如,在雇主有"合理的理由预测到工会设置纠察线的时候会有不当行为时",或者要记录工会的非法的间接活动时。见:国家钢铁公司案(*National Steel*),同前,第1271页;另见:科林尼尔港口家庭护理案[Colinial Haven Nursing Home, 542 F. 2d 691, 701 (7th Cir. 1976)]。

6. 工会对雇员可以拍照或录像吗? 工会对雇员是否可以拍照或录像,是和雇主的拍照或录像按照同一个标准判断吗? 在百事可乐瓶装公司案[Pepsi-Cola Bottling Co., 289 N. L. R. B. 736 (1988)]中,劳动关系委员会认定,如果没有向雇员作出合法的解释,按照第7条的规定,工会对雇员所从事的活动进行拍照或录像,不需要另外有其他举动,就属于违法行为。在兰德尔仓储公司案(328 N. L. R. B. 1035 – 1036)中,劳动关系委员会推翻了百事可乐瓶装公司案的裁决,理由是,它与劳动关系委员会和法院的先例判决不一致,那些判决允许工会(与雇主不同)就雇员是否支持工会进行询问,并进行民意测验,允许他们去雇员家访问,或者要求赞成成立工会的雇员向工会报告反对成立工会的同事所进行的反对成立工会的活动。华盛顿特区的巡回法院否定了这一执行,然而,法院注意到,劳动关系委员会的听证官至少认定了有三次潜在的威胁行为[252 F. 3d 445 (2001)]。

7. 可以在反对工会的录像中使用雇员? 可以允许雇主在反对成立工会的录像片中使用他们自己的雇员吗? ——以简单的快乐雇员的形象(他们可能赞成不成立工会),或者以更多的镜头让雇员表达他们反对工会的态度。在阿勒格尼·鲁德鲁姆公司案[Allegheny Ludlum Corp., 333 N. L. R. B. 734 (2001), enforced, 301 F. 3d 167 (3d Cir. 2002)],劳动关系委员会裁决,雇主一定不能让雇员的形象出现在宣传片上——即使是公开地表达了反对成立工会立场的雇员。为什么不可以? 这一裁决与罗斯莫尔住房案中确立的询问原则是一致的吗? 劳动关系委员会还裁定,只有在拍摄的时候雇员对形象的使用没有被误导,并得到雇员的同意,否则,不得使用雇员的形象,并且录像要表明,其并不反映出现在屏幕中的雇员的观点。

第二节 没有进行选举就在劳动关系委员会的压迫下承认了工会

没有进行选举,工会就获得承认的主要方式是,工会提供了在适格的谈判单位中已经获得了大多数雇员支持的证据的情况下,雇主主动对工会认可。下一章将讨论有关主动承认的问题。本节主要讨论劳动关系委员会要求承认的范围,以及在没有主动承认或工会在选举中获胜的情况下,与谈判有关的问题。

1. 吉赛尔案中的谈判命令

国家劳动关系委员会诉吉赛尔包装公司案
NLRB v. Gissel Packing Co.
395 U. S. 575(1969)

沃伦大法官……。我们在这里所面临的具体问题是:依据《国家劳动关系法》的规定,没有进行委员会选举,是否可以产生谈判的义务;如果工会获得了大多数雇员的授权卡,且没有欺诈或强迫,一般来说,工会是否就有了一个有效的、可供选择的获得大多数雇员代表身份的途径;如果雇主拒绝承认工会获得了大部分雇员的授权卡,并同时有不当劳动行为,试图破坏工会的大多数人代表的地位,发出要求他们进行谈判的命令,是否为一个适当的、被许可的救济措施;雇主向雇员所作的特定的声明,是否构成声称选举无效的不当劳动行为,因此就不属于《第一修正案》和《国家劳动关系法》第8条(c)的保护范围……。由于以下的理由,对以上的每一个问题,我们均作出了肯定的回答……

[法院对关于《第一修正案》和《国家劳动关系法》第8条(c)所作的判决,见前文第325页。]

第537号和第691号。

在第四巡回法院处理的案件中,工会和雇主所采取的行动路线,以及劳动关系委员会所作出的反应,每一个案件均是相同的。在每一个案例中都是这样的,工会开始进行组织工会的活动,在适格的谈判单位中获得了大多数雇员的授权卡,然后,基于这些授权卡,要求获得雇主的认可。所有的三个雇主都拒绝进行谈判,理由是用授权卡代表雇员的愿望具有固有的不可靠性;他们要么开始,要么继续从事积极的反工会的活动,这些活动导致了很多不当劳动行为的指控。在吉赛尔案中,雇主几乎是从工会组织活动的开始就开始了反对工会的活动,工会(第691号申请人),没有进行选举,而是以雇主拒绝进行谈判违反了第8条(a)(5)、威胁和强制雇员违反了第8条(a)(1)、解雇工会的追随者违反了第8条(a)(3),提出了不正当劳动行为指控。在赫克案(Heck's)中,没有举行工会所要求的选举,因为,在工会要求承认工会后,雇主就开始了几乎同样的反工会行动,后来工会对此提出了不当劳动行为指控。在通用钢铁案(General Steel)中,雇主赢得了工会提出的选举,但被劳动关系委员会确定为无效,因为雇主在选举前的那段时间中有不当劳动行为。

在吉赛尔案、赫克案以及在雇主获胜的通用钢铁案中,尽管没有进行选举,在每个案件中,劳动关系委员会的主要措施是命令雇主进行谈判。更加具体地说,劳动关系委员会在每个案件中均认定:(1)工会在适格的谈判单位中有效地获得了大多数雇员的授权卡,因此有资格代表雇员进行谈判;(2)雇主对工会的多数人代表身份,不是以"诚信的"怀疑为动机,而拒绝与工会进行谈判,违反了第8条(a)(5)的规定。劳动关系委员会所依据的雇主没有诚信怀疑的结论,是基于雇主在反对组织工会的活动中为对抗工会所采取了不当劳动行为。因此,劳动关系委员会认为,所有的这三个雇主都从事了限制和强制雇员的措施,违反了第8条(a)(1)——在吉赛尔案中,强制性地询问雇员关于工会活动的情况;在赫克案中,强制性地询问雇员、威胁要采取报复措施、创设出监视的表象、为反对工会而给予福利;在通用钢铁案中,强制性地询问、威胁要采取报复,包括解雇。此外,劳动关系委员会认定,在吉赛尔案和赫克案中,雇主错误地解雇了从事工会活动的雇员,违反了第8条(a)(3)的规定。并且,由于雇主以不诚信的方式拒绝了工会以授权卡为基础而提出的谈判要求,劳动关系委员会认定,所有的这三个雇主都拒绝承认工会,违反了第8条(a)(5)的规定……

随后,劳动关系委员会命令:停止和禁止公司从事不当劳动行为,让被歧视性解雇的雇员复职,补发他们的工资,应工会的要求进行集体谈判,并张贴适当的公告。

在上诉案件的审理中,[第四巡回法院]在这三个案件中的每一个案件的法院判词里,都维持了劳动关系委员会关于雇主违反了第8条(a)(1)和(3)的认定,但是否定了关于雇主拒绝进行谈判违反了第8条(a)(5)的认定,没有执行劳动关系委员会关于指令被上诉人雇主进行诚信谈判的命令……。[法院的立场是]1947年《塔夫脱-哈特莱法》对于《国家劳动关系法》的修正,允许劳动关系委员会,只能采取秘密投票的方式,依据第9条(c)的规定给予认证来解决代表权的纠纷,收回了劳动关系委员会在没有劳动关系委员会的认证时,仅仅依据授权卡就命令雇主按照第8条(a)(5)的规定进行谈判的权利,除非雇主自己知道这些授权卡,事实上对代表权没有异议……

第585号。

……1965年7月,卡车司机地方工会第404号开始在申诉人的霍里奥克(Holyoke)的雇员中组织工会,在夏末从公司的14名电线织布工那里获得了11名工人的授权卡,这11人愿意选择工会作为他们的谈判代理人。9月20日,工会通知申诉人它已经代表了大部分的电线织布工,要求公司和它进行谈判,并主动提出把签过字的卡片交到中立的第三方那里进行验证。365在申诉人的总裁拒绝工会的要求一周以后,雇主除了讲了其他的事情以外,尤其提到,真诚地怀疑多数人代表的地位问题,因为授权卡具有固有的不可靠性。工会在11月8号申请进行选举,选举的时间最后定在12月9日。

……工会以7∶6在选举中失败,然后工会提出两项异议,一是对选举,二是对不当劳动行为,两项合并由讯问审查官进行审理。

劳动关系委员会同意讯问审查官的意见,从整体来看,总裁和雇员的谈话"合理地在给雇员这样一个信念或印象,在马上要进行的选举中,如果选择了工会,就会导致[公司]关闭工厂,如果电线织布工不愿意失去工作,或者他们可能会转让他们的纺织生产线"。因此,劳动关系委员会认定,根据"整体的情况",申诉人的行为违反了《国家劳动关系法》第8条(a)(1)规定。劳动关系委员会进一步同意了讯问审查官的认定,因为申诉人的行为侵犯了自由的、不受限制的选举权,试图阻止"举行公正选举"的可能性,因此要求确定选举结果无效。劳动关系委员会还认定,工会获得了有效的大部分授权卡……因为在工会最初要求承认而公司拒绝承认时,公司对于其多数人代表的地位没有诚信的怀疑,违反了第8条(a)(1)的规定,只是为了获得时间来消散工会的多数人代表地位,违反了第8条(a)(5)的规定。结果是,劳动关系委员会宣布选举结果无效,发布了停止和禁止命令,要求公司应工会的要求进行谈判。

在上诉中,[第一巡回法院]支持了劳动关系委员会的认定和结论,执行了全部命令……

II

在恳求我们推翻第四巡回法院的判决并维持第一巡回法院的判决时,劳动关系委员会主张,在授权卡案中,我们应当同意其对《国家劳动关系法》所赋予的权利和义务作的解释和实施,劳动关系委员会的观点为:(1)无论是依据《华格纳法》第9条(c),或者是依据1947年的修正案,工会的认证从未被限定为工会获得代表地位的唯一途径。(2)工会可以依照第8

条(a)(5)的规定,并依据其已获得大部分雇员支持等其他事实,如获得授权卡等,将谈判的义务强加到雇主身上。与第四巡回法院相反,1947年修正案并未消除工会获得代表地位的其他替代性路线。如果按照劳动关系委员会的标准提出要求,适当地保障工会没有欺诈行为,授权卡本身就是可以依赖的雇员愿望的标识,支持对违反第8条(a)(5)的规定、拒绝认可多数雇员卡的雇主,发出集体谈判命令。(3)在雇主有其他不当劳动行为,试图消减雇员对工会的支持,并使公正地选举不大可能时……,对有违反第8条(a)(5)规定的行为的雇主,命令其进行谈判,是一种适当的救济方式。

多年来,劳动关系委员会使用的传统的方法一直被称为乔伊丝绸(Joy Silk)原则。乔伊丝绸厂案[John Silk Mills, Inc., 85 N. L. R. B. 1263 (1949), enforced, 185 F. 2d 732 (1950)]。依据这个原则,雇主只要对工会通过授权卡获得的多数人代表地位有"诚信的"怀疑……,就可以合法地拒绝与工会谈判。[根据乔伊丝绸案]"没有有效的理由",雇主不能拒绝谈判请求,要求进行选举。

对乔伊丝绸案的原则作出整理性修改的案例是亚伦兄弟案[Aaron Brothers, 185 N. L. R. B. 1077 (1966)]。在那个案件中,劳动关系委员会清楚地说明……,"仅仅是因为雇主拒绝依据授权卡而不是选举,而不同意进行谈判,不会认定雇主违反谈判义务……"(158 N. L. R. B., at 1078)。然而,劳动关系委员会指出,如果雇主的"行为过程"表明雇主是不诚信的,这样的"行为过程"的例子如劳动关系委员会所引用的,除其他案例外,有斯诺父子公司案[Snow & Sons, 134 N. L. R. B. 709 (1961), enforced, 308 F. 2d 687 (9th Cir., 1962)],雇主否认其同意谈判,如果第三方证明有大多数雇员的授权卡,并且尽管有这样的证明的情况下,还坚持进行选举。……

……劳动关系委员会在口头辩论中表明,目前的做法与雇主是否是诚信的怀疑没有多大关系,签发谈判命令的最主要的原因,是雇主有干涉选举的严重的不当劳动行为,对公正的选举构成了妨碍。因此,只要雇主没有不当劳动行为,雇主可以坚持要求举行选举,而不考虑雇主的主观动机是什么,对于拒绝工会的要求,雇主不需要有确定的理由,他仅仅对工会的要求

"不作评论",就可以要求进行选举。然而,劳动关系委员会指出:(1)雇主不能拒绝谈判,如果雇主知道其大多数雇员支持工会,例如,如果雇主通过其自己举行的民意测验等;(2)雇主不能一开始就拒绝工会,说因为是代表单位的适当性问题,后来过一段时间又说是其怀疑工会的力量……

Ⅲ

我们所面临的第一个问题是,工会是否可以以委员会选举之外的替代方式,确立雇主要与其进行谈判的义务,或者受到《塔夫脱-哈特莱法》修正案的影响,以其他的方式,如采取授权卡的方式,获得的大多数人的谈判地位是否具有有效性。工会要获得作为排他性代表的认定,来代表没有组织过工会的雇员群体,最常用的方式是按照第9条(c)的规定,通过劳动关系委员会的选举和认证程序,同时,从劳动关系委员会的观点来看,这也是他们所更喜欢的路线。然而,工会并不限于要进行劳动关系委员会的选举,因为,除了第9条的规定之外,以前《华格纳法》的第8条(5),以及现行《华格纳法》的第8条(a)(5)规定:"依据第9条(a)的规定,雇主……拒绝与雇员代表谈判,应当认定为不当劳动行为。"由于以前的《华格纳法》和现行法第9条(a)所规定的代表是"指定或选举"的代表,在以前这一点是很清楚地得到认可的:在工会提供了"具有说服力的证据证明,其已经获得了大多数雇员的支持时",雇主就有义务与之进行谈判。然后,从该法开始实施起,这个问题获得了认可:工会不必证明其是委员会选举的获胜者,就可能引起谈判义务的发生,依据第8条(a)(5)的规定,工会可以用其他的方式来建立起多数人代表的地位,例如,可以用工会号召罢工或进行罢工投票的方式,或者,像是在本案中,通过获得大部分雇员所签的授权卡,授权工会代表他们进行集体谈判。

……我们始终如一地接受《华格纳法》和现行法的这一解释,特别是在关于授权卡的使用方面……。1947年的修正案削弱了而不是加强了雇主在这里以及第四巡回法院在后面所坚持的立场。众议院中该法的早期版本是要修改《华格纳法》的第8条(5),只有在雇主没有和"当时已经被雇主认可或已经获得认证的工会(如通过第 9 条规定的程序)进行谈判",才允许劳动关系委员会认定其拒绝谈判违法[Section 8(a)(5) of H. R. 3020, 8th Cong., 1st Sess. (1947)]。所提出的可能消除授权卡作用的建议,被议会拒绝[H. R. Conf. Rep. No. 510, 80th Cong., 1st 41(1947)]。然而,我们不能仅因为国会在拒绝众议院的修正案时,没有明确表示同意使用授权卡,就对该法作出类似的改变。我们也不能接受第四巡回法院的结论,即通过抹去这句话"能够证明这种代表的其他的方式",认为国会在修订第 9 条(c)的规定时,已作了变更,使得只有通过选举才能获得认证。劳动关系委员会偶尔仍以授权卡来作为认证的基础,经过认证的工会有很多与雇主主动认可或以谈判命令的方式决定的工会不一致的特殊利益。国会可以决定,除非工会经过了秘密投票的考验,否则,就不给予他们这些特殊利益。

最后,雇主依据第 9 条(c)的 B 小段后增加的规定,这一规定允许雇主,在一旦"有一个或一个以上的个人或工会向其提出被认定为第 9 条(1)规定的谈判代表时",就可以申请进行选举。增加这一条款,并不是像雇主所说的那样,是给予他们在任何时候都可以提出选举要求的绝对权利;更确切地说,正如立法历史所显示的那样,这一规定的意图,是让雇主在被要求进行谈判的情况下,用秘密投票的方式,来测试他们对工会代表了大多数雇员的怀疑,他们不能通过非法反对工会的活动,就推定选举无效。我们在此同意劳动关系委员会的观点,没有什么能够表明国会规定第 9 条(c)(1)(B)条的目的,是在雇主没有诚信地、从事破坏劳动关系委员会的选举机制的不当劳动行为时,还能免除他们依据第 8 条(a)(5)所产生的谈判义务。我们还同意,第 9 条(c)(1)(B)所体现的政策,完全支持劳动关系委员会现在对该法的执行……,用劳动关系委员会的话说,如果雇主没有"同时从事可能破坏工会大多数人代表地位的不当劳动行为,严重地破坏了选举",雇主是可以坚持要求进行秘密投票的。……

[法院支持以单一的目的使用授权卡,表示雇员授权工会作为他们的谈判代表人,法院讨论这个问题的摘录在后文第408—411页。——编者]

……余下的需要我们讨论的问题是,在雇主单方面有不当劳动行为,使得不太可能举行公正的选举,或者在这些活动已经破坏了工会的大多数人代表的地位,导致了选举可能被认定为无效的情况下,以要求雇主进行谈判来作为对雇主违反第 8 条(a)(5)规定的拒绝谈判的救济措施,是否适当的问题。我们一直认为,在这样的情况下,劳动关系委员会并不仅限于使用禁止令(cease-and-desist order)①,劳动关系委员会有权利签发谈判命令,而无须要求工会来展示其有能力维持多数人代表的地位。并且,我们认为,即使工会以前曾从雇员那里获得了大多数人的授权卡,而现在在发布谈判命令时,工会仅代表了少数工人,劳动关系委员会仍有同样的权利来发布谈判命令。弗兰柯斯兄弟公司诉国家劳动关系委员会案[Franks Bros. Co. v. NLRB, 321 U.S. 702(1944)]。我们现在看不出有什么理由来剥夺劳动关系委员会的这一权利。如果劳动关系委员会只能发布禁止令和指导选举或要求重新进行选举,那么实际上,是在奖励雇主,允许雇主"从他拒绝谈判的错误行为中获利",见前面的弗兰柯斯兄弟公司案,第 704 页,同时,也是严厉地阻碍了雇员来决定他们是否希望工会作为他们代表的自由选择权。雇主可以继续拖延,扰乱选举过程,无限期地拖延其谈判的义务,而且在这种情况下举行的选举,将不能展现出雇员真实的、未受扭曲的愿望。

　　雇主提出……谈判的命令是不必要的严厉的救济方式,以惩罚或限制雇主为目的,而不必要地损害了雇员因第 7 条规定而享有的权利。这个观点忽视了一点,谈判命令不是设计用来补救对过去的选举造成的损害,而是为了阻止未来的不当劳动行为。如果雇主已经成功地破坏了工会的力量,摧毁了公正选举所必需的实验条件,雇主就无须采取进一步的违法行为来违反禁止令了。

　　在已经造成了对将来的损害的情况下,也许唯一公正的方式,是重建雇主采取不当劳动行为之前存在的条件,以实现雇员的权利。在谈判命令中,毕竟没有什么是永久性的,如果在雇主的行为带来的影响被消磨之后,雇员

---

　　① （美）禁止令,行政机关和法院禁止个人或企业继续某一行为的命令,如联邦贸易委员会可以命令某一企业停止为某产品做虚假广告或虚假商标等不当行为。引自薛波主编:《元照英美法词典》,北京大学出版社 2013 年版,第 204 页。——译者注

很清楚他们不想要工会,他们可以通过代表申请请求来达到此目的。

……尽管在下面第537号和第691号中的所有的主要问题上,我们推翻了第四巡回法院的判决,但是实际上,我们在这里所持的立场与第四巡回法院所持的立场之间,不同之处的实际范围并不大。第四巡回法院尽管在总体上反对依据授权卡发布谈判命令,但是在发布谈判命令的可能性方面,第四巡回法院是持开放态度的,在有非同一般的"令人吃惊的"和"具有说服力的"不当劳动行为的案件中,不需要依据卡片或其他方式来查清工会的多数人代表地位,就可以发布谈判命令。我们应当再补充一点,在对于实质性的不当劳动行为唯一能采取的有效救济措施就是发布谈判命令的情况下……,在没有违反第8条(a)(5)的规定时,或者甚至没有谈判的要求时,劳动关系委员会本身很久以来,一直有同样的发布谈判命令的政策。

在这里我们的裁决能做的仅仅是,在那些不那么有说服力,但仍然有损害工会的大多数代表的地位、阻碍选举过程的倾向,又不特别严重的案件中,赞成劳动关系委员会发布谈判命令。我们应当强调,在有证据表明工会曾一度获得了大多数雇员支持的情况下,对于雇主不那么明显的不当劳动行为,劳动关系委员会也有权发布谈判命令。当然,在这种情况下,作为阻止雇主不当劳动行为的手段,重要的目标是让雇员自由地实施选择权。就不当劳动行为对选举条件造成的影响和这些不当劳动行为再发生的可能性来说,劳动关系委员会可以适当地考虑雇主的不当劳动行为的广度,如果劳动关系委员会认定,使用传统的方法来消除过去的行为、保障选举公正的可能性较小,并且雇员以前曾以授权卡的方式表达过他们的感情,经过权衡,认为发布谈判命令能较好地保护雇员的意愿,那么,就可以发布这样的谈判命令。

我们强调,依据劳动关系委员会的救济权利,还有一种第三类的较小的不那么广泛的不当劳动行为,因为这些行为对选举机制的影响较小,不应当发布谈判的命令。劳动关系委员会说,这不是一条当然的法则,即构成了不当劳动行为就会自动导致对第8条(a)(5)规定的违反,就会导致发布谈判命令……

出于对这些问题的考虑,我们来对这些案例中的谈判命令做个检测。在辛克莱案中,第585号,劳动关系委员会作出了一项认定,第一巡回法院也未改变这一认定,即,如果雇主的报复威胁性很强,即使没有违反第8条(a)(5)的情况,也有必要发布谈判命令,以修复这些非法威胁所造成的后果。因此,委员会没有作出在中间地带所要求的决定,在中间地带之上,重新进行公正选举的风险可能不会大到让雇员抛弃他们通过卡片所表达的意愿的程度……

另一方面,在第四巡回法院审理的第573号、691号等三件案件中,在没有非法拒绝进行谈判的情况下,法院对于谈判命令没有作出同样的认定。法院也没有认定,即使在传统的救济方式可能能够保证公正的选举的情况下,没有足够的事实显示,在不当劳动行为发生之前,举行选举(在通用钢铁案中是重新举行选举)就能够对雇员的愿望作出一个比授权卡更加公正的验证……。因为委员会在这种情况下目前的做法是按雇主的怀疑是否诚信来作出认定(见前面第二部分)。然而下面并没有使用劳动关系委员会现在提出的精确分析法,我们因此要求对这些案件作出适当的认定……

注释:菩提原木案

法院在菩提原木公司诉国家劳动关系委员会案[Linden Lumber Div., Summer & Co. v. NLRB, 419 U.S. 301(1974)]中,处理了这一问题,即雇主面对着有明确的证据证明其已经获得劳动大多数员工支持的工会的谈判要求时,雇主是否既可以与工会进行谈判,又可以依据《国家劳动关系法》第9条(c)(1)(B)的规定,行使他们要求进行选举的权利。该案是在吉赛尔案审理五年后判决的案件。法院对这个问题的分歧较大,以5:4维持了劳动委员会的两项裁决。首先,即使雇主"自己知道"工会获得了有效的大多数雇员的授权卡,但是其仅仅是拒绝认可工会,如果其没有不当劳动行为的话,并不违反第8条(a)(5)的规定;其次,尽管雇主自己知道工会获得了大多数雇员的授权,但寻求获得认可的工会(而不是雇主)有义务提出选举申请。法院保留了(419 U. S. at 310 n. 10①)"如果雇主违反了通过委员会选举以外的方式来决定多数人地位的协议,其结果是否是一样"的问题。见:斯诺父子公司案[Snow & Sons,134 N. L. R. B. 709 (1961),enforced, 308 F. 2d 687 (CA9②, 1962)]。

在支持委员会对第一个问题的裁决时,菩提原木案的多数法官的意见强调:

>依据委员会对本案件的裁决,在面对不情愿的雇主时,工会有两个选择性的救济措施。它可以提出申请要求进行选举;或者依据吉赛尔案对雇主提出不当劳动行为指控。后一种选择会耗费很多时间,在菩提原木案中,从提出起诉到委员会作出裁决花了4年半的时间,另外一个相伴的案件花了6年半的时间。委员会的经验表明,在有争议的案件中平均处理时间是388天。吉赛尔案(395 U. S. at 611 n. 30)的另一方面,从提出选举请求到地区主任作出决定的平均时间是45天。就成功地创造产业和平的局面来说,人们倾向于鼓励采取秘密投票的政策。(419 U. S. at 306 - 307)

就第二个问题来看,法院考虑了要求雇主提出申请可能会带来的后果,指出:

>如果雇主想要的谈判单位与工会所要求认可的谈判单位之间存在着很大的差距,委员会就会驳回雇主的申请……。这种情况下,如果工会想要求的是更小的谈判单位,其自己就需要提出申请,让雇主对这个小单位的适格性进行自由争论。[推翻委员会决定的]上诉法院认为,如果要求雇主向委员会提出选举请求,可以争议的问题会减少。伴随

---

① 《美国最高法院案例报告》第419卷第310页注释10。
② 该案于1962年由上诉法院第九巡回法院裁决。CA9, 1962 是指 the case was decided by the U. S. Court of Appeals for the Ninth Circuit in 1962。

着这样一个事实——如果雇主申请的单位,因遭到工会的反对而被驳回,再次就什么样的单位是适格单位的问题发生争议,就会有足够的答案。(同上,第309页)

法院因此得出结论:

> 依据成文法的规定以及实际的行政程序所涉及的问题,我们不能说,委员会的裁决——如果雇主拒绝承认授权卡,工会应该直接要求进行选举——是武断的、反复无常的,或者是滥用了自由裁量权。(同上,第310页)

至于在菩提原木案中未被解决的问题,在菩提原木案之前和之后,委员会一直以来都认定,同意受到委员会选举以外方式制约的雇主——例如,以投票或"授权卡查验"的方式来决定多数人地位——不能因其结果不是其想要的,就拒绝接受。见:沙利文电力公司案[Sullivan Elec. Co., 199 N. L. R. B. 809 (1972), enforced, 479 F. 2d 1270 (6th Cir. 1973)];罗克韦尔国际公司案[Rockwell Int'l Corp., 220 N. L. R. B. 1262 (1975)];凸轮工业公司案[Cam Indus., INC., 251 N. L. R. B. 11 (1980), enforced, 666 F. 2d 411 (9th Cir. 1982)]。与其相似,如果雇主试图单方来决定多数人的地位,例如,以投票或"授权卡查验"的方式,如果工会获得了多数人的支持,雇主就必须承认工会。见:蒙哥马利·沃德公司案[Montgomery Ward & Co., 210 N. L. R. B. 717, 724 n. 18 (1974)]。反过来说,在单方举行的投票中"失败"的工会,不受投票结果的约束;工会仍然可以自由地要求通过委员会选举获得认证。见:得克萨斯石油化工产品公司案[Texas Petrochemicals Corp., 296 N. L. R. B. 1057 (1989)],依据其他理由发回,要求修正判决[923 F. 2d 398 (5th Cir. 1991)]。在现有的工会背景下举行的投票问题,将在后文第390—400页以及第403页讨论;在"中立"和协议进行"授权卡查验"背景下产生的问题,将在下一章第429—432页论述。

注释和问题

1. 委员会对于选举偏好的政策是《国家劳动关系法》要求或允许的吗？ 委员会采取的对选举偏好的政策，其正当理由是什么？这些理由比可预见的附随成本还重要吗？在吉赛尔案和菩提原木公司案以后，委员会还可以自由地回到其在乔伊丝绸案中所采取的方法吗？对有关机构对成文法所作出的解释或政策性判断，是适合于司法谦抑主义的领域吗？

2. 吉赛尔案中的谈判命令的理论：是对未进行谈判或其他不当劳动行为进行救济？ 审理吉赛尔案的法院维持委员会有权命令雇主进行谈判，是作为雇主违反第8条(a)(5)的规定不与未认证的工会进行谈判的救济，还是对违反第8条(a)(1)—(4)的补充救济，或者是两者兼而有之？正如下面的注释所显示的，对这些问题的回答，不仅仅只是具有学术上的重要性。

3. 支付工资的救济措施的起始日如何计算？ 2月1日，一家工会请求被认定为适格的单位，并(真实地)通知雇主其已经获得有效的大多数雇员的授权卡，雇主立即回答说："不行。"2月2日，一个主管问雇员"对在单位组织工会"的意见，并未得到明确的回答。2月6日，一个管理咨询人在对雇主的工资成本及其竞争对手的工资成本做了三个月的研究后，(真实地)建议雇主，如果其想保持竞争力，就应当降低工资19%。2月8日，雇主实施了工资裁减。2月10日，雇主问那些其怀疑参加了工会会议的雇员，工会的老板们是否向他们作出了"空中馅饼式"的承诺，其后，雇主威胁许多雇员，如果工会进来，他就关闭工厂，他还解雇了那些众所周知的支持工会的雇员。根据吉赛尔案，对于这些违法行为，除了批准委员会发布谈判命令外，委员会是否也有权力命令雇主对在2月8日单方作出的工资裁减给予补发？依据吉赛尔案，委员会所作的谈判命令溯及至哪一天：(1)溯及至雇主拒绝认可工会的时候；(2)溯及至雇主的非法行为开始的时候；(3)溯及至雇主成功地消除了工会以前获得大多数雇员支持的时候；或者(4)溯及至雇主的行为严重到足以损害到未来的选举过程的时候？见：波特贸易公司案[Trading Pot, Inc., 219 N. L. R. B. 298（1975）]；电力公司诉国家劳动关系委员会案[Power Inc., v. NLRB, 40 F. 3d 409（D. C. Cir. 1994）]（谈判的义务从雇主收到工会要求认可请求之日起算）；公路洒水车过滤器地方第669号工会诉国家劳动关系委员会案[Road Sprinkler Filters Local Union No. 669 v. NLRB（John Cuneo, Inc.）, 681 F. 2d 11（D. C. Cir. 1982）, cert. denied, 459 U. S. 1178（1983）]（执行了委员会的谈判命令，溯及至工会要求认可之日；大法官伦奎斯特和鲍威尔不同意从最高法院的调卷令被否定起算）。

4. 吉赛尔案中谈判命令的目的：是为了实现员工的自由选择权，还是为了制止雇主的非法行为？（在雇主有不法行为的情况下）吉赛尔案中使用的谈判命令，是一种所能够采用的最好的确定大多数雇员的意愿的措施吗？他们的目的是否也是为了阻止雇主，在工会获取代表资格的运动期间，采取严重的不当劳动行为？就劳动委员会传统救济措施的本质来看，吉赛尔案中使用的谈判命令是否是提供了一个其所需的额外的阻止措施？见：特里·A. 贝瑟尔：《从不当劳动行为中获利：规制管理代表的一项建议》，载于《西北大学法律评论》第79卷（1984），第506、516页[Terry A. Bethel, Profiting from Unfair Labor Proctices: A Proposal to Regulate Management Representatives, 79 Nw. U. L. Rev. 506, 516（1984）]（指责一些管理顾问建议雇主不必为不当劳动行为担心，说"能发生在你身上的最坏的事情"就是重新进行选举）。即使在可以举行公正的选举的情况下，单独依靠阻碍理论，也可以发布谈判命令吗？最初的认证选举中工会的获胜率可能比再次选举要高，这与之相关吗？比较《国家劳动关系委员会年报》第64卷第113页、第137页（1999年），表格11E和13[64 N. L. R. B. Ann. Rep. 133, 137（1999）（Tables 11E & 13）]（1999年工会在最初的选举中获胜率是53%，但在再次选举中获胜率仅有30%）和国家劳动关系委员会年报第70卷第140页、第142页（2006年）[70 N. L. R. B. Ann. Rep. 140,142（2006）（Tables 11 E & 13）］（工会在所有的代表选举中的获胜率是56.8%，而在重新选举中的获胜率是52.6%）。

5. 吉赛尔案的三部分世界及非多数谈判命令的问题。注意，法院在吉赛尔案三种类型分类的临近结尾部分说，第一类型案件，通常被称为"吉赛尔Ⅰ型"案，与第二类型的案件，"吉赛尔Ⅱ型"案的区别是什么？法院的意思是不是说，在"吉赛尔Ⅰ型"案件中，不用证明在雇主的非法行为以前，工会已获得了大多数雇员的支持，就可以发出谈判命令？如果在没有多数雇员支持的情况下就可以发出命令，这种命令的签发是否要依据这样的证据，表明如果没有雇主的非法行为，工会可能就已经能够获得多数雇员的支持，例如，在雇主作出胁迫的反应之前，有证据表明，原来的少数人的支持正在很快地增长？

在康奈尔公司案［Conair Corp.，261 N. L. R. B. 1189（1982）］中，意见有分歧的委员会作出裁决，认为在"吉赛尔Ⅰ型"案件中，其有权发出非多数谈判命令。华盛顿特区巡回法院不同意这样的裁决，否定了其强制执行力［721 F. 2d 355（D. C. Cir. 1983）］。在葛美食品案［Gourmet Foods, Inc.，270 N. L. R. B. 578（1984）］，委员会否定了这一做法，认定依据《国家劳动关系法》，在工会从没有显示其获得过多数雇员支持的情况下，委员会没有权力将谈判的命令强加在雇主的头上。但是见奶农联合会诉国家劳动关系委员会案［United Dairy Farmers Coop. Ass'n v. NLRB, 633 F. 2d 1054（3d Cir. 1980）］（继续坚持委员会有这样的权力）。委员会至今还坚持的葛美食品案，这与吉赛尔案一致吗？见：第一法律帮助服务案［First Legal Support Services, 342 N. L. R. B. 350（2004）］（雷伯曼委员持不同意见，认为其与吉赛尔案不一致，强烈要求推翻葛美食品案确立的先例）。吉赛尔案对康奈尔案和葛美食品案提出的问题，给出了一个清楚的答案了吗？

6. 对哪些不当劳动行为才应当发出吉赛尔案那样的谈判命令？ 在工会的确曾获得大多数雇员的授权卡时，哪些不当劳动行为才如此"过分"，如此具有"说服力",使得发出"吉赛尔Ⅰ型"案那样的谈判命令具有正当性?或许更重要的是,在很少发出"吉赛尔Ⅰ型"案那样的谈判命令的情况下,委员会如何决定在哪种潜在的"吉赛尔Ⅱ型"案中,不能通过传统的救济方式,如补发被非法解雇的雇员的工资,恢复公正的选举条件?在委员会的部分裁决中,提到了"典型的违法行为",这些违法行为被认为是具有特别的强制力,并具有持续性的作用,特别有可能支持发出谈判命令。见:国家劳动关系委员会诉牙买加牵引公司案[NLRB v. Jamaica Towing, 632 F. 2d 208, 212 - 213(2d Cir. 1980)]。这些行为其中包括实际或威胁性地关闭工厂,其他威胁性的行为有,失业以及根据第8条a(3)解雇员工等,见:例如,迈克尔油漆公司案[Michael's Painting, Inc., 337 N. L. R. B. 860 (2002)];M. J. 金属制品案[M. J. Metal Products, 328 N. L. R. B. 1184 (1999),enforced, 267 F. 2d 1059 (10th Cir. 2001)];通用制造公司案[General Fabrications Corp., 328 N. L. R. B. 1114 (1999),enforced, 222 F. 3d 218 (6th Cir. 2000)];黛比·雷诺兹宾馆案[Debbie Reynolds Hotel, Inc., 332 N. L. R. B. 446 (2000)]。

有标志性的违法行为,并不总是导致司法上的执行,巡回法院不断地指责委员会,没有根据案件的事实来解释,为什么传统的救济方式不足以保障公正的选举。见:例如,昼夜运输公司诉国家劳动关系委员会案[Overnite Trans. Co., NLRB, 280 F. 3d 417, 418 (4th Cir. 2002)(en banc)];道格拉斯食品公司诉国家劳动关系委员会案[Douglas Foods Co. v. NLRB, 251 F. 3d 1056, 1065 - 1067 (D. C. Cir. 2001)];另见:詹姆斯·J. 布鲁德尼:《著名的胜利:集体协商的保护和成文法演进的过程》,载于《北卡法学评论》第74卷(1996),第939、1003—1005页[James J. Brudney, A Famous Victory: Collective Bargaining Protections and the Statutory Aging Process, 74 N. C. L. Rev. 939, 1003 - 1005 (1996)]。任何认为受到委员会"侵害"的一方,均可以向华盛顿特区法院起诉,见《国家劳动关系法》第10条(f)。华盛顿特区巡回法院对这一点特别固执,将发出谈判命令的许多案例发回,要求作出更详尽的解释。见:道格拉斯食品案(Douglas Foods, 280 F. 3 at 1067)(注意在要求令人满意的正当理由时,提到了法院的"似曾相识的感觉",但是法院说,"只要委员会继续无视我们的观点,我们别无选择,只有将每一个违法命令发回");另见:天线经销公司诉国家劳动关系委员会案[Skyline Distributors, Inc. v. NLRB, 99 F. 3d 403, 410(1996)]。

7. 以后的事件及时间流逝与其有关联性吗? 委员会在决定是否应当发出谈判命令时,是否应当考虑在违法行为发生和委员会裁决之间发生的事件,如雇员离职、将对非法行为负责的公司官员解职等,以及纯粹的时间流逝等。委员会和上诉法院在20多年中"长期处理"这一问题。见:国家劳动关系委员会诉赛尔农业制造公司案[NLRB v. Cell Agriculture Mfg. Co., 41 F.3d 389, 398 (8th Cir. 1994)]。在强调吉赛尔案谈判命令的威慑目标时,委员会一直认为,"变化了的情况"与是否决定发出谈判命令无关,见:昼夜运输公司案[Overnite Trans. Co., 329 N.L.R.B. 990,994-995 (1999), enforcement denied in relevant part, 280 F. 3d 417(4th Cir. 2002)(en banc)];另见:因特斯维特公司案[Intersweet, Inc., 321 N.L.R.B. 1 (1996), enforced, 125 F. 3d 1064 (7th Cir. 1997)]。然而,巡回法院倾向于不执行委员会的这种命令,相信改变了的情况能允许再次举行公正的选举,因此,不需要使用谈判命令。见:赛尔农业案[Cell Agricultural, 41 F. 3d at 398](注意,8个巡回法院都拒绝了委员会的立场);国家劳动关系委员会诉美国聚苯乙烯公司案[NLRB v. U. S. A. Polymer Corp., 272 F. 3d 289, 293 (5th Cir. 2001)](讨论冲突);另见:夏洛特竞技场公司诉国家劳动关系委员会案[Charlotte Amphitheater Corp. v. NLRB, 82 F. 3d 1074, 1078 (D. C. Cir. 1996)];火烈鸟希尔顿-劳克林诉国家劳动关系委员会案[Flamingo Hilton-Laughlin v. NLRB, 148 F. 3d 1166, 1171-1173 (D. C. Cir. 1998)]。在这些案件中法院是否过分强调了对委员会选举政策偏好的意义,而没有考虑委员会对这一偏好与阻碍严重违法行为之间平衡的需要?

8. 吉赛尔谈判命令"划算"吗? 布鲁德尼(Brudney)教授发现,从 1986 年至 1993 年,委员会所发出的谈判命令有 38% 被撤销。从那时至现在,其执行纪录也没有改善。见:列夫:《未能给予委员会其应得的权利》,同前,第 110 页[Leff, Failing to Give the Board Its Due, supra, at 110](1994 年至 1996 年,司法撤销率为 36%;1994 年至 1996 年间,委员会发出的谈判命令经历了司法审查的案件中,只有 50% 获得了执行)。

在委员会确实获得了司法执行时,谈判命令对工会来说有多大价值呢?我们将在第七章讨论,《国家劳动关系法》并没有要求雇主或者工会达成协议或者甚至是作出让步,该法仅要求他们"见面……并诚信地协商"。见《国家劳动关系法》第 8 条(d)。工会有多大可能来建立一种长久的建设性的关系,或者与如此敌对的雇主达成协议?这些雇主从事过严重的不当劳动行为,并使得委员会发出的谈判命令具有正当性?见:特里·A. 巴瑟尔、凯瑟琳·梅菲尔:《吉赛尔谈判命令的失败》,载于《霍夫斯特拉劳动法律杂志》第 14 卷(1997),第 423、437—438 页[Terry A. Bethel & Catherine Melfi, The Failure of Gissel Bargarning Orders, 14 *Hofstra Lab. L. J.* 423, 437 – 438 (1997)](在 1979—1982 年,仅有 20% 的谈判命令的最终结果是签订了第一次合同,寻求通过谈判命令来获得被认可地位的工会在后来的十年里获得这一地位的还不到 10%);另见:布鲁德尼,同前,第 1008—1009 页[Brudney, supra, at 1008 – 1009](讨论为什么谈判命令不是"一副灵丹妙药");韦勒:《恪守承诺》同前,第 1794 页(类似)。

在最近的几十年委员会对谈判命令的使用已大大下降。见:布鲁德尼,同前第 1008—1009 页,注释 222 和 223(从 1985 年至 1993 年,委员会每年发出的谈判命令还不到 13 个,而在 1970 年至 1979 年,每年发布的是 67 个)。另见:列夫,同前,第 109 页(1987 年至 1996 年,平均每年 10 个)。

注释:第 10 条(j)款在组织工会的案例中是未充分利用的武器吗?

1977 年《劳动改革法》草案,可能会要求事务总长对在组织工会过程中出现的所有的歧视性解雇案件采取第 10 条(j)规定的救济。不需要达成协议,仅通过适用第 10 条(j)的规定,就可以让受歧视者在委员会选举前复职——在复职救济的效果中,这是最有争议的一个关键要素。见:布朗冯布兰娜:《雇主在资格认证运动中的行为》,同前,第 81 页。1977 年建议的可能性是个有争议的问题。比较韦勒:《恪守承诺》,同前,第 1803 页,查尔斯·莫里斯所说的是不现实的,见:用第 10 条(j)项的禁令阻止第 8 条(a)(3)的解雇,《雇佣关系和就业政策杂志》第 4 卷(2000),第 75、82—83 页〔Charles J. Morris, Deterring 8(a)(3) Discharges with 10(j) Injunctions, 4 Employee Rts. & Employment Pol'y J. 75, 82-83(2000)〕(完全不同意韦勒的意见)。无论如何,这个草案没有成为法律。

即使在没有新法的情况下,在组织工会的案例中,事务总长是否可以更积极地采取第 10 条(j)规定的救济,部分目的是向雇主发出一个强烈的、威慑性的信号。传统的救济方式,如补发工资和复职,而没有中间救济的威胁,能有效地阻止雇主采取非法行为来破坏工会的组织运动吗?见:韦勒,同前,1788—1789 页;另见:前文第 158 页(在 1999 年至 2000 年,补发工资平均在 2600 美元至 3500 美元之间)。在这样的案件中,加强适用第 10 条(j)的规定,比发出吉赛尔谈判命令更有效吗?见:艾斯托伊克:《劳动法改革》,同前,第 36 页和注释 117;另见:1998 年 3 月 3 号到 2001 年 1 月 15 日之间,关于对第 10 条(j)的强制程序适用情况的报告,事务总长备忘录 1—3 号(2001 年 2 月 5 日)。在一段期间,该机构有一半的适用第 10 条(j)规定的案例获得了有利的解决,在这段时间里,在几个事务总长任期的时间内获得了禁止令或者 87%—89% 的时间成功处理了适用第 10 条(j)规定的案例。

严重地依赖第 10 条(j),可能会引起国会的反对,见:弗林:《在哪方面专业?》(同前 534—536 页,注释 297—298)(描述了共和党国会对克林顿时期的劳动关系委员会大幅度地增加对第 10 条(j)适用的反应)。注意对于第 10 条(j)规定的适用,要事务总长提出申请,并得到委员会的批准,随着政府的更迭,这会有很大的变化。见:例如,弗林,同前(在克林顿政府时期,委员会第一年全年批准了126项第10条(j)规定的救济,而在前两年,该数字分别为26项和42项)。

2. 加拿大模式:不经过选举的强制认可

保罗·C.韦勒:《恪守承诺:依据〈国家劳动关系法〉保障工人自我组织的权利》,载于《哈佛法律评论》第96卷(1983),第1769页[Paul C. Weiler, Promises to Keep: Securing Workers' Rights to Self-Organization Under the NLRA 96 Harv. L. Rev. 1769 (1983)]。

只有以完全不同的方法协作起来,改变《国家劳动关系法》的救济方式才能有效。为了减少雇主非法干涉雇员选择的机会,需来改变立法的环境背景……。正式的认证程序所需要的时间,给了雇主一个颠倒雇员对工会的初期热情的机会,对雇主使用非法手段来达到这一目的有很强的诱惑。[韦勒教授然后竭力主张我们考虑加拿大模式。——编者]

最典型的加拿大模式是依赖授权卡。一旦省级劳动关系委员会认定,在一个单位里大多数雇员都已经签了授权卡,授权工会代表他们进行谈判,它就会认证该工会为谈判代理人。不列颠哥伦比亚省(加拿大省名)的成文立法最清楚地反映了这一方法的目标,该法规定,工会的授权卡的数量以提出认证申请之日为准。因此,当工会拿出了谈判单位大多数雇员的签名,它就满足了认证的法定条件。没有给予雇主行动起来反对工会的机会。那么,对抗雇主威胁行为的手段不是严厉的规定和处罚,而只是简单的改变一下法律环境—— 一个消除使用这种手段诱惑的变化,使得强制策略毫无功效……

采取加拿大方式就是劳动委员会简单许可工会代表雇员进行谈判。因此,尽管这一制度包含了一系列保障工会的大多数授权卡反映了雇员真实愿望的措施,但是其主要目的是设立一个有效的,能够促使双方代表尽快地坐到谈判桌前的行政程序,而不是过多的去鼓吹……

工会用罢工或罢工的威胁向雇主施压,工会也会向雇主作出让步,并最终达成协议，因次，在谈判单位中要获得真正的权威，要赢得体面的合同使集体合同有生存的前景，工会就需要从雇员那里获得罢工的授权。在实践中，这需要的不只是一个空洞的大多数雇员的支持，而是一个坚实的大多数雇员的支持。只有获得了这样的授权才能使雇主认识到其雇员不仅仅抽象的准备投票决定成立工会，而且是愿意拿他们的工作来冒险，来在工作条件上施加集体的影响。采取加拿大模式，就是说雇员在谈判过程中支持工会的意愿，是谈判最初授权卡所表现的对工会支持的持久性的最好的判断。雇员不是基于在真正的谈判开始前的几个月在成立工会时作出的轻易承诺来作出判断，而是要看在谈判桌上雇主提出什么条件，然后拿这些条件与工会的要求进行比较，然后才决定是否冒险作出必要的牺牲以获取更优惠的集体协议。

……然而，这一制度的确有一个大缺点，尽管工会和劳动委员会可能都知道工会真的获得了雇员的支持，而在这一点上，雇主常有自欺的倾向——不愿意仅仅有授权卡就相信这一点。采取秘密投票比检查授权卡更有象征性的意义，会澄清对于工会获得多数人支持的怀疑，也对工会的谈判授权作了一个合法性的判断，特别是，对那些从来未同意参加工会的少数人来说更是如此。

新斯科舍省(Nova Scotia，加拿大省名)已经设计了一种程序——"快速投票"——在达到这些价值目标的同时，还能够避免艰苦的代表战所带来的创伤。新斯科舍省劳动委员会必须在收到认证申请书5日内举行选举，在这个高度压缩的短暂的时间里，很明显，雇主不可能发动持久性的进攻，通过威胁和歧视来改变员工的思想。

新斯科舍省的试验与美国的程序作比较，就能看出加拿大和美国代表模式的真正的不同。这种区别主要不在于消除选举运动的过程中加拿大对授权卡的使用的方式……

我对目前美国经验的了解没有说服其有所谓的扩张运动的优点。首先，在工会成立前，雇主有足够的机会和动机来展示单位谈判的好处；其次，一般来说，美国工人对成立工会并不是不明白，他们非常清楚，雇主可能向他们指出成立工会有以下不利的方面：要缴纳会费，会造成罢工，可能会丢了工作，等等……。在雇员已下定决心，去在协商中做他们希望做的情况下，对这些问题会更加关注。

这种选择可能比在认证阶段更明智，选举活动对雇员思想启蒙所做的贡献充其量也是微小的。

注释和问题

1. 加拿大模式的前提。韦勒教授的建议是基于这一观点：(a)在由谁代表工人这个问题上，雇主没有合法的利益；(b)竞争性的选举对了解情况的雇员作出的选择没有多大的影响。你同意这一观点吗？

a. 雇主没有合法的身份吗？在上文没有摘录的他的部分文章中，韦勒教授把美国的选举与加拿大的利益作了比较。他的观点为，加拿大可能会受到美国的贸易、雇佣、环境以及其他政策的影响，但在美国的选举活动中，加拿大没有合法的利益；与此相似，雇主可能受到雇员投票成立工会的影响，但是在成立工会的活动中，他们也没有合法的利益。你认为这种类推有什么问题吗？国会的这个判断有错误吗？即，尽管雇员应该有选择谈判代表的自由，雇主也应该有权以非强制的方式说服雇员不要通过工会代表的方式来对工作场所的管理进行控制。《第一修正案》准许至少给予雇主一些机会在这一问题上来向雇员作出说明吗？如果采取加拿大模式，不进行代表选举，正如韦勒教授所主张的，在工会走到台上之前，雇主有足够的机会来说明不成立工会的好处，这样就足够了吗？

b. 竞争性的选举对了解情况的雇员作出的选择没有影响？韦勒教授说授权卡反映了明白情况的工人的选择，这种说法是否有些夸大？考虑一下，库珀教授的发现：

> 工会只有在获得60%以上的雇员的授权卡时，它才能有一半的机会赢得选举。[进一步来说，]授权卡增加到70%以上，也不会实质性的增加工会的获胜机会，获得了90%—100%的雇员的授权卡的工会，

其获胜率只有65.7%。

库珀,《授权卡和工会代表选举结果》,同前,第119页。

2. 快速选举与授权卡查验。 尽管加拿大大多数省的法律允许授权卡查验认证,但是,1995年渥太华修改了其法律规定了快速选举的替代方式,在(2002年)加拿大有四个省可以选择这种选举方式。见:乔治·亚当斯:《加拿大劳动法》[George Adams, Canadian Labour Law 7-50, Ⅱ7-910;7-73, Ⅱ7-1390(2d ed,Updated May 2002)][这四个省是:亚伯达(Alberta),纽芬兰(Newfoundland),新斯科舍(Nova Scotia)和渥太华(Ontario)];迈卡·博儒尔:《在我们进入21世纪的全球化竞争和美国的就业背景下,通过对美国劳动法作加拿大式的认证改革使美国劳动法重获活力:是卡片的问题?》,载于《纽约大学第52届劳动法研讨会论文集》(2000),第939、946-949页,萨缪尔·艾斯托伊克编辑(Micah Berul, Revitalizing American Labor Through Candian-Style Certification Reform: Is It in the cards? in Glabal competition and the American Employment Landscape As We Enter the 21st century, proc, 52d Ann. N.Y.U. Conf. on Lab. 939, 946-949, Samuel Estreicher ed. 2000);1995年渥太华劳动关系和雇佣法(Ont. Labour Relations and Employment Act,1995)第8条,"快速"选举,如新斯科舍省的5天期限,是解决韦勒教授所认为的美国制度中的问题的好方法吗?另一方面,这些选举是否太快了?

快速选举很可能会增加工会获胜的可能性,特别是因为提出申请是由工会决定,工会因此掌握什么时候开始起算时间。5天的活动时间,或者甚至是两周的活动时间,能否有足够的机会处理成立工会的正反两个方面的问题?见:萨缪尔·艾斯托伊克:《邓洛普报告和劳动法改革的未来》,载于《劳工律师》第12卷(1996),第117页[Samuel Estreicher, The Dunlop Report and the Future of Labor Law Reform, 12 *Lab. Law.* 117, 126-127 (1996)](认为克林顿任命的"邓洛普委员会"建议的两周时间是不够的)。

《劳动改革法》(Labor Law Reform Act)最后一稿中第5条所提出的最长25天的时间怎样?

3. 控制退出的规则。加拿大模式的吸引力是否部分要看雇主或雇员要获得撤销认证的选举有多容易?例如,在判决一年之后或者至少在第一个合同结束之后,不要求提出怀疑工会大多数地位的理由,就可进行授权卡查验认证,加上法律上的修改就可以进行撤销认证的选举如何?见:琼·弗林,《艾伦顿·麦克案:无意产生的如此结果的法律的幸福例证?》,载于《劳动法杂志》第49卷(1998),第983、995—996页[Joan Flynn, Allentown Mack: A Happy Exemplar of the Law of Unitended Consequences? 49 *Lab. L. J.* 983, 995-996(1998)](主张依据《国家劳动关系法》入口和出口的标准都应再低些);萨缪尔·艾斯托伊克:《放松对公民民主的管制》,载于《劳动关系杂志》第21卷(2000),第247页[Samuel Estreicher, Deregulating Union Democracy, 21 *J. Lab. Res.* 247 (2000)](讨论"易入易出"的制度,不要求雇员提出撤销认证申请,工会的谈判权要定期进行重新授权选举);博儒尔,同前第976—979页(认为加拿大制度的特色是"易入难出"的制度)。

第三节 撤销现存工会

迄今,本章一直在讨论工会获得代表地位的方式。这一部分转而讨论这些情况:工会在获得谈判授权后,其授权可能被撤销的方式,以及雇主、心怀不满的雇员或竞争工会均可能会向工会提出挑战的时间。在你阅读下面的材料时,请在心里记住本章前面提出的问题,如在各种背景下,委员会对选举力量的偏好,缺乏诚信或其他问题,工会规则的"入"与"出"的关系等。

1. 对选举的阻碍

(1) 对认证、选举和认可的阻碍

布鲁克斯诉国家劳动关系委员会案

Brooks v. NLRB

348 U.S.96(1954)

法兰克福法官。

1951 年 4 月 12 号[国家劳动关系委员会]在申诉人切斯勒-菲利茅斯(Chaysler-phymouth)经销处,进行了代表选举。[机械师]地方第 727 号工会([Mechanics] District Lodge No.727)以 8∶5 的投票获胜。劳动委员会在 4 月 20 号认证其为排他性的谈判代表。选举后一周,就在认证的前一天,申诉人收到了一封手写的信,由该单位的 13 名雇员中的 9 人签名,称"我们这些在下面签名的人,雇员中的大多数人……不愿意由地方 727 号工会来作我们的谈判代理人。"

申诉人依据此信……,拒绝与工会谈判。劳动委员会因此认定,申诉人违反了第 8 条(a)(1)和第 8 条(a)(1)(5)的规定,构成了不当劳动行为……,第九巡回法院的上诉法院执行了委员会的谈判命令……

我们现在面对的问题是,如果在导致认证的选举刚举行过不久,在雇主没有过错的情况下,工会失去了大部分雇员的支持,雇主对被正式认证的谈判代理人所应负的义务。

依据原《华格纳法》,劳动委员会通过选举或"任何其他适当的方式",证明工会拥有大多数雇员的支持时,有权在谈判单位中认证其为雇员的排他性的谈判代表。第 9 条(c)……。在行使这一权利时,委员会形成了一系列工作规则,在这些工作规则中有下列内容与我们要解决的问题有关:

(a) 如果认证是以委员会进行的选举为基础的,那么在"合理"的期限内,为尊重选举结果,在没有"非正常的情况"时,通常为"一年"。

(b)至少在三种情形下,可以认定存在"非正常的情况":(1)已认证的工会解散或不再活动;(2)由于分裂,实质上已认证的工会的所有会员和管理人员均转而从属于一个新的地方工会或国际工会;(3)在很短的时间内谈判单位的规模有很大波动。

(c)在"合理的"期限过后,应以两种方式提出工会已失去大多数雇员支持的疑问:(1)雇主拒绝进行谈判,或(2)有竞争的工会请求进行新的选举。

(d)如果最初的选举结果是,大多数雇员都主张"不成立工会",与认证不同的是,这一选举不阻碍在一年中第二次举行选举。[第9条(c)(3)已经将该规定废除——编者]

在所谓的"认证的一年里",如果雇主以工会已不再有大多数雇员的支持,而拒绝进行谈判,委员会一致认定构成不当劳动行为。尽管法院基本上是执行委员会的决定,但是法官自己不把一年的期限作为决定合理性的确定性内容。委员会和法院是按照这样一个推理思路进行的:

(a)在政治和商业领域,投票人在选举中的选举结果在一个固定的期限内会约束着他们。这会促使选民的责任感和行政所需的连贯性。这些考虑同样也与健康的劳动关系相关。

(b)既然选举是一项严肃的,代价高昂的活动,是在自愿的选择权得到保障下进行的,那么,废除这一选举结果而产生的授权的程序,也应该像原来产生授权一样严肃。

这种请求或公共集会在隐私性和独立性方面与在投票处投票没有可比性,在这些集会上存在大众心理的影响。

(c)应该给工会以足够的时间代表其会员实施授权,不能对工会期望过高要求他们立即产生良好的结果,否则就把工会赶走。

(d)尽管如果雇主认认真真地去谈判签协议的话,工会会员可以在最后一刻废除其代理人,但是,雇主知道,真诚的进行谈判很少对他有益,如果他磨蹭或者微妙地搞暗中破坏,工会的力量会被侵蚀,因此他随时可能就不要承担法定义务。

(e)在存在工会互相竞争,拉拢雇员的情况下(这种情况也不是很少见),如果不存在非正式和短期撤销选举的危险性,纠纷就会达到最小化。

劳动委员会的代表程序的某些方面受到了国会的详细审查,这在1947年的《塔夫脱-哈特莱法》作了规定。在立法时国会想到,一旦雇员选择了一家工会,他们不能再投票取消授权和抑制工会的行为;然而,如果雇员一开始投票反对成立工会,而工会却能够立即开始煽动举行新的选举。修订的《国家劳动关系法》规定:(a)雇员可以向委员会提出申请,要求举行撤销认证的选举,通过选举,他们就有机会不让工会再作他们的代表[依据第9条(c)(1)(A)(ii)之规定];(b)雇主如果对未经正式选举就声称获得了大多数雇员的支持有怀疑,或者受到了竞争工会相互冲突的要求的困扰,它可以向委员会提出类似的选举申请[第9条(c)(1)(B)的规定];(c)在有效认证或废除认证的选举之后,在一年之内,委员会在同一代表单位中,不得举行第二次选举[第9条(c)(3)的规定];(d)尽管雇主可能仍有义务与未经认证却无疑有大多数雇员支持的工会进行谈判,但选举的结果只能是给予认证[第9条(c)(1)的规定]……

在《塔夫脱-哈特莱法》实施后,委员会仍继续适用"一年认证期"规则,除非在前面所说的12个月的期限里发生了"非正常的情况"使得委员会不能再自由地命令进行选举。

申诉人认为,一旦雇主有证据证明其雇员已抛弃了经认证的工会,雇主就可以立即拒绝进行谈判。实际上,雇主是试图维护其雇员的谈判代表选择权。如果雇员对他们选举的工会不满意,他们自己可以向委员会提出他们不满的申请。如果雇主对他自己继续谈判的义务有疑问,他也有责任向委员会申请救济,同时也应继续其诚信谈判,直至委员会说明支持其申请。虽然委员会在有事实证明的情况下,可以撤销认证或者同意不对不当劳动行为提出指控,但这些并不意味着雇主的自助行为或司法干涉就有正当理由。本法的潜在目的是,追求产业和平,允许雇主依赖于雇员的权利去拒绝与经过正式认证的工会进行谈判,对达到这一目的是不利的,是有害的。国会进一步考虑了产业稳定和正当行政程序……,已经就选择或拒绝谈判代理人作出正式的制度设计,已经解决了选举的间隔问题。

毫无疑问,我们所说的仅仅与这一期限特别有关,在这一期限里,要举行第二次选举是不可能的。但是,委员会的观点是,一年的期限应从认证日而不是自选举日开始起算,这看起来是在委员会执行国会政策的任意决定权可支配的范围内……否则就会是鼓励资方或竞争工会,通过欺骗性的反对,来推迟通过选举获得工会认证,从而减少谈判义务的期限。进一步来说,委员会已经规定,在认证的一年之后,雇主可以要求选举,或者,如果雇主对工会的大多数代表的身份有合理的怀疑,雇主可以拒绝进一步与工会谈判。这也是应由委员会行政权适当决定的问题……

维持原判。

注释和问题

1. "认证年"与"选举年"障碍:是对第9条(c)(3)规定所做的政策性解释? 对布鲁克斯案的判决是第9条(c)(3)规定所允许的吗? 如果不是,委员会在这个案件中所主张的原则能促进该立法的总的目的吗? 委员会是否有推翻"认证年"方式的自由,认定工会实际的不可反驳的多数人地位仅在第9条(c)(3)规定的一年选举期内继续?

2. "认证障碍"。回想一下,依据第370页的菩提原木公司案(*Linden Lumber*),对于通过授权卡展示的,或者其他任何以委员会选举方式以外的方式展示的多数人地位,雇主没有承认的义务。然而,假设在布鲁克斯案中,雇主依据展示的卡片,决定认可工会。再进一步假设,一星期后,雇主收到了布鲁克斯案第一段中所描述的那封信,雇主能收回这一承认吗? 如果不能收回承认,那么在多长时间内,雇主应该承认工会,并与之进行谈判? 见:凯福东部塑料案[Kever Plastics Eastern, 157 N. L. R. B. 583,587(1966)](主动承认在一段"合理的时间"内,对在第一个合同中达成协议的双方当事人,构成选举上的障碍)。

协商订立合同的"合理时间"有哪些要素? 见:福特表演艺术中心案

[Ford Center for Performing Arts,328 N.L.R.B.1(1999)](合理的时间不是以在谈判中花了多少月来衡量,而是以在谈判时人们要知道发生了什么事情来衡量;委员会要看进展的程序,考虑在初步建立劳动条件时所"随之产生的问题";以及谈判双方是否陷入了僵局);另见:米高梅大饭店案[MGM Grand Hotel,Inc.,329 N.L.R.B.464(1999)][几乎是在承认的一年之后,委员会适用福特中心案(Ford Center)驳回了其请求]。联邦仲裁与调解局[The Federal Mediation and Conciliation Service(FMCS)]报告说,他一般要在一年的时间内来协商第一份协议。见:李氏原木建筑材料公司案[Lee Lumber & Building Material Corp.,334 N.L.R.B.399,403 n.40(2001)][(第一份成功协调好的协议来看,1998年是296天;1999年是313天,2000年是347天。这一数据未包括第一次就合同进行协商但最终未能签订合同的情形),已执行,301 F.3d 209(D.C.Cir.2002)]。委员会是否应当用这些数据来建立一个明确的标准,而不是一个一个地去就个案的问题作出裁判?

"认证障碍"政策是《国家劳动关系法》要求的吗?对主动认可的工会与经过认证的工会作不同的对待,有文字依据吗?这样做有正当的政策性理由吗?在达纳金属公司案[Dana Corp-Metal Dyne,341 N.L.R.B.,No.150(2004)]中,委员会重新审查了地区主任(Regional Direction)对"认证障碍"的适用,表示其将重新考虑这一规则的适用范围问题。在后文第417—418页将进一步讨论达纳公司案。

3. 对诚信的谈判作为期一年的隔离? 在认证后,如果雇主拒绝进行谈判,认证的年限是从认证之日开始起算,还是从雇主开始同意进行谈判之日开始起算?见:马嘉普宜案[Mar-Jac Pouitry,136 N.L.R.B785(1962)](从确定协议之日起,给予工会至少一年的谈判时间)。

在认证年限期满后,雇主撤销对工会的承认,但他这样做是依据认证年限内向其提出的或散发的反对工会的申请,这样情况会怎么样?这种撤销工会的做法是合法的吗?应该是怎样的?见:切尔西工业公司案[Chelsea Idus.,Inc.,331 N.L.R.B.1648(2000)(依据布鲁克斯案的撤销为非法),

enforced,285 F. 3d 1073(D. C. Cir. 2002)]。

4. 雇主利益的本质。在布鲁克斯案中,雇主在撤销承认时是基于谁的利益？法院的反应是否以某种方式表明,只有雇员才能采取行动罢免现存的工会？在查明工会是否有大多数雇员支持这个问题上,雇主有合法的利益吗？对于撤销认证程序的进一步讨论,请见后文第389—407页。

5. 在认证年限过后雇主的挑战。在认证年过后,可以对工会继续获得大多数雇员支持这种假设提出反驳。在布鲁克斯案中法院在这一点上是如何表明雇主对工会的谈判权利的挑战的？这个问题是法定的,还是由委员会任意决定的？

(2) 合同阻止

委员会的合同阻止原则,旨在促进劳动关系稳定,一般来说,在合理期限内,禁止被有效的合作性的集体协议覆盖的雇员举行选举。

条件和期限。要限制举行选举,集体协议必须是书面的,并且已经得到了适当的执行。见:阿巴拉契亚板岩电极公司案[Appalachian Shale Prods. Co., 121 N. L. R. B. 1160 (1958)]。协议必须包含足以"稳定谈判关系的"实质性的雇佣条件,包括终止期限。见:信达照明公司案[Cind-R-Lite Co., 234 N. L. R. B. 1255(1979)];见:例如,斯特迪保健电极案[Stur-Dee Health Prods. 248 N. L. R. B. 1100 (1980)](对于建立了协议关系,约定了申诉仲裁、不罢工保证、工会保障及其他附加问题,但确定工资由仲裁决定的协议,给予禁止的效力)。

固定期限的合同将在三年的时间内阻止竞争工会或要求撤销认证的雇员提出撤销要求,即使合同期更长,在某一产业或某一地理区域内的惯例是合同期更长。通用电缆公司案[General Cable Corp., 139 N. L. R. B. 1123 (1962)]。然而,缔约的雇主和工会在整个合同期内不得提出申请。蒙哥马利•沃德公司案[Montgomery Ward & Co., 137 N. L. R. B. 346(1962)]。

"窗口期"和"隔离期"。一般来说,由竞争工会、雇主或雇员提出的旨在撤销认证的申请,必须在合同终止前(合同一般不超过三年)一个较短的"窗口期"或"开放期"内提出——60 天以上,90 天以下,这 30 天的窗口期结束后的 60 天被称为"隔离期"。这一期限的目的是让当事各方在 60 天的时间内,在"没有"竞争或不确定性逼近的威胁下进行协商。豪华金属家具公司案[Deluxe Metal Furn. Co., 121 N. L. R. B. 995, 1001(1958)]。卫生服务机构有其自己的稍微不同于"窗口期"和"隔离期"的期间。见:三位一体路德医院案[Trinity Lutheran Hosp., 218 N. L. R. B. 199(1975)](期限是 120—90 天而不是 90—60 天,隔离期为 90 天)。在协议期结束后,可以再次提出请求(petitions)直至新合同实施。这两个期间都不是《国家劳动关系法》所规定的。委员会应重新考虑这些期间以有利于撤销认证和竞争工会的请求吗?见:凯·D. 鲍伦克:《重新评估工会内部的竞争:关于复兴竞争工会主义的建议》,载于《犹他劳动法杂志》第 8 卷(2006),第 651、692—697 页[Kye D. Pawlenko, Reevaluating Inter-Union Competition: A Proposal to Resurrect Rival Unionism, 8 *U. J. Lab. & Emp. L.* 651, 692–697 (2006)]。

提早的宽展。前一个协议提早的"宽展"包括以原协议衡量的隔离期开始前经过修改的宽展或未经修改的宽展。如果选举是在原协议终止后的 30 天的期限内提出,提早的宽展并不阻碍选举,然而,如果申请是在那个时间点后提出的,宽展的协议就构成新的三年合同阻碍(假如新的协议也是至少三年的话)。见:共和航空案[Republic Aviation, 122 N. L. R. B. 998 (1959)]。

解除合同的阻止。在特定的有限情况下,由于工会地位的变化,即工会的分裂、工会的失效、工会的弃权声明等,在合同的有效期内合同的阻碍可以解除。"在工会内部从地方工会到最上层的国际工会,对基本政策问题有实质性的分歧,并由于这些分歧,雇员采取积极行动改变现存工会。"见:《如何在国家劳动关系委员会代理案件》,布伦特·加连、伊莱恩· S. 福克斯和约翰· C. 托斯代尔等编辑,2000 年第 7 版,第 110 页[How to Take a

Case Before the NLRB, Brent Garren, Elaine S. Fox & John C. Tuesdale eds., 7th ed. (2000)]；另见：好时巧克力公司案[Hershey Chocolate Corp., 121 N.L.R.B. 901 (1958)]。"失效"的工会是指不再能够或不再愿意代表雇员的工会；仅仅是暂时无能力发挥其作用不能认为其是"失效"的工会。见前面的好时巧克力案(Hershey Chocolate)。最后，如果工会肯定性地宣布其不再继续代表雇员，合同的障碍有时会被解除，即使该工会有能力继续代表雇员。见：美国遮阳棚公司案[American Sunroof., 243 N.L.R.B. 1128 (1979)]。然而，如果委员会认为这种不继续代表雇员的宣言是两个工会互相冲突的结果，现有的工会宣布不继续代表雇员目的是否定不利合同的效力，以便给予另外一个工会以争取更有利的合同的机会，那么这种合同阻碍将继续有效。同前。

在合同有效期中撤销承认。严格地说，"合同阻止"规则仅适用于提出选举申请的情形，而不适用于雇主撤销承认。然而，长期以来，委员会一直认定，在合同的最长三年的有效期内，工会的持续性的多数人代表的地位是不可撤销的，这一观点得到了最高法院的认同。见：国家劳动关系委员会诉伯恩斯国际保安服务公司案[NLRB v. Burns Int'l Security Servs., Inc., 406 U.S. 272, 290 n.12(1972)]；奥西罗铁器制品公司诉国家劳动关系委员会案[Auciello Iron Works, Inc. v. NLRB, 517 U.S. 781 (1996)]。在奥西罗案中，在工会接受了雇主的合同要约后，雇主依据在工会刚刚接受要约之前而收集到的证据，对工会的多数代表人地位表示怀疑，而撤销其对工会的承认。法院同意了委员会的观点，根据刚成立的合同，这种撤销是非法的：

> 所有的对工会掌控员工的程序表示怀疑的雇主，都有可能受到邀请。直接进行谈判，雇主的目的是想将一个对其尽可能有利的合同固定下来，如果它希望的话，然后再去挑战工会的地位，奥西罗公司也会这样做。例如，在本案中，如果在工会发出电报之前，奥西罗公司就已经采取行动撤回其要约，并根据这种怀疑继续进行协商。（或者提出

撤销认证的申请),火可能会被煽起来,其最终还是有义务进一步进行谈判,那时想获得有利的协议就比较困难了。但是,在协议已经明显达成后再提出挑战,那么,其结果就不会达成比现在还糟的协议。委员会可能会合理地认为,给雇主更大的灵活性,让他们提出自己的担心,采取单方面的措施来倾斜谈判关系,这样做是不适当的,事实上,在集体谈判协议形成后,对集体协议作任何的改变,都会使集体协议变得脆弱,也使得其很难实现《国家劳动关系法》通过促进确定稳定的集体协议,来达到产业和平的目标……(同上,第789—790页)

建筑业雇佣前协议特别案。对建筑业的雇佣前协议和其他的集体协议是不一样的,见后文第420页注释6。依据约翰·德科勒瓦父子公司案[John Deklewa & Sons,282 N. L. R. B. 1375(1987),enforced sub nom.],桥梁工人国际联盟地方第3号工会诉国家劳动关系委员会案[Int'l Ass'n of Bridge Workers,Local 3 v. N. L. R. B.,843 F. 2d 770(3d Cir. 1988)],虽然依据第8条(f)签订的协议终止后,工会并不享有继续获得大多数雇员的假定,任何一方均可以断绝第8条(f)的协议关系。例如,比较秋河染整公司案(见后文第831页)(讨论了在第8条(f)的背景之外适用假设获得大多数雇员支持的情况)。对德科勒瓦案的进一步讨论,以及巡回法院对概念的混淆,见:麦克肯兹诉国家劳动关系委员会案[McKenzie Engineering Co. v. NLRB, 303 F. 3d 902 (8th Cir. 2002)]。

(3)阻碍控告政策

在对单位的不当劳动行为指控悬而未决时,依据委员会的"阻碍指控"政策,委员会一般来说不愿意继续进行选举。见《国家劳动关系委员会案件处理手册》第二部分代表程序第11730—11734条(1999)。这一政策的目的是保护雇员的选择自由,这完全是委员会创造的,如果委员会相信选举的结果会受到所称的非法行为的影响,它就不会举行选举。不当劳动行为被认为是"悬而未决",因此需要继续阻止选举直至这些指控被撤回或被驳回,或者在存在有价值的指控的情形下,直至诉讼结束(如果向巡回法院上诉的话要直至和包括法院作出裁决)。

如果地区主任认定,在当前的情况下,仍可举行公正的选举,或者,在一些情况下,如果控告方提出"继续选举的要求",这一阻碍可以解除。提出"继续选举的要求"并不是意味着,提出控告的一方放弃要求以被指控方的非法行为作为反对选举理由的权利,只要是这一行为发生在提出选举请求之后。见:埃德·钱德勒·福特公司案[Ed Chandler Ford, Inc., 241 N. L. R. B. 1201(1979)];国家劳动关系委员会—4551 表格(1994)(要求继续选举的形式)。然而,在某些类型的控告被认为与所提请求本身存在着固有的不一致时,这种继续进行选举的请求也会被拒绝。这些情况包括雇主依据第 8 条(a)(1)提出的控告,提出或非法地协助提起撤销认证的请求,以及依据第 8 条(a)(5)提出的控告,声称要非法地撤销认证。见:《国家劳动关系委员会案件处理手册》第二部分,同前,第 11730.3 条。

法院有时会批评委员会的阻碍控告的政策,认为其过于"机械"或"教条",或者说简直是不理性的。见坦普顿诉迪克西彩印公司案[Templeton v. Dixie Color Printing Co., 444 F. 2d 1064, 1068, 1069 (5th Cir. 1971)];苏拉特诉国家劳动关系委员会案[Surratt v. NLRB, 463 378, 381(5th Cir. 1972)];约翰斯-曼威尔销售公司诉国家劳动关系委员会案[Johns-Manville Sales Corp. v. NLRB, 906 F. 2d 1428, 1431 n.7(10th Cir. 1990)](对合理性提出了质疑)。然而,这些政策几乎是免于司法审查的。请回想一下利达姆诉凯尼案,见前面第 292 页;另见:比夏普诉国家劳动关系委员会案[Bishop v. NLRB, 502 F. 2d 1024, 1027 - 1028(5th Cir. 1974)]。无论阻碍指控政策是"聪明"或者"愚蠢",见:伯顿·B.萨伯伦:《国家劳动关系委员会的阻碍指控政策:聪明还是愚蠢?》,载于《劳动法杂志》第 39 卷(1988),第 651 页[Berton B. Subrin, The NLRB's Blocking Charge Policy:Wisdom or Folly? 39 Lab. L. J. 651 (1988)],在罢黜现行工会方面,这对于理解委员会规定的实际作用机制是非常重要的。

2. 罢黜现行工会的手段

上一节的内容表明,在特定的时限内,工会的地位可能不会受到挑战,如在获得认证的一年中,或在集体协议有效的三年期左右。上一节也介绍了除认证和合同阻止期以外,要挑战工会的多数代表地位可能要使用的手段。本节将更加详细地讨论这些手段。本节先简要讨论由雇员提起的撤销认证申请,然后重点讨论雇主提出撤销现行工会认证的有关规定,近年来最高法院和劳动关系委员会都一直非常细致地审查或再审查这些规定。

注释:由雇员提出的撤销认证的申请

正如在布鲁克斯案及其后的注释中讨论的,雇员可以依据第 9 条(c)(1)(A)(ii)的规定通过申请撤销认证来罢黜工会。这种申请必须得到 30% 以上的雇员的支持——也就是说,有证据表明在该单位中有至少 30% 的雇员不希望该工会来继续作他们的代表。

在撤销认证的选举中,工会的获胜率仅有 30%。见:工会在 2001 年选举下降的数据;1996 年以来工会获胜率持续下降 [2002 Daily Lab. Rep. (BNA) No. 116, at C - 1, Table 2 (June 17, 2002)](1997—2001 年,工会的获胜率平均只有 33%)。然而,大约有 50% 的撤销认证的申请并未最终达到选举权的阶段。见:国家劳动关系委员会年报第 60—64 卷表 10 (1995—1999 年)[60 - 64 N. L. R. B. Ann. Rep. Table 10(1995 - 1999)](在 5 年期间,有 48% 的撤销认证申请被撤回或被驳回);另见:威廉姆·A. 克鲁珀曼和乔治·I. 里森:《撤销认证:撤去保护伞》,载于《劳动法杂志》第 30 卷(1979),第 231 页[William A. Krupman & Gregory I. Rasin, Decertification: Removing the Shroud, 30 Lab. L. J. 231(1979)](在 1967 年和 1977 年,有一半以上的申请没有进行到选举阶段)。导致近一半的撤销申请没进入选举程序的原因之一,就是委员会的阻碍控告政策。工会有强烈的提起不当劳动行为指控的动因,这些指控会击碎选举,并最终导致工会被罢黜。工会可以提出的指控有:依据第 8 条(a)(1)的规定提出的指控,声称雇主在提出申请方面教唆雇员或给予了雇员"不仅仅是管理上的支持"。见:凯瑟琳·米克:《对管理上的支持之界定:依据〈国家劳动关系法〉撤销对工会的认证》,载于《芝加哥大学法律评论》第 66 卷(1999),第 999 页[Catherine Meeker, Defining "Ministerial Aid": Union Decertification Under the National Labor Relation Act, 66 U. Chi. L. Rev. 999 (1999)](详细地讨论了法律规定,声称委员会在其所说的"不仅仅是管理上的支持"的含义,与其所适用的标准是不一致的)。

另外,请回忆一下前面所述的合同阻碍规则,这些规则允许在合同终止前的"90—60 天"的窗口期中(在合同终止前的 90 天以内至 60 天以外)或者在合同终止后在新协议达成以前,提出选举请求(包括撤销认证的请求)。

请注意劳动关系委员会没有通知雇员有窗口期(或者甚至没有通知其存在着撤销认证程序);要求由雇员自己去获得必要的信息,并遵守委员会的要求。为了保障雇员的自由选择权,委员会是否应该通知雇员他们有撤销认证的权利以及撤销程序的要求?见:道格拉斯·雷:《产业稳定和撤销认证的选举:改革的需求》,载于《亚利桑那州法律评论》(1984),第 257、259 页[Donglas Ray, Industrial Stability and Decertification Elections:Need for Reform, 1984 Ariz. State L. J. 257, 259]。

如果委员会有这样的义务,它应该在什么时候履行这种义务?在举行选举活动期间,还是在工会被认证之后?

艾伦顿·麦克销售服务公司诉国家劳动关系委员会案

Allentown Mack Sales and Service, Inc. v. NLRB
522 U. S. 359(1998)

斯卡利亚法官发表了法庭意见。

依据国家劳动关系委员会为时甚久的先例。如果雇主相信工会已经不再拥有大多数雇员的支持,雇主有三个选择:要求举行正式的,由委员会监督的选举;撤销对工会的承认并拒绝进行谈判;或者,对雇员是否支持工会举行内部投票。委员会已经认定,除非雇主能够证明其对工会的多数雇员支持的情况有"真诚合理的怀疑",否则,后两种选择就是不当劳动行为。我们必须决定,委员会对雇主举行民意测验标准的要求是否是合理的,是否与《国家劳动关系法》的规定相一致,以及在本案中委员会对事实问题的判断是否有卷宗里的实质性证据的支持。

I

麦克卡车公司(Mack Trucks)在宾夕法尼亚州的艾伦顿市(Allentown)有一家分厂,该分厂的部分员工是由美国"美国劳工联合会-产业组织联合会"的机械师与航天工人国际联合会(The International Association of Machinists and Aerospace Workers)的地方第 724 号工会作代表。1990 年 5 月麦克公司通知其在艾伦顿分厂的经理,公司打算出售该分厂。在这些经理中有几个人成立了艾伦顿·麦克销售公司,即本案中的申诉人。该公司在 1990 年 12 月 20 日购买了麦克卡车公司的资产,开始作为独立的单位经营。在 1990 年的 12 月 21 日至 1991 年的元月 1 日期间,艾伦顿公司从原麦克公司 45 名雇员中雇佣了 32 人。

在这段时间,在公司出卖前或出卖之后,有一些麦克公司的雇员,向即将成为艾伦顿公司老板的几个人就麦克公司的资产出售提出声明,说现存的工会在该谈判单位中已失去了雇员的支持。在进行工作面试中,有 8 个雇员的陈述表明,或者至少有意见认为其表明,他们个人已经不再支持工会。此外,一个名叫荣·莫尔(Ron Mohr)的工会谈判代表委员会成员及麦克卡车公司的工会管事,告诉艾伦顿公司的一名经理,他觉得不想要工会。并说"在新公司里,如果举行投票,工会就会失败的。"[316 N. L. R. B. 1199,1207(1995)]麦克卡车公司的技工凯米特·布洛克(Kermit Bloch)在上夜班时告诉经理,整个上夜班的工人(那时大约有 5 个或 6 个人)都不想要工会了。

第五章　劳动关系委员会对于谈判主体的决定　491

1991年元月2日地方第724号工会要求艾伦顿·麦克销售公司承认其为雇员的集体谈判代表,并开始就合同进行谈判。新雇主在标明日期为元月25日的一封信中拒绝了这一要求,声称其"诚信地怀疑该工会得到雇员的支持"。同前,第1205页。这封信还宣布,艾伦顿公司依据《国家劳动关系法》规定,"已经安排计时工雇员进行独立的秘密投票"。同上。这次投票在1991年2月8日举行,由一位罗马天主教会的神父进行监督,工会以13票对19票在选举中失利。在选举后不久,工会向委员会提出了不当劳动行为指控。

行政法官的结论认为,艾伦顿是麦克卡车公司的"承继"雇主,因此,继承了麦克公司的谈判义务,以及工会继续获得大多数雇员支持这一假设的前提。同前,第1203页。行政法官认定,艾伦顿公司举行的投票遵守了斯塔科尼斯建筑公司案(Struksnes Construction Co.,见前文第361页注释3)确立的程序标准,但是,违反了《国家劳动关系法》第8条(a)(1)和第8条(a)(5)的规定,因为,艾伦顿公司对工会的多数人支持地位并无"客观的合理的怀疑"。委员会采纳了行政法官的认定,并同意其结论……,[并且]命令艾伦顿公司承认地方第724号工会,并与之进行谈判……。[上诉法院]越过更强有力的不同意见……,执行了委员会的谈判命令。

II

艾伦顿公司反对委员会对本案的裁决,基于几个理由:第一,艾伦顿公司认为,因为委员会对雇主举行投票所要求的"合理的怀疑"的标准,与雇主单方撤销对工会的承认的标准,以及雇主要求在委员会的监督下举行投票(所谓的"劳动者代表与资方的"选举或"劳资"选举)的标准是一样的,所以,委员会只有在不需要的时候或没有法律意义的时候,才允许雇主进行投票,是不合理的。第二,艾伦顿公司认为,案卷中的证据清楚地表明,其对工会多数人支持问题有合理的怀疑。最后,艾伦顿公司认为委员会已经沉默地(并据此认为其违法)在选举标准中放弃了"合理怀疑"标准,并且只有在单位中的大多数雇员声明放弃工会时,才认定雇主有

"合理怀疑"。[①]

……艾伦顿公司认为,要求对举行投票和直接撤销承认,都采取同样的事实条件是不合理的。因为,如果是那样的话,从法律角度看,雇主就没有动机去要求举行投票了。依据委员会的观点,投票选举的结果永远都不能以"诚信合理的怀疑"的理由来满足撤回认证的标准。因为雇主在被允许举行投票之前,就必须已经知道存在着同样的合理的怀疑……。尽管委员会对投票所采取的是统一的标准,劳资选举和撤销承认,从某些方面来说,是使人困惑的政策。但是,我们不认为这些政策是如此不合理,以致可以被认定为《行政程序法》的意义上(5 U.S.C. §706)是"武断的或变幻莫测的"。委员会相信,由雇主举行投票对已经建立起的谈判关系有潜在的"破坏性",对雇员有扰乱的作用,由此,委员会将之限制在只有特别严重的场合,才允许雇主举行选举。得克萨斯石油化工公司案[Taxas Petrochemical Corp., 296 N.L.R.B. 1057, 1061(1989), enf'd as modified, 923 F.2d 398(CA5 1991)]。统一的标准反映了委员会的一个明显的结论:只有在达到撤销承认和拒绝谈判的程度时,才能够容许雇主进行投票。

这一点的确如此,这种标准使得投票作为一种隔离用撤销认证的方式来应对不当劳动行为的手段而变得无用了——但是对生活来说(甚至是对商业来说)这些能逃避不当劳动行为的认证更有价值。关心与员工保持良好关系的雇主可能认识到,突然撤销对工会的承认——即便是撤销不再能够获得大多数员工支持的工会——会遭到工会支持者的反抗——也许甚至会引起那些原来保持中立态度的雇员的反感。谨慎地、毫不偏见地举行选举会避免这些后果。进一步来说,持"投票无用论"的人错误地认为,每一个雇主都想撤销对于工会的承认,只要他有足够的证据,多数员工不再支持工会,就可以对其不当劳动行为指控进行抗辩。然而,在我们看来,如果雇主对工会缺乏大多数雇员的支持这一事实有了决定性的证据,对工会的多

[①] a. 这一问题的另一个标准是"事实上失去了大多数人的支持"。见:列维兹案(Levitz)的注释,后文第401页。——编者

数人支持地位,有了"诚信合理怀疑",雇主可能并不想撤销对工会的承认,以免仅仅为了只持续到下次选举时的利益,而花费时间和不当劳动行为诉讼的代价……。最后一个原因可能是,虽然关于投票问题的不当劳动行为的确定标准,与撤销承认的不当劳动行为的标准是相同的,但是,就投票问题而提出指控的比率要少很多,特别是在工会赢得了投票的情况下更是如此。

我们必须明白,委员会公开表示支持代表选举,而不是很支持在单位里进行民意投票,这一偏好与适用统一的标准并不契合。正如上诉法院所指出的,从逻辑上来说,依照这种偏好,就应该对民意测验投票采取更加严格的标准。但是,对民意测验采取比委员会投票更宽松的标准,也有其他的理由。理由之一是,选举所导致的后果会更严重;如果工会在雇主举行的民意测验投票中失利,它还能要求进行委员会选举,但是如果工会在正式的选举中失败,那么他在一年内不能再要求进行选举[29 U.S.C. §159(c)(3)]。如果说要求委员会对民意测验确定一个比劳资选举高一点或低一点的标准是不理智的话,那么,可以肯定地说,要委员会将这一区别分开来,也是不理智的。

Ⅲ

委员会认定,艾伦顿公司举行民意测验投票构成了不当劳动行为,因为"依据客观情况,公司没有能展示出其有合理的怀疑,因此,工会继续享有谈判单位大多数雇员的支持"(316 N.L.R.B. at 1199)。环宇相机公司诉国家劳动关系委员会案[Univeral Camera Corp., v. NLRB,340 U.S. 474(1951)]。换句话说,我们必须决定依据卷宗的材料,一个理性的陪审团是否会得到与委员会一样的结论……

……怀疑是不确定的、暂时或临时性的不相信……。因此,问题是……理性的陪审团是否……会认定地方724工会在继续获得单位大多数雇员的支持。在我们看来,答案是否定的。委员会作出的相反认定,是根据情况推断的对于义务证明力的拒绝,基于委员会欲适用的超过实质标准的证据要求。

委员会采纳了行政法官的认定,艾伦顿公司的32名雇员中有6名已经作了陈述,"这些陈述可以用来作为支持诚信合理怀疑的客观依据",并且,委员会看起来也接受了……行政法官倾向于认定第七名雇员的陈述也支持[这种]怀疑……。根据推测,委员会接受了行政法官的评估,"32人中有7人,或20%的雇员"这个数字本身不能构成"客观、合理地怀疑工会已失去多数人支持"。同前,1207页。委员会并没有确切地说有多少雇员表示不支持工会才能足以构成合理的怀疑,但据推测这个数字可能是不少于16人(谈判单位雇员的半数),因为达到了这个标准就会构成了合理的不确定性。我们仍然不能说有20%的人直接表明了反对立场(即使是在没有工会关于支持现状的相反证据的情况下)的本身就足以得出有合理怀疑的结论。但是,仍有很多问题要讨论。

举个例子来说,行政法官和委员会完全没有考虑……第八名雇员丹尼斯·马西(Dennis Marsh)的陈述,丹尼斯·马西说他付了35美元,却没有人代表他。同时,行政法法官说,这一说法"看起来是他希望被更好的工会代表,而不是不希望工会来代表他",这种意见被委员会接受。同前。在我们看来,的确如此,更确切地说,这是对工会的表现不满的一种表达——这可能反映了说话人的愿望是希望工会更有效地来代表他们,但也有可能反映出,说话人希望省35美元,不再支持工会了。无论说话人是否支持工会,这种说法都会肯定地影响工会的不确定性,因此,不应当被完全忽略。

但是最重要的证据被排除在考虑之外……,这包括两个雇员的陈述,不仅仅是说他们自己是否支持工会,而且说了其他雇员是否支持工会。上夜班的凯米特·布洛克告诉艾伦顿公司的经理"整个上夜班的两个人都不想要工会了"。同前。其他同事也不支持工会这种未经证实的说法当然不能证明这种不利的事实……。但是按照委员会说明的民意测验投票的标准,问题不在于这种不利的事实(民意测验投票本身就是要证明这一事实的),而是就这一事实来看雇主方是否存在合理的不确定性问题。就这个问题而言,没有理由要求雇主要知道布洛克是否在说谎,但这一理由要求对于这种说法给予慎重的考虑。

另外一名工人荣·莫尔也说了工人对工会的整体支持情况,他告诉艾伦顿公司的经理们"如果举行投票,工会会失败的",并说"他觉得工人都不想要工会"。同前。行政法官也反对这一说法,认为其与本案无关联,"没有关于他如何得出这一结论的证据。"(同前,第1208页)……

……这里的问题不是莫尔的陈述是否能清楚地证明大多数雇员都反对工会,而是它是否能说明大多数雇员支持工会这一合理的不确定性。我们认为,这当然能说明这个问题。艾伦顿公司会很合理地确信莫尔关于工会缺乏多数人支持的说法是真实的,因为他对工会没有敌意,从其地位来看能够判断反对工会的情况。莫尔是工会服务部的官员,是工会谈判委员会的成员;按照行政法官的说法,他"没有表示出本人对工会的不满"(316 N. L. R. B. 1208)。在我们看来莫尔的陈述在"合理怀疑"这一问题上有不可否认的实质性的证明效力。

按照委员会的明确的认可(在我们看来这是不容忽视的),艾伦顿公司收到了可靠的信息:在谈判单位中有7名雇员不支持工会。如果工会有多数人的支持,按照2∶1的比率计算,在剩余的25人中是17∶8。布洛克和莫尔的陈述会使人们怀疑这种支持率,而无论是委员会,还是行政法官,对于艾伦顿公司从另一方面考虑的证据,从来没有讨论过……。合理的权衡艾伦顿公司当时的实际情况,我们认为,一个理性的事实调查人(事实调查人,指由企业、政府或法庭指派的就某一特定事件、情况或争议进行调查取证的人员,或者是认定事实的人员,如陪审团等。——译者注)不可避免地得出这样的结论,即艾伦顿公司有合理的、诚信的怀疑理由——他们对工会是否仍保有大多数雇员的支持——是不敢肯定的。

Ⅳ

除了委员会对事实的认定没有偏离之外,这一案件的结论,使得该案似乎就是一个简单的行政案件。艾伦顿公司主张,尽管"委员会引用撤销承认标准中的文字",但是,对委员会的裁决进行系统的审查后可以看出"委员会实际上已经废除了这类的诚信怀疑理论,而代之以严格按人头来计算。"……委员会否认(不是太有说服力)它不是严格按人头来计算①,但确实对本案的事实认定辩解说,在以前的裁决中,它一般也是驳回对合理诚信怀疑具有类似说服力的案件。

事实上,上诉法院接受了这种辩解,依据那些以前类似的判决得出结论说,在本案中委员会的认定有实质性证据的支持。学术研究也证明,这一案件中的判决与长期以来的判决模式是一致的。一位学者在对撤销承认的判例法作出全面的研究后,得出结论:

"间接证据无论多么丰富,都很少能足以满足诚信怀疑的标准。在实践中,委员会认为,只有雇主证明谈判单位中的大多数人已经明确地表示要废除工会,才能满足这个标准。然而,要合法地获得这样的直接证据几乎是不可能的。因此,委员会的诚信怀疑的标准,尽管表面上看是完全以实际情况为依据的,但在适用时却是一个本身就违法的规则……"弗林:《"隐藏不利证据"的成本和收益:劳动关系委员会的政策制定和司法审查中的失败》,载于《波士顿大学法律评论》第75卷(1995),第387、394—395 页[Flynn, The Cost and Benefits of "Hiding the Ball": NLRB Policymaking and the Failure of Judicial Review, 75. B. U. L. Rev. 387,394－395(1995)](脚注省略)。

……本法院中的法官也注意到了这种现象。见:国家劳动关系委员会诉科廷莫森科技公司案[NLRB v. Curtin Matheson Scientific, Inc., 494 U. S. 775, 797 (1990),在后文第608页有摘录](伦奎斯特大法官同意这一意见);同前,第799页(布莱克曼法官不同意这个意见)……

---

① 4. 劳动关系委员会在案件摘要中引述了一些案例,在那些案例中,委员会认定有关证据质证足以支持这个"诚信合理的怀疑"。……的确,那些案例在有些情况下涉及了一些真正的利益,但最近的一个裁决是在10多年前[1984年]作出的。艾伦顿(Allentown)辩称,委员会已经放弃了这个诚信标准,并不是说其从未存在过。

那么,产生了这个问题,我们是否……应该对委员会判决所一直依据的标准进行证据审查,而不是直接引用这个标准……

将……宣布的原则与……适用的原则分开的做法,让司法审查感到很困难……。的确,即使政治上在区别政策制定和事实认定方面有疏忽,也不能阻碍司法审查的进行。

[因此,]事实上,委员会必须适用在原则上已经宣告的人们清楚明白的标准,即诚信合理怀疑的标准……。进行司法审查的法院有权解释,他们说的这些标准是什么意思,并在此基础上进行实质证据审查……

当然,作为推动某一特定的法律或政策目标的方式,委员会也可以直接地明确地采用反事实的证据推定(这实际上是实体法规则)——例如,在认证后的一年内,委员会所具有的对工会的多数代表人地位的不容置疑的推定权。委员会也可以有正当的理由,直接明确地运用证据规则,以政策为依据,排除某些证词,而不需要考虑其固有的证据效力……。然而,委员会要采取哪种行动不是我们这里要讨论的问题……

……在委员会打算进行简单的事实认定时,……委员会不是自由地可以说其愿意接受哪些证据,而是要从证据中得出一些公正的结论。

由于以上的原因,我们不需要决定,委员会是否一直对有证明力的证据拒绝接受,或者对这些证据打折扣,以至于使"诚信合理怀疑"或者"证据确凿"这些术语具有了其所不具有的含义。行政法官和上诉法院所依据的先例中所确立的界线,和委员会的裁决并不是不相干的,因此,在我们看来,任何意在证明存在合理诚信怀疑的证据也不是和委员会毫不相干的。因此,行政法官对荣·莫尔关于工会缺乏支持的观点打了折扣是错误的,因为"委员会一直认为,对一个雇员所发表的关于另一个雇员的观点是未经核实的观点"。上诉法院依赖这样的事实是错误的,即"委员会一直以来对一个雇员就其他雇员所作的关于工会态度的说法是持怀疑态度的"(83 F. 3d at 1488)。……假设委员会以前的评估是正确的,但是,这里对于事实的认定却没有给出正当的理由。当然,对雇主声称其依据的二手报告,在打报告的人根本不了解情况时,或者存在误导的动机时,委员会有权怀疑。但是,这是一个逻辑问题，是一个要根据整体情况来得出结论的问题，而不是一个无论情况如何，要从以前的委员会的裁决中得出结论的问题。

委员会以前裁决——"雇员发表的对工会代表质量不满的言论不能作为雇员反对工会作代表的依据"的裁决，以及"雇主不能依据在工作面试期间，在雇主表达了不希望要工会的情况下，雇员所表示的反对工会的情绪"，实际上也是一样的（83 F. 3d at 1488）。……这样认为当然是真实的，即，这些言论不是雇员对于工会态度的非常清楚的证据——如果委员会的实质标准要求对于雇员的不满要提供清楚的证据，那么完全忽略这样的言论也许是适当的。但是，采取的并不是这样的标准，从实际情况看，这些言论毫无疑问地具有证明效力，在一定程度上证明了雇主有诚信的合理的怀疑。

我们的结论为，委员会对雇主要求投票所采取的"合理怀疑"的标准，表面上是合理的，和法律的规定也是一致的。但是，委员会关于艾伦顿·麦克销售公司缺乏怀疑的依据这一事实认定，从整个卷宗的材料看，没有实质性的证据支持……

伦奎斯特大法官，以及欧康纳法官、肯尼迪法官和托马斯法官等人，对判决的结果部分持赞同意见，部分持反对意见。

我对法院判决的第一、三和四部分表示同意。然而，我不认为委员会的标准是理性的、和法律的规定是一致的，所以我不同意第二部分的判决……

除非在极少数的情况下，委员会的标准……会阻碍了投票……。该判决要求，怀疑工会得到多数人支持要有一个先决条件，而雇主被禁止以最有效的方式来获得这一信息……。此外，该判决让雇主要求投票变得没有实际价值，因为，在投票中失败的工会可以依据同样的撤销认证的理由，事后对投票的结果表示质疑，本案的情况就是这样的……

……但是，即使是承认投票的其他的价值，委员会……没有对这两种行为［投票和撤销承认］采用前后基本相同的一致的标准，其效果也是有很大不同的……。单方面撤销承认的标准肯定会高些。

对代表选举和民意测验采取同样的标准是不理性的，因为，代表选举对失败的工会来说,只有一年的约束力,……而在民意测验中失败的工会,可以随时要求进行民意测验。[这]表明,民意测验的标准要低些。委员会所说的"公开表示了对选举的青睐",不需要……进一步的……支持,看起来对民意测验不是采取了更高的标准……。无论如何,委员会也许可能对民意测验采取了一个更高的标准,这个意思并不是说,两个标准同样了,就是理性的了。

布雷耶法官,以及史蒂文斯法官、苏特(Souter)法官和金斯伯格法官,对裁决的结果持部分赞同,部分反对的意见。

我同意法院的第一部分和第二部分意见,不同意第三部分和第四部分意见。在第三部分和第四部分,法院认定所依据的理由,即委员会的结论"没有实质证据的支持",是不合法的。在申请上诉的上诉状中,并没有提到这个问题,在作出本裁决时,该法院已经背离了审理此类案件时所依据的已经持续使用了半个多世纪的法律标准。见:环宇相机公司诉国家劳动关系委员会案[Universal Camera Corp. v. NLRB, 340 U.S. 474, 490–491 (1951)]……。它没有给委员会的认定权留有空间,该法院的判决先例,都是给委员会留有空间的……

……正如该法院在1951年所说:"卷宗材料整体是否有实质证据支持委员会的认定,这是国会赋予上诉法院职责范围的事务。"环宇相机公司诉国家劳动关系委员会案[340 U.S. 474, 490–491 (1951)]。该法院认定"只有在极少数的情况下,在标准看起来明显被误解了,或者被严重错误地适用了的时候",它才会去干预。同上……

……大多数法官讨论了……行政法官的判决没有考虑雇员马西、布洛克和莫尔所说的对艾伦顿公司有利的话的问题。大多数法官说,这些话要求行政法官和委员会作出对艾伦顿公司有利的裁决。我们不同意这种说法。

考虑一下马西的话……"他支付了35美元,但没有被代表。"……大多数法官说,行政法官没有以这一陈述作为依据,作出对雇主有利的裁决是错误的……。但是,大多数法官没有提到,马西是在经理问他是不是想成为要重新受雇的32名工人中的一员的时候,说这些话的。行政法官在对雇员的话作评估时,曾这样说:工人在面试期间和艾伦顿公司经理说的话"有点染上了求职者喜欢说未来雇主喜欢听的话的色彩"(316 N. L. R. B. at 1206)。行政法官在作出这样的陈述的时候,是在重申其一般的规范化认定标准——雇主不应"依赖于雇员在受未来雇主面试期间所作的陈述"而"主张其有诚信的怀疑理由"[省略引用]。委员会还已作出这样的认定:"雇员对工会不满的言论和雇员要撤回对工会的支持,是不一样的。"火炬运营公司案[Torch Operating Co., 322. N. L. R. B. 939, 943(1997)]……。委员会的这个一般认定标准(假定雇主在劳动法律师的告知下知道这些),在本案中为行政法官适用,无论其中哪个标准,都足以使行政法官得出结论说,雇主是不能正当地依据马西的陈述为理由的……

面对这些材料,我不知道一个人怎么能可信地辩称,委员会的这些相关的一般认定超越了委员会的合法的授权。实际上,委员会说雇员在受雇主面试期间所作的对不赞成成立工会的陈述,准确地说,不会告诉我们工人对工会的真实感受。委员会的结论表示,其行使了国会完全授予它的任意处置权,这是在委员会的行政和事实认定权力和职责的范围之内的……。让这样的机构,从不断积累的专业事务中汲取经验,行使行政管理职责,运用裁决来形成一套在对不同的证据作出权衡的时候所需要的规则,在程序上,也没有什么不当的。

思考一下布洛克在面试期间的陈述,……认为那些上夜班的工人(5到6个工人)"不想要工会"……

大多数法官说,"考虑理由"时,对布洛克的陈述"作了相当多的考虑"。但为什么?委员会基于理由和经验,已经说过其会"采取怀疑的态度,小心地审查"雇员"代表其他雇员所发表的意见"。[省略了引用]

委员会关于哪些证据能或者不能支持"客观合理的怀疑"的这种指引标准,是怎么不合理了……?为什么行政法官认为像布洛克那样的高度概括的结论性陈述是不合理的?布洛克的陈述没有提到名字,没有得到其他任何具体证词的支持,是在工作期间由一个预测不会成立工会的采访者采访的。更直接地说,大多数人对这样的发生在与工作相关的场合的细小的事情的观点,怎么替代了委员会和行政法官的自己的判断,特别是在根据卷宗记录,是否将委员会的这种裁决搁置一旁的问题还没有经过讨论的情况下? ……

注释和问题

1. 承继关系。请注意艾伦顿·麦克案是在"承继关系"的背景下出现的,这个问题将在第十章进行全面讨论。特别是在这种背景下,对工会的多数人地位提出挑战,是常见的。

2. "记分牌"。仔细看看在法院里法官的投票是如何在这两个问题上出了问题。斯卡利亚法官在艾伦顿·麦克案中的"关键投票"如何在两个问题上都形成了多数?

3. "统一的"标准。考虑到在撤销认证时委员会使用同样的证据标准,这种对民意投票的边际效应的无可争议的适用足以使投票的标准成为"理性的"标准?或者说首席法官伦奎斯特在这一辩论中占了上风?雇主考虑了大多数人想进行投票而不是直接撤销认证(也就是说不先进行投票)是否能从另一方面支持这些想法?

大多数人和首席大法官伦奎斯特都建议委员会对代表选举比民意投票应要求更强的证据才合理,你同意首席大法官伦奎斯特的意见吗?即委员会对选举的偏好"不会看起来是一个正当的更好的投票标准"?因此就不需要更高的标准了?

4. 用民意测验投票作为一项怀疑的活动? 即使雇主的民意测验投票行为与斯达克尼斯案(*Struknes*)所确立的保护标准一致,但仍将民意测验投票行为看作有问题雇主的活动,其政策理由是什么?这一问题所基于的事实是否是这样?对于工会的多数人代表地位问题,不应当由雇主控制提出这一质疑的时间,除非雇主在提出之前就有足够的合理的怀疑。这一问题是否更在于雇主通过不断地提出民意测验投票来侵蚀工会地位的能力?如果是属于后者这种情况,有什么办法来处理这种不断提出的民意测验投票吗?

5. 不当劳动行为与选举路线。思考一下在艾伦顿·麦克案中获得维持的"统一标准",以及在前文第 388 页讨论过的委员会阻碍指控的政策中所考虑的因素。委员会的全面规制计划是否是试图将关于工会的多数人地位与选举程序或不当劳动行为程序联系起来?这样是一种理想的结果吗?见:琼·弗林:《国家劳动关系委员会的三重标准:雇主对现行工会的挑战》,载于《威斯康星法律评论》(1991),第 653 页 [Joan Flynn, A Triple Standard at the NLRB:Employer Challenges to an Incumbent Union, 1991 Wisc. L. Rev. 653]。

6. 委员会对"诚信怀疑"标准的适用。委员会否认其在对诚信怀疑进行评估时采取了一种"数人头"的标准,你同意斯卡利亚大法官的意见吗?标准"并不太有说服力"。为什么说它有说服力?或者为什么说它没有说服力?法院解决这一争议的方法对于审查劳动关系委员会的其他决定有什么启示吗?对于其他机构所作决定的审查有启示吗?

法院应当涉足于本案的这个方面吗?在布雷耶法官所发表的部分不同意见中所引述的环宇相机案是否为对大多数人地位的干涉提供了一个基础?如果斯卡利亚大法官已经投票认定"统一标准"是不合理的,法院是否能,或者是否会,已影响到委员会对诚信标准的适用?你认为该案事实上对哪一方面有更重要的意义:是劳动法还是行政法?见:弗林:《艾伦顿·麦克案:一个令人高兴的范例?》,同前,第 986—987 页(提出,斯卡利亚大法官愿意投第五张票赞成统一标准,因为在该案所涉及的两个方面之中,他在行政法问题上有更重要的问题要处理)。

7."合理的不确定性"。请注意法院对委员会的"诚信怀疑"标准的重新阐释,特别是其对委员会的"分类方法"的处理,斯卡利亚大法官认为如果有机构要对"整体情况"作出纯粹以事实为基础的调查,那么,它就应该在该案的背景下,对证据一点点地作出评估,而不能简单地忽视整个证据的分类,他这样的观点是正确的吗?布雷耶法官认为,对某种特定的证据进行考量——如在进行雇佣面试时雇员所作的陈述,正是由专门机构所要作的特定决定,法院应服从这种决定,他的观点是正确的吗?

注释:列维兹家具公司案:指控雇主单方撤销承认

自1951年塞拉尼斯公司案[Celanese Corp.,95 N. L. R. B. 664(1951)]作出裁决后,劳动关系委员会一直认为,如果没有合同的阻碍,雇主在认证年限过后,只要能够说明工会已经实际上失去了多数工会的支持,或者雇主对工会的多数人代表地位有诚信的怀疑,雇主就能撤销对工会的承认。在太平洋列维兹家具公司案[Levitz Furniture Co. of the Pacific,333 N. L. R. B. 1399(2001)]中,委员会推翻了塞拉尼斯案的判决,废除了最高法院在艾伦顿·麦克案中分析过的"诚信怀疑"这一抗辩理由;该案裁决,自此以后(该裁决没有溯及力),实际上已失去大多数人代表的地位,只有对非法撤销承认的指控才构成有效的辩解。至于雇主举行的民意测验投票和代表选举,委员会说,其对获得代表选举及"合理的不确定性"采用了一种不同的,更加宽大的标准,委员会说应让未来的委员会重新考虑民意投票的标准。委员会还讲,其阻碍控告的政策会保持不变。

也许最有意义的是,审理列维兹案的委员会不愿意接受事务总长的立场——选举应成为驱逐现行工会的唯一方法,指控的工会方和美国劳工联合会—产业组织联合会也拥护这种立场:

> 事务总长和工会认为,委员会在扩展最初的承认方面抛弃了乔伊丝绸案确立的规则后,在撤销承认方面应遵循类似的路线。依据菩提原木公司案,在工会通过要求获得承认来改变过去的状况时,无论雇主

是否诚信,雇主都可以坚持要求工会在委员会选举中证明自己的多数人地位。以此类推,在雇主要撤销承认,改变过去的状况时,事务总长和工会都主张工会有权坚持要求首先通过委员会的选举来检测工会是否获得大多数雇员的支持,也无论雇主是否诚信。

尽管我们认可这种观点的逻辑,以及这种建议的方式能够尽可能大地降低诉讼的可能性,但是在这里我们不愿意接受这样的规则。我们同意事务总长和工会的观点——委员会选举是检测雇员对工会支持率的好方法,但是我们预计,我们今天作出的决定会导致雇主只有在有清楚的证据表明工会已失去大多数雇员的支持时,才可能会撤销对工会的承认。同样,对于劳资诉求采取"诚信不确定性"标准,我们会降低雇主作必要的证据展示,减少单方面采取行动诱惑的标准。因此,我们认为我们今天判决会适当地保护雇员和现有工会的利益。如果将来的经验证明我们是错误的,委员会可以重新考虑这一问题。

委员会委员赫特根不同意撤销诚信怀疑这一抗辩,认为委员会将撤销承认的证据标准提得太高了。他指出,代表选举不是单方面撤销承认的适当替代的方式,因为其太容易受到工会所提起的不当劳动行为指控的阻碍,因为也可以通过对选举提出反对来延迟这一程序的结果。"总之,"他总结道:"代表之路是漫长而艰辛的,在这一漫长的程序中,雇主必须继续对工会承认,即使对工会的多数人地位存在诚信的怀疑。"在他看来,更好的办法是允许雇主依据诚信的怀疑来撤销对工会的承认,如果工会仍真正地相信它仍有大多数雇员的支持,工会可以只需要对此提出初步认证的申请。

注释和问题

1. 列维兹案之后的"博弈规则"是什么? 结合艾伦顿·麦克案思考一下列维兹案。

a. **撤销承认**。在列维兹案中所采用的撤销承认标准相比较于在艾伦顿·麦克案中所讲的以前委员会的标准是怎样的?

b. 代表选举。在委员会讲其对代表选举采取的是"更加宽大"的标准,或者正如委员会有时称之为"诚信的不确定"的标准——它的意思是说这比列维兹案以前的代表选举的标准"更宽大"吗?或者仅仅是比撤销承认的新标准"更宽大"?

c. 雇主举行的民意测验投票。委员会讲,它将雇主举行民意投票的适当的证据标准问题留在日后解决,那么现在的标准是什么呢?在列维兹案以后,民意投票的标准与撤销承认和代表选举的标准相比起来是怎样的?

2. 在列维兹案之后,雇主的动机是什么? 考虑一下上面所说的证据标准和委员会阻止指控政策的关系。列维兹案证明雇主要挑战现行工会的地位的动机是什么?如果列维兹案有进步的话,那么列维兹案与"统一标准"相比有哪些进步?委员会认为,列维兹案可能会大大增加对代表选举的使用,这是正确的吗?为什么是,或为什么不是?在列维兹案以后,你认为雇主会采取何种方式来挑战工会,为什么?

3. 对雇主的谈判义务提出请求的作用。 正如委员会委员赫特根所指出的,提出代表请求的本身并不能解除雇主的谈判义务;过去的状况实际上仍在继续。比较梳妆工业公司案[Dresser Indus., 264 N.L.R.B. 1088 (1982)](认定仅仅提出撤销认证的申请并不是授权雇主停止谈判或者推迟执行协议),这一规则会怎样影响雇主的选择?

4. 拒绝"仅采取选举"的规则。 正如前面所述,审理列维兹案的委员会不愿意接受事务总长所提议的"仅采取选举"方式的规则,这一建议是通过对前面第370页菩提原木公司案类推而提出的,这一建议在推理上有说服力吗?委员赫特根认为,阻碍指控的政策对施行"仅采取选举"的规则构成了难以逾越的障碍,这种观点是正确的吗?见:弗林:《艾伦顿·麦克案:一个令人高兴的范例?》,同前,第699—704页(主张对阻碍指控政策提出修正是"仅采取选举"制度实施的必要的因素)。

5. 对出与入的阻碍。 委员赫特根抱怨说,"代表之路可能是漫长而艰辛的",在工会提起不当劳动行为指控期间,或反对的理由被调查和可能被起诉期间,要求其继续获得认可是不公平的,这种说法是否具有一定的讽刺意味?这种情况和工会在刚获得认证时所面临的情况是否相似?在工会刚获得认证时,雇主可以通过拒绝进行谈判而推迟谈判开始的时间,然而,可以通过不当劳动行为的路线来检测对工会的认证。委员会的规则是否在两"端"都有错误——委员会一开始让雇主推迟与工会的谈判变得太容易,但是一旦工会获得了认证,雇主要合法地停止和工会谈判又太难?法律要保护的、委员会通过控制"入口"和"出口"来为之提供服务的那些雇员的"自主选择"的利益,现在又怎样呢?关于这个问题的讨论,见:弗林:《艾伦顿·麦克案:一个令人高兴的范例?》,同前,第996页(其观点为在进和出两方面都降低标准)。

注释:对非法撤销承认的救济

1. 谈判命令可以作为"极端的救济办法"? 对于非法地撤销承认(无论是直接地撤销,或者是通过后来被认定为非法的民意投票的方式来撤销),委员会标准的救济方式是发出禁止令(cease-and-desist order),命令雇主继续和工会进行谈判。见:卡特空国际案[Caterair Int'l, 322 N.L.R.B. 64 (1996)]。在过去的50多年中,尽管发布肯定性的谈判命令一直以来是委员会的标准做法,见前面第65页,但是这种做法在上述法院中已经遭到实质性的抵制,特别是在华盛顿特区巡回法院中,见:例如,文森特塑料工业公司诉国家劳动关系委员会案[Vincent Industrial Plastics, Inc. v. NLRB, 209 F.3d 727 (D.C. Cir. 2000)];李氏原木建筑材料公司诉国家劳动关系委员会案[Lee Lumer & Bldg. Material v. NLRB, 117 F.3d 1454 (D.C. Cir. 1997)][李氏原木案 I(Lee Lumber I)];伊科赛尔/阿塔姆斯诉国家劳动关系委员会案[Exxel/Atmos v. NLRB, 28 F.3d 1243 (D.C. Cir. 1994)]。这些命令并没有明确地禁止在"合理的时间内"对工会的多数人地位提出怀疑(包括雇员所提出的撤销认证的申请),法院将这样的命令作为必须证明其正当性的以禁止令为基础的"极端的救济方法"进行了审查,见:文森特工业案[Vincent Industrial,209 F. 3d at 738][必须通过推理性分析,在平衡(1)雇员依据第7条所享有的权利;(2)该法的其他目的是否践踏了雇员选择谈判代表的权利;以及(3)对于违反该法是否有其他替代性的救济措施的基础上,才能证明命令的正当性]。在卡特空案中,委员会对法院的立场表示尊重,但是仍再次肯定了其自己的立场——必须坚持这一救济方式,因为:

  在这种案件中,委员会最关心的是,恢复工会的在没有非法行为的情况下就应当享有的谈判机会,阻止有过错行为的雇主因为其非法行为而对雇员支持工会带来的不利影响所导致的其最终会逃避谈判的义务的可能性。

  卡特空案[Caterair,322 N. L. R. B. at 65],引用了威廉姆斯工业公司案[Williams Enterprises, Inc.,312 N. L. R. B. 937,940(1993)],委员会和华盛顿特区巡回法院在这个方面的冲突,是否令我们想起了他们在吉赛尔案中谈判命令方面的冲突?见前面注释7,第375页。如果是这样的话,他们哪些方面有类似之处?华盛顿特区巡回法院在这里最关心的问题有什么法定价值?哪种政策是委员会最关注的?在这种情况下谈判命令应被视为"极端的救济方式"吗?

  2. 在非法撤销承认后开始谈判的"合理的时间"是多长? 在李氏原木建筑材料公司案[334 N. L. R. B. 399 (2001),enforced on other grounds,310 F. 3d 209 (D. C. Cir. 2002)][李氏原木案II(Lee Lumer II)]中,委员会第一次量化了"合理的时间",在非法地撤销承认被认定后,在这段时间内不能再对工会的多数人代表地位提出怀疑。这段时间是"在6个月以上一年以内"。在特定的情况下,应适用6个月这个最短的期限,或者适用更长一点的期限,要在对多种因素分析的基础上作出判断,主要是"要在工会的多数人代表地位受到挑战之前,应给予工会适当的在合同协商方面获胜的机会"。委员会以最短6个月时间为基础,一方面是基于其自己的判断,另一方面是联邦调解和斡旋服务处的数据表明,一般来说续签协议的时间需要6个月。

在李氏原木案中,委员会说,新确定的期限会"提供一个确定的衡量标准",有助于减少诉讼。依照这样的目标,委员会是否应当选择一个明确的时间界限,而不是一个6个月以上范围的期限?是否应该要么确定一个明确的时间,要么确定一个适用于自愿承认情况的、像李氏案一样的"承认阻碍"的范围?

3. 对非法撤销承认的其他救济方式是什么?正如我们第七章要进一步讨论的,在雇主非法地拒绝进行谈判,单方面降低雇员的工资或劳动条件时,救济措施将包括命令雇主对这些变更进行补偿。如果没有这样的变更,在雇主非法停止谈判期间,对于谈判代理人的损失,应该给予雇员什么样的救济?如果要救济的话,对于工会不当地失去了代表地位,其应当获得怎样的救济?见:弗林:《三重标准》[同前,第681—682页(分析了这两种情况均缺乏救济的情形)]。

第六章　在国家劳动关系委员会的推选程序之外取得谈判权

正如《华格纳法》第9条所阐明的，当工会被一个适格谈判单位中的多数劳动者指派为代表时，工会可以不经国家劳动关系委员会的推选程序而取得独家谈判代表权，这也正是最高法院在国家劳动关系委员会诉吉赛尔包装公司一案中所确认的（见前文362页）。一如吉赛尔公司所作的陈述：在早期，委员会是根据出示的多数授权卡对工会的代表权作出确认的。但是雇主对此表示反对，他们对通过授权文件来推断雇员意愿的可靠性提出了质疑，并且《塔夫脱-哈特莱修正案》也明文规定"工会代表权的确认只能遵循国家劳动关系委员会的推选程序进行"，鉴于此，委员会进而表现出运用推选制度去解决代表纠纷的路线倾向。然而，工会借助授权文件或者通过其他方式证明自身拥有多数支持以获得雇主自愿认可的做法，在1947年以前及以后的立法中都得到了普遍体现，这一做法甚至延续至今。出于对自愿认可程序有助于实现自愿主义和集体谈判的法定目标的深信，委员会从未贯彻自身的推选偏好政策去限制多数代表地位的工会取得代表权的确认。

自愿认可的通行做法在最近几年体现得愈加突出，因为开始有许多工会基于雇主作出的承担其出示的授权文件的后果这一承诺，而与之达成所谓的"授权文件审核"协议，以试图完全避开委员会的推选机制，这些协议往往也对各方在授权卡征集过程中不能互相贬低或者是保持"中立"作出了要求，协议还会规定其他一些条款对在多数代表地位得到证明的情形下展开的谈判进行规范。在谈判和授权文件审核/中立协议的执行过程中可能出现的法律问题将在这一章得到深入探讨，在本书的后续章节我们还会就一些特定问题进行探讨。下面我们先来讨论雇主可能对工会作为其雇员的唯一谈判代表作出自愿认可时的法律规制。

第一节　自愿认可机制

1. 授权文件的效力问题

国家劳动关系委员会诉吉赛尔包装公司案

NLRB v. Gissel Packing Co. 395 U. S. 575(1969);摘录于前325—328,362—370页

主审法官沃伦。仅在通用钢铁公司案(General Steel)中发生过雇主对授权文件以及文件征集方式的有效性提出异议的情形,这一有根据的质疑通过下述方法得到了解决。在处理对工会虚假陈述的指控以及有关雇员对授权文件的征集目的存在误解的指控时,委员会的通常做法已经在坎贝尔郡鞋业公司案[Cumberland Shoe Crop., 144 N. L. R. B. 1268(1963)]中被阐明,且在李维·施特劳斯公司案[Levi Strauss & Co., 172 N. L. R. B. No. 57, 68 L. R. R. M. 1338(1968)]中得到了重申。根据坎贝尔郡鞋业公司案所确立的原则:如果授权文件本身表述清晰,也就是说,文件明确表示签名人授权工会代表雇员的目的是推进集体谈判而非寻求选举,该文件将被认定为有效,除非能够证明雇员已被告知该授权文件的唯一目的是被用来获得一场选举。① 在通用钢铁公司案中,讯问审查官仔细考虑了针对工会虚

---

① 4. 所用的这些卡片被使用的文件……明确地授权工会以进行集体谈判为目的代表已经作出签名的雇员;卡片没有提及选举问题。在查尔斯顿大罢工中使用的授权书就是这类卡片的典型代表,它在相关部分声明:

"为了成为上述美国卡车司机、汽车司机、仓库工人和佣工国际工人兄弟会工会的成员之一,本人现申请入会,特以此方式授权你作为集体谈判的代表人,谨代表我就关于薪酬标准、工作时间或者涉及其他劳动条件的一切问题展开集体谈判。"

假陈述的指控,运用委员会的惯常分析,否决了原告提供的、被委员会所采纳并重印在文件页边的证据所支持的诉求。①

9月20日,工会告知控方它代表了该控方电机织布工的多数,要求公司与其进行谈判,并表示愿意将签名文件提交给一个中立的第三方予以鉴定。一周后,控方公司的董事长拒绝了工会的要求,并且特别声称:由于授权卡的内在不可靠性,他对工会多数代表身份的怀疑是善意的。工会在11月8日提出选举的请求,该项选举最终定在12月9日举行……

法庭首次在意见的第三部分确认了这样的观点:工会可以通过委员会推选程序以外的途径建立一种谈判关系。这一部分的观点摘录于前362—370页。

下面我们来讨论这样一个问题:将授权文件作为雇员意愿的推断依据是否具有如此强烈的内在不可靠性,以至于不管其他用于确定代表身份的方式的效力如何,授权文件都不能用于证明一个工会的多数代表身份或被视为可以启动一场谈判的命令。在这一背景下,雇主敦促我们采取1947修正案以及其立法史所表明的国会未曾采取过的措施,以完全排除授权文件在谈判场所的使用……

雇主和第四巡回法庭将他们呼吁的反对使用授权文件的原因归结为以下两点:(1)与推选程序相比,授权文件不能准确地反映出一个雇员的意愿,因为一方面在授权文件的征集过程中,雇主没有获得表达自己观点的机会,进而使得雇主没有办法保证雇员的选择是在获得了全面真实的信息和对事实了解清楚的基础上作出的,或者因为雇员的选择可能是团体压力的结果而不同于在投票这一较隐私化的形式下形成的个人决定;(2)哪怕撇

---

① 5."相应地,被告提出'如果一个人被告知他的文件将会予以保密或者将仅被出示给劳动委员会以获得推选,那么这就完全等同于告知他该文件将仅被用于获得推选这一用途'。对于这一说法,我不接受。""至于97名雇员……被告在其抗辩中称,基本上他们的授权文件应当被拒绝承认效力,因为这些雇员中的每个人都有被告知如下之一或更多:(1)文件将被用于获得推选;(2)即使他签署了文件,他仍旧有投票权;(3)除了向委员会出示以获得推选外,文件将会保密,不会向其他任何人出示。鉴于前述理由,我推断这些声明,不管是单独作出的还是联合作出的,均没有妨碍文件以其表面上所指定的用途使用。"

开其与推选程序的差异不谈,授权文件有太多是通过不实陈述和胁迫手段获得的,这无疑加重了授权文件比之推选程序的缺点。显然,这两个反对理由都不具有说服力,并且每个观点在驳论上都夸大其辞了。委员会自身已经认识到:总的来说,秘密推选机制是确定工会是否拥有多数支持的最如意方式,当然也就成了使用最多的方式,在这里委员会继续贯彻了这一认识。然而,推选程序所具有的公认优势并不意味着授权文件即可因此而完全归于无效,因为但凡推选程序皆因雇主的参与而遭到破坏,由此,授权文件可能是保证雇员意愿的最有效方式,也可能是唯一的方式……

尽管授权文件较之推选程序而言具有无可否认的缺点,但在推选程序受到阻碍时授权文件却足以充分反映雇员们的意见,这一点是无须赘述的,因为雇主们的反对理由丝毫经不起深入的推敲。雇主辩称,由于在雇主有机会就工会问题表明立场前授权文件的征集程序就已经结束,其雇员不能够作出一个知情选择。然而,通常来讲,工会会提前通知雇主其有关授权文件征集的组织计划,以便雇主能够被置于劳工法相关不当劳动行为条款的约束之下,工会必须能够证明雇主知道他们的行动,进而证明雇主的同期作为构成不当劳动行为并据此要求谈判,如果征集计划最终获得成功的话……。

此外,雇主还辩称:在文件征集活动中,如果没有无记名投票程序的话,雇员可能屈服于团体压力为授权行为或者是仅仅为了不再受到工会的"烦扰"而签署文件,之后当他获得了一个投票机会而可以再次自由行事时却已经无法再对之前作出的决定作出更改了。可是似乎同样的压力也会在一场推选程序中得到同样的体现,因为在一个推选程序中,选举事项常常是由小的谈判单位推进的,在这个谈判单位中,几乎每一个投票者的意见都能够得到细致的、个体化地征求,并且没有一个投票者能够在投完无记名票之后对他的决定作出更改,即使经过此后一段时间的权衡他可以作出更好的选择。

至于雇主的第二个投诉——授权卡有太多是通过不实陈述和胁迫手段获得的,继而其效力必须被否决,这也与委员会最近确立的对授权文件的征集予以约束的规则相契合;对此我们认为:某项活动涉及的授权卡若表面上明确清晰地列明了授权目的,那么就足以用来对工会进行此项活动的资格

第六章　在国家劳动关系委员会的推选程序之外取得谈判权　513

或其行为的效力进行判定。就签署文件的效果而言，将工会指派为雇员代表到底是出于进行集体谈判这一目的还是仅仅旨在授权工会去谋求一场选举以对某项问题作出决议，既存滥用行为主要源于工会组织者就此作出的不实陈述，如果我们没有认识到这一点，我们当然会对一些显而易见的难题视而不见。此外，关于委员会在坎伯尔郡鞋业案中确立的原则治理此类滥用行为的效果，许多上诉法院和评论专家都作出了显著区分，如果我们认识不到这一点，我们同样会忽视一些问题。

就用来确认授权文件"双重目的"、互相矛盾的方法而言，我们无须作出判定，因为在前述四个案例所提及的五次有组织的罢工运动中，被使用到的授权文件均是单一目的的——表面上均明确清晰、毫不含糊地声明"签名人委任工会作为他的代表"……

在调和偏向于赞成委员会确立的"坎伯尔郡原则"的巡回法庭之间的冲突方面，我们认为道明一点即已足够：雇员理应受到经他们签名确认、表述明确的语言的效力约束，除非该表述因工会蓄意使用误导性文字致使签名人忽略或忘记对签名栏上方的文字说明予以必要注意而被特意或明确地解除效力。递给雇员一份文件，该文件声明了签名人授权工会代表他行事，然后告知他这份文件可能首先被用来获得一场选举，这并不存在任何冲突……。雇主们认为，雇员通常过于单纯而不应受他们所签署的文件的约束，除非他们被明确告知他们的签署行为意味着什么……。对此观点，我们并不赞同。

然而，我们十分赞同委员会在李维·施特劳斯公司一案中作出的提醒，其称：在听取对某授权文件予以指控的相关证词时，讯问审查官不应忽视他们所承担着的通过简单机械化地适用"坎贝尔郡原则"来保证雇员自由选择的义务。我们也接受这样一种说法：雇员更有可能在授权文件征集活动结束后的几个月或是在回答公司辩护律师的询问时提出对工会不利的证词，这不是不可能发生的情况，尤其是在公司领导曾作出威胁言论表示其会对违反第8条(a)(1)的工会活动予以报复的情形下。鉴于探究雇员的主观动机将使审判卷入到一场无休止且不可靠的询问中去，我们拒绝适用任何需要对雇员的主观动机进行深入探查的规则……。这一处理方式比在通用钢铁公司案中体现得更为严厉,我们强调委员会应当谨慎对待这一处理方式、防范适用过度,并且再次声明我们在此处所说的一切并不表明我们赞成在判定表述含混"双重目的"的授权文件的效力时适用坎伯尔郡鞋业公司案所确立的原则。

注释和问题

1. 授权文件的内在"双重目的"性? 法庭承认"单一目的"授权文件(即文件声明签名人授权工会作为他/她的集体谈判代表行事)的推定有效性(在此可参考在注释4就此观点进行论述时所引证的授权文件的内容)。但在多数情况下,授权文件将被作为某种利益的表现形式用来支持一项选举请求,当发生这种情形时,如前声明还能作为判定这类授权文件的确定特征吗?的确,在吉赛尔案(见前文362页)和菩提原木公司案(见前文370页)之后,一名之前并未同意信守某"文件审核"协议的雇主将能够坚持推进选举而全然不考虑出示的授权文件或其他有关已获得多数支持的证据。在本文中,我们能否假定愿意以必要时进行集体谈判为目的对工会作出授权的雇员也是支持工会提出的"给雇员一个机会以改变他/她在秘密无记名投票选举中作出的决定"这一请求的,如此我们可否假定"最好的也就是包含的最少的"?

2. 打断就组织者陈述展开的问询? 你理解为什么法庭试图打断就组织者为取得文件签名到底说了些什么以及在签署文件时雇员们都了解些什么等话题展开的询问吗?法庭声称:所涉下列陈述没有一项对某一单一目的授权文件的效力起到了削弱作用:"(1)文件将被用于获得推选;(2)即使他签署了文件,他仍旧有权投票;(3)除了向委员会出示以获得推选外,文件将会予以保密,不会向其他任何人出示。"这些陈述与授权文件的文本内容是否具有表面一致性了?一个相当于普通标准的雇员是否能了解,存在即使没有一场推选会曾召开过,但他已经作出对工会作为谈判代表的授权的一类情形？在"文件审核"协议的全文中，并没有表述显示协议双方意欲诉诸全国劳动关系委员会的推选程序，那么委员会是否应该要求授权文件作出明确的声明：如果工会能够获得来自多数雇员的签名，推选会就不会被召开？法庭在萨维尔案（*Savair*）（见前文353页）中提出的几个需要关注的事项是否在此处同样适用？

3. 对一个以上的工会签署授权卡的行为。如果雇员还签署了文件对另一个工会予以支持的话，委员会就不会将雇员为涉诉工会签署的授权文件作为已获得多数支持的证据加以认定。见休蒙·德伍诉国家劳动关系委员会案〔Human Dev. Ass'n v. NLRB, 937 F. 2d 657（D. C. Cir. 1991）〕。然而，如果雇员对涉诉工会作出的授权文件对为竞争方工会签署的文件予以否认的话，委员会将会承认这一类授权文件的效力。见退休成人之家案〔Wavecrest Home for Adults, 217 N. L. R. B. 227（1975）〕。

4. 授权撤销期间？为了缓释对"雇员是否真正了解他们签署的是什么"这一问题的担忧并且提供给雇员一个机会去互相讨论特定组织行动的价值，就委员会而言，如果它能作出一项规定，明确雇员必须被给予特定的间隔期间，而在此期间他们可以自主决定是否撤销之前的授权，如此是否更令人满意了？

2. 确认时的多数身份要求

在建筑行业以外，只有在工会是一个适格单位中多数雇员的代表时，雇主一方才会认可工会并将其视为雇员的唯一谈判代表与之进行谈判。在第四章中，我们仔细分析了第8条（a）（2）在整个法律体系中的作用及它对雇主、雇员间沟通方式的影响，接下来的案例将告诉我们：第8条（a）（2）针对雇主一方与劳工组织的关系，即使是其与一个完全独立的劳工组织的关系也施加了强有力的管制。

国际女式服装工人联盟(伯恩哈德－阿尔特曼)诉国家劳动关系委员会案

International Ladies' Garment Workers Union(Bernhard-Altmann) v. NLRB
366 U.S. 731(1961)

克拉克法官:我们被要求去决定……若雇主和工会参与达成的协议项下的内容明确表示雇主认可工会作为他的某些雇员的唯一谈判代表,即使事实上这些雇员中只有少数对工会代表其利益行事作出了授权,那么这种协议行为是否构成不当劳动行为。委员会发现:即使从善意信念出发确认工会获得了一个适格谈判单位中多数雇员的准许进而展开工会代表资格的确认程序,雇主方仍会违反第 8 条(a)(1)的规定对其雇员组织权利的实现施加妨碍……。委员会还发现这种确认也违反了第 8 条(a)(2)的相关规定,构成了对一个劳工组织的不合法支持。另外,委员会发现工会在其事实上未能获得多数雇员支持的情况下接受独家谈判权的行为也违反了第 8 条(b)(1)(A)的规定,并且不论其行为所依据的真实信念善意与否。相应地,委员会将责令停止该不当劳动行为并主持召开代表推选程序。上诉法庭亦依据一次分散投票的结果判决确认执行委员会的这一指令……。对于委员会和上诉法庭确立的前述资格确认程序的开展和工会对授权的接受构成了不当劳动行为的意见,我们表示同意并认为他们提供的救济措施是适当的。

1956 年 10 月,工会请求方在德州圣安东尼奥的伯恩哈德-阿尔特曼德州公司的针织制造厂发起了一场组织活动,当时没有其他劳工组织参与。1957 年 7 月 29 日,在这场活动过程中,该公司几个高端部门的员工开始罢工以示对工资遭到削减的抗议。然而,那场冲突和工会运动没有丝毫联系,并且工会的组织工作在罢工期间一直在持续。参与罢工的员工中有一部分在工会征集授权卡的活动中曾签署过授权文件,工会即在罢工进行过程中进入了与雇主方谈判的历程。谈判由双方在总公司的所在地——纽约市举行并取得了一些成果。1957 年 8 月 30 日,雇主方与工会签署了一份"谅解备忘录",在这份备忘录中,公司认可工会作为"所有生产和运输员工"的唯一谈判代表,工会代表则主张:工会将其持有的雇员授权文件与公司拥有的代表公司的适格雇员的数量进行的比对结果表明工会事实上已经获得了来自该单位多数雇员的授权文件。雇主方和工会在当时均没有比照雇员名册对工会所拥有的授权文件予以审核,此外也没有用别的办法去确定地查明工会的主张(该主张随后被委员会查明是错误的)是建立在事实的基础上而非基于任何善意推定作出。这份协议未包含与工会保障规定有关的内容,协议要求结束罢工、提高部分工资和某些其他的劳动条件,协议还规定"一份包含上述条款的正式协议将被立刻起草……。并将在之后的两周内交双方签署"。

此后,在1957年10月10日这天,一份包含8月30日备忘录相关条款的正式集体协议被双方签署……。从正式协议签署时起,工会即在事实上代表着一个适格谈判单位中的明确多数雇员,这一认识的正确性是无须异议的。在认可事务总长针对雇主方和工会提出的控诉时,委员会判定:在"谅解备忘录"签署当日这一关键日期雇主方善意地相信工会在事实上代表着该单位的多数雇员并不构成有效抗辩。"尤其是如本案所表现,在公司未比照它的发薪名册记录对授权文件的审核作出任何尝试或努力的情形下。"(122 N. L. R. B. 1289,1292)注意到工会"在此种确认程序被获准时是积极寻求确认的",并且"对于公司赐予的这一未经请求的礼物而言,工会(不)是一个消极的接受者",委员会发现工会对8月30日达成的协议予以执行的行为是对未作出同意表示的多数雇员的组织权利和谈判权的一次"直接剥夺"。相应地,委员会指令雇主拒绝对工会作出任何确认并且停止施行其与工会之间签订的协议;工会被指令停止以任何雇员的谈判代表身份行事直到其在一场委员会主导的推选活动证实了它的多数支持身份,并且被指令不得为执行之前签订的协议作出任何努力。

就像与我们的决定不存在任何关联似地,我们在一开始就否决了"从正式协议的实施之日——10月10日起,请求工会即代表着雇员多数"这一事实。正如上诉法庭所指明的:1957年8月30日作出的对代表少数雇员工会的确认是"对多数雇员所享有的不被损害的'选择他们自己的代表'这一权利予以剥夺的既成事实"(280 F.2d, at 621)。因此，如果请求工会曾在授权征集期间有过不合法的行为，那么截至10月10日它可能已经获得了充分多数授权的事实将不再具有决定意义。的确，这种多数身份的获得本身即会表明借助8月30日协议获得的确认提供给了请求工会一个欺诈性的授权伪装，利用这一伪装工会将令人信服地获得更多雇员的支持……

在雇员对谈判代表的选择上，《华格纳法》第9条(a)保证他们进行选择和多数治理的自由……。简言之，一如我们在布鲁克斯诉劳动委员会一案(Brooks v. Labor Board, 348 U.S. 96, 103)中所说的，法案将"一个未作出同意表示的少数团体置于由员工多数推选出的代理人的谈判责任之下"，然而，此处，相反的做法已经表明事实就是这样的。伯恩哈德-阿尔特曼认可了一个由其雇员少数推选的代理人的独家谈判代表身份，从而工会在形式上是可以以未作出同意表示的多数雇员的代表身份行事的。法案第7条并不存在明确文字删减，该条款明确表明对雇员享有的"通过他们自己选择的代表进行集体谈判"和"避免这种活动"的权利予以保障，无须进一步论证，它即表明目前发现的雇主活动违反了第8条(a)(1)的规定……。法案第8条(a)(2)将雇主对此类劳工组织的"继续……支持"认定为不当劳动行为。确认一个仅具有少数支持地位的工会享有独家谈判代表身份构成对法案前述部分的违反而应被认定为非法支持行为，因为工会热衷的是被给予"在争取雇员支持方面较之任何其他方的显著优势"。劳动委员会诉宾夕法尼亚长途客运公司案(Labor Board v. Pennsylvania Greyhound Lines, 303 U.S. 261, 267)。在《塔夫脱-哈特莱法》中，国会在《华格纳法》的基础上添加了第8条(b)(1)(A)，以禁止工会以与第8条(a)(1)所禁止的雇主行为相近的行为方式侵犯第7条项下雇员的权利，一如上诉法院所支持的(280 F.2d, at 620)。这表明国会意欲就侵犯雇员权利的事项施加给工会一定的限制，而这一限制与《华格纳法》所施加给雇主的是相同的。

当不再就请求工会在谅解协议签署日这一关键日期的多数身份事实进

行争论时,请求工会坚称:有关其多数身份的问题,不管是伯恩哈德-阿尔特曼公司的主观意图还是它自身的善意信念都构成一个完整的抗辩。《塔夫脱-哈特莱法》的前提是它的禁止性规定将对雇员在推选他们的代表方面所享有的选择和多数治理的自由更进一步地加以保障,而认可前述抗辩理由将纵容粗心的雇主和掌握权力的工会彻底阻止雇员们被法案这一前提所保障的权利的实现。① 我们没有发现相关法律文本规定应将"知情"视为此处提及的不当劳动行为的构成要素之一。此处,前述非法支持行为是一个既成的事实,无须讳言,即使存在任何的误解,雇员的权利已经被侵犯了,这意味着禁止性行为不能因为能够证明是出于善意而被免责。

  这一判决结果……并没有给雇主和工会带来特别的困难,它仅仅要求在委员会就一个代表的多数推选活动的选举结果加以引导前,确认请求都应被拒绝。正如我们可以从雇主方抵制这一判决结果执行的努力所遭遇的失败中推断出的,此处委员会的指令显然会同样起到阻碍这一判决生效的微弱效力。请求工会担心实施这种违法行为终会破坏协议关系,或者终将严重妨碍集体谈判的进程,对此我们并不同意。工会自身往往仅在谨慎估算后即提出某些权利主张,如果雇主采取合理的步骤去证实工会的权利主张(这也正是伯恩哈德-阿尔特曼公司和请求工会在这里没有做到的),他就能轻易地查明工会权利主张的有效性,继而排除委员会推选程序的启动。要求谈判者负责、审慎,例如,设置交叉审核程序,由分析能力好的雇主对工会列出的授权文件予以记录,我们并没有发现这种要求给雇主和工会带来了繁重的负担。个体雇员的权利以及集体雇员的权利将不会被践踏仅仅是因为避免这样做不方便。此外,违法行为没有被施加惩罚。假设一方雇主出于善意接受或是拒绝了工会多数身份代表的权利主张,他针对工会获得的授权的效力作出的决定将在一个不当劳动行为之诉中被查证。如果它被发现在开展确认程序或拒绝开展确认程序的任何环节存在过失,将只会被

---

  ① 11. 尽管我们的主张并不重要,但是我们注意到:在决定请求工会是否事实上代表着多数雇员这一问题时,法庭并没有做出合理的努力。

置于一个救济指令之下,该指令责令他端正行为以符合法案阐述的规则的要求,而没有进一步的惩罚,这正是此处的案例所揭示的。我们相信委员会做出的救济指令在解决这种案例时是适当的……

[道格拉斯法官的观点,也为布莱克法官所同意,意见相左的部分此处略去未谈。]

注释和问题

1. 事前授权与事后授权? 较之工会在被确认资格期间所获得的支持水平而言,服装工人从他们与公司签订的谈判协议之日起即获得了一个表达雇员真实意愿的更好途径,对于这一观点为什么大多数并不赞同?就工会能够为他们做些什么,雇员在哪个方面了解得更多?如果集体谈判协议在稍后的日期生效,委员会作出的"停止资格确认程序"的指令体现出的劳工法的目的又是怎样的了?如果我们担心雇主借助自愿认可程序和合作谈判方式对特定工会予以偏袒,为什么我们不担心这种偏袒是以工会证明其获得了多数支持身份而展开行动的呢?

2. 退出规则与进入规则? 对少数代表工会资格确认的担忧是源于对公司偏好的工会可能抢先行动以取得独立工会地位的恐惧吗?还是主要是雇员在对现任工会的解散和撤销授权过程中所面临的困难的产物?(见前389—404页)如果是后者,比起在初步确认阶段消除雇主的偏好主义而言,减少对撤销授权的限制这一方式是不是更好?因为有提议称要修改劳工立法以允许雇主和工会就雇佣前协议进行谈判并且添加协议对资格确认——这一较之多数身份证明方式更优的方式的批准,这一协议还会规定委员会将在前述资格确认程序开展后的一年内启动一场秘密无记名投票的授权活动。见萨缪尔·艾斯托伊克:《双赢劳动法改革》,载于《劳动法杂志》第10卷(1994),第667、668—674页[Samuel Estreicher, Win-Win Labor Law Reform, 10 Lab. Law. 667, 668－674(1994)];《劳动法改革》,同前,42—43页。另见前290页注解5,306页注解4(有关法律条款增订的讨论);前

387—388页注解5和后文420页相关内容(对"预雇佣"合同的讨论)。

3. 主动认可的限制。假设雇主基于出示的授权文件自愿地对工会的代表资格作出确认,进一步假设:雇主在一周后收到一封由他的大多数雇员所签署的否认工会代表身份的信函,如此,雇主是否能够收回确认表示? 如果不能,应该在多长期限内要求予以确认或者与工会进行谈判? 为了提供给已获合法确认的工会一个基于其代表权就颇具自由度和挑战性的合同进行谈判的机会,委员会长期以来均支持:主动认可程序针对推选活动的进行和确认表示的收回都应确立"合理的时间"限制。见凯勒东方塑料公司案[Keller Plastics Eastern, 157 N. L. R. B. 583, 587(1966)]。此即适用于凯勒东方塑料公司案件的一个有趣论证,在这一案件中雇员在文件计数仲裁方(该仲裁方由双方指定)结束他的文件审核程序后、确认程序开始前,即提交了一份反对工会代表身份的请愿书。见西雅图海员棒球俱乐部案[Baseball Club of Seattle Mariners, 335 N. L. R. B. 563(2001)]。

这一"确认限制"方针是《国家劳动关系法》所要求的吗? 为了推动推选偏好政策的贯彻实施,委员会是否可以裁定已获自愿认可的工会:(a)仅仅享有维持其多数代表身份的一个可反驳的推定权,直到他们达成集体谈判协议;或者(b)直到他们达成集体谈判协议止不享有任何的推定权利? 是否这两种定位中的某一种与国家劳动关系委员会着力推进的其他政策相冲突?

这一确认限制是否应该适用于工会通过直接认可程序获得谈判权但却更多依照文件审核协议行事的一类案件? 见达纳公司与曼特达因公司案[Dana Corp. and Metaldyne, 341 N. L. R. B. 1283(2004)]。委员会在两个案件中批准了审查请求以决定确认限制是否应该适用于文件审核协议文本中:

> 我们承认目前存在的先例,但这一先例是基于单位多数雇员签署的授权文件作出的,这些授权文件是工会在与雇主方展开协商前即获

得的,在这前面提及的两个现行案件中,工会和雇主在获得证明多数身份的授权文件之前即达成了协议。此外,我们相信劳动关系环境下不断变化着的条件有时会使得对现存理论的重新审查成为必要。正如我们的同事所承认的,发生在这里的变化是——自愿认可程序的适用在近几年有所增长。尽管在这里协议的任何一方都没有质疑自愿认可程序的合法性,事实是秘密的无记名投票推选程序仍旧是解决雇员是否希望工会代表的最好方式……

雷伯曼和沃尔什对该指令提出了异议:

主动认可程序——以及包含在该程序中的对在资格确认程序之后、董事会推选程序之前针对工会代表权提出的异议采取的暂时限制措施,长期以来都是"国家劳工政策所偏好的一个要素"。最近几年,美国劳工联盟凭借其获得的来自雇主方的自愿认可在组织雇员方面表现得越来越成功……。令人费解的是,今天,我们的同僚们在此案中竟准予进行审查,这给自愿认可程序罩上了一层阴影。

我们的同僚所依据的事实是:在工会获得单位雇员多数所签署的授权文件前,雇主和工会就签订了文件审核协议;我们的同僚们声称:委员会确立的先例是以工会在签订"雇主将根据多数身份证明自愿认可工会的代表资格"这一协议之前即获得的单位雇员多数所签署的授权文件为基础的。然而,事实并非如此。

首先,委员会已经将"确认限制"措施应用到了和当前这个案件类似的其他案件中,在这些案件中,无一例外地雇主和工会均提前(在工会获得多数支持之前)即达成协议,该协议称:双方将把一个中立的第三方视为决定工会多数支持的途径并通过这一途径对文件审核程序加以适用,如果文件审核程序能够证明存在多数支持,雇主方将自愿认可工会的代表资格。

其次,尽管在先前的一些决策中,工会确实在与雇主方签订一份文件审核协议前即事实上获得了由单位雇员多数所签署的授权文件,但此类决策中却没有迹象表明这一事实对确定"确认限制"措施是否应当适用起到了决定作用……

"确认限制"措施不只是一个已被定论的原则,也是实现法案所追求的工业和平与劳工管理关系稳定这一方针的必要机制。工会与雇主新关系确立的初期对所有关系方而言都是充满不确定性的一段时间……。双方需要机会去学习如何高效地处理彼此之间的关系,同时雇员也需要机会去确定工会是否能够有效地代表他们行事……

事务总长在达纳-曼特达因公司一案(Dana-Metaldyne)中对委员会作出的指示将修改凯勒东方塑料公司案(Keller Plastics)的做法,该指示称应允许雇员自自愿认可作出之日起21天内对有迹象表明未给予工会足够支持的50%的单位进行签名收集,允许雇员自自愿认可作出之日起30天内提交撤销请愿书。通过建议设置这一短暂的间隔期,事务总长试图"将借助请愿书呼吁对工会在资格确认期间或该期间前后的多数支持身份的有效性展开问询的可能性最大化,允许积极削弱工会的有效多数支持身份",但却没有为该行为提供太多的时间。根据这一建议,雇员将被给予自愿认可的书面告示。见前达纳-曼特达因一案,事务总长的临时顾问机构,第12—14页(Amicus Br. of General Counsel, pp. 12–14, Dana-Metaldyne)。

4. 以在后的多数支持为条件的确认? 在伯恩哈德-阿尔特曼案(Bernhard-Altmann)中,如果雇主对工会的资格确认明显是以工会后来作出的多数支持证明为条件的,法庭是否将作出不同的判决?这样做是否会消除或者削弱困扰法庭的"授权的欺诈伪装效果"?参见大华织造公司案[Majestic Weaving, 147 N. L. R. B. 859, 859–860(1964), enforcement denied on other grounds, 355 F. 2d 854(2d Cir. 1966)]。

……在1963年4月26日合同签订时,地方815工会获得的多数支持即为一个补缺多数。至合同签订时止已获签署的所有授权文件都是通过菲尔特(Felter)的努力获得的,菲尔特在最初招聘的关键时期……。其行为对将被雇佣的普通工人而言确实起到了带头作用,并且他的组织工作也获得了来自[雇主方]的协作。

此外,尽管地方815工会当时仅代表着少数工人,雇主方在此期间仍将该工会视为其雇员的唯一代表而与之展开了谈判……。正如最高法院在伯恩哈德-阿尔特曼案中所阐明的,法案9(a)部分"保障雇员进行自由选择和多数治理"。法院也注意到:较之给予某代表独家谈判代表身份以使其行为影响到未作出同意表示的多数,有关雇员权利的第7条的相关表述"不存在明显的内容删减"。这也正是雇主方在这里所做的,事实也就是:后期获得的多数支持决定着与地方815工会达成的协议在最终商定事项上的实际签名,然而这一事实却无关紧要。在伯恩哈德-阿尔特曼案中,一份没有工会保障条款的过渡协议是过早授予工会不正当独家谈判代表身份的媒介因素……;在本案中,方式是在达成一份口头确认协议之后即启动合同谈判。至于对雇员权利的影响,我们并没有发现两者有何不同。相应地,我们认为:雇主方与一个非多数代表工会进行的合同谈判构成了法案第8条(a)(2)所指的非法支持行为。

法院认为菲尔特的组织活动并非是代表雇主的利益进行的,但是因为缺乏重要证据证明该活动构成对第8条(a)(2)的违反,第二巡回法庭拒绝就菲尔特的组织活动予以承认。它还拒绝执行判决,因为委员会宣布了一项新规则——仅基于存在与一个非多数代表工会展开谈判的事实即认定构成非法支持——尚需要对委员会先前确立的朱莉叶斯公司案先例[Julius Resnick, Inc., 86 N.L.R.B. 38(1949)]予以推翻,既没有在进行组织活动时制定相关规则,也没有向雇主提供适当的告示,而根据事务总长提出的控诉,它将会这样行事(355 F.2d at 859-862)。这使我们记起最高法院在贝尔航空公司案(*Bell Aerospace*,见前文119页)的做法——否决第二巡回法庭在之后的一个案件中为迫使委员会在改变委员会先前确立的法律时参与规则制订而做出的努力。

委员会的做法适当吗？正如它随后所声明的："在合同签署之前即使是基于已获得的多数支持与工会展开谈判，独家谈判代表身份的过早确认和正式确认一样都会对雇员权利产生不利影响。"[29 N. L. R. B. Ann. Rep. 69(1964)](关于大华织造公司案规则的分析)。"双方没有向雇员说明他们就相关条款展开的谈判是以工会获得多数支持为明确条件的，同时雇员可以以拒绝向工会提供支持的方式表达他们对谈判条款的不满"，这是大华织造公司案涉及的问题吗？通过秘密无记名推选程序中提供给雇员机会以使得他们可以投票反对谈判代表以及由该代表参与协定的条款，如此是否能够解决问题了？

5. 框架协议：在获得多数支持前进行确认或者为以后可能进行的确认和谈判确立指导方针？ 如果雇员对某个集体谈判代表作出了授权，工会和雇主方可以在工会组织中设定规范他们之间关系的一般原则，伯恩哈德-阿尔特曼案或者更确切地说，大华织造公司案是否为这种工会组织的更少对抗性途径设置了不良障碍？在雇员对是否签署授权文件作出决定时，该途径会为其提供一些他们目前缺少的信息，在雇主就允许文件审核而不是打击组织活动这一解决途径的意义进行估量时，这种途径还会提供给他们一个判断依据。见乔纳森·P. 西亚特与克莱格·贝克：《论坛：〈国家劳动关系法〉是否应当废止？：对丹林教授的回应》，载于《伯克利雇佣与劳动法杂志》第 26 卷(2005)，第 293 页[Jonathan P. Hiatt & Craig Becker, Forum: At 70, Should the National Labor Relations Act be Retired?: A Response to Professor Dannin, 26 *Berkeley J. Emp. & Lab. L.* 293(2005)]；萨缪尔·艾斯托伊克，《合同自由和劳动法的改革：增值工会主义可能性的开启》，载于《纽约大学法律评论》第 71 卷(1996)，第 835—836 页[Samuel Estreicher, Freedom of Contract and Labor Law Reform: Opening Up the Possibilities for Valued-Added Unionism, 71 *N. Y. U. L. Rev.* 827, 835–836(1996)]。

在达纳公司案中，委员会正考虑一个案件，在该被考虑的案件中，双方围绕一份涉及对雇主设立于某些非工会工厂的组织进行管理的框架性"协议函"展开了谈判，而谈判双方均已在全国各地的多家工厂建立起了稳定的集体谈判关系。事务总长没有对文件审核和中立规定提出异议，而是针对"协议函"第4条提出了控诉，因为该条款"规定了在工会获得作为雇主方某些雇员的独家谈判代表的多数身份前应以集体谈判的方式就劳动条款和条件展开协商"。第4条明确表明适用于"以多数身份证明为依据"的情形，并以通用语言就某些实质议题阐明了指引未来谈判的原则：

> 为了更为合理地促进工会行动的成功、增进工会职能的发展，依照本函展开谈判的劳动合同应当包含下列条件：
> 能反应供方行业及其产品所面临的竞争情况的医疗费用；
> 最小分类；
> 以团队为基础的方法；
> 生产率和质量维护的重要性；
> 达纳的创意方案（平均每月两个创意以及80%的落实率）；
> 持续改进；
> 灵活补偿；
> 必要时（在准予自愿加班仍劳力不足时）可强制加班以满足客户需求。

达纳公司案[Dana Corporation, 2005 NLRB LEXIS 174, *5(ALJ Op. April 11, 2005)]。双方还同意当他们不能基于出示的某特定工厂的雇员签署的多数授权文件自行达成首份协议时，可以提交仲裁方进行利益审核。委员会应该怎么规制？

6. 建筑业的"预雇佣"（雇佣前）合同。增订于1959年的法案第8条(f)准予主要从事于建筑和建造业的雇主们与一个独立工会（即该工会没

第六章 在国家劳动关系委员会的推选程序之外取得谈判权 527

有其他的雇主支持),在该工会就其已获得多数支持作出证明之前即签订集体谈判协议。此类协议还会要求雇员在被雇佣后的七天内取得工会会员身份。见后文970—980页[对第8条(a)(3)规定的条件进行的讨论:准予协议要求在被雇佣后的30天内获得工会会员资格或者其财力支持]。然而,第8条(f)进一步规定:此类雇佣前协议不得用来限制有关代表资格的请求(或是撤销授权的请求)。之所以给予建筑业这一特殊待遇是因为此行业中大部分工作的工期都很短并且工会职介所在这一行业使用普遍。

注释:克罗格案的"嗣后取得"工厂理论

为了使集体协议的效力自动扩展到新工厂,前提是只要能证明工会在受该协议效力影响的雇员中获得了多数支持,委员会认为集体谈判协议的双方可以合法有效地同意"新工厂"或者"嗣后取得的工厂"条款。克罗格公司案[Kroger Co., 219 N. L. R. B. 388(1987)]。工会是否会坚称这一扩展往往是在工会组织活动中涉及的问题。前329页注释3已讨论,见皇冠软木密封公司诉国家劳动关系委员会案[Crown Cork & Seal Co. v. NLRB, 36 F. 3d 1130(D. C. Cir. 1994)]。

即使是双方没有明确地基于多数支持证明将集体协议扩展适用于新工厂的员工,委员会也会将这一扩展适用效力作为协议所涉的一个法律问题加以解释。见克罗格案,前述(多数身份的暗示取决于双方希望协议是合法的这一假设);哈特公司案[Harte & Co., 278 N. L. R. B. 947(1986)]。鉴于雇员从旧工厂向新工厂搬迁的可能性,当雇主决定将生产作业从工会化工厂移到新工厂,甚至在招聘员工前即作出这一决定时,雇主会在新工厂对工会进行确认。

2004年委员会表示他将重新考虑克罗格理论。肖式超市案[Shaw's Supermarkts, 343 N. L. R. B. No. 105(Dec. 8, 2004)](裁定准予审查):

本案涉及的争议有:

(1)雇主是否清楚且明白无误地宣布放弃其享有的请求委员会召

开推选程序的权利;

(2)如果是,公共政策原因是否优于雇主作出的"不要推选"表示这一私人化协议?

我们不在这一阶段解决这些问题。我们只是指明这些争议值得审视……

关于第一个争议点,条款规定当多数雇员已授权工会代表他们行事时,雇主将认可该工会并且遵守合同。该条款并没涉及诸如什么是适格单位或者谁是合格雇员之类的问题。例如,适格单位是一个"整个的"单位吗?如果有部门,那么什么部门应被排除在外?相反,克罗格案所涉及的条款规定得完全不同,这些条款中有一项明确被限定仅适用于"肉食部门"的员工,而其他条款则明确排除肉食部门。因此,关于条款的适用范围也就不存在争议。法庭和委员会认定克罗格案中的协议用语是表述清楚的,但这并不意味着所有这类条款都是表述清楚的。双方之间的协议事实上是明确的,事实仅仅是在特定情形下某一条款被视为是表述清楚且意义明确,并不意味着在另一案件中的条款(即使文字表述极为相似)也是清楚明确的。通过再审与听证,我们仅愿意采信关于即时条款①意义的证据。进一步探讨第二个问题,我们有一些政策关于雇主是否能够放弃雇员在委员会选举中的基本权利。委员会选举机制是解决雇员是否意愿选举工会代表的优先办法,这一点是很清楚的。我们认为,在现有法律规定中,雇主能够根据授权卡自愿确认一个工会,这样的确认能够排除雇员在合理的时间内诉诸选举机制。然而,在达纳-曼特达因公司案中,我们已经同意重新考虑这一点。这是我们必须做的。

---

① 1.新单位极有可能与现有工厂的工会一样,可能每一个新单位都是原有的复制,因此在一个工厂中的适格单位在另一个中也适格。然而,由于没有参与庭审,我们不知晓这些事实。正如以下将会探讨的,单位以及适格性的问题应由委员会来决定……

如果克罗格理论允许对委员会法的偏离,是否意味着它也允许双方在适用于新工厂的主要协议中做出偏离法律的约定?必须考虑下列事实:通用公司决定在田纳西州开设一个采用新生产程序的汽车制造厂。通用与在他的其他工厂中代表大部分工人的美国汽车工人联合会(UAW)达成协议,保证新的工厂将会在通用和美国汽车工人联合会(GM-UAW)的谈判单位中雇佣符合条件的工人。合同同时也声明,通用将确认美国汽车工人联合会作为新工厂里工人的代表,但是,合同包含了一个与通用汽车公司和美国汽车工人联合会之间的全国性协议非常不同的条款,包括:在公司在监督和管理决定中,工会通过"共决"结构的参与;在工作分配和假期安排中没有资历条款;缺少关于合同终止期的约定。

这个协议违反了第8条(a)(2)的规定吗?国家劳动关系委员会事务总长拒绝本案中的原告,依据克罗格理论以及在萨同(Saturn)工厂的雇员全部是从通用其他工厂下岗的美国汽车工人联合会的雇员。参见国家劳动关系委员会总顾问事务总长办公室,1986 GCM LEXIS 112(报告日期,1986年6月2号)。如果你正在为国家劳动关系委员会事务总长提供咨询,你将提供什么建议?

后协议授权选举? 如果合同方给受影响的雇员匿名投票的机会,来决定是否授权参加谈判机构及协议,伯恩哈德—阿尔特曼和大华织造公司案就此是否会体现出不同的结果?克罗格理论以及萨同决定的可接受性将会被授权选举的条款推动吗?参见萨缪尔·艾斯托伊克:《工会民主的去管制》,载于《哥伦比亚商业法律评论》(2000),第501页(Samuel Estreicher, Deregulating Union Democracy, 2000 Colum. Bus. L. Rev. 501)。要求授权选举是否会阻碍雇主或工会达成这种协议?如果是,影响大吗?

3. 雇主中立原则

布吕克纳私人疗养院案

Bruckner Nursing Home

262 N. L. R. B. 955(1982)

1974年春,美国劳工联合会—产业组织联合会的宾馆、医院私人疗养院以及联合健康服务机构工会地方144号工会(S.E.I.U.,AFL-CIO,以下简称地方144号工会),以及地方1115号工会、联合委员会、私人疗养院以及医院雇员分会(以下简称地方1115号工会),在被告纽约州纽约市的私人疗养院雇主的场所内开始了组织性的活动。在1974年9月上旬,地方144号工会通知雇主其拥有签名授权卡的大多数,并且授权卡已经载明了计票日期。随即,地方1115号工会给雇主发送了一封电报,表明其在雇主的雇员中从事了组织性活动,雇主不应当再确认其他劳工组织。1974年9月23日,地方1115号工会针对雇主以及地方144号工会提出申诉,声称他们干涉雇员选举工会的权利,违反了第8条(a)(1)以及第8条(b)(1)(A)。

计票在1974年9月27日由纽约州工业及劳动关系学校的专家执行。随后,该专家告知了雇主,地方144号工会代表了它的雇员的大多数。地方144号工会随后要求进行协商,但雇主拒绝了由地方1115工会提起的不当劳动行为申诉的待决结果。

1974年11月29日,地方1115号工会提出的不当劳动行为的申诉被地区主任驳回。在地方144号工会以及雇主之间的协商随后开展,1974年12月18日达成了相应的集体谈判协议。地方1115号工会随后在1975年3月7日提出对此过程的申诉。

1974年9月27日,计票日期当日,被告雇主雇佣了近125人。当时,地方1115号工会有2份授权卡,而地方144号工会拥有雇主80%—90%雇员的授权卡。在此过程中,两者都没有发起代表性的请愿活动。

依据上述事实,行政法官发现得益于地方1115号工会在1974年秋季为获得雇员支持所作出的持续努力,它在这里享有一个"表面可靠"的代表权主张,委员会还发现如下事实:它实际只获得了少量的授权卡。行政法官进而认为:"在有关代表权的真实问题还没有通过法案的特别程序予以解决的情况下,雇主方凭借签署集体谈判协议"向地方144号工会提供了非法支持,这一行为违反了法案第8条(a)(2)的规定。行政法官责令雇主方停止实施与地方144号工会达成的集体谈判协议,并进一步责令其撤回并保留对地方144号工会作出的资格确认,除非或是直到它在一场委员会启动的推选程序中获得认可,委员会的这一做法已成为此类型案件的一种标准救济措施。

在这个案件以及一个同类案件——RCA加勒比公司案(主席凡·德·瓦特与委员詹金斯异议)[RCA del Caribe, Inc., 262 N.L.R.B. No. 116 (1982)]中,我们对史称的中西部管道案的原则[the Midwest Piping doctrine, Midwest Piping and Supply Co., Inc., 63 N.L.R.B. 1060(1945)],重新进行了评估,这一规则已经以这样或那样的形式在35年多的时间里演变成了委员会法的一部分。在RCA加勒比公司案中,针对雇主方在现任工会受到一个"外来"工会挑战的情形下提出的中立要求,我们提议了一项新政策。在本案中,我们将重点关注涉及两个或更多个竞争工会的最初组织情况。

一如创制之初所体现的,"中西部管道"原则是委员会的一次尝试,旨在确保在存在对手工会的情形下,雇主方不会在委员会启动的推选程序前即通过确认授权程序向争夺独家谈判代表身份的两个甚至更多个工会中的某一个提供援助。在中西部管道案中,委员会发现当雇主方对均提出过代表权请求并且为获得独家谈判代表身份均进行过广泛活动的两个互相竞争的劳工组织中的一个作出确认时,雇主即给予了该劳工组织非法帮助。在那个案件所展现的情境中,我们认为雇主方独揽了有关代表权问题的决议,并且由委员会启动的推选程序是查明雇员真实意愿的"最好"途径。我们进一步指出面对相互竞争的工会(以代表权请求的形式)提出的互相对立的权利主张,雇主方应该遵循一个严格中立的程序直到"有关代表权的真实问题"通过委员会启动的推选机制得到了解决……

在随后作出的裁决中,委员会放弃了对一项被实际提出的代表权请求的要求,声称对涉及代表权这一"真实"或"真正"问题的调查结果而言,请求不是该结果的一个前提。放弃将请求作为前提这一要求部分源于承认存在对手工会竞争的需要，甚至于在委员会的推选程序正式启动前即需要作出这种承认，以此确保那些程序将是可实现的……。我们给"利益"下的定义是："中西部管道"原则作为一个"表面可靠的权利主张"，一个并非"显然不能忍受的"主张，或者说一个非"赤裸裸"的主张，工会必须要触发这一原则的运作……

经常性地扩充"中西部管道"原则将使得一个手握少量授权卡的少数工会对多数工会的资格确认活动进行破坏成为可能，这些少数工会或者投入时间去为自己搜集更多的支持或者只是去挫败它的对手。例如，此处所体现的，其中一个工会享有着压倒性支持而另一个只持有少量授权卡，集体谈判将被推迟直到据第 8 条（a）（2）提起的指控得到解决并且由委员会启动的推选的结果稍后得到认可。发生这一延迟仅仅是因为在依据授权卡对多数工会作出的资格确认中，雇主作出了在对立的权利主张者缺席的情形下它可能做出（但绝不是必须做出）的一些行为。讽刺的是，在这一基于事实根据的情境中，通过宣扬"雇员自由选择权"以使得委员会的介入合法化显然将妨碍、阻挠雇员偏好的表达，同样也将妨碍集体谈判的过程。因为在这里，雇员作出了一个自由的选择，雇主对这一选择也作出确认，这一选择的最终目的——建立一种集体谈判关系并由此为各方带来好处——将不能被实现，因为另一个工会拥有着一个"表面可靠"的代表权主张。

同时，巡回法庭拒绝执行我们作出的有关违反"修正的"中西部管道原则的许多决定……

为了在我们的法定职权——对雇员选择他们谈判代表的自由施加保护这一范围内谋求与上诉法院观点的契合，也为了与我们鼓励集体谈判的法定职责相协调，我们已经依据中西部管道原则对委员会的经历进行了审查。一项规则的形成要求在工业现实的情况下给予各种利益尽可能平等的考量，在确定了这方面的难题后，对规则形成过程中所涉及的政策和法律的各种利益冲突予以调和就是委员会的任务了。我们已经得出结论：这项任务还没有通过修正的中西部管道原则得到实现。相应地，当雇主对一个劳工

第六章　在国家劳动关系委员会的推选程序之外取得谈判权　533

组织——一个代表着未受胁迫、独立多数的组织在一项正当的推选请求经委员会提出前即作出资格确认时,我们将不再会发现存在于竞争工会和最初组织情况中的违反第8条(a)(2)部分的行为。① 然而,一旦被告知某项正当请求,雇主必须克制住自己不对竞争工会中的任何一个作出资格确认。当然,我们将继续及时地处理提出的请求,继续以可能做到的最迅速的方式推进推选,推选将按照我们正常的程序进行并把各方对投票的干涉和在投票上的设置纳入考量范围。

426

为了使得在存在竞争工会情形下强加给雇主的严格中立要求能被接受,使得一个正当请求的提出得以运行,最初组织情况将就指导、鼓励雇员自由选择和工业稳定这两方面确立一个定义明确的规则,基于这个规则,数个相互竞争的劳工组织中的任何一个均不能对哪怕是达到单位30%的支持加以控制,它不会再有机会破坏雇主对另一个代表着未受胁迫的雇员多数的劳工组织作出的资格确认,并因此阻挠集体谈判关系的建立。同样地,雇主不再需要揣测某个有关代表权的真实问题是否被提起,相反,雇主将能够对某个劳工组织作出资格确认,除非它收到了一项适当请求的通知。

另一方面,在某个劳工组织提出了请求的情形下,不管是法案还是我们的行政经验都反映出通过委员会推选程序而不是雇主确认程序解决代表权问题的需求。当工会靠提出的一项正当请求证明自身获得了大量支持,一场积极的争夺战即依靠员工的忠诚而得以存续。竞争工会参与这场争夺战,因为在这场较量中雇主对授权取得的确认可能不适当地影响或者有效地结束劳工组织之间展开的这场竞赛,这场争夺战因而具有特别重要的意义……

除了避免雇主可能造成的潜在不当影响,我们的新方法针对签署双重

---

① 尽管雇主不再会在一项推选请求被提出前对数个竞争工会中的一个作出资格确认而自动违反第8条(a)(2),我们强调因为对一个实际上并未拥有多数雇员支持的劳工组织作出了确认,雇主仍然会被认为是负有法律责任的。国际女装工人工会[伯恩哈德-阿尔特曼德州公司]与国家劳动关系委员会案。这一流行甚久的原则对单一工会组织或竞争工会组织背景都适用,并且这一原则不会被本案宣告的对中西部管道原则进行修正而确立的原则所改变。

授权文件而可能产生的问题提供了一个令人满意的解决方案。我们的经验是：面对来自各个竞争工会的征集请求，雇员将为一个以上的工会频繁地签署授权卡。双重授权卡反应着相互竞争的组织活动。这些授权卡意味着雇员的意见和愿望处在不断的变换状态，它可能表明雇员被两个竞争工会中的任一个代表。在这种情形下，将授权卡作为雇员偏好的推断依据将不是那么可靠。当某个工会基于30%的利益证明提出代表权请求时，竞争工会方出示的多数授权卡上有关"要求通过委员会推选程序解决相互对立的权利主张"这一表述的可靠性足以让人怀疑……

将上述原则适用于本案的相关事实，显然竞争工会的任何一方均没有提出请求，并且在对地方144号工会进行的扩展确认中雇主对拥有明显多数支持的权利主张方作出了资格确认。相应地，由于没有提出相关请求并且对享有一个未受胁迫、独立多数支持的劳工组织进行了资格确认，我们应驳回其全部的现行申诉。

注释和问题

1. 委员会在存在竞争工会情形下的推选偏好政策。 中西部管道案的原则与委员会有关"国会并不坚持将推选作为工会借以获得多数身份的唯一途径"的认识一致吗，即使这一原则在布吕克纳案中得到了些许软化？如果雇主能够依据其多数雇员出具的有效授权卡对工会的独家代表身份进行普遍认可的话，当出现两个工会为了争夺谈判权而展开竞争的情形时，雇主为何不可以那样做了？下面的陈述揭示了形成中西部管道原则的基础性推理，我们研究一下：

> [委员会的]监管性假设，假如是反映了其所积累的专业性经验，其作出是否选择工会化的决定是代表了一种有意的、深刻的且相当固定的立场吗？（在没有雇主的不当劳动行为，在能自由选择的环境下，）一名雇员对两个竞争工会中的一个作出的选择代表着一种相对不稳定、易变的偏好。在存在多个竞争工会活动的场合，即使是最老

第六章 在国家劳动关系委员会的推选程序之外取得谈判权 535

练、最具政治积极性的雇员通常也对工会化表示赞成,他们可能还没有就支持两个工会中的某一个作出坚定的承诺……

……因此,在雇员对一个工会的意向不清楚的情况下,雇主先于推选程序作出的确认很容易引导雇员进行不同的投票……继而如果推选活动没有雇主的介入而顺利继续下去的话,他们将会这样行事……

第二个相关点是,尽管通常未附明文,中西部管道原则的目的是要阻止雇主在存在竞争工会的情形下通过掌控他进行确认的时机对雇员作出的决定进行篡改。如果雇主在对两个竞争工会中的某一个作出确认时享有不加限制的选择自由,他将利用组织活动的过程,如此,他能够"观察雇员波动着的意愿的起起落落"并对"适时更喜欢的工会作出确认"。

萨缪尔·艾斯托伊克,苏珊娜·特耳塞:《一项重建的中西部管道原则:一个有关司法管辖的案件》,载于《劳动法杂志》第36卷(1985),第14、18—19页[Samuel Estreicher & Suzanne Telsey, A Recast Midwest Piping Doctrine: The Case for Judicial Acceptance, 36 *Lab. L. J.* 14, 18－19(1985)](赞同委员会在布吕克纳案中对中西部管道原则作出的修改);另见耶留斯·戈特曼:《中西部管道案的原则:一个有关劳动关系委员会理念重新评估之需的例证》,载于《芝加哥大学法律评论》第292卷(1964),第307—308页[see also Julius Getman, Midwest Piping Doctrine: An Example of the Need for Reappraisal of Labor Board Dogma, 31 *U. Chi. L. Rev.* 292, 307-308(1964)](认为"与雇主的直接偏好陈述相比",对两个竞争工会之一作出的确认不太可能表现出对雇员意愿更多的强制性)。

2. 中西部管道案原则的代价? 中西部管道案本身涉及这样一个背景:竞争工会都提出了推选请求;在这种情形下,雇主被要求保持中立以促使委员会的推选程序完好地进行下去。一如布吕克纳案的商议结果,委员会在随后的案件中扩展了中西部管道案确立原则的内容——甚至在未经资格确认的工会没有提出推选请求的情况下也要求雇主中立。为了理解为什么这种扩展被上诉法庭所否决,需要参考下面的例子:一名雇主有100名生产工人。在12月1日这天,工会A要求雇主召开谈判会议并提供了可经核实的证据证明:60名生产工人已经签署了有效的授权卡。12月3日,B工会提出了比A工会更为积极的谈判要求,B告知雇主在A工会已经为谈判开展活动一个月时,它才刚刚开始筹划且在当时征集到了20名雇员的授权卡,这两个工会均没有提出推选请求。12月4日,雇主对A工会进行了资格确认并于数天内与之签订了一份涉及全部生产工人的三年期合同。雇主是否旨在选择他更偏好的那个工会并阻止组织过程以达到它的最终目的?取用自布吕克纳案的处理方式是否合理,而能够作为"明线规则"以削弱所获支持没有真实依据的竞争工会的能力,从而可以通过提起不当劳动行为的指控拖延集体谈判的召开?考虑到布吕克纳案之前的案件所确立的原则可能已经触发了委员会的阻止指控政策,见前388—389页,因此不仅需要凭借一个多数工会(经出示的有效授权卡证明的)挫败集体谈判而且需要阻止旨在解决谈判权问题的推选程序的召开。上诉法庭普遍认可了布吕克纳案的处理方式。见哈登家庭食物生产公司诉国家劳动关系委员会案[Haddon House Food Prods, Inc. v. NLRB, 764 F.2d 182(3d Cir. 1985)];另见国家劳动关系委员会诉卡茨熟食店案[NLRB v. Katz's Deli, 80 F.3d 755, 768(2d Cir. 1996)]。

3. 中西部管道案和竞争工会对现任工会的挑战。由第二个工会提出的一项有效代表权请求是否应使得雇主停止与现任工会之间的谈判?就克服通常附加给现任工会的持续多数身份推定而言,这种请求是否体现出了充分根据?见前文389—404页。雇主中立原则要求谈判必须停止吗?在此种情境下讨论雇主中立原则是否有意义?如果雇主与旧工会刚刚经谈判达成协议,竞争工会即在代表权推选中获胜,该协议是否应被执行?见RCA加勒比公司案(1982)(主张:仅仅是基于一个竞争工会提出的代表权请求,并不能使雇主停止谈判,并且如果竞争工会赢得了推选的话,在请求提出后达成的任何协议都将是无意义、无效的)。

4. 中西部管道案和授权撤回请求。 委员会曾在一段时期内主张：中西部管道案所确立的中立义务是被一项适时的授权撤销请求触发的。见电报传真公司案[Telautograph Corp., 199 N. L. R. B. 892(1972)]；对乳木果化学品公司案[Shea Chemical Corp., 122 N. L. R. B. 1027(1958)]的否决。该理论认为：雇主和现任工会不应该凭借他们围绕某项有利协议展开的谈判而享有对即将进行的撤回选举的结果施加影响的能力。作为委员会对中西部管道政策进行的再分析的一部分，并且为了与委员会处理竞争工会请求的方式一致，委员会20多年的立场所确立起来的规则是：一项撤回请求不只是不要求暂停雇主与现任工会之间进行的谈判。然而，受列维兹案(*Levitz*)所确认的"多数的实际损失"例外的影响（见前401页），雇主仍旧有义务善意地进行谈判。见梳妆工业公司案[Dresser Indus., Inc., 264 N. L. R. B. 1088(1982)]。

5. 授权卡审核/中立性协议和雇主偏好主义问题。 授权卡审核协议和中立性协议要求的绝大多数覆盖的只是由授权工会进行的活动。雇主给予某个特定工会更有利的待遇这一事实是否违反第8条(a)(2)的规定？雇主承诺依据出示的授权卡对工会作出资格确认或者承诺不举行针对工会的消极竞选是否应被认定为构成第8条(a)(2)所称的对该工会的不法"协助"或不法"支持"？现场是否存在一个竞争工会或者至少存在一个潜在的对手方与此相关吗？委员会是否能够进一步假设：雇主不会将同样的协议扩展适用于其他工会？雇主有被要求主动这样做吗？在工会要求时雇主是否应同意此种扩展适用？

注释：授权卡审核和中立性协议

正如上面所提到的，因对劳动关系委员会的推选程序不满，一些工会作出了大量努力试图通过与承诺愿意依据出示的多数授权卡对其作出资格确认（授权卡审核协议）的目标雇主展开协议谈判以绕过委员会，和/或者试图通过所谓的"中立性协议"对传统的活动规则作出些许修改。参见詹姆斯·J. 布吕得勒:《中立性协议和授权书审核确认:改变中的范式的前景》，载于《爱荷华法律评论》第90卷(2005)，第819页[James J. Brudney, Neutrality Agreements and Card Check Recognition: Prospects for Changing Paradigms, 90 *Iowa L. Rev.* 819(2005)]; 罗杰·C. 哈特勒:《非立法式劳动法改革以及资格确认前的中立协议:最新的民事权利运动》，载于《伯克利雇佣与劳动法杂志》第22卷(2001)，第369页[Roger C. Hartley, Non-Legislative Labor Law Reform and Pre-Recognition Neutrality Agreements: The Newest Civil Rights Movement, 22 *Berk. J. Emp. & Lab. L.* 369(2001)]; 如需对这些进展严格审视，见查尔斯·I. 科和、约瑟夫·E. 圣徒其和乔纳森·C. 福利特:《阻止自身的过时——国家劳动关系委员会是怎样质询有关中立协议的现行法律的》，载于《圣母大学法律评论》第20卷(2006)[Charles I. Cohen, Joseph E. Santucci, Jr. & Jonathan C Frits, Resisting Its Own Obsolescence-How the National Labor Relations Board Is Questioning the Existing Law of Neutrality Agreements, 20 *Notre Dame J. L.*, Ethics & Pub. Pol'y 521(2006)]; 亚乐·B. 曼海姆:《一千次削减的灭亡:企业活动以及对企业的攻击》(2000)[Jarol B. Manheim, *The Death of a Thousand Cuts: Corporate Campaigns and the Attack on the Corporation* (2000)]。一份早期的对这些协议展开的全面实证研究参见E. 伊顿与吉尔·克里斯凯:《中立性授权书审核协议下的工会活动》，载于《劳资关系评论》第55卷，第42页[E. Eaton & Jill Kriesky, Union Organizing Under Neutrality Card Check Agreements, 55 *Indus. & Lab. Rel. Rev.* 42](描述了118份这样的协议)。

1. 协议的内容。 授权卡审核协议自《国家劳动关系法》颁布之日起即开始付诸实践; 一旦雇主或某个中立的第三方证实工会获得了占谈判单位指定百分比的授权卡，协议规定即应给予该工会认可的资格，这一指定百分比从一个简单多数向E. 伊顿与吉尔·克里斯凯例子确定的65%波动。

E.伊顿与吉尔·克里斯凯,同前,48页注解6。"中立性"条款则有着更大的变动幅度。某些协议要求双方均不得作出任何贬损对方的表述,这可能包含对工会予以反对的任何管理性沟通。另一些协议将"中立性"定义为"既不帮助也不妨碍"工会为组织活动而作出的努力。有些协议允许管理层与他的雇员就涉及工会和组织活动的实时信息进行沟通,尽管在一些实例中,只在雇员提出请求时才如此行事。在E.伊顿与吉尔·克里斯凯一例中,四分之三以上的协议都对工会活动的手段设置了限制性条件,例如不仅要求雇主保持其陈述"支持公司",还要求工会只能作出"偏向工会"言论。E.伊顿与吉尔·克里斯凯,47—48页。

比起《国家劳动关系法》所要求的条件,授权卡审核/中立性协议通常也提供给雇员加入工会的更好途径。[回忆一下兰奇米尔案(*Lechmere*),前179页,以及访问雇员选民的材料,前307—317页。]E.伊顿与吉尔·克里斯凯一例中,三分之二的协议都为工会取得雇主财产提供了机会,同时略高于三分之一的协议为其取得雇员花名册提供了早期机会。90%的协议就特定的纠纷解决机制作出了规定——通常是仲裁方式——解决诸如谈判单元的组成或者双方当事人是否遵守了中立性规定之类的任何争议事项。

2. 协议的获得。工会既从那些已经与它们建立了关系的雇主处获得授权卡审核协议或者中立性协议,也从与它们之间不存在这种既有关系的雇主处获得前述协议。在这两种情况下,为什么雇主会同意达成一份授权卡审核协议或中立性协议?与雇主不存在既有关系的工会也许能够利用它们的政治联系获得协议。例如,如果一个工会与市议会结成了联盟,它将有能力使得要求城市承办方或者其他接受公共资金的实体同意依据授权审核对工会作出资格确认的某项立法获得通过。或者,它将有能力组建一个社团领袖联盟(政治家,宗教领袖等)以力促公司签署一份授权卡审核协议或中立性协议。或者在一些案例中,工会采用通常被称作"企业活动"的方式去获得协议——一些消费者和社区对公司产品的联合抵制结合,股东对公司管理层施加压力,充分利用政府监管机构的力量,公司可能需要从这些监管机构处取得许可以建立一个设施或者改变它向公众提供的服务水平或性质。

431 同已经与工会建立了关系的公司间达成的授权卡审核协议或中立性协议是集体谈判程序的结晶。一个工会运用其谈判桌前的经济力量,可能再辅之以政治影响力或企业活动等手段以取得这些协议,这类协议的效力名义上覆盖了目前尚未加入工会组织的公司雇员或将来可能开设或嗣后取得的工厂里的雇员。雇主会对此表示默许以避免受到罢工或企业活动的威胁,或者是作为其正寻求的一个折衷的让步而表示默许。这种协议是"强制性"还是"授权性"的谈判主题? 后文523—524页将讨论这个问题。

3. 协议的效力? E.伊顿与吉尔·克里斯凯的主要结论之一就是:在实现对工会的资格确认方面,授权卡审核协议远比单一的中立性协议更有效果,尤其是在前者由中立性条款加以补充的情况下。他们发现单一的中立性协议下工会组织活动的成功率为46%,一点不比同时期他们在国家劳动关系委员会推选活动中体现出的总成功率高。E.伊顿与吉尔·克里斯凯,同前,51—52页。相反,单一的授权卡审核活动在该时间成功实现了63%的资格确认,带有中立补充条款的授权卡审核协议在该时间实现了78%的确认率,都比在委员会推选程序中取得的工会确认成功率要高。同前,第52页。在提供给委员会雇员花名册的获得机会或者限制选举活动期间的授权卡审核协议下,工会更是在组织活动上表现得相当成功。同前,第53页。

就工会的终极目标——与雇主方围绕集体协议展开谈判而言,在授权卡审核协议和/或中立协议下被成功地组织起来的工会在当时近乎100%地均取得了第一份合同。相反,对工会第一份合同达成的总体成功率展开的研究普遍发现其概率要低得多。见后文第483页(55%—57%的报告率)。这一情形并不具有整体可比性,因为工会可能将某些特定公司设定为其获得授权卡审核协议或中立性协议的目标,在这些公司中他们有着特别的经济力量或是拥有其他影响力能够促使雇主作出让步而和他们达成协议。

4. 协议的执行？ 除了那些已经讨论过的话题外，授权卡审核/中立性协议还提出了一系列有趣而困难的问题。记得即使是在菩提原木案（Linden Lumber）（见前文370页）之后，委员会也没有为了遵守投票或授权卡审核的结果而将推选偏好政策扩展至协议的达成：一名承诺信守投票或授权卡审核结果的雇主却在工会出示作为前提的授权卡后拒绝与之展开谈判，这违反了第8条(a)(5)的规定。见沙利文公司案[Sullivan Elec. Co., 199 N. L. R. B. 809(1972), enforced, 479 F. 2d 1270(6th Cir. 1973)]；洛克威尔国际公司案[Rockwell Intl's Crop., 220 N. L. R. B. 1262(1975)]；肯工业公司案[Cam Indus. Inc., 251 N. L. R. B. 11(1980), enforced, 666 F. 2d 411(9th Cir. 1982)]（见前371—372页）。如果签署授权书审核协议的工会试图退出资格确认程序而代之以向委员会提起推选请求该怎么办？见威宗信息系统案[Veizon Information Systems, 335 N. L. R. B. 558(2001)(petition dismissed)]。委员会也要求雇主信守协议对"嗣后取得"的工厂中的工会作为雇员代表的资格作出确认，以及基于工会的多数支持证明遵守针对他们而订立的集体谈判协议，见克罗格公司案，见前421—422页。作为效力覆盖特定工厂的授权卡审核协议或中立性协议的一部分，如果工会承诺它将不会为组织其他一些工厂的雇员而作出任何尝试，但随后却提出了一项请求意图成为那些雇员的代表，如此该怎么办？委员会是否应该遵从这份协议？见莱克星顿公司案[Lexington Huse, 328 N. L. R. B. 894(1999)]（否决被双方协议明文禁止的请求）。

中立性协议往往禁止雇主参与同"支持雇主"的活动相左的"反工会"活动，这一协议是否与第8条(c)规定的一般劳工政策相冲突？见国际汽车工人联合会诉达纳公司案[Int'l Union, UAW v. Dana Corp., 278 F. 3d 548, 558(6Cirth. 2002)]（反对意见认为仲裁决定执行此类决议违反了第8条(c)表明的联邦劳工政策，因为雇主对中立性条款的同意表示是自愿的）；旅馆雇员，酒店雇员工会地方第2工会诉万豪集团案[Local 2 v. Marriott Crop., 961 F. 2d 1464, 1470 & n.9(9th Cir. 1992)]（法案中没有任何表述"建议雇主不能承诺在某工会的组织活动中保持沉默——这是在没有此类协议的情形下雇主绝对有自由做或不做的一件事情";在(c)部分绝不建议雇主作出的不表达其意见的承诺是不能强制执行的)。

第二节　规制组织活动中和确认时发生的纠察包围

某工会在数个工作场所的组织活动中都被雇主合法或非法的反对所挫败,其领导者能否在他们意图组织起来的工厂周围发动和平的纠察包围,要求对自己作为工厂雇员谈判代表的资格进行确认并以此作为撤除纠察包围的条件？另外,他们能否利用这种纠察包围向雇主施加压力以使其接受授权文件/中立协议？

允许这种纠察包围似乎有悖于法案的规定。如果工会事实上并不拥有工厂多数雇员的支持,雇主对工会的确认将构成对一个少数身份工会的非法支持。因此允许确认时的纠察包围会迫使雇主在承受纠察包围带来的经济损失和违反法案这两者之间作出选择。此外,即使工会确实能提出令人信服的多数支持证据,至少从吉赛尔案和菩提原木案起,委员会和法院对法案的解释均表明:在不存在破坏公平推选条件的独立不当劳动行为时,他们更偏好于将推选作为考察工会支持的手段。

然而《华格纳法》并没有涉及任何工会不当劳动行为,即使是极力保障雇员权利以避免集体谈判而且还描述了一系列工会不当劳动行为的《塔夫脱-哈特莱法》,也明确规定确认时的纠察包围只在另一个工会已经得到委员会认可时才不被允许。见第8条(b)(4)(C)(1947增订)。1957年,委员会对表述笼统的第8条(b)(1)(A)作出了进一步阐述,解释过的该条款被用于禁止确认时少数身份工会发动的纠察包围。见卡车司机工会(柯蒂斯兄弟)案[Teamsters Union(Curtis Bros.), 119 N. L. R. B. 232(1957)]。但这一解释在国家劳动关系委员会诉地方司机工会一案[NLRB v. Drivers

Local No. 639, 362 U. S. 274(1960)]中被最高法院否决了。

然而,1959 年,通过修改《国家劳动关系法》,将第 8 条(b)(7)条款所列作为一种新的工会不当劳动行为纳入其中,国会在《兰德勒姆－格里芬法》对组织活动时和确认时的纠察包围作出了全面表述。这一部分将在下面的案例中得到审查和阐释。

国际建筑工诉地方 840 号工会案(布林纳建筑公司)

International Hod Carrier, Local 840(Blinne Construction)

135 N. L. R. B. 1153(1962), supplementing 130 N. L. R. B. 587(1961)

[1961 年 2 月 20 日,意见分歧的委员会作出最后结论:答辩工会违反了第 8 条(b)(7)(C)的规定。稍后委员会对工会的议案进行了复议。]

……注意到第 8 条(b)(7)项下数个条款之间的相互作用是很有必要的,该项下的段落(C)只是一个组成部分。

正如从引言起就明显可见的那样,该部分作为一个整体仅仅对基于"资格确认"或"谈判"(这两种表述在下文将统一表述为"确认")目的或者基于组织目的的纠察包围规定了限制性条件。为了其他目的而进行的纠察包围并不被该部分所禁止。此外,不是所有为了确认或组织活动而进行的纠察包围都是被禁止的。一个"最近刚被认可"的工会可能为了确认或组织活动发动它所授权代表的雇员进行纠察包围。并且即使是一个未获得认可的工会也只是在三个方面被禁止设置确认或组织活动时的纠察包围。据第 8 条(b)(7)项下(A)段的表述,第一个方面限定为这一情形:另一个工会已经得到了合法确认并且有关代表权的问题不能被恰当地提出。[①] 该项

[①] 29. ……《塔夫脱－哈特莱法》的第 8 条(b)(4)(C)部分仅仅对竞争劳工组织向已获认可的工会实施禁止性"袭击"予以防范,子段落(A)的规定表明其对已被《塔夫脱－哈特莱法》的第 8 条(b)(4)(C)部分涵盖的禁止行为作出了大幅度扩展。子段落(A)为经过了合法确认但并未获得委员会认可身份的工会提供了保护,并且实质上也包含了委员会确立的与某个有关代表权的问题的存在相关的协议禁止规则[见前 385—388 页——编者]。

下的下属段落(B)对第二种情形作出了限定：在前12个月内举行过一次"有效的推选"。

(A)和(B)部分的意图相当明确。国会认为在工会已经获得合法确认以及有关代表权的问题不能被恰当提出时，或者雇员在前12个月内已经让他们有关代表权的观点为人知晓的情形下，雇主和雇员都有权享受确认或组织活动中发起的纠察包围的豁免，只要该纠察包围处于指定期间内。

……出于对其他滥用情形特别是"勒索"纠察的深切担忧，国会最终认为对确认和组织活动中的纠察包围施加更多的限制将会更为有益。相应地，下属段落(C)规定即使是在此类纠察包围没有被(A)或(B)条款禁止以致纠察包围被法律所允许的情况下，此类纠察包围亦被限制在一段不超过30天的合理期间内，除非一项代表权请求在该期间届满前被提出。如果这项适时的请求没有被提出，超过合理期间而继续进行的纠察包围就变成了一种不当劳动行为。另一方面，一项请求的适时提出即遵从了这一限制并且纠察包围会继续进行直到请求进入处理程序。然而即使是在此处，国会凭借添加给下属段落(C)的第一个限制性条件，亦使得通过指导依据代表权请求召开的某加急推选而缩短合法纠察包围的期限成为可能。

加急推选程序仅仅适用于第8条(b)(7)(C)诉讼的全过程，即适用于依据第8条(b)(7)(C)部分某项不当劳动行为被提起的情形。国会拒绝为修改第9条(C)条款作出任何努力……以便普遍免除预选听证会。因此，在不存在据第8条(b)(7)(C)提起的不当劳动行为指控时，工会将不能仅凭借设置确认或组织活动上的纠察包围以及提出代表权请求这一手段就获得一次加急推选。并且另一方面，若纠察包围工会依据第8条(b)(7)(C)部分的授权提出代表权请求以试图逃避制裁，它将不会被引入加急推选程序，当然仅仅是因为该工会提出了前述请求即发生这一后果，这可能不是它所希望的。在上述两种情形下，正常的代表推选程序是适用的；出示代表多数利益的身份证明也将被要求，并且由第9条(c)(1)条款指导的预选听证会也将被举行……

虽然下属段落(B)和(C)服务于不同的目的,但知晓他们之间的紧密联系还是极其重要的。国会重点关注的是涉及发起纠察包围的代表权的问题能够尽快得到解决,尤其是确认或组织活动上的纠察包围是被法律允许的情形下。正是基于这个原因,国会为请求的提出做好了准备,这个请求的依据即委员会有能力指导一场加急推选并保证雇员能够在其间自由表明他们的代表意愿。如果,雇员意愿自由践行的背景下,他们指派设置纠察包围的工会作为他们的谈判代表,该工会将得到认可并且凭借表述明确的第8条(b)(7)条款,该工会将免受该节所列举的限制性条件的约束。相反,如果雇员反对纠察包围工会,根据下属段落(B)项下的规定,在此之后该工会将在12个月内被禁止发起纠察包围。

就工会享有的为确认和组织活动而设置纠察包围的合法权利与对这一权利的滥用而言,国会对这一机制的构建代表着该立法机构认识到了调和这一矛盾的切合实际的方法是什么。必须声明的是……这一国会机制必须以下述前提为基础:将要遵从下属段落(C)的第一项附带条件进行的推选活动代表着雇员选民自由、未受胁迫的意愿。如果没有反映这种自由、未受胁迫的意愿,有关代表权的潜在问题就不会得到解决,并且更关键的是促使一场"正当推选"举行的下属段落(B)尚未开始运行。

此处仅还需要考虑下属段落(C)的第二项附带条件。总之,就归入下属段落(C)调整范围的确认或组织活动上的纠察包围行为而言,该条件摒弃了附加其上的时间限制并且维持了该行为的合法性,在下属段落(C)的调整范围内,纠察包围只能告知公众:雇主将不雇佣工会成员或者将不与工会签订协议,除非此类纠察包围的效果使得搭载或运输服务的提供被迫停止。无须赘言,符合附带条件要求的纠察包围也使得加急推选程序不适用……

……明白下属段落(A)(B)(C)在结构上和语法上均从属并受制于第8条(b)(7)的引言是很重要的。换句话说,第8条(b)(7)的全部规定只承认以确认或组织活动为目的的纠察包围行为而不接受基于其他目的的纠察包围行为。同样地,不管是从结构上还是语法上,下属段落(C)的两项附带条件仅仅与该下属段落的主要条款所限定的情形相关……

我们……接下来看看本案……

……1960年2月2日,位于福特·莱安纳多·伍德(Ford Leonardwood)作业点的布林纳公司雇佣的三名普通工人签署了授权卡,指派工会以开展集体谈判为目的代表他们行事。第二天,工会要求布林纳公司对其作为前述三名劳工集体谈判代表作出确认。布林纳公司不仅拒绝作出确认还告知工会它将转移其中的一名劳工沃恩(Wann)以破坏工会的多数代表身份。布林纳公司落实了这一威胁言论并在5日后也就是2月8日转移了沃恩。在工会的确认要求被拒绝以及沃恩被转移之后,工会即开始在莱安纳多·伍德设置纠察包围。开始于2月8日,在沃恩被转移后即发起的这一纠察包围公开声明了三项目标:(1)对工会作出确认;(2)依据戴维斯-培根的工资范围支付酬劳;以及(3)对布林纳拒绝对工会作出确认、发表有关转移雇员支持的言论以及转移沃恩的不当劳动行为进行抗议。

由于坏天气的干扰,纠察包围活动至少持续到1960年3月11日才结束,其持续时间超过了从纠察包围开始之日起算的30日期间。这一纠察包围活动是和平进行的,只有一个罢工纠察员执勤,打出的纠察标志写着"布林纳制造公司,行为不当"。在岗的那三名劳工(其中一名是沃恩的替代工)在纠察包围开始后罢工了。

当然,该工会尚不是已获委员会认可的雇员谈判代表。此外,在纠察包围进行的30多天中并没有代表权请求被提出。然而,3月1日,即在纠察包围开始且尚处于法定期间30日内的3周后,工会对布林纳提起了不当劳动行为的指控,称其违反了第8条(a)(1)、(2)、(3)和(5)的规定。3月22日,国家劳动关系委员会的地区主任驳回了依据第8条(a)(2)和(5)提起的指控,随之工会即刻依据第9条(c)提出了一项代表权请求……随后,4月20日这天,地区主任同意与布林纳就尚未被撤销的依据第8条(a)(1)和(3)提起的指控达成一项单方面和解协议。在这份和解协议中,布林纳既没有承认也没有否认他作出过不当劳动行为……

被告提出了一项不言自明的主张,称:一部法规应当从整体上进行解读,第8条(b)(7)(C)条款并没被授权用以禁止适格谈判单元中一个享有多数代表身份的工会为了获得确认设置纠察包围,由于法案第8条(a)(5)和第9条(a)部分明确施加给雇主对享有前述身份的工会予以确认并与之进行谈判的义务,此类纠察包围是基于合法目的进行的。相应地,被告辩称:并没有明确的表述对这种结果作出要求,不应当对第8条(b)(7)(C)条款作出对前述附加义务发生减损效果的解读。

此处提出的主张在这个案件中是否适当尚受到强烈怀疑。但是假设与此相关,我们发现它是没有法律依据的。当然,立法史是丰富的,当提及国会在解读1959年修正案时最关心的就是"勒索"纠察活动,这一活动中发起纠察包围的工会不代表任何他努力寻求支持的雇员或者只是代表了此类雇员的少数。国会关注的是多数纠察包围活动的恶性,受这一解释影响的立法借鉴很少。但不可否认的是:第8条(b)(7)通过其明确的语言表述指明该条款只对"刚刚获得认可"的工会所承担的禁令作出了豁免。……就只要有可能,即欲通过委员会推选机制解决涉及多数代表身份纠纷的潜在法定法案而言,这种设置是与此相协调的……

我们现在来讨论第二个问题,即雇主不当劳动行为是否构成违反第8条(b)(7)(C)规定这一指控的抗辩……。工会辩称:布林纳公司作出了第8条(a)(1)和(3)款所指的不当劳动行为……;它在纠察包围开始后的合理期间内对布林纳公司提出了恰当的不当劳动行为指控;依据第8条(a)(2)和(5)条款的陈述所提起的指控一经撤销它即提出了代表权请求;依据第8条(a)(1)和(3)条款提起的陈述实质上得到了维持,并且经委员会同意双方随后签订了一份和解协议;因此,这一系列事件应当满足了第8条(b)(7)(C)条款的要求……

……第8条(b)(7)(C)条款摒弃了雇主不当劳动行为遭受指控时有必要提出一项代表权请求的规定,似乎说国会并不愿意将这一豁免写进第8条(b)(7)(C)条款也并不为过……

……经过对法定方案仔细地重评,让我们感到满意的是国会有意并且也确实作出要求,称在符合第8条(b)(7)(C)规定的情况下,一项代表权请求必须在不超过30日的合理期间内提出。凭借这一机制设置就能迅速地列入动议以通过自由、公平的推选程序解决纠察包围活动中产生的涉及代表权的潜在问题。这是正常的情形,也是第8条(b)(7)(C)条款实质上被授权予以处理的情形。

然而,此处还存在对非正常情形的合理担忧,那就是由于存在未得到救济的不当劳动行为,自由、公平的推选程序不能被举行。我们相信国会也预料到了这种不测事件的发生。因此,我们发现在因存在未被救济的不当劳动行为或者由于其他的合理理由,一场自由、公平的推选程序不能被举行的情形时,在法定方案中,并没有作出有关授权使得依据一项代表权请求而举行的推选程序得到遵从。相反,下属段落(B)和(C)的相关规定通过它们对"合法推选"和"结果的认可"的个别表述预先假定国会只考虑自由、公平的推选。只有经过这种推选程序,委员会才会对结果表示认可并且只有经过这种推选程序,下属段落(B)的有利规定才会变得具有可操作性。

因此,在我们的认识中,国会的意图是:除了在第一项附带条件中列明限制范围,委员会在依据第8条(b)(7)(C)规定提起的不当劳动行为指控案中应当遵循它在已经审结的代表权案件中一般所遵循的较为熟悉的程序。这一程序,一如已经阐明的,是为了维持已被搁置的代表权案件并防止推选活动在不当劳动行为指控被解决前得以举行。因此,对于法定的适时请求的提出要求将把一个饱受不当劳动行为之害的工会逼进一场充满胁迫的推选活动这一担忧来说,是没有根据的。当不当劳动行为指控还悬而未决时,将不会对该请求采取任何措施,直到基于前述请求的某场合法推选被举行,工会在法定方案下享有的纠察包围权并没有被削弱。

另一方面,我们可以安全地假定:由于违反第8条(b)(7)规定的行为具有法定优先性,在这些方面提起的没有根据的不当劳动行为指控将很快被撤销。伴随这种撤销,随即将有一场推选活动基于维持请求而得以举行,从而实现国会的目标。此外,……一项适时请求……的提出将保护依据一系列错误的事实或法律提出了某项没有根据的不当劳动行为指控的无辜工会不被发现作出了违反第8条(b)(7)规定的行为。因此,整部法案的政策都得以实现并且由该法案多项规定所保障的所有权利都得到了适当地维护。

本案的事实可能被用来证明对法定方案进行的实际操作。此处,工会提起了不当劳动行为指控,称雇主违反了第8条(a)(1)、(2)、(3)和(5)的规定……。事务总长发现违反第8条(a)(2)和(5)的指控是没有根据的。因此这些指控也就是孤立无证的,同时一项适时请求被提出,一场推选活动随即就可以被举行并且在纠察包围活动中产生的有关代表权的潜在问题就可以按照法定方案得到解决。提起一项适时请求的失败挫败了该方案。

另一方面,我们发现针对违反第8条(a)(1)和(3)的行为提起的指控是值得鼓励的。基于这些情形,并且为了再一次与一贯的实践保持一致,尽管通常都会有适时请求被提出,却不必然引致任何有关举行推选活动的指令。请求将被暂时搁置直到不当劳动行为的指控得到令人满意的解决。对因遭受不公平对待而愤愤不平的工会而言,其发起纠察包围活动的权利在此期间将不会被减弱,并且对雇主的唯一偏见将因其作出的不当劳动行为而被搁置。然而,若没有提出一项适时请求,解决代表权这一潜在问题将成为不可能,即使基于第8条(a)(1)和(3)的规定提起的指控得到了令人满意的处理,这些问题仍未得到解决。相应地,宽恕拒绝在此情形下提出适时请求的行为也就是对藐视司法判决行为的宽恕。此外,也是最重要的,附加较少的要求将促使我们作出更符合公共利益的判决。

由于本案中我们将第8条(b)(7)(C)的规定解读为要求提出一项适时请求并且直到纠察包围开始30多天以后这种请求仍旧没有提出,我们发现被告违反了第8条(b)(7)(C)的规定……。正如先前提到的,纠察包围的"目的之一"是为了获得确认,这一点是无须争论的。这一纠察包围也针对歧视性转移雇员以及支付低于法定幅度的工资等行为提出了抗议,但这并没有带给被告多少安慰。被告将其发起的纠察包围的目的限定于这些而不是如它所确定的将要求资格确认这一目的也包括了进去,我们相信第8

条(b)(7)项下没有一项规定能得到适用。① 但在此处所论及的情形中,第8条(b)(7)是可以适用的。

注释和问题

1. 将雇主的指控作为加急推选程序启动的前提条件。正如在布林纳案中所确认的,工会不能依靠发起确认上的纠察包围来获得一场加急推选,除非雇主基于第8条(b)(7)的规定提起指控。当工会或者雇主提出了某项请求,雇主也会提起一项指控以保证加急推选的举行,甚至在第8条(b)(7)(C)规定的"合理期间"开始前它即如此行事,这一点是否明确?与雇主寻求加急推选的决定相关联的考量因素是什么?如果确认上的纠察包围在没有请求被提出的情况下持续进行了30天以上,加急推选是否能得到保证?如果不能,可以采取什么措施来停止纠察包围活动?见《国家劳动关系法》第10条(1)项。

2. 一段"合理期间"?委员会应当在什么时间发现一个为了获得确认而发起纠察包围的工会提起推选请求的一段"合理期间"少于30天?当雇主的经济损失特别严重时?当纠察包围开始伴随着暴力的时候?当纠察包围断断续续,总计超过30天时?当工会在一个普通的工作场所轮流进行"接力纠察包围"时?见库里奥诉联合鞋业工人案[Cuneo v. United Shoe Workers, Joint Council No. 13,181 F. Supp. 324 (D. N. J. 1960)];艾列特诉排字工人工会案[Elliot v. Typographical Union, No. 619, 45 L. R. R. M. 2400(N. D. Okla. 1959)];操作工程师国际工会地方第4分会(海向建筑公司)案[Int'l Union of Operating Engrs., Local 4(Seaward Constuction Co.), 193 N. L. R. B. 632(1971)];国际电气工人兄弟会第113地方分会案[Int'l

---

① 29.……第8条(b)(7)只是对确认和组织活动上的纠察包围予以指引而不对基于其他目的,包括所谓的针对不当劳动行为而发起的抗议纠察予以指引……。因此可以认为一个针对违反第8条(b)(7)的纠察包围而作出的禁止令将仅仅为了确认、谈判或组织的纠察包围予以禁止,而不会作为针对不当劳动行为而发起的抗议纠察的禁止令……

Bhd. of Elec. Workers, Local 113(I. C. G. Elec., Inc.), 142 N. L. R. B. 1418(1963)];NVE建筑公司诉国家劳动关系委员会案[NVE Constuctors, Inc. v. NLRB, 934 F.2d 1084, 1090－1091(9th Cir. 1991)]。

3. 确认上的纠察包围和委员会的推选偏好政策。在布林纳案中,委员会认为第8条(b)(7)(C)条款涵盖由拥有多数支持的工会发起的确认上的纠察包围,这一解读是否恰当? 考虑到此种纠察包围并没有将雇主置于一个两难境地,即在承受纠察包围所造成的经济损失和违反法案的规定对少数身份工会作出确认间作出选择。该规定是否能被解读为将多数身份工会而非未获得认可的工会排除在其规制范围外? 然而,委员会对第8条(b)(7)(C)的解读与菩提原木案(在布林纳案审结12年后作出裁决)确立的"雇主能合法地坚持要求即使是他们知道的拥有多数支持的工会也需寻求委员会推选程序"这一规则是一致的吗? 菩提原木案实质上是否要求布林纳案的委员会对第8条(b)(7)作出解读? 委员会是否可以自主决定推翻菩提原木案的判决并改变该案对第8条(b)(7)条款作出的解释,允许多数雇员支持的工会发起确认上的纠察包围并将此种行为作为阻却雇主坚持不必要推选而拖延谈判的一种手段吗? 如果它可以,它是否应当这样做?

4. 针对不当劳动行为而发起的纠察抗议。你是否同意委员会在布林纳案中提出的如下主张:当不当劳动行为悬而未决时,直到一项依法有效的推选被举行,工会为了获得确认而发起纠察包围的权利不应当被第8条(b)(7)(C)的规定削弱? 考虑到委员会为了解决悬而未决的不当劳动行为指控推迟某场推选程序时雇主可能承受的经济损失,这一做法中的大部分可能不是那么值得鼓励。前述损失是否会使得经济薄弱的雇主对少数身份工会作出确认? 对委员会而言,在工会放弃确认上的纠察包围的情况下,作出暂停第8条(b)(7)(C)条款所称的加急推选的决定是否会更好? 见伯纳德·梅尔泽:《组织活动中的纠察包围和劳动关系委员会:五个一争高下》,载于《芝加哥法律评论》第30卷(1962),第87页[Bernard D. Meltzer,

Organizational Picketing and the NLRB: Five on a Seesaw, 30 U. Chi. L. Rev. 78, 87(1962)]。如果雇主对没有达到多数支持身份继而没有资格发出吉赛尔案中所提及的谈判指令的工会作出了不当劳动行为,是否将允许雇主免受纠察包围和加急推选的限制?

5. 对确认或组织上的目的的要求。 正如布林纳案脚注29中所阐释的,知道第8条(b)(7)条款并不涵盖非基于确认或组织活动上的目的而发起的纠察包围。

a. 现任工会为了达成经济让步而发起的纠察包围。一个已经被雇主明确确认的工会可能会基于特定的经济要求而发起纠察包围,这些经济要求通常是谈判的主题。然而,如果某工会想对雇主在谈判期间撤回确认的行为表示抗议,如果该工会不能基于第8条(a)(5)提出一项值得鼓励的指控称雇主并没有足够的根据对工会获得的持续多数支持表示怀疑的话,工会是否将受第8条(b)(7)(C)条款的约束?此处,列维兹案(见前文401页)的效果是什么?第8条(b)(7)条款是否限于为了确认而进行的初次较量?比较出口仓库当地570工会案[Warehouse Emp., Local 570(Whitaker Paper Co.), 149 N.L.R.B. 731(1964)](第8条(b)(7)款只涉及工会为了获得其作为谈判代表的初次认可而发起的纠察包围)与佩内罗诉仓库雇员工会案[Penello v. Warehouse Employees Union, Local No. 575, 230 F. Supp. 900 (D. Md. 1964)](在事务总长对基于第8条(a)(5)规定提起的指控予以否决后,纠察包围变成了确认上的活动并且受到第8条(b)(7)(C)条款的约束)。另见软饮工人当地812工会诉国家劳动关系委员会案[Soft Drink Workers Union Local 812 v. NLRB, 937 F.2d 684(D. C. Cir. 1991)](委员会可能会在工会落败于授权撤销选举后禁止其发起纠察包围)。

b. 为抗议不当劳动行为而发起的纠察包围。脚注29声明第8条(b)(7)款并不禁止对不当劳动行为予以抗议而发起的纠察包围,比如歧视性解雇或强制讯问。因此,对雇主的非法行为仅仅要求特定救济措施而不是一般的资格确认和谈判的纠察包围并不要求一项推选请求的提出。委员会认为工会在其作出了决定且推选目的被驳回后甚至能够发起纠察以使得不当劳动行为的指控被公众知晓。见卡车司机工会200地方分会（巴赫曼家具公司）案［Teamsters General Local 200（Bachmann Furniture Co.），134 N.L.R.B. 670（1961）］。这看起来是对第8条(b)(7)款的合理解释吗？针对不当劳动行为而发起的纠察包围是否会将雇主置于与确认上的纠察所导致的状况相同的两难境地？这是否迎合通过推选决定多数身份的监管制度偏好？不过给予这一偏好其他可行的救济措施是否必要？

c. 对无须确认的某个特定需求予以支持的纠察包围。脚注29也表明由某个未经确认的工会发起的支持某特定需求的纠察包围，诸如要求被解雇员工复职，可能不会受到第8条(b)(7)款的规制，即使不存在一项针对不当劳动行为的指控。只要工会仅仅对雇主提出特定的救济要求，而该雇主会满意于无须对工会作出确认，则不管抗议的行为是否非法，工会发起的纠察包围都不在第8条(b)(7)款所涉范围内。另见服务员地方500工会（山谷旅馆大厦）案［Waiter Local 500（Mission Valley Inn），140 N.L.R.B. 433（1963）］。对第8条(b)(7)款规制范围的限制是否与该部分隐含的国会的目的一致？它是一个好的政策吗？

d. "地方标准"纠察。委员会从1961年起就支持"地方标准"纠察——"旨在使纠察雇主接受他所在企业的雇佣条件的纠察包围，前述条件与那些通行于他所处地区的标准是相等的。"伯纳德·都娜（Bernard Dunau）：《现行的第8条(b)(7)解释的几个方面》［52 Geo. L.J. 220，227（1964）］——不是基于确认目的。见建筑工人当地41号工会（卡鲁蒙特建筑协会）案［Hod Carriers, Local 41（Calmet Contractors Ass'n），133 N.L.R.B. 512（1961）］（§8）(b)(4)(C)；休斯敦建筑贸易委员会案［Houston Bldg. and Constr. Trades Councils，136 N.L.R.B. 321（1962）§8(b)(7)(C)］；另见新大谷宾馆花园案［New Otani Hotel&Garden，331 N.L.R.B. 1078，1079（2000）］。为什么工会会参与一场针对工资支付或工作条件低于标准而发起的抗议活动，而没有努力迫使雇主对其作为谈判代表作出确认？想想同那些竞争者均免受工会约束的雇主们展开谈判的工会所承受的经济限制。

允许工会运用经济压力推进"区域标准"纠察包围目标的实现与第8条(b)(7)的目的一致吗？注意：同其他纠察一样，"区域标准"纠察并不被视为是基于认可或组织活动上的目的，可以无限期地进行，可能引起运输部门雇员的停工，并且由于联邦的优先管辖，而不受国家法的调整。

6. 为了达成授权卡审核/中立性协议而进行的纠察包围。 如果纠察包围的目标是为了达成授权卡审核/中立性协议，工会基于必需的确认或组织活动上的目的行事是否清晰明确？此类纠察包围寻求某种确定代表身份的程序但它自身不寻求确认这是否有意义？工会的最终目标是否应当在此处获得实现？

7. "宣传纠察"附文。 第8条(b)(7)(C)的第二款附文覆盖这样一类纠察包围：其目的是在一般的公开场合诚实地告知客户和其他人，雇主不会雇佣工会成员或与工会签订协议，只要此类纠察包围的效果不是对任何一名工人进行劝导促使其拒绝提供服务。

a. 在下属段落(C)之外的适用？ 在一家杂货店举行的认可程序中落败后不到三个月，工会在消费者进入商店的入口处设置了一些和平纠察包围，声称商店并不拥有工会的员工并且呼吁那些消费者给予工会同情不要在那儿购物。工会没有在运输通道设置纠察包围且要求本地的卡车司机联盟继续提供运输服务。所有的运输都得以完成。工会是否违反了第8条(b)(7)的规定？

b. 《第一修正案》的考虑因素。 如果"宣传纠察"附文没有保护上段所述及的纠察包围，禁止第8条(b)(7)项下的此类纠察包围是否合宪？参考下述论证：

> 自由演讲的含义——且纠察包围至少部分是自由演讲——是公司和工会都可能通过呼吁对其的拥护寻求消费者支持。相应地，如果工会的宣传赢得了消费者的足够支持，企业担心他的雇员们之后可能察

觉到进而促使他们重新考虑非工会偏好的好处。雇员可能会作出选择且公司是可以自由地说服他们选择工会代表的。如果雇员更倾向于保留他们的非工会成员身份以缓和企业的担心，这也是他们的权利，但这和工会享有的继续说服消费者拒绝非工会成员产品的权利是同样多的。

都娜，《现行的第8条（b）（7）解释的几个方面》，同前，第234页。如需这段论证的详尽说明，请参照最高法院对消费者通过部分纠察来保护经济上的强制性的民事权利作出的决定。见迈克尔·哈珀：《新兴的消费者抵制权：国家消费者权益促进会诉克莱本五金器具公司案及其对美国劳动法的影响》，《耶鲁法律杂志》第93卷（1984），第409、448—453页［Michael C. Harper, The Consumer's Emerging Right to Boycott：NAACP v. Claiborne Hardware and Its Implications for American Labor Law, 93 Yale L. J. 409, 448－453（1984）］。另见后面第638—639页。

c. 劳动"效果"测试。在确定信息纠察是否受到第8条（b）（7）（C）第二项附文的保护方面，至少在涉及零售公司的案件中，国家劳动关系委员会考虑到了对商业经营的实际影响，并拒绝仅仅依据被迫中止的运输项目或拒绝提供的服务的数量进行量化测试。见国家劳动关系委员会事务总长会议备忘录［NLRB General Counsel Mem, 1992 WL 340643（N. L. R. B. G. C.）（Oct. 30. 1992）］。这一记录依赖于如下案件：在这个案件中工会针对18个商店设置了为期12周左右的纠察包围并且采取了一些措施保证服务的提供不受影响。委员会最终认为三场运输被迫停止，两个工作遭受拖延，以及数项运输也被推迟的事实并不构成附文所预料的"效果"，缺乏确切的证据证明该纠察包围破坏、干扰或是削弱了雇主的经营。零售业务员案（贝克兄弟公司与格得公司）［Retail Clerks（Barker Bros. Crop. and Gold's, Inc.），138 N. L. R. B. 478（1962），enforced, 328 F. 2d 431（9th Cir. 1964）］。

8. 确认上的纠察包围和雇佣前协议。如果在没有提出推选请求的情况下,一个建筑业工会设置确认上的纠察包围 30 多天以践行其对基于第 8 条(f)而签订的某份雇佣前协议的遵守,该工会是否违反了第 8 条(b)(7)(C)的规定?(见前第 420 页注释 5)在国家劳动关系委员会诉钢铁工人当地 103 工会案(希格登合同公司)[NLRB v. Iron Workers Local103(Higdon Contracting Co.),434 U.S. 335(1978)]中,法庭维持了委员会对某项违反指控予以确认的结论。在委员会的观点中,直到工会事实上获得多数支持,基于第 8 条(f)而达成的协议就是一份可撤销的协议,并且签约工会是少数身份工会,应受第 8 条(b)(7)规定的约束。法庭发现即使不是被要求的,这也是对法案作出的可获许可的一种解读,对法案作出的这一解读应该被遵守。

9. 为什么我们没有看到更多确认上的纠察包围?如果工会认为推选结果遭到了严重不当劳动行为的破坏,进而意欲将确认上的纠察包围作为一种抗议手段,它们是否知道比起他们目前的行事方式,他们应该更常规性地发起确认上的纠察包围?他们是否能够吸引到雇员参与此种纠察包围?雇员参与设置的针对目标雇主的此种纠察包围是否会被视为协同行动而受到保护?不管是哪种情形,工会为此目的是否需要用到目标雇主的雇员?确认上的纠察包围的效力是否取决于工会获得其他工会有关遵守纠察线的承诺的能力?这是否就是一个工会在该地区的密度率函数?就其他工会遵守此类纠察线的能力而言,是否存在契约上的或其他法律上的限制?见后文 587—589 页。

第七章 对集体谈判程序的规制

对《国家劳动关系法》的制定者来说,在集体谈判中,要让雇员所选择的自己喜欢的组织去代表其进行集体判断,确立法定的谈判义务是至关重要的。人们认为,工人所享有的坚持要求进行集体谈判的权利必然意味着雇主应会见其雇员指定的代表并与之进行集体协议谈判。诚然,华格纳参议员在最初所提出的议案中,并没有关于谈判义务的明确规定,因为他相信,国家劳动关系委员会将来会确立该法所必然隐含的这一义务。见欧文·伯恩斯坦:《集体谈判政策的新成果》(1950),第95页[Irving Bernstein, *The New Deal Collective Bargaining Policy* 95(1950)];詹姆斯·A. 格拉斯:《国家劳动关系委员会的构造:一份经济、政治和法律视角的研究报告(1933—1937)》(1974),第136页[James A. Gross, *The Making of the National Labor Relations Board*: *A Study in Economics*, *Politics and the Law* (1933–1937), at 136(1974)]。

从雇主认可工人的集体谈判代表的必然性来看,进行谈判的义务意味着它是以某些程序为基础的义务。第一,未经指定代表的同意,雇主不可以与其他代表协商,也不能与雇员单个地进行协商。第二,雇主的行为方式要表明,其认真对待了工人的集体谈判偏好。雇主要参加讨论劳动条款和条件的会议,且必须派代表参加会议,这些代表要有约束雇主的权力。此外,一旦达成协议,雇主不得无理地拖延协议的实施。继《塔夫脱-哈特莱修正案》之后,《国家劳动关系法》还规定了工会的善意谈判义务。

在阅读本章的资料时,需要考虑的一个问题是,该法是否预想到了国家劳动关系委员会和负责审查的法院在塑造特定的谈判程序模式上会起着更大的作用。例如,谈判义务是否包含了分享信息的义务、避开实质性条款刚性的义务、限制某些实质性领域僵持场合的义务或者避免在经济冲突中使用某些斗争武器的义务?这些额外的要求是自然地来源于该法和它的立法史吗？委员会规制谈判程序或司法规制该程序的代价是什么？

另一个问题是,是否无须对谈判桌上采取的实质性立场的合理性进行调查,谈判义务就可以得到有意义地强制执行。在法院的抵制下,国家劳动关系委员会直到1947年《塔夫脱-哈特莱法》颁行才倾向于开展此项调查。然而,不管《华格纳法》的宗旨可能是什么,参见《评论:华格纳法的激进潜力:展开集体谈判的义务》,载于《宾夕法尼亚大学法律评论》第129卷(1981),第1392页[Comment, The Radical Potenial of the Wagner Act: The Duty to Bargain Collectively, 129 U. Pa. L. Rev. 1392(1981)],《塔夫脱-哈特莱法》添加的第8条(d)款指明了谈判义务并不意味着一方当事人必须作出让步甚或是达成协议。可是,谈判义务的目的之间是否存在着一种紧张关系,从雇员的观点来看,这使得他们能够从选择集体代表的决定——以及从第8条(d)确立的自愿主义政策——即任何协议都应是个人选择而不应是政府决定的产物中获得真正的优势？

第一节 独家代表:概述

J. I. 制箱公司诉国家劳动关系委员会案

J. I. Case Co. v. NLRB
321 U. S. 332(1994)

杰克逊法官……。申诉人J. I. 制箱公司……从1937年起即提供给每位雇员一份个体劳动合同。该合同是统一格式的,且都是一年期的。公司承诺在条件允许的情况下尽可能地提供稳定的就业,按确定的等级支付工资,如果工种发生变化,公司会重新确定工资等级,公司还承诺维持一定的医疗设施。雇员同意接受这些条款,承诺在协议确定的期限内忠实、真诚地服务于公司,遵守工厂的规章,并且同意工作不合格即应扣除薪水。大约

75%的雇员接受了这一协议,并依据这些协议开展工作。

……上述合同的实施并不是一项就业条件,个体雇员签署或不签署这些合同并不影响其地位。没有发现也没有任何主张表明上述协议是胁迫达成的,或是通过任何不当劳动行为取得的,或者依据他们制定的情形来看他们并非是合法有效的。

当1941年8月1日实施的单个的劳动合同还在有效期内时,产业组织联合会的一家工会向委员会请求认可其为从事生产、维修雇员的独家谈判代表。1941年12月17日,一场听证会被举行,在这场听证会上,公司竭力主张因为存在上述的单个劳动合同就不能进入选举集体代表的程序。然而,委员会还是支持进行了选举,工会在这场选举中取胜。工会因此被认证为那些雇员的独家谈判代表……

之后,工会要求公司展开谈判,遭公司拒绝。公司称,在单个的劳动合同还在实行的情况下,它不能以任何可能影响单个的劳动合同项下权利和义务的方式与工会来往。它提出对不影响单个的劳动合同项下权利事项展开谈判,并且表示一旦单个的劳动合同期限届满它就会就所有事项展开谈判。公司两次向雇员发出公告,重申单个的劳动合同的合法有效性,并指出它在委员会前采取的立场即基于此类合法有效的个体协议。

委员会认定公司已经拒绝进行集体谈判,违反了《国家劳动关系法》第8条(5)的规定……;委员会还认定公司以公告方式将个体合同用来阻碍雇员行使第7条所保障的权利……,由此认定:公司曾从事了第8条(1)规定的不当劳动行为……

在集体劳动关系法上,合同是一个术语,其含义必须从它出现的前后关系中去确定。雇主和单位中的雇员代表(通常是工会)之间的集体谈判产生一份协议,这份协议包含的条款将规制该单位中的雇佣、工作和薪资支付。然而,除非在极个别的情况下,这个谈判结果并不是一份劳动合同;没有人因为该协议的原因而获得一份工作,并且通常没有任何个体负担的义务是从这个协议开始的……

在集体协议达成后,由该协议获益的个体是通过个别雇佣而得到认定的。雇主,除了受到集体协议本身的限制且除了他必须不从事任何不当劳动行为或者歧视性行为外,得自由地选择那些其将雇佣或解雇的员工,但是就业条件已经协商好了。除了雇佣本身,个体劳动合同并无多少商谈余地了。雇佣可以是书面或者口头的,或者是通过默示行为确定的。在雇佣合同的意义上,集体谈判程序不禁止雇主和雇员之间的单个的劳动合同,并且使其成为必要。

但是,单个的雇员无论是否参与谈判,作为谈判协议之外的第三方,通过《劳动关系法》均有资格获得集体协议全部利益,即便是如果靠他自己他会对那些不那么有利的条款让步。单个劳动合同附属于集体协议条款,并且不可以放弃集体协议确定的利益……

法院一直以来都是采取谨慎的态度,以便为单个劳动合同保留一定的自主决定的领域,即使是在《国家劳动关系法》覆盖的行业,不仅是作为一种雇佣行为或雇佣证据,而且是在确定劳动条件的完全的单个劳动合同的意义上,因为在一些情境下,这些单个的劳动合同可能被合法地使用,而且事实上在这些情境下除了使用单个的劳动合同又不存在替代方式。如不限制这种可能性,诸如下列的情况将会出现:尽管善意地进行了谈判,谈判还是陷入了僵局或者被迟延,工人们则可能在集体协议期满后继续工作;在这个中间的阶段,可能存在明示的或默示的个体劳动协议规制着劳动关系。集体谈判的条件可能不存在了;……大多数雇员可能拒绝加入工会或者拒绝同意或指定谈判代表,或者依靠该法指定的方式并不能证明多数支持的存在,或者一个先前存在的多数在没有雇主非法干扰的情形下可能已经失利了,并且新的多数尚未形成。由于雇主在这些情景中可能不负担进行集体谈判的法律义务,可能得自由地签订单个的劳动合同。

单个的劳动合同,不管其是什么样的情境下实施,不管其条款如何,都不能被用作否定或者推迟《国家劳动关系法》所规定的期望进行集体谈判的程序,也不能将签订了劳动合同的雇员排除在一个正式的谈判单位之外;单个劳动合同也不可以被用来否定谈判,或者去限制或决定集体协议的条款……。在任何单个的劳动合同与法案的政策相抵触的地方,它们显然必须让步于法案的政策,否则法案会降格为一个无益的规定。

同样清楚的一点是……,单个的劳动合同不能作为放弃集体协议所规定的利益的依据。法律规定集体谈判的目的,正是用反应团体实力和谈判力量并为团体福利服务的条款取代分散的雇员协议的条款。被代表单位的每一个雇员均可以享有集体谈判的好处和优势,无论该雇员之前存在的劳动合同是什么类型或有什么条款规定。

但是有人认为,有些雇员由于集体协议可能处于不利地位;单个劳动者有时可能有比群体更好的能力取得更好的条款;因此其缔约自由得到尊重。我们不是被要求说,在任何情况下,个人可以执行比集体协议更有利的协议,我们而是要认定这样的可能性——这种合同不能被用来作为单个劳动合同比集体合同更有效力或者超越集体合同的理由。集体谈判的实践和哲学带着怀疑的眼光看待个体协议的这种优势,当然,在就业状况和雇员的能力存在巨大差别的情况下,对集体谈判而言,仅仅对最低工资级别或者最长工作时间作出规定或者是明确地将某些领域向个体谈判开放是可能的。但是除了这样的规定外,个体协议的优势将证明为对工业和平产生破坏性影响的不利因素。它们是干扰组织和代表选择富有成效的方式;如果是个体应得的,补偿金的增加常常要以打破一些其他标准为代价而获得,这些标准被认为是为了团体利益而设定的,并且总是造成以整个团体的长期费用进行支付的疑虑。这种歧视常被等同于不当劳动行为。如果比起团体的立场工人更重视他自己的谈判立场,那么这名工人得自由地投票反对代表;但是多数规则,如果它使得劳动谈判集体化了的话,个体优势或个体喜好在实践中通常将作为推动集体谈判结果的因素介入其间。我们不能一般性地把单个的劳动合同排除在集体协议的运作之外,因为有些单个的劳动合同可能更具个体优势。单个的劳动合同不能从集体协议中扣除,以及在一些情形下谈判方是否可能在集体谈判涵盖的事项上添加进个体协议,我们留给适格法庭依据合同可适用的法律去确定,并且如果谈判方构成了不当劳动行为,我们将留给劳动委员会去确定。

……由此我们认定,驳回公司主张的有了单个的劳动合同就不能再选举谈判代表,并且在单个的劳动合同有效期间其有权拒绝集体谈判的观点,是适当的。这意味着,通过公告信向雇员代表说明,单个劳动合同具有此种法律效力的做法是不恰当的,委员会的禁止是适当的。

罗伯特法官的异议观点略去未述。

注释和问题

1. 法院裁定和法官意见。J.I.制箱案的裁定是什么？法庭是否只是简单地裁定雇主不能用与单个雇员达成的合同作为拒绝与多数代表进行谈判或者限制谈判范围的理由？这一决定是否也代表了下述更广泛的主张：未经工会同意,雇主不可以直接与它们的个体雇员就工资、工时和工作条件作出处置,哪怕是在雇员试图取得比由他们的独家代表协商确定的条款更好的条款的情形下？如果是这样的,这一裁决的合法理由是什么？见美度照片供应公司诉国家劳动关系委员会案[Medo Photo Supply Crop. v. NLRB, 321 U.S. 678(1944)](雇主不可以与被某个工会代表的个体雇员对工资增长进行协商,即使协商是由雇员发起的)。

2. 直接交易禁止的例外？ 在娱乐和体育行业,对劳动协议而言,设定最低标准条款同时允许雇主与个别"人才"在工会确定的级别以上展开谈判是惯常现象。依据J.I.制箱案,这种个体谈判在劳动协议中不存在明确授权时是否被允许？这是否引出证据证明工会通过其未谋求改变的行为默认了这一广获认可的习惯做法？主要案件是否因为在典型的工业环境中不存在个体劳动合同的实践而有别于"人才"工会情境？是否存在这样一些情形,在这些情形下即使不存在这种习惯做法,与单个劳动者之间达成的协议也应被允许,因为那些劳动者掌握着关键技术并以到其他地方就业相威胁？

3. 禁止直接交易对谈判立场的影响。J.I.制箱案确立的原则在什么程度上阻止雇主坚持那些预想与个体雇员进一步展开第二层谈判的提议？例如,雇主是否能够在谈判中坚持要求如下条款?

　　公司将有权根据协议条款和条件提供一些退休和/或离职奖励金额,并且在一段时间内,公司将自行决定视其为恰当的且工会放弃提出与此有关的争议或就此提交仲裁的权利。

见托莱多刀片公司诉国家劳动关系委员会案[Toledo Blade Co., 295 N. L. R. B. 626(1989)],依据《美国国家保险法》裁定该条款合法,后文466页。后被推翻。托莱多印刷63工会诉国家劳动关系委员会案(华盛顿巡回法庭1990年)[Toledo Typographical Union No. 63 v. NLRB, 907 F. 2d 1220,1223(D. C. Cir. 1990)](直接交易条款在形式上有别于管理权利条款,在管理权利条款中决定是单方面作出的;"通过允许雇主与其雇员直接展开谈判,托莱多刀片公司的提议会剥夺工会至此取得的在与雇主的交往中作为雇员代表的主要法定职责");乐特来广播公司案[Retlaw Broadcasting Co. d/b/a KJEO-TV, 324 N. L. R. B. 138(1997), 172 F. 3d 660(9th Cir. 1999)],采纳了华盛顿巡回法庭的观点,已强制执行。如需进一步讨论,见后文第517页注解6b。

4. 直接交易和雇主沟通。第8条(c)保障雇主享有的将其关于劳动议题的意见以一种非强制的方式传达给雇员的权利,这些议题可能包含谈判提议。然而,这里是否出现了一个争议点,在这个点上这一权利与直接交易的禁止规定相互抵触? 例如,雇主是否可以在工会有机会考虑这一提议前向雇员合法传达它接受的提议和理由? 见美国松树住宿护理与康复中心案[Americare Pine Lodging Nursing and Rehabilitation Center, 325 N. L. R. B. 98, 103-104(1997)](同时向工会和雇员传达提议构成直接交易,因为工会没有实质意义的机会首先考虑该提议),强制执行在相关部分被否决[164 F. 3d 867,876-877(4th Cir. 1999)](发现法案中并"没有"对委员会作出的解释的"支持")。雇主是否可以在准备它的合同计划前或是在协商过程中直接征求雇员关于工资或工作条件的看法？见联合信息公司案[Allied-Signal,Inc.,307 N.L.R.B.752,753(1992)](直接征求在它可能逐渐损坏工会作为雇员谈判代表的立场的情形下是不合法的)；莱恩钢铁公司案(第四巡回法庭2001年)[Ryan Iron Works,Inc. v. NLRB, 257 F.3d 1,7 (4th Cir.2001)](公司董事长对雇员关于"洗衣清单问题"这一谈判议题的看法的征集是"获取有关雇员看法的信息并判断他们对某个立场的支持水平,借此削弱工会执行这些职能的独家权利"的非法企图)。对直接交易的构成要件的叙述在国家劳动关系委员会诉通用电气公司案[NLRB v. General Elec., 418 F.2d 736, 759(2d Cir.1969)]中。更深入的讨论见后文478—479页,如下:"最根本的调查……是雇主是否已经选择了通过雇员与工会进行支应,而不是通过工会与雇员打交道。"

注释：非多数集体谈判

在不存在多数身份代表的情形下,雇主同意与一个代表适格单位中没有达到多数的工人的劳工组织就一份"仅涉及成员"的协议展开谈判并不违反《国家劳动关系法》的规定。参见统一爱迪森公司诉国家劳动关系委员会案,载于《美国最高法院判例汇编》第305卷(1938),第197页[Consolidated Edison Co. v. NLRB,305 U.S. 197(1938)]。确实,这类协议在该法案的初期是很常见的。见查理斯·J.莫里斯:《工作中的蓝鹰:回收在美国工作场所的民主权利》(2005),第82页[Charles J. Morris, *The Blue Eagle at Work: Reclaiming Democratic Rights in the American Workplace* 82(2005)]。他们是如在美国钢铁公司和产业组织联合会的钢铁工人组织委员会之间达成的一份里程碑式的协议的基础,是通用汽车公司对美国汽车工人联合会(UAW)作出的确认的基础,这两个实例都发生在1937年。见莫里斯,同前,82—83页；欧文·伯恩斯坦:《动荡的年代:美国工人的历史,1933—1941》(1970),第471页[Irving Bernstein, *Turbulent Years: A History of the American Worker*, 1933–1941, at 471(1970)]。

仅涉及成员的协议是否意味着,那些为支持提出的、雇主会见其仅涉及成员的工会的代表这一要求而参与罢工的雇员受到了第 7 条的保护,免于因此类活动而遭受处分或被解雇?一些早期的委员会决定扩展了这种保护。见水牛磨公司工会诉国家劳动关系委员会案[Union-Buffalo Mills Co., 58 N. L. R. B. 384(1944)];佩妮商贸公司案[Penny-power Shopping News, Inc., 244 N. L. R. B. 536(1979)];另见艾伦·海德等:《在斯密那案之后:代表未达到多数的工会的私权利和公权力》,载于《拉特格斯法律评论》第 45 卷(1993),第 637 页[Alan Hyde et al., After Smyrna: Rights and Powers of Unions That Represent Less Than a Majority, 45 *Rutgers L. Rev.* 637 (1993)]。最高法院在华盛顿铝业公司案(前文 207 页)中对非工会成员工人的权利的承认似乎会给予进一步的支持。更难的问题是《国家劳动关系法》是否要求雇主在不存在一个多数代表的情形下与一个少数身份工会展开谈判,相对于仅仅抑制雇主基于其成员进行的与工会相关的活动而对其进行惩罚而言。

第 7 条对雇员自我组织权的认可,仅此一项,可以说可能已经支持了这样一种义务。然而,第 8 条(a)(5)将"拒绝根据第 9 条(a)的规定与其雇员的代表集体地进行谈判"(附加强调)认定为一项不当劳动行为,第 8 条(a)(5)的这一语言表述是否排斥这一途径?这已经是国家劳动关系委员会的一致意见。见穆尔斯维尔棉花山案[Mooresville Cotton Mills, 2 N. L. R. B. 952,955(1937), modified and enforced,94 F. 2d 61(4th Cir.), modified,97F. 2d 959(1938), modified and enforced,110 F. 2d 179(1940)];佩妮商贸公司案,同前,第 537 页注释 4。夏克来(Clyde W. Summers):《未获得多数的工会——一个黑洞?》,载于《芝加哥肯特劳动法评论》第 66 卷(1990),第 531、536、539 页[But see, e. g, Clyde W. Summers, Union Without Majority-A Black Hole?, 66 *Chi.-Kent L. Rev.* 531, 536, 539(1990)],但该文的观点被下文质疑:艾伦·海德(Alan Hyde)主编《评论》,查理斯·J. 莫里斯:《工作中的蓝鹰》,载于《劳动》第 57 卷(2006)[Alan Hyde, Review, Charles J. Morris, The Blue Eagle at Work, Labour/Le Travail, Issue 57(2006), available at http://www.historycooperative.org/Journals/llt/57/br_15.html.]。

对于修正《国家劳动关系法》以授权在不存在一个第 8 条项下的代表时与非多数身份工会展开集体谈判,已经提出了一些建议。马修·W. 芬金:《未被采取的道路:有关非多数雇员代表的一些观点》,载于《芝加哥肯特劳动法评论》第 69 卷(1993),第 195、198 页,注解 18 [Matthew W. Finkin, The Road Not Taken: Some Thoughts on Nonmajority Employee Representation, 69 *Chi. -Kent L. Rev.* 195, 198 n. 18(1993)];理查德·R. 卡尔森:《美国劳动法中独家代表的起源和未来》,载于《杜克法律评论》第 30 卷(1992),第 779 页 [Richard R. Carlson, The Origin and Future of Exclusive Representation in American Labor Law, 30 *Duq. L. Rev.* 779(1992)]。这类建议的一个难题是公司处理某个工厂谈判义务的数量增长所承担的成本。同样的成本在国外的劳动制度中并未出现,在国外的劳动制度中集体谈判在多个企业发生,若是所有的国外劳动制度中都存在这种情形的话,地区一级和通常设置仅仅规定最低的就业协议条款。见萨缪尔·艾斯托伊克:《一个竞争产品市场组成的世界中的劳动法改革》,载于《芝加哥肯特劳动法评论》第 69 卷(1993),第 33—34 页 [Samuel Estreicher, Labor Law Reform in a World of Competetive Product Markets, 69 *Chi. -Kent L. Rev.* 3, 33 – 34 (1993)]。芬金教授试图通过允许雇主坚持要求"就已经基于一个统一的基础惯常地提供了的事项"展开劳动团体间的联合谈判去避开这些困难中的一部分;没有获得此类联合谈判的允许,雇主能够与代表着最多数量雇员的组织进行谈判并将协议约束施加给其他组织。见芬金,《未被采取的道路》,同前,第 205—206 页。你是否发现了这一建议存在的任何问题?

卡普威尔商场诉西加社团组织案

Emporium Capwell Co. v. Western Addition Community Organization
420 U. S. 50(1975)

马歇尔法官……。卡普威尔商场有限公司(以下称公司)在圣弗朗西斯科经营一家百货公司……,它是由圣弗朗西斯科零售商商会(它是该商会的一名成员)和代表了该公司储备和标记领域所有雇员的百货商店雇员工会(工会)之间协商确定的集体谈判协议的一方当事人。在这份协议中,工会被确认为所涉及的所有雇员的唯一集体谈判代表,该协议禁止基于种族、肤色、信仰、国籍、年龄或性别还有工会活动上的原因实行的就业歧视。协议包含了一项不罢工或禁止入厂条款,并且它为任何违反合同的控告,包括违反反歧视条款的控告的处理建立起了申诉和仲裁机制。

1968年4月3日,一群被上述协议覆盖的公司雇员与工会的财务秘书瓦尔特·约翰逊(Walter Johnson)会面提交了一份申诉清单,该清单包含了一项控告公司在进行工作指派和决定晋升方面基于种族实行歧视。这名工会官员承诺采纳某些申诉并承诺对种族歧视的指控展开调查。他任命了一个调查委员会并就雇员的申诉准备了一份报告,他将这份报告提交给了零售商商会,该商会转而提交给了公司处理。这份报告将"就业歧视的可能性"描述为可能是雇员提出的最重要的问题并把该公司的情况称为如果未被采取正确的措施将引发潜在争议的情形……

在接到报告后不久,公司的劳动关系总监就与工会代表进行了会面并同意"调查所称的"歧视问题、看需要做些什么。工会显然对这一表示颇为不满,工会即在九月召开了一场由工会官员、公司雇员以及加利福尼亚公平就业行为委员会的代表们……,还有当地反贫困机构参加的会议。工会的财务秘书宣告工会已经推断出公司正实行歧视行为,并宣称如果有必要它会诉诸仲裁程序对每一个此种申诉作出处理。有关公司行为的证词被采集并由一名法庭书记员进行了誊写,第二天工会通知公司它提起了正式指控并要求工会和管理层联合组成的调解委员会应当被召集"听证整个案件"的仲裁。

在九月的会议上,一些公司雇员表达了他们的如下观点:合同程序尚不足以处理这种系统性的申诉;他们建议工会改为对抗议中的商店发起纠察包围。约翰逊解释说集体协议约束工会遵守协议规定的程序并阐明了他认为的成功的申诉不只会帮助他们自己还会帮助可能受到令人反感的歧视的伤害的所有其他人……。尽管如此,当调解委员会会议在10月16日被召集时,詹姆斯·约瑟夫·霍林斯(James Joseph Hollins)、汤姆·霍金斯(Tom

Hawkins）以及其他两名雇员拒绝参加这场申诉程序，而这几名雇员的证词正是工会意欲询问探出的。相反，霍林斯宣读了一份声明，该声明反对借将对个体实行的不公平行为的改正作为该商店存在的歧视问题的一个解决方法，同时要求公司的董事长与这四名抗议者会面以按照他们对该争议问题的看法制定出一个对该问题加以处理的更广泛协议。这四名雇员随后推出了听证会。

10月16日事件后不久，霍林斯即试图与公司董事长讨论种族歧视问题。公司董事长拒绝被卷入这一讨论，但向霍林斯建议让他就此事项会见人事总监。霍林斯之前曾向人事总监说过该事项，就没有再照此做任何努力。相反，他和霍金斯以及其他几位异议雇员在10月22日召开了一场记者招待会，在这场招待会上他们谴责前述商店的就业政策是种族主义的，重申了他们想与公司"高层管理人员"就少数就业条件直接支应的意图，并宣告他们打算对该商店进行纠察包围、实行联合抵制。11月2日，星期六，霍林斯、霍金斯还有至少两名其他雇员对商店进行了一整天的纠察包围并在商店入口处分发了传单怂恿消费者不要惠顾该商店。① 约翰逊偶遇了正实行纠察包围的雇员，再一次地力劝他们依靠申诉程序解决问题，并警告说他们可能因他们的这一行为而被开除。然而，该纠察包围并未被阻止，他们继续竭力主张他们提出的与公司董事长直接支应的要求。

---

① 2. 该传单的全文表述如下：
＊＊＊当心＊＊＊当心＊＊＊当心＊＊＊
商场购物者

"'联合抵制开始了''联合抵制开始了''联合抵制开始了'"

"在商场的多年间，黑皮肤、棕皮肤、黄皮肤和红皮肤的人一直在最低等的水平上从事着最基层的工作。一次又一次地我们目睹了那些有才华的、工作勤奋的兄弟姐妹们晋升遭拒且不被尊重。"

"商场是个20世纪的殖民地种植园。一如我们的同胞在非洲的奴隶矿场所遭受的待遇，这里的兄弟姐妹们正遭受着同种方式的对待。"

"每当商场的种族主义猪伤害或危害一名黑皮肤的姐妹或兄弟，他们就伤害并侮辱着所有黑皮肤的人们。商场必须为这些侮辱行为付出代价。因此，我们鼓励我们所有的人将他们的钱带出这家推行种族主义的商店，直到黑皮肤的人们在整个商场获得了充分的就业并得到公正的职位升迁。"

"我们欢迎我们来自教会、工会、女性联谊会、兄弟会、社交俱乐部、美国黑人研究所、黑豹党、WACO和贫困人口研究所的兄弟姐妹们的支持。"

11月7日,霍林斯和霍金斯分别被给予了书面警告,警示他们一再发起的纠察包围或者有关公司的公开声明可能导致他们被解雇。当下个星期六前述行为再次重复发生时,这两名雇员被开除了。

西加社团组织(Western Addition Community Organization,在下文中称为被告)是一个当地的公民权利协会,霍林斯和霍金斯都是该协会的成员。该协会与国家劳动关系委员会一起针对公司提起了控诉……。在听取了各方陈述之后,国家劳动关系委员会的讯问审查官发现雇员的抗议行动不被法案第7条的规定所保护,因此对他们作出的解雇没有违反第8条(a)(1)的规定。

在口头辩论之后,委员会采纳了其讯问审查官的调查结果和结论并驳回了申诉。在委员会采纳的调查结果中,有一项是被解雇雇员们的行为过程"不只是一项申诉程序的代表问题,而更确切的是一项要求公司为了整个少数雇员团体与纠察雇员进行谈判的主张"。①

委员会得出结论:对此种为促成谈判而作出的努力的保护会破坏意图通过一个独家的、被推选的代表展开谈判的法定方案,……"并附加给雇主在遵守一份依法有效的谈判协议条款规定的同时努力安抚少数团体自行指派的代表这样一种不合理的负担……"②

---

① 5. 192 N.L.R.B., at 185. 经整理的支持这一调查结果的证据由以下部分组成:霍林斯与公司董事长的会见,在该会见中他说他想要讨论雇员少数感知到的问题;他作出的在董事长对他们作出处理前纠察包围不会停止的声明;霍金斯提出的他们在纠察包围活动中的目的是期望"与高层管理人员会话以获得更好的就业条件"的证词;以及他声明的相对于运用申诉—仲裁机制而言,他们想通过"团体会话并通过董事长,如果我们可以与他进行交谈的话"去实现他们的目的。

② 6. 对于雇员针对公司作出的抨击以及呼吁的联合抵制是否预示着他们试图剥夺法案对雇主施加的保护以对他们造成损害这个问题,委员会考虑过,但是除了解决这一问题外几乎停止了所有其他的活动。因此委员会的决定明确地依据了这一观点,即一个少数团体的成员不可以绕过工会并围绕影响少数雇员的事项直接参与谈判,而且更不能凭借此处用过的这种特定的尝试手段去获得直接谈判。

委员会成员詹金斯(Jenkins)对上述观点持有异议,其理由是:雇员的活动受到了第7条规定的保护,因为该活动有关他们就业协议的条款和就业条件。成员布朗(Brown)同意上述观点但其观点明确地依循了这一看法:事实表明没有任何努力是为了促成谈判而作出的,这些努力"反而仅是尝试敦促公司采取行动纠正雇员合理地相信存在于商场的带有种族歧视的条件"。192 N.L.R.B., at179.[在文中重置后的脚注。——编者]

根据被告提出的复审请求,上诉法院推翻了原裁决并将其发回委员会重新裁决。法庭的看法是针对种族歧视而发起的协同行动,依据反对歧视的国家劳动政策而享有着一种"至上地位",这一反歧视政策在《国家劳动关系法》,见联合食品加工厂工人诉国家劳动关系委员会案(United Packinghouse Workers v. NLRB, 416 F.2d 1126),和1964年《民权法》第七章都有阐述,法庭还认为委员会没有充分考虑到使得《国家劳动关系法》的独家谈判原则适应对反抗来自雇主报复的歧视行为而采取的行动加以保护的国家政策。

……委员会调查发现雇员被解雇的原因是:他们努力尝试与公司就就业协议的条款和就业条件展开谈判,因为这些条款和条件影响了少数种族。尽管上诉法庭明确地拒绝驳回这一调查结果,被告还是在该法庭上为抨击这一结论作出了相当多的努力,被告依据的理论是雇员仅是试图在第9条(a)第一项附则意思指向范围内向他们的雇主提出一项申诉。① 我们没有发现任何可以拒纳委员会这一调查结果的情形。那么至此,争议的问题就变成了此类为进行单独谈判而作出的努力是被法案第7条所保护还是被第9条(a)所禁止。

……第7条所保障的权利大多是集体权利,是一个人与他的同仁一起行事的权利;这些权利不只是基于他们自身的利益而受保护,同时也是推行"通过鼓励集体谈判的实践和程序"最小化工业纷争这一国家劳动政策的一种工具。

推进集体谈判这一政策的核心是多数治理原则,这一核心也正是雇员

---

① 12.……被告显然误解了该部分规定[第9条(a)]所授予的"权利"的性质。这一附则的含义是允许雇员提出申诉并授权雇主考虑提出的申诉而无须将自己置于直接与雇员支应的法定义务之下,以减损其负担的只能与独家谈判代表展开谈判的义务而构成对第8条(a)(5)的违反。该法案未在任何部分通过将雇主拒绝接受此种陈述的行为认定为一项不当劳动行为对这一"权利"施加保护,这一"权利"也不能被解读为对诉诸经济胁迫的解决方式作出了授权。该问题在布拉特-克劳森公司诉机师和宇航工人协会案[Black - Clawson Co. V. Machinists, 313 F.2d 179(CA 2d Cir. 1962)]中得到了全面阐述。因此,如果雇员当前涉诉的活动将被认定为是受保护的,依据对第9条(a)主要部分作出的解释,基于《民权法》第七章部分的规定以及反对就业歧视的国家政策,法案对这一"权利"的保护一定是这样的,而不是通过附加给第9条(a)的附则一个其无意承载的重担。

力拥这一程序的原因所在……。在多数治理制度的构建上,国会试图保障所有单位成员在集体力量和谈判能力方面享有的利益,它充分认识到一些个体或团体的超群实力可能会屈从于多数的利益。因此,"期望获得要所有被代表的人的完全满意基本是不可能的。"福特汽车公司诉胡夫曼案[Ford Motor Co. v. Huffman, 345 U.S. 330, 338(1953)]……

在运用这种委员会权力对多数的代表作出授权方面,显然国会并未授权给一个多数对少数权益的暴政。首先,它将这些权力的行使局限在了存在"基于集体谈判的目的而组建的一个适格单位"的情境中,例如,一群在情形上有着足够共性的雇员防止一个在就业协议条款和就业条件上与他们有着完全不同利益的少数团体的浸入。第二,它在1959年《兰德勒姆-格里芬修正案》中即着手确保少数的声音能被听到,因为他们在一个民主体制的构建上发挥着作用。第三,我们已经确立了这一观点:基于独家谈判代表作为所有单位雇员的代表这一身份的本质,国会含蓄地施加给了它一个公正地、善意地代表单位内少数人的利益的义务。并且委员会已经采取了这样的立场:工会拒绝处理针对种族歧视提出的申诉违反了前述义务,是一种不当劳动行为。休斯工具公司案[Hughes Tool Co., 147 N.L.R.B. 1573(1964)];见米兰达煤炭公司案[Miranda Fuel Co., 140 N.L.R.B. 181(1962), 326 F.2d 172(CA2 1963)]……

为使少数利益得到保护而采取的防护措施缓和了对独家代表原则长久地、一贯地遵从,针对这一背景,被告敦促该法庭确定这一原则的一个有限例外:雇员若试图与他们的雇主就那些特别影响到他们的带着种族歧视色彩的就业习惯单独展开谈判,他们应当免受第9条(a)确立的这一独家原则的约束。主要是因为《民权法》第七章规定的程序,或者,正如在本案中述及的,一项申诉机制太耗时,反对歧视的国家劳动政策要求这种例外,被告辩称,且这一例外的采用不会使得工会或者雇主的合法权益作出过分的让步……

少数员工作出的绕过申诉程序而选择努力尝试与他们的雇主展开谈判……基于歧视的实际存在可能被预测或者可能无法预测。存在的多个少数团体中的每一个都要求与雇主进行谈判，一个面临多个谈判要求的雇主不一定会，甚或不可能会有能力作出同时令所有人都满意的补救措施承诺。在雇主满足每个团体提出的要求的、能力上相互竞争的权利主张，例如，针对数量有限的职位提出的重新指派工作以及提供职位升迁的权利要求，只能将一个团体放置在与另一个团体相对立的位置，即使分裂并制服他们并非雇主的意图。在他们自身被分裂后，少数雇员将不再处在推进他们的行动的位置上，除非它通过施加经济胁迫的方式而处于该位置，这也只能产生在种族路线或者其他路线上进一步分裂他们的效果。与此处发生的情形显然大不相同的那些情形也不能，在这些情形下，自行指派的代表声称将为所有可能认为自身受到了歧视伤害的团体说话。即使是在实际发生的谈判中，各个团体并未将他们的利益看成是存在分歧且会进一步予以细分的，雇主一定会在一个被其与推选出的谈判代表签订的现行集体谈判协议大大抢占的领域与他们展开谈判。在这个例子中，我们未确切了解由霍林斯、霍金斯以及其他雇员提出的要求将采取什么样的形式，但是促成这些要求的申诉的性质表明这些要求本来包含了将有些少数种族雇员转移到那些佣金支付更高的销售区域。然而集体谈判协议规定了若非取得同意或是在一场裁员或劳动力削减的行动中，任何雇员不会从高收入级别被转移至低收入级别。此种情形下少数种族雇员与其他雇员之间发生冲突的潜在可能性是很明显的。随着每个团体都能够执行其相互冲突的要求——在岗雇员通过诉诸于合同程序以及少数雇员凭借经济胁迫——纷争和僵局的可能性很高；在反抗歧视做法方面取得进展的可能性会很小……

道格拉斯法官的异议观点略去未述。

注释和问题

1. 方法与目标。霍林斯和霍金斯未受保护是因为他们所使用的方法或者仅是因为他们寻求与雇主进行"直接交易"这样一种方式？10月22日记者招待会的召开——若独立存在，没有辅助发起任何纠察包围或传单发放的话——是否本来是足以剥夺霍林斯和霍金斯所受的第7条规定的保护？或者霍林斯和霍金斯为了规避工会而与管理层直接支应作出了许多尝试性的努力，即使未施加任何经济压力或牵涉到任何产品贬损，如此他们是否本来能够因为作出了前述任何尝试性努力而被解雇？

2. 第9条(a)的附则。 如果法庭接纳了被解雇雇员辩称的他们仅仅是试图提出一项集体协议项下的申诉而并非为对该协议作出修改而努力促成谈判，如此卡普威尔商场案的结果是否本来会有所不同了？参考在脚注12中述及的法庭对待第9条(a)附则的做法。该脚注中对"经济胁迫"的提及是否表明雇员本来不会在一项合同申诉的提出上受保护，至少在他们从事了纠察包围和传单分发活动的程度上而言？为什么该附则允许雇主考虑雇员的申诉，同时还提供给这些未受保护的申诉强有力的公开途径？

3. 独家代表对第7条项下权利的影响？ 鉴于我们在第四章讨论过的案例，包括华盛顿铝业公司案（前文207页），以及杰弗逊标准案，前文217页，如果商店的雇员未曾被一个独家谈判代理组织所代表的话，霍林斯和霍金斯的活动是否本来会受到第7条规定的保护？一个独家谈判代表的出现到底在多大程度上影响第7条项下雇员从事协同行动的权利？可能，工人不能参与"野猫"罢工去声讨工会的行为或者通过其他方法强迫性地与代理组织而非第9条授权的代表展开集体谈判。但是在未经工会授权而发起的支持工会在谈判桌前确立的目标的罢工中他们是否受保护？见波斯纳法官在东芝加哥复兴中心诉国家劳动关系委员会案中展开的谈论，美国联邦法院案例汇编第2集第710卷，第397、402页（第七巡回法庭1983年）〔Judge Posner's discussion in East Chicago Rehabilitation Ctr. v. NLRB, 710 F. 2d 397, 402(7th Cir. 1983)〕。

尽管第9条(a)对第7条的规定作出了限制，它限制了第7条规定中给予工人集体谈判权利的那部分。但它并未——不管怎样没有明确地——限制他们第7条项下为了彼此援助或相互给予保护而进行其他协同行动的权利。所以,除非一场野猫罢工是为了维护工会基于其身份本应开展的集体谈判的权利,或者不考虑这场罢工的目的,罢工可能削弱工会作为独家谈判代表的能力时,第9条(a)才没有将这类罢工置于第7条保护的范围之外。

另比较国家劳动关系委员会诉莱特食品公司案[NLRB v. Shop Rite Foods, Inc., 430 F.2d 786(5th Cir. 1970)]与国家劳动关系委员会诉R.C.罐头公司案[NLRB v. R.C. Can Co., 328 F.2d 974(5th Cir. 19640)],前一个案件指出:经调查发现在工会未曾同意罢工以及未曾清楚表明一个"确定的目标"时,任何意图允许已促成的罢工的挑战手段都是不受保护的;后一个案件确定:支持工会确立的目标的罢工是受保护的。

你是否发现了东芝加哥复兴中心案的立场在实践中存在的困难?当工会否认其对罢工作出了授权时,雇主怎样去确定雇员是否是以一种与工会确立的目标相符合的方式行事的?与东芝加哥复兴中心诉国家劳动关系委员会案的裁决相同的一类裁决是否将提供给工会一种规避他们所承担的维护生产直到谈判结果出来这一义务的媒介?或者任何违反不罢工保证的罢工都会因前述原因为不被保护,如此判定有充分理由吗?

对于所辩称的《国家劳动关系法》保护所有异议雇员旨在支持工会确定的目标而发起的罢工活动但使得此种保护可被工会宣布放弃,见迈克尔·C.哈珀:《工会对〈国家劳动关系法〉规定的雇员权利的放弃(第一部分)》,载于《劳资关系法律杂志》第4卷(1981),第335、368—371页[Michael C. Harper, Union Waiver of Employee Rights Under the NLRA: Part I, 4 *Indus. Rel. L. J.* 335, 368-371(1981)]。如需对未被谈判代表准许的团体活动进一步讨论,见诺曼·L.坎特:《继商场案之后工人异议行动》,载于《拉特格斯法律评论》第29卷(1975),第35页[Norman L. Cantor, Dissident Worker Action After The Emporium, 29 *Rutgers L. Rev.* 35(1975)];詹姆斯·B.阿特拉森:《工人团体行为和野猫罢工:工业公民权违反的原因和功用》,载于

《俄亥俄州法律杂志》第 34 卷(1973),第 751 页[James B. Atleson, Work Group Behavior and Wildcat Strikes: The Causes and Functions of Industrial Civil Disobedience, 34 *Ohio St. L. J.* 751(1973)]。

4.《国家劳动关系法》和反歧视立法项下的并存保护。

a. 在弗兰克-布里斯克公司诉国家劳动关系委员会案[Frank Briscoe Inc. v. NLRB, 637 F.2d 946(3d Cir. 1981)]中,委员会曾发现(1)几乎在同一时间由五名黑人员工与负责实施《民权法》第七章的联邦机构一起提出的近乎相同的控诉构成了依据《国家劳动关系法》应受保护的"协同行动",(2)雇主曾针对这五名控诉者实施过报复,即在裁员后的优先录用中不对他们给予召回,由此违反了第8条(a)(1)的规定。依据第七章的立法史且鉴于对委员会进一步得出的声称"国家劳动关系委员会就阻碍被《国家劳动关系法》第7条所保护的活动的行为予以管辖的权力并未被第七章项下救济措施的存在所排除"的结论,商场案的决定是予以支持的,法庭即重申了这些调查结论。在不是依据《国家劳动关系法》对保护问题作出决定时,国家劳动关系委员会是否应被授权、被要求或者被准予落实第七章所包含的政策?第七章保护雇员免于因对违反该法的歧视做法予以合理反抗而遭受雇主的报复。

b. 如果依据第七章进行审判的法庭调查发现在商场案中雇主因为存在歧视做法而有罪,它是否也应当发现雇员应当被保护以避免因他们的行为而遭受报复,尽管他们存在规避独家谈判代表的意图?通常参考伯纳德·D.梅尔泽:《〈国家劳动关系法〉和种族歧视:越多的救济措施越好?》,载于《芝加哥法律评论》第 42 卷(1974),第 1 页[Bernard D. Meltzer, The National Labor Relations Act and Racial Discrimination: The More Remedies, the Better? 42 *U. Chi. L. Rev.* 1(1974)];肯尼斯·T.洛帕特卡:《〈国家劳动关系法〉和〈民权法〉第七章对在私营部门就业的雇员抗议歧视进行的保护》,载于《纽约大学法律评论》第 50 卷(1975),第 1179 页[Kenneth T. Lopatka, Protection Under the National Labor Relations Act and Title VII of the

Civil Rights Act for Employees Who Protest Discrimination in Private Employment, 50 *N. Y. U. L. Rev.* 1179(1975)]。

第二节 对善意的要求:谈判的立场和做法

1. 谈判程序的模式

国家劳动关系委员会诉保险代理人国际工会案

NLRB v. Insurance Agents' International Union
361 U.S. 477(1960)

布伦南法官。从1949年开始,被告保险代理人国际工会和英国保诚保险有限公司就对覆盖保诚雇佣的位于35个州以及哥伦比亚地区的区代理的集体谈判协议展开过协商。一个保诚公司地区代理的主要职责是收取保费并在一个指定地区争取在该行业俗称为他的"借项"的新业务。除了必须一周抽出两个上午在他的地区办公室作报告并留出两至三个小时以交存他的汇集业务、准备并提交报告以及参加会议以接收销售指令或者其他指示外,他没有固定的或者常规的工作时间。根据他征集的业务和新的书面政策支付其佣金;他唯一固定的补偿金就是一份按周支付的主要用于冲抵其花费的4.50美元。

1956年1月,保诚公司和工会开始对一份即将取代在接下来的3月到期的协议的新合同展开了协商。在双方就新合同的条款于1956年7月17日达成一致意见之前,谈判一直持续了六个月。毫无疑问,如果这一协商是独立展开的话,协商记录会确立这一认识:即工会基于与保诚公司在一份合同上达成一致的目的并且也带着这一意愿善意地进行了商讨。

然而,在1956年4月,保诚公司提起了一项第8条(b)(3)项下的指控,拒绝针对工会展开集体谈判。这项指控是以工会和其成员在会议室外作出、在旧合同于3月期满之后发生的行为为根据的。工会在2月即发出过宣告,称如果在旧合同截止期届满之时,就新合同的条款仍未达成一致意见,工会成员那时会参与一个被称为"没有合同的工作"的计划——这一计划意味着他们会从事某些被设计用于烦扰公司的有计划的、协同性的在岗活动。

一项关于违反第8条(b)(3)的投诉进入裁决程序并且听证也在谈判终结之前开始了。证据表明工会烦扰公司的手段涉及由成员代理人从事的如下活动:一段时间内拒绝争取新业务,拒绝(在新业务的书面公告开始后)遵守公司的报告程序;将在地区办公室进行的报告推迟至代理人理应参加该报告的日程安排后的某天,并拒绝履行办公室的惯常职责,相反,他们"在上午闲坐","被动地处理那些找上门的事情"并在午间以整个团体的形式离开;不出席公司安排的特别商务会议;在某个指定的日期和时间在公司的各个办公室外发起纠察包围并分发传单,一如被工会指导行事的那样;每天都向保险客户和其他人分发传单并就针对公司提出的请求征集保险客户们的签名;将经保险客户签名的请求书提交给其总部的公司并同时在该地开展大规模示威。

……[委员会,否决了讯问审查官作出的控诉应被驳回的建议,认定存在拒绝谈判并向工会发了停止令(119 N.L.R.B.768)。上诉法庭撤销了这一指令。]

……委员会的看法是不考虑工会基于就合同条款达成一致意见的目的并带着这一意愿在谈判桌上与雇主进行商讨时的善意,它在协商期间采用的手段本身已经构成了对第8条(b)(3)项下规定的违反。相应地,正如委员会的信念所阐明的,"在此处的这一问题……最终归结为依据前述法案委员会是否获得了授权去作出如下主张:此类手段支持调查后发现的未能如第8条(b)(3)要求的那样善意地展开了谈判这一结果,而这些手段未被法案明确禁止但也未被第7条所保护。"

首先……对于最初的法案第8条(5)部分附加给雇主的善意地进行谈

判的义务,其性质是不能笼统理解的。参议院委员会的主席声称:

> 当雇员已经对他们的组织作出了选择,当他们已经对他们的代表作出了选择,所有的法案打算做的就是护送他们到他们雇主的门前并说,"他们来了,你的雇员的法定代表。"至于在那些门后边到底发生了什么并不调查,并且法案也并不试图对此作出调查。①

上述声明最后一句话暗含的限制在实践中并未得到维持——实际上,这本来也很难被维持——但是该表述潜在的意图保留了法律条文最基本的意图。这一意图就是使得管理层将其确认扩展至工会的义务有效;管理层善意地进行谈判的义务实质上是其对工会予以确认的义务的一个必然结果……

但同时,国会一般并不关心双方立约确定的实质性条款。比较终端铁路公司诉铁路人兄弟协会案[Terminal Railroad Ass'n v. Brotherhood of Railroad Trainmen, 318 U. S. 1, 6]。显然在双方无须就任何特定条款立约这一原则和他们一定会相互周旋为解决分歧并达成一个共同立场而作出认真尝试这一对前述原则的实际执行之间会存在一个紧张关系。但事实上,对于委员会对"善意"测试予以适用的批评起因于委员会坚持的如果雇主要避开一个成功的不当劳动行为之诉的话,将迫使雇主向工会要求作出让步这一信念。因此,在1947年,对委员会"已经走得很远了,假借对雇主是否善意地进行了谈判作出决定去把它自己设置为对雇主必须作出什么让步以及它可以或者不可以提出什么动议或反建议进行裁断的评判员"的担心在国会中表现出来了。众议院第245号报告,第80届会议第一次会议,第19页(H. R. Rep. No. 245, 80th Cong., 1st Sess., p. 19)。由于委员会并未被国会看作是一个应当行使其权力对双方在谈判中出现的争议的实质解决作出裁断的机构,对这种已被领悟的趋势所做的审查就是通过将谈判的善意

---

① 沃尔什参议员在79届众议院会议上的讲话,第7660号档案。

测试写入法案第 8 条(d)去作出规定……

第二,同时由于集体地展开谈判的义务是法律明文确定的,国会通过……在《塔夫脱-哈特莱修正案》中……添加第 8 条(b)(3)条款将前述义务施加给了劳工组织……

第三,从整部法案的立法史来看,很明显国会的政策是施加给双方基于达成一致意见的意愿善意地进行谈判这样一种相互的义务,并相信这种来自谈判双方的方法促进着实现工业和平的整体设计。依据该善意标准进行的讨论可能局限争议问题,这种局限将使得双方的真实要求对彼此而言,也可能对他们自己而言越来越清楚,同时这一讨论还可能鼓励一种通过互予互让解决问题的态度。在委员会裁决的和审查委员会指令的法庭受理的案件中,依据确定集体谈判义务的规定,这些案件的主流所关注的是确保双方是带着这种态度走向谈判桌的。但是除了这一基本的行为标准外,国会的意思是双方在他们的谈判中应当有着广泛的言行自由,而不因任何政府权力对他们分歧的实质解决予以规制而受到限制。

我们相信委员会在本案中的处理方式——除非依据第 8 条(b)(3)条款的规定,凭借此处涉及的工会手段的一些独特表征,它能被辩驳——从集体谈判的一个错误观点出发必须作为诉讼被受理。必须意识到在一个政府并未试图控制协商结果的体系下,集体谈判不能被等同为一场为了真理而进行的集体学术研究——甚或与可能被视为所属一方的一种理想相等同。双方——即便对因经济上相互依赖的实现而发生改变的观点进行了修正——仍然从一个相反的观点或对自我利益的不同理解出发,或者在一个观点和对自我利益的理解均对立的程度上继续行事。达到人们之间完美的理解会导致人们之间对某些价值的充分一致认同,这一体系尚未达到这一哲学观念的理想状态。留以备用的经济斗争武器的存在以及他们有时被双方的实际使用都是这个被《华格纳法》和《塔夫脱-哈特莱法》所确认的体系不可分割的部分。

基于相同的原因,我们认为委员会的处理方式涉及对谈判过程实质性方面的不当侵入——再一次地,除非它对此处实际涉及的手段的谴责存某些特定的正当理由。第8条(b)(3)规定的范围和第8条(d)构建的附加于委员会权力之上的限制都超出了合法的范围，我们判定，并非由于工会尝试性运用经济压力而使得其在谈判桌前的表现存在任何缺陷并借此推断出其缺乏善意，而仅仅是因为为施加经济压力酝酿的手段在善意谈判期间被运用。因此委员会假借对谈判中的善意或恶意进行确定，能够规制一方当事人为了获得援助可能使用什么样的经济斗争手段。并且如果委员会能够对可能被用来作为集体谈判一部分的经济斗争手段的选择加以规制的话，它会处于一个对双方立约确定的实质性条款施加巨大影响的位置。由于双方自己的方法变得越来越有限，政府或许会更为直接地介入集体协议的协商中。我们的劳动政策目前并未构建起一个政府对协商结果加以控制的基础……。该政策也未包含一个特许劳动关系委员会在消除雇主和工会谈判力量的差异上尽最大可能行事。

第四，经济压力的运用……本身并非与善意谈判的义务完全不一致。但是在……最近几年，委员会已经行使了这一权力将工会采用的特定经济斗争手段认定为与前述义务不符合……。委员会在这里主动地（并且我们认为是正确地）承认一场由工会发起的"总"罢工本来不会将自己置于第8条(b)(3)规定的约束力之下，至少如果该罢工是在带有不罢工条款的旧合同的有效期届满之后被发起时是这样的……。但是鉴于这一让步以及我们已经阐明的这些原则，我们必须依据第8条(b)(3)的规定对委员会的权力主张进行评估以在各种经济压力手段中作出区分并将那些与善意集体谈判不相符的标记为是处于禁止之列的。

（a）委员会声称一场总罢工和处于禁止之列的行为之间的区别是：一场总罢工是一项被法案第7条和第8条(a)(1)保护以免受雇主干扰的协同行动，而列入禁止项的活动并不是一项受保护的协同行动。在辩论过程中我们可以同意委员会的观点，认为该法庭对汽车工人诉威斯康星委员会案（Briggs-Stratton case, Automobile Workers v. Wisconsin Board, 336 U. S. 245）的判决证实了此处所涉的雇员行为并不是一项受保护的协同行动。基于这一推断，雇主本来能够针对那些参与"怠工"、"闲坐"以及其他可以认为是运用不受保护、不忠诚的手段推行的活动的雇员予以解雇或者采取其他适当的处罚措施。见国家劳动关系委员会诉风扇钢铁冶金公司案(Labor Board v. Fansteel Metallurgical Corp. , 306 U. S. 240);国家劳动关系委员会诉电子公司工人案(Labor Board v. Electical Workers, 346 U. S. 464)。但当然,工会活动不被保护以免遭处罚措施并不意味着它构成对善意谈判的拒绝。通常的经济罢工之所以不是未能善意地进行谈判的证据,其原因并非是它被认定为是一项受保护活动,而是,一如我们已经逐步探出的,仅仅因为在经济压力的运用和善意集体谈判之间不存在前后矛盾的地方。委员会建议说,由于(基于我们做出的推断)工会成员在此处所涉的活动是不受保护的,且他们本来能够被解雇,这些活动应当也被认定为不当劳动行为,因为如此的话一项禁止令的救济措施就会是可适用的,这一救济措施比起大规模的人员辞退而言更温和且对商业的破坏性更小。这一辩称是不具有说服力的。假定因为国会愿意让雇主运用自助措施对抗工会手段,如果他们愿意直面这一运用的经济后果,它也隐含地表明这些工会手段作为联邦法律事项是不合法的,这一假定并不具有逻辑性。我们尚待解决的问题还是与第8条(b)(3)的条款构造有关,并且我们还没有弄明白自助措施对雇主的可用性与这一事项有着怎样的关系。

(b)委员会声称因为一项公认的"总"罢工是"传统的",它的运用必须被认定为是与第8条(b)(3)的规定相契合的;但是由于此处的手段不是"传统的"或"正常的",他们无须被如此认定。委员会进一步引证了它设想的将成为公众道义谴责对象的此处所涉的这种雇员手段。但是我们还是不能明白依据一个只是指令了一项善意谈判义务的法令这些差异怎样被区分……。对于争论中的这种做法是否是一种早已确定的例行做法或者它的运用通常是否被公众意见所支持,我们未能知晓这两个问题之间的关联。这可能是因为此处所用到的手段应受谴责,但这不会使得试图将前述谴责灌入一个并非为了装它而设计的容器中所做的任何尝试合法化。对于委员会声称的相对于一场"正常的"罢工,这些活动是与第8条(b)(3)的规定相抵触的,因为它们以工会承担的最小经济成本给予了雇主最大的压力,同样可以这么说。你可能质疑在这里是否是这样的,但是问题并未就此显现出来。确实不能说与善意谈判相符合的唯一经济斗争手段是那些将另一方承受的压力最小化或者将使用它的那方所承受的不利最大化的手段。工会和雇主运用的可能就此归入禁止类的斗争手段的一览表将是最广泛的。

第五,……当委员会进入这一领域,在仅仅只有第8条(b)(3)的规定予以支持的情况下,对于试图在谈判要求上获得认可的双方能够使用什么样的经济斗争手段,委员会作为一名对此类经济手段予以确定的裁断者发挥着作用。它已试图在法案施加的集体谈判义务中引进一些适当"平衡的"谈判力量标准,或者一些对可证明为正当的或不可证明为正当、适当的以及"被滥用的"经济斗争手段进行新的区分。委员会对第8条(b)(3)项下权力的维护使得它在劳动合同谈判的当事人使用的每一个经济斗争手段上都处于评判地位,以该章节的一般标准对该斗争手段作出评判,而不参照经济压力的具体形式作出。我们已经阐明了我们的信念,即这无异于委员会在国会尚未赞成的程度上介入了谈判过程的实质性方面……

[法兰克福法官的观点,即哈伦法官和惠特克法官所支持的观点,此处略去未述。]

注释和问题

1. 经济力量的自由发挥与善意谈判? 对于法庭对谈判桌上所要求的善意谈判与那些明显控制经济冲突的不受管制的状态之间作出的表面区分你理解了吗?在国家对经济冲突予以规制的时候,比起国家对谈判桌上的行为进行规制的时候,对就业协议条款的实质性控制是否存在着更大的危险?是否存在其他的理由可以主张对抗性行动只应该在远离谈判桌的地方发生?一个贯穿本章需要考虑的问题是是否对就业协议条款和就业条件个体决策的强调——或者"自愿主义"——在保险代理人国际工会一案中所强调的,也在其他规定谈判义务的法律领域得到了反映?

2. 动机与影响? 保险代理人国际工会案是否支持这一立场——委员

会第8条(a)(5)和第8条(b)(3)项下的监管权力被限于查明双方是否带着一种适当的主观意向状态行事,并且委员会不能越权介入对所采取的行动可能给第7条项下的权利或者雇主在市场中展开竞争的义务造成的影响的评判中去?

3. 经济力量的自由发挥与市场重建? 请注意法庭所作的清楚声明:国家劳动关系委员会无权对谈判力量的不平等作出平衡。如果是这样的话,《华格纳法》第1条作出的承诺还剩下什么呢?该条规定的立法目的是,解决雇主和个体雇员之间谈判力量的不平等。赋予工人坚持通过集体谈判代表要求进行谈判的权利,并赋予其在一段时间内要求对集体协议展开善意谈判,而在其他所有方面,将对谈判力量控制都交给市场来决定,这样做就足够了?

2. "表面的谈判"带来的问题

国家劳动关系委员会诉美国国家保险公司案

NLRB v. American National Insurance Co.

343 U.S. 395 (1952)

主审法官文森……。美国劳工联合会办公室雇员国际工会27号地方工会,已被认可……作为被告办公室雇员的独家谈判代表,为了协商一份协议,要求与被告召开一场会议……。在1948年11月30日的第一次会议上,工会提交了一份拟议合同,该合同涵盖工资、工时、升迁、休假以及其他在集体谈判协议中常见的条款,包括一项规定可向管理层连续上诉并诉诸一名仲裁者作终局处理,以确立一种程序用以解决依据合同而提起的申诉的条款。

1949年1月10日,在为对工会的合同提议进行研究而休假一段时间之后,被告对要求无条件交付仲裁的条款规定提出了反对。为了配合这一反对,被告提出了一项所谓的管理层职能条款,列出了诸如升迁、处罚和工作日程等一系列事项作为管理层的责任事项并将这类事项排除在仲裁之外。工会的代表"一听说了这一拟议条款"就表明了立场,即只要涉及应该受到劳动关系法项下谈判义务约束的事项,工会就不会同意这一条款。

几场后续谈判会议也得以召开,但均没有在工会的提议或者被告针对无条件仲裁提出的反动议上达成一致意见。因此,管理职能条款因为就工会合同提议的其他条款展开的谈判而被绕过去了。1949年1月17日,被告以书面形式声明其对工会提出的一些条款表示同意,并且只要是有分歧的条款提议,被告即作出了反提议,包括一项因循1月10日会议上显示出的路线冠名为"管理层的职能和特权"的条款。工会拒绝接受提供的该条款的如下部分:

> 选择并聘用、升迁至一个更好的职位、解雇、基于特定理由给予降职或处分、维持雇员的纪律和效率,以及确定工作的日程安排,所有上述事项上的权利都被工会和公司认可为是管理层应有的责任和特权……,并且在一致认为某名雇员因为公司在这类事项上作出的任何决定而感觉自身遭到了不公平地对待而委屈不满时,或者工会替他表示不满时,均应有权让高级管理人员对这种决定作出审查……,根据在下文中阐明的申诉机制,大家进一步认同由这类高级管理人员作出的公司的最终决定不应进一步受到仲裁员的审查。

在谈判的这个阶段,国家劳动关系委员会提起了一项控诉……依据工会指控的被告曾拒绝依照劳动关系法所要求的展开谈判并因此而犯了妨碍其雇员被第7条所保障的权利的罪责……且犯下了第8条(a)(1)和8(a)(5)项下的不当劳动行为之罪……。当这一诉讼还悬而未决时,工会和被告之间的谈判还继续着,管理职能条款仍旧是双方达成一致意见的一大障碍。在谈判期间,被告在未咨询工会的情况下制定了新的夜班制度并引进了一种新的午餐时间管理体系。

1949年5月19日,一名工会代表提出了第二份合同提议,该提议涵盖了一项包含可以在被告的第二份反提议中找到大量语言表述的管理职能条款,正如上面所引证的,这一提议的极大区别就是工会提议的条款项下出现的问题会像在其他涉及申诉的案件中一样被置于仲裁程序的约束之下。最终,在1950年1月13日,在讯问审查官已公布了他的审查报告之后但委员会还未作出决定前,工会和被告之间的一份协议就签署了。该协议包含了一项管理职能条款,将处分、工作日程以及其他被这一条款涵盖的事项都认定为是不可仲裁的事项。关于职位升迁和降职的议题从这一条款中删除了并被作为一项特别条款涵盖的议题,意欲构建一个工会和管理层联合组成的委员会就晋升决定表决通过与否。

当这些谈判还在进展之中时,委员会的讯问审查官……裁定被告为了在一份合同中列入一项管理职能条款有权展开谈判。然而,根据对全部谈判历程的审查,包括对被告在谈判期间在改变工作条件上的单方行动的审查,审查官发现从1948年11月30日始,被告即拒绝为达成一致意见而作出善意的努力并基于这一意愿进行谈判。审查官建议被告应被指令依照一般的条件与工会展开集体谈判……。委员会拒绝接受审查官对雇主所享有的为一项管理职能条款展开谈判的权利的看法,并裁决被告在谈判中为任何此种条款的列入而作出的行为"就其本身而言构成了对第8条(a)(5)和(1)规定的违反,这与被告被证明的恶意相去甚远"。相应地,委员会不仅责令被告依据一般的条件与工会展开集体谈判[第2款(a)],同时也在其指令中纳入了这样一款,该款旨在禁止为了涉及一项就业条件的任何管理职能条款而展开谈判[第1款(a)]。

集体谈判义务的落实对法定方案是至关重要的。并且,由于这一义务早已被认识到,谈判义务的履行需要的不只是愿意对工会和管理层之间的分歧进行一场毫无新意的讨论。在国家劳动关系法颁行之前,有人认为一名雇主所负担的集体谈判的义务要求雇主"与其雇员的代表善意地进行协商";满足他们的提议,如果该提议让人无法接受的话,可提出反动议;并尽一切合理的努力达成一致意见。① 集体谈判的义务,一如在国会进行介绍时一样含蓄,在《华格纳法》中也表现得很隐晦,这一义务最终因为第五名雇主的不当劳动行为的介入及伴随该行为而对"基于尽一切善意的努力达成一致的意愿集体地进行谈判"这一语句表述的目的和含义进行的解释而得以明确。② 这种对集体谈判义务的理解在国家劳动关系委员会和上诉法庭对《华格纳法》的整个执行过程中都被接受并得到了适用。

1947年,国会中出现了这样一种担忧:委员会"已经走得很远了,假借对雇主是否善意地进行谈判予以确定之名,将其自己确立为对雇主必须作出什么样的让步以及它可以提出或不可以提出什么样的提议和反动议予以评判的审判官"。③ 相应地,众议院通过的哈特莱议案,取消了这一善意考察并明确地规定了集体谈判的义务并不要求提交出反提议。由于该议案在参议院被修改并最终作为《塔夫脱-哈特莱法》得以通过,谈判的善意考察被保留并写进了第8条(d)……。该部分包含着这一明确的规定:集体谈判的义务并不强迫任何一方同意一项提议或是要求作出一项让步。

在这次庭审之前,委员会提出……一则与第8条(d)中规定的善意谈判考察相去甚远的理论……,一则声称被告围绕作为与工会裁决终局的要

---

① 9. 霍德工程公司案[Houde Engineering Crop., 1 N.L.R.B.(old)35(1934)],由国家劳动关系委员会依据48 Stat. 1183(1934)裁定。

② 10. 在往议案中添加进第8(5)条款前,现在为第8(a)(5)条款,华格纳参议员引证注释9中(见前注)述及的霍德工程公司案将该议案阐述为对善意谈判义务的施加。在参议院教育和劳动委员会1958年第74届会议第1次会议 进行的听证。第8条(5)插入在裁定霍德案的委员会主席作出的建议部分。同上,第79、136—137页。插入的第8条(5)被参议院委员会阐述如下:
委员会希望消除认为这一法案旨在勒令双方达成一致意见或是允许对他们议定的条款实行政府监管的任何可能的误解……集体谈判的实质是双方均得自由地决定对它作出的建议是否令他满意。
但是,在仔细考虑之后,委员会得出结论认为这一第五个不当劳动行为应当被插入议案中去……通过雇主自己选择的代表对雇员享有的集体谈判权利予以保障如果不附随施加给另一方在基于此种代表已被授权而对其进行确认……并基于达成一项集体协议的善意的努力与他们展开协商方面的相关义务的话则纯粹是妄想……。S. Rep. No. 573,74th Cong.,1st Sess. 12(1935)……

③ 12. H. R. Rep. No. 245,80th Cong.,1st Sess. 19(1947).

求相对的反提议而提出的一项管理职能条款进行的谈判,"就其本身而言",是对该法案的违反。

……委员会所辩称的是一个技术上的问题,因为如果被告只是基于善意拒绝同意工会提出无条件裁决建议,而不是提出一项将一些事项排除出仲裁事项范围的条款,被告不会因构成一项不当劳动行为而负有罪责的认识已得到了普遍承认。这一辩称开始于这一调查结论:至少被告提出的管理职能条款涵盖的事项中有一些是有关"就业条件"这一第 8 条(a)(5)、第 8 条(d)和第 9 条(a)项下的适当集体谈判议题的……。委员会认为若根据一项条款的规定,管理层对工作日程、某项"就业条件"保留最初的职责,雇主在合同存续期间围绕这项条款展开的谈判是一项不当劳动行为,因为它"减损了"雇员就就业条件展开集体谈判的法定权利。①

承认了在一份劳动协议中包含进一项管理职能条款并不存在任何不合法因素,委员会会允许雇主"建议"这样一种条款。但是在工会拒绝接受这一提议,甚至在该条款是作为与工会的终局裁决要求相对的一项反提议作出的情况下,委员会禁止为了任何此种条款展开谈判。不考虑本案中工会要求的性质,委员会采取的立场是雇主……必须同意在任何劳动协议中包含进为工作日程或者任何其他就业条件设定固定标准的条款规定。雇主会被允许就该标准的内容展开谈判,只要它同意在一份合同中锁定某项标准。雇主为了此类事项得到更灵活的处理而展开的谈判则不会被认可,即便可能与行业中的普遍集体谈判实践相反。委员会并未获得此项授权去扰乱集体谈判的实践……

国会明确地规定了委员会不应对劳动协议实质性条款的可取性作出判定。一份合同是否应当包含一项为诸如工作日程之类的事项设定标准的条

---

① 22. 委员会的辩称看似会阻止雇主为一项"不罢工"条款展开谈判,这一项在劳动协议中常见的条款要求工会在合同存续期间放弃第 7 条明确赋予的罢工权利……。然而,委员会已批准雇主为了这样一项条款善意地展开谈判[Shell Oil Co.,77 N. L. R. B. 1306(1948)]。通过对这样一项条款"有益的目标"的参阅,该结果得到了阐释[Bethlehem Steel Co.,89 N. L. R. B. 341,345(1950)]。

款或者是否应当为此类事项的更灵活处理做好铺垫是一个需要在谈判桌上讨论确定的问题,但并不是由委员会进行。如果后一种处理方式得到了一致同意,工会和管理层参与这类事项执行的程度本身就是需要通过谈判解决的就业条件问题。

相应地,我们拒绝接受委员会主张的为被告建议的管理职能条款展开的谈判就其本身而言是一项不当劳动行为这一观点。委员会可能接受有关管理职能条款的运用将使得雇主就"薪酬级别、工资、工时和就业条件"展开集体谈判的义务被规避这一建议,但对此的任何担心并未使得指责就涉及任何"就业条件"的管理职能条款而展开的所有谈判本身即违反了前述法案的行为合法化。集体谈判的义务将通过将第8条(d)设定的善意谈判标准适用于每一个案件的事实,而不是通过对各个行业所有的雇主就管理职能条款展开的谈判统统予以禁止而得到落实。

……一项诸如"善意"的法定标准只能在其适用于一个特定案件的特定事实时才有意义。一如我们对法庭进行的如下调查,我们承认被告围绕其提议的管理职能条款善意地展开了谈判,我们裁定被告在这方面并不因拒绝依照法案所要求的展开集体谈判而负有罪责……

此判决是确定的。

与布莱克、道格拉斯两位法官一起参与合议的明顿(Minton)法官对此表示异议。我没有弄明白通过告知国家劳动关系委员会由于有些"管理职能"条款是合法有效的(这一点委员会主动承认了),因此被告在本案中并不负担不当劳动行为的罪责,这个案件到底是怎样得以解决的。记录中充斥着的证据表明被告坚持主张一项将对某些就业条件的控制归类为一种管理特权的条款,并且这种坚持表现为声称除非工会接受该条款否则拒绝达成和解这一主张形式。上诉法庭认可了被告在这一主张上是"矢志不渝"的。因此,本案涉及这样一种情境,在这个情境中,雇主带着一项主张走进了谈判室,这项主张要求某些其负有就之展开谈判义务的议题将从议程中被删除——这是工会要获得合同必须支付的代价……。当雇主提议就某些工作条件而言它应当被给予单方控制权并且工会接受其提出的建议方能回报性地获得各种其他利益的时候,竟没有人认为雇主犯下了不当劳动行为且因此而应承担罪责。但是,正如这里体现的,在雇主告知工会获得有关工资方面的合同的唯一方式就是同意不就某些与其他工作条件有关的议题展开谈判的情形下,雇主已经拒绝了围绕那些与其他工作条件有关的议题进行谈判……

我无须也没有对上诉法庭得出的不存在善意的结论提出异议。在拒绝谈判的情形下,法案并不要求对该拒绝是基于善意而作出还是基于恶意作出的进行调查……。多数人似乎认为如果雇主运用一项"管理职能"条款封锁对所有讨论议题展开谈判的可能性,雇主可能被裁定因恶意而应负罪责。雇主是否封锁了一切谈判的可能性或者,正如在本案中,只是拒绝了一些特定的谈判领域。对于任何他已经封锁了谈判可能性的议题他都已经作出了拒绝表示,并且任何对他善意与否的讨论都是没有意义的……

国家劳动关系委员会诉超级三明治公司案

NLRB v. A-1 King Size Sandwiches, Inc.

732 F. 2d 872(11th Cir. 1984)

高级巡回法官戴尔:

该案基于国家劳动关系委员会提出的强制执行其针对国家劳动关系委员会诉超级三明治公司案作出的指令的申请摆在了我们面前……。委员会重申了行政法官得出的公司未能与工会善意地展开谈判的结论。

……在为期11个月的期间内,在约定的时间和地点举行了18场谈判会议。这些谈判没有达成一份合同。双方在如下事项上达成了一致意见:一项确认条款;工会代表对工厂的探视;工会工作人员的数量、权利和义务;工会对公告板的使用;支付为履行陪审义务而支出的费用;事假申请;以及处理申诉和对关于合同解释或合同明确的条文规定予以适用的事项进行仲裁的一项程序。至于所有其他议题,双方并未达成任何一致意见。行政法官正确地发现公司在合理的时间和地点进行了会面,并且公司对工会未显现出任何敌意。没有证据证明公司作出了任何可能趋于表明它不会与工会最终达成一份协议的、与谈判解决方式相去甚远的行为……

要决定的问题是一个十分狭隘的话题:公司的谈判提议的内容以及公司采取的立场是否足以确定它并没有带着最终达成一份集体谈判协议的真正意图进入了谈判过程。我们遵从委员会的申请进行初步确定,但是我们需要审查前述提议以确定委员会的调查结果是否总体上被记录的大量证据所支持。

工　资

公司对工资的提议沿用了其向每个雇员进行支付的传统做法。薪资的增加仅仅以半年度的绩效工资审查为基础去确定,在该绩效工资审查中工会会得到每一个单独审查结果的通知并且能够参与这一审查过程,但是公司将对任何增加作出最终决定。依据工资提议,任何雇员的工资一旦曾提升至提议水平以上,公司即不得对雇员的工资再行削减。工会提出了一个具体的工资增长时间表,但是公司依旧坚持其最初的工资提议。

公司坚持主张其对工资事项保有总的控制权。它提出继续以半年度工资审查为基础来决定增加工资,在该审查中,公司将结合公司的管理权条款(见后文)作出最终决定——依据该条款,公司享有评估、奖励、晋升雇员及给予雇员降职处分的专属权利,公司的这一工资提议和管理权条款提议均使得工会对审查过程的"参与"变得毫无意义。工会不得在这一审查公式中引入除了业绩之外的其他因素。它不享有任何的合同救济措施,因为给予绩效薪资增加的授予或者拒绝提供都不会是可仲裁的。工会不能发起罢工,并且事实上,它也没有能力要求其意见被纳入考虑的范围。此外,一旦雇员的工资等级增加至合同有效期内存在的级别水平,公司就能单方削减在之前的一次绩效加薪中被给予的那部分且工会不能对这一行为提起申诉。它不能发起罢工,并且依据"拉链"条款(见后文),它甚至不能与公司商讨该事项。因此,公司始终如一的立场就是它对这一强制性谈判议题保有总的控制权。

管理权利

公司提交了一项管理权利条款，该条款最初规定公司专属保有所有其享有的正常固有权利，并且豁免公司涉及这些权利的决定免受申诉程序的约束。之后公司提出了一项新的管理权利条款，该条款所涉范围比第一项条款提议更广，这一条款将所有通常由管理层行使的以及"它曾享有过的每一项权利、权力和特权，不论行使过与否，除了公司通过协议明确而具体的条款已经表示同意接受限制的以外"均专属性地保留给了公司……

新提议进一步对最初的条款提议进行了扩展，规定公司能够行使所有其享有的保留权利而无须就任何此种建议的行为、变更或修改对工会予以告知，并且豁免公司免受任何就该决定或者该决定对雇员的影响展开谈判的要求的约束，除了该种豁免被协议所更改。这一替代提议不再包含一项明确将公司的决定排除在申诉和仲裁程序之外的条款。

该提议给予了公司转包作业、将它分配给监工、废止作业、转移作业、中止或分派任何作业或是其全部作业上的绝对权利。它也要求工会放弃雇员享有的就此类行为和该类行为产生的影响得到通知以及展开谈判的法定权利。最终，由于基于这一条款采取的行为只有在前述公司权利被明确的合同规定所限制时才受到申诉和仲裁程序的制约，而此类限制并不存在，由此申诉和仲裁程序在很大程度上是虚幻的理想主义设计。

"拉链"条款

公司提出了一项"拉链"条款，根据该条款，"放弃了在协议存续期间就任何涉及或涵盖于协议的议题或事项，或任何其他可能被认定为强制性或授权性议题事项展开谈判的权利的双方受到现行法律项下谈判的约束。"如果主张放弃就任何其他强制性或授权性谈判议题展开谈判的权利的后部分被删除的话，工会将主动同意该条款。公司拒绝这一要求。

不罢工条款

公司提出了一项不罢工条款,该条款同时禁止工会和雇员号召、鼓励、批准、参与或从事任何初级罢工或者同情性罢工,怠工、抵制、纠察包围或者基于任何理由的任何其他形式的工作中断,包括但不限于指称的或实际的不当劳动行为,依据任何反歧视法指称的或实际的不当雇佣行为,指称的或实际的违约行为,以及对其他雇员或工会或他们的活动示以支持或同情。尽管承认任何合同都应包含一项不罢工条款,但工会还是反对放弃雇员享有的对不当劳动行为或不当雇佣行为举行罢工的权利。公司拒绝变更提议。这一范围极其广阔的"不罢工"条款分明禁止了基于任何理由的任何罢工活动。

开除和其他处罚

工会提出公司有权基于任何公正或充足的理由对某位雇员予以处罚。公司援引针对工会提起的一项无意义的反歧视控诉拒绝了该提议,因为工会会将所有的处罚和开除行为置于申诉仲裁的辖属之下。这是一项常见的无争议条款。当考虑在管理权利条款中明确被保留的暂停其工作、进行训诫或者以其他方式对雇员作出处罚的权利时,公司保有开除和其他处罚上不受约束的控制权。

裁员和召回

关于裁员和召回,公司提出解雇雇员由公司单独决定。在整个公司工作的资历会被考虑但不是决定性因素。对拟解雇雇员的选择不会是申诉或仲裁程序辖属的客体。从已解雇雇员中选择性的召回也将由公司自行决定并且无须考虑资历。公司坚持依照其提出的要求设计这一条款,因为它意欲以生产力而不是资历为基础去作出决定,并且不想使得能力问题受制于申诉和仲裁程序。

这一条款给予了公司在选择拟解雇和拟召回雇员上绝对的控制权,并且使其免受其承担的就这些议题展开谈判的法定义务的约束。

会费扣除

工会提议了一项会费扣除条款，公司认为扣除会费无非是一种工会保障手段，并且这一方式使得雇员的收入看起来更低，继而据此拒绝了该条款提议。

反歧视条款

工会提出了一项反歧视条款。公司声称该条款不过是对现行法律的重申继而拒绝接受这一提议。更甚，公司认为工会盲目热衷于提起控诉却并不想将此类控诉交付仲裁。

工会最终提出了一项"交换"要求。如果公司能够承诺为处罚和开除规定以及拟解雇和拟召回的资历规定设置一项公正的条款的话，工会将同意某种类型的管理权利条款、不罢工条款以及拉链条款。公司拒绝了。

要决定什么时候一方达到了"艰难的谈判结束以及蓄意妨碍谈判者的对抗开始这个时间点"是"一个必然难以完成的调查"，国家劳动关系委员会诉三树工业公司案［NLRB v. Big Three Industries, 497 F. 2d 43, 47(5th Cir. 1974)］(同上，第 46 页)。但是从我们对在为期十个月的时间中设计出的这些拟议条款展开的扩充叙述中，很清楚地看到公司坚持要求单方控制实质上所有重要的就业协议条款和就业条件，包括解雇、处罚、裁员、召回、业务转包以及将单位工作分配给监工。

它的努力集中在要求雇员放弃谈判或罢工的法定权利，却没有为此类权利的放弃提供任何实质的激励。

凡是涉及雇员工作、安全规章、时间考察、生产指标、加班分配、搬迁(重置)、退休、降职处分以及雇员资质方面——所有强制性谈判议题，公司一概拒绝给予工会任何话语权。单位工作的取消、处罚措施或者雇员的辞退、裁员以及召回均免受申诉和仲裁程序的约束……。强制性谈判最后，值得注意的是针对工会对其最初的管理权利条款和拉链条款的广度提出的异议，公司通过提交涵盖范围更广的新提议作出了回应。这样一种谈判显然揭示了公司并无意为促成对某一合同的一致意见。

公司坚持提出这些异常苛刻且极为不合理以至于可以预见根本行不通的条款提议，从这一行为中，委员会正确地推断出了公司的恶意。国家劳动关系委员会诉怀特汽车公司案[NLRB v. Wright Motors, 603 F. 2d 604, 610 (7th Cir. 1979)]。相比工会和雇员若单纯凭借工会获得的认可而本来能够拥有的那些权利和保护而言，这些提议会留给工会和雇员极少的权利和保护。国家劳动关系委员会诉约翰逊拉布克制造公司案[NLRB v. Johnson Mfg. Co. of Lubbock, 458 F. 2d 453 (5th Cir. 1972)]。

注释和问题

1. 对"无条件仲裁"要求的回应？ 美国国家保险公司一案是否应被看作是一个允许雇主对一项覆盖广泛的管理职能条款坚持提出要求以对抗工会之前坚持的一项"无条件"仲裁条款的案例？法庭是否解释了工会条款提议的语言表述有什么不寻常之处？是否存在其他方面的意见认为雇主提议的条款本来是符合善意谈判要求的，即使之前不存在工会提出的某项要求？对于法庭采取的这一立场——当管理层不能拒绝就某些工作条件展开谈判时，它可以拒绝签署任何未给予其对这些条件加以限制的控制权的协议，潜在的理论支持是什么？对于委员会的这一立场——当管理层能够坚持要求职位晋升、工作日程以及处罚措施上的一个确定标准时，它不能对保留其在这些事项上的自主决定权坚持提出要求，潜在的理论支撑是什么？

2. 管理职能条款的广度？ 鉴于第8条(d)的语言表述以及美国国家保险公司案，对超级三明治公司案中的情形加以区分存在任何依据吗？管理层能够在一些被认为是重要的议题保留单方决策权，但是不能坚持要求对几乎所有的就业协议条款和就业条件保有单方控制权，对于这一观点的探讨是否最终可归结为一个有关程度的问题？见阿奇博尔德·考克斯和约翰·邓洛普：《国家劳动关系委员会对集体谈判的规制》，载于《哈佛法律评论》第63卷(1950),第403—405页,第421—422页[Archibald Cox & John T. Dunlop, Regulation of Collective Bargaining by National Labor Relations Board, 63 Harv. L. Rev. 389, 403‑405, 421‑422(1950)]。鉴于如下事实——美国国家保险公司案中述及的管理职能条款列出的议题是职位晋升、工作日程以及处罚措施而不是工作补偿,这些议题可能是工会可能就之谈判的最重要的问题,这是一个令人满意的解释吗?超级三明治公司案是否本来会或者应该会有着不同的判决结果,如果,比如雇主曾愿意就确定的工资级别展开协商的话?

3. 无改进提议? 超级三明治公司案的关键因素是在提出一项不罢工条款的同时又坚持要求一项无改进的合同吗?换句话说,雇主能否坚持主张只要工会在协议有效期内得自由发起罢工即设定一份对现状不做改进的合同?注意"妥协性"谈判导致在保留不罢工条款的同时使得先前合同中设定的工资或利益发生减让的协议得以达成,这一"妥协性"谈判是不常见的。初次谈判情形和为重新拟就的合同展开的谈判之间是否应当作出区分?

4. "是某些自主决策上的合理努力。" 第8条(d)指明善意谈判的义务"并不强迫任何一方同意某项提议或是要求作出让步",超级三明治公司案的决定以及鉴于上述事实援引的其他类似判决是否与《塔夫脱-哈特莱法》在第8条(d)条款中作出的这一训诫相符?考虑一下在国家劳动关系委员会诉瑞德与王子制造公司案[NLRB v. Reed & Prince Mfg. Co., 205 F. 2d 131, 134‑135(1st Cir. 1953)]中发展的理论(马格鲁德法官)(原文有强调):

因此如果雇主不管是同意当天呈送给他的一份普通合同中的什么,还是一些工会相对较次要的请求中的什么,均不能发现什么,并且如果雇主不是拟就一个至少部分满足工会要求的慎重的合同的话,那么确定无疑地委员会一定能够得出如下结论——这至少是能证明恶意的一些证据,意即其无意与工会达成一致意见。换句话说,当委员会不能迫使雇主对任何确定的问题作出"让步"或者迫使其采取任何特定的立场时,雇主有义务在自主裁量就与工会之间存在的分歧予以妥协上作出一些合理的努力,前提是如果第8条(a)(5)从任何方面考虑均被解释为施加了任何实质性义务的话。

这一原理是否仅仅支持对"一些"妥协意愿予以证明的证据的需要,还是它也表明雇员授权一位集体代表的行为附加给雇主不得提供一份任何"自我尊重的工会"——瑞德与王子制造公司案判决中的一句有名的话——不能期待被接受的协议?(205 F.2d at 139.)运用类似的推理,一些判决表明雇主对单方确定申诉的坚持要求与善意谈判是不相符的。见大陆保险公司诉国家劳动关系委员会案[Continental Ins. Co. v. NLRB, 495 F.2d 44(2d Cir, 1974)];范德比尔特制造公司诉国家劳动关系委员会案[Vanderbilt Prods. Inc. v. NLRB, 297 F.2d 833(2d Cir. 1961)];怀特诉国家劳动关系委员会案[White v. NLRB, 255 F.2d 564(5th Cir. 1958)]。因循这一推理路线的本身违法原则可能很难与第8条(d)的规定调和,但谈判的义务是否至少支持了"为将对雇员具有此种重要性的议题置于谈判代表的影响之外提供了一个正当理由"这一主张?斯巴克·纳吉特公司诉国家劳动关系委员会案[Sparks Nugget, Inc., 298 N. L. R. B. 524, 527 (1990),enforced, 968 F. 2d 991, 995(9th Cir. 1992)],雇主明显偏好于保有管理层控制权是否是一个充分的"正当理由"?

5. 谈判义务的可预见性以及不当劳动行为罢工。正如上面的问题指明的,委员会和法庭迄今未能在这一领域确立起可预见的标准。因此,詹姆斯·A.格罗斯等在文章中的批评意见,詹姆斯·A.格罗斯:《劳动谈判中的善意:考察和救济》,载于《康奈尔大学法律评论》第53卷(1968),第1009页[James A. Cross et. al., Good Faith in Labor Negotiations: Tests and Remedies, 53 *Cornell L. Rev.* 1009(1968)],就像今天所述及的一样中肯。

尽管委员会对违反第8条(a)(5)的救济一般限于谈判指令且并未包含强迫接受实质性条款(见479—490页,如下),如果雇员罢工并且后来才确定他们罢工是为了抗议非法的恶意谈判——而不是单纯的支持经济主张——在罢工结束时他们能够取代任何在罢工期间被雇佣的替代工人并且如果恢复原职的要求被拒绝的话他们将得到一笔补薪。相反,如果罢工被确定为是由纯粹的经济考虑所推动的,罢工工人将没有资格取代替代工人或者得到补薪。见后文584—586页(对不当劳动行为罢工和经济罢工之间的区别展开的讨论)。

雇员是否应该为了支持他们所相信的不当劳动行为罢工而必须"赌上"他们的工作?雇主是否应该在坚持他们的谈判立场以及回应此类罢工上不得不"赌上"他们的业务经营?考虑到双方在没有清楚可预见的利益规则下行事可能付出的代价,在确定雇主是否从事了恶意谈判方面,是否应该存在对本身违法原则的更好接受度而不是一种"情况综合"方法?然而,本身违法原则与一项以各方的"善意"措施予以表述的法律规定一致吗?

6. 程序刚性。前述两个主要案件都涉及对实质刚性这一艰难问题的处理。然而,委员会对双方谈判程序方面的审查权似乎会与第8条(d)部分关于双方"在合理的时间会面并善意地展开商讨"的"相互义务"这一表述所涵盖的意思切合。因此,例如,在工会依赖雇员谈判的情况下,公司拒绝在工作时间释放工人去履行这一谈判功能的行为似乎会不符合善意谈判,至少缺乏依据主张争议中的雇员在特定的日子正从事着不能获得任何替代的工作。布罗格-瓦格纳控制公司案[Brog-Warner Controls, 198 N. L. R. B. 726(1972)]。即便是在前述程序上,都能够出现棘手的问题。参考下述例子:

a.记录谈判会议。雇主或工会坚持要求使用一名速记员或一台录音机记录谈判会议是否违反法案的规定?见:巴特利特-科林斯案裁决[Bartlett-Collins, 237 N. L. R. B. 770(1978)](给予了肯定的认定);另见:拉托贝钢铁公司诉国家劳动关系委员会案[Latrobe Steal Co. v. NLRB, 630 F. 2d 171 (3d. Cir. 1980)]。《国家劳动关系法》是否必定预想这样一种谈判程序,在该程序中谈判各方得自由发表意见并且在没有一个可公开访问的完整记录的情况下"试探出"彼此的意思? 见巴特利特-科林斯案,比较宾夕法尼亚电话公司行业工会案[Pennsylvania Tel. Guild, 277 N. L. R. B. 501 (1985)](基于类似的原理将巴特利特-科林斯案确立的规则适用于工会对申诉会议记录的坚持要求)。

　　b. 混合工会谈判委员会。代表诉讼中已被国家劳动关系委员会认可了的单位构成强制谈判的单位。然而,并不总是为了该单位实际的谈判才举行的。双方能够同意扩展谈判的场所以包含其他谈判单位,公司的其他分支机构或者其他公司。尽管任何一方都不能坚持谈判应在更广的层面上举行。鉴于这些原则,如果工会将来自其他工会代表公司中其他雇员的人士作为其谈判小组成员包含进来,雇主是否可以拒绝谈判? 见通用电气诉国家劳动关系委员会案[General Elec. Co. v. NLRB, 412 F.2d 512(2d Cir. 1969)](当工会仅仅有资格代表那些它代表的雇员展开谈判时,雇主对谈判的断然拒绝并不因工会谈判小组的组成而被谅解;对他方的代表持有异议的一方必须证明"对谈判程序构成的清楚且现实的危险"以使得这一拒绝合法化)。如需参考更深入的讨论,见关于联合和协调型谈判的注释,后文 555 页。

　　7. "布尔韦尔(Boulware)主义。"曾在多年间一直为通用电气公司的劳动关系担任副主席的莱缪尔·R. 布尔韦尔(Lemuel R. Boulware)在 1960 年代的合同谈判中采取了一种谈判策略以略掉典型的"马匹交易"情形,在该情形中工会会提交许多其没有抱保障期望的要求同时公司会以极低的条件回应,并且重大谈判只会在合同满期日第 11 个小时内举行。他的这一被称为"布尔韦尔主义"的策略是让公司在雇员间开展调查以确定他们的意愿、形成一个"坚定且公平的"条件提供,除非工会提交新的信息否则它不会在已确定条件下改变立场,并且之后它会积极向雇员推销这一条件。见国家劳动关系委员会诉通用电气案[NLRB v. General Elec. Co., 418 F.2d 736, 740-741(2d Cir. 1969)]：

> 经过一次在谈判前和谈判期间达到极高比例的名副其实的宣传雪崩，通用电气试图向其雇员讲明它在该问题上的立场……。在谈判中，通用电气宣称他将不会与"流血—威吓—雷鸣"这一方法扯上任何关系，在所称的这一方法中双方均提出明显不合理的要求，并最终选择一个中间立场，对这一立场双方甚至在谈判开始前即已经知道会是可能的结果。公司认为这种方法削弱了公司在其雇员眼中的信誉度，并且同时可能因工会坚持从公司要求曾一致愿意提供的条件而使得工会被信任。此后当通用电气向工会提供条件时它将得不到任何回报条件；它会将所有的因素都纳入考量中，并且就根据所有这些情形报出其认为正确的条件。尽管愿意接受工会依据事实提出的建议，但是一旦该提议的基本轮廓被确定，公司还是可能忽略掉这一事实——异议工会没有理由作出改变。当通用电气说是坚定的时，它就是坚定的。

第二巡回法庭基于弗兰德林法官的反对意见，维持了国家劳动关系委员会得出的部分违反第8条(a)(5)的调查结论，因为通用电气向雇员传达的这一观点使得它如此紧密地锁定于它的最初立场上以至于工会提出的未带来任何额外成本的备选建议立即遭到了拒绝。即使不存在这种不合理的刚性，布尔韦尔主义方式是否还是违反了《国家劳动关系法》？该法案是否隐含了这一要求，即谈判应当以一种不对工会的代表身份有所贬损的方式发生？见前文注释4，第450页(对"直接交易"的探讨)。

8. 工会布尔韦尔主义。我们说卡车司机工会已经组织了纽约市的一个小型制造公司并且在第一天即向雇主呈送了它拟就的标准合同：

> 这是我们在本市使用的、为所有灯具制造商拟就的合同。我们当

然愿意对条款进行讨论,但是我们议定的标准是该行业所有人的标准,这是工会的政策。我们不是要让你们降价为我们其他的雇主服务。你们得自由地予以反对。但是我们不会改变我们的立场,同时你们应当预料到一场罢工会发生。

工会是否已经违反了第8条(b)(3)的规定?见坎卡斯-易罗奎县雇主协会诉国家劳动关系委员会案[Kankakee-Iroquois County Employers' Ass'n v. NLRB, 825 F. 2d 1091(7th Cir. 1987)]。

3. 恶意谈判的救济

H. K. 波特公司诉国家劳动关系委员会案

H. K. Porter Co. v. NLRB
397 U. S. 99(1970)

布莱克法官:在经过推选之后,被告美国钢铁工人联合会在1961年10月5日获得了认可……作为原告H. K. 波特公司位于弗吉尼亚州丹维尔工厂某些雇员的谈判代表。其后,围绕一份集体谈判协议召开了一场协商会议。从那时开始,在委员会、[华盛顿巡回法庭]上诉法庭和本法庭之间,对于该案的争议就急速升级。该案超过八年的积压不是因为案件极其复杂,而似乎主要是由于公司参与谈判的人员善于利用一切机会推迟本案的判决,这一推迟显然更多依据的是法案概论而非依据其明确的规定。整个漫长的纠纷主要是围绕工会让公司承诺"扣除"工会成员应该付给工会的那些费用,即从公司支付给员工的工资中定期扣除那些费用这一行为的意愿问题展开的。正如委员会调查发现的,记录显示公司不赞成扣除建议不是因为任何一般原则或政策反对从雇员的工资中予以扣除。公司确实也为了诸如保险、税款以及给慈善事业的捐款等费用作出过扣除,并且在其他一些工厂它已经为工会会费制定出了扣除方案。证据表明公司的反对不是因为这样做不方便而仅仅是由于公司"不打算援助工会或者让工会过得很舒适"。工会为获得这一扣除要求上的某种妥协而作出的努力都遭遇到了同样断断续续的回应,称工会会费的收集是"工会自己的事情"且公司不会提供任何帮助,这也是法庭下面调查发现的。基于这一证据和一些其他的证据,委员会发现公司拒绝对扣除提议展开谈判不是基于善意作出的,而纯粹是为了挫败任何集体谈判协议的拟就而作出的,上诉法庭认可了这一调查结论。1966年5月,上诉法庭维持了委员会作出的要求公司暂停并终止拒绝展开善意谈判的指令,同时还指令如果工会要求对扣除问题展开进一步协商时,公司应该应请求参与更深入的谈判……

该案之后退回了委员会以待重裁,1968年7月3号,委员会发出了一个补充指令,要求原告"赋予工会一项合同条款,对工会会费的扣除作出规定"(172 N. L. R. B. No.72)。上诉法庭确认了……。基于要说明的理由,我们认为当依据《国家劳动关系法》委员会确实有权……要求雇主和雇员展开谈判时,它无权强迫某个公司或者某个工会同意任何一份集体谈判协议的任何实质性合同条款……

《华格纳法》的宗旨不在于允许对就业协议条款和就业条件施以政府管制,而恰恰在于保证雇主和他们的雇员能够共同致力于彼此满意的条件创建。法案的基调是通过集体谈判,之前几年的激情、争论和斗争会被引导至具有建设性、开放的讨论中去,而这些讨论被期望最终促成双方一致意见。但是从一开始法案就意识到在有些情形中一致意见可能不太有希望达成,并且该法案从来没有期望政府在这类情形下会介入,变成谈判的一方当事人并将其对一种理想的解决方案强加上自己的看法……

1947年国会审视了法案的适用实践并得出结论称需要对法案作出某些修正。在众议院报告以及附随的最终形成的《劳资关系法》中,委员会……说:

> 不顾最高法庭的一些语言表述,现在的委员会已经走得很远了,假

借确定雇主是否善意地展开谈判之名,将它自己确立为对雇主必须作出什么样的让步以及他可以提出或不可以提出什么提议、反提议予以评判的审判官……。除非国会写进法律指南以便委员会遵从,否则委员会可能尝试着将这一程序带的更远并试图对集体谈判协议的条款施加越来越多的控制。①

相应地,国会对定义不当劳动行为的条款作出了修改并在第8条(d)部分称:"……集体谈判的这一义务并不强迫任何一方同意某项提议或是要求作出某种让步。"[法庭对此部分作出了强调性解释]……

……我们与上诉法庭在如下观点上可能是一致的:作为一种限制,前述第8条(d)条款的字面解释仅仅涉及对违法行为什么时候发生的进行确定,但是我们不同意这一解释使得这一结论合法化——即委员会的救济权力不只是受到了促使国会制定第8条(d)条款的因素的同意考量。在法案的整个架构中隐含着这样一种认识——委员会基于监督集体谈判过程并对之作出裁判的目的行事,将较量的结果留给了谈判双方的谈判实力去决定。主张当第8条(d)条款禁止委员会仅仅将拒绝同意的表示作为恶意谈判的唯一证据的时候,法案允许委员会在这场相同的纠纷中迫使双方达成一致这一观点确实是相当反常。委员会享有的法案第10条项下的救济权是广泛的,但是这些权力仅限于对法案本身的政策加以执行。这些基础性政策中有一项即为合同自由。当双方的合同自由并不完全处于被该法案保护之下,允许委员会在双方自己不能达成一致时强迫双方达成一致意见或违反法案所依据的基本前提——在政府对程序加以监管之下独立存在的个体谈判,没有对合同实际条款的任何官方强制……

怀特法官未参与本案的判决。
马歇尔法官未参与本案的合议和判决。

---

① 3. H. R. Rep. No. 245,80th Cong.,1st Sess.,19-20(1947).

[哈伦法官的相同意见略过未述。]

道格拉斯法官持有异议,斯图尔特法官对此异议表示赞同。其异议称……本案中雇主并不是基于任何商业理由——不管是成本还是不方便还是其他理由拒绝的扣除建议。雇主也并非由于其谈判策略中的某个因素拒绝作出这一扣除行为,希望拖延和拒绝反而能够带给它更有利的协议条款和就业条件。它拒绝的原因在于其意图避免与工会达成任何一致意见的决心。

在那些狭隘而特定的情境下,对于委员会附加会费扣除义务作出"扶持行为",以对雇主公然拒绝展开善意谈判这一行为予以必要救济的自由裁量权,我还没有想出解决的办法……

注释和问题

1. 拒绝谈判?

a. 你是否同意委员会的这一调查结论:雇主拒绝接受会费扣除建议是基于恶意的行为? 这是否与第8条(d)部分的规定以及先前有关"表面化谈判"的资料相一致?

b. 雇主没有遵守第8条(a)(5)的规定,拒绝接受工会对一项工会保障条款(一项强制性谈判议题)的要求,主张:(1)成员的招募或者经济支持的保障应当是工会自己的事情;(2)强制工会化是与雇主的原则不相符合的;(3)强制工会化有损雇员士气;(4)强制工会化会赋予工会过大的权利;或者(5)雇主,作为单位中尚未加入工会组织的雇员的捍卫者,不得不拒绝这一要求。

在每个实例中,雇主是否都满足了法案的谈判要求? 比较阿特拉斯金属零件公司诉国家劳动关系委员会案[Atlas Metal Parts Co. v. NLRB, 660 F. 2d 304, 308(7th Cir. 1981)]。另比较教会要点零售杂货店案[Church Point Wholesale Grocery, 215 N. L. R. B. 500(1974), enforced sub nom.],石油化学及汽车工业公司工会诉国家劳动关系委员会案[Oil Chem. and Atomic Wrks. Int'l Union v. NLRB, 538 F. 2d 1199(5th Cir. 1976)]。双方在

相当长的一段时间内曾订立过不包含一项工会保障条款的协议这一事实是否具有实质意义？或者工会刚在一场极为封闭的推选中获得了认可,这场推选举行在雇主进行的大力反工会宣传之前,但之后即未能达成一份集体协议?

2. 第8条(d)和国家劳动关系委员会的救济权。 第8条(d)是否涉及了委员会第10条(c)项下的救济权？委员会赋予谈判方的救济是和争议的会费扣除规定完全一样的条款规定,该条款导致了第一个案件中违反谈判义务的调查结论,对于这一事实,委员会在救济权上的态度是否受到了该事实的负面影响？其他什么救济措施本来会有意义?

3. 比较:现有恢复原状救济措施。 在有些实例中,委员会被允许要求将恢复原状作为一种救济措施。例如,在纤维板纸品公司诉国家劳动关系委员会一案[Fibreboard Paper Products Corp. v. NLRB, 379 U. S. 203 (1964)]中(摘录自后文525页),委员会经过法庭的同意,责令曾单方转包出单位作业(一项强制性谈判议题)并裁掉了单位雇员的雇主,等到围绕业务转包决定展开的善意谈判的结果出来即重建被关闭的业务并让这些雇员恢复原职同时支付补薪。如果H.K.波特案的原理是委员会不应为谈判双方起草合同,即使是在行使它的救济权力的情况下,这一理论是否提出了有关纤维板纸品公司案中救济措施的某些问题？纤维板纸品公司案是因为委员会在该案中要求恢复原状而有所不同吗?这是否应该有所不同,尽管在该案中不能确保雇主曾就业务转包决定展开过善意谈判,维修作业本来在委员会支付补薪和重建指令中要求的那段时间内会在单位继续进行？这两个案件的唯一不同是否是在一个首次谈判情境下不存在原状可以去恢复？审判H.K.波特案的法庭是否本来已经允许了委员会在违反行为做出日和善意谈判完成日之间的过渡期内临时性地对会费予以强制扣除?

注释:有关首次谈判关系和特别救济措施的问题

第一份合同成功订约的比例。1994年,邓洛普委员会报告称在1986至1993年间,新获认可的单位首份合同的签约率曾仅达到过所有情形总和的56%,在这些情形中联邦仲裁与调解局(FMCS)曾接到过一个认可通知。邓洛普报告73页。从1995年开始,联邦仲裁与调解局突然开始得到所有国家劳动关系委员会的认可通知并开始对首份合同的调解给予特别重视。见联邦仲裁与调解局1999年年报第52卷第14页,联邦仲裁与调解局2004年年报第57卷第18页[52 FMCS Ann. Rep. 14(1999);57 FMCS Ann. Rep. 18(2004)]。然而,在可获得数据记录的最后五年,首份合同的成功签约率始终徘徊在55%—57%的范围内。见联邦仲裁与调解局2000—2004财务年度的统计结果,第57卷第19页[57 FMCS Ann. Rep. 19(result for fiscal years 2000-2004)]。

2006年,国家劳动关系委员会的事务总长对首份合同背景下不当劳动行为控诉的多发表示了担忧。见国家劳动关系委员会事务总长,《首份合同谈判案例,事务总长记录》,2006年4月19日06-05;《国家劳动关系委员会事务总长关于首份合同谈判案例的备忘录》,2006年5月3日劳动每日报道,第85项,E-1部分[GC Mem.06-05(April 19,2006);2006 Daily Lab. Rep.(BNA)No. 85,at E-1]。他报告称,所有控诉之中半数以上宣称雇主拒绝谈判的非法行为发生在首份合同情形下,并且国家劳动关系委员会作出的认可中超过四分之一(28%)引致了拒绝谈判控诉的提起,该控诉被委员会认定为是值得鼓励的(即,使得地方当局提起的申诉有了正当理由)。与其他人不一致的是,事务总长麦斯伯格(Meisburg)对委员会的传统救济措施在首份合同谈判情境中是否充分提出了质疑。同上(命令地方当局考虑寻求第10条(j)救助并/或将"特别救济措施"作为委员会在首份合同案件中作出的指令的一部分的可能性)。对于委员会标准指令之外的指引雇主停止其拒绝谈判非法行为的作出(诸如恶意的"表面化谈判"),同时与工会展开善意谈判可能的救济措施,我们将在下面进行讨论。

"整体"救济?:Ex-Cell-O 规则。在 Ex-Cell-O 公司案[Ex-Cell-O Corp., 185 N. L. R. B. 107(1970)]中,雇主不合法地拒绝了与工会展开谈判,该工会在 1965 年 10 月由国家劳动关系委员会主持召开的推选会上获得了认可。行政法官建议称委员会应该责令雇主将雇员作为一个整体,赔偿他们因为公司拒绝谈判的非法行为遭受的任何钱财上的损失。在为了考量委员会是否有权给予这样一种救济而听取了口头辩论后,委员会裁决称其无权"准许对某个被告或是某类被告施以惩罚",并且雇主拒绝与新获认可的工会展开谈判的行为是对其享有的对委员会就其反对推选程序的行为做出的否定裁决寻求司法审查这一权利的行使(认为提起控诉的工会存在不实陈述行为)。关于这一"整体"救济措施的妥当性,委员会的大多数表示:

据辩称,本案与 H. K. 波特案是有所区别的,主要体现在被请求的救济措施只是要求雇主赔偿雇员因为雇主未能同意签订某份合同而使他们遭受的损失,因为如果雇主曾善意地展开过谈判的话,他本来会同意这样一份合同的。在我们看来,这一区别不仅不是真实的,反而显得更不牢靠。在 H. K. 波特案中使用的救济措施乃寄希望于这一措施可以使得雇主严格受到一项具体的合同条款的约束。本案采用的救济措施却反向地起着对一个假定合同协议中存在的雇主施加一定经济负担的作用。……不管在哪一个案件中,雇主都没有同意合同的条款规定,因为一旦他同意了这些合同规定他就必须承担责任……辩称该救济措施不能被适用除非存在实质性证据证明雇主在谈判会议期间本来会对这些要求作出让步是没有任何意义的。在一个具体的案件中谁将去说明雇主准备给予多少而工会又愿意接受多少?谁会说一份让双方赞同的合同不管在什么情况下都是由谈判获得的?并且只有具有这种善意的雇主才可能使得委员会作出他至少本来会给予他的雇员一个公平的工资增长的推断,才能使其受到一项经济赔偿指令的约束;这样一种雇主是否应被挑出来附加给其这样一种指令?为了回应这些问题,委员会将需要作出最普遍的推理——如果不是完全推测性的话,以得出这样一个结论:雇员因为雇主拒绝谈判的行为被剥夺了特定的利益。[同上,第110页(原文有强调)]

委员会成员麦克卡洛克和布朗部分地持有异议。对于"整体"救济措施的推测性,异议者指明:

> 得到很好证实的是禁止对"不确定损失"予以恢复的裁决在损害的事实而非赔偿的数额上涉及不确定性。正如在本案中,在雇主已经剥夺其雇员的某项法定权利的情境中,他们遭受了一项法律上定义的伤害,并且任何的不确定性仅仅涉及伴随产生的可补偿经济损失的数额……
>
> 　　一些合理的计算方法或计算依据能被推断出来作为遵守程序的一部分……。测量这种损失的下述方法看起来确实可取,尽管他们既不完全也非唯一的方法。因此,如果涉及的某位雇主和某个工会之间存在覆盖雇主其他工厂的合同,很可能在同一个区域或者相关的区域,此类协议的条款可以用以表明雇员通过谈判大概能够得到什么。双方也能够与同一地理区域或行业的其他雇员就通过集体谈判实现的赔偿方式作出比较。或者双方可能在劳动统计局计算出的计时工资中运用全国平均增长幅度变化。(同上,第117、118页)

谁辩称的观点更胜一筹? 上述救济措施的"推测性"特征是 Ex-Cell-O 案所作的裁决的真正问题吗?

至于委员会多数对 H. K. 波特案的解释,注意在国际电子、广播及机械工人工会案[Int'l Union of Electrical, Radio and Machine Workers(Tiidee Products, Inc.) v. NLRB, 426 F. 2d 1243(1970)]中(以下简称"特一迪 I 案"),该案在 Ex-Cell-O 案之前作出的判决,华盛顿巡回法庭认为 H. K. 波特案并未禁止委员会在首份合同拒绝谈判的情形下给予整体救济。在基于此种救济考量而作出的退回重审决定上,法庭强调,"首先我们已经明确地将我们发回重审的范围限制在了对过去损失的考量上,而不是限于对一项未来合同条款的强制;其次,我们也已经明确地将我们发回重审的范围限于与损失有关的范围,这里的损失需以对如果双方曾参与了法案要求的那种谈判程序的话,他们自己本来会对什么表示同意这一问题的确定为基础。"同上文1253页(援引,纤维板纸品公司案,在前文482页的注释3处被讨论)。你认为法庭对H.K.波特案的区分让人信服吗?它依靠了纤维板纸品公司案的理论吗?

特一迪Ⅰ案的事实是相当异常的,依据这类事实,法庭赞成工会的观点,认为委员会未曾对为什么它的标准救济措施是充分的作出令人满意的解释:

> 假设一个纯粹预测性的……指令具有总体上的合法性,该拒绝谈判的案件……提出了特别的考虑……。一项仅凭预测的裁决意味着雇主从他违反法律的行为中获得了被其视为某种经济利益的规避谈判的益处。对一项法定错误行为的有效赔偿应当既赔偿遭受不公的一方也应避免提供给错误行为者"其违法行为的果实"……
>
> 雇员在工会中享受到的利益能够因为工作条件表面上未受工会或集体谈判的影响快速地逐步减少。当多年后公司最终被责令与工会展开谈判的时候,工会会发现它只代表着非常少的雇员……。由此雇主可以从他最初拒绝遵守法律规定的行为中获得第二次利益:他可能在责令其展开谈判的指令作出后继续享受更低的劳动开支,或者因为工会已经离开了或者因为工会力量过于薄弱以至于不能有效地进行谈判。(同上,第1249页)

法庭指令委员会考虑就发回的整体救济措施进行重审,但并未正式下达这一命令。委员会最终基于甚至是近乎准确地确定双方如曾善意地展开了谈判"本来会同意"是不可能的这一理由拒绝给予这种救济,但的确作出

了其他"特别的"救济指令,下文讨论。[194 N. L. R. B. 1234,1235(1972)]

继特一迪 I 案之后,依据工会提出的审查对有关整体救济措施或一些其他特别救济措施的妥当性予以确定的结果的请求,Ex-Cell-O 案被同一法庭裁定发回重审。国际工会,美国汽车工人联合会诉国家劳动关系委员会案[International Union, UAW v. NLRB, 449 F. 2d 1046(D. C. Cir. 1971)]。然而,在委员会能够对发回重审的案件作出决议前,法庭应雇主的审查申请作出了一项单独的裁定,得出结论认为雇主的异议其实是"具有相当大的争议"的,因此使得作出的赔偿指令变得不那么妥当。Ex-Cell-O 公司诉国家劳动关系委员会案[Ex-Cell-O Crop. v. NLRB, 449 F. 2d 1058(D. C. Cir. 1971)]。

尽管华盛顿巡回法庭的意见是委员会至少可以在有些案件中作出整体救济的指令,但委员会从未重新审视其对 Ex-Cell-O 案作出的裁决。麦卡·伯鲁:《谈判还是不谈判不应该成为一个问题:在谈判起始就通过开放的承担诉讼和协商成本方式对违反第 8 条(a)(5)进行遏制》,载于《劳动法评论》第 18 卷(2002),第 27、35 页[Micah Berul, To Bargain or Not to Bargain Should Not Be the Question: Deterring Section 8(a)(5) Violations in First-Time Bargaining Situations Through a Liberalized Standard for the Award of Litigation and Negotiation Costs, 18 *Lab. Law.* 27, 35(2002)]。是否应该这样?

诉讼费用,谈判花费,以及权利救济。尽管拒绝给予整体救济,在对发回的特一迪 I 案进行重审时委员会仍责令雇主向委员会和工会支付诉讼所花费的开支,将委员会指令通知的副本寄交每位雇员一份,给予工会使用公司公告栏的权利,以及提供给工会一份及时更新的列明了雇员名字和地址的清单。在"特一迪 II 案"中,华盛顿巡回法庭认可了委员会指令中有关通知和使用公告板权利的方面,但基于雇主尚不是一个惯常犯为由驳回了补偿委员会开支的指令部分,并将工会的诉讼花费补偿限制在了雇主从事"繁琐的"诉讼的期间内。见国际工会,美国汽车工人联合会诉国家劳动关系委员会案[International Union, UAW v. NLRB, 502 F.2d 349 (D. C. Cir. 1974)]。然而,在难以置信公司诉国家劳动关系委员会案(Unbelievable, Inc. v. NLRB)中,法庭走得更远,且认为委员会不享有第10条(c)下的任何权力对一般律师费占主要部分的诉讼花费的承担作出裁定[118 F.3d 795(D. C. Cir. 1997)]。对与边境宾馆与赌场案相关的部分驳回了强制执行申请[Frontier Hotel & Casino, 318 N. L. R. B. 857(1995)]。在难以置信公司案中,法庭依据的是峰谷工业公司诉木工案[Summit Valley Industries, Inc. v. Carpenters, 465 U. S. 717(1982)],该案的裁决指明"美国规则"确立的各方承担各自开支的费用这种判归律师费用的推定只能由明确的国会授权去推翻。法庭并未在第10条(c)的规定中或者法案的立法史中发现存在这种授权。然而,法庭还没有触及美国规则的"恶意"例外情形下委员会对诉讼费用的承担作出裁决的权力问题,认定委员会未曾依据这一潜在的备选理论(118 F.3d at 800 n.1)。

从难以置信公司案开始,委员会在它调查发现一方在其引发诉讼的行为中(例如拒绝谈判的行为)或者是在诉讼本身的行为中(诸如提出"妄断的"抗辩)是基于恶意行事的情形下,即同时依据第10条(c)的规定和它享有的"通过适用美国规则的'恶意'例外控制其自身的诉讼活动的固有权力",持续对诉讼费用的承担作出裁决。见阿尔温制造公司案[Alwin Mfg. Co., 326 N. L. R. B. 646, 647(1998),依据第10条(c)判归事务总长和工会的诉讼费用以及恶意例外的两个方面,已强制执行,192 F.2d 133 (D. C. Cir. 1999)](法庭对救济措施的考量没有管辖权,因为在委员会前并未提出任何异议);湖泊假日庄园案[Lake Holidar Manor, 325 N. L. R. B. 469(1998)](依据恶意例外将诉讼费用判归事务总长);比较卡车司机工会122地方分会案[cf. Teamsters Local Union No. 122(August A. Busch & Co.), 334 N. L. R. B. 1190(2001)][同时援引第10条(c)的规定和恶意例外原则在第8条(b)(3)项下的表面化谈判案件中将诉讼费用以及谈判开支判归事务总长和雇主一起承担]。

考虑这一事实:如果事务总长不能表明它的立场"大体上是有正当理

由的",在委员会裁决中胜诉的小型雇主和工会能够获得他们诉讼费用的补偿。见《司法平等法案》[Equal Access to Justice Act(EAJA),28 U.S.C. §2412(d)(1)(A),d(2)(D)(2000)](覆盖员工人数少于500且净资产少于700万的经济实体)。另见萨缪尔·艾斯托伊克和理查德·勒维茨:《未被联邦行政机构默认》,载于《耶鲁法律杂志》第98卷(1989),第679、758页[Samuel Estreicher & Richard L. Revesz, Nonacquiescence by Federal Administrative Agencies, 98 Yale L. J. 679, 758 & nn. 347−48(1989)];然而,《司法平等法案》并未在被告的立场是"大体有正当理由"的情形下对该机构或控诉方的类似补偿作出规定。该法案是否应该作出规定?见前文,伯鲁,《谈判还是不谈判》,44—46页。

最后,在雇主从事了恶意谈判的情形下,委员会有时也将谈判费用判归工会承担。见前文边境宾馆案[Frontier Hotel, supra 318 N. L. R. B. 857, 859(1995)](补偿保障了"提出指控的一方因违法行为所浪费的资源获得了完全的补偿,同时,使得指控方恢复了经济力量,这种经济力量是使其回到谈判桌的保障")。相关部分得到了执行(118 F. 3d 795)。然而,在边境宾馆案中,委员会清楚地指明这种费用承担的判归限于"异常恶劣的不当行为"案件。

改革的建议

　　a. 整体救济。失败了的1977《劳动改革法》本来已经授权委员会在首份合同情形下的恶意谈判案件中给予整体救济措施,这一救济措施的给予本来会在恶意谈判的期间内使用劳动统计局有关平均工资和福利偿付资料进行计算。见众议院第95届会议第一次会议第8410页[H. R. 8410, 95th Cong., 1st Sess,第8条(3)(1977)(正如在众议院获得通过的一样),修改《国家劳动关系法》第10条(c)部分]。注意整体救济得到了《加利福尼亚州农业劳动关系法》的授权。见《加利福尼亚劳动法典》第1160条第3款(2003)[Cal. Lab. Code §1160.3(2003)];另见乔治·阿拉克良农场公司诉国家劳动关系委员会案[George Arakelian Farms, Inc. v. NLRB, 49 Cal.

3d 1279, 265 Cal. Rptr. 162, 783 P. 2d 749(1989)]。

b. 利益仲裁。从 2002 年起,加利福尼亚法令也对农业雇主和代表其雇员的工会尚没有能力就第一份合同的条款达成一致时的利益仲裁作出了要求。见《加利福尼亚劳动法典》第 1164 条等;另见赫斯收藏酿酒厂诉加利福尼亚农业劳动关系委员会案[Hess Collection Winery v. Cal. Agr. Labor Relations Bd. ,140 Cal. App. 4th 1584, 45 Cal. Rptr. 3d 609,179 L. R. R. M. (BNA)3225(Cal. App. 3d Dist. 2006)(2 - 1)](反对依据联邦和州宪法对前述法令规定提出质疑),审查于 2006 年 9 月 13 日驳回。至于《国家劳动关系法》,许多起草者,尤其是国家劳动关系委员会前主席威廉·古尔德和法学教授保罗·韦勒,已经敦促对法案作出修改,期望这一修改会授权运用利益仲裁去解决首次谈判情境中的僵局,且这一修改应参考加拿大联邦部门和一些加拿大省份的立法模式。见威廉·B. 古尔德第四:《改革的议程:劳动关系和劳动法的未来》(1993),第 222—230 页[William B. Gould IV, *Agenda for Reform*: *The Future of Employment Relationships and the Law* 222 - 230];保罗·C. 韦勒:《达成一种新的平衡:合同自由和工会代表的前景》,载于《哈佛法律评论》第 98 卷 (1984),第 351 页、405—412 页[Paul C. Weiler, Striking a New Balance: Freedom of Contract and the Prospects for Union Representation, 98 *Harv. L. Rev.* 351, 405 -412(1984)]。韦勒教授,当他还是英国哥伦比亚劳动关系委员会的主席时,曾协助制定出这些加拿大法律中的第一部,这些法律将利益仲裁限定为对首份合同谈判中的恶意谈判作出的一项可自由裁量的救济措施。见罗伊·L. 希南:《邓洛普委员会的调查议题:加拿大经验》,载于《47 界纽约大学劳动法年会文集》(布鲁诺·斯坦主编),第 351、364—365 页[Roy L. Heenan, Issues for the Dunlop Commission: The Canadian Experience, in Proc. , 47*th Ann. N. Y. U. Conf. on Lab*. 351, 364 -365(Bruno Stein ed. , 1995)]。当一些省份继续将利益仲裁主要局限为对恶意谈判的一项救济措施时,英国的哥伦比亚之后扩展了它的法律,允许双方申请仲裁以解决围绕首份合同展开的谈判中的僵局,并且至少还有另一个省份已经走得比较远,并在首份合同情境中提供了近乎自发的进入利益仲裁的机会。见英属哥伦比亚省劳动关系法典,第 55 条(1992);《魁北克劳动法典》第 93.1—93.9 条(颁行于 1977 年;于 1983 年和 2001 年作出过两次修改);见阿曼达:《加拿大劳动法》,前文,第 10 章(g),特别是 10.2173,10-2190-10.2220(2006 年 6 月 15 日更新)。

作为首份合同仲裁授权的产物,这类协议是否会导致持久的关系尚不清楚。比较加里·N. 查理森和约瑟夫·B. 露丝:《工人组建工会并展开集体谈判之权利的加拿大视角,践行美国劳动法的诺言》,第 241、246 页(弗里德曼等主编,1994 年) [Gary N. Chaison & Joseph B. Rose, The Canadian Perspective on Workers' Rights to Form a Union and Bargain Collectively, in Restoring the Promise of American Labor Law 241, 246 (Friedman et aL. eds., 1994)] 和埃罗尔·布莱克,克莱格·荷西:《马尼托巴的首份立法:值得美国借鉴的模式?》,载于《劳动法杂志》第 45 卷(1994),第 33、36—38 页 [Errol Black & Craig Hosea, First Contract Legislation in Manitoba: A Model for the United States., 45 Lab. L. J. 33, 36-38(1994)];另见塞不丽娜·西尔斯:《安大略省的首份合同仲裁:成功还是失败? 1986—1990 年》,金士顿王后大学 1991 年硕士论文,第 29—30 页 [Sabrina Sills, First Contract Arbitration in Ontario: Success or Failure. 1986-1990(Master Thesis, Queen's Univ., Kingston, Ont., Aug. 1991, 29-30)]。然而,在最低限度上还是有一些人表示,首份合同提交仲裁的可能性可能阻止恶意谈判和普遍的拖后腿行为,并增加首份合同订约的总体成功率。见约瑟夫·B. 露丝,前文,246 页;约瑟夫·B. 露丝,加里·N. 查理森:《美国立法改革的模型——加拿大劳动政策》,载于《劳动法杂志》第 46 卷,第 259、265—266 页 [Chaison & Rose, supra, at 246; Joseph B. Rose & Gary N. Chaison, Canadian Labor Policy as a Model for Legislative Reform in the United States, 46 Lab. L. J. 259, 265—266(1995)]。如需参考对加拿大经验的其他评价,见麦当劳:《加拿大的首份合同仲裁》,产业关系研究学院论文第 17 号,金士顿王后大学产业关系中心 [A. P. Macdonald, First Contract Arbitration in Canada, School of Indus. ReL. Research Essay Series No. 17(Indus. ReL. Centre, Queen's Univ.,

Kingston, Ont., 1988)],简·塞克斯叮:《加拿大的首份合同仲裁》,载于《劳动法杂志》第 38 卷(1987),第 508 页[Jean Sexton, First Contract Arbitration in Canada, 38 Lab. L. J. 508(1987)]。

即使利益仲裁的可使用性受到严格限制,其只能在作为一项恶意谈判的救济措施时才能加以适用,你是否看出了这一建议中存在的任何难点? 仲裁员在哪里找到确定首份合同内容的准则? 我们是否有把握相信仲裁员会草拟出协议,该协议会通过反映出公司承受的市场压力或者雇员的偏好去为持续的劳动关系提供一份稳定的合同文本? 对于那些未能就一份涉及首份合同的集体协议达成一致意见的雇主和工会,如果国会授权委员会施加给其"基于正当程序标准和行业的习惯做法,包含进公正条款和申诉仲裁条款,还有不罢工条款",但这些条款均未确切指明实质性的工作场所规章或是工资或附加福利计划,如此是否会更可行? 这种授权是否会使得委员会有能力保护一种新的集体谈判关系不因首份合同的缺失而被中止,并且无须顾虑适用整体救济措施或者普遍的首份合同仲裁而引起的问题? 见迈克尔·C. 哈珀:《一个重振美国劳工运动活力的架构》,载于《工业法律杂志》第 76 卷(2001),第 103 页[Michael C. Harper, A Framework for the Rejuvenation of the American Labor Movement, 76 Ind. L. J. 103, 125 – 26 (2001)]。

在合同重新拟就的会谈中利益仲裁是否也应该作为一种恶意谈判的救济措施得到适用了? 古尔德教授是这样认为的。见古尔德,《改革的议程》,前文,230 页;见萨缪尔·艾斯托伊克:《邓洛普报告和劳动法改革的未来》,载于《管制》第 18 卷第 1 期(1995 年冬季),第 28、34 页;《劳动法》第 12 卷(1996),第 117 页[Samuel Estreicher, The Dunlop Report and the Future of Labor Law Reform, Regulation, vol. 18, no. 1 (Winter 1995), 28, 34; 12 Lab. Law. 117(1996)]。如果新拟就的协议也受制于利益仲裁的话,我们是否仍然有机会对就业协议的条款和就业条件展开集体谈判而不是由政府对它们作出规定? 这一建议所带来的益处是否胜过了其带来的成本? 尽管存在这些难以克服的困难,但对于那些打击工人声明的偏好集体代表这一意

愿的谈判违反行为,是否有任何的备选方式提供一个对此类行为施以救济 490
的相近承诺?

4. 信息公开义务

国家劳动关系委员会诉特鲁伊特制造公司案

NLRB v. Truitt Manufacturing Co.
351 U. S. 149(1956)

布莱克法官……。本案提出的问题是国家劳动关系委员会是否会发现在雇主声称它负担不起更高的工资支付,但拒绝请求方提出的出示证实其主张的相关信息这一要求的情况下,雇主并没有善意地展开谈判。

当工会[代表]要求每小时工资增长 1 角时……,即发生了本案的争议。公司答复说,支付不起这样一个增长额度,现在公司投资不足,且从未获得过分红,每小时工资增长额超过了 2 分钱,就会使经营难以为继,导致公司关门。工会要求公司出示一些证据证实它的这些陈述,并请求允许其让一名获得认证的公共会计师对公司的账簿、财务资料等进行核查。在请求遭到拒绝后,工会要求公司呈送"有关其财力状况和收益的充分且完整的信息",坚持称这种信息对于雇员确定他们是否应该继续敦促他们的工资增长要求而言是相关且必不可少的。一名工会官员在讯问审查官前证实称:"我们想要与公司态度有关的任何东西,任何记录或者其他任何你有的,账簿、财务报表、成本开支,或者你没有的,任何可以支持公司主张的他们没有能力给更多钱这一处境的东西。"公司仅仅依赖"这些信息……与这种决定并不相关,公司拒绝提供给你们这种信息;你们没有获得这些信息的合法权利"这一表述即拒绝了所有这些要求。

依据这些事实,委员会发现公司"未能就工资事项展开善意谈判违反了法案第 8 条(a)(5)的规定"(110 N. L. R. B. 856)。委员会责令公司提供给工会此种会"证明被告所称的没有经济能力支付要求的工资增额这一处境"的信息。上诉法庭拒绝强制执行委员会的指令,赞同被告的辩称,认为它不能因为它拒绝提供工会要求的信息而被裁决构成不当劳动行为而应负罪责……

对于所要求的信息范围过于宽泛,且公布这些信息会给公司造成不当的负担这一理由,公司没有异议。公司自始至终一直所坚持的主要观点是,所要求的信息与谈判过程无关,完全是属于管理范围内的问题。因此我们支持本案中公司所提出的观点,委员会的命令可能会给公司造成不当的负担,并给公司带来伤害。无论如何,委员会审理案件中所坚持的立场——诸如"就妨碍谈判过程而言,如果不那么费事、不花很多时间就能够获得信息,那就是足够的"。在本案中,委员会已经认定,不再需要"合理的证据"就能证明公司的立场。

我们认为,在确定善意谈判义务的要求是否已经被满足这一问题方面,委员会有权考虑雇主拒绝提供有关其财力状况的信息的行为。尽管国会并未强迫雇主和谈判代表之间一致意见的达成,但它确实要求展开集体谈判期望借此促成协议的签订。1947年《劳资关系法》的204节(a)(1)部分一并告诫雇主和雇员"尽一切合理的努力达成并维持有关薪资支付水平、工作时间和工作条件的协议……"对于他们为达成一份协议而作出的努力,工会和公司在这里都将公司支付加薪的能力当成是高度相关的事项。雇主增加薪资同时不对其经营产生不利的能力在工资协商中是一个普遍考量的因素。主张加薪的要求有时也由于雇主不那么让人放心的经营状况而被迫放弃;雇员甚至因为这种经营状况进行投票决定是否接受工资向下作出调整。

善意谈判必定要求任一方谈判者作出的主张都应当是诚实的。对于一项无力支付工资增额的声明也是这样的。如果这样一项争论重要到足以在谈判予与取的较量中提出来,它就足够重要以至于能对出示某些能证明其准确性的证据作出要求。并且对一名对事实进行审核的审查官来说,得出如下结论当然不会显得牵强了,这一结论即:当雇主只是机械地重复所称的无力支付加薪的主张却没有作出哪怕一丁点的努力去证明该主张的话,谈判即是缺乏善意的。自从《华格纳法》通过后不久,这一结论就成为了劳动委员会所推行的裁决了⋯⋯。当《塔夫脱-哈特莱法》在1947年获得通过的时候,这就是委员会的立场并自此以后成为了它的一贯立场。我们同意委员会所认为的对一项无力支付加薪的主张拒绝尝试性地予以证明可能形成对未能善意地展开谈判这一认定结论的支持。

委员会得出结论认为根据本案的事实和情况,被告在未能善意地展开谈判这一行为上构成了不当劳动行为而应付罪责。我们没有任何理由打断委员会的调查结论。然而,我们并不认为在每个经济能力不济作为针对薪资增加的一项抗辩被提出的案件中都自动地因循着雇员有权获得予以证明的那些证据这一认定结论。每个案件都必须依据特定的事实而定⋯⋯

法兰克福法官部分同意部分异议,克拉克法官、哈伦法官和其一起参与了评议⋯⋯。"善意"意味着的远不止装着谈判的样子走走过场;它与事先确定的不改变最初立场的决意是不相符的。但是它并不必然与固执己见甚或是与在一名局外人看来可能不合理的情形是不相容的。对善意的确定或者是对善意缺失的确定通常只能依赖基于另一方思维状态更具说服力或者更不具说服力的表征作出的某种推论。双方先前的关系,前述说明谈判桌上的行为的事件,以及谈判的过程都构成作出这一确定的原生事实依据。凡此种种的证词通常让人困惑且十分混乱,而对劳动委员会的裁决而言,从这些证词中推导出的适当结论勾勒出的是一个缺乏善意的认定,除非全部记录在整体上使得这一裁决不存在任何合理的依据。

对本案中委员会意见以及其理事会采取的立场的一项考察表明,委员会在这个案件中并未如此构想善意谈判的问题。谈判行为的全部显然都被认定为是与前述问题无关的;仅这一事实即推翻了这个案件⋯⋯

由于委员会在本案中适用了错误的标准,并借此错误标准裁决特鲁伊特公司未能向工会提供财力信息的行为本身即构成了对善意展开谈判的拒绝,因此该案应被发回委员会以待重审。记录中存在具有重大价值的证据表明特鲁伊特公司试图达成一项协议。它主动提出一个2.5分的工资增长额,它表达了愿意与工会"在任何时间就我们的工资怎样与我们竞争对手的工资比较这一问题"展开讨论的意愿,并且自始至终一直与工会会面并就争议进行商讨……。我会将该案发还委员会以便它可以对确定"善意"的相关标准予以适用。

底特律爱迪生公司诉国家劳动关系委员会案

Detroit Edison Co. v. NLRB
440 U.S.301(1979)

在该案中,"每当雇员们被考量的合理资格和能力差别不是很明显的时候",为晋升作准备的集体谈判协议即以工龄为基础作出规定。1971年,公司向雇员招标以期补充其密歇根门罗市工厂中的六个"仪器测试人员"职位空缺,十个雇员提出了申请但没有一人在一组成套的才能测试中获得一个令人满意的得分,最终充任该职位的是一个来自谈判单位以外的申请人。工会随之代表门罗市的申请者提起了申诉,声称测试程序不公平且违反了合同有关工龄的规定。在为仲裁做准备的过程中,工会要求提供与"仪器测试人员"测试程序相关的各种材料。公司将其工业心理学家准备的测试验证研究的复件移交给了工会但拒绝交出实际的成套测试题、申请者的测试卷以及他们的分数,其给出的理由是维护这些资料的机密性对确保该测试未来的完整性是必要的。

工会与国家劳动关系委员会一起提起了关于第 8 条(a)(5)规定的指控。在这场于行政法官前进行的诉讼的过程中,公司主动提出移交测试套题和标准答案页给工会挑选出的一个行业心理学家。工会拒绝接受该做法。委员会最终责令公司直接向工会提供测试卷和答案页,但同意限制工会只能在对仲裁申诉有必要的程度上使用测试卷和信息而不得复印该测试卷并将其内容透露给雇员。第六巡回法院的上诉法庭维持了委员会的这一裁决。然而,最高法院推翻了这一裁决。

斯图尔特法官……。我们首先考虑的问题是当委员会责令公司直接向工会移交测试套题和答案页的复印件时,委员会是否滥用了它的司法裁量权。除去公司辩称的它完全没有义务公开这些资料这一陈述外,公司的立场如下:它极力主张直接向工会公开资料会带给他测试的问题将被散播出去的重大风险;由于它花费了大量的时间和财力验证"仪器测试人员"的测试并且由于它的测试依赖应试者缺乏事前的准备而具有可靠性,所以它辩称资料散播的危害不会是微不足道的;该测试的未来的有效性与保密性息息相关,透露给雇员不只会威胁到公司的投资也会使得公司找不到其他有效的手段对雇员的能力加以衡量。

显然委员会选择的救济措施并没有充分保护到测试的安全性。禁止工会采取任何可能使得测试题落入已经参与过该测试或者是可能参与该测试的雇员之手的限制措施,只有在落实这一限制的制裁措施是现成可用的时候才有效。在这种情形下,对于工会若不理会这一限制的话,它是否会受到藐视法庭的传讯尚存在颇多疑惑。在上诉法庭程序中它不是执行诉讼的一方当事人……。更甚者,委员会的管制措施只针对被告才考虑施以藐视法庭的制裁,……并且藐视法庭之诉的启动完全处于委员会事务总长的裁量职权辖属的范围内……。要在委员会层面实现有效的制裁也存在类似的问题。当然,委员会事务总长理论上能够针对工会提起一场单独的不当劳动行为控诉,但是他也能在其不容审查的自由裁量权限内拒绝发起这样一场控诉……。此外,工会显然不会为委员会的救济措施中先天存在的最实际的瑕疵——偶然疏漏的危险,而对藐视法庭或是不当劳动行为诉讼负有责任……。

本案中,由于委员会对公司在测试保密性上享有的无可争议且相当重要的利益施以如此不充分的保护,其授予的这一救济措施已被认定为没有合法理由,我们认为委员会在责令公司直接向工会移交成套测试题和答案页方面滥用了它的自由裁量权。

围绕工会对署名雇员得到的实际分数的获得权利展开的争论是以一种略微不同的程序态势加以处理的,因为公司在这个问题上确实对基本的调查结论——当它拒绝公开资料时它即违反了第8条(a)(5)项下的义务——坚定地提出异议保留。公司辩称即便测试得分与工会的申诉相关

(这正是它极力辩驳的),工会对该信息的需求还没有重要到足以要求打破其工业心理学家的职业道德规范且引致至少某些应试者可能的窘迫和困扰。委员会回应称这一信息的确满足"相关性"的适当标准,见国家劳动关系委员会诉顶点工业公司案[NLRB v. Acme Industrial Inc., 385 U.S. 432 (1967)],还回应称由于公司已经"单方面"选择向应试者作出一项机密性承诺,它就不能再依据该承诺对提供相关信息的某项要求予以抗辩……

为本次讨论考虑,我们可以接受这一结论:雇员得分与工会的申诉具有潜在的相关性,我们还可以接受委员会的如下立场:即公开相关信息的联邦法定权利不能被一个民间团体的道德标准挫败……。我赞同公司的主张,认为它仅仅在得到应试者的同意时才愿意提供这些分数的做法符合了它承担的第8条(a)(5)项下的法定义务。

委员会的立场似乎有赖于这一主张:即工会在争议的相关信息上享有的利益较之所有其他利益必须总是最重要的,而不论其他利益多么合法正当。但是这种绝对规则从未被确立起来,并且我们拒绝在本案中采纳这种规则。还是存在这样一些情形,在这些情形中雇主提出的有条件的信息公开可能是有正当理由的……

任何人对公开那些可能用来对他或她的基本能力施加压力的信息的敏感是被充分熟知的一项适宜的司法注意事项。在这一纪录中没有任何地方表明公司承诺过应试者他们的测试分数会予以保密以便推进狭隘的关注或是为了挫败工会随后尝试处理雇员申诉的努力。并且在这场诉讼中它尚未在任何时候被表明公司单方面作出的保密承诺本身违反了集体谈判协议的条款。的确,公司提交过证据证明对个别应试者测试分数的公开在过去曾招致一些得分低的应试者的困扰,这些应试者也最终因此而离开了公司。

根据这些情况,凭借致力于根据其申诉正被处理的雇员的同意调节其测试分数的公开的利益,任何对工会处理雇员申诉的功能的可能性损害是有着很大的正当性理由的……

该判决是不完整的并且该案件被发回了上诉法庭……以待进行与这一观点一致的进一步诉讼。

注释和问题

1. 证实谈判态度的义务。为什么审理特鲁伊特案(*Truitt*)的法庭认为善意谈判需要一些诚实谈判的措施,认为在谈判桌上作出的主张应当是"诚实的主张"?在其他情境中展开的谈判通常涉及夸大其词、虚张声势甚至完全欺骗的成分。法院是否正尝试运用证明谈判态度的义务去鼓励它相信将促成一种成功、长期的谈判关系的做法?证实谈判态度的义务有多大?它是否适用于任何一方根据事实提出的任何主张?还是它只适用于雇员和他们的谈判代表将没有能力依靠他们自己作出准确的评判时提出的主张,类似与"无力支付"这类态度有关的主张?对于特鲁伊特公司在谈判中的诚意政策也应被理解成为阻止雇主利用由其他雇主与他们的工会参与的诚信谈判所形成的那种信任而作出的一种努力这一观点。见凯斯·N.希尔顿:《谈判义务的经济理论》,载于《乔治城法律杂志》第83卷(1994),第19、37—42页[Keith. N. Hylton, An Economic Theory of the Duty to Bargain, 83 *Geo. L. J.* 19, 37 -42(1994)]。

2. "假定的关联性"原则。委员会处理信息公开义务的方法是将信息的某几项归类为是与工会的集体谈判或申诉调解职能"推定相关的",同时其他几类归为与此"推定无关的"。一般而言,关于单位雇员的工资、福利和工作分类的资料是推定相关的;为了阻止信息公开,雇主必须证明没有相关性。见柯蒂斯·怀特公司案[Curtiss-Wright Corp. , 145 N. L. R. B. 152 (1963), enforced, 347 F. 2d 61 (3d Cir. 1965)];费尔菲尔德共和日报案 [Fairfield Daily Republic, 275 N. L. R. B. 7, 8 - 9 (1985), enforced, 782 F. 2d 1052 (9th Cir. 1986)]。雇主通过证明工会先前有过滥用已公开信息的行为或证明其对雇工骚扰的担忧是有正当理由的,借此也能拒绝公开信息。底特律爱迪生案(*Detroit Edison*)表明机密信息上的利益也能战胜一项获得相关信息的权利(见下文注释7—8)。

相反,还存在其他一些领域,在这些领域中委员会将不去推测相关性而是要求工会(或雇主)肯定地证明相关性。例如,工会通常被推定在有关其不代表的雇员的信息上不具有合法利益。见,例,费尔菲尔德案,前文(这类信息是被推定为没有相关性的)。但是考虑到一种情形,在这一情形下工会想要有关对雇主另一个工厂的雇员进行的工资级别和附加福利支付的信息,因为它担心雇主可能由于另一个工厂更低廉的劳动力成本而将谈判单位的作业转移至该工厂。根据雇工必须就转移谈判单位至别处展开谈判这一假设(见后文 542—543 页),它是否有义务公开被要求的信息?比较杜邦公司案[E. I. dupont de Nemours & Co., 268 N. L. R. B. 1031(1984)],国家劳动关系委员会诉里昂那多·B. 赫伯特公司案[NLRB v. Leonard b. Hebert Jr. & Co., 696 F. 2d 1120(5th Cir. 1983)]以及波西米亚公司案[Bohemia, Inc., 272 N. L. R. B. 1128(1984)]。

3. 财务记录披露:"竞争性不利地位"和"无力支付"。根据特鲁伊特案,对于雇主的财力状况的主张,什么种类才有必要认定雇主的财务记录是相关的?特鲁伊特公司的义务是被这一主张——如果雇主同意工会的要求,雇主将被置于一个竞争性不利地位——触发的吗,或者只是一项"无力支付"的主张即将足够触发这一附加义务?委员会曾经发现竞争性不利地位的辩解是足够的。见辛辛那提缆索纸业公司案[Cincinnati Cordage & Paper Co., 141 N. L. R. B. 72(1963)];硬石制造公司案[Harvstone Mfg. Corp., 272 N. L. R. B. 939(1984)]。然而,它发现在获得其指令的司法强制执行上则存在一定困难。见康尼格拉公司诉国家劳动关系委员会案[ConAgra, Inc. v. NLRB, 117 F. 3d 1435(D. C. Cir. 1997)]。例如,在硬石制造公司案中,第七巡回法庭裁定特鲁伊特公司的前述义务只能被满足工会的要求就会使得雇主在谈判确定的合同的有效期内经营不下去的一类主张触发。在对第七巡回法庭的硬石案立场予以最初抗拒之后,见尼尔森印刷公司案[Nielsen Lithographing Co., 279 N. L. R. B. 877(1986),强制执行申请被驳回并且案件被发回重审,见尼尔森第一案("Nielsen Ⅰ"), 854 F. 2d 1063(7th Cir. 1988)],委员会将这一认定采纳为自己的裁决原则。委员会声明从今以后它会对如下两种情形作出区分:(1)雇主陈述或行为表明同意工会的要求会导致在合同有效期内无力支付薪资,以及(2)更多一般性陈述表示默许将产生经济上的困境或是引致损失或裁员的可能(305 N. L. R. B. at 700)。委员会继续对尼尔森第二案(Nielsen II)测试法加以适用。见里士满时代派遣案[Richmond Times-Dispatch, 345 N. L. R. B. No. 11 (2005)]。

"无力支付薪资"和"竞争性不利地位"的区分是否切实可行?参考波斯纳法官在尼尔森第二案中作出的解释。

> 因循特鲁伊特案,我们所能确认的全部即为工会有权从雇主处获得与证实雇主在谈判过程中作出的主张相关的信息。如果雇主声称他支付不起更高的工资或者,一如本案所述及的,现有工资,工会即有权要求就雇主的财务记录予以证明。否则雇主将会在谈判中获得一种不公正的优势地位,因为他正作出的明确或含蓄的(破产)威胁是工会不能评估的。这就是特鲁伊特案。但是本案并没有显现它的一丝迹象……。公司所主张的无非是如果它不对其劳动力成本采取任何措施的话,它将继续亏损经营并裁减工人。它并未主张它正处于任何经济困境中……
>
> 工会获得了它需要据以决定是屈从于公司的要求还是发起罢工的所有信息。(977F. 2d at 1170 – 1171)

如果工会在知晓罢工是否能终止运营上具有合法的利益,那么,工会在知晓罢工在多大程度上会对现有的工作造成压缩方面,是否也具有合法利益?在尼尔森第二案中工会是否掌握了"它需要的所有信息"?工会能否通过其他方式获得关于需求状况以及公司开支和债务结构的信息?公司将生产转移到其他地方的能力?公司如此行事的计划?关于一种形成强烈对比的判决意见,参考瓦尔特法官在康尼格拉案(ConAgra,117 F. 3d at 1447 – 1449)中的一致意见(敦促委员会再次参阅尼尔森第二案判决)。

4. 特鲁伊特案判决和尼尔森第二案判决的适用。

a. 雇主是一条私人公交线路的经营者，它呈送了一份提供如下条件的最终报价：对工资冻结予以延期，减少可利用的加班时间量，一次性支付500美元作为减少加班的对价。该公司的董事长致信雇员告知他们公司平均每周有7500名乘客流失到一条新建立的公共运输线路上。这封信声明"我们正寻求帮助……以使我们可以保留你们的工作并在短期内恢复到盈余状态"，这封信还让雇工签署协议批准最后报出的条件，声称"湖区公司的未来全靠它了"。如果工会如此要求的话，雇主是否有义务公开其抗辩背后潜在的财务信息？见湖区公交公司案〔Lakeland Bus Lines, Inc. , 335 N. L. R. B. 322（2001）, enforcement denied, 347 F.3d 955（D. C. Cir. 2003）〕。

b. 为了回应工会提议的关于向每个雇工每小时多支付3美元这一福利，雇主答复称工会是在"要求天上掉馅饼"，称雇主在一年半前购买了处于困境的公司，并称公司现在仍然处在困境中，并且它正"极力争取着存活下来"。工会随后的提议改变了这一完全随机的工资增长政策，变为一项被保证的在一份三年期合同的每一年中都以每年1美元的比率予以增长的表态，这一提议得到了雇主与之前类似的陈述。应工会请求公开的义务？见AMF卡车与仓库公司案〔AMF Trucking & Warehousing, Inc. , 342 N. L. R. B. 1125（2004）〕。

c. 继雇主提出涉及暂停一年其相同的津贴捐助的反提案，工会代表问公司的主要谈判人员，她是否在说公司不能满足工会的提议。她回答，"是的，不能，我们会破产的。"在第二天回应工会提出的要求提供书面信息的来信中，公司的谈判人员否认作出过这一陈述并声称"我从没有告诉你我们不能满足你的提议"。如果工会对谈判会议的陈述是可信的，是否就触发了特鲁伊特案确立的义务？如果是的话，这封信是否有效地收回了宣称的无力支付的主张并否定了任何潜在的信息公开义务？比较美国聚苯乙烯公司案〔American Polystyrene Corp. , 341 N. L. R. B. 508（2004）〕和国际化工工人工会理事会诉国家劳动关系委员会案[Int'l Chemical Workers Union Council v. NLRB, 447 F. 3d 1153(9th Cir. 2006)](推翻了委员会的决定),另见中央管理公司案[Central Management Co., 314 N. L. R. B. 763, 768-769(1994)],湖区公交公司案[Lakeland Bus Lines, Inc. v. NLRB, 347 F. 3d 955, 961(D. C. Cir. 2003)](都认为后来对雇主声明作出的澄清阐述表明了其无力支付的事实)。

5. 证明恶意的证据和本身违反行为。在雇主声称"无力支付"并在之后拒绝应工会要求公开财务信息的情况下,该项违反第8条(a)(5)的行为是否会自动被发现?注意特鲁伊特案法院在其判决的适用范围上作出了明确的限制。比较美国管道产品公司案[Ameron Pipe Prods., 305 N. L. R. B. 105, 109 n.7(1991)]("虽然最高法院限制了它作出的判决,该判例作为为所有实践目的确立的……一项'自动化规则'而被广泛接受")和美国聚苯乙烯公司案[American Polystyrene, supra note 4c, 341 N. L. R. B. at 509(2004)](特鲁伊特案的判决……认识到这一一般性原则不能被机械化地予以适用);另见国际化工工人工会理事会案[Chemical Workers, supra note 4c, 447 F. 3d at 1159 n. 3 & 1161-1163)](将它的总体情况方法与其他巡回法院适用的方法进行对比)。

6. 信息公开义务和信任。在前面的注释部分讨论过的有关财务资料公开的决议是否反映了这样一种谈判过程的愿景,即在这一谈判过程中劳动者和管理层均独家从事"分配型讨价还价",其意义即体现为一方利益的获得一定伴随着另一方代价的支付?在鼓励"综合性谈判"——寻找能够同时改善双方地位或者至少将一方遭受的损失减至最小的结果方面,法律是否有扮演任何角色了?比较理查德·E. 瓦尔顿和罗伯特·B. 麦克西(Richard E. Walton & Robert B. McKersie):《一项劳动谈判的行为理论:社会互动系统的分析》[*A Behavioral Theory of Labor Negotiations*: *An Analysis of Social Interaction System* 129 (1991ed.)](给综合性谈判下了定义)。瓦尔顿和麦克西表示"如果没有对与各方所感知到的问题有关的信息进行最大程度地交换以使得这些问题能够被判定并就其本质作出确定的话",综合性谈判是不可能的。同上文137页。他们还强调如果缺乏信任,综合谈判也是不可能展开的,并且指出这种信任需要的正是信息的充分共享。同上文358页。

是否能够假设在存在极大的综合谈判可能性的情况下,雇主将与工会共享信息;而在这一可能性比较微弱的情形下将逃避信息的公开?工会,若是多雇主组织,可能会与竞争公司雇员的代表分享非公开的财务信息,或者工会可能为了达到拖延纠纷解决的目的而战略性地将公开义务用作触发一连串追加的信息公开要求的一种手段,雇主是否会基于这两种合理的担忧而逃避信息公开?这些担忧是否能够直接"通过防止有关财务信息的纠纷被用来拖延谈判或是被用来要求为阻止工会与竞争公司或与一般大众分享专有信息采取防范措施"的方式获得处理?见萨缪尔·艾斯托伊克:《在一个竞争性产品市场的世界中进行的劳动法改革》,载于《芝加哥肯特法律评论》第69卷(1993),第3、41—42页[Samuel Estreicher, Labor Law Reform in a World of Competitive Product Markets, 69 Chi. - Kent L. Rev. 3, 41-42 (1993)]。

7. 雇主机密。

a. 调解人的使用。就在扩大与工会之间信息共享的同时却仍然满足雇主对机密性维护的合理关心而言,底特律爱迪生案(*Detroit Edison*)是否提出了一种处理方式?除由工会自己选择的某位工业心理学家对资料进行详细检查而将获得的信息之外,工会直接获得测试验证资料是否有任何必要?另见和库拉斯公司诉国家劳动关系委员会案[Hercules, Inc. v. NLRB, 833 F. 2d 426(2d. Cir. 1987)](要求雇主提供给工会的非雇员工业卫生学家对致命爆炸展开调查的机会,以工会将所有雇员和工作于该厂的合同工要求的标准商业秘密协议付诸执行为条件)。

b. 绝密文件。也想想国家劳动关系委员会诉新英格兰报纸公司案的情形［NLRB v. New England Newspapers, Inc., 856 F.2d 409（1st Cir.1988）］。在该案中,工会试图取得一份销售协议以确定是否已经配置了充足的储备以便履行劳动协议项下的义务;销售协议是否对现有雇员的重新雇佣的优先考虑或工龄保留作出了规定;以及一旦买断者接管了业务,工会是否会一直享有要求谈判的权力。显然,工会承诺允许雇主对销售价格作出修订但不同意其向第三方透露该信息。根据底特律爱迪生案判例这是否足够了?

8. 雇员机密。底特律爱迪生案是否对工会作为雇员集体谈判代表的职责给予了足够的重视? 当雇员为了有争议的晋升而互相竞争时,工会是否能够获得所有单位雇员的同意? 如果依据 J.I. 案工会能够在单个的劳动合同权利上予以妥协的话,为什么他们不能也知晓私人的、与工作相关的雇员信息,至少在该信息与工会的谈判或是申诉职能有关并且先前不存在任何烦扰历史或其他滥用行为的情形下? 底特律爱迪生案是这样一个案子吗——在这个案子中工会没有做出任何表示表明要求雇员同意会减损它处理晋升申诉的能力? 在工会试图获得一起工作的雇员的人事记录以便说明公司规章的歧视性运用这样一个案子中,同意是否需要了? 比较新泽西贝尔电话公司诉国家劳动关系委员会案［New Jersey Bell TeL. Co. v. NLRB, 720 F.2d 789（3d Cir.1983）］（雇主在工会未获得雇员同意的情况下无须透露雇员的出勤记录,这些记录中有一些包含敏感的医疗信息）与新泽西贝尔电话公司案［New Jersey Bell TeL. Co., 289 N. L. R. B. 318（1988）］（在没有做出任何表示表明记录包含敏感的私人信息的情况下强迫未经同意即公开信息,工会同意接受列明雇员姓名但已做修改的记录,并且委员会得出结论认为公司正把它的"雇员隐私保护计划"作为拒绝提供给工会其有权获得的信息的借口加以运用）。见查乐那·舍伍德和大卫·特那:《雇员隐私权以及工会获得信息的权利》,载于《劳动法教育与研究中心专著系列》第39辑（1993）,第12页（俄勒冈大学）［Charlene Sherwood & David Turner, Employee Privacy Rights and a Union's Right to Information, 12 *Lab. Educ. &*

Research Ctr. Monograph Series 39(Univ. of Oregon 1993)];关于最近发生的提出这些问题的一个案例,见北印第安纳公众服务公司案[Northern Indiana Public Service Co., 347 N.L.R.B. No. 17, slip op. at 2(2006)]。

5. "僵局"的概念

国家劳动关系委员会诉卡茨案

NLRB v. Katz
369 U.S.736(1962)

布伦南法官:对于雇主而言,未首先征询正与其进行善意合同谈判的工会的意见即对依据第8条(d)条款属于强制谈判议题且事实上也正被讨论的事项作出了修改……如此是否构成一项违反"集体谈判"义务的行为?本案中国家劳动关系委员会在一份决议中就此给出了肯定性回答,该决议明确否定了任何认定被告在未决谈判中的全部行为均显示出恶意的调查结论(126 N.L.R.B.288)……。第二巡回法院驳回了强制执行委员会指令的申请,因其发现在我们对劳动委员会诉保险代理人工会案(Labor Board v. Insurance Agents' Union, 361 U.S.477)作出的决议。某委员会裁定当谈判事实上正在进行时,没有发现被告在谈判中主观上存有恶意的情况下,展开谈判的法定义务是不能被裁决为已被违反的……。我们发现委员会的决定不存在任何与保险代理人案(保险代理人国际工会案)不一致的地方,并且认为上诉法庭拒绝执行委员会指令是错误的……

……正如在听证会上所修订和阐述并被委员会所理解的那样,控告方提起的不当劳动行为指控特别提及了公司作出的如下三种行为:在1956年的10月和1957年的1月单方授予众多绩效增长额;在1957年的3月单方宣布对病假政策作出修改;在1957年的4月单方实行一套新的自动工资增长系统……。该公司因循两条路线对指控作出了抗辩:首先,它声称在谈判陷入僵局后始作出的单方改变已经经由工会在采用妨碍谈判的战术上犯下的错误而发展了起来。① 然而,根据委员会的观点,"对在谈判于 1957 年的 5 月终止之前,或正如我们在记录上发现的,在任何可能的僵局出现之前,被告就开始着手实施它的单方行动的这一事实予以证明的证据是清楚明确的。"(126 N. L. R. B. , at 289 - 290)在记录中有充分的证据从整体上考虑可以用来支持有关这一事实的调查结论,……上诉法院并未对此提出质疑。

其因循的第二条抗辩路线是委员会不能在未对雇主在谈判桌上的主观恶意作出调查的情况下即仅依据单方行动去得出第 8 条(a)(5)已经被违反这一认定结论;并辩称单方行动仅仅是与主观善意问题有关的证据。这个抗辩主张在上诉法庭胜出,该上诉法庭将案件发回委员会以待重审……

第 8 条(a)(5)指令的"集体谈判"义务被第 8 条(d)条款定义为"会面……并就工资、工时和就业协议的其他条款以及其他就业条件善意地展开商议"的义务。很明显,如此界定的义务可能在未发生主观善意的一般缺失时被违反;因为如果一方当事人事实上甚至已经拒绝对任何强制性议题展开谈判——拒绝"会面……并展开商讨",如此就不存在需要考虑善意问题的场合了。实际上拒绝就任何第 8 条(d)条款所指范围内的问题以及就工会试图协商的问题展开谈判的行为即违反了第 8 条(a)(5)的规定,尽管雇主满心希望与工会就一份集体协议的整体达成一致意见并且诚挚且基于全部善意谈判至该一致意见达成。我们认为雇主对正处于谈判中的就业条件作出的单方变更近似于一项违反第 8 条(a)(5)的行为,因为该行为和直接拒绝一样都极大地阻止了第 8 条(a)(5)目标的实现,它是一项规避谈判义务的行为。

被告的单方行动阐明了支持我们结论的政策和实践考量。

---

① 7. 审查官拒绝接受公司提交的证明工会煽动工人怠工的证据。但是这些证据尚不会使公司拒绝谈判的行为合法化,一如我们在劳动委员会诉保险代理人工会一案中所持有的观点(361 U. S. 477),委员会不可以主动将部分罢工行为认定为是不合法的并禁止将其用于为谈判提供支持,当工会诉诸这类战术时,雇主不能自由地决定拒绝谈判。参与部分罢工与原意继续谈判的意愿并不存在内在的不一致;并且只要存在这种意愿且谈判尚未陷入僵局,雇主就应继续履行谈判义务。

我们首先来考虑有关病假的问题。自1956年的5月开始,一个病假计划就已生效实施,根据该计划雇员每年可被允许十天的带薪病假并能够将未使用天数的一半累积起来,或每年多五天休假。公司试图改变该计划并已在三场谈判会议上提出了提议和反提议。1957年的3月,公司在未首先告知或征询工会的情况下即宣布了对该计划作出的变更,这一变更将每年的带薪病假日的数量从十日减少到五日,但是允许将未使用天数累计两倍计算,由此将病假日增至十日,使得原来的十天带薪病假日得以保留了下来。这一行动显然阻碍了通过谈判确立工作条件这一法定目标的实现。一些雇员可能将这种改变视为对他们享受的福利的削减。其他那些对累计病假日更感兴趣的雇员可能将这一变更视为一个改进。如果某一种观点或另一种观点在雇员中明显占据上风,单方行动可能恰好意味着雇主要么白白浪费掉了对换素材,要么加重了病假问题。另一方面,如果在公司作出的变更好或坏的意见分歧上持两派观点的雇员分布得更均衡一些,被这一相互冲突的意见派别所困扰的工会谈判者就可能被引导着在有关病假的问题上采纳一种颇具保护性的模糊意见,这也将阻止在施加集体谈判的具体义务方面被国会考虑良久的有益讨论的展开。

其他考量因素似乎来自被告单方增加工资行动的考虑。1957年4月4日,雇主主动提议召开会议,但被工会拒绝,一份三年期合同,全面地实行每周7.5美元的薪资增长,在第一年年末时即开始遵照执行,并且在第二年年末时将在那些时间内收入少于90美元的雇员的薪资增长额进一步提高5美元。此后不久,公司在尚未对工会发出通知或与工会商量的情况下即宣布了一套新的自动工资增长系统,由此出现了每三个月5美元一直到每周74.99美元不等的工资增长额;对每周收入75到90美元之间的雇员每六个月增加5美元;对每周收入超过90美元的雇员每六个月进行一次绩效审查。可以看出公司单方实行的自动工资增加系统比起在那之前不久公司提出但被工会拒绝的加薪方案而言明显慷慨了许多。这一行动确实显露出了公司谈判中的恶意,国家劳动关系委员会诉克兰普顿山地公司案(Labor Board v. Crompton-Highland Mills, 337 U.S. 217)。因此即便依据上诉法庭的阐释,尽管没有发现其他证据证明恶意,将已经违反第 8 条(a)(5)的规定。雇主并不需要报出他最好的条件以示表率;他可以自由地展开谈判。但是甚至是在谈判陷入僵局后,他也没有被要求给予比任何他曾在谈判桌上提供给工会的额度更高的工资增长额,因为这种行为必然与同协会达成一份协议的真诚愿望不一致。①

被告的第三个单方面行动与绩效工资增长有关,绩效工资的增长也是一项强制性谈判议题。国家劳动关系委员会诉阿丽艳公司案(Labor board v. Allision & Co., 165 F. 2d 766)。绩效工资增长问题在 1956 年间的三场会议上已经被提出来了但是没有达成最终的谅解。

1957 年 1 月,该公司未通知工会即给予单位中接近 50 名雇员之中的 20 名雇员绩效加薪的待遇,薪资增长的范围在 2—10 美元之间。这种行为也必须被视为与直接拒绝就该议题展开谈判相当的行为,所以应被视为是一项违反了第 8 条(a)(5)规定的行为,除非一月份的加薪与公司进行的每季度或是每半年一次的绩效审核这一推行已久的习惯做法在本质上是一致的这一事实仅仅是现状的一种延续——将他们与工资增长和病假计划的变更区别开来了。我们认为它并不属于这种情形。对于事实上只是简单地自动增加工资至雇主已经承诺过的水平的所谓的"绩效提高",无论什么都可能是这种情况,此处正被讨论的工资提高决不是自动的,而是凭借大量的自由裁量权作出的通知决定实现的。对工会而言,要在这个案件中了解是否已经存在大量与习惯做法相背离的行为根本就是不可能的,因此工会可能正确地坚持认为公司应当围绕确定这类薪资增长的程序和标准展开谈判。

在保险代理人国际工会案中,……我们认为国会并未曾……授权委员会就任何用来支持真正谈判的特定经济斗争手段的合法性作出评判。但是

---

① 12. 当然,这一情形与一个雇主在通知和咨询后"单方面地"推行一项与先前因额度过低被工会拒绝的方案完全相同的工资增长方案的情形不存在任何相似之处。见国家劳动关系委员会诉布拉德利洗涤用品公司案(National Labor Relations Board v. Bradley Washfountain Co., 192 F. 2d 144,150 - 152);国家劳动关系委员会诉兰斯用具公司案(National Labor Relations Board v. Landis Tool Co., 193 F. 2d 279)。

委员会有被授权责令停止作出某些行为,这些行为可能本质上是拒绝谈判的某种行为或者是直接阻碍、抑制实际讨论进程的行为,或是反映一种反对达成一致的思想的行为。雇主在事先未与工会商量的情况下即采取的单方行动确实相当于拒绝围绕受到影响的谈判义务项下的就业条件展开谈判的行为,并且必定会阻碍谈判的进行,同时也与国会推行的政策相左。它通常将透露出一种不情愿与工会就某一问题达成共识的意愿。它很难凭借任何实质上的理由被合法化。它意味着委员会在没有另外发现雇主因整体上的主观恶意而负有罪责时,可能将这种单边行为认定为违反了第8条(a)(5)规定的不当劳动行为。

该案的判决被推翻并被发回以待上诉法庭依据发回指示对委员会作出的指令予以强制执行。

法兰克福法官和怀特法官未参与本案的决议。

注释和问题

1. 事实上"直截了当地拒绝"谈判? 你是被审理卡茨案的法庭所确立的——不要求对雇主的善意进行调查,因为雇主已经完全拒绝了就单方变更行为展开协商——这一理论说服了吗?难道这些变更在随后与工会展开的谈判中不是可以修改的吗?为什么在此处阐明的谈判程序模式下单方面作出变更的行为是存在问题的?潜在的担忧是单方变更可能会在工会为发起一场罢工准备就绪前就引发罢工?相对于单方面减少现行工资待遇和变更其他条款而言,在单方面作出改进的案子中,这一担忧是否有可能发生?法庭多担心的反而是雇主不应当通过向雇员表达这些改进应归因于雇主的慷慨,而不是由谈判代表施加的压力促成的这一印象而使得其得以贬低集体谈判代表的地位?如果是的,委员怎么能够知晓雇员很可能会被欺骗了?单方面作出的改进是否也可能会促使雇员相信雇主会单方面变更更多的事项?在大多数对工作条件作出单方改变的情境中,雇主是否有着强烈的正当理由?

2. "僵局"情形是否被要求？ 卡茨案的判决是否主张谈判的僵持状态，常被称作"僵局"，必须在雇主可以对与他最后报给工会的条件相一致的就业协议条款和就业条件作出变更前出现吗？参考脚注12。或者雇主事先向工会发出通知，同时提供给工会一个会面并就提议的变更展开商讨的机会是否足够？利顿财务印刷诉国家劳动关系委员会案[Litton Financial Printing Div. v. NLRB,501 U. S. 190,198(1991)](摘录于后文752页)。最高法院援引卡茨案在判决附录中声明："经过我们的认可，委员会已经确定：如果没有谈判直至出现僵局，雇主就对某项现行的就业协议条款或就业条件单方面作出变更的话，该雇主即作出了一个不当劳动行为。"第五巡回法院认为(即使在立顿案之后)：

在本案中不存在对第8条(a)(5)的违反，即便没有出现僵局情形，如果雇主告知工会它打算作出该种变更并给予工会回应这一通知的机会。

内波斯拖车公司诉国家劳动关系委员会案[Nabors Trailers, Inc. v. NLRB,910 F. 2d 268,273 (5th Cir. 1990)](引证部分被省略)；另见国家劳动关系委员会诉平克森-哈勒建筑服务公司案[NLRB v. Pinkston-Hollar Construction Services,Inc. , 954 F. 2d 306, 311 −312 & n. 6 (5th Cir. 1992)]。但是,委员会和所有其他巡回法院均要求谈判至僵局情形出现。见达菲工具与冲压有限公司诉国家劳动关系委员会案[Duffy Tool & Stamping, LLC v. NLRB, 233 F. 3d 995, 996 −998 (7th Cir. 2000)](援引案件)。

3. 为什么在僵局出现时允许执行？ 为什么雇主应当能够在僵局出现后单方面执行其对某项就业协议条款或就业条件作出的变更？委员会是否能够主张雇主必须维持现状直到雇主和工会双方面同意该变更？参考希尔伯曼法官在麦克拉奇报业公司诉国家劳动关系委员会一案中展开的评论。麦克拉奇报业公司诉国家劳动关系委员会案[McClatchy Newspapers,

Inc. v. NLRB, 131 F. 3d 1026, 1032 (D. C. Cir. 1997)]。

委员会已经告诉我们它依据的允许雇主在僵局出现后单方面执行它最后一次报出的条件的理论是这一行动打破了僵局并由此激励了以后的集体谈判。这个理论……并没有解释为什么委员会决定用这项规则而不是另外一项对僵局作出处理。委员会本来能够采用，比方说，一项要求原状在实质上得以维持直到工会或雇主任何一方愿意重新开始谈判。停滞不前的谈判局面可能会同时施加给雇主和工会压力进而使得其作出让步。但是它所选择的这项规则——允许雇主执行它最后一次报出的条件——通过施以一方当事人即雇主经济上的影响力推动着谈判进程向前发展。

相比委员会审理麦克拉奇案的法庭提供的那些裁决依据，是否存在更有力的理论支撑？如果雇主在僵局出现后不能单方面予以执行，工会是否会有能力防止雇主为了保存有价值的雇员或除此之外保持一个竞争性的商业地位而及时地对劳动力市场或产品市场的发展作出回应？它会符合赋予工会这一力量的法案吗？

4. 整体的与部分的僵局。 在雇主能够单方面执行它最后一次报出的条件之前，哪种僵局才是必要的？一旦各方在某特定问题上（部分僵局）陷入僵持状态，雇主是否可以执行它在该问题上报出的最终条件——或者它是否被禁止对其最后一次报出的条件的任何部分单方面予以执行直到双方在谈判中陷入了全部僵局情形？见达菲工具公司案[DuffyTool, supra note 2, 233 F. 3d 995(7th Cir. 2000)，前文注释2]（对委员会和其他巡回法院坚持的整体上的僵局是必要的这一主张表示赞同；第五巡回法院的部分僵局处理方式被驳回了）。

5. 执行不那么有吸引力的建议。 在塔夫脱广播公司案（*Taft Broadcast-*

ing Co.）中，委员会声明：继僵局出现之后，雇主可以合法地执行"在那些它在僵局出现前提出的提议范围内被合理理解的提议"［163 N. L. R. B. 475, 478（1967）, enforced sub nom, AFTRA v. NLRB, 395 F.2d 622（D. C. Cir. 1968）］。塔夫脱案的判决明确准许雇主执行它最后一次报出的条件。它允许执行对工会来说不如包含在最终方案的条款合适的建议吗？它是否允许执行比起包含在雇主最后一次报出的条件之类的其他提议对工会而言不那么让人振奋的提议？除了向工会施压迫使其在谈判桌上进一步作出让步之外，雇主是否会有任何理由执行不那么让人振奋的提议？这种动因是否在任何情形中必然与善意谈判不一致？再次参考上述注释3指明的允许单方面执行的理论依据。

在望远镜临时家具公司案［Telescope Casual Furniture Co., 326 N. L. R. B. 588（1998）］中，委员会指出雇主可能把执行不那么让人振奋的提议作为一种谈判策略加以运用。望远镜公司的雇主向工会提交了一份列明最终条件的提议，还有一份不那么让人振奋的替代条件提议。在几轮协商会议后，它声称如果报出的最终条件在两周内未获认可，它将执行替代条件提议。在工会成员拒绝最终条件提议，同时工会也拒绝就替代条件提议展开谈判之后，雇主执行了替代提议。委员会（2∶1）得出结论称将替代提议作为向工会施压以迫使其同意第一位提议的一种手段加以运用的做法并没有使得它的单方面执行行为成为不当劳动行为。古尔德主席对此观点表示赞同并将雇主的行为描述为"硬碰硬的谈判"，但是指出强硬且有时候颇让人反感的策略……经常是不合法的。多数意见和一致意见都强调雇主利用不那么让人振奋的替代提议来尝试达成一项一致意见而不是用来挫败谈判。的确，雇主在先前的三场谈判中曾使用过单方面执行不那么吸引人的提议施以威胁，但都未诉诸罢工而是以合同的缔结而告终。

6. 僵局的其他法律后果。除了使得雇主能够执行"在它在僵局出现前即提出的提议的范围内被合理理解的"那些提议，一个有效的僵局情形暂停了各方当事人谈判义务的履行。但是，这一停止仅仅是暂时的。一如法庭在查尔斯·D.博南诺亚麻制品服务公司诉国家劳动关系委员会案[Charles D. Bonanno Linen Servic, Inc. v. NLRB, 454 U.S. 404, 412(1982)](摘录于下文546页)中指明的:"由于在谈判过程中出现的循环往复的特点,僵局只是谈判中暂时出现的僵持局面或停顿情形,而它们'几乎在所有案子中都最终被打破,或者由于想法的改变或是通过经济压力的适用'。"尽管国家劳动关系委员会已经认定工会可能在僵局出现前就发起罢工,但对于在僵局出现前雇主采取的禁止罢工雇员进入工厂的报复措施是否合法尚有疑问。见后文632页注释1。

7. 确定僵局情形在什么时候发生。 有时候双方当事人都同意僵局已经出现了。然而,更常见的是,一方当事人(通常是雇主)单方面宣布谈判陷入了僵局并拒绝进一步会谈。《国家劳动关系法》没有为确定僵局是否已经发生提供任何预先机制。相反,这一确定存在于一项事后不当劳动行为诉讼中,这也就发起了一项事实高度明确的调查。见楚服务公司诉国家劳动关系委员会案[TruServ Crop. v. NLRB, 254 F.3d 1105, 1114(D. C. Cir. 2001)];塔夫脱广播公司案(Taft Boardcasting, 163 N. L. R. B. at 478)(考量的众多因素包括"谈判历史,谈判中当事人的善意,谈判时间的长短,议题的重要程度或存在分歧的议题,以及双方对谈判状态上同时达成的谅解")。任何预先机制的缺失都影响着各方当事人的行为,因为一名急于执行其作出的变更的雇主将尝试组织其与工会之间召开的会议以形成一份记录去支持他单方面宣布的僵局情形。如果工会希望抢先挫败这一变更,它可以将要求信息提供作为一种战略工具加以运用来为一项依据第8条(a)(5)条款提起的指控创造一个基础。这一辩称是否赞同第五巡回法庭在内波斯拖车公司案(Nabors Trailers)中采用的、认定正式的僵局在单方面予以执行之前不应该是必需的这一立场?

对比《铁路劳动法》(RLA)项下的情形,在该情形下国家调解委员会(NMB)必须在会议能够结束或单方变更能被作出之前宣布双方当事人将处于僵局状态。国家仲裁委员会无限期维持现状的能力在赫伯特·R.诺斯鲁普那里遭受了批评。赫伯特·R. 诺斯鲁普:《铁路劳动法——撤销的时间?》,载于《哈佛法律、社会与政治学杂志》第13卷(1990),第441、455—461页。另见有关僵局程序的注解,下文509—511页[Herbert R. Northrup, The Railway Labor Act-Time for Repeal?, 13 Harv. J. L & Soc. Poly. 441, 455 -461(1990). See also Note on Impasse Procedures, infra pages 509 - 511]。

8. 不受保护的工会活动对雇主卡茨义务的影响。在卡茨案之前,委员会曾主张在存在不罢工条款(不管是否由工会提出)的情况下发起的怠工或罢工活动,暂停了雇主谈判义务的继续履行而且使得单方行为合法化了。见山谷城市家具公司案[Valley City Furniture Co., 110 N. L. R. B. 1589, 1592(1954)]。卡茨案法庭的脚注7意见驳斥了那些决议了吗?该脚注是否依赖于这一前提——只有不合法活动才会暂停谈判义务的继续履行(诸如一场未遵守第8条(d)项下通知要求并因此违反了第8条(b)(3)规定的罢工活动),见下文509页,区别于不受保护的活动?这一前提是合理的吗?国家劳动关系委员会,未提及卡茨案,在任何情形中均主张雇主的谈判义务在一场不受保护的罢工进行期间因为违反了临时的不罢工保证而被暂停履行了。见阿伦德尔公司案[Arundel Crop., 210 N. L. R. B. 525 (1974)];另见斯坦福的士公司案[Stamford Taxi, Inc., 332 N. L. R. B. 1372 (2000)](援引阿伦德尔案和其他持赞成意见的类似案例)。

9. 为了卡茨义务而对现状予以界定。一份已届期满的集体谈判协议继续适用,一般来讲,是用于调整劳动关系。尽管某份协议有效期已经届满,第8条(a)(5)和第8条(d)条款还是在对现行条件作出变更前附加了展开谈判并进行到直至僵局出现的义务,要求通过合同确立起工资和工作条件(即,强制性谈判议题)。见考桑运输公司案[CauthorneTrucking, 256 N. L. R. B. 721(1981), enforcement granted in part and denied in part, 691 F. 2d 1023(D. C. Cir. 1982)]。然而,不是所有的合同义务都使得已经终止的协议得以继续存续下来。例如,委员会长期以来都主张继合同期满之后,雇主无须执行工会保障和会费扣除条款规定（将在第十三章进一步展开讨论）。利顿财务印刷诉国家劳动关系委员会案[Litton Financial Printing Div. v. NLRB, 501 U.S.190,198(1991)]（摘录于后文752页）；伯利恒钢铁公司诉国家劳动关系委员会案[Bethlehem Steel Co., 136 N.L.R.B.1500, 1502(1962),enforced in relevant part sub nom]；印第安纳与密歇根电子公司案[Indiana and Michigan Elec. Co., 284 N.L.R.B.53,55,59(1987)]。一如在立顿案中所阐释的，委员会的理由是不论是工会保障条款还是会费扣除条款都受到具体法律条文的调整，这些条文只在得到一份集体谈判协议明文规定的授权时才允许施加这些义务。见《国家劳动关系法》第8条（a）(3)条款（工会保障条款有赖于各方达成合意）[29 U.S.C. §186(c)(4)]（只有在给予雇员在协议终止时撤销同意的机会，会费扣除条款才合法有效）；另见后文754页。

10. 不罢工条款、管理权利条款以及仲裁条款。在合同期届满后，不罢工条款仍然有效吗？因为它们是一项强制性谈判议题，见美国国家保险公司案，前文466页，脚注22。如果雇主最后一次报出的条件中包含一项不罢工条款的话，卡茨案的判决是否允许雇主在僵局出现时单方面执行该条款？见麦克拉奇报业公司案[McClatchy Newspapers, Inc. v. NLRB, 131 F.3d 1026 (D.C. Cir. 1997)]。

委员会已经主张由于罢工的权利是"基本的"权利，它不能被雇员放弃除非经由……合同作出一个明确的弃权表示。见加里霍巴特水公司案[Gary Hobart Water Crop., 210 N.L.R.B.[742],744(1974)]。因此这意味着——尽管委员会从未明确地主张这一意见——雇主在僵局出现后尚不能强加给他方禁止罢工的条件，即使这一条件已经包含在了最后一次报出的合同提议中。[同前，第1031页（援引部分被省略）]

再一次提醒我们某项法定权利的放弃表示必须是"清楚且明白无误的"。见大都会爱迪生案，前文253页；另见后文792页[Metropolian Edision Co. v. NLRB, 460 U.S.693(1983), supra page 253, See also infra page792]（对这一原则作出注释予以说明同时还阐释了"委员会裁决确立的一般规则——不罢工承诺在合同的有效期日届满后并不继续存在"）。

管理权利条款是否使得合同在期满后得以继续施行？见贝弗利健康与康复服务中心诉国家劳动关系委员会案[Beverly Health and Rehabilitation Services v. NLRb, 297 F.3d 468, 480-482(6th Cir. 2002)]（认可委员会的这一立场——由于这类条款牵涉对要求谈判这一法定权利的放弃,根据大都会爱迪生案的判决它们通常附随合同期限的届满而终止）。然而，如果管理权利条款附随合同的失效而终止,在该条款终止施行后现状应被界定为什么？同前,481页（雇主过去在管理权利条款项下界定现状的习惯做法；在合同有效期内已经介入管理权利条款项下单方变更行为模式的雇主可以在该条款附随合同失效后继续作出这一变更以作为现状维持的部分情形；而在合同有效期内未介入这一行为模式的雇主则不可以在合同有效期届满后作出这类单方变更行为）。相比假若管理权利条款仍然有效而本来能被适用的规则，这一规则在实践中与前述规则到底有着怎样的区别？

雇主作出的仲裁解决申诉的承诺应当使得合同在有效期届满后得以继续施行吗？1970年委员会为谈判间断期内的申诉调解确立了如下准则：雇主既不需要遵循一份过期协议的仲裁程序也不需要围绕该程序的暂停展开谈判直至谈判陷入僵局。然而，当事人负担着就他们的合同期满之后产生的申诉展开商讨的法定义务，并且他们不可以抛弃已确立的申诉程序（只要没有仲裁程序），即使这类程序成因于合同的订立。见希尔顿-戴维斯化学公司案[Hilton-Davis Chem. Co., 185 N.L.R.B. 241(1970)]。希尔顿-戴维斯原则与纠纷的可仲裁性问题之间的关系将联系利顿案的决议展开讨论，后文752页。

11. 对卡茨违反行为的救济。就在僵局出现前对一项强制谈判议题作出的表现为现状"向下"调整倾向的单方变更行为而言(诸如工资削减或雇员保险费的增加),对这一行为的标准救济措施是撤销变更并对单位雇员施以整体救济,还可以责令重新开始谈判。是否即使是"积极的"单方变更——即那些比起现行条件对雇员更有利的变更——也应当被撤销? 见弗雷斯诺蜜蜂案[Fresno Bee,339 N. L. R. B. ,1214,1216 n.6(2003)](委员会只会在工会如此要求时才将责令撤销那些被认为对雇员更有利的变更);见 CJC 股份公司案[CJC Holdings,Inc. ,320 N. L. R. B. ,1041,1047(1996),enforced,110 F. 3d 794(5th Cir. 1997)](相同)。

注释:僵局程序

通知和等待期间。在《国家劳动关系法》1947 年添加进去的第 8 条(d)款的规定中,国会试图给予提供调停和调解服务的第三方机构一个帮助解决劳动争议的机会。第 8 条(d)(1)要求意欲终止或修改某份现行合同的一方当事人至少在终止(或谈判重启)日前 60 天内给予另一方当事人书面通知。根据第 8 条(d)(3)款的规定,该方当事人在呈送书面通知的 30 日期限内还必须向联邦仲裁与调解局以及其他任何类似的政府机构发出通知。第 8 条(d)(4)对一段长达 60 日的"冷却"期作出了规定,在这段期间内罢工活动和禁止入厂报复都不可以存在。不遵守这些程序即构成对谈判的非法拒绝行为。在第 8 条(d)(4)款指定的任何通知期限内举行的罢工活动都被认定为是不受保护的罢工,并使得参与罢工者丧失他或她作为一个法律上的"雇员"应受到的保障。由于医疗服务中断而引起的特殊考量,已稍作扩展的通知要求——包括一项对任何罢工给予 10 天通知期限的要求,继一段长达 90 天的"冷却"期届满后——在非营利性医院的案子中得到了适用,这些非营利性医院是在 1974 年纳入法案的管辖范围的。见《国家劳动关系法》第 8 条(d)款(1974 年被修改)以及第 8 条(g)款(添加于1974 年);另见第 2 条第(2)款(1974 年被修改)(撤回了先前对非营利医院的管辖排除)。如需参考如下抗辩——对医疗保健行业罢工作出的 10 日通知期限的要求应当以立法的方式被扩展适用于属于国家"核心基础设施"一部分的任何机构。见罗斯·E. 达维斯:《罢工时期:保护恐慌时期的劳工与管理层之间的冲突》,载于《乔治城法律杂志》第 93 卷(2005),第 1783 页[Ross E. Davies, Strike Season: Protecting Labor-Management Conflict in the Age of Terror, 93 *Geo. L. J.* 1783(2005)]。

调解、和解及事实调查委员会。联邦仲裁与调解局和《铁路劳动法》的国家调解委员会使用中立的专业人士来提供调停和调解服务——意即,帮助当事人识别双方意见一致和意见分歧所在,减轻沟通失败的不良后果,并且有时也提出可能性的纠纷解决的某种框架方案。除此之外,第三方也可以被要求作为事实调查委员会提供服务。根据《铁路劳动法》的程序设置,如果国家调解委员会报告称它的调解努力未能解决威胁到基本服务的某一纠纷,主席可以指派一个紧急情况委员会展开调查并就相关事实作出报告。见道格拉斯·L. 莱斯利:《铁路劳动法》(1995),220—224 页。通常国会通过的解决铁路或航空行业罢工问题的法律是基于紧急情况委员会的建议。同样的,依据《劳资关系法》第 213 条的规定,如果某个纠纷可能极大扰乱某个特定地区的卫生保健服务,则联邦调停调解服务机构的主管有权任命一个中立的调查委员会。事实调查委员会在公共部门的纠纷解决中也是相当普遍的。

国家紧急状态。依据《劳资关系法》——《塔夫脱-哈特莱法》的产物——第 206—210 条部分的规定,如果主席感觉某场罢工活动(或禁入报复措施)将危及国民的健康和安全,他可以挑选成员组成调查委员会对争议的原因和情况展开调查。如果在接到报告后,主席得出结论认为罢工的确会危及国民的健康和安全,他可以指令律政司请求联邦法院对该罢工发出禁令(尽管《诺里斯-拉瓜迪亚法》反对此做法)。地方法院的职责是仅限于对罢工是否必然将对国民的健康和安全产生影响予以确定。见美国钢铁工人联合会诉美国政府案[United Steelworker of America v. United states, 361 U.S.39(1959)]。在禁令颁发60日后,调查委员会必须提交进一步的报告,说明争议的当前状态以及雇主提出的最终解决方案。之后雇员就获得了一个机会,在国家劳动关系委员会组织的秘密无记名投票活动中就雇主提出的最终解决方案进行投票。一旦这一无记名投票的结果获得了认可或者是达成了一项纠纷解决方案,无论哪个先出现,律政司都必须敦促法庭解除禁令。"这一行动之后将被命令作出,并且该禁令将被解除。"一旦该禁令得以解除,主席即向国会提交一份附建议的报告。见唐纳德·E.卡伦:《国家紧急状态罢工》(1968)[Donald E. Cullen, *National Emergency Strikes* (1968)]。

在1947年至1978年被请求超过30次后,结果终于在除了两个案件之外的其他所有案件中适用了该禁令,直到2002年布什总统获得一项对抗西海岸码头工人采取的禁入措施的禁令时,紧急状态的条款规定始终未有变动——布什总统取得的这项禁令表明紧急状态条款首次被诉诸是在一场禁入报复中而不是在一场罢工活动中。见达维斯,同前,1812—1813页;凯瑟琳·霍林沃斯:《法官将适用于码头工人案的在80日"冷却"期内的禁令进行了扩展》,载于《共和党劳动日报》2002年卷第202项,第A-9[Catherine Hollingworth, Judge Extends Injunction at Ports During 80—Day "Cooling Off" Period, 2002 Daily Lab. Rep. (BNA) No. 202, at A-9(Oct. 18, 2002)]。关于紧急状态条款的评论,见麦克·H. 勒罗伊和约翰·H. 约翰逊四:《致命禁令造成的死亡:〈塔夫脱-哈特莱法〉项下的国家紧急罢工以及行将灭亡的罢工权》,载于《亚利桑那法律评论》第43卷(2001),第63页[Michael H. LeRoy & John H. Johnson Ⅳ, Death by Lethal Injunciton: National Emergency Strikes Under the Taft-Hartley Act and the Moribund Rights to Strike, 43 *Ariz. L. Rev.* 63(2001)Davies, supra, at 1811-1814]。

第三节 "强制性谈判"议题

1. 强制性/授权性准则

国家劳动关系委员会诉伯格-华纳公司伍斯特分部

NLRB v. Wooster Division of Borg-Warner Corp.
356 U. S. 342(1958)

波顿法官……。雇主方坚持认为他的集体谈判合同……包含:(1)一项"无记名投票"条款,该条款要求雇员(工会成员和非工会成员均包括)在举行罢工前就雇主最后一次报出的条件进行一次秘密投票,和(2)一项"确认"条款,该条款排除了作为合同当事人一方的、已被劳动关系委员会认可的国际工会作为雇员独家谈判代表的资格,并且用该工会未获委员会认可的地方分支机构代替了它。委员会认为,雇主对这两项条款中任何一项的坚持都相当于对第8条(a)(5)规定的违反……。这一问题引致下述关于这些条款是否有一项在第8条(d)限定的强制集体谈判范围内的疑问……。我们赞成委员会的观点,认为这两项条款均不在这一定义的范围内……

1952年末,美国汽车、航天和农机工人联合会国际工会(此处简称国际工会)被委员会认可为伯格-华纳公司伍斯特分部(位于俄亥俄州)适格谈判单位中公司雇员推选的代表。此后不久,国际工会对其分支机构地方1239工会,美国劳工联合会—产业组织联合会(此处简称地方工会)作出了特许授权。这两个工会一起向公司提交了一份全面的集体谈判协议。在其中的"确认"条款中,工会既自称是"美国汽车、航天和农机工人联合会国际工会"也自称是"它的地方工会——美国劳工联合会—产业组织联合会

1239 工会……"

公司提交了一份相反的提案,将"1239 号地方工会和美国汽车、航天和农机工人联合会国际工会(美国劳工联合会-产业组织联合会)一起"确认为雇员的唯一代表。工会方参与谈判的人士拒绝了这一提案,因为此种条款忽视了委员会作出的对国际工会作为雇员代表的认可。工会方参与谈判的人士称:雇员不会接受任何排除国际工会作为一方当事人的协议。

公司的反提案也包含了"无记名投票"条款……。这一条款规定:对所有不可裁决的问题……在工会能够举行罢工前,在该单位的所有雇员(无论是工会还是非工会成员)中必须就公司最后一次提出的条件举行一场秘密投票,在这之后还应进行一段 30 天期的谈判。在多数雇员拒绝接受公司最后一次提出的条件的情况下,公司将有机会在 72 小时内提出一项新的建议并就此进行投票,这一投票活动可优于任何罢工活动而先予举行。工会方参与谈判的人士称:无论如何他们都不会接受这一条款。

……公司的代表十分明确地表示:除非协议包含上述两条款,否则它将不会签署任何协议。意识到会出现这种僵持局面,就没有就这些条款进行更为深入地探讨,尽管协议双方就其他事项继续进行着谈判。公司提交过一系列涉及经济问题的"打包"提案,但却让其报出的条件因循了"所有其他事项"得到让人满意的解决这一条件……。这一"打包"提案将前述两个争议条款都包含在内了。1953 年 3 月 15 日,工会否决了该提案并经全体成员投票决定在 3 月 20 日这天举行罢工,除非到那时确定了某项问题的解决方案。结果并没有一项方案被确定,工会继而发起了罢工。然而,谈判仍在延续……。最终,在 5 月 5 日这天,在国际工会的建议下,地方工会作出了让步并签署了一项包含上述两个争议条款的协议……

结合起来解读会发现……第 8 条(a)(5)和第 8 条(d)确定了雇主同其雇员的代表就"工资、工时和其他就业协议条款或就业条件"彼此之间善意地展开谈判的义务……,这一义务仅限于前面已列明的事项。并且在这一列明范围内,任何一方都不负有法定的让步义务。劳动委员会诉美国保险公司案(Labor Board v. American Insurance Co., 343 U. S. 395)。但对于其他的事项,双方均得自由决定谈判与否、同意与否。

就强制谈判问题而言,公司的善意义务符合法规的要求。但这一善意义务并未许可雇主以协议没有包含一些并非强制性谈判议题的提案为由拒绝签署该类协议。我们赞成委员会的观点,认为该行为实质上即是拒绝就强制谈判范围内的议题进行谈判。这并不意味着该谈判将被限定为法定范围内的议题。前述两项争议条款中的任何一项就其本质而言都是合法的,如果获得工会方的同意,任何一项都具有执行力。但这并不意味着,因为公司可能提出这些条款,就能够合法地坚持将其作为任何协议的条件。

由于坚持强制谈判范围内的事项是合法的而坚持强制谈判范围外的事项是不合法的,此处要讨论的问题就是"无记名投票"条款或"确认"条款中是否有一项是包含在"工资、工时和其他就业协议条款或就业条件"这一用以明确强制谈判的语句表述范围内的议题。"无记名投票"条款不在这一表述范围内。它仅仅与雇员代表可能发起罢工或拒绝雇主最后一次报出的条件之前,在雇员之间将要遵循的程序相联系。它并没有解决涉及就业协议条款或就业条件的任何问题——它只要求雇员进行一场咨询性的投票。它不是一项局部的"无罢工"条款。一项"无罢工"条款禁止雇员在合同存续期间参与罢工。它调整雇主和雇员之间的关系。相反,"无记名投票"条款仅仅处理雇员和他们的工会之间的关系。它通过削弱雇员选择的"代表"的独立性大幅度修改了法律规定的集体谈判体系。它使得雇主实质上与他的雇员打交道而不是与其雇员的法定代表打交道。

"确认"条款同样没有包含在强制谈判的范围表述中。法令要求公司与其已获雇员认可的代表展开谈判。坚称已获认可的代表不是集体协议的一方当事人构成对前述法定义务的规避。法案没有禁止对当事人予以自愿添加,但也没有授权雇主将已获认可的代表排除在合同之外……

法兰克福法官十分赞同这一观点,他甚至认为"确认"条款与法案"要求雇主与其雇员的代表展开谈判"的规定相抵触,公司对该"确认"条款的坚持构成不当劳动行为。他同意哈伦法官对"无记名投票"条款的看法。

对于善意地对谈判作出拒绝,这一条款的主题事项并不是十分清晰地处在工业谈判的合理范围外,并且该条款的主题事项并没有因为未被视为处于第8条(d)强制性规定十分模糊的范围内而被简单地予以禁止。

哈伦法官部分表示同意,部分提出了异议。克拉克法官和惠特克法官是其观点的支持者……。根据以下获得的、公司本着"善意"进行了谈判的发现,我不同意雇主对"无记名投票"条款的坚持能够支持一项不当劳动行为指控的观点。

首先,我必须声明:我无法掌握使得某方可以"提出"一个特定问题的"谈判"的概念,但不是要坚持将"谈判"作为协议的一项条件。如果一方不能自由地、诚信地将某个提议压至其所坚持的范围,谈判权利就会是虚幻的。确实采用内在如此模糊、不稳定的标准将会抑制整个谈判过程,因为一方担心剧烈争论可能会逐渐融入禁止性坚持中去并因此引发不当劳动行为的指控。这种有关"谈判"的淡化概念是法庭参照不在第8条(d)范围内的事项导入法案的,但由于这一淡化概念将是商业世界的产物,因而对劳动领域而言显得就像是舶来品。对我而言,所有的这些加起来都说明法案将有效"谈判"限于第8条(d)谈及的三个议题领域内,即为"工资、工时和其他就业协议条款或就业条件",即使法庭明确否决了这种主张……

……法庭得出的结论是:"无记名投票"条款不包含在第8条(d)规定的"工资、工时和其他就业协议条款或就业条件"内,我对这一结论提出质疑。这一语句表述具有内在的模糊性,并且是在委员会与法庭就这一决定达成一致前作出的一个扩大化而非保守性的解释。许多可能被视作管理层唯一关心的事项现在都被作为强制谈判议题加以处理。例如,劳动关系委员会诉安联公司案(Labor Board v. J. H. Allison & Co., 165 F. 2d 766)(优点增加了),并且由于一项"不罢工"条款关乎雇主不容置疑地能够对坚持的观点展开谈判的问题,见壳牌石油公司案(Shell Oil Co., 77 N. L. R. B. 1306)。我发现即使参考法庭对这一问题进行的分析,要理解为什么"无记名条款"不应该被认定为包含在第8条(d)描述的谈判事项的范围内仍旧是很困难的事情。它以大致相同的方式影响着雇主雇员之间的关系,这在于它可能决定罢工期限,甚或是在工会作出决定前凭借要求进行的某项投票的结果去判定雇员的意见以决定罢工是否会发生。

不过我会接受法庭的这一观点:这一条款不是协议的一项条件,因为即使工会在第8条(d)项下并没有相应的义务就这一条款进行谈判,在我的观点中,这并不意味着禁止公司坚持提出将这一条款包含在集体谈判协议中的要求。换言之,我认为该条款即使不是有关善意谈判的强制性议题,也是一个善意谈判的授权性议题。

委员会和巡回法庭基于法案作出的决定的最粗略观点揭示了集体谈判协议不稳定和不断变化的特点。20年前可能被视作劳工或管理层唯一关心事项的规定在今天成了此类协议中的再平凡不过的条款。谈判过程应该保持流动性,免受委员会的干涉,委员会的干涉会导致早产的劳动协议达成,并引导其成为合同规定的任何一个模式。针对我们所处的社会不断变化的需求、针对劳工和管理层不断变化的责任内涵展开集体谈判,这些协议即借此不断适应新环境。法庭今天的作为可能会阻碍这一进化过程。基于本案的相关事实,雇主是被禁止进行对罢工发起可能性限制的任何尝试的。同样的道理,它似乎将意味着本着善意进行谈判的工会,对可能不被视为第8条(d)所涉法定议题的合同条款,将被禁止坚持提出要求……

……就法定的或非法定的议题善意地或恶意地进行谈判的一方当事人的确定,必须依赖对包含所有情形的总环境作出的评价而进行。我不否认存在这样的一些情形,在这些情形下对某一个特定事项不作出让步的坚持要求可能是在确定"善意"上总的背景下一个相关的考量因素,因为对作为不愿意进行谈判的一些证据而言,一方提出的要求在特定的工业背景下可能是非常极端的。但是这个例子中"无记名投票"条款并没有引致此种情形。"不罢工"条款,以及类似"无记名投票"条款对罢工权利作出限制的其他一些规定,对劳动协议来说并不新鲜。并且在任何情形下,讯问审查官作出的关于"善意"的无可争议的结论在此处取消了前述条款……

公司对"确认"条款的坚持已经造成的效果是不仅排除了国际工会作

为一方当事人对协议予以签署的资格,同时使得1239号地方工会成为工会方的唯一合同当事人,这种坚持引起了一个不同的问题。在我的观点中,公司在这方面的行为的确构成了一种不当劳动行为,因为它违反了法案的明确要求。

注释和问题

1. 将某个议题确定为"强制性"或"授权性"的后果。 将某个议题定义为"强制性"议题至少有五个方面的后果:(1)"将单方控制议题、没有谈判义务的一方[必须]本着真诚的意愿对涉及该议题的有关决定展开谈判以达成协议";(2)未控制议题的一方可能"运用经济影响尝试性地迫使控制方作出妥协";(3)如果雇员针对雇主未就强制性议题进行谈判而举行罢工,雇主会被视为有不当劳动行为,罢工者可以在罢工结束时重获工作;(4)对处理强制性议题的集体协议的某些方面作出的中期修改如果没有获得另一方的同意将是不合法的;(5)在有关某个强制性议题作出改变前,控制方必须善意地进行谈判直至谈判陷入僵局。见迈克尔·C. 哈珀:《事关劳动法和经营变化中的企业转型的谈判责任的范围》,载于萨缪尔·艾斯托伊克和丹尼尔·G. 科林斯主编《理论和交易视角》(1988),第25、26—27页[Michael C. Harper, The Scope of the Duty to Bargain Concering Business Transactional, in Labor Law and Business Change: Theoretical and Transactional Perspectives 25, 26 – 27 (Samuel Estreicher & Daniel G. Collins eds., 1988)]。

2. 强制性/授权性区分的代价和益处。 对法庭在伯格-华纳案中作出的决定的理解之一就是:迫使各方处理对他们之间的关系至关重要的某些议题,而不允许其他的议题被用作延长讨论或者是用以破坏协议,借此在推进集体谈判方面作出一次尝试。另一种阐释是:这种区分对一方运用他的谈判力量侵入对方对其内部事务加以控制的范围设置了限制。因此,例如,"无记名投票"条款被视为一项授权性议题,旨在阻止强大的雇主以工会与他代表的雇员进行交流的方式迫使另一方作出改变。其他被认为是雇主的企业自由裁量权的核心的议题被确定为是授权性的，目的是阻止工会利用经济胁迫影响管理控制。

伯格-华纳案的处理方式并没有逃脱批评。当你研究这一部分的素材时请参考下述反对意见：

a."伯格-华纳案鼓励欺骗，因为如果一方对某个问题感觉强烈，他将会向另一方明确表明就强制性议题达成的协议取决于对方就所谓的'授权性'议题作出的让步。"

b."由于法案项下并没有为确权判决或参考意见作出规定，允许双方提前知道谈判桌上某项议题的状况是怎样的（即：是强制性的还是非强制性的），双方必须尽他们所能做到最好去作出猜测并依此努力进行明智的谈判。"古尔德，《改革的议程》，同前，172 页。

c."法定解释确定的界限过于僵化，既因为它的持久性也因为它的一致性。决定一旦作出就只能通过修改法令去作出改变……集体谈判对我们而言太动态以致今天不能确定明天什么应该被要求或者明天什么应该被作为集体谈判的授权性议题。"见阿奇博尔德·考克斯：《最高法院在1957年10月所作的劳动案件判决》，载于《弗吉尼亚法律评论》第44卷（1958），第1057、1083—1084页[Archibald Cox, Labor Decisions of the Supreme Court at the October Term, 1957, 44 Va. L. Rev. 1057, 1083 - 1084 (1958)]。

d."如果集体谈判将获得成功，各方应当能够达成一个满足他们需求的协议而无需政府方决定哪一些议题能够作为破坏协议的事项。这种改革可能释放集体谈判的创造潜力——例如，有关薪酬权和对企业董事会席位的某个工作进行争取的权利以及就业保障的强制担保。"艾斯托伊克，《劳动法改革》，同前，39—40 页。

3. 非法的谈判议题。有些谈判议题可能既未归为强制性的议题也未列入授权性的事项，而是被列为非法议题。这类议题可能不会被提出也不能得到同意，因为这一协议会与《国家劳动关系法》或其他的法律相抵触。

例如,参见国家劳动关系委员会诉马格纳沃克斯公司案[NLRB v. Magnavox,415 U.S.322(1974)],前249页。在法庭与委员会的观点一致时,均认为工会不能宣布放弃他们的反对者或支持者当场赋予他们的某些权利。伯格-华纳案中雇主寻求的确认条款是一项不合法议题的另一个例证吗?

4. 法定权利的放弃?《国家劳动关系法》确立的一些权利显然是可以借助集体协议予以放弃的,一些涉及这些权利的放弃的提议就被看作是强制性议题。见迈克尔·C.哈珀:《工会放弃NLRA项下雇员权利》(第一、二部分),载于《劳资关系法律杂志》第4卷(1981),第335、680页[Michael C. Harper, Union Waiver of Employee Rights Under the NLRA(pts. 1 & 2), 4 Indus.ReL. L. J. 335, 680(1981)]。典型的例证就是管理权条款和禁止在协议期限内举行罢工的条款。所有可放弃的权利都是强制性议题吗?例如,如果工会也能够放弃他们针对雇主不当劳动行为发起罢工的权利,见马斯特罗塑料公司诉国家劳动关系委员会案[Mastro Plastics Crop. v. NLRB, 350 U.S.270, 279(1965)](见前256页)。

雇主对这种放弃行为的要求是谈判的强制性议题吗?不然的话,进行善意谈判的雇主是否能够坚持这一放弃要求直至谈判陷入僵局,然后实现自己的立场?

5. 对待不能由工会放弃的雇员权利的态度? 最高法院认为非工会背景的雇主能够与他们的雇员展开协商,其雇员受争议前裁决协议的约束,该协议用裁决代替了法庭依据诸如1964年《民权法》第七章等法规确定的法定要求范围内的权利。见:巡回城市商店公司诉亚当斯案[Circuit City Stores, Inc. v. Adams, 532 U.S. 105 (2001)]。如果工会无权放弃单个雇员的出庭的权利,工会所提出的试图禁止单个雇员作出这种权利放弃表示的提案,会是非强制性的吗?雇主方是否可以直接与雇员交流以获得这种弃权表示?雇主能够与雇员直接讨论放弃这一权利吗?在航线飞行员国际协会诉西北航空公司案中[Air Line Pilots Ass'n, Int'l v. Northwest Airlines,

Inc., 119 F. 3d 477 (D. C. Circuit)],法院的全体法官采纳了这一观点,这是一件涉及《铁路劳动法》的案件[211 F. 3d 1312 (2000)]。法庭依据亚历山大诉加德纳-丹佛公司案(将在后文830—832页展开讨论)作出了如下假设:雇员就《民权法》第七章的规定和其他歧视性对待向法院提出主张的法定权利是不能由工会予以放弃的,并且认为基于此雇主并不被要求就此类弃权事项与工会展开谈判。依据这一裁决,西北航空公司得自由地从飞行员学员处寻求裁决协议,并将该协议作为他们雇佣条件中的一项。对西北航空公司案的进一步探讨,见后文注释5,第835页。

6. 应用:对工会和雇员之间关系的影响?

a. "无记名投票"条款。 在伯格-华纳案中被视为授权性议题的"无记名投票"条款真的是为实现直接与雇员进行交流这一形式进而减损工会代表地位而作出的一次尝试吗?无记名投票条款将对工会在就雇主向被代表的雇员报出的最终条件与雇主进行沟通时,以及就诸如罢工投票和合同认可投票等事项设置自己的基本规则时能够自主地做些什么作出限制。然而,直到与工会之间的谈判展开后,以及雇主最后一次报出的条件传送到工会后,无记名投票活动才会发生,并且工会仍旧会对是否举行罢工作出最终决定。无记名条款与不罢工条款均被法庭认定为强制性议题,那么前者到底和后者有着怎样的区别?

注意《劳资关系法》第209条(在前510—511页讨论)规定了劳动关系委员会应当就雇主报出的最后条件在雇员间举行一场秘密的无记名投票活动作为履行"国家紧急状态"强制令的条件。此外,安大略省和英国都通过法律对罢工无记名投票作出了要求。见《安大略省劳工关系法》第42、79条[§§42,79, *Ontario Labour Rels. Law*];文森·汤马:《劳资纠纷》,载于《新法律杂志》第1474、1475页[Vince Toman, Industrial Dispute, *New L. J.* 1474,1475(Oct. 2005)]。

b. 酌情绩效付薪制度。 考虑以下几种情况:双方之间存在着一个长期的集体谈判关系。最新的协议包含了对那些达到雇主作出的分级列表顶层的雇员施行的一种绩效工资制。尽管工会在审查和申诉程序中有权对雇主作出的个体雇员绩效工资决定发表评论，但雇主对个体雇员绩效付薪的实行时间和加薪量均保有最终决定权；绩效付薪纠纷被排除在了申诉和裁决程序之外。在重新进行的谈判中，雇主提议转向一个完全以绩效为基础的工资制度，而工会则意欲废止之前达成的协议中涉及绩效制的那部分内容。谈判继而陷入了僵局，雇主声称它正在落实自己的提议且在没有咨询工会的情况下已开始授予雇员一定的绩效薪资增额。雇主坚持它的提案直至谈判陷入僵局，在谈判已处于僵局时仍单方执行前述提案，借此雇主是否已经违反了第8条(a)(5)的规定？见麦克拉奇第二案[McClatchy Newspapers, Publisher of the Sacramento Bee, 321 N. L. R. B. 1386 (1996) (McClatchy Ⅱ), enforced, 131 F. 3d 1026 (D. C. Cir. 1997)]；另见麦克拉奇报业案[McClatchy Newspapers, Publisher of the Sacramento Bee, 322 N. L. R. B. 812 (1996), enforced in relevant part, 131 F. 3d 1026 (D. C. Cir. 1997)]。

　　在麦克拉奇第二案部分，委员会认为雇主能够合法地坚持它的提案直至谈判僵局，但不能在谈判已处于僵局时单方面执行该提案。由于担心集体谈判程序受到破坏性影响，担心工会在这一程序中的地位有所贬低，委员会在"僵局后执行"的一般规则之外构建了这一"有局限的例外"。其强调麦克拉奇案中雇主主张的完全无标准的自由裁量权，称："假若双方就可确定的客观程序和标准展开谈判……直至陷入僵局，我们的决定并不在任何方面禁止雇主作出绩效薪资决定。"(321 N. L. R. B. at 1391)另外还需考虑下述方面。在谈判陷入僵局后，雇主执行了一项提案，该提案载明：薪资增额在合同期的第一年将为4%的均额，之后为3%的均额，此外，绩效工资决定会以依据一个广泛的评估表进行的年度员工考核为基础且会在确定的固定日期生效，另外员工将会被允许通过一项申诉程序对提高的规模展开竞争。如此，雇主是否违反了麦克拉奇第二案项下第8条(a)(5)部分的规定？见第18号底特律印刷工会案[Detroit Typographical Union No. 18 v. NLRB, 216 F. 3d 109 (D. C. Cir. 2000)] (主张提案包含对雇主的自由裁量权加以限制的足够标准)。一项提议声称雇员"应该被支付给一份不低于每小时 8.9 美元的基本薪资率,但是,在本合同期限内工会可能会继续沿用它目前的市场薪酬安排",那么这一提议如何? 见库特轮胎案 [Quirk Tire, 340 N. L. R. B. 301(2003), on remand from, 241 F. 3d 41(1st Cir. 2001)]。

对"可能"(may)这一字眼的使用并不允许通过准许雇主在 8.9 美元和"市场薪酬"间进行选择而批准雇主经常性地对雇员的工资作出单方面决定,该语词的使用也不允许对就工资变化是否背离了单方实施的提议这一问题而进行有意义的审查予以禁止,从而违反如下原则:雇主可能构成每一僵局单位的一组单方改变,但必须在作出进一步的改变前再次与工会展开谈判。对该问题的更多的探讨,见劳伦斯·M. 古德曼(Laurence M. Goodman):《绩效工资提案和相关的补偿方案》;底特律印刷工会诉国家劳动关系委员会案以及重温麦克拉奇报业案,《劳动法》第 18 卷第 1 页。

c. **生产委员会**。假设雇主就其为了增强生产能力而作出的引进新技术或重设工作制度的决定并不承担进行谈判的义务。如果某雇主方想要建立雇员与经理委员会(employeemanager committees)以为工作制度的改变提供更多建议,诸如能够提高生产力的工种结合(但承诺避开工会被指定为唯一适当的集体谈判代表这一强制性条款),雇主在建立这一委员会前是否必须与工会展开谈判? 雇主坚持建立这一委员会的主张直至僵局出现,如此是否违反了第 8 条(a)(5)的规定? 在一个善意的僵局出现后,该委员会还能否被雇主建立? 如果雇主的方案规定各个部门的雇员要推选生产委员会的代表,又该怎么处理? 比较 1993 年 12 月 22 日出版的《年度报道》,刊印于 1993 年《国家劳动关系委员会事务总长的劳动法每日报道》[No. 246, at D-l, D-3 to D-5(Dec. 28, 1993)]。

7. 运用:集体谈判程序受到干扰?

a. 遵从报纸行业的惯例,从 20 世纪 30 年代开始,各方就赞成任何未通过协商解决的问题将被提交给一个仲裁方决定,即,通过"利益"仲裁程序解决。在 1970—1973 年的协议期满后,除了他们新签订的协议是否应当包含利益仲裁的规定这一问题外,双方就所有事项都达成了一致意见。雇主拒绝签署一份包含有各方就其他事项达成的一致意见的合同,除非工会同意删除利益仲裁条款。工会试图依据过期的事先约定启动仲裁程序去解决双方之间的僵局,并借此对雇主方的行为予以回击。雇主针对第8条(b)(3)的规定提出了一项适时指控,工会则针对第8条(a)(5)的规定提起了指控。结果怎样?假使双方仍旧在工资问题上僵持不下且工会仅仅就工资问题依据过期的事先约定诉诸了利益仲裁,前述分析结论是否会发生变化?见哥伦比亚印刷工人与助手第252工会案[Columbus Printing Pressmen & Assistants' Union No. 252, 219 N. L. R. B. 268（1975）, enforced, 543 F. 2d 1161（5th Cir. 1976）];金属板工人国际工会地方59工会案[Sheet Metal Workers Int'l Ass'n, Local 59, 227 N. L. R. B. 520（1976）];纽伯格机械承包商协会案[Mechanical Contractors Ass'n of Newburgh, 202 N. L. R. B. 1（1973）]。另见金属板工人国际工会地方14工会诉奥尔德里奇空调公司案[Sheet Metal Workers In'l Ass'n, Local 14 v. Aldrich Air Conditioning, 717 F. 2d 456（8th Cir. 1983）]（所有都判定利益仲裁是一个授权性议题,这一议题在集体协议期满之后不可以在谈判中被坚持要求或者作为仲裁中某项主张的依据）。国家劳动关系委员会的前主席墨菲和古尔德都表示利益仲裁应该作为一个强制性议题。见哥伦比亚印刷工人与助手工会案（Columbus Printing Pressmen, 219 N. L. R. B. at 272—275）（主席墨菲,持反对意见）;金属板工人国际工会地方162工会[sheet Metal Workers Int'l Ass'n, Local 162, 314 N. L. R. B. 923, 926 n. 12（1994）]（主席古尔德持反对意见）。

b. 在历史上,职业棒球大联盟的棒球手曾依据一个"储备"制度获得聘用,该制度限制了他们为其他俱乐部出赛的能力。通过集体谈判,球员所在的工会在就这一制度进行限制的谈判中取得了成功。六年或更长服务期的球员享有一种"自由选择"的权利,并且能够向所有俱乐部提供服务,也能向所有的俱乐部寻求更具竞争性的出价。另外,三年或更多但少于六年服务期的球员有权凭借一项薪水仲裁程序确定他们自己的薪酬。在就一份重新达成的协议进行协商时,双方在俱乐部所坚持的要求其球员必须同意接受一个"工资上限"的问题上僵持不下,这一"工资上限"是关于任一个俱乐部能够支付给它的球员的一笔总的补偿金的;照此,在对话期间,在有关薪资仲裁的规定方面,没有得到任何改变。在宣布谈判进入善意的僵局后,俱乐部宣称至少在一份基于集体协议的重建而确定的整体协议达成前,他们将不会同意将个体球员的合同提交给薪资仲裁程序。俱乐部对有关薪资仲裁的规定作出改变且是在未就这一议题进行谈判至僵局的情况下如此行事,借此俱乐部是否违反了第8条(a)(5)的规定?见希尔曼诉职业棒球大联盟球员关系委员会公司案[Silverman v. Major League Player Relations Comm., Inc., 67 F. 3d 1054, 1062(2d Cir. 1995)](找出"合理理由相信"前述规定是强制性议题,区分传统的利益仲裁条款)。

8. 适用:"疏远"与第三方的影响

a. 偿付保证书。委员会已经判定,要求确保合同义务得到履行的偿付保证书或保证金不在强制谈判的范围之内。见暖气片公司诉国家劳动关系委员会案[Radiator Specialty Co. v. NLRB, 336 F. 2d 495(4th Cir. 1964)](雇主对涵盖不罢工条款项下工会责任的保证书的要求);木工地区委员会案[Carpenters' Dist. Council, 14 N. L. R. B. 663(1963)](工会对保障工资支付义务的现金保证的要求)。雇佣关系上的疏远是否足以解释这些决定?如果工会出于对签约雇主偿付能力的担心而想要一份偿付或履约保证该怎么办?结果一样吗?工会是否能够坚持主张集体协议签约方既包含了母公司也包含了实际用人单位直至谈判僵局出现?

b. 厂内售货机的价格。雇主提供了由第三方供应商所有、经营的厂内饮食设施和售货机。雇主是否必须就供应商的食品质量和价格展开谈判?即使雇主只是向供应商出租场地而并没有保留任何其他的控制?就不存在于首要场所的设施的机构而言,雇主是否必须就此展开谈判?见福特汽车公司诉国家劳动关系委员会案[Ford Motor Co. v. NLRB, 441 U. S. 488, 497, 502(1979)](支持"委员会有关厂内食品的价格和服务是强制谈判议题的一致看法",至少在管理层基于其自身的利益提供此类厂内设施的情况下是这样的,但是指出管理层无须就价格或服务上的每一个变化展开谈判,只要它"尊重某个特定工会提出的就已经作出的或将要作出的改变进行谈判的要求")。

c. 退休人员的福利。在联合化学及碱业工人诉匹兹堡平面玻璃公司案[Allied Chem. & Alkali Workers v. Pittsburgh Plate Glass Co. ,404 U. S. 157 (1971)],集体协议规定公司会每月捐出4美元用以支付退休员工的医疗保险开销,但是如果国会颁行了一个全国退休人员医疗保险方案的话,公司可以将它的按月捐助减少2美元。国会在1965年颁行了这一医疗保险方案,随即雇主宣布他正取消它为退休人员指定的方案并且将用补充性的医疗保险覆盖取代每月3美元的捐款。工会对雇主以经谈判的健康方案替代补充性医疗保险覆盖的单方决定提出了质疑。最高法院的布伦南大法官主张退休人员的福利是非强制性议题并且一如这一性质所要求的,能够进行中期修改而不构成对第8条(a)(5)规定的违反,不考虑任何合同性违反的话:

> 首先……国会试图救济的不平等的谈判力量是"在岗"工人的谈判力量,并且国会指令受制于集体谈判的劳动纠纷是那些牵涉雇主及其在职员工的纠纷。从历史上来看,法案并没有任何地方存在证据证明退休工人将被视为处在法令规定的集体谈判义务所涵盖的范围内……
>
> 第二,第9条(a)部分……只将代表身份给予被一个"适格单位中"多数雇员推选或授权的劳工组织,且是"为了集体谈判的目的"。……我们认为[领取退休金的人员]不是并且也不能是包含在谈判单位中的"雇员"。被委员会确定为适格的谈判单位的组成人员是"雇主工厂中在时薪制基础上工作的雇员……含那些以工作小时计薪的集团领导们……"
>
> 第三,委员会发现就领取退休金人员的权利展开的谈判已成为一种既定的工业实践。但是工业实践不能改变退休人员既不是"雇员"

也不是谈判单位成员的结论……

即使领取退休金的人员不是谈判单位的"雇员",尽管如此,他们的福利是否也可以和那些留在单位的在职员工的"就业协议条款和就业条件"一样,作为集体谈判的一项强制性议题?另外,鉴于他们主要通过影响在职员工目前以及未来福利的价值对在职员工的"就业协议条款和就业条件"施以"重大"影响,委员会据此认为他们是谈判单位的"雇员"。

在职员工通过将退休雇员纳入同一个健康保险合同而可能获得的福利至多只是一项推测的且并不那么重要的利益……。将退休人员纳入与整体保险费率之间的关系是不确定的。添加进来的个体增加了集团的经验,且因此而整体上有助于费率的降低,但是那些纳入进来的可能花费更高医疗费用的退休金领取人员将不止是会抵消这一效果……

……依据委员会的理论,在职员工答应代表领取退休金的人员以便保护他们自身的退休福利,就好像他们为了一项生活成本增加条款正在进行谈判。但是这里存在一个关键的区别。一旦发现为了领取退休金人员的福利得到提升而进行的谈判是有利的,在职员工自此不再永远受前述观念的约束或者有义务再次代表退休人员进行谈判。相反,他们可以自由作出决定,例如,决定目前的收入在保证他们自身退休福利的更大稳定性上更有利还是确实对他们总体的退休福利更为有利。现在通过对领取退休金人员的福利的推进,在职员工并没有把握在他们退休时他们也会成为类似代表性的受益者……(联邦最高法院报告404卷,165—176页,180—181页)

基于法庭在匹兹堡平面玻璃公司案中所作的推理,你是否理解了为什么代表在职雇员的工会甚至被允许就退休人员的福利展开谈判?如果退休人员的福利不能够通过集体谈判得到增加或者调整,退休人员作为一个团体其经济处境是会更好了还是更糟?如果雇主试图减少或清除退休人员福利的话将会怎样?

d. 雇佣决定。委员会已经裁定，在实施一项药品测试计划前，雇主对现有雇员负有谈判的义务，见约翰逊-贝特曼公司诉国家劳动关系委员会案[Johnson-Bateman Co.，295 N. L. R. B. 180(1989)]，但不需要对测试工作的求职者进行谈判，那些人还不是谈判单位的成员，见星坛案[Star Tribune，295 N. L. R. B. 543 (1989)]，涉及对匹兹堡平面玻璃公司案所确立的一项原则的适用，该原则表明谈判只需要就工会代表的"雇员"的就业协议条款和就业条件展开协商，或者是在个体并非谈判单位雇员的情形下就上述事项展开协商，或是在谈判议题仍然会"显著影响"单位雇员的就业协议条款和就业条件的情形下就上述事项展开协商。委员会认为依据匹兹堡平面玻璃公司案，申请人肯定不是"雇员"，并且也否决了行政法官确定的申请人测试仍然会"显著影响"单位雇员福利的决定。就工会提出的所有雇佣均应来自工会职介所的介绍的动议，雇主是否需要展开谈判？这是否取决于对就业的不规则期限的说明以便现有雇员可以为了获得未来的推荐在不久的将来回到职介所？对于工会提出的雇主不应基于种族、性别、国籍、年龄作出的任何就业安排，包括雇佣方面的不能胜任而予以歧视性对待的动议，是否需要进行谈判？

注释：有关授权卡审核和中立性的一些规定

回忆一下在第六章中讨论过的授权卡审核和中立性协议（429—432页）。根据其定义，这种协议是关于非单位雇员的——既涉及公司目前尚未被组织的雇员，也涉及可能在将来被开设或取得的工厂中的雇员。如果考虑到匹兹堡平面玻璃公司案，授权卡审核或"中立性"规定是谈判的强制性议题吗？在帕尔生物制药公司案[Pall Biomedical Products Corp.，331 N. L. R. B. 1674(2000)]中，委员会考虑了工会提出的这一动议，即如果雇主"雇佣公司另一机构从事单位工作的一名或一名以上的雇员"，在公司的另一个机构雇主需为作出确认做好了准备。这一提议隐含了这样一个条件：在另一个机构进行的确认将基于多数支持作出，委员会发现该提议在克罗格案[Kroger Co.，219 N. L. R. B. 388(1975)]下是一个强制性议题。在克罗格案中,在对类似的条件作出暗示后,委员会曾将一项为列入单位而作准备且将合同效力扩展至嗣后取得的店铺中的雇员的条款视为谈判的一项强制性议题。帕尔案中委员会也认为,该条款会通过清除那些可能在别的方面鼓励雇主将工作转移出谈判单位的经济诱因而"显著影响"单位雇员的就业协议条款和就业条件,基于这一臆测,委员会主张该条款是一个强制性议题。华盛顿巡回法庭推翻了这一结论,指出这一条款没有为了将合同效力扩展至另一个机构的雇员而作准备(相反对工会就此类型的任何合同重新展开谈判作出了要求),该法庭还指出在匹兹堡平面玻璃公司案以及更早的一些案件中,最高法院曾主张"显著影响"原则仅仅适用于提议是针对已经察觉到的问题进行的一次"直接正面攻击"的情形。见帕尔公司案[Pall Corp. v. NLRB, 275 F. 3d 116, 120 – 122(D. C. Cir. 2002)]。在法庭的观念中,如若根据出示的多数支持证明,即可实现合同效力向其他工厂雇员的自动扩展,那么为达到这一效果而作准备的协议条款在单位工作的转移问题上构成一次"直接正面攻击",而一项仅仅为依据授权卡作出确认而非为合同效力的扩展作准备的条款则不构成(同上,121 页)。对此观点你同意吗?

　　就可能体现为多种形式的"中立性"规定到底是一个谈判的强制性议题还是授权性议题这一问题,到目前为止几乎不存在相关判例法。然而,事务总长在 1995 年发出了一份告知备忘录——后在案件变得毫无意义时被撤回——对工会坚持主张直至谈判僵局的下述三项条款作出了处理:(1)一项"雇主演说条款",该条款声明雇主"将告知新取得的机构中的雇员,它欢迎他们推选出一名集体谈判代表",并且将不会以任何方式指明或暗示它反对雇员推选一名谈判代表,或者指明或暗示其对作为谈判代表的任何特定工会存有任何偏好或反对;(2)一项"入会条款",该条款准许工会加入新机构,只要这一加入得到了雇主的合法的恳求规则的许可;(3)一项"花名册条款",该条款规定雇主会应工会要求在 10 至 14 天内提供给工会一张列有"目标"雇员名字、地址、工种和所在部门的清单。见拉斯维加斯地方执行委员会案[Local Joint Exec. Bd. of Las Vegas, Culinary Workers Union,

Local 226 and Bartenders Union, Local 165 (Sahara Hotel and Casino) 28—CB -4349, available at 1995 WL 937191 (Nov. 30, 1995) (GC Adv. Mem.); 1996 WL 931978 (Feb. 13, 1996)](现在已毫无意义的案件)。这些条款总是伴随着一项"嗣后取得"条款,后一条款旨在为加入工会以及合同效力向新取得机构的雇员扩展作准备。

在撒哈拉宾馆案(*Sahara Hotel*)中,事务总长依据克罗格案将"嗣后取得"条款认定为是强制性的。在克罗格案中,双方曾确定谈判单位包含"所有店铺"。双方是否能够不经委员会同意重新确定或扩展这一单位?其中任一方是否能够坚持提出这种重新确定或扩展要求直至谈判陷入僵局?事务总长发现撒哈拉案中的演说条款是授权性的,理由是工会不应该有能力就一项涉及某位雇主第8条(c)项下法定权利的放弃的条款坚持提出要求直至谈判僵局,声称"委员会在各种情况下都曾主张一项会放弃另一方当事人的法定权利的提议构成一项授权性谈判议题"(同上,第6页)。但是事情总是如此吗?参考前述第516—517页注释4。事务总长也交代了一项针对工会坚持对入会和花名册条款提出主张直至谈判陷入僵局的控诉事项。他这样做了,然而,仅仅是为了将这一事项提交给委员会,声称"更好的意见是:这些条款,当它们与嗣后取得条款一起时,是强制性议题"。因为它们"仅仅是……落实克罗格条款这一强制性议题的手段之一"。同上第7页。前述演说条款是否也能基于这一理论被认定为是强制性的?对撒哈拉案的进一步探讨,见查尔斯·I. 科恩:《中立性协议:国家劳动关系委员会是否会认同有关它自身的退化的说法?》,载于《劳动法》第16卷(2000),第201、204—211页[Charles I. Cohen, Neutrality Agreements: Will the NLRB Sanction Its Own Obsolescence?, 16 *Lab. Law.* 201, 204 – 211 (2000)](也探讨"中立性"规定的其他类型以及它们应被看作是强制性的还是授权性的);哈特利,《非立法式劳动法改革》,同前,397—399页(Hartley, Non-Legislative Labor Law Reform, supra, at 397 – 399)。

注释:有关伯格-华纳案的几个选择性问题

就所有议题展开的强制谈判? 劳动关系委员会前主席古尔德在其还是一名劳动法教授时曾宣称:法律"迫使双方就所有的议题展开谈判"。古尔德,《改革的议程》,同前,172 页。对试图阻挠协议达成的当事人而言——诸如那些希望阻止其雇员作出的选择集体代表决定的雇主们或者是那些希望维护自身享有的对企业决定加以控制的权力的工会——这一方式是否会对拖延不决的谈判产生刺激?谈判双方是否都负有对需求进行全面披露的义务?若借助一项全面调查,这些问题是否足以被列为善意谈判行为?

哈伦法官的方法: 将"坚持的权利"从"谈判的义务"中分离出来?根据哈伦法官的方法,"坚持的权利"会比"谈判的义务"更广泛;任何一方均可就强制谈判范围以外的议题或是一个总体的善意谈判义务涵盖了的议题坚持提出要求,可能还会运用经济胁迫。这一方法是否在不具有潜在的实质利益的事项上要求作出战略性的坚持以便能够获得影响力或是拖延合同的签署?这些困难是否能得到缓和?见艾斯托伊克,《劳动法改革》,同前,39—40 页注释 134(支持哈伦的方法,但是建议一些特定的议题应当注明"不在任何一方当事人的坚持范围内,诸如那些改变或稀释工会代表身份的提议")。另见萨缪尔·艾斯托伊克:《合同自由以及劳动法改革:开创了增值工会化的可能性》,载于《纽约大学劳动法评论》第 71 卷(1996),第 827 页[Samuel Estreicher, Freedom of Contract and Labor Law Reform: Opening Up the Possibilities for Value-Added Unionism, 71 N. Y. U. L. Rev. 827 (1996)]。

对非强制性议题"予以满足并展开商讨"的义务? 在需要对谈判创设出一些稀释形式时,还有一种方法用以保留伯格-华纳案确立的大部分框架——一项对非强制性议题"予以满足并展开商讨"但无须等至僵局的义务。这一方法在促进谈判方面多大程度上超越了当事人靠自己能够达到的效果？是否存在一些方法可以用以确定将会避免战略行为和争议拖延的咨询义务？这一"满足—商讨"义务最终是否值得支付相应的监管费用？

2. 大型企业决策的地位

纤维板纸制品公司诉国家劳动关系委员会案

Fibreboard Paper Products Crop. v. NLRB
379 U. S. 203(1964)

主审法官沃伦……。首要问题是正由谈判单位雇员从事的工作的"合同外包"是否是第8条(a)(5)和第8条(d)项下集体谈判的一个法定议题？……从1937年始，工会就是公司某单位维修工人的独家谈判代表。1958年9月，工会和公司签订了一系列最新的集体谈判协议，这些集体协议在1959年7月31日满期……。工会为安排谈判会议而付出的努力一直未获成功，直到7月27日公司通知工会他的意愿将被满足时，这一天即为合同有效期届满前四天。

基于对公司维修作业的高成本顾虑，公司进行了一项研究，对通过聘请一位独立的承办方去从事维修工作以达到成本节省的效果的可能性进行了分析。在7月27日召开的会议上，公司通知工会它已确定通过与一个独立的承包方签订合同将工作派出能够产生巨大的开支节省效果……。公司递交给工会一封信函，该信函在有关部分声明："一段时间内我们已经在慎重考虑放出我们埃默里维尔的维修工作了……，并且现在作出了如此行事的明确决定，这一决定将在1959年8月1日生效。在这些情境中，我们相信您会意识到一份新合同的协商是无意义的。然而，如果您有任何问题，我们都将很高兴地与您就这些问题展开商讨。"经过一番讨论……，会议结束时达成了这一认识：各方将在7月30日这天再次会面。

至7月30日，公司选择了福陆公司维修公司(Fluor Maintenance Inc.)去从事维修工作。福陆向公司作出过保证，称通过减少劳动力、降低附加福利(即除工资外的以汽车和房子为代表的其他福利)和加班工资,以及通过对要执行的服务作出预先计划和安排,维修费用是能够得到削减的。合同规定福陆公司将:

>……提供从事维修工作所需的所有劳动者、监督和办公室帮助……在雇主的埃默里维尔工厂,因为雇主将在该合同期间内不时地分配给承办方;并且还将提供与此有关的工具、用品和设备,因为雇主将从承办方处订购服务,然而,对于雇主通常会自行采购工具、用品和设备的认识是众所周知、不言而喻的。

合同进一步规定了公司会支付给福陆公司维修作业的开支,另加付一笔每月2,250美元的固定费用。

在7月30日的会议上,公司的代表在对外包维修作业作出解释时说:在往年进行的谈判协商期间,公司曾努力指出……"我们的维修作业是多么的昂贵、成本多么高以及它是怎样在埃默里维尔工厂创造一份相当沉重的负担的"。他进一步指出代表其他公司雇员的工会"已经与管理层联手,试图努力营造经济高效的运行状态",但是"在我们与这个特殊的地方工会展开的商讨中,我们并没有能力达到那种状态"。公司也分发了一封信函,称"由于我们将不雇佣被我们的这一协定的效力覆盖的谈判单位中的雇员,对一份新的或重新达成的协议进行的协商在我们看来将是没有意义的。"7月31日,被工会代表的维修工人的雇佣关系就终止了并且被福陆公司的雇员接任。那晚工会在公司的工厂设置了一条纠察线。

工会针对公司提起了……指控,宣称其违反了第8条(a)(1),第8条(a)(3)和第8条(a)(5)的规定……。委员会……维持了讯问审查官作出的如下结论:公司的动机……是经济性的而非反工会的,但委员会最终仍然发现公司"未能就其作出的转包其维修作业的决定[与工会]展开协商构成了对第8条(a)(5)规定的违反"。……

委员会责令公司重新实行维修作业……,使雇员恢复他们先前的或大体上相当的职位,同时支付给他们一份从委员会的补充决定作出之日起计算的补充薪金,并且还要履行其谈判的法定义务……。哥伦比亚特区巡回法庭委员会对委员会的执行请求作出了授权……

……由于调审令的授权是有限的,这里我们仅仅关注雇主据以拒绝谈判的议题——外包工厂之前由谈判单位中的雇员所从事的维修工作,而该外包的维修作业雇员是有能力继续从事的——是否被第 8 条(d)所指意思内的"就业协议条款和就业条件"这一用语所覆盖。

目前这一争议的标的物正好涵盖在"就业协议条款和就业条件"这一惯用语的字面含义内。见铁路电报员诉芝加哥和西北铁路公司案(Railroad Telegraphers v. Chicago & n. W. R. Co., 362 U. S. 330)。一则条文就外包由谈判单位成员从事的工作作出了规定,这一条文可能被恰如其分地称为一项"就业条件"。这一表述可能更清晰地涉及就业的终止,就如本案相关事实所表明的,这一终止必然导致既定谈判单位成员所从事的工作的外包。

将"外包"事项列入集体谈判的法定范围似乎也正是为了实现《国家劳动关系法》的宗旨而精心设计的……。该法案是基于如下认识构建的,即对商讨和协商的拒绝已经成为工业纷争最多发的原因之一……。正如委员会已经做到的,主张作业外包是集体谈判的一项强制性议题会促进法案基本宗旨的实现,这一促进作用是通过给劳工和管理层带来具有重大关注价值的问题达到的,当然这一方式必须在国会构建的最有利于工业和平的既定框架内进行。

"作业外包"是集体谈判的一项法定议题,这一结论在这个国家的劳资实践中得到了进一步加强。关注一下劳资谈判的实践,以评估将某一议题包括在强制性谈判议题的适当性,这一做法是适当的,尽管不是决定性的。劳动委员会诉美国保险公司案(Labor Borad v. American Nat'l Ins. Co., 343 U. S. 395, 408)。工业经验不仅反映了劳工和管理层在标的物上的利益,同时也体现出这些议题对集体谈判过程的服从。经验证明该种或他种形式的业务外包已被广泛而成功地列入了集体谈判框架内……

本案的相关事实证实了对将争议提交集体协商这一规定的遵从。公司作出的将维修业务外包的决定没有改变公司的基本运营。维修作业仍然必须在工厂被执行。没有任何资本投资被考虑;公司只是用独立承办方的雇员代替了现有雇员在相近的就业条件下从事相同的工作。因此,要求雇主对相关事项展开谈判并不会显著削减他管理业务的自由。

　　该公司所关注的是其维修作业带来的高成本。这促成了依据独立承办方作出的保证而实行的业务外包,如此就能通过减少劳动力、削减附加福利和取消加班工资的方式取得节省效果。这些长期以来都被看作是特别适于在集体谈判框架内解决的事项……。然而,有争论称:当一名雇主能够通过业务外包在这些方面实现开支节省时,就没有必要努力通过与现有雇员展开协商或者是试图向现有雇员提供一次就某项相互均可接受的选择进行协商的机会以达到相似的经济效果。简短的答案是:尽管令人满意的解决办法能否达成还很难说,但国家劳动政策的构建是以国会的如下确定为基础的:将此类问题应服从集体协商过程的认识予以正当化的机会是足够好的……

　　因此,我们没有扩展强制谈判的范围,并且一如我们现在所做的,我们也没有为此而主张这个案例中涉及的"业务外包"的类型——将现存谈判单位中的雇员替换为独立承办方的雇员,让替代雇员在相近的就业条件下做同样的工作——是第8条(d)项下集体谈判的一项法定议题。我们的决定不需包含也没有包含在我们复杂的经济中经常出现的其他的"外包"或"转包"形式。

　　剩下的唯一问题就是,根据发现的公司拒绝就一项……集体谈判的法定议题展开谈判的事实,委员会是否是被授权对维修作业的收回和附带补薪的复职作出指令的。我们相信它是被依此作出授权的……

　　上诉法院的判决是确定有效的。

　　金伯格法官未参与本案的合议和决定。

　　斯图尔特法官、道格拉斯法官和哈伦法官同他一起参与合议,对如下观点表示同意。

……法庭没有比这更支持该雇主作出的转包这一作业的决定,涉及"用独立承办方的雇员取代现存谈判单位中的雇员,使前者在相近的就业条件下从事同样的工作",取决于集体地开展谈判的义务。在本案明确的事实多隐含的狭窄的限制内,我同意法庭的决定……

认识到法令的语言是带有限制的语言,这一点很重要。法案没有言明雇主和雇员一定会就使得其中一方感兴趣的任何议题展开商讨;对工资、工时和其他就业协议条款及就业条件的声明确定了受强制谈判支配的一类数目有限的问题。法令语言的有限目的得被本法案的立法史阐明。一如最初获得通过时体现的,《华格纳法》并没涉及集体地进行谈判的义务限定。在1947年对该法案进行修订时,众议院的法案包含了一份详尽但有限的列明谈判义务下的相关议题的清单,排除了所有其他这一兜底性表述。① 在会议上,前述语言被众议院详尽的声明取代。因此,在制定时包含进了1947年立法的这一语言并不像包含在众议院法案中的那样严格,在试图对一个有限的可谈判问题的种类进行确定时,它仍旧采用了同样的基本方法。

"就业条件"的表述毫无疑问容易受到不同解释的影响。一方面,这一表述能够被确立进而适用于任何能被作为实现持续雇佣的一个先决条件而坚持主张的议题。此种解释……会与国会的意图相悖,正如这一立法史所反映出来的。今天在法庭的观念中存在一些通道,这些观念中的通道也正意味着一个如此任意的解释。由于法庭的观点似乎暗示了任何可能在雇主和其雇员间引发合理纠纷的问题必须作为强制集体谈判的议题。

只有一个更窄的"就业条件"概念才会服务于将受集体地进行谈判这一义务支配的问题划分出一个有限的分类这一法定宗旨。以常见的说法,一个人的就业条件是其工作环境的各种物质部分的最明显体现。一个人的小时时间将是什么,在这些小时时间中多大量的工作被期待,可以获得什么样的救济期间,什么样的安全生产得到了监管,这些是否都会被视为他的就

---

① 4. 众议院第80届会议第一次会议报告,在《劳资关系法》的立法史第一部分,1947年,第166—167页……[H. R. 3020,80th Cong. ,1st Sess. , § 2(11)(B)(Vi)(1947), in I Legislative History of the Labor Management Relations Act,1947, at 166-167(1948)……]

业条件。还存在其他不那么明显但重要性上丝毫不降低的一些有关一个人的就业的特性,这些特性也可能被视为"条件"——这个案件涉及的最重要的特性就是,其就业的安全性。就这一问题的一个看法而言,会否有一份工作并不构成就业的一项条件,对这个问题是能够展开争辩的;这一问题不是强加给雇员的条件之一,相反,到底是否会有就业这一更为根本的问题才是。然而,很显然委员会和法庭在许多场合承认了针对雇主方解雇雇员的权力,工会提出的制定相应规定加以限制的要求是可强制进行谈判的议题。因此,不受歧视性解雇、资历权、强迫接受一个强制性退休年龄均被视为雇主必须就以展开谈判的议题,尽管所有这些议题关注的是就业本身的存在问题。

530

当就业保障因此而在多种情况下被正确识别为一项就业条件时,它肯定不意味着每一个可能影响就业保障的决定都是强制集体谈判的一项议题。许多由管理层作出的决定都影响雇员的就业保障。涉及广告支出的数量和类型、产品设计、融资方式以及销售的决定,一切都可能与工人就业的保障程度有关。然而难以相信的是对于这类与"就业条件"如此攸关的决定竟然必须由雇员的谈判代表参与协商决定。

在这些领域的许多地方,一项特定的管理决定对就业保障的影响可能是极不直接并且极不确定的,并且若要作出此类决定并不是"有关……就业条件"这一断定,仅这一点已足以作为理由。然而还存在其他领域,在这些领域中,管理层作出的决定可能十分明显地使得就业保障陷入危险之中,或者确实彻底地终止了雇佣关系。一种情形是企业方可能会决定投资于劳动力节省型的机械装置。另一种情形是企业可能决意清算其资产并歇业。今天法庭所主张的任何观点都不应当被理解为强加了一项就涉及的此类管理决定集体性地进行谈判的义务,而这类决定恰好是企业控制的核心。涉及投资资本承担以及企业的基本范围的决定本身并非主要是关于就业条件的,尽管这些决定的效果可能必然会终止雇佣关系。当我想清楚了,如果第8条(d)的目的是为了叙述一个有限制的受制于集体谈判义务的领域,那些对一个法人企业的基本方向极其重要的或者仅仅间接地对就业保障起作用的管理层决定应当被排除在那一领域之外。

将这些概念适用于手边的这个案件,我不相信雇主的转包行为,作为一般事项,其本身是就业的条件……[然而,]就本案的相关事实来看,我同意法庭的判决,因为所涉及的一切只是用另一组替代某组工人在同一个工厂同一个雇主的最终控制下从事同样的工作……

分析来看,如果雇主仅仅是解雇了它的全部雇员并且将他们用其他工人代替,这些替代工人愿意在同一个工厂从事同一份工作而不要求支付各种对公司而言成本如此之高的附加福利,本案与基于前述假设提出的案件并非相去甚远。尽管根据这一发现——雇主会因为被解雇员工加入了工会而对他们施以歧视性对待,这样一种情形很可能被看成对第8条(a)(3)规定的违反,将雇主的行为看作是一项单边行动是同样可能的,这一行动的目的即挫败就工作安排和酬劳上的潜在问题进行的协商,且基于此,逃脱它承担的就某些问题展开谈判的义务,而这些问题无一不是公认的强制集体谈判的议题。同样地,本案中的雇主是否选择了对提议的业务转包与工会展开谈判?谈判将不可避免地转向有关开支的潜在问题,这促使了业务转包的实现。雇主凭借他转包这一业务单边行为挫败了就这些公认具有强制性的议题展开的集体谈判,到如此程度,就能够彻底地发现雇主的这一单边行为违反了其第8条(a)(5)项下的法定义务……

注释和问题

1. 业务转包。难道业务转包不是总涉及先前由谈判单位从事的工作的替换吗?每当雇主的决定威胁单位雇员的就业保障时,为什么不要求展开谈判?多数意见和赞同意见到底有着怎样的区别,如果二者在这一点上存在区别的话?你是否被斯图尔特法官依据《塔夫脱-哈特莱法》立法史作出的分析所说服?与斯图尔特法官主张的获普遍同意的观点中提到的谈判义务概念相比,这一历史实际上是支持一个含义更广的谈判义务概念吗?

2."居于企业控制核心地位"的决定。为什么斯图尔特法官建议处于

"企业控制核心地位"的决定超出了强制谈判的范围？这是否因为此类决定在就业保障和工作条件上缺乏一个充足的直接影响力？是因为谈判不可能对决定作出过程起作用？因为工会应该没有能力通过努力地施加经济压力而影响此类决定？因为雇主的"权利"并没有受到《国家劳动关系法》的干扰？

3. 销售和特许经营协议。参考通用汽车公司案[General Motors Crop., 191 N. L. R. B. 951(1971), review denied, 470 F. 2d 422(D. C. Cir. 1972)]，在接管了一个特许经销商之后，通用公司在休斯敦经营了一个通用卡车和零部件的销售与服务的零售店铺。随后，通过卖掉零售店铺的某些资产并依据一份协议转租它的公共场所，该协议规定允许任何一方取消转租并且如果买家不再做通用卡车的特许经销商，可将其资产转移给通用，借此通用公司重新确立了一种经销关系。通用公司在销售协议还在进行时拒绝了现任工会提出的就提议的销售展开谈判的要求。

由于这一交易涉及一个决定，即通过一项独立业务的运用对零售业进行不同运营，那么这一交易与业务转包类似吗？或者它是否处于强制谈判的范围之外？通用在经销关系上保留着多少控制权与此有关吗？或者对劳动力成本开支的考虑在通用的决定上扮演着什么角色？

4. 与以往的做法保持一致。在威斯丁豪斯电子公司案[Westinghouse Electric Corp., 150 N. L. R. B. 1574(1965)]中，公司在没有告知工会的情况下，许多年间一直经常性地开展广泛的转包业务。工会一直在寻求这一做法之上的合同限制，但是工会在谈判中总是丢开这一主张，继而协议在这一问题上只字未提。在第8条(a)(5)规定的法律行为覆盖的期间内，公司向7000多名分包商授予了经营权，授予业务包含了它自身雇员能够从事的一些业务。委员会声明：

……尤其要记住的是：此处正被讨论的经常性业务转包只被经济

考量所推动;它与[被告的]传统方法一致……;它不在此处所谈论的期间内,这一期间在种类或级别上均与以往既定做法下已成习惯的期间不相同;它并不会对单位中的雇员产生明显的不利影响;并且工会有机会在一般谈判会议上就现行转包实践中的变化展开谈判——综合所有这些理由,我们断定被告未能邀请工会参与单个转包决议的作出过程,此并不构成对其法定谈判义务的违反。

全国第一维修公司诉国家劳动关系委员会案

First National Maintenance Crop. v. NLRB
452 U.S.666(1981)

布莱克曼法官:在雇主负担的就第8条(d)和8(a)(5)所称的"有关工资、工时和其他就业协议条款以及就业条件"的议题善意地进行谈判的义务之下,一名雇主是否必须就其作出的关闭其部分业务的决定与其已获雇员认可的代表展开协商? 在本案中,就请求方作出的终止其与某客户间签订的合同的决定,[国家劳动关系委员会]附加给了请求方此种义务,并且……尽管上诉法庭在适当判决理由上尚存在分歧,法庭还是执行了委员会作出的指令。

I

请求方,全国第一维修公司……在纽约市地区为其商业客户提供家政、清洁、维修以及其他相关服务。它在客户的处所向它的每一位客户提供了[一份]劳动力和监管的契约承诺,作为对其支付的劳动开支(薪资总额,雇佣税负和保险费)以及支付的其他固定费用的偿付回报。它为每一个客户分别地签订人事合同并雇佣了人事部门的员工,并且它没有在不同的地点间转移雇员。

1977年春季期间,请求方正为格林帕克护理中心(Greenpark)——一

第七章 对集体谈判程序的规制 671

个位于布鲁克林的养老院履行维修作业。它与格林帕克护理中心在1976年4月28日达成的书面协议明确了格林帕克护理中心"将提供所有的工具,设备[原文如此],材料和用品",并且将按周支付给请求方"总共500美元另加每周工资总额和附加福利"。然而,它的每周费用被削减为250美元并在1976年11月1日生效实施。合同禁止格林帕克护理中心在合同有效期内及该有效期届满后的90天内雇佣任何请求方的雇员。请求方在其格林帕克护理中心作业中大概雇佣35名工人。

请求方与格林帕克护理中心之间的业务关系似乎并不那么报酬丰厚或并不那么顺畅。1977年3月,由于"缺乏效率",格林帕克护理中心依据合同指明的程序向请求方发出了一份30日的书面取消通知。这一取消通知并没生效,因为全国第一维修公司的工作在前述30日期限届满后仍在继续。然而,请求方开始意识到他正在格林帕克护理中心的业务上赔钱。7月30日,通过电话,它要求它的每周费用应被恢复到500美元这一数额,且在7月6日,它以书面形式通知了格林帕克护理中心它将在8月1日这天中止其在格林帕克护理中心的作业,除非要求的费用增加被满足。7月25日,通过电报,请求方发出了终止的最后通知。

当全国第一维修公司正在经历这些困难时,地区工会1199,医院和卫生保健雇员的全国总工会,零售、批发以及百货商店工会,美国劳工联合会—产业组织联合会(工会),正在请求方的格林帕克护理中心雇员中进行一场组织运动。1977年3月31日,在一场委员会主导的推选中,雇员中的多数推选工会作为他们的谈判代表。在7月12日这天,工会副主席爱德华·维克(Edward Wecker)写信给请求方,告知它该项认可和工会的谈判权,并声称:"我们期待与您或您的代表基于此目的展开会商。方便时敬请通知。"请求方既没有回应也没有寻求与工会间展开商讨。

7月28日,请求方通知其在格林帕克护理中心的雇员,他们将在3天后被解雇。维克即刻致电请求方的财务秘书莱恩那多·马什(Leonard Marsh),要求展开谈判并为此而推迟前述决定。马什拒绝了这一谈判要求,并告诉维克终止在格林帕克护理中心的作业纯粹并且最终只是一个有关金钱的问题,而且,到最后,格林帕克护理中心合同中规定的 30 天的通知期,会导致在 8 月 1 日以后费用高昂。维克与格林帕克护理中心的管理层在同一天就这一事项进行了讨论,但未能在取消这一通知规定上取得一致。由于合同在雇佣事项上附加了 90 天的限制,格林帕克护理中心自己也不愿意雇佣全国第一维修公司的雇员。除了进一步的马虎讨论外再未采取其他行动,请求方在 7 月 31 日中止了其在格林帕克护理中心的作业并解雇了该处的雇员。

……依据欧萨克拖车案[Ozark Trailers, Inc., 161 N. L. R. B. 561 (1966)],[行政法官]裁决就请求方作出的终止其在格林帕克护理中心的合同的决定以及这一改变对单位雇员的影响,请求方未能履行它的谈判义务……。委员会没有进行进一步分析即采纳了[行政法官的]这一结论……

……第二巡回法庭,在一名审案法官部分异议的情况下,执行了委员会的指令,尽管它采纳了一项与委员会支持的分析不同的分析理论[627 F. 2d 596(1980)]。上诉法庭作出了如下推论:就规则本身而言,没有一项规则能够被表述为要规范雇主作出的关闭其部分经营业务的决定。反而,法庭主张,第 8 条(d)条款创设了一项对就这种决定展开的强制谈判有利的推定,"通过揭示这一法令的目的不会被谈判义务的强加而推动",这一推定是可辩驳的,例如,通过证明"就前述决定展开的谈判将是无效的",或者证明该决定应归于"紧急经济情况",或者是证明"该行业的惯例是不就此类决定展开谈判,这一惯例由典型集体谈判协议中此种义务的缺失所体现出来的"(同上,见 601—602 页)……

Ⅱ

……在确定什么样的问题必须提交谈判程序方面,国会并不期望推选出的工会代表会在企业运营方面成为平等的伙伴……。对于必须就其举行谈判的那些议题而言,其上存在着一项不可否认的限制……

一些管理决定,诸如有关广告和产品推广、产品类型和设计以及财务安排的选择,仅仅对雇佣关系产生一种间接的、弱化的影响。见纤维板纸制品公司案[Fibreboard Paper Prods. Corp. v. NLRB, 379 U.S. 203, 223(1964)](斯图尔特法官表示同意)。其他的管理决定,诸如裁减和召回的员工的继任顺序、工作指标、劳动规章,几乎完全是雇主和雇员之间的"关系的一个方面"。见匹兹堡平面玻璃公司案[Allied Chem. & Alkali Wkrs. v. Pittsburgh Plate Glass Co., 404 U.S. 157, 178(1971)]。本案涉及管理决定的第三种类型,一种对雇佣关系产生直接影响的类型,由于作业无法阻止地被终止决定所取消,但一如其所在乎的仅仅是与格林帕克护理中心达成的合同上取得的经济效益,基于这些事实而生的关注点完全脱离了雇佣关系。这一决定,涉及企业范围和方向上的一次改变,是与到底是否继续经营的决定类似的,"它本身并不主要是关于就业条件的,尽管决定的效果可能会终止雇佣关系。"纤维板公司案(斯图尔特法官表示同意)。比较纺织工人诉达灵顿公司案[Textile Workers v. Darlington Co., 380 U.S. 263, 268(1965)]("只要愿意,雇主绝对有权力基于任何理由终止他的全部经营业务")。同时,这一决定提及一个需要工会和作为他成员的雇员给予重要、迫切关注的事项:继续雇佣的可能性以及雇员正当时工作的保留……

  雇主声称它没有义务就终止在格林帕克护理中心的作业的决定展开谈判。这一陈述需要我们确定该决定本身是否应当被看作请求方管理其与雇佣关系无关的那些事务的保留自由的一部分……。强制谈判的概念是以如下信念为基础的,即相信被各方的经济武器支持的集体商讨将促成对管理层和劳工甚至整个社会都更为有利的决定……。然而,只有在提议商讨的议题愿意通过谈判程序得到解决的情况下,才真的会产生此效果。在一个营利业务运作的必要范围内,管理层必须免受谈判程序的限制。对于它什么时候可以继续作出决定而不用担心稍后的评估将其行为判定为不当劳动行为,还必须具有一定程度的预先确定性。国会并未明确指出它意欲将工会和管理层彼此关心的何种问题排除在强制谈判的范围外。然而,鉴于雇主对不受妨碍的决策过程的需要,就对雇佣关系的持续有效性产生实质影响的管理决定而言,围绕这些决定展开的谈判只有在其对劳工和管理层之间的关系以及集体谈判程序的好处胜过附加于业务经营行为之上的负担的情况下才应当被要求……

认识到这一方法,我们转向手头边的一个具体问题:一项要关闭部分业务的经济激励型决定。

Ⅲ

A

……对作出的关闭某一机构或某雇主的部分作业的决定,工会参与其中的动力源自它对就业保障的合理担忧。法庭曾评论说:"第8条(d)的用语……明确涉及了雇佣关系的终止,这一终止可能是"关闭一项作业而导致的。见纤维板公司案。然而,工会的参与决议的实际目的在很大程度上将是统一的:它将努力使这一关闭行动得以推迟或停止。在寻求这些目标上,它必然会被驱使而主动作出让步,提供信息以及选择,所有这些都可能对管理层有帮助或者可能挫败或阻止工作的终止。然而,要求围绕决定本身和它的后果展开谈判会扩大这一信息和建议流入似乎不太可能。作为第8条(a)(5)强制规定的谈判"效果"的一部分,工会必须被给予一个重要的机会以能围绕就业保障的这些事项展开谈判,对于此点认识尚不存在争议……。并且,依据第8条(a)(5)的规定,围绕一项决定的效果展开的谈判必须以一种有意义的方式在一个有意义的时间里进行,并且委员会可能会实施制裁以保证它的适当性。通过寻求这类谈判权利,工会可获得实施部分关闭行为的雇主作出的有价值的让步。它也会在合同中对贯彻通知权、信息获取权和正当谈判权的协商规定予以保障……

此外,工会在公平交易上的合理兴趣得到了第8条(a)(3)条款的保护,该条款在部分关闭的作出是为了获得一个不正当利益时,禁止这种被反工会意向所驱使的部分关闭行为。见纺织工人诉达灵顿公司案。……雇主可能不会简单地关闭它的部分业务并且通过冠以其决定"纯粹经济的"标签去掩饰其削弱和规避工会的愿望……

对于是否应该对这种类型的决定展开讨论的问题,管理层的兴趣显得

第七章　对集体谈判程序的规制　675

更为复杂并且因特定的情形变化而有所不同。如果劳动力成本是失败的运作以及关闭决定上的一个重要因素,管理层将有动力自愿地与工会展开商讨以寻求可能使可营利的业务得以延续的让步。比较《美国新闻与世界报道》,1981年2月9日,第74页;《1979年劳动关系年鉴》第5页(Cf. U.S. News & World Report, Feb. 9, 1981, p. 74; BNA, Labor Relations Yearbook-1979, p. 5)(美国劳工联合会与克莱斯勒公司间达成协议将在工资和附加福利上作出让步)。在其他时候,管理层可能对速度、灵活性以及在面对商业机会和紧急事件方面的保密度需求更大。它可能会面临重大的税务或安全后果,这一后果取决于保密工作,一家工厂关闭的时限,或者是企业结构的重组。谈判正常过程中的公开事件可能会破坏一次成功转变的可能性或者增加对经营业务造成的经济损失。雇主也可能没有关闭之外其他可行的选择,甚至围绕关闭展开的善意谈判都将是无用的且会给雇主带来另外的损失。

在被授权的谈判和被强制的谈判之间也存在一个重要的区别。将这种类型的决定认定为是强制性的能够提供给工会一个有力的实现拖延的工具,一种可能被用来阻止管理层意图的力量,这一阻止是以一种与工会可能建议的任何可行的解决方法都无涉的方式实现的……

尽管目前劳动行为的证据仅仅表明了通过集体谈判制度什么是可行的,但这不是一项有约束力的指南,见化学工人案(Chemical Workers, 404 U.S., at 176),该证据说明了对强制谈判不利的显然的不平衡权衡。我们注意到,对于涉及某企业范围变动的决策过程而言,赋予工会此过程参与权的规定似乎比较少见。有关通知或"效果"谈判的规定则更为普遍……

更进一步说,这一被上诉法庭采纳的假定分析似乎并不适合于提升雇主和雇员之间的和谐关系。对是否面临着一个需要谈判的情形,或者是否面临一个牵涉经济需求且这一需求足以造成谈判义务的排除的情形,雇主要事先确定会存在一定困难。如果它决定冒一下不谈判的风险,它可能最终面临严厉的救济措施,这些严厉的救济措施会迫使它不考虑谈判结果而支付给那些可能会被解雇的雇员大量的补薪,甚或考虑重新开张一项失败的经营业务……。就工会特权的限制、工会是否能够以及何时能够运用它的经济影响力去试图改变雇主的决定,或者如此做了之后它会触发来自委员会的制裁等问题而言,工会也存在确定上的困难……

我们推断:仅仅因为经济原因超过通过工会参与决定的作出过程可能获得的增长利益,雇主在决定是否要关闭其部分业务方面的自由操作需求可能会遭受破坏①,并且我们认为决定本身并不是第8条(d)所称的"协议条款和条件"的一部分,国会亦作出命令要求就第8条(d)所称的这一议题展开谈判。

B

为了说明我们的主张的局限性,我们再次转向本案明确的事实。首先,我们注意到当请求方决定终止其格林帕克护理中心合同,它并不打算替换被解雇的雇员或者将那一项作业移至其他地方。请求方的唯一目的是减少它的经济损失,并且工会也未就反工会意向提出要求。另外,请求方与格林帕克护理中心之间的纠纷只是关于格林帕克护理中心愿意支付的管理费的多少,工会无权利和资格控制这笔费用。工会能够提供的最多的将会是意见和让步,对于这些意见和让步表示,格林帕克护理中心——这个合同的成功与失败即取决于它的第三方甚至连考虑的义务都没有。尤其是这些事实将这个案件与纤维板纸品公司案提出的转包问题区别开来了。更进一步说,工会并不是作为谈判代表被推选的,也不是正好在请求方在格林帕克护理中心的经济困难开始后这一时间出现时获得认可的。因此我们并未面临雇主对持续进行的谈判或是一份现行有效的谈判协议作出的取消。最后,当请求方的企业并未卷入大量资本在单一地点的投资,我们不相信"资本的重大投资或资本撤回"事实的不存在是极其重要的。通用汽车公司案(General Motors Crop., GMC Truck & Coach Div., 191 N. L. R. B., at

---

① 22. 依据这一意见,对于其他类型的管理决定,诸如工厂地点的重置、销售业务、其他种类的业务转包、自动化等一系列需要依据他们特定的事实加以考虑的事项,我们当然没有任何的观点暗示……

952),在这一特殊地点执行的作业的停止决定代表了请求方经营上的一个重大改变,一个并非无异于一条新业务线的设置或彻底歇业诸如此类的改变。

相应地,上诉法庭的法官否决了一审判决,同时这一案件被退回了原审法院,要求作出与这一观点一致的进一步审查。

布伦南法官、马歇尔法官和他一起参与了合议,持有异议……

法庭的决定是依据一项平衡测试作出的……。我不能赞成这项测试,因为它仅仅考虑了管理层的利益,它未能考虑工人和他们的工会的正当劳动利益……

即使法庭对测试的陈述是正确的,我不能加入对其仅仅依据猜测作出的应用的推广中去。显然,法庭推断有关劳工和管理层之间的关系的利益以及协商得来的围绕部分关闭展开的集体谈判程序是最低限度的,但是它并没有提供用以证明这一效果的相关证据。法庭意识到工会也许能够主动作出让步、提供信息和备选方法,这些做法均可能避免或阻止关闭行动,但其随后宣称"然而,围绕决定展开谈判的要求……将扩大信息和建议的流入,是不大可能的"……

法庭进一步推测管理层在作出部分关闭决定上对"速度、灵活度和保密性"的需要会被一项谈判要求挫败。在某些案件中,法庭可能是正确的。但在其他的一些案件中,这一决定将被公开而慎重地作出,并且对"速度、灵活度和保密性"的考量将不那么适合……

注释和问题

1. 对全国第一维修公司的支持? 布莱克曼大法官强调他对法庭的意见作出陈述的Ⅲ-B部分所述及的案件的一些特殊的事实。这是否意味着依据不同的事实,部分工厂的关闭决定确实可能是谈判的强制议题?或者法庭的支持被该意见的Ⅲ-A部分更好地捕获了?

2. 多数的成本效益分析。 法庭是否参与了某种形式的成本效益分析，该分析认为在一名雇员对围绕一个部分关闭决定与工会进行协商不感兴趣时，集体谈判不太可能对决策过程起到推动作用，并且要求展开谈判的成本可能超过任何可能想象得到的好处？这样一种决定由委员会作出是否更好？对全国第一维修公司案的这一解读是否主张第二巡回法庭运用推测而非本身违法原则？下级法院在它之前是否正确地将它的方法适用于了案件事实？

3. 需要一种妥协性谈判？ 如果我们稍微改变该案的事实并且假设关于格林帕克护理中心工程即与工会之间存在着谈判关系，你是否深信如果工会在按周支付的维修费用上愿意作出让步接受总计250美元的差距的话，全国第一维修公司与格林帕克护理中心公司之间的纠纷仍不能够被避免？法律是否应当要求雇主在关闭工厂前去寻求工会可能的让步，或者对于每当我们有理由相信向工会提出要求很可能是卓有成效时，我们能够指望雇主自己去照此行事这一看法，布莱克曼大法官是否是正确的？

4. 需要给工会一个施加压力的机会？ 审理全国第一维修公司案的法庭是否在它对妥协性谈判的强调上被误导了，对于部分关闭是否是《国家劳动关系法》所允许的可由工会通过经济压力施加影响的那种决定，什么时候法庭关注的中心应当聚焦于此问题？参考迈克尔·哈珀：《从伯格-华纳案到全国第一维修公司案道路的铺平：强制谈判的范围》，载于《弗吉尼亚法律评论》第68卷（1982），第1447、1462—1464、1471—1472页［Michael C. Harper, Leveling the Road from Borg-Warner to First National Maintenance: The Scope of Mandatory Bargaining, 68 *Va. L. Rev.* 1447, 1462－1464, 1471－1472 (1982)］（原文有强调）：

> 任何将一类管理决定原则性地排除在强制谈判范围之外的行为必须……接受劳动法的首要政策——便利雇员作出某些特定的、正当的

共同努力,诸如集体谈判,这一在设法得到其雇主对其工作的更多补偿上所作出的共同努力。

对上述政策的接受使得仅仅由于可能对雇主产生的潜在经济影响而压制围绕几种特定形式的补偿展开的全面谈判不再可能。两个因素支持这一结论。首先,已清楚地列入强制谈判范围的议题,例如薪资水平,通常代表着雇主最重要的生产成本。第二,法案并不担心集体谈判对雇主造成的经济影响;它要求雇主在集体谈判中依靠他们自己的经济力量去保护他们的利益……

然而,要开列出一套不适于强制谈判的管理决定还是可能的,尽管这些决定可能对雇员很重要。这一原则有赖于一项社会政策,该政策允许消费者,也仅仅允许消费者,去影响管理层作出的产品市场方面的决定。这一原则会将所有确定开发并销售了什么产品,开发或销售了多少,为哪个市场进行的开发和销售,以及以什么价位销售的决定排除在强制谈判之外。这些关于产品市场的决定与涉及雇主怎样从有组织的劳工工作所产生的财富中去补偿这些劳工的决定是不同的。雇员可以利用经济压力直接针对自己,雇主有多少经济资源他们就可以利用多少,只要他们并不试图压制雇主作出的关于将生产什么样的产品以及提供给哪个市场的决定。

该产品市场原则与法案并未辖属的一个强有力的社会政策是一致的。依据这一社会政策,消费者应该通过表达他们在市场上的喜好去决定雇主将生产哪些产品,除非我们的一般民主制度通过立法形式限制了这些喜好。劳动法的确鼓励在雇主劳动力市场和生产决定的"自由"运行上施加限制;确实,国会设计了这一法案允许工会设法从雇主那里抽取更多的补偿以借此帮助雇员逃脱对其不利的劳动力市场。因此,该法案鼓励雇员作出的通过影响产品生产的成本可能间接影响产品市场的努力。然而,该法案并不存在任何的语言表述或政策揭示为雇员作出的直接控制产品市场的努力提供便利的目的。所以,禁止雇员用任何雇主不能满足的要求甚至是用无限的资源而没有直接改变提供给公众的产品去对雇主施以胁迫,这是符合法案目的的……

这一产品市场原则并不将所有以削减市场的决定为基础的部分关闭决定排除在强制谈判之外。有些部分终止决定,一如在全国第一维修公司案中提及的那个决定,与他们所依据的产品市场决定是分不开的。然而,许多部分终止决定是有别于潜在的产品市场决定的。欧萨克拖车案[Ozark Trailers 161 N. L. R. B. 561(1966)]就是这样的一个决定。欧萨克公司和生产冷藏车的联营公司至少落实了两个工厂的关闭计划。可能是由于经济原因,欧萨克公司未与被关闭的工厂里的已获雇员认可的工会代表展开谈判即关闭了其中的一个工厂。委员会的决定表明欧萨克公司可能已将被关闭工厂的作业转移到了另一个工厂或者可能已转移到了合同约定的另一个公司。然而,即使是假设欧萨克公司确实决定减少它销售的卡车的数量,它作出的关闭工会所代表的工厂的决定并不是一个产品市场决定。欧萨克公司本来能够相应地减少所有工厂的生产;或者它本来能够削减另一个工厂的作业。关闭工会工厂的决定仅仅是一个生产决定。公司本来能够满足工会提出的在不改变任何削减产品销售的决定前提下让工厂继续开张的要求。当然,比起关闭工厂的决定,让工厂继续开张的花费对欧萨克公司而言本来可能更加昂贵,但是就像之前提到过的,有关生产费用的事项尚不能与工资或福利水平之类的强制议题区别开来。因此,委员会对欧萨克公司案正确地作出了判定,并且它的决定是可以与全国第一维修公司案的结果进行调和的。

5. "效果"谈判。为什么法庭声明的"必须在有意义的时间以有意义的方式被举行的""效果"谈判的机会尚不足以保护雇员的利益?问题是否在于:这个机会对工会而言可能来得太晚而不能作出充分的让步,还是这个机会将来得太晚使得工会不能有效地施加任何压力以阻止决定?见托马斯·C. 科勒:《不存在差别的区分:全国第一维修公司案体现的效果谈判》,载于《工业地区法律杂志》第5卷(1983),第402页[Thomas C. Kohler, Distinctions Without Differences: Effects Bargaining in Light of Fist National Maintenance, 5 *Indus. Rel. L. J.* 402(1983)]。另参考哈珀教授的批评：

> 为了让效果谈判真正有意义，雇主应该告知工会其考虑中的某项单方行动，至少在其一认真地着手计划时就应发出通知。这会在雇主单方终止工厂的作业前即提供给工会一个发出罢工威胁或是发起罢工的机会……。一旦雇主落实了它的终止作业决定，工会的绝大部分经济影响力都将消散，并且委员会发出的效果谈判指令可能除了在特殊的遣散费请求上将会帮到工会外将不会帮助工会采取更多的举措。

哈珀，《道路的铺平》，同前，1843 页。如果雇主被要求就工厂关闭决定及早作出通知，并且如果工会被允许利用经济压力去强化它们在"效果"谈判中的立场，这是否会使工会有效地利用这种强制力影响潜在的决定？

6.《工人调整和再培训通知法》的制定。1988 年 8 月 4 日，《工人调整和再培训通知法》[the Worker Adjustment Retraining and Notification Act (WARN), P. L. 100—379, 102 Stat. 890 codified at 29 U. S. C. § §2101—2109]被立法确认后，该法案适用于至少拥有 100 名雇员的公司，且对任何可能造成至少 50 名雇员工作损失、将在 30 日期限内落实的工厂关闭决定或者任何"大规模裁员"（在某个单一地点，当不管是 500 名雇员还是 50 名雇员但至少是占到全部劳动力 33% 的雇员在 30 日期限内被终止雇佣关系或被裁员时），要求提前 60 日作出通知。如果雇员被一个工会所代表，雇主必须向工会发出 60 日通知。如果雇主正"积极寻求资本或业务，如果获得这些资本和业务将会使雇主避免或者延迟其关闭行动，并且雇主合理地且善意地相信发出通知将使得雇主获取资本或业务的努力不可能"，或者如果关闭或裁员是由"从该通知本来会被要求时起即存在的不可合理预见的商业情况"造成的，不要求发出提前通知。该法案在联邦地区法院经工会或受影响雇员提起的诉讼得到强制执行。如需参考劳工部长的解释性规定,见20 C. F. R§§639.1－639.10。工会持有立场使得其以受影响雇员的代表身份依据《工人调整和再培训通知法》提起诉讼。见美国食品和商业工人地方751工会诉布朗集团公司案[United Food & Commercial Workers Union Local 751 v. Brown Group, Inc., 517 U.S. 544(1996)]。

《工人调整和再培训通知法》是否为围绕关闭工厂的决定展开的集体谈判提供了便利？对围绕此类关闭决定的效果而展开的谈判呢？

7. 委员会的迪比克测试。 在迪比克包装公司案[Dubuque Packing Co., 303 N. L. R. B. 386(1991), enforced sub nom. United Food & Commercial Workers Int'l Union, Local 150－A v. NLRB, 1 F.3d 24 (D. C. Cir. 1993)]中,委员会宣布了一项新的测试厂址重置和单位作业转移的可谈判性的方法。迪比克包装公司在以前曾获得过努力避开其关闭迪比克爱荷华国内工厂中的牲猪宰杀和切割部门行动的工会作出的让步,在此后,该公司在1981年3月30日宣布它打算关闭这一部门。在工会表明了它对工资冻结提议的反对后,公司在1981年7月10日声明它正在考虑搬迁该部门——而不是关闭该部门。并且它也正在考虑对多达900个工厂的猪肉生产岗位进行重新分配。公司还劝告雇员接受工资冻结使得他们的工作岗位能够被保留。工会敦促雇员针对工资冻结进行投票直到公司打开它的记账簿表示让步。在工人以压倒性的投票对工会的异议表示支持后,公司通知工会它作出的关闭牲猪宰杀和切割部门的决定是"不可改变的"。在接下来的几个月中,各方围绕提议的猪肉生产业务的重新分配继续进行了协商。1981年10月1日,公司在其新取得的位于罗谢尔和伊利诺伊州的工厂开设了牲猪宰杀和切割作业,且在两天后取消了迪比克工厂中大概530个牲猪宰杀和切割岗位。1981年10月19日,一份为工资妥协、迪比克工厂900个猪肉生产岗位的保留以及现有劳动协议的扩展作准备的协议被签署。然而,由于公司不能获得新的融资,它在1982年10月15日关闭并出售了在迪比克和罗谢尔的工厂。

委员会起初裁决雇主没有作出不当劳动行为,因为它并不负有就其重置(包括工作地点的搬迁和岗位的重新配置)决定展开谈判的义务。因为委员会曾主张无论如何都不会获得这一结论,而为此已经有三种可能的测试方法被用到,然而,哥伦比亚特区的巡回法院退回了这一裁决,指令委员会努力对将适用于迪比克案和其他类似案件的一个测试方法作出清楚说明。见迪比克第一案[880 F. 2d 1422(D. C. Cir. 1989), remanding 287 N. L. R. B. 499(1987)](Dubuque Ⅰ)。从而在迪比克第二案(Dubuque Ⅱ)中,委员会认可了对围绕搬迁决定展开的谈判进行测试的新方法,并且再次主张雇主违反了它的谈判义务。作为一种救济措施,它责令对于因公司的重置决定导致雇佣关系终止的所有雇员,公司要从他们的雇佣终止日起支付给他们拖欠的工资直至迪比克和罗谢尔作业终止日止。

委员会的迪比克测试声明(303 N. L. R. B. at 391):

> 最初,事务总长担负着证明雇主作出的关于单位工作重新分配的决定并不与某个雇主决定性质上的基本改变相伴随这一重任。如果事务总长在这方面成功地承担了这一责任,他将会初步证明雇主的重置决定是一个谈判的强制性议题。在这一紧要关头,雇主可能提出证据驳斥这一初步成立的案件,如通过证明在新的场所从事的工作与在前工厂从事的工作差异很大,证明在前工厂从事的工作要被完全停止且不会被移至新场所,或者证明雇主的决定涉及企业经营范围和方向上的一次改变。另外,雇主可能会通过一个优势证据的出示予以抗辩:(1)劳动力成本(直接的和/或间接的)不是决策中的一个因素或者(2)即使劳动力成本是决策中的一个因素,工会本来不能在劳动力成本上主动作出让步,这一让步本来会改变雇主的重置决定。

迪比克案与全国第一维修公司案是一致的吗?它是不被允许地将举证责任转移给了雇主,让其去证明工作重置决定的非强制属性吗?另一方面,为什么前场所的工作已被停止这一事实应该提供一个完整的抗辩?此外,替代辩护是否含蓄地采纳了谈判的唯一目的是设法获得工会作出的让步而不是同时允许工会施加经济压力去阻止单位工作的清理这一观点？这一测试是否满足法律制度对法律的确定性的需求以便雇主不用冒在事后诉讼中有商业决定未完成的风险并且雇员不将他们的工作押注在委员会将发现他们围绕一个强制性议题举行了一次保护型罢工这一希望上？在这一方面，一项关于"企业经营范围和方向上的改变"的决定又是什么意思？

正如上面所陈述的，华盛顿特区巡回法庭赞成委员会的迪比克测试。然而，这一赞成并未得到一致同意。在多尔西托运公司诉国家劳动关系委员会案 [Dorsey Trailers Inc. v. NLRB, 233 F. 3d 831 (4th Cir. 2000)]，第四巡回法庭否决了迪比克案的裁决并且认为雇主并不负有就它作出的关闭一家工厂以及转移单位工作至一个新工厂的决定展开谈判的义务。依其看法，导致单位工作重置的工厂关闭行动不在第 8 条（d）部分所指的一项"就业协议条款或就业条件"的含义内，即使它会影响雇员的劳动"期限"。同上 843 页，你同意吗？多尔西案和纤维板案是否能得到调和？

8. 迪比克方式的适用范围？ 迪比克方式是被限制于重置决定吗？还是它也适用于业务转包决定？在托林顿工业公司案 [Torrington Indus., 307 N. L. R. B. 809 (1992)] 中，委员会认为纤维板案确立的方式，而不是迪比克方式，适用于涉及的比一群工人对另一群工人的替代多一点的业务转包决定。然而，它进一步声明有些业务转包决定由于是在企业经营范围和方向发生变化而被驱使作出的，因而可能是非强制性的。劳动力成本以外的因素在很大程度上驱使着雇主作出业务转包决定，那么这些转包决定应如何认定？比较分析托林顿案（反对纤维板案方式在决定取决于非劳动力成本因素的情形下是不适用的这一观点；关键是决定是否是一个涉及经营业务范围和方向变化的企业化决定）与美国家具出租公司案 [Furniture Rentors of America, Inc. v. NLRB, 36 F. 3d 1240, 1248－1250 (3d Cir. 1994)]（推翻了委员会的裁决，称纤维板案的方式仅仅适用于业务转包被劳动力成本或其他服从集体谈判的问题所驱使的情形；依法庭的观点，诸如雇员偷窃以及此处涉及的其他不当行为等属于一些不服从谈判的因素，在决定主要基于这样一些不服从谈判的因素作出的情况下,委员会必须平衡各方利益)。如需遵循全国第一维修公司案与迪比克案对业务转包的判定进行有趣的谈论,见田纳西州岩石公司诉国家劳动关系委员会案[Rock-Tenn Co. v. NLRB, 101 F. 3d 1441(D. C. Cir. 1996)](希尔伯曼法官)。

9. 运用。

a. 奥的斯电梯公司已经决定关闭它位于新泽西的研发机构并转移研发业务至它扩大的位于康涅狄格的机构的技术更新业务中。并没有证据表明劳动力成本对这一决策的作出起到了作用。奥的斯在作出该搬迁决定前是否应当已经与新泽西机构的工会进行了谈判?或是在执行这一决定前?如果围绕这一搬迁决定的谈判并未发生并且工会向其索要产生这一决定的财务和计划文件,公司是否必须提供这些信息?如果工会在新泽西的机构发起罢工,希望能给奥的斯公司施加压力促使其重新考虑,该罢工行动是应受保护的活动吗?见奥的斯电梯公司案(奥的斯第二案)[Otis Elevator Co. ,269 N. L. R. B 891(1984),reversing 255 N. L. R. B. 235 (1981)]。

b. 雇主是否必须就对诸如接受为雇主提供服务的公司赠送的礼物之类的行为予以禁止的雇员道德守则展开谈判?如果就该守则的颁布展开的谈判不被要求,雇主是否还必须就施行这一守则的妥当性以及特定案件中的惩处水平展开谈判?见美国电力公司案,无敌出版公司案,报业第十协会案[American Elec. Power Co. , 302 N. L. R. B. 1021(1991);Peerless Publications, Inc. , 283 N. L. R. B. 334(1987),on remand sub nom. Newspaper Guild Local 10 v. N. L. R. B. ,636 F. 2d 550(D. C. 1980)]。

c. 雇主是否有义务就拟用于检测雇员不当行为的隐藏监视摄像机的安装和使用展开谈判?见高露洁公司案,安霍伊泽-博世公司案(相关部分得到执行),啤酒制造商地方第6号工会诉国家劳动关系委员会案[Colgate-Palmolive Co. , 323 N. L. R. B. 515(1997); Anheuser-Busch, Inc. , 342 N. L. R. B. 560(2004), enforced in relevant part sub nom. Brewers and Malters, Local Union No. 6 v. NLRB, 414 F. 3d 36(D. C. Cir. 2005)](支持强制性认

定);另见国家钢铁公司案[National Steel Corp.,335 N. L. R. B. 747(2001),324 F. 3d 928(7th Cir. 2003)](相同)。

d. 雇主是否必须就工会提出的将雇员代表置于公司董事会成员之位的提议展开谈判?如果他们将只是列席董事又当如何?工会提出的公司向雇员发行股票的动议怎么样?见哈珀,《谈判义务的约束范围》,同前,35—39 页。

e. 集体谈判协议经常为继任条款作准备,此类条款要求雇主在一个销售事件中保证买家同意承担劳动协议的义务,那么此类条款是否应受强制谈判的管辖?

f. 雇主是否必须就工会提出对提前通知和在工厂关闭事件中作出要求的提议展开谈判?通用电子公司与电子、电气、固定薪水、机械和家具工人国际工会签订的 2003—2007 协议在补充规定处列明的第 5 条(a)第 22 款是否为一个强制谈判事项?

10. 评论。如需参考全国第一维修公司案的背景的详尽陈述以及法庭决议的评论性文章,见艾伦·海地:《全国第一维修公司案的报道:取消为低工资服务工作人员开展的谈判》,载于劳拉·J. 库佩与凯瑟琳·L. 菲斯克主编:《劳动法报道》(2005)[Alan Hyde, The Story of First National Maintenance Corp. v. NLRB: Eliminating Bargaining for Low-Wage Service Workers, in Labor Law Stories(Laura J. Cooper & Catherine L. Fisk eds.,2005)]。如需"法律和经济"视角分析谈判义务的著述,见例,迈克尔·L. 瓦奇特和乔治·M. 科恩:《集体谈判的法律和经济分析:有关业务转包、部分关闭以及重置问题的概述和应用》,载于《宾夕法尼亚法律评论》第 136 卷(1988)[Michael L. Wachter & Grorge M. Cohen, The Law and Economics of Collective Bargaining: An Introduction and Application to Problems of Subcontracting, Partial Closure and Relocation, 136 U. Pa. L. Rev. 1349(1988)];斯图尔特·J. 施瓦布:《集体谈判和科斯定理》,载于《康奈尔大学法律评论》第 72 卷(1987),第 245 页[Stewart J. Schwab, Collective Bargaining and the Coase

Theorem, 72 Cornell L. Rev. 245(1987)]；阿尔缅·A. 阿尔奇安:《具体准租金的征用以及决策分享:全国第一维修公司案确立的一个理论》,载于《最高法院经济评论》第1卷(1982),第235页 [Armen A. Alchian, Decision Sharing and Expropriable Specific Quasi-Rents: A Theory of First National Maintenance v. NLRB, 1 Sup. Ct. Econ. Rev. 235(1982)]。

注释:对拒绝就强制性企业决定展开谈判而进行的救济

在纤维板案(见前525页)中,委员会要求恢复原状;雇主被责令重建谈判单位的工作直到就业务转包决定展开的善意谈判的结果出来,还被责令恢复被终止雇佣关系的雇员的职位,同时追溯至他们被终止雇佣关系日支付补薪。最高法院支持了这一恢复指令,指出雇主并未提交任何证据对委员会作出的裁决恢复将不会附加给公司一份"不适当或不公平的负担"的推断提出质疑。见纤维板案(Fibreboard,376 U.S. at 216 & n.10)。

然而,委员会将不会经常性地因为拒绝就某个强制性议题展开谈判而责令恢复先前的作业;在它发现该恢复会造成"过度负担"时,它通常会拒绝如此行事。见,欧文斯－布罗克韦塑料制品公司案[Owens-Brockway Plastic Products, Inc. ,311 N. L. R. B. No. 22(1989)]。例如,一名未能就工厂关闭以及单位工作在另一个工厂的重置善意地展开谈判的雇主可能不会被要求在当前已关闭的前工厂重新启动作业。例如欧文斯－布罗克韦案,见前(不要求在前场所恢复运营,而是责令雇主提供给因为工厂关闭而终止劳动关系的雇员在搬迁后的工厂相同或大体上相等的就业、差旅费、搬迁费,以及从劳动终止日始直到在其他工厂获得就业止该段期间的补充薪金——或者,提供给那些在获得其他雇主提供的常规的、大体相当的就业之前选择不搬迁的雇员)。

由于未能进行"效果"谈判,委员会将责令雇主应工会的请求就决定的效果展开谈判并且责令作出一种所谓的"海外案"救济措施:补薪支付从委员会指令作出后5天起直到最早:(a)各方就"效果"问题达成的协议;(b)出现真正的僵局;(c)工会未能适时提出谈判要求;或者(d)工会随后恶意地进行谈判。见海外航运公司案[Transmarine Navigation Crop.,170 N. L. R. B. 389(1968)];另见例,北星钢铁公司案[North Star Steel Co.,347 N. L. R. B. No. 119, slip. op at 8－10(2006)]。

  委员会在这一领域的救济措施充分吗?它有限的补救资源是否要求对第10条(j)规定的临时禁令或咨询性裁决程序加以更广泛的运用,以在毫无意义的诉讼不被提起的情形下,在工厂被关闭事件发生前即阻止该事件发生或是允许该事件发生。如需参考关于委员会救济措施的批评性文章,见查尔斯·J. 莫里斯:《集体谈判程序中国家劳动关系委员会和法庭的角色:对传统智慧和非传统补救措施的重新审视》,载于《范德比尔特法律评论》第30卷(1977),第661页[Charles J. Morris,The Role of the NLRB and the Courts in the Collevtive Bargaining Process: A Fresh Look at Conventional Wisdom and Unconventional Remedies,30 *Vand. L. Rev.* 661(1977)];弗兰克·W. 麦卡洛克:《〈国家劳动关系法〉第8条(a)(5)项下过去、现在、将来的救济措施》,载于《劳动法杂志》第19卷(1968),第131页[Frank W. Mcculloch, Past, Present, and Future Remedies Under Section 8(a)(5)of the NLRA, 19 *Lab. L. J.* 131(1968)]。

第四节　多个雇主和多个工会参与的谈判

查尔斯·D. 博南诺亚麻制品服务公司诉国家劳动关系委员会案

Charles D. Bonanno Linen Service, Inc. v. NLRB
454 U. S. 404(1982)

  怀特法官:这里的问题是谈判僵局是否能使雇主从一个由多名雇主组成的谈判单位单方退出合理化?请求方——查尔斯·D. 博南诺亚麻制品服务公司(以下简称博南诺),是一个在马萨诸塞州从事衣物洗熨、租赁以及亚麻制品和制服分发的公司。卡车司机地方第 25 号工会代表着在这一地区的该公司的司机和佣工以及其他麻织品公司的司机和佣工。几年来，博南诺公司成为了新英格兰亚麻供应协会(协会)的一名成员。一个由 10 名雇主组成的组织，作为多雇主单位以及工会同协会商定的某合同的签约方，与工会展开了谈判。1975 年 2 月 19 日，博南诺公司授权协会的谈判委员会在一份新合同的预定谈判中代表它。博南诺的董事长成为了该委员会的一名成员。

工会和协会在 3 月和 4 月间举行了 10 场谈判。4 月 30 日，谈判各参与方就一份拟议的合同达成了一致意见，但是工会成员在 4 天后对此予以否认。直到 5 月 15 日，根据各方开出的条件来看，工会和协会在补偿的方式上已经陷入谈判僵局：工会要求对司机进行佣金支付，而协会则坚持继续支付时薪。

随后的几场会议均未能打破僵局。7 月 23 日，工会针对博南诺公司发起了一场选择性罢工。作为回应，大部分协会成员宣称不准他们的司机进厂(以胁迫他们接受条件)。除了偶尔举行的会议外，整个夏季僵局一直持续。在此期间，所涉雇主中有两位与工会进行了私密会面，可能想努力达成一个单独的解决方案。然而，前述会议从未达到谈判的水准。

博南诺公司为它所有参与罢工的司机雇佣了永久替代工人。11 月 21 日，它通过信函通知协会"由于与卡车司机第 25 号工会陷入了持续的僵局，它将在这一时期的协商事项上从协会退出"。博南诺向工会邮寄了一份他的退出信副本并在电话中向一名工会代表宣读了该信件。

在博南诺公司的退出得到公认后不久，协会即结束了禁止入厂的报复措施。它告知工会它希望继续多雇主参与的谈判。在 12 月和 4 月之间，数场谈判会议被举行且博南诺公司均没有参加。4 月中旬，工会放弃了它提出的佣金支付要求并接受了协会开出的修订过的小时工资条件。伴随这一进展，双方很快就一份新拟就的合同达成了一致意见，该合同在 1976 年 4 月 23 日正式签订，但一直追溯至 1975 年 4 月 18 日生效。

同时，1976 年 4 月 9 日，工会已经发起了目前的行动，宣称博南诺公司所称的退出谈判单位构成了一项不当劳动行为。在一封落款日为4月29日的信件中,工会通知博南诺公司由于工会从未同意该退出,它认为博南诺公司应该受刚刚达成的解决方案的约束。博南诺公司在其回函中否定了其受该合同约束的说法。

在听取了各方意见后,一名行政法官认为并不存在异常情况可以免除博南诺公司从多雇主谈判单位退出的行为应承担的责任。委员会亦重申了这一观点,责令博南诺公司签署并追溯实施该合同。在一项补充决定中,委员会解释其决定所依据的基础是博南诺公司试图从多雇主谈判单位退出的行为是不合时宜且无效的[243 N. L. R. B. 1093(1979)]。上诉法院强制执行了委员会的这一指令。

本案中对委员会决定的司法审查标准是由劳动委员会诉卡车司机工会案[Labor Board v. Truck Drivers Union, 353 U. S. 87(1957)(Buffalo Linen)]确立起来的。在该案中,工会在与一个多雇主谈判联合会谈判的过程中对该单位中的某单个雇主发起了罢工。其他雇主用禁止入厂措施回应了工会的举动。之后谈判继续并且双方达成了一份协议。工会主张禁入措施侵犯了其法案第7条和第8条项下权利,并向委员会提起了指控。委员会否决了这一主张,但是上诉法庭认为禁入措施是不当劳动行为。

该法庭转而推翻了原裁决。法案没有明确授权对多雇主单位作出处理或是处理前述情境下的禁入措施,这一认识是得到了承认的。然而,多雇主谈判在《华格纳法》施行前很久就已经存在了并且至今已经变得更为普遍,因为雇主在履行他们法案规定的义务的过程中,"通过团体谈判寻求与工会日益增长的实力的匹配"(353U. S., at 94 - 95)……。此外,在对《塔夫脱-哈特莱修正案》进行讨论的时候,国会就已经否决了要求限制多雇主谈判或宣布该谈判为不合法的提议。这一讨论以及讨论得出的结果提供了"有说服力的证据,这些证据在许多行业的多雇主谈判中都是通过强化集体谈判促进劳动和平这一国家政策得以落实的一个至关重要的因素"(353 U. S., at 95)。国会拒绝干预表明它打算将多雇主谈判中必定会出现的工会和雇主权利之间的冲突的解决留给委员会的专业判断。在这些情境中，法庭表示：

> 最终的问题是互相冲突的正当利益的平衡。平衡国家劳动政策施行的罢工的功能经常是一个困难且微妙的责任，这一责任国会主要施加给了受有限的司法审查权制约的国家劳动关系委员会。（353 U. S., at 96）

因此，对委员会认定的禁入措施作为为保持多雇主谈判单位的完整而作出的一种可以接受的努力是合理的这一观点，上诉法庭予以反对并拒绝接受禁入措施作为回应前述双重不利罢工的一项正当措施，但上诉法庭的这一处理过于狭隘地局限了委员会自由裁量权的操作（353 U. S., at 97）。

多雇主谈判在许多行业继续作为备受偏好的谈判机制被采用，并且正如水牛城亚麻品公司案（*Buffalo Linen*）所指明的，它引起了一系列需要解决的问题。其中一个关键的问题涉及工会和雇主终止多雇主谈判安排的权利。直到 1985 年，委员会对雇主和工会离弃谈判单位，即使是在谈判中将其离弃的行为，均表示允许。见轴承供应公司案［Bearing&Rim Supply Co., 107 N. L. R. B. 101, 102－103（1953）］……。但是在零售联合公司案［Retail Associates, Inc., 120 N. L. R. B. 388（1958）］中，委员会为退出多雇主谈判单位的行为宣布了应予遵守的准则。这些准则体现了对多雇主谈判单位的稳定性日益增长的重视程度，它们允许任何一方在为一份新拟就的合同的谈判而确定的日期之前或者在谈判实际开始之日退出，条件是已发出充分的通知。然而，一旦某份新拟就的合同的谈判开始，则只能在"彼此同意"或存在"异常情况"的情形下退出才会被允许。同上 395 页。

……在经过一段时间的推诿之后，委员会直接主张僵局并不是此种异常情况。见高速广告牌公司案［Hi-Way Billboards, Inc., 206 N. L. R. B. 22（1973）］。第五巡回法庭拒绝对该决定予以强制执行［500 F. 2d 181（CA5 1974）］。尽管从那以后它已经对它的观点作出了修正并且现在是支持委员会的。委员会的类似决定也被其他三个巡回法庭中的上诉法庭推翻了……。在这个案件中,委员会再次重申了它坚持的僵局并不是可以使退出行为正当化的异常情况事由这一立场。它的裁决被第一巡回法庭维持并得到了该法庭的强制执行。

我们同意委员会的这一立场,也同意上诉法庭的这一做法。委员会承认了多雇主谈判的自愿属性。它既没有强迫雇主加入多雇主谈判单位,也没有对早于谈判的退出设置障碍。同时,它也一直在努力促进作为维护劳动和平的一种工具的多雇主谈判的效用,限制任何一方在谈判中可以单方退出的情形即是这一努力的体现。因此,它对高速广告牌公司案中述及的观点进行了重申,称:僵局尚不足以破坏团体谈判而使得单方退出合理化。作为谈判过程中的周期性特征,僵局仅仅是谈判中的一个临时死结或停顿,这一死结或停顿"几乎在所有的案件中最终都被打破,不管是依靠观念的改变还是经济力量的运用"。见博南诺公司案。此外,僵局可能会"被一方或双方有意地引致以作为促进而非破坏谈判程序的一种策略"。同上见1094 页。因此,"将僵局认定为谈判关系的决裂是没有正当理由的,这种认定将使得双方得自由地按自己的意愿行事。"如上。正如委员会对此的认识,允许僵局下的退出会实际地削弱多雇主谈判的效用。①

当然,多雇主谈判的基本规则不是在一夜之间产生的。他们是逐渐演变形成的,并且仍然处在演变的进程中。委员会根据经验聘请了专业技术人员,因为它一直在寻求"互相冲突的正当利益"的平衡以期实现所追求的"通过强化的集体谈判促进劳动和平的国家政策"。水牛城亚麻品公司案(353 U.S., at 96,97)。委员会本来可能达到一个与其已经取得的不同的平衡,并且可能我们中的部分或者全部宁愿它已经这样做了。但是对僵局

---

① 8. 委员会解释称如果僵局时的退出被允许,双方会在对谈判的结果不是完全满意的任何一方发出的退出威胁下展开谈判。也就是说,双方能够促成僵局的出现以便逃避比起一方期望的不那么有利的任何协议。此外,正是僵局当时或僵局期间,当谈判被经济战斗暂时取代时,对一个稳定的、可预料的谈判单位的需求开始变得敏锐以便双方能够对他们的行为的成本和可能的利益进行权衡。

的重要性以及集体谈判动力学的判定正好是水牛城亚麻品公司案指明的应当留给委员会解决的那种判断。我们不能说委员会目前解决该问题的方法是武断的或与法律的规定相反。

僵局,独立出现的话,其作为一种使退出行为合理化的异常情况正是本案要解决的唯一问题,对于这一判定,如果委员会拒绝接受,我们也会确认委员会的这一做法而不做任何补充解释。但是几个上诉法庭均否决了高速广告牌公司案的裁决,理由是僵局可能促成针对谈判单位的一个或全部成员而发起的罢工,并且在出现僵局时委员会允许工会执行与单个雇主之间达成的临时协议。上诉法庭将这类事件发生的可能性看作是谈判单位中任何雇主得以退出的充分理由……

正在说明的是委员会坚持高速广告牌公司案确立的立场的原因。这些原因对司法审查权的继续存在来说当然是充分的。首先,据说罢工和临时协议经常在僵局前的谈判过程中出现,并且僵局并不必然地与任何手段有关系。其次,委员会区别了"临时协议和个体协议,前者考虑归入效力覆盖整个谈判单位的终局合同中并希冀因此不再与团体谈判相对立,后者明显与团体谈判不一致甚至破坏着团体谈判",认识到这点是"至关重要"的。(243 N. L. R. B., at 1096)

另一方面,随着一份效力覆盖整个谈判单位的合同的实施,临时协议的效力即行终止,由此工会并不满足于临时协议,在工会将一份使得单位谈判得以继续存在的单独协议付诸实施时,工会即已如此"有效地分裂、毁坏了谈判单位的完整性",同上,就创设一种零售联合公司案裁决所称的"异常情况"而言。比较印刷服务公司案[Cf. Typographic Service Co., 238 N. L. R. B. 1565(1978)]。此外,委员会认为单独协议将允许工会或雇主任一方逃脱经团体谈判而产生的某份协议的约束力,单独协议的实施是对谈判的拒绝并且对实施这一协议的那部分工会成员和那部分雇主而言均构成不当劳动行为。卡车司机当地 378 号工会(奥林匹亚汽车交易商协会)案[Teamsters Union Local No. 378(Olympia Automobile Dealers Assn.), 243 N. L. R. B. 1086(1979)]。单位的其他成员因此能够坚称各方依据他们的原始理解可继续受制于单位谈判。

因此,委员会着重否决了如下主张:作为与单独的、终局的合同区别开来的协议形式,对真正临时性、暂时性协议展开的谈判"并不符合多雇主谈判单位的概念"。博南诺亚麻制品服务公司案[Charles D. Bonanno Linen Service, 243 N. L. R. B. 1093, 1096(1979)]。尽管等到恢复进行的团体谈判的结果出来,临时协议将为谈判单位一个或更多个雇主成员确立就业协议条款和就业条件,所有雇主,包括那些执行临时协议的雇主,均在最终结果上有着"等量的利害关系"。如上。此类临时安排"避免了再次发现早期的签约方退出了谈判单位这一情形"。同前。尽管委员会不情愿地承认临时协议对被罢工的雇主施加了经济压力,这一事实不应该再使得退出比起雇主拒绝加入其他雇主一起实施禁入措施这一行为而言更具合理性。在任何情形中,委员会的观点都是:临时协议,作为平衡手段,倾向于阻止而非促进单位分裂,因为在一份于整个协会间有效的终局合同中,它们在所有雇主成员间维持着一种持续的共同利益。

……[委员会]已经达成的平衡与法案的条款或宗旨并不符合,并且它的决定因此而应被强制执行……

对如上论述表示肯定。

史蒂文斯法官,同意……。法庭的这一主张并未禁止雇主明确地将它自己设计的特殊条款作为决定其参与团体谈判的条件。可能一名雇主能够拒绝参与多雇主谈判除非工会承认该雇主从谈判单位退出的权利,如此才能使得僵持局面有所进展。当然工会或者谈判单位的其他成员可以拒绝接受这种条件;然而,在这样一种情境中,雇主要么同意受团体协商达成的条款的约束同时不享有于僵局时退出的权利,要么放弃多雇主谈判的好处而自行展开谈判,它只会被迫在这两种做法中作出选择……

主审法官伯格部分异议,伦奎斯特法官与其一起作出了部分阐述,伯格的观点略过未述。

注释和问题

1. 谈判义务和经济斗争手段。与法庭早前对保险代理人国际工会案（见前文 460 页）作出的决定相悖的博南诺公司案的处理方式是否支持对第 8 条（a）（5）和（b）（3）加以运用以规制经济纠纷的斗争手段？雇主退出多雇主谈判的能力是否仅仅是一个为将意见分歧的成本强加给工会而采取的合法手段的问题，如此在工会发起的对双方均不利的"罢工"或者雇主使用的"禁入"斗争手段的合法性问题上即不存在原则性分歧？或者对前述案件最好的理解是将其看作是仅仅涉及谈判的结构以及加入和退出谈判单位的规则的问题？如果委员会有权对谈判结构加以保护，它出于对集体谈判过程利益的维护，而不是要终止双方的关系，是否也有权裁决某些经济武器已经超出了其界限？在研究了下一章节有关经济纠纷的斗争手段的资料后我们再来审视这些问题。

2. "异常情况"。

a. 博南诺公司被给予了大约 124,000 美元作为其在针对地方 125 号工会展开的一项行动中所受损失的补偿，在众多的其他因素中，这些损失多是由严重的暴力所造成的，这些暴力存在于经工会授权或批准而举行的选择性罢工的过程中，且不管这些暴力是实际发生的还是可能发生的；这场暴力行动以针对替代司机和一名保安的野蛮袭击而告终，其造成的损失包括了对博南诺公司的卡车和工厂造成的物质损失以及对雇员的人身伤害威胁。博南诺公司自身以及他的监管雇员和专业技术人员也是威胁的目标。见博南诺公司案 [Charles D. Bonanno Linen Ser., Inc. v. McCarthy, 550 F. Supp. 231（D. Mass. 1982），affirmed in part and reversed in part, 708 F. 2d 1（1st Cir. 1983）]。

"异常情况"这一正当化事由是否应当作为支持包含前述严重的工会暴力的退出行为的理由？工会实施的严重暴力，不管是在退出前还是退出后，是否应当构成针对某谈判指令的抗辩？比较国家劳动关系委员会诉凯旋治疗中心案[Cf. NLRB v. Triumph Curing Ctr., 571 F.2d 462(9th Cir. 1978)]。

b. 在国家劳动关系委员会诉席伯乐暖气与空调公司案[NLRB v. Siebler Heating & Air Conditioning, 563 F.2d 366(8th Cir. 1977)]中,法庭推翻了委员会的裁决,认可了住宅承包商在就一份新拟就的协议进行的谈判开始后从多雇主谈判单位的退出行为。法庭承认:对团体谈判结果的不满意并不能使得退出正当化,但是发现在协会未能公正地代表退出者,尤其是对退出者为特定的几个住宅承包商能获得一个更低的工资标准而作出的努力予以微弱支持,借此牺牲他们的利益给大多数的情形下,为了实现无工会竞争,"异常情况"是存在的。

雇主的谈判代表未能对雇主的独特问题给予足够重视,这应否影响雇主对工会负有的义务这一有关谈判单位范围的问题?在你已经对工会公正代表的职责(十三章)作出审查后,想想在多雇主谈判的情境下是否应该有一个类似的职责施加给雇主的代表,以及它违反这一职责的行为是否是可诉的,以及愤懑不平的雇主作出的退出行为的正当化事由。

3. 博南诺亚麻制品公司的业务外包? 多年来,一个多雇主单位的所有成员一直通过他们的协会与工会进行谈判。最近,这些成员通过附则同意对任何单个企业未经多雇主协会执行委员会许可擅自放弃合法的"禁入"措施或者签订"临时"或"单独"协议的行为予以禁止。根据适用的附则,多雇主协会执行委员会将是所有企业成员的独家谈判代表。在为一份新拟就的合同的谈判设定的时间之前,工会就得到了关于新附则的正式告知。经过漫长的协商以及对法案第8条(d)规定的通知和等待期间的遵守,工会终于针对该单位的一名成员——塔基公司(Target, Inc.)发起了罢工。协会的执行委员会根据附则的规定,即后发动了由该单位的所有成员参与的一场禁入报复。

a. 根据《国家劳动关系法》的规定,这些附则是否会影响其他单位成员在未获得协会执行委员会的事前许可的情况下发起禁入措施的行为的合法性以及实施与工会间达成的一份临时协议或单独协议的行为的合法性？见国家劳动关系委员会诉卡车司机 378 工会案[NLRB v. Teamsters Local No. 378, 672 F. 2d 741(9th Cir. 1982)][将委员会对奥林匹亚汽车交易商协会案作出的指令发回,243 N. L. R. B. 1086(1979),这一指令在博南诺公司案中得到了支持并被引证]。如果工会没有就附则及早被通知,你的答案会发生变化吗？如果雇主将其能够依据那些附则以及工会的默许进行操作作为接受多雇主谈判单位的条件呢？

b. 如果退出的雇主放弃了团体禁入措施或者与工会之间进行了一场单独交易的话,什么法庭,如果存在的话,会对包含在附则中的义务明确地授权强制执行,这些义务包括,例如,一项要求退出的雇主重新开始防御性禁入行动并且不理会任何与工会之间达成的、未经执行委员会允许的协议的指令？在审查完十二章的优先权材料后,学生们应当回到这个问题上来。

c. 假设协会的所有成员也都同意添加一项附则性规定,该附则禁止在为一份集体谈判协议而进行的协商开始后从协会退出,并且该附则针对那些违反附则有关禁止与工会之间进行个体交易的规定的成员设置了特定的罚款。这种附则的存在或者州法院为执行它们作出的努力是否违反《国家劳动关系法》？在考证了十三章中有关针对退出罢工的成员设置的工会罚款的资料后,同学们应当回到这个问题上来。

4.1980 年的多雇主退休金立法。根据 1980 年多雇主退休金计划修正案的规定[Multiemployer Pension Plan Amendments Act of 1980, Pub. L. No. 96-364, 94 Stat. 1208(1980)],从一个多雇主谈判单位退出的行为,即使根据《国家劳动关系法》是正当的,一般也会要求退出的雇主,为一份多雇主养老计划的无基金准备的既得利益提供资金。基于这一目的的"退出"也可能来自某个先前在多雇主安排、工厂关闭或者资产售卖方面代表雇员的工会的取消认证。1980 年法案对《国家劳动关系法》授予的权利产生着实质性影响。着重参考《美国法典》第 26 卷第 412、414、418-418E、4971、4975、6511 条[26U. S. C. §§412(b)(7), 414, 418-418E, 4971,

4975,6511(2000)]。

5. 我们为什么没有进行更多的多雇主联合谈判？在欧洲大陆,多雇主联合谈判是相当普遍的,尽管在最近几年其集中化的程度有所削弱。参见萨缪尔·艾斯托伊克与斯图尔特·J. 施瓦布:《劳动和就业法的基础》(2000),第330—331页[Samuel Estreicher & Stewart J. Schwab, *Foundations of Labor and Employment Law* 330-331(2000)]。关于德国,见沃尔夫冈·梅耶:《在德国为协商买单》,为 ASAP 会议准备的有关工资确定的论文(1991年12月),第2—5页[Wolfgang Meyer, Pay Bargaining in Germany (paper prepared for ASAP Conference on Wage Determination)(Dec. 1991), at 2-5];《德国:这一模式被打破了吗?》,载于《经济学家》1996年5月4日,第17、19页[Germany: Is the Model Broken? *The Economist*, May 4, 1996, at 17, 19];葛瑞格·斯坦梅茨:《德国企业对维持与工人之间和平关系的体系的不满》,载于《华尔街杂志》1995年10月17日,第1页[Greg Steinmetz, German Firms Sour on System That Keeps Peace with Workers, *Wall St. J.*, Oct. 17, 1995, at 1]。关于意大利,见,T. 特罗伊:《劳动关系方面以及市场经济下工业冲突处理中的纠纷解决》,第143—144页(塔德施·哈纳米与罗格·布兰帕欧编,1989年第2版)[T. Treu, *Conflict Resolution in Industrail Relations*, in Industrial Conflict Resolution in Market Economics 143-144, Tadashi Hanami & Roger Blanpaon eds., 2d ed. 1989];关于法国,见例,夏维尔·布兰科-邹凡:《法国管理决定上的工人干预》,载于《图兰法律评论》第58卷(1984),第1332、1340—1341页[Xavier Blanc-Jouvan, Worker Involvement in Management Decisions in France, 58 *TuL. L. Rev.* 1332, 1340-1341 (1984)];另关于瑞典,见雷·德尔森与汤姆·凡·维恩:《瑞典模式:是否与其他欧洲国家相关?》,载于《英国工业地区评论》第30卷(1991),第83页[Lei Delsen & Tom van Veen, The Swedish Model: Relevant for Other European Countries?, 30 *Brit. J. Indus. ReL.* 83, 84-88(1991)]。

在美国,多雇主集体谈判似乎会为各方提供可观的利益——节省行政开支,承诺雇主工会议定的工资将被扩张适用于它的竞争方,一般性地保护工会免受对它们的机构立场发出的威胁。见道格拉斯·莱斯利:《多雇主联合谈判的规则》,载于《弗吉尼亚法律评论》第75卷(1989),第241页[75 Va. L. Rev. 241 (1989)];简·维特(Jan Vetter):《对"多雇主联合谈判规则"的评述:寻找正确的问题》,载于《弗吉尼亚法律评论》第75卷(1989),第285页[75 Va. L. Rev. 285 (1989)]。然而,不考虑这些特点,此处述及的多雇主联合谈判从未达到过欧洲模式水平并且这里述及的多雇主谈判在诸如货运和建造业之类的一些行业上由于竞争压力其效力正逐渐减弱。为了反击这些竞争力(结果喜忧参半),一些欧洲体系为集体谈判通过政府扩展适用于未加入工会组织的企业做了铺垫。见曼弗里德·韦斯(Manfred Weiss):《德意志联邦劳动纠纷解决》,载于《市场经济下的工业冲突处理》,同前,第94—95页;迈克尔·德帕与雅克·罗亚特(Michael Despax & Jacques Rojot):《法国劳动法国际百科全书》,265—272页,罗格·布兰帕欧编(Roger Blanpain ed. ,1987)。类似的法律规定是否在此处也应当被采纳?比较乔·罗格斯(Joel Rogers),《改革美国劳动关系》,载于《芝加哥-肯特法律评论》第69卷(1993),第115—116页[69 Chi. -Kent L. Rev. 97, 115 -116(1993)]与艾斯托伊克,《劳动法改革》,同前,第34页注释112。

6. 不适时退出的救济措施? 零售联合公司案裁决所称的雇主从多雇主谈判单位的退出是不适时的这一主张在博南诺公司案中得到了维持,之后被认可的是拒绝遵守在退出后不久由多雇主协会和工会之间达成的协议的行为。委员会能否要求雇主签署前述协议并遵守其中的利益议程安排?见国家劳动关系委员会诉斯强案[NLRB v. Strong, 393 U. S. 357(1969)][未对第8条(d)部分展开讨论即维持了这一指令]。

注释:联合型和协调的谈判

我们已经看到雇主,与多雇主谈判相关的,已经在利用主要被工会吁求的考量——改变力量不均衡的局面的需要以及对分治策略予以防范的需要。工会强调了与"协调"或"联合型"谈判有关的类似考量。这些术语有时可互换使用用以描述合作交流或平行行动的各种形式,这些活动往往是由为同一雇主的不同谈判单位参与谈判的工会发起的(或者,不那么经常地,由与某个工会展开谈判的雇主发起)。然而,"协调"谈判将更好地描述仍然保留着独立决策权的不同谈判代表之间的交流。相反,"联合型"谈判将公正地描述工会为促进分开的谈判单位的统一而作出的努力。这类努力更有可能与如下规则相冲突:使得工会坚持的或为之发起罢工的、被国家劳动关系委员会认可的或者得到工会和雇主同意的谈判单位的扩展被认定为不合法的这一规则。见道得斯诉国际码头工人协会案[Douds v. International Longshoremen's Ass'n, 241 F. 2d 278(2d Cir. 1957)]。

通用电气公司诉国家劳动关系委员会案[General Elec. Co. v. NLRB 412 F. 2d 512(2d Cir. 1969)]涉及前述规则与工会间合作安排的相互作用。代表着150个谈判单位中大约9万名通用公司雇员的电子国际工会(IUE)与其他七个国际工会一起组建了一个集体谈判委员会(CCB),这七个国际工会的地方分会同通用公司签订了一份效力覆盖七个分散谈判单位的协议。谈判委员会声明的目标包含了协调与通用和威斯丁豪斯(Westinghouse,通用的主要竞争对手)之间展开的谈判、制定国家目标以及在参与谈判的代表了通用50个州的雇员的工会之间营造相互支持的氛围。上诉法庭认可了国家劳动关系委员会的如下立场,即对电子国际工会来说,将其他七个工会纳入它的谈判委员会代表中是适当的。所以,通用公司拒绝与"混合委员会"展开谈判的行为违反了第8条(a)(5)的规定。

尽管,一如通用电气案指明的,工会在选择他们的谈判代表方面已有相当大的回旋余地,委员会和法庭还是拒绝了工会为统一某个雇主分散的谈判单位而做出的直接努力。见石油、化学及原子能工人诉国家劳动关系委员会案[Oil, Chem. & Atomic Wkrs. v. NLRB, 486 F. 2d 1266 (D. C. Cir. 1973)](重申委员会的如下决定:对公司拒绝在某个时间和地点与一个国际工会以及它的地方分会就涉及19个分散的由该国际工会的地方分会所代表的谈判单位的退休金福利进行谈判的行为表示认可)。

如需对协调和联合型谈判予以审查,见《注释,协调—联合谈判:理论性,合法性,实践上和经济上的影响》,载于《明尼苏达法律评论》第55卷(1971),第599页[Note, Coordinated-Coalition Bargaining: Theory, legality, Practice and Economic Effects, 55 *Minn. L. Rev.* 599 (1971)]。另见《评论,事实上的联合型谈判》,载于《乔治城法律杂志》第62卷(1973),第32页[Comment, De Facto Coalition Bargaining, 62 *Geo. L. J.* 325 (1973)]。

第五节　中期谈判

注释:授权性议题以及中期修改

在匹兹堡平面玻璃公司一案[404 U.S.157(1971),前521页]中,最高法院明确指出对一份处理授权性议题的劳动协议的条款作出的中期修改并不违反法定的谈判义务:

> 第8条(d)部分段(4)……要求提议修改的一方"以十足的效力和作用……对现行合同的所有条款和条件"加以施行直到该合同有效期届满。将该部分与剩下的规定隔离开来看,这一语言表述会使得作为"就业协议条款和就业条件"的合同义务与那些并非此类的合同义务之间的任何区分成为不可能。但是在构建第8条(d)上,"我们不得受某个句子或一个句子的某部分的指引,而必须放眼整部法律的规定,还有它的目标和政策。"马斯特罗塑料公司诉国家劳动关系委员会案[Mastro Plastics Corp. v. NLRB, 350 U.S. 270, 285 (1956)]……。据此看来,第8条(d)仅仅包含了强制性谈判议题。该规定开篇即明确"集体地展开谈判"的具体含义是就"有关工资、工时以及其他就业协议条款和就业条件"进行会面并展开商讨。它接着指出"集体谈判义务还

系指"中期的单方修改和终止是被禁止的。尽管该章节的这一部分是通过一项"附则(但书)"条款予以介绍的,……它很显然将在类似的情况中通过先前的定义去加以构建。相应地,正如第8条(d)将谈判的义务定义为仅仅涉及强制性条款一样,它也照此将维持义务指定为单纯的强制性条款,是不得在集体谈判协议延续期间予以单方修改的……

比起仅仅对一般的合同履行予以促进而言,第8条(d)部分的结构和语言指向一个更专业的目的。这一条件……在段(1)通过项(4)阐明的,明显是为了规制修改和终止以便取代经济斗争为协议提供便利而设计的……

如果上述观点是对的,我们确定的强制性谈判条款和授权性谈判条款之间的区别就符合法定宗旨。一旦在一个授权性议题上进行了谈判并达成了一致意见,双方自然不会在以后的谈判中再将这一议题确定为是一个强制性话题。因此,当被提议的修改是关于一项授权性条款时,与该提议相吻合的便利目的与此完全无关,因为依据法令双方并未被要求就这一被提议的修改展开谈判。前述目的的不相关性被第8条(d)部分互不相关的程序本身所证明……。对于对一项授权性事项作出的单方中期修改,其救济措施在于一种违约行为,……而不在于一场不当劳动行为诉讼。

雅各布制造公司案

Jacobs Manufacturing Co.

94 N. L. R. B. 1214(1951)

……1948年7月,被告和工会施行了一份两年期的谈判合同,该合同,根据其条款规定,可以在它的施行日后一年为了"工资率"的商讨而重新进行讨论。1949年7月,工会对这一重新讨论条款发出了吁求……且自此之后就它的"工资要求"向被告发出了书面通知。除了要求增加工资外,这些要求还包括了请求被告承担一个现行团体保险方案的全部开支,还有为被告的雇员建立一个退休金计划的另一个要求。当双方此后会面对工会的要求进行酌量时,被告拒绝讨论工会的退休金和保险要求,理由是它们不是1948年合同重新讨论条款项下的适当讨论事项。

工会在它的要求中间接提到的团体保险方案在1948年前由被告确立。它由一家保险公司承保,提供人寿、意外、医疗、手术和住院保障。所有被告的雇员都有资格参与这一方案,且雇员和被告分摊成本。在1948年合同正被商议的时候,被告和工会正在讨论这一保险方案的改变,且同意了对某些福利和成本予以增加。然而,在1948年合同中被提及的既不是由此作出的改变也不是这个保险方案本身。

正如工会的请求指明的,1949年尚不存在为被告的雇员设置的退休金计划。此外,有关退休金的议题在1948年协商期间也没有被讨论;且,就像保险方案一样,这一议题也未在1948年合同中被提及。

a. 基于下面述及的理由,赫尔佐克(Herzog)主席以及成员豪斯顿(Houston)、斯泰勒斯(Styles)同意讯问审查官作出的如下判定:被告违反了第8条(a)(5)的规定……拒绝与工会讨论退休金事项……

让我满意的是1948年合同本身并未强加给被告任何义务去讨论退休金或保险。该合同的重新讨论条款涉及工资率,因此它的目的似乎被狭隘地限制在了与工作补偿的数量和方式直接相关的一些事项上……

另一方面,委员会的大多数均相信:不考虑重新讨论条款的性质,该法案本身强加给了被告在前面提及的期间内与工会就退休金事项展开讨论的义务。

现在能够确定的……[是]……退休金事项属于法令要求谈判的议题范围。并且,正如上面提到的,被告和工会之间签订的1948年合同在退休金议题上只字未提;的确,该议题从未被合同双方提起或论及过。因此,所提出的问题是由于第8条(d)项下的限制性条件,被告是否被免除了就退休金事项展开讨论的义务……处分这一讨论义务或者同意对现行谈判合同

558

作出修改……。第8条(d)部分本身并未许可一方……在合同存续期间拒绝讨论一项谈判议题,除非该议题已经成为该协议自身的一部分……。所以,潮水案[Tide Water, 85 N. L. R. B. 1096(1949)]对第8条(d)的构建意味着被告有义务对工会的退休金要求进行讨论。

成员豪斯顿、斯泰勒斯认真复查了委员会在潮水案中对第8条(d)的补充构建,并且相信委员会在该案中采纳的观点最好地执行了法案声明的政策。对于此处讨论的涉及退休金这一之前从未被合同双方讨论过的议题,在参与就其进行谈判的义务的评议时,赫尔佐克主席仅仅在这一程度上对此处述及的这一原理作出了表述,即它与他下面单独引证的涉及保险方案的观点是吻合的。

通过将尚未被合同涵盖的可谈判议题的讨论强制化,合同双方被鼓励就可谈判议题达成联合决定,这些议题至少对请求讨论的合同方来说,在当时看起来是具有一定重要性的。法案"鼓励集体谈判的实践和程序"的政策最终得到了促进。如果涉及这样一种情境,即允许谈判合同的一方在它被请求了未包含在合同中的议题事项时即免除讨论义务,在这一情境中对第8条(d)作出的一种不同构建,从其最好的状态看,会仅仅用来驱除任何……善意,这种善意由先前进行的曾引致谈判合同施行的谈判协商所产生;从它最差的状态看,它会带来工业纷争和生产中断,而这也是法案试图避免的……

在潮水案中采纳的对第8条(d)的构建……也被用来简化谈判程序,并因此加快谈判进程。它消除双方在合同正被谈判当时所承受的压力以增加那些在当时看来可能不具有极大重要性但在将来可能占据更重要地位的议题。它也向工会和雇主作出了保证:如果将来的条件要求一些协议就双方尚未请求或者未能达成协议的事项作出规定,那么在必要时关于这些事项的讨论将被举行。

……第8条(d)所做的是拒绝委员会和法庭在1947年以前作出的一些决定中的声明……大意是即使是涉及那些双方已经达成协议并且在一份书面合同的条款中阐明了的事项,谈判义务也应该被维持。但我们相信第

8条(d)已不再是这样的。那些从未被双方讨论过的以及合同中绝不加以论述的可谈判事项仍然是工会和雇主随时都有义务讨论的事项。

……如果双方最初意图逃避稍后将要进行的涉及未被已经施行的合同的条款明确包含的事项的谈判,它们仅仅需要在合同本身的条款中予以明确即可。我们对第8条(d)的构建并未在任何部分禁止这样一种善意签订的协议对涉及未被协议包含的事项将来举行的讨论进行预先处理(作出排除)。①

b. 赫尔佐克主席……相信——不同于退休金问题——被告对涉及前述团体保险方案的请求并不负担谈判的义务。

然而,豪斯顿、斯泰勒斯——委员会中对这一问题持少数意见的成员——进一步表明了观点,他们认为上面讨论过的这些考量引出了如下结论:即被告有义务讨论退休金事项,他们也提出了这一推断:被告有义务讨论工会的团体保险要求。就像退休金事项,团体保险福利事项是一个一度被主张属于强制谈判范围的议题;并且和退休金事项一样,被告的团体保险方案并未在1948年合同的条款中被提及。委员豪斯顿、斯泰勒斯因此相信,就掌控的事实而言,工会的养老保险和团体保险要求所提出的最终问题是相同的……

委员会成员豪斯顿和斯泰勒斯被限制拒绝赫尔佐克主席的观点,进一步的原因是它会确立一项行政上行不通的规则,并且会在集体谈判程序中注入危险的不确定因素。除了极其困难的举证问题外——就在这个案件中得到证明的——这一举证问题会经常以这种类型的案件困扰委员会,集体谈判的双方总是会在一项议题被讨论后面临这一问题——"我们真的已经谈判了吗? 或者如果被请求,我们负有对这一议题进行深入谈判的义务吗?"对于这个疑问,潮水案的裁决给出了一个清楚简明的答案:"你有义务依请求讨论任何可谈判议题,除非你已经减少了关于这个问题的协议,或者

---

① 13. 这个脚注提出了"这种规定的一个例子",一个典型的"zipper"(拉链)条款,在注释3部分和这个案件一起被讨论。——编者

除非你已经以书面方式同意了不在合同有效期内对该议题进行谈判。"

[赫尔佐克主席,表示同意同时部分异议,作出了如下辩称:在工会在先前的谈判中已经对争议的保险提议提出要求后,被告否决了这一要求但在书面合同之外改进了保险福利。因此,对保险提议的反对已经是谈判的一部分。不考虑"构建第8条(d)的细节",在此种情形下强加给谈判义务将是不公正、不明智的。]

成员雷诺兹,个别同意同时部分异议。

……我的看法是,第8条(d)没有强加给任何一方合同当事人在合同有效期内对任何事项展开谈判的义务,除了是因为合同的明文规定可能这样要求。这也是与所涉第8条(d)的特定表述还有第8条(d)整体合理相容的结果。此外,这一结果不仅符合集体谈判协议的稳定性和尊严,而且对集体谈判的实践和程序也有一定意义……。合同上稳定的劳资关系使得雇主能够基于确定的劳动力成本参与合理的长期生产计划,并且由于确定的工资、工龄、晋升和申诉规定,雇员能够预期其就业期限。

[成员默多克部分异议,其观点略去未述。]

注释和问题

1. "清楚的明白无误的"弃权。委员会认为第8条(d)并未减轻雇主就那些既未在谈判中被讨论也未作为协议的条款被包含的议题展开谈判的义务,它的这一观点是在国家劳动关系委员会诉雅各布制造公司案[NLRB v. Jacobs Mfg. Co., 196 F. 2d 680(2d Cir. 1952)]中得以确立的。对于是否要在协议中包含进一个条文对某个事项作出规定这种中期谈判,尽管法庭发现确定谈判中针对某事项进行的"讨论"是否减轻了雇主承担的前述中期谈判的义务是不必要的,委员会和法庭随后作出的决定还是清楚地表明:只有被认定是"弃权"表示的讨论才会产生那种效果。见NL工业案[NL Indus., 220 N. L. R. B. 41, 43(1975), enforced, 536 F. 2d 786(8th Cir. 1976)]。委员会惯常的"清楚且明白无误"的弃权测试是可适用的;因此,正被讨论的这一事项必须是已经被"充分讨论"过的或者已经被"有意探究"过的,并且工会必须在谈判的"互予互取"中已经"有意地作出让步或者弃权表示"。见洛克威尔国际公司案[Rockwell Int'l Crop., 260 N. L. R. B. 1346, 1347(1982)];奉告大楼公司案[Angelus Block Co., 250 N. L. R. B. 868, 877(1980)],另见百事可乐公司案[Pepsi-Cola Distrib. Co., 241 N. L. R. B. 869, 870(1979)](谈判中所说的是必须"公告工会它若未能在协议中包含进一项条文规定,它将被禁止就这一议题在以后再行展开谈判")。你认为这种方法会促使雇主在某些时候提出并讨论那些双方都更倾向于隐而不宣的事项吗?

转移这一假定并将集体谈判当作中止任何谈判义务直到它们的有效期届满日的事由,除非对可能进行中期谈判的某个事项已经作出过明确的保留,如此行事是否更可取一些? 这是否会促进工业和平还是它会使得双方协议的完成变得更为艰难? 然而委员会的立场,在任何情形下,是否也因为工会能够提出问题、探测管理层的反应且之后为了中期可能的使用撤回议题去对协议的实现施加阻碍? 只要法律的规定是清楚的,到底适用哪个方法有关系吗? 见施瓦布:《集体谈判和科斯定理》,同前。关于如下争论:"信息不对称"——雇主通常对某个特定问题将在协议的有效期内不断凸显这一可能性有着更好的认识——使得强加给雇主就协议未解决的某个强制性议题展开中期谈判的义务合理化,见希尔顿:《谈判义务的经济理论》,同前,47—50页。但是比较瓦克泰与科恩:《集体谈判中的法律和经济》,同前,第1409、1417页(缩小中期谈判的范围一般是有效的)。

2. 雅各布案对中期修改的影响。假设雅各布制造公司想要在集体谈判协议有效期内改变它的团体保险制度。在与工会展开的谈判进入僵局后它是否能够这样做? 如果工会完全拒绝讨论此事项,它是否可以这样做? 如果雅各布公司在协议有效期内意欲采用一个新的退休金方案,它能否在未与工会展开谈判的情况下这样做? 在与工会展开了谈判且一直商谈至谈判陷入僵局后它能否这样做?

3. "拉链"条款。注意对雅各布案作出裁决的委员会指出双方可以逃避就任何未被协议包含的事项进行中期讨论，即通过在"合同的条款"本身对前述事项予以明确这一方式实现。由此雅各布案刺激了所谓的"拉链条款"这类规定的使用，因为双方试图"拉上"协议的"拉链"以使得该协议有效期内的任何进一步的谈判都不再可能。一项典型条款如下：

> 双方意识到在促成本协议的谈判期内，每一方都享有不加限制的权利和机会就任何议题和事项提出要求和动议……，并且双方最终达成的谅解和协议……是在本协议中阐明的。因此，公司和工会，在本协议存续期间，任何一方自愿、不适格地放弃权利，以及任何一方承诺另一方不得负有就任何涉及或涵盖于本协议的议题或事项或者就任何未明确被本协议涉及或涵盖的议题或事项展开集体谈判的义务，即使这类议题或事项在双方谈判或签署本协议的当时可能并不在一方或双方当事人认识到或正予以考虑的范围内。

它似乎确定了"通行的"拉链条款被认为是任何一方对其享有的坚持要求对其添加新的协议条款的提议展开谈判的这一权利的放弃，但是并未减轻另一方（通常是雇主方）在对现行就业条件作出单方改变前的谈判义务。见：例如，国际工会、美国劳工联合会诉国家劳动关系委员会案[UAW v. NLRB, 756 F. 2d 175, 182-183(D. C. Cir. 1985)，密尔沃基弹簧第二案(Milwaukee Spring Ⅱ)]（执行的委员会决定，摘录自下述563页）。

通过将所有的强制性谈判议题"包含进"协议，至少在某些情况下如此行事，一项拉链条款能否也被解读为禁止任何雇主对一个强制性议题进行中期修改，即使是在谈判至僵局形成后？这一拉链条款是否因此赋予了工会还有雇主拒绝在协议的有效期内就工资和工作条件展开谈判的权利？见CBS公司案[CBS Crop. f/k/a Westinghouse Crop., 326 N. L. R. B. 861 (1998)]，在该案中委员会发现雇主对单位工作的中期转包违反了第8条

(a)(5)的规定,因为"本案中的拉链条款管辖的是有关在对合同进行谈判的期间内已被'讨论'的事项"并且雇主已经明确向工会谈判人员表示它"曾考虑但拒绝了单位工作外包的可能性。在工会获得了这一保证后,工会不再进一步探讨业务外包这个问题"。另见后文第568页注释3。

4. 协议有效期间内的单方改变。 委员会认为不考虑一项拉链条款的存在,如果一份协议缺乏合同语言表述(可能被谈判历史所支持),表明就涉及的特定事项进行谈判的权利已被"清楚且明白无误"地放弃,雇主就必须在对未被该协议包含的议题采取单方行动前展开谈判直至谈判陷入僵局。比较无线电收音机公司案[Radioear Crop., 214 N. L. R. B. 362(1974)]与单位多普部门、伊顿、耶鲁和汤尼公司案[Unit Drop Division, Eatom, Yale & Towne, Inc., 171 N. L. R. B. 600(1968), enforced in relevant part, 412 F. 2d 108 (7th Cir. 1969)];和国家劳动关系委员会诉自动起重机公司案[NLRB v. Auto Crane Co., 536 F. 2d 310(10th Cir. 1975)]。然而,有些法庭已经认为在雇主根据一定的合同基础主张作出改变的权限情况下,这一"清楚且明白无误"的标准将是不适当的。见后文注释4b,第569页。参考下述假定。

a. 一名遭受巨大损失的雇主单方面废止了在圣诞节给所有的员工一只大火鸡的这一延续已久的习惯做法(该做法在集体协议中未提及)。对于基于雇主未能就这一行动与现任工会展开谈判而提起的宣称违反第8条(a)(5)规定的指控,注释3引证的拉链条款是否在这场指控中对雇主施加保护?如果工会因为当前施行的协议曾提出过但又废弃了的对一项福利维持条款的要求展开谈判但却没有向雇主提及火鸡事件,这是否太物质了?比较阿荣卡公司诉国家劳动关系委员会案[Cf. Aeronca, Inc. v. NLRB, 650 F. 2d 501(4th Cir. 1981)]。同时比较哥伦比亚及南俄亥俄电子公司案[cf. Columbus & Southern Ohio Electric Co., 270 N. L. R. B. 686(1984)];基准点工业公司案[Benchmark Industries, Inc., 270 N. L. R. B. 22(1984)]。

b. 假设现任工会提出了一项中期要求,要求雇主,首创性地,给它的每位员工一只圣诞节火鸡。如此，拉链条款是否会使得雇主拒绝讨论这一要求的行为合理化了？一般参考纳尔逊及哈沃德:《一份现行协议的有效期间内的谈判义务》，载于《劳动法律杂志》第 27 卷(1976)，第 573 页[W. b. Nelson & R. t. Howard, The Duty to Bargain During the Term of an Existing Agreement, 27 *Lab. L. J.* 573(1976)];《注释，对就业协议条款和就业条件的中期修改》，载于《杜克法律评论》(1972)，第 813 页(Note, Mid-term Modification of Terms and Conditions of Employment, 1972 *Duke L. J.* 813)。

5. "拉链"条款的"可谈判性"。注释 3 引注的拉链条款是一方当事人可以对其坚持提出要求直至谈判陷入僵局的一项谈判议题吗？见国家劳动关系委员会诉通科联通公司案[NLRB v. Tomco Communications, Inc., 567 F. 2d 871(9th Cir. 1978)]。

6. 中期罢工。在协议有效期内举行的罢工可能被认定为对协议不罢工条款的违反，即使罢工是针对雅各布案确立的需要谈判的议题进行的。另外，在第 8 条(d)规定的通知和冷却期内举行的罢工是不被保护的。在国家劳动关系委员会诉狮油公司一案[NLRB v. Lion Oil Co., 352 U. S. 282 (1957)]中，法庭认为在合同为一个或多个条款提供一个重新讨论期间的情况下，工会可以发起罢工(假设已进行适当通知且冷却期届满)而不会触犯第 8 条(d)的规定。见司匹绝克公司案[Speedrack, Inc., 293 N. L. R. B. 1054(1989)];水罗公司案[Hydrologics, Inc., 293 N. L. R. B. 1060 (1989)]。另见有关僵局程序的注释，见前 509—511 页。

伊利诺伊州密尔沃基线圈弹簧有限公司案
(密尔沃基弹簧第二案)

Milwaukee Spring Division of Illinois Coil Spring Co.

(Milwaukee Spring Ⅱ)

268 N. L. R. B. 601(1984), enforced sub nom. 国际工会
美国劳工联合会诉国家劳动关系委员会案
UAW v. NLRB
765 F. 2d 175(D. C. Cir. 1985)

[在密尔沃基弹簧第一案中,委员会(3∶0)曾认定被告违反了第 8 条(a)(1),(3)和(5)的规定,该认定基于被告的这一行为:决定——在集体谈判协议的有效期内且未经工会同意——将它的组装业务从它工会化的密尔沃基弹簧工厂转移至它未被工会组织的麦克亨利弹簧工厂。在此案尚待第七巡回法院审查时,一个新组建的委员会请求对该案进行重审并受理了这一发回重审的案件。经过重新考量,这个由里根(Reagan)任命的三名人员组成多数席位的委员会(3∶1),推翻了它最初的裁决。]

……伊利诺伊州弹簧有限公司由三个分支机构组成——赫利弹簧(Holly Spring),麦克亨利弹簧(McHenry Spring)以及被告密尔沃基弹簧……。尽管集中而言,这四个实体都是一个雇主,但每个场所均构成一个单独的谈判单位。被告……在八个部门雇佣了大约 99 名谈判单位雇员……包括装配作业和成型作业。

工会已经代表被告的谈判单位雇员达数年。最近的一个合同是在 1980 年 4 月 1 日生效的,且最早到 1983 年 3 月 31 日都还有效。合同包含着明确的工资和福利规定。合同还规定公司"确认工会为公司位于威斯康星州密尔沃基的工厂的所有生产和维修雇员的唯一、独家集体谈判代表"。

1982 年 1 月 26 日,被告要求工会放弃一项预定的工资增长计划并给予其他的合同让步。3 月,被告因为失去了一个主要客户,向工会提议将它的装配作业迁往尚未加入工会组织的位于伊利诺伊州的麦克亨利工厂以期从劳动力成本相对较高的密尔沃基弹簧分部获得扶助。被告还告知工会它需要工会在工资和福利上作出妥协以保持其在密尔沃基弹簧分部的成型作业顺利运转。工会在 3 月 23 日拒绝了提议的工资和福利上的减让。3 月 29 日,被告提交给工会一份题名为"密尔沃基弹簧装配作业将被保留在密

尔沃基的条款依据"的文件。工会在4月4日拒绝了公司的搬迁方案提议并拒绝就公司作出的转移其装配作业的决定展开进一步谈判。之后公司公告了将密尔沃基的装配作业迁往麦克亨利工厂的决定。

双方在协议中指明了搬迁决定是经济因素促成的而不是工会敌意的结果……，还指出被告已经履行了就该决定与工会展开谈判的义务……且已表示愿意与工会进行效果谈判。

……一般而言，雇主可能不会在谈判进入一个善意的僵局前对强制性议题单方作出改变。当一份集体谈判协议尚有效而雇主试图"修改……合同包含的就业协议条款和就业条件"时，8(d)部分施加了一个额外的要求：雇主必须在实施这一改变前取得工会的同意。然而，如果雇主试图改变的就业条件不"包含在"该合同中，雇主的义务就仍是最一般性的那种，即在实施其所提议的改变前就该议题善意地展开谈判直至谈判陷入僵局。

在委员会可能认定被告违反第8条(d)的规定前，若适用这些原则……，首先，委员会必须对"包含在"合同中的、公司的搬迁决定修改过的某项特定条款予以识别……。为了找到要求谈判单位工作保留在密尔沃基的条款规定，我们已经对合同文本进行了徒劳地搜寻。

然而，密尔沃基弹簧第一案表明委员会可能已经作出了这样的推断：被告的搬迁决定修改了前述合同的工资和福利规定，因为该搬迁决定是出于获得来自密尔沃基合同的劳动力成本的帮助这一意图作出的。我们相信这一推理是有缺陷的。虽然事实是：公司提出了修改合同的工资和福利规定的动议，工会拒绝了这一提议。伴随着其在获得工会同意上的失败，与第8条(d)规定一致，被告舍弃了修改合同有关工资和福利规定的提议。相反，被告决定转移装配作业至一个不同的工厂，在这个工厂里不同的工人（不受合同约束）会从事这一工作。简言之，被告并未扰乱其密尔沃基工厂的工资和福利，所以它没有因为未经工会同意即修改了包含在合同中的工资和福利规定而违反第8条(d)的规定。

我们也未发现被告的搬迁决定修改了合同的确认条款。在先前的两个案件中，委员会构建了确认条款以包含谈判单位雇员履行的义务并且主张雇主对工作的重新分配修改了那些条款。在这两个实例中，审查法庭均发现没有任何根据将司法权阐释为对仅仅确认合同对特定雇员的覆盖范围的标准条款予以裁断的工具。波音公司案[Boeing Co., 230 N. L. R. B. 696 (1977), enf. denied 581 F. 2d 793 (9th Cir. 1978)]；芝加哥大学案[University of Chicago, 210 N. L. R. B. 190 (1974), enf. denied 514 F. 2d 942 (7th Cir. 1975)]。我们同意委员会的推理。

确认工会为"公司威斯康星州密尔沃基工厂的所有生产和维修雇员"的谈判代表的语言表述，并未指明前述谈判单位承担的功能必须在密尔沃基得到保留。如此对双方能够起草这样一项条款也就不存在疑问了；的确，工作保留条款是普遍规定事项。然而，以工资和福利条款的规定或者确认条款的规定为基础在每一份美国的劳动协议中创设一项隐含的工作保留条款，这并不是为了委员会而做的，并且我们明确地拒绝这样做……

在密尔沃基弹簧第一案中，委员会也发现尽管双方通过协议指明了不存在工会敌意，作为被告搬迁决定的一个必然结果，被告对雇员的解雇仍然违反了第8条(a)(3)的规定。基于国家劳动关系委员会诉大丹拖车公司案[NLRB v. Great Dane Trailers, Inc., 388 U. S. 26 (1967)，后文597页]确立的"内在破坏性"原则，委员会显然认为违反第8条(a)(3)的这种认定源自搬迁决定违反了第8条(a)(5)的规定这一发现。仅仅因为我们的决定认可这一逻辑，我们推断，已经认定被告在决定搬迁前遵守了其第8条(a)(5)项下的法定义务……，作为搬迁的必然结果，对员工的解雇被认定为违反了第8条(a)(3)的规定是没有事实或法律依据的。

类似密尔沃基弹簧第一案的裁决阻止了围绕转移单位作业的决定展开的善意中期谈判。雇主考虑搬迁工厂出于多种原因，其中之一就是劳动成本，它可能仅仅会承认与劳动力成本无关的原因以避免授予工会针对该决定的否决权。未意识到劳动力成本是雇主决定的一个促成因素，工会可能不会自愿在工资上妥协或是作出其他适当让步。即使工会主动考虑工资让步，雇主可能不愿意去讨论这类建议，生怕就工会的提议与工会展开的谈判会被用作证明劳动力成本曾刺激并促成了搬迁决定。

我们相信我们今天的主张避免了这种困境并将鼓励法案关注的切合实际且有意义的集体谈判。依据我们的决定,雇主不用冒给予工会针对搬迁决定的否决权的险并且雇主因此应当愿意透露所有影响其决定的因素。最终,工会将在权衡是否要作出让步方面占据更有利的地位。由于双方都将不再有意避开开诚布公的协商谈判,他们将能够解决他们的分歧这一可能性得到了大大增强。

相应地,基于上述所有原因,我们推翻了我们先前的决定和指令并驳回了控诉。

成员齐默曼表示异议……

我的同僚和我显然认同:如果一份集体谈判协议包含了一项可适用的工作保留条款,第8条(d)要求雇主在作出任何的工作转移行动之前取得工会的同意没有考虑到转移行动潜在的原因。我们之间的分歧是:我认为第8条(d)还适用于其他的合同条款。此处,由于被告的决定仅仅被他逃避受合同工资规定的约束的意愿所推动,我会认定被告被禁止在集体谈判协议有效期内在未取得工会同意的情况下执行它的决定……

……我发现被告的中期搬迁决定依据第8条(d)的规定是被禁止的……。被告自愿地义务性地在合同有效期内向从事装配作业的雇员支付一定数额的工资,并且它不能仅仅通过单方转移工作至它的另一个工厂即避开了这一义务,就好像它不能通过单方减少工资等级避开这一义务一样。辩称……被告的搬迁决定并未扰乱密尔沃基工厂中合同约定的工资和福利是颇为虚伪的。如果被告已经执行了它的决定,在密尔沃基工厂将不会有装配工人去接受合同约定的工资和福利。更确切地说,所有的装配工人都会在麦克亨利从事工作,而该处的工厂中被告会支付给它的雇员相比同种工作应得的要少的工资和福利。在这些情形下,我的同僚的结论——被告让密尔沃基的工资和福利规定保持了原状——是不合逻辑且没有任何法律意义的……

依我的看法,决定雇主的中期搬迁决定是否被第8条(d)项下的规定所禁止的决定性因素是雇主的动机。正如本案,此处雇主的决定是被"逃避一项有关一个强制性谈判议题——诸如工资的合同条款的约束"这一意愿所控制的,那么这一决定违反了第8条(d)和第8条(a)(5)的规定,并且雇主在合同的有效期内如未取得工会的同意不可以执行这一决定。但是在决定被与合同无效无关的原因所推动时,那么雇主可以在与工会展开谈判并坚持至谈判僵局后单方执行它的决定。

注释和问题

1. 动机在解释集体谈判协议上的作用。在密尔沃基弹簧案中,谁给出了更具说服力的有关集体谈判协议的解释?是委员会的多数意见还是持反对意见的成员齐默曼?成员齐默曼是否有一个令人信服的依据去推断一项仅仅被或者主要被"至少避开协议中被推定违反第8条(d)和第8条(a)(5)规定的条款"这一意愿所推动的搬迁决定?当一项搬迁决定仅仅是被主要由更低的劳动力构成的成本节省所促成,这一禁止意愿还会被提出吗?

2. 法定的或契约上的救济措施? 注意到密尔沃基弹簧案中的分歧并不是关于密尔沃基弹簧的转移作业决定是否是一个其必须围绕此展开谈判直至进入僵局的强制性谈判议题。该争议是,关于一项继续在密尔沃基作业的承诺是否包含在了协议中,并因此不受任何修改的影响,即使修改是在谈判后作出的。那么为什么这不是一个有解释权的裁断者作出的合同解释问题,而是一个依据委员会享有的不当劳动行为管辖权诉诸其裁决的问题?

在控诉的合同修改案件中,委员会一般将不会发现一项不当劳动行为并且将因此而让工会在仲裁方介入前自行启动合同救济措施,如果(1)雇主对其享有的合同权利的解释有着一个"合同中的合理、可争议的依据"和(2)雇主不是被对工会敌意、恶意行为,或者以其他的任何方式试图削弱工会身份的意图所推动。见,例,巴斯海洋工匠协会案 [Bath Marine Draftsmen's Ass'n v. N. L. R. B. ,475 F. 3d 14(1st Cir. 2007)]。此外,密尔沃基弹簧第二案之后,委员会将不会发现一项违法的合同修改除非它识别一项已经被修改的"包含在合同中的明确条款"。

3. 拉链条款以及管理权利条款对中期谈判义务的影响？ 密尔沃基弹簧案被正考虑的集体谈判协议中出现的拉链条款复杂化了。华盛顿巡回法庭执行委员会指令的观点是由爱德华斯（Edwards）法官创造的，爱德华斯之前是一名劳动法教授，他不仅将拉链条款解释为使得雇主不再负有就新议题谈判的义务，也将其解释为阻止雇主对现行合同作出任何未经授权的改变，即使是在谈判后作出该行为。这一解释要求爱德华斯法官推断出委员会的决定未明确阐明的某项基本原理。爱德华斯法官如此推理：

> 委员会将搬迁决定认定为一项未被合同"包含在内"的议题并因此作出如下决定：由于双方指明了他们曾善意地进行谈判直至谈判陷入僵局，公司之后决定搬迁并未违反第8条（d）部分的规定。委员会的这一分析是可被争论的。考虑到拉链条款，我们不相信委员会分析的这一表征是可取的。如果搬迁是一个强制性议题并且这一议题被发现既未包含在管理权利条款中也不是一种隐含的管理保留权利，拉链条款本来会阻止公司在合同有效期内单方决定搬迁装配作业，即使是在进行了谈判且坚持至僵局后。尽管一项拉链条款会取消在协议有效期内就所有强制性议题展开谈判的义务，它一定不会放弃工会享有的对雇主针对此类议题采取的单边行动表示反对的权利。因此，如果雇主不是按照合同项下的一项权利主张行事的，它可能不会在未经工会同意的情况下对强制性议题作出改变。因为工会没有依循这一分析且没有凭借拉链条款对搬迁决定表示反对，很显然美国汽车工人联合会作出了如下假设，即公司是依照协议项目下的某项权利行事的。(765 F. 2d at 182-183)

对于美国汽车工人联合会假设公司是依照协议项目下的某项权利行事的这一论断，爱德华斯法官作出的这一推断是否正确？它是否适当地推断出了未被委员会的决定阐明的某项基本原理？

4. 如果没有进行谈判又如何？ 如果公司没有进行谈判并坚持至僵局出现而执行完了作业转移决定，公司是否已经作出了一项不当劳动行为？

a. 强制性谈判议题？ 双方在密尔沃基弹簧案中指明了转移作业的决定是一个强制性谈判议题。依据全国第一维修公司案和迪比克案，雇主是否本来应该承认该决定的"可谈判性"？

b. 业务转移权力的合同依据？ 即使假设业务的转移是一个强制性谈判议题，如果集体谈判协议包含了一项提供给管理层一些工作分配自主决定权的条款的话，公司是否本来能够主张前述转移并不要求展开谈判，因为依据单方行事的协议它是享有一定特权的？委员会通常认为在雇主对工会指控的未经谈判即单方面做出某种改变行为主张合同抗辩的情况下，雇主必须证明工会"清楚且明白无误"地放弃了它的谈判权利。见前注释3，第561—562页。然而，哥伦比亚地区巡回法庭已经主张在谈判协议涵盖争议标的的情况下，委员会应该不以任何法定权利被放弃的假设为基础对协议作出解释。见恩洛药物中心诉国家劳动关系委员会案[Enloe Med. Ctr. v. NLRB, 433 F. 3d 834 (D. C. Cir. 2005)]；国家劳动关系委员会诉美国邮政服务公司案[NLRB v. U. S. Postal Serv., 8 F. 3d 832 (D. C. Cir. 1993)]。另一个上诉法庭认为委员会在这一情境下能够适用其在一个合同修改案件会予以适用的"合理的可抗辩依据"标准，正如上述注释2阐明的。见巴斯海洋工匠协会案。

此外，参考爱德华斯法官在密尔沃基弹簧案中表现出来的要在一项隐含的管理权利条款中为作业转移找到一项合同依据的意愿。他的观点（该观点在一个脚注处被引用）认可了如下推理："如果公司享有作出搬迁决定的合同权利，它就没有义务在作出该项决定前展开谈判。"(765 F. 2d at 183 n. 30) 考虑到管理权利条款的盛行并舒心于雇主至少能够基于"保留的管理权利"理论主张一些隐性权利，爱德华斯法官的方法是否对委员会实际地取消任何仍然存续的就强制性议题展开中期谈判的义务作出了授权？这与委员会在雅各布案中确立的方法以及其作出的其他处理相一致吗？另一方面，考虑到几乎依据所有的集体协议仲裁都是可用的争议解决方法，对任何中期谈判义务的实际取消是否一定是不可取的？见哈瑞·爱德华斯：《仲裁的推迟以及谈判义务的放弃：国家劳动关系委员会长久困惑的一个可能性出路》，载于《俄亥俄州立大学法律评论》第46卷(1985)，第23、28页 [Harry T. Edwards, Deferral to Arbitration and Waiver of the Duty to Bargain: A Possible Way Out of Everlasting Confusion at the NLRB, 46 Ohio St. L. J. 23, 28(1985)]。事实上，委员会通常借助它推行的应一方当事人的请求推迟裁断的合同解释问题以避免对管理层集体协议项下权力的范围进行不得已的解释。见有关仲裁的资料以及796—814页第九章《国家劳动关系法》的要求。

5. 第8条(d)项下的通知和冷却期间。 就某个未被合同包含的强制性议题展开谈判并坚持至僵局的雇主通常必须在实施改变前遵守第8条(d)规定的通知和冷却期间。见汉庭窗门公司案 [Hutting Sash & Door Co., 154 N. L. R. B. 811(1965), enforced, 377 F. 2d 964(8th Cir. 1967)]（涉及诉称违反协议的溢价工资的削减，也使得工资争议可提交仲裁）。